Helmut Bremer · Andrea Lange-Vester (Hrsg.)

Soziale Milieus und Wandel der Sozialstruktur

Sozialstrukturanalyse

Herausgegeben von
Peter A. Berger

Helmut Bremer
Andrea Lange-Vester (Hrsg.)

Soziale Milieus und Wandel der Sozialstruktur

Die gesellschaftlichen
Herausforderungen und die Strategien
der sozialen Gruppen

VS VERLAG FÜR SOZIALWISSENSCHAFTEN

Bibliografische Information Der Deutschen Nationalbibliothek
Die Deutsche Nationalbibliothek verzeichnet diese Publikation in der
Deutschen Nationalbibliografie; detaillierte bibliografische Daten sind im Internet über
<http://dnb.d-nb.de> abrufbar.

1. Auflage September 2006

Alle Rechte vorbehalten
© VS Verlag für Sozialwissenschaften | GWV Fachverlage GmbH, Wiesbaden 2006

Lektorat: Frank Engelhardt

Der VS Verlag für Sozialwissenschaften ist ein Unternehmen von Springer Science+Business Media.
www.vs-verlag.de

Umschlaggestaltung: KünkelLopka Medienentwicklung, Heidelberg
Druck und buchbinderische Verarbeitung: Krips b.v., Meppel
Gedruckt auf säurefreiem und chlorfrei gebleichtem Papier
Printed in the Netherlands

ISBN-10 3-531-14679-3
ISBN-13 978-3-531-14679-9

Für Michael Vester

Inhaltsverzeichnis

Einführung

Diagnosen und Perspektiven

Die Umstellung auf kulturelles Kapital

Volksmilieus zwischen De-Klassierung und Anerkennung

Zusammenleben und Alltagskultur

EINFÜHRUNG

Einleitung: Zur Entwicklung des Konzeptes sozialer Milieus und Mentalitäten

Helmut Bremer/Andrea Lange-Vester

Im Mittelpunkt dieses Bandes steht die Frage, wie die gegenwärtigen gesellschaftlichen Veränderungen und Auseinandersetzungen auf die sozialen Milieus wirken. Werden sie eher als Herausforderungen wahrgenommen, die die Menschen prinzipiell durchaus bereit sind anzunehmen? Oder bedeuten sie eher Zumutungen, die sie überfordern und die Befürchtung stärken, den Anschluss an die Gesellschaft zu verlieren? In diesen Fragen aktualisiert sich ein altes, in den Sozialwissenschaften immer schon kontrovers diskutiertes Thema, ob nämlich die sozialen Akteure den Strukturwandel aktiv mitgestalten können oder ob sie eher passiv und damit Spielball gesellschaftlicher Verhältnisse sind.

Dabei scheint die Lage zu Beginn des neuen Jahrhunderts auf den ersten Blick eindeutig zu sein. Die neo-liberale Ökonomie und Politik, die sich mit dem Rückzug des Staates auch im sozialen und kulturellen Bereich zunehmend durchgesetzt hat, zwingt die Menschen immer stärker dazu, ihre Leistungen zu steigern und sich flexibel, mobil und eigenverantwortlich zu verhalten. Ihnen bleibt angesichts der gewaltigen ökonomisch-sozialen Dynamik anscheinend gar nichts anderes übrig, als sich diesen Prozessen und Anforderungen zu fügen.

Die *typenbildende Mentalitäts- und Milieuanalyse*, besser bekannt als *Milieuansatz*, der insbesondere von Michael Vester entwickelt worden ist, ermöglicht eine andere, differenzierte Sichtweise. Was nach außen als Passivität und Anpassung an Strukturveränderungen erscheinen mag, ist demnach keineswegs damit gleichzusetzen, dass sich die Milieus aufgeben und bedingungslos den Verhältnissen unterordnen. Bezieht man die Perspektive der Akteure mit ein, geht es vielmehr immer um spezifische Arrangements, in denen die Menschen ihre bisherigen Lebensweisen mit den äußeren Handlungsbedingungen neu abstimmen. Das geschieht jedoch nicht nach der Art eines mechanischen Reflexes. Vielmehr werden gesellschaftliche Veränderungen aus der Perspektive der inkorporierten Prinzipien der Lebensführung interpretiert und entsprechend integriert. Die Arrangements, mit denen sich die Menschen und sozialen Gruppen auf die Lebensbedingungen einstellen, sind, wie Bourdieu (1992: 33) formuliert hat, „Resultat einer Art Alchimie, eines Umwandlungsprozesses".

So grenzt sich Michael Vester, dem dieser Sammelband gewidmet ist, deutlich ab von Auffassungen, die aus der jetzt zu konstatierenden sozialen Polarisierung und der „Wiederkehr sozialer Klassenunterschiede" umstandslos und pauschal auf Verelendung und Anomie schließen (vgl. Vester 2005a: 21). Genauso kurzschlüssig sei jedoch die Gegenposition, wonach die Menschen bestimmter Zumutungen als „Anreize" bedürfen, um sich gewissermaßen für das postmoderne, globalisierte Zeitalter fit zu machen. Beide Sichtweisen verkennen, dass die Akteure über Potenziale verfügen und Strategien mobilisieren können, um Veränderungen zu bewältigen, dass sie also „nicht nur wehrlose Opfer" sind (ebd.: 27). Zugleich sind diese Potenziale den Menschen nicht, wie in einem Glücksspiel, einfach zugefallen, sondern es sind *erworbene* Ressourcen, also das Ergebnis mühsamer, langfristiger Arbeit. Die Missachtung und Entwertung dieser Investitionen empfinden die Menschen als entwürdigend und demoralisierend (vgl. Schultheis/Schulz 2005).

Unbestritten ist heute, dass die Milieus und das Gefüge sozialer Ungleichheit unter Druck geraten sind. Aber zu welchen sozialstrukturellen Verschiebungen das genau führt, welche Konflikt- und Integrationspotenziale sich ergeben oder wie sich die Menschen auf die erhöhten Bildungsanforderungen umstellen, das kann daraus nicht linear abgeleitet werden. Lehnt man mit Michael Vester pauschalisierende Annahmen ab, dann sind differenzierte Analysen notwendig, um aufzeigen zu können, inwiefern sich für die sozialen Gruppen Verhaltenszumutungen oder auch Gestaltungsspielräume für die Umsetzung ihrer antizipierten sozialen Laufbahnen ergeben. Das Konzept der „sozialen Milieus" trägt dazu bei, solche Entwicklungen genauer zu untersuchen.

1.   Besonderheiten der typenbildenden Mentalitäts- und Milieuanalyse

Der Milieuansatz wurde zuerst von Stefan Hradil (1987) in die Sozialwissenschaften zurückgebracht. Grundlegend für seine Arbeit waren

> „Verwunderung und Verärgerung darüber, daß Sozialstrukturanalyse – genauer gesagt, die Analyse *ungleicher* Sozialstruktur – in der Bundesrepublik wie auch in anderen fortgeschrittenen Gesellschaften in erster Linie mit Hilfe von Klassen- und Schichtmodellen (...) betrieben wird, daß diese Schemata aber den heutigen Gegebenheiten ganz offenkundig nicht mehr entsprechen" (ebd.: 7).

Insbesondere ließen diese offen, wie die Menschen soziale Ungleichheit wahrnehmen und erfahren, wie sie also vereinfacht gesagt „objektive" Lebenslagen „subjektiv" verarbeiten und in spezifische Muster der Alltagspraxis überführen.

Um das beschreiben und analysieren zu können, schlug er vor, das Milieukonzept fruchtbar zu machen.

Diesen Faden nahm die Arbeitsgruppe um Michael Vester auf. Sie knüpfte ihn mit „offenen Enden" anderer Konzepte zusammen und entwickelte den Ansatz der sozialen Milieus in spezifischer Weise weiter (siehe unten). Insbesondere wird dabei an die Theorie des sozialen Raums und des Habitus von Pierre Bourdieu (1982) angeschlossen. Danach sind vor allem die verinnerlichten und daher relativ dauerhaften Grundsätze der Lebensführung sowie die Position im ökonomischen Feld ausschlaggebend für die Klassen- bzw. Milieuzugehörigkeit. Mit diesem Zugang bewegt sich die Arbeitsgruppe um Michael Vester in der Tradition von Émile Durkheim (1988) – in dessen früher Milieukonzeption die Berücksichtigung ‚objektiver' Lebensbedingungen und ‚subjektiver' Haltungen bereits enthalten ist – und Max Weber (1972), in der ja auch die Arbeiten Bourdieus angesiedelt sind.

Kennzeichnend für die typenbildende Mentalitäts- und Milieuanalyse ist weiterhin die im Habitus als dem „einheitsstiftenden Erzeugungsprinzip" (Bourdieu 1982: 283) angelegte Ganzheitlichkeit. Es geht somit nicht um einzelne Praktiken und Einstellungen, sondern um den „Zusammenhang zwischen höchst disparaten Dingen", der durch den Habitus gestiftet wird: „Wie einer spricht, tanzt, lacht, liest, was er liest, was er mag, welche Bekannte und Freunde er hat usw. – all das ist eng miteinander verknüpft" (Bourdieu 1992: 32).

Der Habitus führt als eine Art Wegweiser durch das Leben. Dass dies überwiegend unbewusst und wie automatisch geschieht, wird erst auf der Grundlage bestimmter, langfristig eingeübter Sichtweisen möglich, die auf die im Herkunftsmilieu gegebenen Bedingungen verweisen und die im Laufe der Zeit mit zunehmend schlafwandlerischer Sicherheit praktiziert werden. Dem liegt ein Verständnis zugrunde, wonach die Habitusausbildung als Sozialisation anzusehen ist (vgl. Krais/Gebauer 2002: 61 ff.). Die biographisch erworbenen und verinnerlichten Schemata des Wahrnehmens, Denkens und Handelns – Bourdieu (2001: 178) spricht auch von „Prinzipien der Sichtung und Ordnung" – sind auch wirksam, wenn sich die Menschen auf veränderte oder neue gesellschaftliche Felder einstellen. Gegenüber den konkreten Handlungsvoraussetzungen sind die sozialen Milieus deshalb *relativ* autonom, d.h. sie wandeln sich nicht beliebig, sondern in der *Tradition des Habitus*. Gefunden werden konnte dieses Muster der „Habitusmetamorphose" etwa in der Analyse lebensgeschichtlicher Zwei-Generationen-Interviews (vgl. Vester u.a. 2001: 311 ff.; 324 ff.). Dadurch wird die durch die Individualisierungsthese nahegelegte Annahme relativiert, wonach sich die Lebensweisen von den sozialstrukturellen Bedingungen entkoppeln und Lebensstile frei gewählt werden.

Abb. 1: Die sozialen Milieus in Westdeutschland

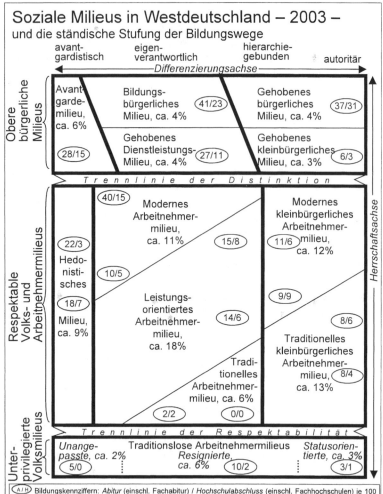

In der „Landkarte der sozialen Milieus" (vgl. Abb. 1), die hier nur in groben Linien umrissen werden kann, lassen sich fünf große „Traditionslinien" sozialer Milieus unterscheiden (in der Abbildung fett umrandet). Es handelt sich um die Traditionslinie von Macht und Besitz (oben rechts), der akademischen Intelligenz (oben halb-links), der Facharbeit und der praktischen Intelligenz (mitte-links) sowie die ständisch-kleinbürgerliche und die unterprivilegierte Traditionslinie (mitte-rechts und unten) (Vester u.a. 2001: 34 f.).

Die beiden Traditionslinien oberhalb der *Trennlinie der Distinktion* verbindet ihr Herrschaftsanspruch und ihre exklusive Lebenspraxis, mit der sie sich von den „gewöhnlichen" Milieus und ihrer Massenkultur abgrenzen. Die Milieus der beiden großen Traditionslinien oberhalb der *Trennlinie der Respektabilität* verbindet ihr Streben nach sozialer Anerkennung und geachteten, stetigen Lebensweisen. Dabei orientieren sich die ständisch-kleinbürgerlichen Milieus stärker an der Einbindung in hierarchische Strukturen, an Status und Prestige. Dagegen setzen die Milieus der Facharbeit auf Autonomie, Leistung und Kompetenz, was sich vor allem in der deutlich aufgeschlosseneren Haltung zu vermehrtem Bildungserwerb zeigt. Vor allem diese Differenzierungen der mittleren Milieus bedeuten gegenüber den bourdieuschen Analysen der gesellschaftlichen Mitte (vgl. Bourdieu 1982) eine wesentliche Weiterentwicklung. Die unterprivilegierten Milieus schließlich ringen am stärksten um den Anschluss an die respektable Gesellschaft, d.h. um ein geregeltes Leben in geordneten, „vorzeigbaren" Verhältnissen.

Insgesamt zeigt das Bild der sozialen Milieus, dass sich Milieuwandel und Mobilität vor allem als *horizontale Pluralisierung der Klassenkulturen* äußern (in Abb. 1 durch die feineren, diagonalen Linien gekennzeichnet). Das heißt, dass in den jüngeren Generationen, gestützt auf verbesserte Lebens- und höhere Bildungsstandards, modernere Lebensstile entwickelt und vergleichsweise mehr Selbstbestimmung und Autonomie in der Lebensgestaltung gefordert werden. Vertikaler Aufstieg über die Distinktionslinie ist nur etwa vier Prozent der Bevölkerung, die sich im „Gehobenen Dienstleistungsmilieu" finden, gelungen.

2. Entwicklungswege und Forschungsschwerpunkte

Der Beginn der systematischen Entwicklung des Milieuansatzes liegt mittlerweile fast 20 Jahre zurück. Er kann auf das Jahr 1987 datiert werden, in dem das von der Volkswagen-Stiftung geförderte Forschungsprojekt *Der Wandel der Sozialstruktur und die Entstehung neuer gesellschaftlich-politischer Milieus in der Bundesrepublik Deutschland* vorbereitet wurde. Dieses Projekt, dessen Ergebnisse unter dem Titel *Soziale Milieus im gesellschaftlichen Strukturwandel*

zuerst 1993 und später, in einer vollständig überarbeiteten und aktualisierten
Auflage, 2001 veröffentlicht wurden (vgl. Vester u.a. 1993, 2001), wurde zum
Wegbereiter weiterer Studien und zum Markenzeichen der hannoverschen Milieuforschung. Dabei sind einige Voraussetzungen für diese Forschung schon
längerfristig geschaffen worden.

Bereits in den 1960er Jahren arbeiteten Michael Vester und Peter von Oertzen gemeinsam mit anderen an einem Konzept gesellschaftlicher Klassen, das
der eigensinnigen Beteiligung sozialer Akteure am Zustandekommen der Alltagspraxis stärker Rechnung trug als es im mainstream der deutschen Sozialwissenschaften üblich war (vgl. Vester 2003: 198 f.). Im Spannungsfeld zwischen
Frankfurter Schule und demokratisch-sozialistischer Arbeiterbewegung hatte
sich Michael Vester mit der Thematik zunächst während seines Studiums in
Frankfurt auseinandergesetzt. Dies mit politisch engagierten Kommilitonen, die
zusammen die Studentenzeitung „neue kritik" herausgaben und die sich zudem
sehr stark in internationalen Zusammenhängen orientierten. Als Assistent und
späterer Kollege kam er anschließend nach Hannover zu Peter von Oertzen, dem
Vertreter eines demokratischen, unorthodoxen Marxverständnisses und insbesondere einer Demokratisierung der Wirtschaft und des Bildungssystems. Für
diese wissenschaftliche Richtung nahm Peter von Oertzen die Position eines
Anregers und Förderers ein, ähnlich wie sie Karl Martin Bolte für die differen-
zierende Schichtungssoziologie in München eingenommen hat. Dies verdeutlicht auch den Stellenwert des Beitrags von Peter von Oertzen in diesem Band,
der diese unorthodoxe, demokratische Lesart der marxschen Theorie und der
Geschichte der sozialen Bewegungen exemplarisch darstellt.

Ausdruck dieser Richtung sind auch die frühen historischen Analysen zur
Entwicklung der englischen und deutschen Arbeiterklasse im neu entstehenden
Industriekapitalismus von Michael Vester und Heiko Geiling, die beide seit den
1970er Jahren zusammenarbeiten. Sie grenzen sich ab von Positionen, nach deren Verständnis der Entstehung der Arbeiterklasse ein anomischer Zerfall der
sozialen Gruppen vorausging, aus denen sich die Industriearbeiterschaft rekrutierte. Die industrielle Revolution wird hingegen als ein Prozess verstanden, in
dem die sozialen Gruppen „ihre früheren Mentalitäten, Vergemeinschaftungs-
weisen und Protesttraditionen *mitgenommen* und auf die neuen Bedingungen des
Industriekapitalismus *umgestellt*" haben (Vester u.a. 2001: 133). Michael Vester
(1970) bezeichnet diese Umstellung als historischen Lernprozess im Sinne einer
Umwandlung oder Transformation, während bei Heiko Geiling (1985) die be-
harrlichen Momente erworbener Identitäten noch stärker betont werden. Die
longue durée des Habitus ist bis heute eine wichtige Grundlage für das Verständnis gesellschaftlichen Wandels geblieben, das in den erwähnten Habitus-

stammbäumen einen deutlichen Ausdruck findet. Mit empirischen Untersuchungen zu konkreten Habitusmustern in den Volksklassen seit dem 18. Jahrhundert ist die historische Analyse im Rahmen der hannoverschen Milieuforschung in den 1990er Jahren vor allem von Andrea Lange-Vester (2006) fortgesetzt worden.

Michael Vester rekurriert schon in seinen frühen Arbeiten auf die sozialhistorischen Studien von Edward P. Thompson, mit dem es eine hohe Übereinstimmung in der Auffassung von Klasse gibt als etwas Lebendigem und als „etwas, was in menschlichen Beziehungen tatsächlich geschieht" (Thompson 1987: 9). Auch für die spätere Entwicklung der typenbildenden Mentalitäts- und Milieuanalyse ist Thompson von zentraler Bedeutung gewesen. Einfluss auf die hannoversche Forschungsgruppe nahmen darüber hinaus die frühen englischen *Cultural Studies*, die Michael Vester und Peter von Oertzen ebenfalls bereits in den 1960er Jahren aufmerksam rezipiert hatten (vgl. Vester 2003). Zu ihren wichtigsten Vertreter gehörten Raymond Williams, Richard Hoggart, Stuart Hall und John Clarke. Sie folgen einem von den Vorstellungen der Frankfurter Schule abweichenden Kulturbegriff, indem sie, „anders als die Theorien der Massenkultur von der Alltagskultur der Konsumenten ausgehen, welche sie gerade nicht als »kulturelle Deppen« (*cultural dopes*) ansehen" (Winter 1999: 36).

Das integrierende „Konzept der gesamtgesellschaftlichen Klassen- und Kulturanalyse", das den vielfältigen Arbeiten der Cultural Studies fehlte (Vester 2003: 199), steuerte schließlich Pierre Bourdieu mit seiner Analyse der französischen Klassenkulturen in *La distinction* bei, die zuerst 1979 erschien. Es war Edward P. Thompson selbst, der Michael Vester 1976 auf Bourdieu aufmerksam machte (vgl. ebd.). Und auch Bourdieu, dessen Arbeiten in Hannover bereits zu Beginn der 1980er Jahre intensiv rezipiert wurden, hat die Nähe zu Thompson betont (vgl. Bourdieu 1989: 408 f., 1997: 115 f.)

Wichtige Bausteine der Milieutheorie waren demnach schon im Vorfeld des ersten Forschungsprojektes vorhanden. Die genauere Standortbestimmung innerhalb der Sozialstrukturanalyse erforderte weitere Konkretisierungen und Auseinandersetzungen. Der in diesem Band abgedruckte, zu Beginn der 1990er Jahre von Peter von Oertzen verfasste Text *Klasse und Milieu als Bedingungen gesellschaftlich-politischen Handelns* markiert eine Station innerhalb dieser Entwicklungen. Peter von Oertzen, der in den 1960er Jahren das Institut für Politische Wissenschaft der Universität Hannover gründete, konnte Ende der 1980er Jahre für eine intensive Mitarbeit in der Forschungsgruppe gewonnen werden. Deren Untersuchungen positioniert der nachfolgende Beitrag von Oertzens ohne Umschweife in der Tradition von Karl Marx und Max Weber, von Theodor Geiger und Edward P. Thompson. Zugleich greift er auf die damals aktuellen Analysen der Lebensweltforschung des Sinus-Instituts (Flaig u.a. 1993, Becker u.a. 1992) zurück, die auf breiter Datenbasis einen Zusammenhang zwischen subjektiver Lebenswelt, objektivem Sozialstatus, Generationszugehörigkeit und politischer Grundeinstellung ermittelten.

Die hannoversche Milieuforschung hat sich in ihrer Anfangszeit stärker auf die Daten und Milieuanalysen von Sinus gestützt. Inzwischen ist mit dem zunehmenden Bezug auf den Milieubegriff bei Émile Durkheim (1988) die Positionierung innerhalb der klassischen Tradition der Soziologie weitergeführt worden, während es zugleich schwieriger geworden ist, Ungleichheitsanalysen mit den von Sinus zunehmend veränderten Milieutypologien zusammenzubringen.

Die 1980er und 1990er Jahre waren geprägt von der Diskussion um die Streitfrage, inwiefern Milieus und Lebensstile determiniert oder frei gewählt sind (vgl. Kreckel 1983, Berger/Vester 1998). Peter A. Berger, der in seinem Beitrag in diesem Band an diese Auseinandersetzungen erinnert, nennt Ulrich Beck und Pierre Bourdieu als Platzhalter der entgegengesetzten Pole in der Diskussion. In dieser Debatte wurden Zwischentöne oft nicht wahrgenommen. Die hannoversche Forschungsgruppe geriet mit ihrer Bezugnahme auf Bourdieu in die entsprechende Schusslinie und hatte Mühe, sich aus der mit dem Reproduktionsetikett versehenen Schublade heraus für die Differenzierungen ihres Milieuansatzes Gehör zu verschaffen. Anderen erging es oft nicht viel anders.

Aktuelle Bilanzierungen zum Lebensstilkonzept in der Sozialstrukturforschung verdeutlichen die weiterhin geteilten Meinungen und eine nach wie vor vorhandene, gewisse Schärfe in der Diskussion (vgl. Hradil 2001, Meyer 2001). Immerhin scheint sich weitgehend ein *Minimalkonsens* durchgesetzt zu haben, dem zufolge es nicht um den Gegensatz von völliger Freiheit und völliger Unfreiheit oder von totaler Auflösung und kompletter Beharrung geht, nicht um das Primat entweder der Struktur oder des Individuums. So gibt es heute auch die eine oder andere Kooperation zwischen früheren Kontrahenten.

Die Weiterentwicklungen der typenbildenden Mentalitäts- und Milieuanalyse verdanken sich nicht zuletzt den Kontroversen innerhalb der Sozialstrukturforschung. Die hannoversche Forschungsgruppe hat hier viel Unterstützung vor allem von Stefan Hradil und Peter A. Berger erfahren. Ihre aufgeschlossene Haltung und kritische Aufmerksamkeit (vgl. etwa Hradil 2003), die in erster Linie und ungeachtet der eigenen wissenschaftlichen Position darauf zielt, die Konzepte sozialer Ungleichheit voranzubringen, hat ihre Wirkung als Herausforderung und als Motor nicht verfehlt.

Mit der Bezeichnung *pluralisierte Klassengesellschaft* hat Michael Vester die Ergebnisse der ersten größeren Untersuchung über den Sozialstrukturwandel in Westdeutschland auf den Begriff gebracht. Er kennzeichnet eine Dynamik, in der Modernisierungen und steigende Lebensvielfalt mit dem Fortbestand sozialer Klassen verbunden sind. Diese Sichtweise wird durch die aktuelle Diskussion über sozialstrukturelle Verschiebungen bestätigt, in denen die sozialräumliche Verlagerung großer Klassenfraktionen in Richtung wachsender Kompetenz und Autonomie bei gleichzeitig stabilen Klassenverhältnissen konstatiert wird (vgl. Engler/Krais 2004, Krais 2005).

Neuere Arbeiten von Michael Vester belegen diesen Befund anhand der Entwicklung der Bildungschancen und Bildungsbeteiligungen in Deutschland (vgl. Vester 2004, 2005a, 2006a). In ihnen wird der *Widerspruch zwischen Kompetenzrevolution und ständischer Privilegienordnung* (oder anders, in der Begrifflichkeit von Karl Marx, gesagt, zwischen der Entwicklung der Produktivkräfte und den Produktionsverhältnissen) herausgearbeitet, durch den der Erwerb kulturellen Kapitals nicht zum Statusgewinn führt, sondern durch herabgestufte berufliche Positionen und Einkommen abgewertet wird. Zuspitzend hat Vester (2006b) die deutsche Entwicklung im Begriff der „gefesselten Wissensgesellschaft" zusammengefasst.

Bildungsungleichheit und der Themenkomplex von Bildung, Habitus und sozialen Milieus haben sich den letzten Jahren zu einem Schwerpunkt der typenbildenden Mentalitäts- und Milieuanalyse entwickelt. Zur Positionierung in der Bildungsforschung haben vor allem die Diskussionen und die Zusammenarbeit mit Steffani Engler und Beate Krais beigetragen. Das Interesse gilt hier insbesondere den habitusspezifischen Bildungsstrategien, den Spannungsverhältnissen, in die Bildungsungewohnte und Bildungsaufsteiger aufgrund der Diskrepanz zwischen ihrem Habitus und den Anforderungen in Bildungsinstitutionen geraten, sowie nicht zuletzt der Frage, wie soziale Ungleichheit im Bildungssystem konkret hergestellt wird. Die Bearbeitung dieser Fragen geschieht unter anderem im Anschluss an die bildungssoziologischen Arbeiten von Pierre Bourdieu (vgl. Bourdieu/Passeron 1971). Das Forschungsprojekt über die *Studierendenmilieus in den Sozialwissenschaften* (vgl. Lange-Vester/Teiwes-Kügler 2004, 2006*)* gehört zu den umfangreicheren Studien in diesem Themenschwerpunkt, ist aber nicht die erste größere Untersuchung. Bereits Mitte der 1990er Jahre hat Helmut Bremer (1999; vgl. auch den Beitrag in diesem Band) ein umfangreiches Projekt zur *Weiterbildungsbeteiligung sozialer Milieus* durchgeführt. Die Analyse der im diesem Bereich angesiedelten Chancenungleichheit hat er in der Folgezeit systematisch, auch in historischer Perspektive, weitergeführt (vgl. Bremer 2004a, 2005).

Die in Zusammenarbeit mit der gewerkschaftlichen Bildungsvereinigung „Arbeit und Leben" entstandene Studie zur Weiterbildung ist Beleg einer Besonderheit der *politischen Soziologie* von Michael Vester: Viele der von ihm angeregten und geleiteten Untersuchungen folgen der *Intention, die intermediären Institutionen und ihre Akteure und die zivilgesellschaftlichen Kräfte zu stärken*. So entstand auch eine größere Untersuchung mit der evangelischen Kirche zum *Verhältnis der sozialen Milieu zur Kirche* (vgl. Vögele/Bremer/Vester 2002 sowie die Beiträge von Anhelm und Vögele in diesem Band). Dem Interesse an Gewerkschaftsreformen folgt eine aktuelle Untersuchung über *Neue Arbeitnehmer*, die in Zusammenarbeit mit dem Vorstand der IG Metall durchgeführt wird (vgl. Teiwes-Kügler/Lange-Vester/Vester 2005).

Hintergrund dieser Forschungen ist die Beobachtung, dass der Milieuwandel für zahlreiche Institutionen zunehmend mit dem Problem verbunden ist, dass ihre Mitglieder sich ihnen nicht mehr hinreichend verbunden fühlen. Dieser massive Bindungsverlust fordert zur Entwicklung neuer Adressatenkonzepte heraus, die den in allen Milieus gestiegenen Partizipationsansprüchen besser gerecht werden können. Im Blick auf die sog. *Politikverdrossenheit der Milieus* gilt diesem Motiv auch speziell das Engagement von Michael Vester und Heiko Geiling (2006) im Bereich der Parteien- und Wahlforschung. Die Untersuchungen der Forschungsgruppe sind in Kooperationszusammenhänge mit den Institutionen und ihren Akteuren eingebettet, um Ergebnisse direkt in die Organisationen zu tragen und deren Auseinandersetzungen darüber voranzubringen (vgl. Bremer 2004b). Im Sinne einer *Hilfe zur Selbsthilfe* sollen sie in die Lage versetzt werden, die Milieus (wieder) stärker zu repräsentieren und der Milieuverengung entgegenzuwirken.

Dem Anspruch auf Praxisnähe folgen auch die Arbeiten von Heiko Geiling, der sich mit einer eigenen Forschungsgruppe, zu der Thomas Schwarzer und Martin Buitkamp gehören, auf die Thematik der *sozialen Integration in der Stadt* spezialisiert und ein differenziertes Konzept stadtteilbezogener Milieu- und Kohäsionsanalysen entwickelt hat (vgl. Geiling/Schwarzer u.a. 2001, Geiling 2006 sowie auch den Beitrag in diesem Band). Eine gerade begonnene, größere Untersuchung ist im gewerkschaftlichen Schwerpunkt angesiedelt.

Die Studien der typenbildenden Mentalitäts- und Milieuanalyse befassen sich schwerpunktmäßig, wenngleich durchaus nicht ausschließlich, mit der westdeutschen Bevölkerung. Sehr rasch nach der Wende hat die Gruppe die Kooperation mit Leipziger und Berliner Kolleginnen und Kollegen aufgenommen. Daraus hervor ging Anfang der 1990er Jahre ein Forschungsprojekt über den *Sozialstrukturwandel in Ostdeutschland* und die Bewältigungsstrategien in den sozialen Milieus, das sich auf die Brandenburger Region und den Raum Leipzig konzentrierte (vgl. Vester/Hofmann/Zierke 1995). Damals konnten sozialräumliche Darstellungen der Mentalitäten und Milieus in Ostdeutschland begonnen werden, deren weitere Entwicklung schließlich nach der Ablehnung einer weiteren Projektförderung nicht verfolgt werden konnte. Den Eindruck, dass die ostdeutsche Forschung in diesem Themenfeld insgesamt recht lückenhaft erscheint, findet sich im Beitrag von Michael Hofmann und Dieter Rink in diesem Band bestätigt.

Einen weiteren thematischen Fokus bildet die Analyse der Geschlechterungleichheit. Den Beiträgen von Bärbel Clemens (z.b. 1990) folgte 1993 ein Forschungsprojekt im Themenfeld von *Klasse und Geschlecht,* das geschlechtsspezifische Ausprägungen im Klassenhabitus und deren Entwicklung im Generationenwechsel untersuchte (vgl. Völker 1995). Im Anschluss an Margareta Steinrücke und Petra Frerichs (1993), die der Frage nach der Verschränkung von geschlechtlicher und sozialer Ungleichheit zuerst systematischer nachgegangen sind, haben Michael Vester und Daniel Gardemin (2001) am Beispiel einer eigenen Repräsentativuntersuchung gezeigt, dass es keine „weiblichen Milieus" gibt, sondern dass die Geschlechterunterschiede jeweils Differenzierungen eines Habitustyps sind. Dabei enthält jede soziale Klasse eine eigene Schieflage nach Geschlecht, in der die Frauen unterhalb der Männer und sozialräumlich weiter links, d.h. stärker in Richtung von Eigenverantwortung und Autonomie angesiedelt sind. Diesen Befund bestätigen auch die gerade laufenden Untersuchungen von Andrea Lange-Vester über die Entwicklung der geschlechtsspezifischen Arbeitsteilungen.

Schließlich gilt den *Milieus und Mentalitäten der modernen Arbeitnehmermitte* seit etwa Mitte der 1990er Jahre das besondere Interesse von Michael Vester. Die Untersuchungen Pierre Bourdieus zum „kleinbürgerlichen Geschmack" der französischen Mittelklasse (vgl. Bourdieu 1982: 500 ff.) wie auch die Forschungen von Sinus zum „Aufstiegsorientierten Milieu" boten noch keine zufriedenstellende Lösung in der Frage nach der Ausdifferenzierung der mittleren Milieus. Deren systematische Bearbeitung, die zunächst durch ein Forschungsprojekt ermöglicht wurde (vgl. Gardemin 1997, Vester 1998) und zu der auch historische Analysen gehören (vgl. Gardemin 2006), widmete sich den beiden Habitusstammbäumen der Mitte, die zu einem wichtigen Arbeitsfeld der typenbildenden Mentalitäts- und Milieuanalyse geworden sind: der „ständischkleinbürgerlichen Traditionslinie" und der sozialräumlich weiter links angesiedelten „Traditionslinie der Facharbeit und der praktischen Intelligenz". Die Milieus dieser zweiten Traditionslinie, in der das *Prinzip von Leistung und Gegenleistung in Gestalt gesellschaftlicher Teilhabe und Anerkennung* gilt, bilden die neue Arbeitnehmermitte (nicht zu verwechseln mit der von Gerhard Schröder proklamierten „neuen Mitte" von Trendsettern). Sie belegen, was in der wissenschaftlichen Diskussion häufiger verkannt wird, dass nämlich Investitionen in Bildung und Kompetenz nicht in erster Linie Aufstiegsstrategien sind, sondern auf Eigenverantwortung und Autonomie zielen.

Die typenbildende Mentalitäts- und Milieuanalyse hat zur Weiterentwicklung einer Theorie sozialen Klassen beigetragen, die sich um eine zusammenhängende Sicht der Erfahrungen und Handlungspotenziale sozialer Akteure und der in Strukturen und Institutionen wirksamen Geschichte ihrer Chancen und der sozialen Herrschaftsverhältnisse bemüht. Dies geschieht aus einer *verstehenden Perspektive*, die Wert darauf legt, die Akteursperspektive ernst zu nehmen und sie nicht nach den herkömmlichen Elite-Masse-Schemata zu klassifizieren. Praktisch erfordert dieser Anspruch, in der Arbeit den eigenen sozialen Ort zu reflektieren. Und er bedeutet, die Dinge auch gegen den Strich und damit gegen die herrschende Sicht zu kämmen, um nicht den Mechanismen der symbolischen Gewalt (vgl. Rehbein 2006: 189 ff.) aufzusitzen, die bewirken, dass *legitime Ordnung mit natürlicher Ordnung verwechselt* wird.

Die Mentalitäts- und Milieuanalyse orientiert sich hier an der bei Bourdieu formulierten Methode des „doppelten Bruchs" (vgl. Bourdieu u.a. 1997; vgl. auch Rehbein 2006: 51 ff.) sowohl mit der Alltagssprache und den subjektiven Äußerungen der Untersuchten als auch mit der Vorstellung wissenschaftlicher Objektivität der Forschenden. In Zusammenhang mit dem Milieuansatz wurden zudem spezifische Erhebungs- und Auswertungsmethoden zur Untersuchung von Habitus und Feld entwickelt. Im Bereich der quantitativen Analyse hat sich vor allem Daniel Gardemin spezialisiert, der damit auch die Arbeit von Thomas Hermann fortsetzt. Die qualitative Empirie, die bis in die 1990er Jahre auch durch Dagmar Müller vertreten wurde, hat ein Standbein in Einzelbefragungen, konkret in lebensgeschichtlichen und themenzentrierten Interviews über bis zu drei Generationen einer Familie. In den letzten Jahren haben sich zunehmend Erhebungen nach dem Verfahren der *mehrstufigen Gruppenwerkstatt* – einer Weiterentwicklung der Gruppendiskussion – (Bremer 2004b, Bremer/Teiwes-Kügler 2003) durchgesetzt, das speziell für die Analyse von Habitusmustern und deren Aktualisierung in spezifischen gesellschaftlichen Feldern entwickelt worden ist. Die Gruppenwerkstatt arbeitet unter anderem mit der Collagentechnik, die einen anderen Zugang zum Habitus ermöglicht und die vor allem von Christel Teiwes-Kügler (2001) eingebracht worden ist.

In der Weiterentwicklung der Methodologie der bourdieuschen Habitustheorie hat die Gruppe vor allem an der Operationalisierung der Habitus- und Milieuanalyse gearbeitet und ein Konzept zur *Habitushermeneutik* entwickelt. Dieses methodische Instrumentarium, das bei Bourdieu nur ansatzweise ausgearbeitet ist, entstand in der Arbeit an inzwischen etwa 800 interpretierten, qualitativen Interviews und Gruppenwerkstätten und unter Einbeziehung weiterer

Methoden. Die Habitushermeneutik ermöglicht auch in der Arbeit mit Studierenden den empirischen Anschluss an die Theorie. Seit 1992 ist ein umfangreiches Lehrprogramm entstanden, in dem die Theorie und Empirie des Habitus systematisch vermittelt wird. Auch hier gilt das Prinzip der Praxisnähe, das durch eigene empirische Arbeiten der Studierenden sowie durch die Diskussion laufender Forschungsvorhaben in der Lehre umgesetzt wird.

3. Zum Aufbau und zu den Beiträgen des Bandes

Die Beiträge des Bandes argumentieren allesamt mit Konzepten der sozialen Milieus, des Lebensstils oder der Alltagskultur. Aber sie tun das auf unterschiedliche Weise. Gemeinsam ist ganz allgemein das Bestreben, soziale Gruppen nicht als vorab durch objektive Strukturen, etwa die ökonomische Lage oder die berufliche Stellung, definierte bzw. determinierte Akteure zu fassen, sondern soziales Handeln vielschichtiger zu begreifen und insbesondere die Erfahrungsdimension der Akteure zu berücksichtigen. Es zeigt sich also, dass es trotz der mittlerweile langjährigen Forschung zu sozialen Milieus nicht *das* Milieukonzept gibt.[1] Michael Vester hat in diesem Zusammenhang darauf hingewiesen, dass es nicht zuletzt die unterschiedlichen und mehrdeutigen Konnotationen des Begriffs Milieu und die daraus resultierende „Unschärfe" ist, die zu dessen Popularität beigetragen haben dürfte (Vester u.a. 2001: 168). Die Autorinnen und Autoren dieses Bandes verbindet auch, dass sie – wiederum in unterschiedlicher Weise – von dem von Michael Vester entwickeltem Konzept sozialer Milieus wichtige Anregungen erhalten und Anleihen genommen haben.

Wenn Peter *von Oertzen* die Frage nach dem „historischen Subjekt" und dem „kollektiven Akteur" gesellschaftlicher Emanzipation in den Mittelpunkt seiner Ausführungen stellt, dann ist damit auf die zentrale Thematik dieses Bandes gezielt, wie nämlich die sozialen Gruppen gesellschaftliche Umwälzungen bewältigen, verarbeiten und gestalten. Der Verfasser blickt zunächst auf klassische Ansätze, die den Zusammenhang von Klasse und Klassenbewusstsein thematisiert haben. Marx kann zwar ökonomisch-bedingte Klassenlagen überzeugend herausarbeiten, allerdings wird nicht hinreichend geklärt, wie aus abstrakten Klassen auch konkrete politisch handelnde Klassen werden bzw. nicht werden. Weiter führt hier der Ansatz Geigers, der die Ebene der Mentalität einführt und damit aufzeigt, dass subjektives Handeln nicht einfach aus der objektiven Klassenlage abzuleiten ist. Gegenüber einem ökonomischen Deter-

---

1 Vgl. dazu etwa die Beiträge von Hradil (1992) und Matthiesen (1998), die die sozialwissenschaftliche Tradition des Begriffs nachzeichnen.

minismus betont Thompson, dass Klassen keine statischen Gebilde sind, sondern historisch handelnde Akteure, und dass Klassenbewusstsein sich ausdrückt in der Art der Verarbeitung von Klassenlagen. Bei Weber hebt von Peter von Oertzen die Thematisierung des Zusammenhangs von sozialen Klassen und politischer Führung hervor. Im weiteren findet der Verfasser in der Politik- und Parteienforschung den wichtigen Hinweis, dass (partei-)politisches Lager (Klassenbewusstsein) und lebensweltliches Milieu nicht zusammenfallen müssen; das tun sie nur dann, wenn Parteien zugleich sozial und kulturell in den alltagsweltlichen Milieus verankert sind. Das bestätigt, dass von der Klassenlage nicht direkt auf das Klassenbewusstsein geschlossen werden kann; dazwischen schiebt sich gewissermaßen die Ebene der Alltagswelt, auf der die Akteure die soziale Welt wahrnehmen und verarbeiten. Dies führt Peter von Oertzen schließlich zur neueren Sozialstrukturforschung, die von Karl Martin Bolte, Stefan Hradil, Reinhard Kreckel und Peter A. Berger wichtige Impulse bekommen hat. Die daraus hervorgegangene Wiederentdeckung des Konzeptes der „sozialen Milieus" liefert die Möglichkeit, die klassische Frage nach dem (politisch) handelnden kollektiven Akteur auch empirisch wieder aufzunehmen. Mit Bourdieus Theorie von Habitus und Feld ist zudem ein Fundament bereit gestellt, das von Michael Vester und seiner Forschungsgruppe für den Milieuansatz fruchtbar gemacht werden konnte und dessen weitere Entwicklung oben beschrieben wurde.

Diagnosen und Perspektiven

Dieser einleitenden Grundlegung schließen sich im ersten Teil des Bandes Beiträge an, die auf einer gesamtgesellschaftlichen Ebene argumentieren und dabei die Rolle des Konzeptes der sozialen Milieus mit im Blick behalten.

Peter A. *Berger* setzt sich mit dem möglichen Beitrag von Milieu- und Lebensstilansätzen für die Analyse der künftigen, stärker ‚wissensgesellschaftlich' geprägten Sozialstruktur auseinander. Die Zunahme wissensbasierter Tätigkeiten zeige sich bereits seit längerem in der stetig wachsenden Zahl von Berufen im Informationssektor, was einher gehe mit neuen, von mehr Flexibilität, weniger Stabilität und neuen Kompetenzanforderungen geprägten Formen von Beruflichkeit. Was das für die berufsbasierten Klassen- und Schichtenmodelle bedeutet, sei noch weitgehend unklar; die verschiedenen Konzepte der Informations- und Wissensgesellschaft (etwa von Bell, Touraine, Stehr und Castells) hätten bisher die Frage nach der Klassenstruktur derselben nur wenig bzw. nicht hinreichend im Blick (vgl. Bittlingmayer 2005). Sozialstruktur- und Ungleichheitskonzepte müssten Zugang *zu* und Umgang *mit* der Ressource Wissen verstärkt mit aufnehmen und, so Berger, „Wissensbestände, kognitive Erwartungen, Klassifikationsschemata, Semantiken" als „eigenständige Aspekte der Sozialstruktur" auffassen. Da Milieus aber nicht nur auf ungleichen Kompetenzen beruhen, sondern diese zugleich mit erzeugen, kommt auch der Frage nach der Entstehung von Milieus wachsende Bedeutung zu.

Während Berger also auf Dimensionen zielt, die quer zu den traditionellen Schichtindikatoren liegen, greift der Beitrag von Rainer *Geißler* und Sonja *Weber-Menges* die Auseinandersetzung um die häufig im Anschluss an Ulrich Beck (1986) vertretene Auffassung von der Auflösung von Klassen und Schichten im Zuge der Individualisierung auf. Der damit oft behaupteten abnehmenden Bedeutung der Klassen- und Schichtstruktur für das Leben und Denken halten die Autoren entgegen, dass die damit verbundene Vorstellung von der vertikalen Struktur der Gesellschaft nach wie vor stark in den Köpfen der Menschen verankert ist. Um das auch empirisch zu zeigen, greifen sie auf die von Bourdieu (1982: 729 ff.; 2000: 48 f.) im Anschluss an Durkheim betonte Erkenntnis von der Korrespondenz mentaler und sozialer Strukturen zurück. Gestützt auf eine empirische Studie, in der die Befragten mit der Begrifflichkeit von Klassen- und Schichtenkonzepten die Gesellschaftsstruktur charakterisieren sollten, arbeiten die Autoren heraus, dass das Bild einer von vertikaler Ungleichheit geprägten Gesellschaft nach wie vor existent ist. Sozialwissenschaftliche Thesen einer nachlassenden Bedeutung dieser Dimension und der Entstehung einer entschichteten und entstrukturierten Gesellschaft entsprechen demnach keineswegs den Gesellschaftsbildern der Akteure selbst. Rainer Geißler und Sonja Weber-Menges folgern daraus, dass Milieu- und Lebensstilkonzepte, die häufig die von Schichtansätzen wenig berücksichtigten horizontalen Unterschiede betonen, keineswegs die Bedeutung vertikaler Ungleichheiten vernachlässigen dürften. Nimmt man hier den Beitrag Peter A. Bergers hinzu, dann wird deutlich, dass es gilt, beide Dimensionen in Milieukonzepten aufzunehmen.

Franz *Schultheis* diskutiert, wie die aktuelle ökonomisch-gesellschaftliche Entwicklung, er spricht in Anlehnung an die Untersuchung von Boltanski und Chiapello (2003) vom „neuen Geist des Kapitalismus", die Bewältigungsstrategien der sozialen Akteure herausfordert. In den Blick gerät vor allem der von Boltanski und Chiapello herausgearbeitete neue Management-Typus, der gekennzeichnet ist durch eine bisher nicht gekannte Selbstverantwortlichkeit, Flexibilität und Mobilität. Diese in den Chefetagen entworfene Kunstform eines „employable man" liefert offenbar zunehmend das neue Leitbild, an dem sich Arbeitnehmer zu orientieren haben. Es liegt jedoch quer zu den habitus- und milieuspezifischen Lebensstrategien der Menschen. Franz Schultheis kann das anhand einer empirischen Studie zeigen, die im Kontext der mit zahlreichen Entlassungen verbundenen Umstrukturierung eines Schweizer Unternehmens

entstand. Das Auseinanderfallen von Habitusmustern und Gesellschaftsstrukturen erfahren die Akteure als biographische und lebensweltliche Brüche – mit
Bourdieu (2001: 199 ff., 204 ff.) auch zu beschreiben als Missverhältnis von
Disposition und Position. Die Gesellschaft verliert für die Akteure ihre Verlässlichkeit und Berechenbarkeit (vgl. Schultheis/Schulz 2005). Der „neue Geist des
Kapitalismus" bewirkt, so Franz Schultheis, die „Entfesselung von Marktkon-
kurrenzen" und höhlt zunehmend die im Zuge langer sozialer Kämpfe entwickelten gesellschaftlichen Schutzinstanzen aus, die den Einzelnen vor Risiken
schützen, so dass die Akteure immer stärker auf sich und ihre milieuspezifischen Bewältigungsstrategien zurückgeworfen werden.

Reimund *Anhut* und Wilhelm *Heitmeyer* setzen sich in ihrem Beitrag mit
der Frage auseinander, ob die gesellschaftliche Entwicklung von zunehmenden
Entsolidarisierungstendenzen und von der Zunahme individuellen Nutzenden-
kens begleitet ist. Hintergrund für einen entsprechenden Einstellungswandel
könnte sein, dass subjektives Ungerechtigkeitsempfinden zunimmt, wenn etwa
die von Michael Vester für die mittleren Arbeitnehmermilieus herausgestellte
Formel „Leistung gegen Teilhabe" nicht mehr aufgeht oder wenn, wie bisweilen
vermutet, im Zuge sozialer Polarisierung in Gewinner und Verlierer von erste-
ren vermehrt sozialdarwinistische Positionen vertreten werden. Mit Bezug auf
einen spezifischen „Des-Integrationsansatz", der verschiedene Dimensionen
gesellschaftlicher Integration umfasst, wird der Thematik, gestützt auf eine
umfangreiche empirische Studie, nachgegangen. Im Ergebnis können die Autoren aufzeigen, dass in weiten Teilen der Bevölkerung tatsächlich der Eindruck
besteht, dass sich soziale Gegensätze verschärft haben. Im Zusammenhang damit ist das Gerechtigkeitsempfinden erheblich gestört. Hier steckt ein erhebliches Potenzial für soziale Konflikte. Mit Bezug auf das Milieukonzept ließe sich
dieser Befund dahingehend interpretieren, dass die in den sozialen Milieus verankerten Kohäsionskräfte und Bewältigungsressourcen die Des-Integrations-
prozesse bisher (noch) abfedern; sie geraten aber zunehmend unter Druck, so
dass der soziale Zusammenhalt gefährdet ist.

Die Umstellung auf kulturelles Kapital

Die Beiträge im zweiten Teil des Bandes beschäftigen sich mit der Rolle des
„kulturellen Kapitals". Es ist heute weitgehend unstrittig, dass Zugang zu und
Umgang mit Bildung für die Entwicklung der Sozialstruktur von zentraler Bedeutung sind und sein werden, wie auch der Beitrag von Peter A. Berger zeigt.
Bourdieu (1982: 210 ff.) hat bereits früh darauf hingewiesen, dass soziale Gruppen sich verstärkt auf diese Notwendigkeit umstellen müssen. Sie sind dafür
ihrem Habitus entsprechend ganz unterschiedlich ausgestattet, ebenso wie die

Bildungseinrichtungen darauf bisher kaum hinreichend vorbereitet sind (vgl. Berger/Kahlert 2005).

Der Beitrag von Steffani *Engler* (erstmals 1997 erschienen) thematisiert dies für das Feld der Hochschule. Auf der Grundlage einer empirischen Studie unterscheidet die Verfasserin die Studierenden hinsichtlich ihrer gewählten Fächer, ihrer Lebensweise und ihres Geschlechts. Durch die Bezugnahme auf Bourdieus Arbeiten zum sozialen Raum, zum Habitus und zur Geschlechterkonstruktion und auf die frühen Arbeiten zur Fachkulturforschung aus den 1980er Jahren (vgl. Liebau/Huber 1985) kann sie auf diese Weise auch die implizit darin enthaltenen Studienstrategien sichtbar machen. Betrachtet man nur die nach objektiven Kriterien scheinbar homogene Lage der Studierenden, dann gerät nicht in den Blick, was sie trennt und was sie in die Hochschule mitgebracht haben. Diese klassenspezifischen Unterschiede stecken gewissermaßen in den gewählten Fächern und in den damit verbundenen antizipierten Laufbahnen. So stammen Studierende der Medizin und Rechtswissenschaft häufiger aus Familien mit hohen Bildungsabschlüssen, während Studierende aus vergleichsweise bildungsfernen Milieus eher sozial- und ingenieurwissenschaftliche Studienfächer wählen. Zudem zeigt sich eine starke geschlechtsspezifische Teilung, die tendenziell dem Muster der geschlechtsspezifischen, die Frauen benachteiligenden inneren „Unterschichtung" der Milieus entspricht (Vester/Gardemin 2001: 467). Deutlich wird letztlich, dass Studium und Berufswahl mit der ganzen Person und der Alltagskultur zusammenhängen, dass es also eine Korrespondenz von Habitus und Studierstil gibt, wobei die Hochschule als ein Ort anzusehen ist, an dem über kulturelle Praxis die soziale Reproduktion befördert wird (vgl. aktuell Lange-Vester/Teiwes-Kügler 2006).

Helmut *Bremer* betrachtet mit der Weiterbildung einen Bereich des Bildungswesens, der bisher meist wenig Beachtung in der Bildungssoziologie gefunden hat, im Zuge des immer mehr geforderten „lebenslangen Lernens" jedoch künftig an Bedeutung gewinnen wird. Sein Ausgangspunkt ist der Befund der ausgeprägten sozialen Selektivität (vgl. Faulstich 2003), zu der neben anderen Gründen auch die von Bourdieu herausgestellten soziokulturellen Mechanismen beitragen, die im Bildungswesen wirksam sind. Die soziale Selektivität erhält gegenwärtig dadurch zusätzliche Brisanz, dass verstärkt Konzepte der Selbststeuerung und Selbstverantwortung des Lernens propagiert werden, die die Bedeutung der Klassenzugehörigkeit meist vernachlässigen und die, so die These, zur Verschärfung der Ungleichheit beizutragen drohen. Um das zu zeigen, zieht der Autor eine eigene, von Michael Vester geleitete Untersuchung zu den milieuspezifischen Weiterbildungseinstellungen heran. Die Re-Interpretation wichtiger Studien zur sozialen Differenzierung der Weiterbildungsteilnehmenden aus der Perspektive der Habitus- und Milieutheorie ermöglicht es, die aktuellen milieutypischen Dispositionen und Praktiken in eine historische Tradition zu stellen. Helmut Bremer kann auf diese Weise offen legen, dass sich soziokulturell geprägte Muster sozialer Selektivität transformieren. Letztlich scheinen sich mit der Etablierung der Konzepte des Selbstlernens Mechanismen sozialer Schließung zu aktualisieren, durch die eine Verstärkung von Ungleichheit in diesem Bereich des Bildungswesens zu befürchten ist.

Uwe H. *Bittlingmayer* und Ullrich *Bauer* arbeiten in ihrem Beitrag heraus, dass der Milieuansatz der Forschungsgruppe um Michael Vester insbesondere geeignet ist, den Zusammenhang von Bildungsungleichheit und Herrschaftsverhältnissen aufzudecken. Dabei stellen sie zunächst Verbindungen zu Ansätzen her, die eine sozialisationstheoretische Erweiterung des Milieukonzeptes ermöglichen. Bezogen auf Bildungsungleichheit wird die Notwendigkeit hervorgehoben, zwischen vertikalen und horizontalen Perspektiven zu vermitteln, was in Bourdieus Begrifflichkeit der Forderung nach dem Vermeiden objektivistischer wie subjektivistischer Einseitigkeiten entspricht (vgl. etwa Bourdieu 1976: 146 ff.). Es gilt demnach, die alltagsweltlich verankerten milieuspezifischen Bildungs- und Wissenszugänge nicht von vornherein als defizitär abzuwerten, sondern sie anzuerkennen, ohne sie im Sinne eines „going native" zu idealisieren. Gerade für eine so komplexe Analyse von Bildungsungleichheiten ist der Milieuansatz Vesters sehr gut geeignet, weil er die Akteursperspektiven berücksichtigt, ohne Herrschaftsverhältnisse auszublenden, wie sie etwa in Bildungseinrichtungen wirksam sind und nicht zuletzt, wie die Autoren betonen, durch das hierarchisch gegliederte Bildungssystem reproduziert werden. Die Notwendigkeit, Bildungsungleichheit nicht losgelöst von gesamtgesellschaftlichen Herrschaftsverhältnissen zu sehen, diskutieren Uwe H. Bittlingmayer und Ullrich Bauer abschließend vor einem sozialphilosophischen Hintergrund. Sie sehen Michael Vesters Ansatz hier in der Nachfolge der Kritischen Theorie (vgl. auch Vester 2003) und plädieren dafür, das Milieukonzept sowohl für die gesellschafts- und klassentheoretischen als auch für die ideologiekritischen Fragestellungen der Sozialphilosophie fruchtbar zu machen.

Volksmilieus zwischen De-Klassierung und Anerkennung

Übergeordnetes Thema des dritten Teils sind die Strategien, mit denen insbesondere soziale Milieus der mittleren und unteren sozialen Stufe gesellschaftliche Wandlungsprozesse zu bewältigen suchen. Dabei geht es vor dem Hintergrund der eingangs skizzierten sozialen Zuspitzungen je nach Ressourcen und sozialer Situation darum, Deklassierungsgefahren abzuwehren bzw. Respektabilität und Anerkennung aufrecht zu erhalten oder zu erlangen.

Olaf *Groh-Samberg* untersucht vor diesem Hintergrund den Wandel der Arbeitermilieus, und zwar vor allem derjenigen Teile dieser Traditionslinien, die nach wie vor in arbeitertypischen Branchen der Industrie beschäftigt sind. Während ein erster Kontinuitätsbruch, die „Entproletarisierung" der Arbeiter, vor allem in Studien wie der von Mooser (1984) recht gut erforscht ist, gilt das für die derzeitigen Prozesse der Deindustrialisierung keineswegs. Diese sind verbunden mit einem zweiten Kontinuitätsbruch, da die Arbeitermilieus sich auf nicht-industrielle Tätigkeiten umstellen müssen. Darauf sind sie ihren Mentalitäten und ihren Kompetenzen entsprechend ganz unterschiedlich eingestellt. Während sich für die besser qualifizierten Arbeiter, also tendenziell diejenigen, die dem Milieustammbaum der „praktischen Intelligenz" zuzurechnen sind, dabei durchaus horizontale und vertikale Mobilitätswege eröffnen können, ist die Entwicklung insbesondere für die Arbeiter aus dem Stammbaum der „Traditionslosen Arbeiter" mit Re-Prekarisierungen verbunden, d.h. mit der Rückkehr überwunden geglaubter sozialer Risiken. Olaf Groh-Samberg kann, gestützt auf empirische Studien, herausarbeiten, dass diese Milieus generell auf wenig anerkannte und respektierte Strategien der Informalität zurückgedrängt werden, die sozialhistorisch über Jahrhunderte für die unterprivilegierten bzw. unterständischen Schichten typisch waren (vgl. Lange-Vester 2006). Letztlich spricht somit vieles dafür, dass sich die soziale Trennlinie der Respektabilität wieder zu verschärfen droht.

An dieser Stelle setzen auch Michael *Hofmann* und Dieter *Rink* an. Ihr Interesse gilt den ostdeutschen Arbeitermilieus, die von den bei Olaf Groh-Samberg, aber auch bei Franz Schultheis, beschriebenen Entwicklungen massiv betroffen sind. Zugleich verdeutlicht ihr Beitrag aber den schon angesprochenen unbefriedigenden Forschungsstand zu den sozialen Milieus in Ostdeutschland. So stellen die Autoren zu Beginn den auffälligen Befund heraus, dass die „Arbeiter" seit dem Ende der 1990er Jahre sowohl aus dem sozialwissenschaftlichen Diskurs als auch aus der Öffentlichkeit verschwunden sind, und begeben sich im Folgenden auf Spurensuche. Dabei unterscheiden auch sie, in Anlehnung an Vester u.a. (2001), zwischen dem traditionellen und dem traditionslosen Stammbaum der Arbeitermilieus und zeichnen deren Entwicklung nach. Insbesondere die traditionellen Arbeiter verkörperten in der DDR, aber auch in den ersten Jahren nach der Wende, geradezu das kulturelle Leitbild der damaligen Gesellschaft. Eben deshalb erfahren sie offenbar vielfach den ökonomischen, sozialen und kulturellen Wandel als Deklassierung, d.h. als Verlust der Respektabilität und Anerkennung. In der Öffentlichkeit und in der Berichterstattung der Medien scheinen jetzt kulturelle Praktiken und politische Orientierungen zu dominieren, die den „Traditionslosen Arbeitern" zuzuordnen sind. Letztlich ist jedoch unklar, wie insbesondere die zum Stammbaum der „praktischen Intelligenz" gehörenden Milieus der Arbeiter den Wandel verarbeiten. Die Autoren können nur vermuten, dass nach dem Konzept der Traditionslinien sozialer Milieus bei den jüngeren Generationen Umstellungsprozesse zu erwarten sind, was auch in der ostdeutschen Milieustruktur seinen Ausdruck finden müsste.

Einen vertieften Einblick dazu ermöglicht der Beitrag von Susanne *Völker*. Gestützt auf eine qualitative Panelstudie arbeitet sie heraus, mit welchen Strategien ostdeutsche Frauen, die dem Milieustammbaum der „praktischen Intelligenz" zugeordnet werden können, die gesellschaftlichen Transformations- und Wandlungsprozesse alltagsweltlich verarbeiten. Sie macht eindringlich darauf aufmerksam, die sichtbar werdenden Handlungsmuster weder als reine Anpassungsleitung von Akteurinnen und Akteuren zu sehen sind, die den Verhältnissen passiv ausgeliefert sind, noch als quasi autonome Selbstbehauptung gegenüber der sozialen Welt, sondern dass sie im Sinne Bourdieus als Ausdruck wenig bewusster, auf den Habitusschemata aufbauender Umstellungsstrategien zu verstehen sind. Die drei vorgestellten Fälle zeigen, dass die Frauen in spezifischer Weise mit den sich ergebenden Möglichkeiten und Zwängen umgehen und dabei versuchen, aufbauend auf den biographischen Erfahrungen auch an die antizipierten sozialen Laufbahnen anzuschließen. Das führt zu komplexen Arrangements zwischen erwerbs- und lebensformbezogenen Notwendigkeiten und Chancen. Verbindend ist, dass sich in den Umstellungsstrategien ein *pragmatischer Realismus* zeigt, bei dem stets versucht wird, in den sich auftuenden „Möglichkeitsräumen" eigene Interessen und Vorstellungen nicht aufzugeben. Es handelt sich demnach um ein für diese Milieus typisches Handlungsmuster, das auch Hinweise gibt für die von Michael Hofmann und Dieter Rink aufgezeigte Forschungslücke zum Wandel der ostdeutschen Arbeitermilieus.

Daniel *Gardemin* beschäftigt sich schließlich eingehender mit der Abgrenzungslinie der Respektabilität, die im Milieuansatz von Michael Vester die gesellschaftlich geachteten von den unterprivilegierten Milieus trennt. Die These des Verfassers ist, dass diese Grenze der sozialen Anerkennung insbesondere durch die aktuellen Umgestaltungen der Sozialgesetzgebung unter Druck gerät. Wie am Beispiel einer Novelle von Gottfried Keller gezeigt wird, haben die Menschen selbst meist ein feines Gespür für Prozesse sozialer Anerkennung. Respektabilität muss letztlich als ein vielschichtiges soziales Konstrukt verstanden werden, das Lebensweise, ökonomische Situation und die Position im sozialen Gefüge umfasst, wie Daniel Gardemin mit Bezug auf Weber, Castel und Simmel herausarbeitet. Empirisch greift der Autor auf eine Untersuchung zurück, in der je ein großes Milieu aus dem Stammbaum der „praktischen Intelligenz" und der „ständisch-kleinbürgerlichen Milieus" feiner herausgearbeitet wurde, für das die Frage der Respektabilität einen zentralen Stellenwert hat. Sichtbar werden so die unterschiedlichen Strategien, auf die die Milieus zurückgreifen, wenn sie von Prekarität und sozialem Abstieg bedroht sind. Die gegenwärtige Sozialgesetzgebung lasse jedoch das Gespür für solche sozialhistorisch erworbenen, milieuspezifischen Bewältigungsmuster, so die abschließende Einschätzung, weitgehend vermissen, was zu einer folgenreichen Verschiebung der Grenze der Respektabilität führen könne.

Zusammenleben und Alltagskultur

Im letzten Teil des Bandes geht es darum, welche Bedeutung milieuspezifische Unterschiede der Lebensweise für das Zusammenleben im Alltag haben. Die vier Beiträge zeigen dies für unterschiedliche Bereiche und aus unterschiedlichen Perspektiven.

Zunächst entwickelt Heiko *Geiling*, wie das Konzept der sozialen Milieus auf den Lebensraum Stadt übertragen werden kann. Leitend ist dabei der Gedanke, dass sich in der Großstadt gesellschaftliche Differenzierungsmuster in ihrer Dynamik und Widersprüchlichkeit besonders konzentrieren und dass diese Prozesse mit einem differenzierten Blick auf die milieuspezifischen Praktiken besonders gut transparent gemacht werden können. Für den Zugang zum Thema verweist Heiko Geiling auf klassische Beiträge zur Soziologie der Stadt. So ist nach Weber die Stadt als ein politischer Ort und als ein Ort der sozialen Beziehungen zu sehen. Durkheim betont, dass gesellschaftlicher Strukturwandel neue Formen der Solidarität erfordert und die Gefahr der Anomie birgt. Simmel hebt hervor, dass städtisches Zusammenleben Individualisierungsprozesse und tendenziell den Aufbau marktförmiger Beziehungen fördert. Um in aktuelle stadtpolitische und stadtplanerische Diskussionen eingreifen zu können, ist es jedoch nötig, auch theoretisch und empirisch die Korrespondenz von physischem und sozialem Raum zu belegen. Angelegt ist das besonders bei Bourdieu. Seine Arbeiten können für sozialräumliche Analysen gut genutzt werden, um die gesellschaftlichen Konflikt- und Herrschaftsbeziehungen sichtbar zu machen. Exemplarisch zeigt der Autor dies anhand der empirischen Untersuchung eines prekären Stadtteils in Hannover. Dabei wurden auf ganz unterschiedlichen Ebenen Daten erhoben, um die milieuspezifischen Kohäsions- und Konfliktmuster differenzieren und visualisieren zu können. Heiko Geiling zeigt auf diese Weise, wie wichtig eine so angelegte qualitative Stadtteilforschung ist, weil dadurch die milieuspezifische Prägung der Kohäsionsmuster und (Des-)Integrationspotenziale erst in den Blick geraten.

Gisela *Wiebke* widmet sich dem zunehmend an Bedeutung gewinnenden Thema des interkulturellen Zusammenlebens. Die Verfasserin untersucht vor

dem Hintergrund einer empirischen Studie Ähnlichkeiten und Unterschiede in
den Lebensweisen von türkischen und deutschen Jugendlichen und diskutiert,
welche möglichen Folgen sich daraus für das Zusammenleben ergeben. Sie
bettet diese Thematik ein in die Frage nach der Bedeutung von Ethnie im Kontext sozialer Ungleichheit (vgl. auch Weiß 2001). Ihr Plädoyer, diese Frage
ausgehend von den Alltagskulturen der Akteure zu bearbeiten, begründet sie
damit, dass auf diese Weise die ethnische Herkunft im Zusammenwirken mit
anderen Sozialstruktur- und Ungleichheitsmerkmalen betrachtet werden kann,
dass also nicht ein absolutes Eigengewicht dieser Dimension vorausgesetzt
wird. Konkret heißt das, dass Migranten eine eigene Kultur haben bzw. schaffen, die sich sowohl von der Herkunfts- als auch von der einheimischen Kultur
unterscheidet. Gisela Wiebke orientiert sich im weiteren am Milieuansatz der
Forschungsgruppe von Michael Vester, der es ermöglicht, soziale Gruppen mit
ähnlicher Alltagskultur, aufgrund ihres ökonomischen und kulturellen Kapitals,
der Erziehungsstile sowie ihrer Wertorientierungen in einen vertikal und horizontal strukturierten Raum zu positionieren. Auf diese Weise gelingt es ihr, eine
Typologie von acht Alltagskulturen von Jugendlichen herauszuarbeiten, von
denen drei deutsch, zwei türkisch und drei ethnisch gemischt sind. Fast drei
Viertel der türkischen Jugendlichen gehören demnach Alltagskulturen an, die
den deutschen ähnlich sind. Ein gutes Viertel verarbeitet dagegen seine soziale
Lage offenbar unter Rückgriff auf ethnische Muster. Hier liegt, wie abschließend diskutiert wird, ein nicht zu unterschätzendes Konfliktpotenzial, zumal
auffällt, dass in den oberen Zonen des sozialen Raums fast ausschließlich deutsche Jugendliche, in den unteren dagegen mehr türkische als deutsche Jugendliche positioniert sind. Der Beitrag von Gisela Wiebke zeigt indes, wie durch die
Betrachtung alltagskultureller und somit letztlich milieuspezifischer Zusammenhänge solche Integrations- und Desintegrationspotenziale transparent werden können.

Die Beiträge von Fritz Erich *Anhelm* und Wolfgang *Vögele* gehen auf die
von Michael Vester in Zusammenarbeit mit der Evangelischen Akademie Loccum geleitete Untersuchung „Kirche und Milieu" zurück (vgl. Vögele/Bre-
mer/Vester 2002). Sie stehen hier für die bereits oben skizzierte Intention, dass
Forschungsprojekte intermediäre Institutionen, die heute oft vom sog. Bindungsverlust betroffen sind, darauf hinweisen sollen, wie sie wieder mehr Mi-
lieunähe herstellen können. Die besondere Kooperationsform wird hier daran
deutlich, dass beide Beiträge die Befunde nicht aus soziologischer, sondern aus
theologisch-kirchlicher Perspektive beleuchten. Dabei muss vorangestellt werden, dass allein der Befund der sozialen Ungleichheit in den kirchlich-religiösen
Orientierungen aus kirchlich-theologischer Sicht von erheblicher Sprengkraft

ist, weil die Milieupluralität den tendenziell von Einheitlichkeit geprägten kirchlichen Deutungsangeboten entgegensteht (vgl. Bourdieu 2000: 76 f.).

Fritz Erich *Anhelm* kontrastiert die Befunde der Untersuchung mit zwei Gegenpolen. Historisch ging die Kirche stets von einem defizitären Bild aus, wonach die Menschen generell „sündig" sind und der Führung durch die Kirche bedürfen. Diesem von Autorität geprägten Bild wird heute bisweilen der „mündige", autonome und individualisierte Mensch entgegengehalten, der solcher institutionalisierten Bindung gar nicht mehr bedarf. Die Studie zeigt, so der Verfasser, dass beide Annahmen letztlich verzerrt sind. Zwar werde in allen Milieus heute mehr Autonomie und Mitsprache, auch in Glaubensfragen, gefordert. Aber das sei keineswegs gleichbedeutend damit, dass die Institution Kirche überflüssig geworden ist. Ebenso zeigt der Autor auf, dass religiöse Fragen in einem allgemeinen Sinne in allen Milieus präsent sind, und dass die Kirche daran auch wieder anknüpfen kann. Dies jedoch erfordert eine *milieuspezifische, kirchlich-theologische Deutungskompetenz.* Dabei ist wichtig, dass die Kirche aus der historisch gewachsenen Milieuverengung herauskommt, die sich in der Affinität zu den bürgerlichen und kleinbürgerlichen Milieus zeigt. Das (Wieder-)Herstellen einer Beziehung zu den großen Volksmilieus der Mitte muss, so der Autor, „als gegenwärtig dringlichste Aufgabe von Theologie und Kirche gesehen werden". Dabei gibt es durchaus Konfliktpotenzial (vgl. Bremer/Teiwes-Kügler 2006). Aber vorstellbar und erstrebenswert ist auch, dass die Kirche ein Raum milieuverbindender Kohäsion sein kann. Dabei sei eine Theologie gefragt, die, im Unterschied zu früher, „mehr *Beraterin* als Platzanweiserin" sei.

Wolfgang *Vögele* diskutiert die Studie „Kirche und Milieu" vor dem Hintergrund von zwei für die Kirche relevanten Entwicklungen. *Zum einen* leuchtet er, ausgehend von den grundlegenden kirchlichen „Lebensvollzügen" der Verkündigung und der Gemeinschaft, aus, wie diese sich mit der Milieuheterogenität ‚vertragen' und betont, dass die allgemein nachlassende Kirchlichkeit geradezu Fragen nach der „Verkündigung" der kirchlichen Botschaft provoziert. Da diese sich grundsätzlich an alle wendet, muss die Kirche öffentlich sein und darf die milieuspezifischen Orientierungen nicht ignorieren. Zugleich gilt es aber zu fragen, inwiefern angesichts offensichtlicher Individualisierungs- und Pluralisierungstendenzen die Kirche überhaupt noch eine Gemeinschaft sein und „milieutranszendierend" wirken kann. Beides zeigt, dass die Kirche vom eigenen Auftrag her eine Milieuverengung nicht zulassen kann, und dass das Akzeptieren der Milieuheterogenität keinesfalls im Widerspruch zu den kirchlichen Lebensvollzügen der Verkündigung und der Gemeinschaft stehen muss. Hieran anknüpfend greift Wolfgang Vögele *zum anderen* die Debatte um kirchliche Reformkonzepte auf, die in Zusammenhang mit der nachlassenden Bindungskraft und anderen, für die Kirche problematischen Tendenzen stehen. Dabei zeigt der Autor, dass die Befunde der Untersuchung „Kirche und Milieu" wichtige Hinweise zur Tragfähigkeit der diskutierten Ansätze liefert. Diese setzen häufig implizit an Diagnosen an, die empirisch wenig gesichert sind.

Bevor im Folgenden die Autoren und Autorinnen ausführlich zu Wort kommen, möchten wir ihnen für ihre Mitarbeit sehr herzlich danken. Unser besonderer Dank gilt Stefan Hradil und Peter A. Berger, die diesen Sammelband ermöglicht haben. Darüber hinaus haben sie beide – und dies gilt auch für Reinhard Kreckel – die Entwicklungsschritte des Milieuansatzes über die Jahre kritisch und aufmerksam begleitet. Die gegenseitige Aufmerksamkeit hat sicher auch ihren Grund in einer homologen Position im wissenschaftlichen Feld, in der die einen die Dogmen der orthodoxen Schichtungstheorie und die anderen die Dogmen der orthodoxen Klassentheorie aufzubrechen hatten.

Literatur

Beck, Ulrich (1986): Risikogesellschaft. Frankfurt/M.: Suhrkamp.
Becker, Ulrich/Becker, Horst/Ruhland, Walter (1992): Zwischen Angst und Aufbruch. Düsseldorf: ECON.
Berger, Peter A./Kahlert, Heike (Hg.) (2005): Institutionalisierte Ungleichheiten. Wie das Bildungswesen Chancen blockiert. Weinheim: Juventa.
Berger, Peter. A./Vester, Michael (Hg.) Alte Ungleichheiten – Neue Spaltungen. Opladen 1998: Leske + Budrich.
Bittlingmayer, Uwe H. (2005): „Wissensgesellschaft" als Wille und Vorstellung. Konstanz: UVK.
Bittlingmayer, Uwe H./Bauer, Ullrich (Hg.) (2006): Die „Wissensgesellschaft". Mythos, Ideologie oder Realität? Wiesbaden: VS
Boltanski, Luc/ Chiapello, Ève (2003): Der neue Geist des Kapitalismus. Konstanz: UVK.
Bourdieu, Pierre (2001): Meditationen. Frankfurt/M.: Suhrkamp.
Bourdieu, Pierre (2000): Das religiöse Feld. Texte zur Ökonomie des Heilsgeschehens. Konstanz: UVK.
Bourdieu, Pierre (1997): Wie eine soziale Klasse entsteht. In: ders. (1997a): 102–129.
Bourdieu, Pierre (1997a): Der Tote packt den Lebenden. Hamburg: VSA.
Bourdieu, Pierre (1992): Die verborgenen Mechanismen der Macht. Hamburg: VSA.
Bourdieu, Pierre (1989): Antworten auf einige Einwände. In: Eder (Hg.) (1989): 395-410.
Bourdieu, Pierre (1982): Die feinen Unterschiede. Frankfurt/M.: Suhrkamp.
Bourdieu, Pierre (1976): Entwurf einer Theorie der Praxis. Frankfurt/M.: Suhrkamp.
Bourdieu, Pierre u.a. (1997): Das Elend der Welt. Konstanz: UVK.
Bourdieu, Pierre/Passeron, Jean-Claude (1971): Die Illusion der Chancengleichheit. Stuttgart: Klett.
Bremer, Helmut (2005) : Soziale Milieus, Habitus und Lernen. Zur Analyse von sozialer Selektivität und Chancengleichheit in pädagogischen Handlungsfeldern am Beispiel der Erwachsenenbildung. Habilitationsschrift: Hamburg.
Bremer, Helmut (2004a): Der Mythos vom autonom lernenden Subjekt. In: Engler/Krais (2004): 189–213.
Bremer, Helmut (2004b): Von der Gruppendiskussion zur Gruppenwerkstatt. Münster: Lit.
Bremer, Helmut (1999): Soziale Milieus im Bildungsurlaub. Hannover: agis.
Bremer, Helmut/Teiwes-Kügler, Christel (2006): Soziale Milieus, Religion und Kirche: Beziehungen und Konflikte im religiösen Feld. In: Rehberg (2006).

Bremer, Helmut/Teiwes-Kügler, Christel (2003): Die Gruppenwerkstatt. Ein mehrstufiges Verfahren zur vertiefenden Exploration von Mentalitäten und Milieus. In: Geiling (2003): 207–236.

Brettschneider, Frank/Pfetsch, Barbara/Niedermayer, Oskar (Hg.) (2006): Die Bundestagswahl 2005. Wiesbaden: VS. (i.E.).

Clemens, Bärbel (1990): Mein feministischer Alltag. Die Zeichnungen von Franziska Becker. In: Forschungsprojekt >Sozialstrukturwandel und neue soziale Milieus<. Arbeitsheft Nr. 3. Hannover: 5–27.

Colliot-Thélène, Catherine/François, Etienne/Gebauer, Gunter (Hg.) (2005): Pierre Bourdieu: Deutsch-französische Perspektiven. Frankfurt/M.: Suhrkamp.

Cortina, Kai S./Baumert, Jürgen/Leschinsky, Achim/Mayer, Karl Ulrich/Trommer, Luitgart (Hg.) (2003): Das Bildungswesen in der Bundesrepublik Deutschland. Reinbek: rororo.

Demirovic, Alex (Hg.) (2003): Modelle kritischer Gesellschaftstheorie. Stuttgart/Weimar: J.B.Metzlar.

Durkheim, Émile (1988): Über soziale Arbeitsteilung. Frankfurt/M.: Suhrkamp.

Eder, Klaus (Hg.) (1989): Klassenlage, Lebensstil und kulturelle Praxis. Frankfurt/M.: Suhrkamp.

Engelmann, Jan (Hg.) (1999): Die kleinen Unterschiede. Der cultural studies reader. Frankfurt/M.: Campus.

Engler, Steffani/Krais, Beate (2004): Das kulturelle Kapital und die Macht der Klassenstrukturen. Weinheim: Juventa.

Faulstich, Peter (2003): Weiterbildung. In: Cortina u.a. (2003): 625–660.

Flaig, Bodo/Meyer, Thomas/Ueltzhöffer, Jörg (1993): Alltagsästhetik und politische Kultur. Bonn: Dietz.

Frerichs, Petra/Steinrücke, Margareta (1993): Frauen im sozialen Raum. Offene Forschungsprobleme bei der Bestimmung ihrer Klassenposition. In: dies. (1993a): 191–205.

Frerichs, Petra/Steinrücke, Margareta (Hg.) (1993a): Soziale Ungleichheit und Geschlechterverhältnisse. Opladen: Leske + Budrich.

Friedrichs, Jürgen/Lepsius, M. Rainer/Mayer, Karl Ulrich (Hg.) (1998): Die Diagnosefähigkeit der Soziologie. Sonderheft 38 der KZfSS. Opladen: Westdeutscher Verlag.

Gardemin, Daniel (2006): Soziale Milieus der gesellschaftlichen ,Mitte'. Dissertation: Hannover.

Gardemin, Daniel (1997): Mentalitäten der ,neuen Mitte' – Exploration des Felds und der hypothetischen Mentalitätstypen im ,Aufstiegsorientierten Milieu'. Projekt-Abschlußbericht: Hannover.

Geiling, Heiko (2006): Zur politischen Soziologie der Stadt. Münster: Lit.

Geiling, Heiko (Hg.) (2003): Probleme sozialer Integration. Münster: Lit.

Geiling, Heiko (1985): Die moralische Ökonomie des frühen Proletariats. Die Entstehung der hannoverschen Arbeiterbewegung aus den arbeitenden und armen Volksklassen bis 1875. Frankfurt/M.: Materialis.

Geiling, Heiko/Schwarzer, Thomas/Heinzelmann, Claudia/Bartnick, Esther (2001): Stadtteilanalyse Vahrenheide. Sozialräumliche Strukturen, Lebensweisen und Milieus. Hannover: agis.

Geiling, Heiko/Vester, Michael (2006): Das soziale Kapital der politischen Parteien. In: Brettschneider u.a. (2006) (i.E.).

Georg, Werner (Hg.) (2006): Soziale Ungleichheit im Bildungssystem: Eine theoretisch-empirische Bestandsaufnahme. Konstanz: UVK.

Heintz, Bettina (Hg.) (2001): Geschlechtersoziologie. (Sonderheft 41 der KZfSS). Wiesbaden: Westdeutscher Verlag.

Hradil, Stefan (2003): Soziale Milieus im gesellschaftlichen Strukturwandel. Rezensionsaufsatz. In: Sozialwissenschaftliche Literatur Rundschau. 47/2003: 43–48.

Hradil, Stefan (2001): Eine Alternative? Einige Anmerkungen zu Thomas Meyers Aufsatz „Das Konzept der Lebensstile in der Sozialstrukturforschung". In: Soziale Welt. 52/2001: 273–282.

Hradil, Stefan (1992): Alte Begriffe und neue Strukturen. Die Milieu-, Subkultur- und Lebensstilforschung der 80er Jahre. In: ders. (1992a): 15-55.

Hradil, Stefan (1992a): Zwischen Bewußtsein und Sein. Opladen: Leske + Budrich.

Hradil, Stefan (1987): Sozialstrukturanalyse in einer fortgeschrittenen Gesellschaft. Opladen: Leske + Budrich.

Krais, Beate (2005): Die moderne Gesellschaft und ihre Klassen – Bourdieus Konstrukt des sozialen Raums. In: Colliot-Thélène u.a. (2005): 79–105.

Krais, Beate/Gebauer, Gunter (2002): Habitus. Bielefeld: transcript.

Kreckel, Reinhard (Hg.) (1983): Soziale Ungleichheiten. Soziale Welt – Sonderband 2. Göttingen: Schwartz.

Lange-Vester, Andrea (2006): Habitus der Volksklassen. Kontinuität und Wandel seit dem 18. Jahrhundert in einer thüringischen Familie. Münster: Lit. (i.E.).

Lange-Vester, Andrea/Teiwes-Kügler, Christel (2006): Die symbolische Gewalt der legitimen Kultur. In: Georg (2006): 55–92.

Lange-Vester, Andrea/Teiwes-Kügler, Christel (2004): Soziale Ungleichheiten und Konfliktlinien im studentischen Feld. In: Engler/Krais (2004): 159–187.

Liebau, Eckart/Huber, Ludwig (1985): Die Kulturen der Fächer. In: Neue Sammlung. 3/1985: 314–399.

Matthiesen, Ulf (1998): Milieus in Transformationen. Positionen und Anschlüsse. In: ders. (1998a): 17–79.

Matthiesen, Ulf (1998a): Die Räume der Milieus. Berlin: Sigma.

Meyer, Thomas (2001): Das Konzept der Lebensstile in der Sozialstrukturforschung – eine kritische Bilanz. In: Soziale Welt. 52/2001: 255–272.

Mooser, Josef (1984): Arbeiterleben in Deutschland 1900–1970. Frankfurt/M.: Suhrkamp.

Rehbein, Boike (2006): Die Soziologie Pierre Bourdieus. Konstanz: UVK.

Rehberg, Karl-Siegbert (Hg.) (2006): Soziale Ungleichheit – Kulturelle Unterschiede. Verhandlungsband des 32. Kongresses der Deutschen Gesellschaft für Soziologie 2004. Frankfurt/M.: Campus.

Schultheis, Franz/Schulz, Kristina (Hg.) (2005): Gesellschaft mit begrenzter Haftung. Konstanz: UVK.

Teiwes-Kügler, Christel (2001): Habitusanalyse und Collageninterpretation. Unveröff. Diplomarbeit: Hannover.

Teiwes-Kügler, Christel/Lange-Vester, Andrea/Vester, Michael (2005): Zwischenbericht zum Forschungsprojekt „Neue Arbeitnehmer". Hannover.

Thompson, Edward P. (1987): Die Entstehung der englischen Arbeiterklasse. 2 Bde. Frankfurt/M.: Suhrkamp.

Vester, Michael (2006a): Die ständische Kanalisierung der Bildungschancen. Bildung und soziale Ungleichheit zwischen Boudon und Bourdieu. In: Georg (Hg.) (2006): 13-54.

Vester, Michael (2006b): Die gefesselte Wissensgesellschaft. In: Bittlingmayer/Bauer (Hg.) (2006).

Vester, Michael (2005a): Der Wohlfahrtsstaat in der Krise. Die Politik der Zumutungen und der Eigensinn der Alltagsmenschen. In: Schultheis/Schulz (2005): 21–33.

Vester, Michael (2005b): Die selektive Bildungsexpansion. Die ständische Regulierung der Bildungschancen in Deutschland. In: Berger/Kahlert (2005): 39–70.

Vester, Michael (2004): Die Illusion der Bildungsexpansion. Bildungsöffnungen und soziale Segregation in der Bundesrepublik Deutschland. In: Engler/Krais (2004): 13–53.

Vester, Michael (2003): Autoritarismus und Klassenzugehörigkeit. In: Demirovic (2003): 195–224.

Vester, Michael (1998): Was wurde aus dem Proletariat? In: Friedrichs u.a. (1998): 164–206.

Vester, Michael (1970): Die Entstehung des Proletariats als Lernprozeß. Frankfurt/M.: EVA.

Vester, Michael/Gardemin, Daniel (2001): Milieu, Klasse und Geschlecht. Das Feld der Geschlechterungleichheit und die ‚protestantische Alltagsethik'. In: Heintz (2001): 454–486.

Vester, Michael/von Oertzen, Peter/Geiling, Heiko/Hermann, Thomas/Müller, Dagmar (2001): Soziale Milieus im gesellschaftlichen Strukturwandel. Frankfurt/M.: Suhrkamp.

Vester, Michael/Hofmann, Michael/Zierke, Irene (Hg.) (1995): Soziale Milieus in Ostdeutschland. Köln: Bund.

Vester, Michael/von Oertzen, Peter/Geiling, Heiko/Hermann, Thomas/Müller, Dagmar (1993): Soziale Milieus im gesellschaftlichen Strukturwandel. Köln: Bund.

Vögele, Wolfgang/Bremer, Helmut/Vester, Michael (Hg.) (2002): Soziale Milieus und Kirche. Würzburg: Ergon.

Völker, Susanne (1995): Klasse und Geschlecht – Ungleichheitsdimensionen weiblicher Lebenszusammenhänge und geschlechtsspezifische Habitusformen. Projektbericht: Hannover.

Weber, Max (1972): Wirtschaft und Gesellschaft. Tübingen: Mohr.

Weiß, Anja (2001): Rassismus wider Willen. Wiesbaden: Westdeutscher Verlag.

Winter, Rainer (1999): Spielräume des Vergnügens und der Interpretation. Cultural Studies und die kritische Analyse des Populären. In: Engelmann (1999): 35–48.

Klasse und Milieu als Bedingungen gesellschaftlich-politischen Handelns*

Peter von Oertzen

1. Zur Problemstellung

Mein Beitrag ist eine Skizze. Mehr kann und will er auch nicht sein. Wenn man denn – mit Max Weber – die Soziologie als die Wissenschaft vom sozialen Handeln begreift (Weber 1921: 1), berührt die Frage nach den Rahmenbedingungen, den verstehbaren Gründen und den erklärenden Ursachen menschlichen Verhaltens – auf welchem Teilgebiet gesellschaftlichen Lebens auch immer – die zentrale Problematik der Sozialwissenschaften (von Oertzen 1965). Das gilt insbesondere dann, wenn jenes kollektive Handeln in Rede steht, das die gesellschaftlichen Strukturen und Lebensverhältnisse verändert und insofern die Entwicklung der Gesellschaft in einem qualitativ erheblichen Grade beeinflusst (in einem nicht messbaren Umfang beeinflusst natürlich jede menschliche Handlung die gesellschaftliche Entwicklung), d.h. wenn dieses Handeln in einem weiteren Sinne „politisches" Handeln ist (von Oertzen 1965, Miehe 1992).

Anders ausgedrückt: Ich berühre die Frage nach dem vielberufenen „historischen Subjekt". Eine solche Fragestellung schließt – zumindest im Rahmen eines nicht allzu umfangreichen Aufsatzes – jeden Versuch einer systematischen und umfassend begründeten Antwort aus und lässt nur eine Skizze zu. Es scheint mir aber nichtsdestoweniger möglich und auch sinnvoll zu sein, bestimmte grundsätzliche Aspekte des Problems zu umreißen, die Kerngedanken einiger Lösungsansätze knapp zu charakterisieren und vor allem bestimmte Querverbindungen zwischen den verschiedenen Ansätzen sichtbar zu machen. Insgesamt kann auf diese Weise trotz aller Skizzenhaftigkeit mit einigen Markierungen das Feld abgesteckt werden, auf dem sich die Diskussion unserer Frage bewegt. Und das gilt auch dann, wenn dabei manche differenzierten theo-

---

* Leicht gekürzt übernommen aus: von Oertzen, Peter (2004): Demokratie und Sozialismus zwischen Politik und Wissenschaft. (Herausgegeben von Michael Buckmiller, Gregor Kritidis und Michael Vester). Hannover: Offizin (Erstveröffentlichung in: Greven, Thomas (Hg.) (1994): Politikwissenschaft als Kritische Theorie. Baden-Baden: Nomos).

retischen Überlegungen, wertvolle Darstellungen und interessante Einzelheiten unberücksichtigt bleiben müssen.

Es ist mit Recht festgestellt worden, dass in einem ganz strikten Sinne des Begriffs nur Individuen „handeln" können. „Freilich handeln Individuen nur im Extremfall rein individuell" (Kreckel 1992: 142). Die Vorstellung „historischer Subjekte" oder, weniger emphatisch ausgedrückt, „kollektiver Akteure" ist unabweisbar, wenn wir geschichtliche und gesellschaftliche Prozesse verstehen und erklären wollen. Andernfalls würden wir „im Vorverständnis eines individualistischen Menschenbildes" verharren und uns in letzter Konsequenz dem Mythos „Männer machen Geschichte" (bzw. Politik) ausliefern.

Das Entstehen, Agieren und Zerfallen „kollektiver Akteure" ist freilich ein sehr komplizierter Vorgang, der selber des deutenden Verstehens und der ursächlichen Erklärung durch die Sozialwissenschaft bedarf: Verfestigte, dem Anschein nach so gut wie unveränderliche soziale Strukturen und langsamerer oder rascherer sozialer Wandel; vorgefundene ökonomische, politische und soziokulturelle Gegebenheiten für das Verhalten der Einzelnen und ihre Reaktionen darauf; kollektive Aktionen und individuelles Verhalten bilden einen komplexen Gesamtzusammenhang, dessen geschichtliche und gesellschaftliche Dimensionen dem denkenden, planenden, handelnden Individuum nicht unmittelbar zugänglich sind.

Die umfassendste und zugleich konkreteste Theorie dieser gesellschaftlich-geschichtlichen Strukturen menschlicher Existenz findet sich m.E. immer noch im Rahmen eines undogmatischen von starren kategorialen Schemata und geschichtsphilosophischen Mythen freien „historischen Materialismus" (von Oertzen 1991). In ebenso klarer und einfacher wie prägnanter Form hat Friedrich Engels die Grundpositionen dieser Geschichts- und Gesellschaftstheorie formuliert:

„Wir machen unsere Geschichte selbst, aber erstens unter sehr bestimmten Voraussetzungen und Bedingungen. Darunter sind die ökonomischen die schließlich entscheidenden. Aber auch die politischen usw., ja die in den Köpfen der Menschen spukende Tradition, spielen eine Rolle, wenn auch nicht die entscheidende. Zweitens aber macht sich die Geschichte so, daß das Endresultat stets aus den Konflikten vieler Einzelwillen hervorgeht, wovon jeder wieder durch eine Menge besonderer Lebensbedingungen zu dem gemacht wird, was er ist: es sind also unzählige einander durchkreuzende Kräfte, eine unendliche Gruppe von Kräfteparallelogrammen, daraus eine Resultante – das geschichtliche Ergebnis – hervorgeht, die selbst wieder als das Produkt einer als Ganzes bewußtlos und willenlos wirkenden Macht angesehen werden kann. Das was jeder einzelne will, wird von jedem anderen verhindert, und was herauskommt, ist etwas, was keiner gewollt hat (...) Aber daraus, daß die einzelnen Willen (...) nicht das erreichen, was sie wollen, sondern zu einem Gesamtdurchschnitt, einer gemeinsamen Resultante verschmelzen, daraus darf doch nicht geschlossen werden, daß sie gleich Null zu setzen sind. Im Gegenteil, jeder trägt zur Resultante bei und ist insofern in ihr einbegriffen".[1]

Zu dieser Problematik kommt hinzu, dass – selbst wenn es möglich ist und unmittelbar einleuchtend erscheint, bestimmte historisch-soziale Phänomene als „Subjekte" oder „kollektive Akteure" zu identifizieren – damit noch nichts über die Bedingungen ihrer Wirksamkeit ausgesagt ist. Die Frage, wieso soziale und politische Bewegungen, Organisationen und Parteien, Institutionen, Herrschaftsverbände und Staaten, sowie vor allem die in ihrem Rahmen machthabenden und Herrschaft ausübenden Gruppierungen und Personen in der Vergangenheit so gehandelt haben, ob sie so handeln mussten oder ob sie vielleicht auch anders hätten handeln können, ist von zentraler Bedeutung für das Verständnis von unserer Vergangenheit. Die Frage, wie alle diese Akteure künftig handeln können, müssen oder voraussichtlich werden, ist von zentraler Bedeutung für die Gestaltung unserer Zukunft. Die Problematik der Bedingungen gesellschaftlich-politischen Handelns verbindet beide Fragenkomplexe (von Oertzen 1965).

Die politische und die Sozialgeschichte, die historische Soziologie und die historische Politikwissenschaft bzw. die politisch orientierte Zeitgeschichte gehen der ersten Frage nach, die kritische Gesellschaftsanalyse – und in ihr speziell die Bewegungs- und Wahlforschung – der zweiten.

In der Vergangenheit geht es um die entscheidenden Weichenstellungen der gesellschaftlich-geschichtlichen Entwicklung, vor allem um die sog. historischen „Entscheidungssituationen" (von Oertzen 1965). Ihre Ergebnisse wollen wir verstehen und erklären. Und je näher wir selbst zeitlich diesen Weichenstellungen und Entscheidungssituationen sind, desto unabweisbarer ist unser Streben nach Verständnis und Erklärung: Die kapitalistische „industrielle Revolution" und die Entstehung der „Arbeiterbewegung", der „Sonderweg" der deutschen Gesellschaft im 19. Jahrhundert und die Novemberrevolution 1918/19, der Untergang der ersten deutschen Republik und das Aufkommen faschistischer Massenbewegungen in Deutschland und Europa sind – fast wahllos herausgegriffen – solche Problemkomplexe.

Es scheint mir kein Zufall zu sein, dass diese Problemkomplexe sich mit solchen Fragen verbinden, die sich uns bei der Analyse der gegenwärtigen Gesellschaft aufdrängen und die für die Erkenntnis zukünftiger Entwicklungstendenzen und Entwicklungsalternativen von Bedeutung sind: Wie werden sich die gegenwärtigen „Individualisierungstendenzen" in unserer Gesellschaft auswir-

---

1   Friedrich Engels (1967: 463 f.); vgl. auch Marx (1960: 115). Zu dem vorangegangenen auch von Oertzen (1991) sowie Sprondel (1976).

ken; ist der weltweite „Sieg" der kapitalistischen Wirtschaftsweise und der parlamentarischen Demokratie das „Ende der Geschichte"; sind die Traditionen und Ideenbestände der Arbeiterbewegung und des Sozialismus aufgezehrt; kehrt der massenhafte Rechtsradikalismus der 20er und 30er Jahre (wenn auch vielleicht nicht mehr in der Form des originären Faschismus) wieder in die Gesellschaften der „ersten Welt" zurück; sind die „Volksparteien", der „Parteienstaat" oder gar die verfassungsstaatliche Demokratie selber am Ende usf. usf.

In der historischen wie der gegenwartsbezogenen, in die Zukunft gerichteten Sichtweise geht es im Grunde um ein und dasselbe Problem: um die Menschen als „historische Subjekte", als „kollektive Akteure", als „Schausteller und Verfasser ihrer eigenen Geschichte" (Marx 1959: 181).

Auf zwei Probleme der Sicht auf das „historische Subjekt" muss noch hingewiesen werden:

1. In allen differenzierteren Zivilisationen der Vergangenheit haben immer auch die Massen der Bevölkerung durch Tun und Unterlassen, durch Reaktionen und Aktionen, gelegentlich auch durch mehr oder weniger strukturierte soziale und politische Bewegungen den Gang der gesellschaftlichen Entwicklung mitbestimmt. Aber als eigentliche „kollektive Akteure" erscheinen uns doch die jeweils herrschenden theokratischen, bürokratischen, aristokratischen Minoritäten, die dominierenden Kasten, Stände und Klassen, die in diesem Rahmen handelnden Clans, Gefolgschaften und Machteliten. Erst im Zuge der revolutionären ökonomischen, sozialen, politischen und ideellen Wandlungsprozesse der neueren Zeit nimmt die große Mehrheit der Menschen – wie gelegentlich und wie desinteressiert im Einzelnen auch immer – an der Gestaltung ihres eigenen sozialen Schicksals dauerhaft und in institutionell gesicherter Art und Weise teil. Die moderne verfassungsstaatliche Demokratie ist die politische Form dafür; und der moderne Wohlfahrtsstaat, die „soziale Demokratie" oder der „Demokratische Sozialismus" sind im Grunde nichts anderes als der Versuch, diese Teilnahme von dem Felde der Politik aus auch auf das wirtschaftliche, soziale und kulturelle Leben auszudehnen. Karl Mannheim hat vor mehr als 50 Jahren – wie mir scheint sehr zutreffend – diesen Prozess als „Fundamentaldemokratisierung" bezeichnet (Mannheim 1958: 52–57).

2. Dieser Prozess – zusammen mit den ihn bedingenden, ihn begleitenden und von ihm selbst induzierten Entwicklungen – scheint sich von Jahrzehnt zu Jahrzehnt zu beschleunigen: Die Bedingungen gesellschaftlichen Wandels ändern sich immer rascher, die „Inkubationszeit" für die Virulenz ökonomischer, technischer, sozialer, ideeller Innovationen verkürzt sich, ebenso

wie die geschichtliche „Halbwertzeit" für den Zerfall gesellschaftlicher Institutionen und Ideensysteme.

Wer diese Umstände verkennt, gerät in eine doppelte Versuchung: Entweder die Stabilität des Bestehenden und Überlieferten zu überschätzen und zu übersehen, dass die Entwicklung es bereits überholt hat, oder aber – zutiefst unsicher geworden durch den Fortfall altgewohnter Beurteilungskategorien – nur noch „Unübersichtlichkeit" oder „Anomie" zu erblicken.

2. Klassen und Klassenbewusstsein

Den ersten Versuch, in der neueren Gesellschaftsgeschichte einen „kollektiven Akteur", ein wahrhaftes „historisches Subjekt" dingfest zu machen, die Ursachen seiner Entstehung, die Struktur seines Handelns und die Konsequenzen seines Wirkens wissenschaftlich zu analysieren finden wir in der Theorie der Klassen und des Klassenbewusstseins. Insbesondere das Theorem über die historische Rolle der „Arbeiterklasse" hat diese Diskussion bestimmt und bestimmt sie im Grunde noch heute – wenn auch zunehmend mit der Tendenz, es zu widerlegen oder zumindest zu modifizieren.[2]

2.1 Die Arbeiterklasse als „revolutionäres Subjekt": Marx und der Marxismus

Karl Marx hat weder in Anspruch genommen „die Existenz der Klassen in der modernen Gesellschaft noch ihren Kampf unter sich entdeckt zu haben." Dieses „Verdienst" komme der bürgerlichen Geschichtsschreibung und der bürgerlichen Ökonomie zu. Was er getan habe, sei nachzuweisen, „daß die Existenz der Klassen (...) an bestimmte historische Entwicklungsphasen der Produktion gebunden ist (...), daß der Klassenkampf notwendig zur Diktatur des Proletariats führt (...), daß diese (...) selbst nur der Übergang zur Aufhebung aller Klassen und zu einer klassenlosen Gesellschaft bildet" (Marx 1963: 507 f.). D.h. Marx reklamiert für sich nicht mehr, aber auch nicht weniger als die historische Rolle von Klassenkampf und Arbeiterklasse bei der Überwindung der kapitalistischen und der Schaffung der kommunistischen (sozialistischen) Gesellschaftsordnung zuerst und am klarsten erkannt zu haben.

Es hätte in der Konsequenz dieses Anspruchs gelegen, den notwendigen Zusammenhang zwischen sozialökonomisch bedingter gesellschaftlicher Klassenstruktur und gesellschaftlich veränderndem „politischem" Klassenhandeln

---

2 Zwei Beispiele dafür sind Eder (1989) und Kreckel (1992).

theoretisch und empirisch einsichtig zu machen. Das haben Marx und Engels nicht getan – ungeachtet vieler konkreter, z.T. höchst geistvoller Randbemerkungen zum Thema (z.b. in Marx 1959: 198–202). Es scheint mir keine biographische Zufälligkeit zu sein, dass das Kapitel „Die Klassen" im dritten Band des „Kapital" unvollendet geblieben ist. Streng ökonomisch leitet Marx dort die Existenz der drei großen Klassen der kapitalistischen Gesellschaft: Lohnarbeiter, Kapitalisten und Grundbesitzer aus ihrer Stellung im Produktionsprozess und ihren „respektiven Einkommensquellen: Arbeitslohn, Profit und Grundrente" ab. Indessen scheint er Schwierigkeiten zu sehen, die konkreten – für die Erklärung des realen sozialen und politischen Verhaltens ausschlaggebenden – internen Gruppierungen der Klassen ebenfalls aus diesen Grundeinsichten herzuleiten. Dabei reflektiert er auf „die unendliche Zersplitterung der Interessen und Stellungen worin die Teilung der Arbeit die Arbeiter wie die Kapitalisten und Grundeigentümer (...) spaltet" (Marx 1964: 892 f.). Weiter gelangt die Analyse nicht. Die berühmten Passagen aus dem ersten Band des „Kapital", in denen Marx die revolutionäre Rolle des Proletariats mit seiner immer unerträglicher werdenden objektiven Lage begründet, sind mehr prophetischer Appell als ursächliche wissenschaftliche Erklärung (Marx 1962: 790 f.).[3] Mit einigem Recht hat daher die wissenschaftliche Kritik bei Marx zwei nur unzulänglich miteinander verbundene Klassenbegriffe konstatiert, einen wissenschaftlich auf die sozioökonomische Struktur bezogenen „abstrakten" und einen politischen „konkreten".[4] Diese Lücke im Marxschen Werk hat insbesondere den orthodoxen Marxisten immer besondere Beschwer bereitet (vor allem angesichts des unleugbaren Umstands, dass die historisch-empirische Arbeiterschaft keine rechten Anstalten gemacht hat, die ihr vom Marxismus zugeschriebene historische Rolle auch wirklich wahrzunehmen).

Bemerkenswert – und merkwürdig zugleich – ist jedoch der Umstand, dass es im Marxschen Werk sehr wohl eine ausgearbeitete sozialwissenschaftlich-historische Theorie des „historischen Subjekts" gibt und dass diese mit der herkömmlichen marxistischen Klassentheorie keineswegs übereinstimmt (von Oertzen 1991). Soziale Revolutionen, d.h. tiefgreifende gesellschaftliche Umwälzungen treten nach Marx dann ein, wenn die „Produktivkräfte" in Widerspruch zu den „Produktionsverhältnissen" geraten, diese umwälzen und neue Produktionsverhältnisse schaffen. Wenn wir die im Marxismus allerdings weithin üblich gewordene ökonomistische Verengung dieser Kategorien vermeiden, dann entdecken wir im Begriff der Produktionsverhältnisse die Gesamtheit der

---

3 Siehe hierzu auch die erklärte Selbstkritik ehemals orthodoxer Marxisten in IMSF (1992).
4 A. Giddens in der Interpretation von H.P. Müller (1992: 196–201; R. Kreckel (1992: 52–66; 120–149, bes. 147).

„geltenden gesellschaftlichen Einrichtungen" (Marx 1959: 181) in Ökonomie, sozialem Leben, Politik und Kultur und im Begriff der Produktivkräfte die Gesamtheit der schöpferischen Kräfte der Gesellschaft in ihrem arbeitsteiligen Zusammenwirken. Diese Kräfte sind nun in der Tat – zumindest objektiv – das „Subjekt" der Geschichte. Dieses Subjekt erscheint als solches auch im Marxschen Werk und zwar unter der Kategorie des „gesellschaftlichen Gesamtarbeiters". Zu ihm gehören in erster Linie gewiß die Arbeiter, aber ebensogut auch Angestellte, Beamte und selbständig Tätige sofern sie keine parasitären Existenzen sind, sondern gesellschaftlich notwendige und daher nützliche Arbeit leisten; zu ihm gehören Manager, Wissenschaftler, Ärzte, Pflegekräfte, Lehrende und Erziehende, Journalisten und Künstler (von Oertzen 1991, 1994).

Das „historische Subjekt" bei Marx ist also nicht unmittelbar materiell gegeben. Das „revolutionäre Bewusstsein" ist nach der originären Marxschen Theorie weder der Reflex einer fest umrissenen sozialökonomisch determinierten gesellschaftlichen Gruppe auf ihre „Klassenlage", noch auch das Ergebnis der Führung durch eine „revolutionäre Avantgarde". Das „revolutionäre Bewusstsein", das den gesellschaftlichen Gesamtarbeiter überhaupt erst im eigentliche Sinne des Wortes zum historischen Subjekt der Revolution macht, kann sich vielmehr nur in einem komplexen widersprüchlichen Prozess historisch konstituieren, in dem die arbeitsteilig zusammenwirkenden Menschen ihre gesellschaftliche Lage erkennen, ihre Interessen – kurzfristige und langfristige – formulieren, sich zusammenschließen und schließlich ihre Kooperation derart neu organisieren, dass am Ende eine „Assoziation" entsteht, „worin die freie Entwicklung eines jeden Einzelnen die Voraussetzung für die freie Entwicklung aller" ist (Marx/Engels 1959: 482).

In diesem Prozess der gesellschaftlichen Selbstorganisation bildet die Ökonomie, „die Produktion und Reproduktion des wirklichen Lebens" zwar die „Basis" und den notwendigen Rahmen der gesellschaftlichen Entwicklung, die sozialen, soziokulturellen, politischen und ideellen Momente bilden jedoch mit der Ökonomie einen Gesamtzusammenhang (den Engels etwas mechanistisch als „Wechselwirkung" bezeichnet), aus dem allein der historische Prozess deutend verstanden und ursächlich erklärt werden kann (vgl. Fußnote 1). Die übergeordnete und zentrale Kategorie dieses Gesamtzusammenhangs ist übrigens nicht der Klassengegensatz, sondern die Arbeitsteilung, wie denn überhaupt von den Frühschriften an bis zum späten Werk die kritische Auseinandersetzung mit der „knechtenden Unterordnung unter die Teilung der Arbeit" (Marx 1974: 21)[5] die eigentliche theoretische Pointe der Marxschen Analyse und des Marxschen

---

5 Dreißig Jahre früher schreibt er in der „Deutschen Ideologie" exakt dasselbe: „Die kommunistische Revolution" wird „die Teilung der Arbeit" aufheben (Marx/Engels 1969: 364).

Sozialismus-Konzeptes darstellt. Von daher erklärt sich auch der scheinbar paradoxe Umstand, dass unter vorkapitalistischen Produktionsverhältnissen, d.h. unter bestimmten relativ unentwickelten Formen der gesellschaftlichen Arbeitsteilung, die ökonomisch-soziale Lage von „Klassen" – ihre „Klassenlage" also – ein wirkliches „Klassenbewusstsein" und damit ein bewusstes Klassenhandeln ausschließt. Ebenso wie die „uraltertümlichen indischen Gemeinwesen" „von den Stürmen der politischen Wolkenregionen unberührt" bleiben, so sind auch die voneinander isolierten französischen „Parzellenbauern" des 19. Jahrhunderts zur bewussten kollektiven Aktion außerstande und bedürfen zur Vertretung ihrer Interessen des abgehobenen bonapartistischen Staates (Marx 1960: 397; 1960: 198–202).

2.2 Die Klassen im Kampf um die Führung der Nation: Max Weber

Im Frühjahr 1895 hielt der frisch nach Freiburg berufene Professor der Nationalökonomie Max Weber – gerade 31 Jahre alt – seine Antrittsvorlesung: „Der Nationalstaat und die Volkswirtschaftspolitik" (Weber 1958: 1–25). Das leidenschaftliche Plädoyer des jungen Gelehrten für „die soziale Einigung der Nationen" (ebd.: 23) mündet in die Frage nach dem „Beruf zur politischen Leitung der Nation" (ebd.: 18). Und in völliger Übereinstimmung mit Marx (1964: 892 f.) richtet Weber diese Frage an die großen sozialökonomischen Klassen. „Die Erlangung ökonomischer Macht ist es zu allen Zeiten gewesen, welche bei einer Klasse die Vorstellung ihrer Anwartschaft auf die politische Leitung entstehen lässt" (Weber 1958: 19). Der „Stand" der preußischen Junker, in deren Händen die politische Herrschaft bisher lag, ist „eine ökonomisch sinkende Klasse" (ebd.). Das Bürgertum hingegen, obzwar ökonomisch mächtig, ist weder in seinen großbürgerlichen noch gar seinen kleinbürgerlichen Teilen „heute reif (...), die politisch leitende Klasse der Nation zu sein" (ebd.: 20). Der Grund dafür liegt „in seiner unpolitischen Vergangenheit" (ebd.: 22) – ganz ungleich der französischen oder gar der englischen Bourgeoisie, darf man hinzufügen, obwohl Weber es nicht ausspricht. Und „die Herrschaft eines großen Mannes" ist „nicht immer ein Mittel der politischen Erziehung" (ebd.) (Zwanzig Jahre später – gegen Ende des ersten Weltkriegs – fällt die Kritik Webers an den entpolitisierenden Wirkungen des erdrückenden Bismarckschen Regimes und des konstitutionellen Halbparlamentarismus noch sehr viel schärfer aus; vgl. ebd.: 307 f.).

   Wie steht es nun aber mit dem aufstrebenden Proletariat und „seiner Anwartschaft auf die politische Leitung der Nation"? „Ökonomisch sind die höchsten Schichten der deutschen Arbeiterklasse weit reifer, als der Egoismus der besitzenden Klassen zugeben möchte". (ebd.: 22). Aber politisch ist die deutsche Arbeiterklasse „unendlich unreifer" als die „deklassierten Bourgeois" ihrer führenden „Journalistenklique" sie glauben machen wollen. Sie spielen mit den Reminiszenzen aus der großen Französischen Revolution; „allein sie sind unendlich harmloser (...), es lebt in ihnen kein Funke jener katilinarischen Energie der Tat, aber freilich auch kein Hauch der gewaltigen nationalen Leidenschaft, die in den Räumen des Konvents wehten. Kümmerliche politische Kleinmeister sind sie, – es fehlen ihr die großen Machtinstinkte einer zu politischen Führung berufenen Klasse" (ebd.: 22). Das könnte anders werden, „gelänge es in der Tat eine ‚Arbeiteraristokratie' zu schaffen, welche Trägerin des politischen Sinnes wäre, den wir heute an der Arbeiterbewegung vermissen (...)"; aber „bis dahin scheint es noch ein weiter Weg" (ebd.: 23 f.).[6]

Es ist bemerkenswert, dass die zu Zeiten immer wieder einmal recht lebhafte Diskussion um und über Weber, soweit ich sehe, die Frage: Klasse und politische Führung bei Weber kaum beachtet hat. Auch in den originellen und tiefschürfenden Analysen von Wilhelm Hennis, der sich sonst mit der herkömmlichen Weber-Rezeption erfreulich kritisch auseinandersetzt, kommt sie nicht vor. Die ist umso erstaunlicher, als der politische Analytiker und Publizist Weber dieses Hauptthema seines Engagements sein Leben lang nie verlassen hat. Zwar enthalten die Äußerungen zur deutschen Gesellschaft und zur deutschen Politik neue zusätzliche Akzente; aber die Grundtendenz der Freiburger Rede ist erhalten geblieben: über die gelegentlichen politischen Diskussionsbeiträge im Verein für Sozialpolitik bis zu den Artikeln und den großen Memoranden der Jahre 1917 und 1918 (vgl. ebd.: 173–434; Weber 1924: 394–430).

Dasjenige Element, das seit 1895 bei Weber zu seiner – nennen wir es einmal so – politischen Soziologie der kollektiven Akteure hinzugetreten ist, ist die Analyse des Verhältnisses zwischen Führung und Masse in einer gegebenen gesellschaftlichen Lage. Sowohl der kapitalistische Betrieb, als auch der moderne anstaltliche Staat erfordern eine komplexe arbeitsteilige bürokratische Organisation. Die Bürokratie selbst ist jedoch wesensmäßig zur politischen Führung außerstande (Weber 1958: 309 f.) Weber stand sowohl dem bürokratisierten Kapitalismus, als auch dem bürokratisierten Staat mit tiefer Skepsis gegenüber; aber er war sich ihrer historischen Unausweichlichkeit bewusst. Angesichts dessen wählte und begründete Weber das Modell der auf dem allgemeinen Wahlrecht beruhenden, von politischen Massenparteien getragenen parlamentarischen Demokratie. Im öffentlich zwischen den Parteien ausgetragenen politisch-parlamentarischen Machtkampf wird sich – so hofft Weber – vielleicht

---

6 In diesem Zusammenhang gilt es zu betonen, dass Weber stets in den Gewerkschaften den eigentlichen Kern der deutschen Arbeiterbewegung erblickt hat (Weber 1924: 398 f.; 405 f.).

eine „Berufspolitikerschicht" (Weber 1958: 522) entwickeln, die mit Leidenschaft, Sachlichkeit, Augenmaß und Verantwortungsgefühl (ebd.: 533 f.; 548)
der Nation die nötige politische Führung gibt. Zusammenfassend: die entscheidenden kollektiven Akteure dieser Gesellschaft sind also politische Organisationen, die prinzipiell auf der Basis der sozialökonomischen Klassenstruktur und
damit auch in Vertretung der von ihnen jeweils repräsentierten Klasseninteressen agieren, und die vermittels bürokratischer Strukturen durch eine Berufspolitikerschicht geführt werden.

2.3 Von der Klassenlage zum politischen Bewusstsein:
Die Rolle der Mentalitäten

Als erster und soweit ich sehe einziger vor 1933 in Deutschland hat von einem
streng marxistischen Ausgangspunkt her Theodor Geiger versucht, die sozialökonomische Klassenlage mit schichtenspezifischen gesellschaftlichen Grund-
einstellungen und politischem Verhalten systematisch und methodisch reflektiert in Beziehung zu setzen.[7]
   Geiger stand als marxistisch geprägter Wissenschaftler und politisch aktiver Sozialist in der Weimarer Republik am Rande der etablierten Sozialwissenschaften; innerhalb der sozialistischen Arbeiterbewegung nahm er freilich mit
seiner empirisch-kritischen Haltung gegenüber traditionellen marxistischen
Denkkategorien ebenfalls eine Außenseiterposition ein (Winkler 1985: 165–
167, 169–171; Winkler 1987: 106–108, 111–115).
   In einer Vielzahl von politischen Artikeln und wissenschaftlichen Aufsät-
zen, vor allem aber in seinem 1932 erschienenen „soziografischen Versuch auf
statistischer Grundlage" „Die soziale Schichtung des deutschen Volkes" hat er
es unternommen, die politisch relevante gesellschaftliche Struktur Deutschlands
zu beschreiben, zu verstehen und zu erklären und zwar auf streng empirischem
Wege. Geiger geht dabei von einer sozialstatistisch ermittelten, am Marxschen
Klassenbegriff orientierten Gliederung in fünf soziale Lagen aus. Diesen „Klassen"lagen ordnet er dann bestimmte konkret beschreibbare „Mentalitäten" zu.
Erst in Bezug auf diese Mentalitäten analysiert er die Disposition der sozialökonomischen Gruppierungen zu bestimmten Wirtschaftsgesinnungen, Ideologien
und politischen Verhaltensweisen.
   Schlüsselkategorie ist für Geiger also die „Mentalität". Sie wird definiert
als eine lage- und milieubedingte „geistig-seelische Disposition", die die Men-

---

7 Diese kurze Geiger-Interpretation stützt sich weitgehend auf die hervorragende Arbeit von
   Müller (1988).

schen für eine bestimmte Ideologie „empfänglich" macht (Müller 1988: 130).
Methodisches Schlüsselproblem ist dabei „die soziale Gesamtsituation der jeweiligen Zielgruppe zu rekonstruieren, d.h. es müssen die Spezifika der sozialstrukturellen Lage, der Arbeitstätigkeit, des Berufsmilieus, der Privatsphäre, der
Vergemeinschaftungs- und Vergesellschaftungsformen, der Konsumgewohnheiten, Lebensstilpraktiken usw. erarbeitet werden. Dazu ist eine Kombination
quantitativer und qualitativer Erhebungsmethoden (...) notwendig" (ebd.: 163).
Die Methoden der heutigen empirischen Sozialforschung standen Geiger noch
nicht zur Verfügung. Um die tatsächlichen Einstellungen und Verhaltensweisen
der sozialen Schichten auf der Basis ihrer sozialen Lage zu verstehen und zu
erklären, musste Geiger sich auf Einzelbeobachtungen und plausible empirische
Hypothesen stützen. Im einzelnen sind die Ergebnisse seiner Analysen sicherlich anfechtbar. Aber die grundlegende methodische Frage, wie von einer
konstatierbaren strukturierten sozialen Lage auf subjektive Verhaltensdispositi-
onen geschlossen werden könne, hat Geiger einer Antwort näher gebracht. Die
neueren Konzepte des gesellschaftlichen „Habitus" (Bourdieu) oder des sozialen
Milieus können an seine Arbeiten anschließen und tun es.

2.4 Die Entstehung von Klassen als historischer Lernprozess

Auf einem völlig anderen Weg als Geiger nähert sich der britische Historiker
Edward P. Thompson den Problemen der Klasse, des Klassenbewusstseins und
des historischen Subjekts. Politisch engagiert und in die theoretischen Auseinandersetzungen innerhalb der Arbeiterbewegung involviert war Thompson
ebensosehr wie Geiger. Aber im Zentrum seines Interesses stehen nicht ökonomische Strukturen und soziale Lagen, sondern historische Prozesse. Ausgangspunkt auch seiner theoretischen Überlegungen sind für ihn reale historische
Subjekte, insbesondere die Verhaltensweisen und Bewegungen der britischen
Unterklassen im 18. und 19. Jahrhundert. Thompson ist tief von Marx geprägt
worden; aber er hat sich stets geweigert, Marxens Denken anders als ein radikal
historisches zu verstehen. Den Kapitalismus etwa modellhaft als eine „statische
Struktur" (Thompson 1978: 29) zu begreifen, erscheint ihm abwegig. Und dies
gilt noch ausgeprägter für die „Klasse" als den zentralen kollektiven historischen Akteur im Kapitalismus.

„Produktionsbeziehungen in modernen Gesellschaften finden in der Bildung und im Kampf
(gelegentlich im Gleichgewicht) von Klassen ihren Ausdruck. Aber Klasse ist nicht (...) eine
statische Kategorie. (...) In der marxistischen Tradition ist bzw. sollte Klasse eine historische
Kategorie sein, die die Menschen in ihrer Beziehung sowie die Art und Weise beschreibt, in
der sie sich ihrer Beziehungen bewußt werden, sich trennen, sich vereinigen, Kämpfe begin-

nen, Institutionen bilden und Werte in klassenmäßiger Weise weitergeben" (Thompson 1980a: 315).

Und im Vorwort seines historisch-theoretischen Hauptwerks „The Making of The English Working Class" pointiert er noch deutlicher:

> „Unter Klasse verstehe ich ein historisches Phänomen. (...) Ich sehe Klasse nicht als eine ‚Struktur' oder gar einen ‚Begriff', sondern als etwas, was in menschlichen Beziehungen tatsächlich geschieht. (...) Und Klasse geschieht, wenn einige Menschen infolge gemeinsamer (überlieferter oder geteilter) Erfahrungen die Identität der Interessen zwischen sich selbst wie gegenüber anderen Menschen (...) fühlen und artikulieren. Die Klassenerfahrung ist weithin bestimmt durch die Produktionsverhältnisse, in die die Menschen hineingeboren sind – oder freiwillig eintreten. Klassenbewußtsein ist die Weise, in der diese Erfahrungen kulturell gehandhabt, d.h. in Traditionen, Wertsystemen, Ideen und institutionellen Formen verkörpert werden. Während die Erfahrung als determiniert erscheint (nämlich durch die objektive sozialökonomische ‚Klassenlage', v.O.), ist es das Klassenbewußtsein nicht. Wir können eine Logik in der Reaktion ähnlicher Berufsgruppen, die ähnliche Erfahrungen durchmachen, erkennen, aber wir können nicht irgendein Gesetz behaupten. Klassenbewußtsein entsteht auf dieselbe Weise an verschiedenen Orten und zu verschiedenen Zeiten, aber nie auf genau dieselbe Weise" (zitiert nach Thompson 1980b: 24 f.).

Die Übereinstimmung des Thompsonschen Klassenkonzepts mit den Grundeinsichten des „historischen Materialismus" in der originären Fassung durch Marx und Engels ist offensichtlich: Zwar bestimmt die sozialökonomische „Klassenlage" die Rahmenbedingungen gesellschaftlichen Handelns, aber seine konkreten Motivationen, Formen und Ergebnisse werden durch den sozialen Gesamtzusammenhang, der zugleich den Charakter eines historischen Prozesses hat, erklärt. Wer behauptete, „das ökonomische Moment sei das einzig bestimmende" in der Geschichte, würde die Grundthese des historischen Materialismus „in eine nichtssagende, abstrakte, absurde Phrase" verwandeln (Engels 1967: 463). Klassen existieren, indem Menschen sich unter bestimmten objektiven ökonomischen und sozialen Verhältnissen mit ihren Lebensbedingungen auseinandersetzen, sie erkennen, gemeinsame Verhaltensweisen entwickeln, sich organisieren, aus Erfahrung und Erkenntnis lernen und auf diese Weise wieder ihre Lebensbedingungen und sich selbst verändern. Klassen wie etwa die historische Arbeiterklasse werden nicht „erzeugt, sie erzeugen sich (...) selbst". Der Doppelsinn des Wortes „Making" im Titel des Thompsonschen Hauptwerks drückt diesen Sachverhalt aus (Vester 1978: 37).

Klassisches Beispiel für die Thompsonsche Sichtweise ist die von ihm entwickelte Kategorie der „moralischen Ökonomie". Die englischen Unterklassen legitimieren im Kampf gegen die Auswirkungen des Frühkapitalismus auf ihre Lebenslage ihre Aktionen sehr wesentlich durch Berufung auf vorkapitalistische soziale und moralische Standards, Standards, welche nicht durch die Gesetze des freien Markts bestimmt waren, sondern durch Vorstellungen einer paternalistischen Gesellschaftsordnung, in der – dem Ideal nach – alle Menschen einen ihnen angemessenen Platz und Lebensunterhalt fanden. Erst allmählich entdeckten sie im Kampf die „antagonistischen Interessen" der Klassen im Kapitalismus und damit sich selbst als Klasse. „Klassen und Klassenbewußtsein sind immer die letzte, nicht die erste Stufe im realen historischen Prozeß" (Thompson 1980a: 69 f., 80, 88, 267).

Ohne die historischen moralischen und sozialen Traditionen der plebejischen und der frühen Arbeiterbewegungen wäre das konkrete „Solidaritätsbewusstsein" der modernen Arbeiterklasse nie entstanden. Der orthodoxe ökonomistische Traditionsmarxismus hat das freilich nie wahrhaben wollen. 1903 z.B. rügte Karl Kautsky in der Attitüde des marxistischen Schulmeisters die reale historische Klassenbewegung der Arbeiter, nämlich die Gewerkschaften: „Die gewerkschaftliche Bewegung" sei „gar keine Klassenbewegung", „sondern das Gegenteil einer Klassenbewegung". „Sie organisiert den Arbeiter (...) nicht als Glied seiner Klasse, sondern (...) als Glied seines Standes." „An die Stelle des Solidaritätsgefühls mit dem (Klassen-)Genossen setzt sie das Solidaritätsgefühl mit dem Kollegen" (zitiert nach von Oertzen 1976: 42). Von dieser Auffassung ist der Weg zu einer Ansicht, wonach den Arbeitern das wahre Klassenbewusstsein „von außen" beigebracht werden müsse, nicht allzuweit. Und in der Tat ist Lenin in dieser Hinsicht von Kautsky offensichtlich beeinflusst worden.

3.   Politische Orientierung und gesellschaftliche Milieus

In dem Maße, in dem die Wissenschaft den Versuch unternimmt, das reale gesellschaftliche und vor allem das politische Verhalten konkret zu analysieren, rücken die Hauptakteure der Politik in der modernen Gesellschaft, die Parteien, in den Mittelpunkt des Interesses.

Das gilt für den historischen Rückblick, in welchem Parteigeschichtsschreibung und historische Parteisoziologie bestrebt sind, Entstehungen und Entwicklung des Parteiensystems zu verstehen und zu erklären. Das gilt noch deutlicher für die prognostische Voraussicht, in der versucht wird, ausgehend von den kurz zurückliegenden politischen Ereignissen und Vorgängen die Möglichkeit oder Wahrscheinlichkeit zukünftiger Prozesse – Wahlergebnisse, Veränderungen im politischen System – näher zu bestimmen.

Die meisten dieser wissenschaftlichen Ansätze haben gewisse methodische Besonderheiten gemeinsam. Sie gehen in der Regel nicht von einer zusammenhängenden Theorie der gesellschaftlichen Struktur (z.B. dem Theorem der „Klassengesellschaft" o.ä.) aus; vielmehr identifizieren sie ganz pragmatisch offensichtlich bedeutsame kollektive Akteure – Parteien, Gewerkschaften, andere Verbände oder Bewegungen – und suchen auf empirischem Wege nach den wesentlichen Bestimmungsgründen für das Verhalten ihrer Führer, Mitglieder und Anhänger. Häufig – wenn auch nicht immer – werden dann als wichtig betrachtete „Faktoren" zu Syndromen oder Strukturarrangements zusammengefasst, vermittels derer sich politisch-soziales Handeln erklären oder prognostizieren lassen soll.

In der historisch-soziologischen Forschung erfolgt die Konstruktion solcher Syndrome auf der Grundlage verstehender Quelleninterpretation in der Form plausibler Hypothesen. In der empirischen Sozialforschung liegen ihnen mit z.T. höchst differenzierten statistischen Methoden gewonnene komplexe Korrelationen zwischen gesellschaftlichem Verhalten (z.B. Wahlverhalten) und als relevant identifizierten sozialen Faktoren zugrunde. Nichtsdestoweniger spielen aber im Grunde auch hier Plausibilitätsannahmen eine große Rolle. Thomas von Winter hat in seinem „Beitrag zur Theorie des Wählerverhaltens" (von Winter 1987: 219), wie mir scheint zurecht, festgestellt: „Von einer ganzheitlichen Betrachtungsweise politischer Verhaltensformen und ihrer Bestimmungsgründe (...) ist man in der gängigen Praxis der Wahlforschung weit entfernt". Einigen der hier angeschnittenen Probleme soll im folgenden in aller Kürze nachgegangen werden.

3.1 Politische „Lager" und „sozialmoralische Milieus"

1966 hat M.R. Lepsius in die deutsche historische Parteiforschung die Kategorie des „sozialmoralischen Milieus" eingeführt (Lepsius 1973: 56–80). Er stand dabei – ob er sich dessen bewusst war, bleibe dahingestellt – in der Tradition der Soziologie und Politikwissenschaft der Weimarer Republik. Heinz Marr und – in seiner Nachfolge – Sigmund Neumann haben damals die Kategorien der „Repräsentations-" und der „Integrationspartei" entwickelt, die in der Zuordnung der Parteitypen zu gesellschaftlichen Strukturen und Strukturveränderungen wesentliche Momente der Milieukategorie bereits in sich enthalten (Marr 1934: 313–355, bes. 348; Neumann 1977: bes. 96–110). Ein wenig später als Lepsius haben Oskar Negt und Bernd Rabe für den spezifischen Zusammenhang zwischen proletarischer Lebenslage und sozialistischen Partei- bzw. Politikformen die Kategorie des „Lagers" verwendet, die – wenn auch speziell auf Lage und Verhaltensweise der sozialistischen Arbeiterbewegung zugeschnitten – mit der Kategorie des „sozialmoralischen Milieus" weitgehend identisch ist (Negt/Kluge 1973, Rabe 1978).[8] Der Ausgangspunkt der Lepsiusschen Überlegungen ist historisch: Lepsius stellt das deutsche Parteisystem in den Rahmen eines geschichtlichen Prozesses, der Demokratisierung der deutschen Gesellschaft zwischen Reichsgründung und Ende der Weimarer Republik, und er tut es ganz bewusst. Die „Einführung des Zeitfaktors als einer eigenständigen sozialen Komponente ist zweifellos von erheblicher Bedeutung und impliziert eine Historisierung sozialer Forschung" (Lepsius 1973: 59). Im internationalen Vergleich fällt Lepsius am deutschen Parteisystem „zunächst seine bemerkenswerte Stabilität und geradlinige Entwicklung von 1871 bis 1928 auf" (ebd.: 62). Konservative, Liberale, das Zentrum und – neu entstehend – die Sozialisten bilden, ungeachtet parteipolitischer Spaltungen und Neugründungen, „vier große Gruppierungen (...), die das Grundmuster der politischen Organisation der deutschen Gesellschaft darstellen." Grundlage dieser relativen Stabilität über 60 Jahre hinweg waren „in sich höchst komplex strukturierte sozialmoralische Milieus" (ebd.: 67).

Die Kategorie des Milieus kann eine „gewisse Enge der klassentheoretischen Analyse" überwinden. „Gerade dies ist aber für die Analyse der politischen Integration und Organisation der deutschen Gesellschaft notwendig, die charakteristischerweise nicht nur nach Klasseninteressen erfolgte, sondern durch eine komplexe Konfiguration religiöser, regionaler, sozialer und wirtschaftlicher Faktoren bestimmt wurde. Keine der großen Parteigruppierungen war in einem strengen Sinn klassenhomogen" (ebd.: 67 f.).

„Der Begriff des sozialmoralischen Milieus hat gegenüber dem Klassenbegriff den Vorteil eines explizit weiter gesteckten Bezugsrahmens. Ich verwende ihn hier als Bezeichnung für soziale Einheiten, die durch eine Koinzidenz mehrerer Strukturdimensionen wie Religion, regionale Traditionen, wirtschaftliche Lage, kulturelle Orientierung, schichtspezifische Zusammensetzung der intermediären Gruppen gebildet wurden. Das Milieu ist ein soziokulturelles Gebilde, das durch eine spezifische Zuordnung solcher Dimensionen auf einen bestimmten Bevölkerungsteil bestimmt wird" (ebd.: 68).

„Die Parteien waren der politische Aktionsausschuß dieser (...) sozialmoralischen Milieus (...). Das Parteisystem brach zusammen, als sich im Zuge der fortschreitenden Industrialisierung, der wachsenden Mobilität und sozialen Differenzierung diese Milieus langsam auflösten" (ebd.: 67). Bemerkenswert ist, wie nahe – trotz aller Differenzen – die Lepsiussche Definition des Milieus dem Thompsonschen Begriff der Klasse kommt. Freilich zielt der Lepsiussche Begriff, obgleich mit historischer Anschauung gesättigt, weniger auf den geschicht-

---

8 In Mannheim (1952: 169–225) findet sich in der Erörterung über die Gestalten des utopischen Bewußtseins ein ähnlicher Ansatz.

lichen Prozess und mehr auf die gesellschaftliche Struktur. Und die Beobachtung, dass Klassen (Milieus) sich selber erzeugen (können), fehlt gänzlich.

3.2 Milieupartei und Volkspartei

Ende der 70er Jahre hat Karl-Heinz Naßmacher – parallel zu ähnlichen Ansätzen bei Herbert Kühr und Karl Rohe – den Lepsiusschen Ansatz wieder aufgegriffen. Er und andere haben in detaillierten Studien, welche parteihistorische, parteisoziologische und wahlsoziologische Methoden miteinander verbinden, für eine begrenzte Region (Oldenburg) Struktur und Entwicklung des Parteisystems analysiert und dabei insbesondere die Verhältnisse auf Gemeindeebene, d.h. im unmittelbaren lokalen Zusammenhang mit einbezogen (Naßmacher 1979, 1981a, 1981b, 1989; Kühr 1979; Buchhass/Kühr 1979; Rohe 1979, 1982).[9] Auch sie gehen dabei – wie Lepsius – von der Hypothese aus, dass nicht sosehr der Wandel als vielmehr die relative Stabilität der grundlegenden Parteipräferenzen das eigentlich wichtige und erklärungsbedürftige Phänomen sei. Jedoch gelangen Naßmacher und seine Kolleginnen auf Grund ihres konkreteren Ansatzes teilweise zu anderen Ergebnissen als Lepsius. Insbesondere bestätigen die Oldenburger Studien nicht die Lepsiussche Auffassung, dass die alten „sozialmoralischen Milieus" sich gegen Ende der Weimarer Republik infolge des gesellschaftlichen Strukturwandels (und unter dem Ansturm der NSDAP) aufgelöst hätten. Ihnen zufolge haben – zumindest in Oldenburg – die alten Milieus das „Dritte Reich" überlebt, sich weitgehend wiederhergestellt und sind erst Ende der 60er, Anfang der 70er Jahre allmählich einem Wandlungsprozess unterlegen, der dann auch der Änderung der parteipolitischen Landschaft in dieser Zeit zugrundegelegen habe.

Die Fülle der Einzelergebnisse, auch und gerade auf methodischem Gebiet, kann hier nicht ausgebreitet werden. Jedenfalls gewinnt die Kategorie des „politisch-sozialen Milieus" – wie sie im Unterschied zur Lepsiusschen Formulierung vom „sozial-moralischen Milieu" genannt wird – eine bisher kaum irgendwo sonst erreichte konkrete Anschaulichkeit und Plausibilität.

Die wesentlichsten Resultate der Oldenburger Studien unter dem Gesichtspunkt unserer Fragestellung sind:
- Bei der Konstruktion „politisch-sozialer Milieus" auf der Ebene der Gesamtgesellschaft erhält die Kategorie den Charakter eines von der sozialen Wirklichkeit abgehobenen idealtypischen Modells, dessen Plausibilität fraglich sein kann. Der Versuch einer empirischen Verifizierung mit den

---

9 Vgl. auch die Rezension von Naßmacher (1989) durch R. Stoess (1991).

Methoden der Statistik führt zu Strukturarrangements diverser ökonomischer, sozialer, politischer und soziokultureller „Variablen", deren qualitative Relevanz letzten Endes doch auch der Überprüfung durch die historische Anschauung bedarf. Auf der lokalen Ebene hingegen kann die statistische Analyse durch das in teilnehmender Beobachtung und Befragung gewonnene deutende Verstehen der konkreten Lebensverhältnisse und der in ihnen agierenden Gruppen und Personen ergänzt werden: Ökonomische Struktur und soziale Schichtung, das Handeln politischer Eliten und Parteien, Gesellungsformen und Kommunikationsstrukturen, soziale und ideelle, z.b. religiöse Prägungen etc. erscheinen nicht als „Korrelationen" sozialstatistischer „Daten", sondern als der verstehbare Lebenszusammenhang konkreter Menschen. Das im ersten Zugriff nur als Typus konstruierte „Milieu" wird in seiner Anschaulichkeit unmittelbar einsichtig. Eine solche im strengen Sinn des Begriffs „ganzheitliche Betrachtungsweise" (von Winter 1987) entgeht damit in gewissem Sinne methodischen Problemen, die bei der mit den Mitteln der Sozialstatistik vorgenommenen empirischen Konstruktion von „Milieu" oder ähnlichen sozialen Zusammenhängen unausweichlich sind.

Die weiteren Resultate der Oldenburger Studien können nur sehr kurz referiert werden:

- Die wechselseitigen Beziehungen zwischen lokalem Milieu und überlokalen – regionalen und nationalen – Einflüssen werden sichtbar gemacht. So wie die lokalen Verhältnisse als „Basis" die überlokale Politik durchaus mitbestimmen, so prägen ihrerseits überlokale Strukturen (Parteien, Verbände, Gewerkschaften, Kirchen) und Prozesse (Wahlen, aber auch ökonomisch-soziale Strukturveränderungen) die lokalen Verhältnisse.
- Zwischen dem jeweiligen politischen (Partei-)Lager und dem ihm korrespondierenden „politisch-sozialen Milieu" sind die Vermittlungsformen unterschiedlich (Naßmacher 1981a: 167). Während z.B. die „bürgerlichen" Parteien („Repräsentationsparteien" nach Marr und Neumann) das Leben der einzelnen Menschen im Milieu nur oberflächlich berührten, trug bei der Sozialdemokratie die Partei selbst mit ihrem Netz von Nebenorganisationen das soziale Milieu („Integrationspartei").
- Aus der Differenz zwischen lokalen „politisch-sozialen Milieus" und überlokalem politischen Lager (Parteien) ergibt sich die empirisch nachweisbare Möglichkeit,
  - dass ein Milieu als solches relativ stabil bleibt, die Parteiorientierung aber wechselt,
  - dass ein Milieu von mehreren Parteien repräsentiert wird,

- dass aber auch eine Partei mehrere Milieus umgreifen kann. Dies wäre dann die exakte soziologische Definition von „Volkspartei" im Unterschied zur „Milieupartei" im engeren Sinne. Unter dem Dach einer „modernen" Volkspartei können insofern ältere Milieus durchaus fortbestehen, sie können sich aber auch umstrukturieren – oder sogar auflösen (Naßmacher 1979; 1981a; 1989, bes. 230–247).
- Angesichts der fortdauernden lebensweltlichen Bedeutung von „Primärumwelten", wie sie z.b. im klassischen lokalen Milieu sichtbar geworden sind, wie sie aber auch in anderer Form existieren, erscheint es als durchaus möglich, dass sich auch neue milieuförmige „politisch-soziale Subkulturen" bilden, die ihrerseits Träger neuer politischer Orientierungen werden. So hat z.b. Rudzio im Zusammenhang der Oldenburger Studien völlig zutreffend die Entstehung eines neuen links-alternativen politisch-sozialen Milieus diagnostiziert (Rudzio 1981: 296–297).

3.3 Ein Milieu – mehrere Lager: Das Ruhrrevier

Mit den Methoden der „Oral History" zugleich aber unter umfassender und intensiver Auswertung vorliegender Literatur haben Lutz Niethammer und andere den Versuch unternommen, den Zusammenhang von (individueller) Lebensgeschichte und Sozialkultur im Ruhrgebiet von 1930 bis 1960 darzustellen (Niethammer 1983; Niethammer/von Plato 1985; von Plato 1984). Ausgangspunkt war die Frage nach der Kontinuität der deutschen Geschichte in diesen ereignisreichen Jahren und damit die „Erforschung des Volkes als des zweifellos auffälligsten Kontinuitätsfaktors" – war doch „das Volk" vor Hitler, unter Hitler und nach Hitler unzweifelhaft dasselbe (Niethammer 1983: 7).

Zur „Erforschung der Volkserfahrung" hat sich als die wichtigste, ja als die einzige Methode, die einen wirklichen Zugang zum Leben der Durchschnittsmenschen eröffnen konnte, die lebensgeschichtliche Exploration der „Oral History" erwiesen. Im Zusammenhang der allgemeinen Fragen nach der gesellschaftlichen Kontinuität zwischen 1930 und 1960 stellten sich dann auch spezielle Fragen zur Entwicklung der Region, die angesichts der ökonomischen und sozialen Schlüsselfunktion des „Reviers" für die Struktur der Bundesrepublik ganz allgemein von Bedeutung sind. So z.B. die Frage nach dem Aufbau einer „sozialdemokratischen Vorherrschaft" an der Ruhr. Dieser Prozess ist besonders erklärungsbedürftig, weil er sich in der Phase bundesrepublikanischer Hegemonie der CDU vorbereitete und „weil die Sozialdemokratie in dieser größten Industrieregion Europas vor dem Faschismus erstaunlich schwach war: sie hatte sich im Kaiserreich erst spät entwickelt und war in der Weimarer Republik auf einen dritten Platz hinter Zentrum und Kommunisten zurückgefallen" (ebd.).

Ich darf im Vorgriff auf die Skizzierung der Ergebnisse der Untersuchung hinzufügen, dass dabei beiläufig auch noch Erklärungsansätze für einen bemerkenswerten Umstand geliefert werden, der von den Verfassern selber nicht mehr thematisiert worden ist, weil er jenseits des von ihnen gezogenen zeitlichen Rahmens liegt. Ich meine die Frage, wieso und weshalb die „Vorherrschaft" einer Partei, die sich selbst (im Ruhrgebiet in höherem Grade als anderswo) als „Arbeiterpartei" verstand und in erheblichem Umfang real auch als solche fungierte, in einer Periode errichtet, ausgebaut und bewahrt werden konnte, in der – von der zweiten Hälfte der 60er Jahre an – das Ruhrrevier einem dramatischen Prozess des ökonomischen Strukturwandels unterlag: Die traditionellen Schlüsselbranchen des Reviers, Bergbau und Stahlerzeugung, schrumpften drastisch, die Dienstleistungssektoren dehnten sich aus und der Arbeiteranteil an der lohnabhängigen Bevölkerung verringerte sich einschneidend.

Die Niethammerschen Untersuchungen haben in ihren parteigeschichtlichen und parteisoziologischen Partien (die allerdings nur einen kleinen Teil des monumentalen Gesamtwerks ausmachen) einen ganz ähnlichen Ausgangspunkt wie die Oldenburger Studien. Sie führen in den grundlegenden Fragen auch zu ganz ähnlichen Ergebnissen, was angesichts der tiefgreifenden sozialstrukturellen Differenzen zwischen den beiden Regionen besonders bemerkenswert ist.

Auch hier skizziere ich wie bei den Oldenburger Studien die im Lichte meiner Fragestellung wesentlichen Resultate nur in aller Kürze:

- Noch schärfer als bei Naßmacher u.a. wird die qualitative Differenz zwischen lebensweltlichem Milieu und organisatorisch-politischem Lager herausgearbeitet (von Plato 1983: 31–65).
- In der Konsequenz dieser Differenzierung wird sichtbar gemacht, dass und inwiefern das relativ homogene lebensweltliche „Arbeitermilieu" des Ruhrreviers durch mehrere politische Lager (Zentrum, KPD, SPD) vertreten werden konnte. Dabei kam allerdings der katholischen Kirche als einer sowohl politisch-organisatorischen als auch sozial-kulturell (Wohlfahrtsverbände, Konfessionsschule, Gemeindearbeit) wirksamen Kraft eine besondere Bedeutung für die Konstituierung des christlichsozialen Lagers im Arbeitermilieu zu (ebd.: S. 54).
- Ein besonderer Faktor im spannungsreichen Verhältnis zwischen „Milieu" und „Lager" – ein Faktor, der in den Oldenburger Studien nur andeutungsweise sichtbar wird – war und ist die engagierte organisierte untere Funktionärsschicht der politischen Lager: Gewerkschafter, Betriebsräte, Parteifunktionäre. Diese Schicht vermittelt zwischen Milieu und Lager, trägt aber

gleichzeitig auch trennende politische Einflüsse in das einheitliche Milieu hinein (ebd.: 49).

■ Außerdem wird sichtbar, auf welchen Grundlagen die Ablösung der politischen Hegemonie von Zentrum und KPD vor 1933 durch die Hegemonie der Sozialdemokratie nach 1945 beruhte. Dieses Modell „basiert weniger auf einer Politik mit Programm als vielmehr auf einem professionellen Netzwerk mit dem Ziel pragmatischer Entwicklung des Lebensstandards und sozialstaatlicher Absicherung; es besteht aus einer engen Verknüpfung betrieblicher, gewerkschaftlicher, kommunaler, politischer und sozialstaatlicher Funktionen und Verbindungen über eine stattliche Anzahl von Berufspolitikern, -gewerkschaftern und -betriebsräten. In der Weimarer Republik (zumal im Bergbau) konnte die zahlenmäßig kleinere Gruppe von Berufsfunktionären noch direkt in die Arbeiter- und Angestellten-Milieus hineinwirken; heute fehlt ihnen das alte Vereins- und Verbindungswesen als ‚Unterbau' in den Milieus mit den alten Arbeitersport-, Wander- und Freidenkervereinen oder den Konsum- und Einkaufsgenossenschaften; ihnen fehlt auch weithin das politisch-programmatische Instrumentarium" (von Plato 1984: 201; ferner Niethammer 1983: 16, Niethammer/von Plato 1985: 12 sowie Herbert 1985: 19–52, bes. 41 f.). Es handelt sich hier, so scheint mir, nicht einfach nur um den Zerfall traditioneller weltanschaulicher Bindungen (Katholizismus, Kommunismus bzw. Marxismus) oder parallel dazu um die Auflösung des alten lebensweltlichen Arbeitermilieus, sondern vielmehr um eine Umstrukturierung von Lager-Milieubeziehungen und um die Rekonstruktion eines politisch-sozialen Milieus neuen Typs.

3.4 Organisierte politisch-soziale Milieus: Aufbau und Untergang sozialistischer „Hochburgen" in Sachsen

Eine ganz bestimmte zentrale Frage für das Verhältnis von gesellschaftlichem Milieu und politischem Lager ist in den bisher diskutierten Studien zwar auch gestellt worden, aber doch nur unter anderem. Und sie ist jedenfalls nicht Gegenstand einer systematischen und umfassenden Behandlung gewesen. Ich meine die Frage nach den konkreten organisatorischen, sozialen und ideellen Vermittlungsformen zwischen politischem Lager und lebensweltlichem politisch-sozialem Milieu.

Aufgestört durch die von niemandem ernsthaft vorhergesehenen Niederlagen der SPD in ihren alten Hochburgen in der ehemaligen DDR, vor allem in ihrem „Stammland" Sachsen, bei den Wahlen des Jahres 1990 ist Franz Walter den historischen und strukturellen Bedingungen für Aufbau und Untergang der

„roten Hochburg" Sachsen nachgegangen (Walter 1991).[10] Grundlage dafür waren unter anderem Untersuchungen, die Walter schon vor dem Ende der DDR zusammen mit Peter Lösche über die „Organisationskultur der sozialdemokratischen Arbeiterbewegung in der Weimarer Republik" angestellt hatte (Lösche/Walter 1989).

Ausgangspunkt der Walterschen Analysen ist die These, dass die Erosion der politischen Hegemonie von SPD (und KPD) in Sachsen schon gegen Ende der Weimarer Republik eingesetzt habe. Neben Regionen, in denen die Stellung der sozialistischen Parteien durch den Ansturm der NSDAP nach 1929 kaum erschüttert wurde, standen andere, in denen den Nationalsozialisten tiefe Einbrüche in die ehemals sozialistische (Arbeiter-)Wählerschaft gelangen. Die spezifische Differenz entdeckt Walter nun nicht in der ökonomischen Struktur allein, sondern vielmehr in der Existenz, der Stärke oder Schwäche eines „sinnstiftenden", „in der Mentalität der Arbeiterbevölkerung vertäuten Vereinsmilieus". „Stabil blieb das sozialistische Lager (...) dort, wo es sich seit der Jahrhundertwende zu einem komplexen, dabei eng zusammenhängenden Kultur- und Vereinsmilieu hatte verdichten können." Diese politisch-organisatorische „Milieuverdichtung" ist also die eigentliche Klammer zwischen lebensweltlichem (Arbeiter-)Milieu und (politischem) Lager. Dabei meint Walter am Beispiel Leipzig nachweisen zu können, „daß die sozialistische Arbeiterbewegung als Milieu den Strukturwandel in einer modernen Großstadtgesellschaft und die Binnendifferenzierung innerhalb der Arbeitnehmerschaft (hier: Die Zunahme der Angestellten, v.O.) mit bemerkenswertem Erfolg nach vollzogen und politisch verarbeitet hatte" (Walter 1991: 228 f.).

Dem gemäß sieht dann Walter den Hauptgrund für das Scheitern des sozialdemokratischen Versuchs, 1990 die alte Arbeiterwählerschaft wiederzugewinnen, in dem Umstand, dass das alte sozialistische „Vereinsmilieu" durch 45 Jahre SED-Herrschaft vereinnahmt, korrumpiert, diskreditiert und im Ergebnis als lebensweltlicher Zusammenhang zerstört worden ist. Zurück blieb eine werktätige Bevölkerung, die sich aus ihrer ökonomisch-sozialen Lage heraus ohne jede historische, soziokulturelle, ideelle und organisatorische Vermittlung, wie sie das alte politisch-soziale „Milieu" dargestellt hatte, unmittelbar für die – wie ihr schien – wirksamste Vertretung ihrer Interessen, die CDU entschied.[11]

---

10 Eine Parallelstudie über Thüringen findet sich mit gleichlaufenden Ergebnissen in Walter (1992). Walter/Dürr/Schmidtke (1993), mit umfassenden Lokalstudien, konnte vor Abschluss dieses Manuskripts großenteils nicht mehr berücksichtigt werden. Zur Kritik an den Thesen von Franz Walter über die „rote Hochburg Sachsen" vgl. Hausmann/Rudolf (1993.

11 Walter selbst deutet in Walter (1991: 229 f.) diese Konsequenz nur sehr behutsam an. In Walter/Dürr/Schmidtke (1993), vor allem in der Zusammenfassung (27–37) vertreten die Autoren dann allerdings eine der meinen sehr nahekommende Ansicht.

Über Binnenstruktur, Ausdehnung und gesellschaftliche Wirkungsweise dieses „in der Mentalität der (...) Arbeiterbevölkerung vertäuten Vereinsmilieus" – das, wie wir gesehen haben, gleichzeitig die politische Arbeitermentalität geprägt und stabilisiert hat – gibt die bereits erwähnte Studie von Lösche und Walter Auskunft. Bemerkenswert ist dabei vor allem die qualitative und quantitative Strukturierung dieses Vereinsmilieus und seines Wirkungsfeldes, die die Verfasser vornehmen. Historisch-soziologisch plausibel und empirisch überzeugend begründet unterscheiden sie zwischen einem relativ kleinen Kern, der weltanschaulich geprägten und politisch aktiven von ihnen sog. sozialistischen „Solidargemeinschaft", der Arbeiterkulturbewegung im Ganzen mit ihren Großorganisationen und schließlich einem Umfeld von Sympathisanten – und Wählern. Wenngleich die Geschichte der Zeit zwischen der Reichsgründung und 1933 in ihren ökonomischen, sozialen, kulturellen und politischen Entwicklungen und Strukturen nicht wieder (ge-)holt werden kann, bleiben bestimmte gesellschaftliche Gegebenheiten offenbar auch unter radikal veränderten historischen Bedingungen für das gesellschaftlich-politische Handeln bedeutungsvoll: lebensweltliche Milieus bzw. Subkulturen in ihren Wechselbeziehungen mit organisierten politisch-sozialen Einflussstrukturen; weltanschaulich-programmatisch geprägte Minderheiten als Vermittlung zwischen beiden: Aufbau und Erhaltung ökonomischer, sozialer und idealer Hegemonieverhältnisse als Ergebnis und gleichzeitig als Rahmenbedingung des Wirkens „kollektiver Akteure". Die politische und soziale Umstrukturierung des Ruhrreviers, die Entstehung eines neuen links-alternativen gesellschaftlich-politischen Milieus (Rudzio 1981: 286 f.; ausführlicher Vester 1993) und schließlich (wenn man so will) auch der Aufbau einer strukturellen CSU-Hegemonie in Bayern (Mintzel 1975, 1976) sind konkrete Beispiele aus den letzten 35 Jahren der BRD.

4.   „Jenseits von Stand und Klasse".
   Milieus in der „pluralisierten Klassengesellschaft"[12]

4.1   Klassengesellschaft ohne Klassen.
   Die Milieukategorie in der neueren Sozialstrukturforschung

Im letzten Jahrzehnt hat sich die deutsche Soziologie – deutlicher als die deutsche Politikwissenschaft, wie mir scheint – zunehmend wieder der Frage zugewandt, ob und inwiefern vertikale Differenzierungen die Struktur der Gesellschaft prägen, wie sie sich „konkret bei einzelnen Menschen niederschlagen,

---

12 Vgl. Beck (1983), Vester u.a. (1993).

und welche Konsequenzen sich damit für das Leben der Betroffenen und vor
allem für den Umgang der Menschen miteinander ergeben", wie es der Doyen
der deutschen Sozialstrukturforschung K.M. Bolte behutsam ausgedrückt hat
(Bolte 1986: 299). Im Titel seines kleinen Aufsatzes sagt Bolte es noch etwas
prägnanter: Es war dies der Weg „von sozialer Schichtung zu sozialer Ungleichheit" als zentralem gesellschaftlichem Problem.

In der Tat hat in der Sozialstrukturforschung so etwas wie ein „Paradigmenwechsel" stattgefunden. Nach zweijähriger Vorlaufzeit als „Arbeitsgruppe"
ist Ende 1991 formell die Sektion „Soziale Ungleichheit und Sozialstrukturanalyse" der Deutschen Gesellschaft für Soziologie gegründet worden; damit ist
gewissermaßen offiziell die deutsche Soziologie zu einem der klassischen Themen ihrer eigenen Geschichte seit Weber (und Marx) zurückgekehrt (Hradil
1992: 9–12). Verständlicherweise hat damit auch die Frage nach Klassenstrukturen und Klassen als „kollektiven Akteuren" eine neue Aktualität gewonnen.
Noch 1984 hat Bolte selbst im Resümee der Neubearbeitung seines Buches über
soziale Ungleichheit aus dem Jahre 1966 die Bundesrepublik als eine vielfach
„differenzierte, mittelschicht-dominante Wohlstandsgesellschaft" charakterisiert. Sie sei zwar keine „nivellierte Mittelstandsgesellschaft" (Schelsky), aber
auch keine „Klassen-, Stände- oder eindeutig geschichtete Gesellschaft" (Bol-
te/Hradil 1984: 359). Knapp ein Jahrzehnt später erklärt Reinhard Kreckel, einer
der jüngeren Kollegen Boltes, er wolle an dem Begriff der Klasse festhalten,
weil „das kritische Potential nicht aufgegeben werden sollte, das in der struktur-
theoretischen Vorstellung und dem ungleichheitsbegründenden Klassengegensatz zwischen Lohnarbeit und Kapital aufbewahrt ist" (Kreckel 1992: 149).

Freilich bedeutet diese Feststellung keine einfache Rückkehr zu Marx und
schon gar nicht zu den Vorstellungen eines traditionellen Marxismus, der sich
überdies nicht einmal mehr auf der Höhe der originären Marxschen Theorie
befindet. Darüber, dass aus der Existenz „abstrakter" Klassen nicht umstandslos
auf das Wirken „konkreter" sozialer Klassen als kollektiver Akteure geschlossen
werden kann, herrscht in der Sozialwissenschaft heute Übereinstimmung – bis
weit in die Reihen der erklärten „Marxisten" hinein.

Hingegen ist „denkmöglich geworden, daß fortgeschrittene kapitalistische
Staatsgesellschaften einerseits Klassengesellschaften sind, weil ihre Ungleichheitsstruktur nach wie vor ihn hohem Maße von dem ‚abstrakten' Klassenverhältnis zwischen Lohnarbeit und Kapital geprägt ist, daß sie andererseits aber
keine Klassengesellschaften mehr sind, weil die Integration der Bevölkerung in
‚konkrete' soziale Klassen an Bedeutung verloren hat" (ebd.).

Kreckel bezeichnet diese Struktur sehr treffend als „Klassenverhältnis ohne
Klassen" (ebd.: 141–149) und argumentiert damit in fast völliger Übereinstim-

mung mit Ulrich Beck, der nicht selten als Theoretiker einer individualistischen
Entstrukturierung unserer Gesellschaft mißverstanden wird (ebd.: 139 f.). Im
Rahmen einer politisch-programmatischen Diskussion hat Beck aber seinen
Standpunkt eindeutig formuliert: „Die traditionellen Vorstellungen von Benach-
teiligung und Problemgruppen stimmen nicht mehr. Und es sind vor allem keine
Gruppen – Klassen oder Schichten – im Sinne der Industriegesellschaft, d.h.
soziale Handlungseinheiten mit gleichsam natürlicher politischer Repräsentanz.
(...) Darauf kann man nach altem Muster reagieren. (...) Oder sich dem Tatbe-
stand stellen, daß auch die Klassengesellschaft historisch eine vorübergehende
Gestalt des Kapitalismus war, und wir mehr und mehr in einem Kapitalismus
ohne (soziale) Klassen leben" (Beck 1987: 93).

In einer solchen Situation stellt sich mit besonderer Dringlichkeit die Frage
nach der Vermittlung zwischen den objektiven gesellschaftlichen Strukturen
und den subjektiven sozialen Handlungspotentialen oder abstrakter ausgedrückt:
nach der Vermittlung von Strukturtheorie und Handlungstheorie in der Soziologie. Stefan Hradil (1987: 139–177) spricht sich angesichts dieser Problematik
für eine Einbeziehung der „Milieu"-Kategorie in die Sozialstrukturanalyse aus,
insofern „man milieuspezifische Lebensstile als Vermittlungskategorie zwischen ‚objektiven' äußeren Lebensbedingungen (Strukturen) und ‚subjektiven'
inneren Einstellungen und Verhaltensweisen der Individuen (Praxis)" (ebd.:
168) begreifen kann. Der handlungstheoretische Ansatz, dem „subjektiv als
sinnvoll erachteten Tun der Menschen" (ebd.: 145) nachzuforschen, erfordert es,

> „der Wirkungsweise ungleicher Lebensbedingungen bis hin ins Alltagsleben nachzugehen
> und wenn möglich, verallgemeinerbare Strukturen solcher Wirkungsprozesse in die Modell-
> vorstellung einzubeziehen. Das Milieukonzept ist imstande, diese Anforderungen zu erfüllen
> und einem Strukturmodell sozialer Ungleichheit zu mehr Lebensnähe zu verhelfen. (...) Das
> Milieukonzept erreicht diese Lebensnähe vor allem deshalb, weil es den Blick auf eine mittle-
> re Untersuchungsebene der Lebenswelt lenkt, die zwischen gesamtgesellschaftlichen Struktu-
> ren und individueller Betroffenheit vermittelt" (ebd.: 169 f.).

Kreckel plädiert ebenfalls für eine Einbeziehung des Milieukonzepts in die
Sozialstrukturanalyse, mahnt aber eine sorgfältige empirische Erforschung und
Erklärung des Auftretens „ungleichheitsrelevanter Großgruppen" an (Kreckel
1992: 140 f.).

4.2 Lebensstilmilieus als Rahmenbedingungen gesellschaftlichen Verhaltens

Ein umfassendes Modell der Milieustruktur unserer Gesellschaft ist von der
SINUS-Lebenswelt GmbH in Heidelberg entwickelt worden. Die Faszination
dieses Modells beruht vor allem auf der methodischen Strenge seiner Konstruk-

tion und auf der außerordentlichen Breite seiner empirischen Grundlage (Be-cker/Nowak 1982, SINUS o.J., SPD-Parteivorstand 1984, Becker u.a. 1992). Auf der Basis zahlreicher ausführlicher Explorationen über Wertorientierung und Alltagsbewusstsein der Befragten ist eine Statementbatterie entwickelt worden, die dann in standardisierten Umfragen eingesetzt werden konnte. Ver-mittels multivariater Verfahren wurden acht (seit 1991 neun) relativ homogene Typen unterschiedlicher lebensweltlicher Einstellungen ermittelt. Diese wurden dann mit einigen grundlegenden Indizes des sozialen Status (Schulbildung, Beruf, Einkommen) korreliert. Das Ergebnis waren die unterdessen viel berufe-nen „Sinus-Milieus".[13]

Obwohl wie gesagt von der Methode der Konstruktion her diese Milieus als Typen lebensweltlicher Einstellungen angelegt sind, stellte sich eine relativ deutliche soziale Strukturierung heraus, die übrigens auch in den Namen der Milieus ihren Niederschlag gefunden hat (nur zwei der neun Milieus beziehen sich in ihren Bezeichnungen nicht auf Klassen- oder Schichtstrukturen). In ein zweidimensionales Schema der Gesellschaftsstruktur eingetragen, zeigt sich in der Horizontalen eine Dimension der „Grundorientierung" – von traditionellen bis zu postmateriellen moderneren Weiten. Diese Dimension enthält andeu-tungsweise auch die zeitliche Richtung eines Wertemantels und drückt insofern in gewissem Grade damit auch die Zuordnung zu jüngeren oder älteren Bevöl-kerungsgruppen (Generationen) aus. In der Vertikalen erscheint mit großer Deutlichkeit eine Dimension des höheren oder niederen sozialen Status. Je drei Milieus können der Ober- und oberen Mittelschicht, der mittleren und unteren Mittelschicht und der Unterschicht (Arbeiterschicht) zugeordnet werden.[14]

Obwohl ursprünglich für die Verwertung in der kommerziellen Konsumen-tenforschung entwickelt – und auf großer Breite mit Erfolg eingesetzt – ist das SINUS-Milieu-Modell sehr bald auch auf die grundlegenden politischen Ein-stellungen und parteipolitischen Präferenzen der Gesellschaft bezogen worden (SPD-Parteivorstand 1984). In jüngster Zeit wurde es auch auf die Adressaten-gruppen der demokratischen politischen Bildung angewendet (Friedrich-Ebert-Stiftung 1993). Außerdem ist unterdessen ein eigenes – von der BRD (alt) ver-schiedenes – Milieumodell für die Gesellschaft der ehemaligen DDR entwickelt worden (Becker u.a. 1992: 104–113).

---

13 Vorher acht, seit zwei Jahren neun Milieus: Gehoben konservatives M., Technokratisch-liberales M., Alternatives M., Kleinbürgerliches M., Aufsteigermilieu, Hedonistisches M., Traditionelles Arbeitermilieu, Traditionsloses Arbeitermilieu, und seit 1991: Neues Arbeitnehmermilieu.

14 Das Alternative Milieu (im Sinne von SINUS – nicht zu verwechseln mit dem alltags-sprachlichen Begriff der „Alternativen", die sich in mehreren SINUS-Milieus finden) ist eindeu-tig als ein Milieu der oberen Mittelschichten zu charakterisieren; das Hedonistische Milieu zeigt die größte vertikale Erstreckung, hat seinen Schwerpunkt aber in den unteren Mittelschichten.

Bemerkenswert ist, dass sich bei der Einbeziehung politischer Grundein-
stellungen und Parteisympathien – ebenso wie bei der allgemeinen sozialen
Strukturierung – deutliche politische Profile der einzelnen Milieus ergeben
haben, die die Umrisse von großen Gruppierungen mit dem Charakter politischer „Lager" erkennen lassen (SPD-Parteivorstand 1984). In den Untersuchungen von Vester u.a. (1993) sind diese Strukturen noch deutlicher hervorgetreten.
Auf jeden Fall lassen die SINUS-Untersuchungen den Schluss zu, dass zwischen lebensweltlichen Einstellungen, Generationszugehörigkeit, sozialem Status und politischer Grundeinstellung signifikante Beziehungen bestehen. Dieses
Beziehungsnetz näher zu erforschen, war die Absicht einer Projektgruppe an der
Universität Hannover, die unter der Leitung von Michael Vester seit 1987 tätig
ist. Ansatz und erste Ergebnisse sollen im letzten Kapitel dieses Abschnitts kurz
dargestellt werden.

4.3 Der Wandel der Sozialstruktur und die Entstehung
neuer gesellschaftlich-politischer Milieus[15]

Ausgangspunkt der Untersuchungen von Vester u.a. waren die offensichtlichen
Veränderungen in Gesellschaft und Politik der BRD (alt) seit Anfang der 70er
Jahre. Die sogenannten „Neuen Sozialen Bewegungen" und das Entstehen der –
trotz vielfacher gegenteiliger Prognosen offenbar dauerhaft etablierten – neuen
Partei der GRÜNEN waren neben anderen relevanten gesellschaftlichen Entwicklungen dafür die wesentlichen Indizien. Von Anfang an hat die Projektgruppe parallel zur Analyse der qualitativen sozialen Verhaltensänderungen
auch die objektive Entwicklung der Sozialstruktur in den letzten 40 Jahren in ihr
Forschungsprogramm mit einbezogen. Außerdem hat sie die historische Dimension in ihren empirischen Untersuchungen (narrative Interviews zur Erkundung
des Problemfelds, themenzentrierte Interviews mit standardisiertem Teil und
umfassende standardisierte Repräsentativbefragung) in den Mittelpunkt ihres
Interesses gerückt, indem sie der Erforschung von Sozialisationsprozessen und
der Ermittlung der sozialen Herkunft – weit über das in der politischen Umfra-
geforschung übliche hinaus – breiten Raum gegeben hat.
    Im Zentrum der theoretischen Vorüberlegungen der Projektgruppe standen
die Arbeiten von Pierre Bourdieu. Neben der von Bourdieu vorgenommenen

---

15 Der folgende Abschnitt gibt den Stand zur Milieu- und Habitusanalyse der Forschungsgruppe
   um Michael Vester zu Beginn der 1990er Jahre wieder; er wurde hier unverändert übernommen
   und kann gewissermaßen als ‚zeitgeschichtliches Dokument' gelesen werden. Zu den theoretischen und empirischen Weiterentwicklungen vgl. die Einleitung zu diesem Band sowie ausführlich Vester u.a. (2001).

Rekonstruktion des sozialen Raums, stand sein Konzept des „Habitus" im Mittelpunkt. „Habitus" ist der Inbegriff der „grundlegenden Prinzipien, nach denen die Menschen die Sozialwelt aktiv konstruieren und bewerten. (...) Ausgehend von diesen von den Akteuren selbst praktizierten Mustern der Selbst- und Fremdwahrnehmung kann überprüft werden, ob es nicht doch neben der vermuteten Differenzierung und Pluralisierung von Lebensstilen ausgeprägte Milieu- und Gruppenzusammenhänge gibt. Als Vermittlungskategorie zwischen den ‚objektiven' sozialen Positionen und Lagen und den subjektivem Kulturpraktiken und Weltanschauungsmustern erlaubt der Habitusbegriff zudem eine ideologie- und herrschaftskritische Analyse sozialer Beziehungen, d.h. bestimmte soziale Verhaltensweisen können im Hinblick auf ihre Funktion für die Reproduktion sozialer Ungleichheit hinterfragt werden" (Vester u.a. 1992: 175).

Die Nähe des Bourdieuschen Habitusbegriffes zu den Grundmustern der von SINUS entwickelten Lebensweltmilieus ist offensichtlich. Bekräftigt wird diese Feststellung durch die frappierende Übereinstimmung zwischen der Darstellung des sozialen Raums bei Bourdieu und der entsprechenden Einordnung der SINUS-Milieus (ebd.: 180) Die beiden Strukturbilder der französischen und der BRD- (alt-) Gesellschaft decken sich in allen wesentlichen Dimensionen: Der horizontalen (ökonomisches Kapital – kulturelles Kapital bzw. traditionale und postmaterielle Wertorientierung), der vertikalen nach Ober-, Mittel- und Unter-(Arbeiter-) Schicht, und schließlich auch in der nur angedeuteten Zeitdimension der gesellschaftlichen Entwicklung. Nicht zuletzt dieser Umstand hat die Projektgruppe dazu bewogen, bei ihren empirischen Untersuchungen die SINUS-Milieus „als eine Art Basistypologie oder Hintergrundvariable" (ebd.: 225; außerdem zu SINUS: 14 f., 72 f., 197, 244) zu benutzen.

Im einzelnen haben die hannoverschen Untersuchungen in drei Regionalstudien (Hannover, Oberhausen, Reutlingen) die Existenz und Handlungsrelevanz eines neuen alternativen gesellschaftlich-politischen Milieus plausibel gemacht und gleichzeitig Erkenntnisse über Entstehung und Entwicklung dieser Milieus gewonnen. Dabei haben diese regionalen Milieustudien den hypothetisch unterstellten Zusammenhang zwischen objektiven sozialstrukturellen Entwicklungen (z.B. drastische Veränderungen der Bildungs- und Berufsstruktur) und den konstatierten sozialen und soziokulturellen Einstellungsveränderungen verstehbar und erklärbar gemacht (Vester u.a. 1993).

In der abschließenden Repräsentativbefragung ist dann der Versuch unternommen worden, auf der Grundlage der in den vorangegangenen qualitativen Untersuchungen gewonnenen Erkenntnisse ein Gesamtbild der typischen Einstellungs- und Verhaltensstile und ihrer objektiven sozialen Verortung zu gewinnen. Neben der Erhebung der SINUS-Lebensstil-Milieus sind in Anlehnung an frühere SINUS-Untersuchungen typische Stile politischer und geselliger Grundeinstellung ermittelt worden; das Instrument für die Gesellungsstile wurde neu entwickelt. Zusammen mit weiteren Fragen über tatsächliches soziales und politisches Verhalten, sowie einer umfassenden sozialstatistischen Fragenbatterie waren damit die Grundlagen für den Versuch vorhanden, ein skizzenhaftes Gesamtbild des sozialen Raums der BRD (alt) zu entwerfen. (Entsprechende Untersuchungen über Teilaspekte der Gesellschaft der Neuen Bundesländer sind im Gange.) Allerdings stehen weitere Auswertungen des gewonnenen Materials, sowie Nachfolgestudien über einzelne wichtige Teilprobleme noch aus. Gewisse Grundstrukturen zeichnen sich nichtsdestoweniger bereits ab.

Abb. 1:   Die Sozialmilieus der pluralisierten Klassengesellschaft

Habitus	modernisiert (14% -> 20%)	teilmodernisiert (38% -> 45%)	traditionell (46% -> 35%)
Oberklassen-Habitus (22% -> 19%)	ALT Alternatives Milieu (4% -> 2%)	TEC Technokratisch-liberales Milieu (9% -> 9%)	KON Konservativ-gehobenes Milieu (9% -> 8%)
Mittelklassen-Habitus (58% -> 59%)	HED Hedonistisches Milieu (10% -> 13%)	AUF Aufstiegsorientiertes Milieu (20% -> 24%)	KLB Kleinbürgerliches Milieu (28% -> 22%)
Arbeiter-Habitus (18% -> 22%)	NAT Neues Arbeitnehmermilieu (0% ->> 5%)	TLO Traditionsloses Arbeitermilieu (9% -> 2%)	TRA Traditionelles Arbeitermilieu (9% -> 5%)

aus: Vester (1993)[16]
Anordnung der SINUS-Lebensstil-Milieus für Westdeutschland nach Bourdieus Konzept des sozialen Raums und des Habitus der Klassenfraktionen. Die Prozentzahlen markieren die Veränderung von 1982–1992

Die nach Meinung der Gruppe zentrale Charakterisierung unserer Gesellschaft ist in die Formel „pluralisierte Klassengesellschaft" gefasst worden. Zwar kann von einer direkten Ableitung oder Erklärung gesellschaftlich-politischer Milieus oder gar gesellschaftlich-politischen Handelns aus der ökonomisch-sozialen Lage nicht gesprochen werden (wie wir gesehen haben, war dieses Modell schon zu Marxens Lebzeiten fragwürdig). Jedoch ist die Ungleichheitsstruktur der Gesellschaft unverkennbar; sie hängt mit Beruf und beruflicher Stellung, mit – in Bourdieuschen Kategorien – „ökonomischem", „kulturellem" und „sozia-

---

16 Vgl. Vester u.a. (2001: 48 ff.).

lem" Kapital zusammen (allerdings auch mit sog. „askriptiven" Merkmalen wie Geschlecht, Alter bzw. Jugend, Ethnie usf.). Die lebensweltlichen Milieu-Typen lassen sich relativ eindeutig in die vertikale Gliederung der Gesellschaft: Oberschicht, Mittelschicht, Unterschicht (Arbeiterschicht) einordnen. Vor allem bei der Prägung der Kindergeneration im Prozess der Sozialisation erweist sich der soziale Status der Eltern als überaus wichtig.

Jedoch durchkreuzen andere Dimensionen die Ungleichheitsstruktur. Bei den Politikstilen kristallisieren sich vier, etwa gleichgroße Lager heraus: Das der Reformorientierung, das der Ambivalenz, das der Status-Quo-Orientierung und das des Ressentiments.[17] Schwerpunkte der sog. „Politikverdrossenheit" finden sich sowohl unter enttäuschten Reformorientierten, als auch bei Ambivalenten, im erheblichem Umfang natürlich im Lager des Ressentiments. Eine andere Dimension – am Lebensstil ebenso wie am Gesellschaftsstil abzulesen – drückt eine Skala von offenen modernisierten bis hin zu traditionalen, z.T. eng begrenzten Lebensformen aus. Eine weitere Dimension – in der Gruppe noch nicht bis zu Ende diskutiert – macht m.E. die Festigkeit der sozialen Identität bzw. den Grad der sozialen Integration sichtbar. Auf jeden Fall gibt es verstehbare Zusammenhänge zwischen sozialer Integration und bejahender Einstellung – entweder kritisch oder status-quo-orientiert – zur gesellschaftlich-politischen Ordnung.

Vier große politische Lager: ein liberal-konservatives, ein konservativsoziales, ein sozialliberales und ein links-alternatives scheinen der parteipolitischen Sympathiestruktur zu Grunde zu liegen. (Dabei schienen sich zum Zeitpunkt unserer Erhebung im Sommer 1991 die Sympathisanten der Republikaner und anderer rechtsradikaler oder rechtsextremer Formationen noch nicht zu einer lagerähnlichen Struktur zusammengefunden zu haben (von Oertzen 1992, Alheit/Vester 1993).

Von entscheidender Bedeutung sind offenbar: Die Generationszugehörigkeit, die Auswirkungen des sozialstrukturellen Wandels der letzten 30 Jahre und die durch die familiäre Sozialisation vermittelten und veränderten elterlichen Traditionen. Insgesamt ergibt sich also vor dem Hintergrund einer eindeutigen Ungleichheitsstruktur eine Pluralität von Lebensstilen, Politikstilen, Gesellungsformen und generationsspezifischer Prägungen in unterschiedlichen Syndromen. Von durchgehenden Strukturen der Individualisierung, der Atomisierung oder gar der Anomie kann nicht die Rede sein. Die Bedeutung des jeweiligen durch-

---

17 In der Neuauflage des Buches von 2001 ist diese Darstellung in weiter entwickelter und differenzierter Form enthalten. Es werden sechs gesellschaftspolitische Lager unterschieden, das traditionell-konservative, das gemäßigt-konservative, das sozial-integrative, das skeptisch-distanzierte, das radikaldemokratische und das enttäuscht-autoritäre (vgl. Vester u.a. 2001).

aus milieuspezifischen lebensweltlichen Umfelds für das Verhalten der Menschen kann überhaupt nicht überschätzt werden.

In Bezug auf unsere Fragen nach den Bestimmungsgründen und Rahmenbedingungen gesellschaftlichen und politischen Handelns zeichnet sich eine Situation ab, die weder durch überwiegend situationsbedingte Verhaltensweisen isolierter Einzelner, noch durch klar identifizierbare kollektive Akteure bestimmt wird. Es könnte sich vielmehr eine Art von „Feld-"Struktur herausgebildet haben.[18] Aktive minoritäre Kerne von relativer Homogenität in Lebensstil, Politikstil, Gesellungsstil, generationsspezifischer Erfahrung und sozialem Status – je für sich oder in gesellschaftlich-politischen Bündnissen bzw. „Lagern" zusammengeschlossen – könnten vermittels überkommener oder erneuerter politisch-sozialer Organisationsformen wie in einem Kraftfeld gesellschaftliche Tendenzen beeinflussen, bündeln oder sogar zu wirkungsvollen Bewegungen zusammenfassen. Aber es zeichnen sich in einer Art von Gegenbild auch gewissermaßen „negative" Feldstrukturen ab, in denen sich milieuförmige Konzentrationen von Isolierung, realer oder vorgestellter Gefährdung des sozialen Status und Ressentiments bilden.

Die zuletzt angestellten – freilich nurmehr rein hypothetischen – Überlegungen führen, so scheint mir, zum Ausgangspunkt dieser wissenschaftlichen Skizze zurück, zum Marxschen Konzept des „gesellschaftlichen Gesamtarbeiters". Reale historische Subjekte, wirkliche kollektive Akteure können nicht unmittelbar aus gesellschaftlichen Strukturen abgeleitet werden. Sie werden konstituiert oder besser: konstituieren sich selbst in geschichtlichen (Lern-) Prozessen, in denen überkommene soziale Gegebenheiten und soziales Handeln, Reaktion und Aktion, Führer und Geführte, lebensweltliche Milieus und politische Organisation, Alltagserfahrung und Ideologie, Interessenvertretung und Wertorientierung als Momente eines komplexen dynamischen Zusammenhangs in Erscheinung treten. Etwas davon hat Engels ausgedrückt, als er sagte: „Wir machen unsere Geschichte selbst, aber (...) unter sehr bestimmten Voraussetzungen und Bedingungen".

---

18 Unter Anknüpfung an Bourdieu haben Krais (1989) und Raphael (1989) die Kategorie des sozialen und des politischen „Feldes" entwickelt (bes. Raphael 1989: 101 f.). Unter Anknüpfung an den sozialpsychologischen „Feld"-Begriff von K. Lewin hat jedoch schon vor über 50 Jahren K. Mannheim (1958: 345–349) von einem „Soziologischen Feld" gesprochen.

Literatur

Alheit, Peter/Vester, Michael (1993): Individualisierung und neue Assoziation. Hannover: unveröffentlichtes Manuskript.

Beck, Ulrich (1987): „Wie spieße ich einen Pudding auf?". In: Perspektiven des demokratischen Sozialismus. 4(2-3)/1987.

Beck, Ulrich (1983): Jenseits von Klasse und Stand? In: Kreckel, R. (1983): 35–74.

Becker, Ulrich/Becker, Horst/Ruhland, Walter (1992): Zwischen Angst und Aufbruch. Das Lebensgefühl der Deutschen in Ost und West nach der Wiedervereinigung. Düsseldorf: Econ.

Becker, Ulrich/Nowak, Horst (1982): Lebensweltanalyse als neue Perspektive der Meinungs- und Marketingforschung. In: E.S.O.M.A.R.-Kongress. Bd.2. 247–267.

Bolte, Karl Martin (1986): Von sozialer Schichtung zu sozialer Ungleichheit in der Bundesrepublik Deutschland. In: Zeitschrift für Soziologie. 15(4)/1986. 295–301.

Bolte, Karl Martin/Hradil, Stefan (1984[5]): Soziale Ungleichheit in der Bundesrepublik Deutschland. Opladen: Leske+Budrich.

Buchhass, Dorothea/Kühr, Herbert (1979): Von der Volkskirche zur Volkspartei. In: Kühr (1979): 136–237.

Eder, Klaus (Hg.) (1989): Klassenlage, Lebensstil und kulturelle Praxis. Frankfurt/M.: Suhrkamp.

Engels, Friedrich (1967): Friedrich Engels an Joseph Bloch vom 21. Sept. 1890. In: Marx-Engels-Werke (MEW): Bd. 37.

Euchner, Walter (Hg.) (1991): Klassiker des Sozialismus. 2 Bde. München: C.H. Beck.

Friedrich-Ebert-Stiftung (Hg.) (1993): Lernen für Demokratie. 4 Bde. Bonn: Friedrich-Ebert-Stiftung.

Grathoff, Richard/ Sprondel, Walter (Hg.) (1976): Maurice Merleau-Ponty und das Problem der Struktur in den Sozialwissenschaften. Stuttgart: Enke.

Günther, Wolfgang (Hg.) (1981): Sozialer und politischer Wandel in Oldenburg. Oldenburg: Holzberg.

Hausmann, Christopher/Rudolf, Karsten (1993): Trotz allem: Sachsen die rote Hochburg. In: Politische Vierteljahresschrift. 34(1)/1993. 92–97.

Heckenauer, Manfred u.a. (Hg.) (1994): „Wer in der Politik Verantwortung trägt, kann nicht bequem sein". Eine Schrift zum 70. Geburtstag von Georg Benz. Marburg: Schüren.

Hennis, Wilhelm (1987): Max Webers Fragestellung. Tübingen: Mohr.

Herbert, Ulrich (1985): Zur Entwicklung der Ruhrarbeiterschaft 1930 bis 1960. In: Niethammer/von Plato (1985): 19–52.

Hradil, Stefan (Hg.) (1992): Zwischen Bewußtsein und Sein. Opladen: Leske+Budrich.

Hradil, Stefan (1987): Sozialstrukturanalyse in einer fortgeschrittenen Gesellschaft. Opladen: Leske+ Budrich.

IMSF (1992): 6. Tagung der AG Marx-Engels-Forschung. Das historische Subjekt im Werk von Marx und Engels (Henning Böke). In: Z – Zeitschrift Marxistische Erneuerung. 11/1992. 208–212.

Kaase, Max/Klingemann, Hans-Dieter (Hg.) (1990): Wahlen und Wähler. Opladen: Leske+Budrich.

Krais, Beate (1989): Soziales Feld, Macht und kulturelle Praxis. In: Eder (1989): 47–70.

Kreckel, Reinhard (1992): Politische Soziologie der sozialen Ungleichheit. Frankfurt/M.: Campus.

Kreckel, Reinhard (Hg.) (1983): Soziale Ungleichheiten. (Soziale Welt. Sonderband 2). Göttingen: Schwartz.

Kühr, Herbert (Hg.) (1979): Vom Milieu zur Volkspartei. Königstein/Ts.: Hain.

Lenin, Wladimir I. (1946): Ausgewählte Werke. 2 Bde. Berlin: Dietz.

Lepsius, M. Rainer (1973): Parteiensystem und Sozialstruktur. In: Ritter (1973): 56–80.

Lösche, Peter/Walter, Franz (1989): Zur Organisationskultur der sozialdemokratischen Arbeiterbewegung in der Weimarer Republik. In: Geschichte und Gesellschaft. 15(4)/1989. 511–536.

Mannheim, Karl (1958): Mensch und Gesellschaft im Zeitalter des Umbaus. Darmstadt: Wissenschaftliche Buchgesellschaft.

Mannheim, Karl (1952): Ideologie und Utopie. Frankfurt/M.: Schulte-Bulmke.

Marr, Heinz (1934): Die Massenwelt im Kampf um ihre Form. Hamburg: Hanseatische Verlags-Anstalt.

Marx, Karl (1974): Kritik des Gothaer Programms. In: MEW: Bd. 19.

Marx, Karl (1964): Das Kapital. Kritik der politischen Ökonomie. Bd. III. Der Gesamtprozeß der kapitalistischen Produktion. In: MEW: Bd. 25.

Marx, Karl (1963): Karl Marx an Joseph Weydemeier. In: MEW: Bd. 28.

Marx, Karl (1962): Das Kapital. Kritik der politischen Ökonomie. Bd. 1: Der Produktionsprozeß des Kapitals. In: MEW: Bd. 23.

Marx, Karl (1960): Der 18. Brumaire des Louis Bonaparte. In: MEW: Bd. 8.

Marx, Karl (1959): Das Elend der Philosophie. In: MEW: Bd. 4.

Marx, Karl/Engels, Friedrich (1969): Die deutsche Ideologie. In: MEW: Bd. 3.

Marx, Karl/Engels, Friedrich (1959): Manifest der kommunistischen Partei. In: MEW: Bd. 4.

Miehe, Jörg (1992): Krise des Marxismus und subjektive Vergesellschaftung. In: Z – Zeitschrift Marxistische Erneuerung. 10/1992. 122–137.

Mintzel, Alf (1976): Volkstümliche Technokraten: Das Management der CSU. In: Transfer. 2/1976. 107–120.

Mintzel, Alf (1975): Die CSU. Anatomie einer konservativen Partei 194 –1972, Opladen: Leske+Budrich.

Müller, Dagmar (1988): Soziale Lagen und Mentalitäten in der Schichtungsanalyse Theodor Geigers. Hannover: (unveröffentlichte sozialwissenschaftliche Diplomarbeit).

Müller, Hans-Peter (1992): Sozialstruktur und Lebensstile. Frankfurt/M.: Suhrkamp.

Müller, Rudolf Wolfgang/Schäfer, Gert (Hg.) (1986): „Klassische" Antike und moderne Demokratie. Arthur Rosenburg zwischen alter Geschichte und Zeitgeschichte, Politik und politischer Bildung, Göttingen: Muster-Schmidt.

Naßmacher, Karl-Heinz (1989): Parteien im Abstieg. Opladen: Leske+Budrich.

Naßmacher, Karl-Heinz (1981a): Regionale Tradition als Bestimmungsfaktor des Parteiensystems. In: Günther (1981): 153–187.

Naßmacher, Karl-Heinz (1981b): Kontinuität und Wandel eines regionalen Parteiensystems. In: Günther (1981): 221–251.

Naßmacher, Karl-Heinz (1979): Zerfall einer liberalen Subkultur. In: Kühr (1979): 29–134.

Negt, Oskar/Kluge, Alexander (1973[2]): Öffentlichkeit und Erfahrung. Frankfurt/M.: Suhrkamp.

Neumann, Siegmund (1977[4]): Die Parteien der Weimarer Republik. Stuttgart: Kohlhammer.

Niethammer, Lutz (Hg.) (1983): „Die Jahre weiß man nicht, wo man die heute hinsetzen soll". Faschismuserfahrungen im Ruhrgebiet. Berlin: Dietz.

Niethammer, Lutz/von Plato, Alexander (Hg.) (1985): „Wir kriegen jetzt andere Zeiten". Auf der Suche nach der Erfahrung des Volkes in nachfaschistischen Ländern. Berlin: Dietz.

von Oertzen, Peter (1994): Die Arbeiterklasse als Träger sozialistischer Bewegung. In: Heckenauer u.a. (1994): 209–213.

von Oertzen, Peter (1992): Die Wählerschaft in Westdeutschland. In: spw – Zeitschrift für sozialistische Politik und Wirtschaft. 4/1992. 16–21.

von Oertzen, Peter (1991): Karl Marx. In: Euchner (1991), l. Bd.: 139–156.

von Oertzen, Peter (1986): Arthur Rosenberg als Propagandist einer revolutionären Realpolitik. In: Müller/Schäfer (1986): 106–114.

von Oertzen, Peter (1976[2]): Betriebsräte in der Novemberrevolution. Berlin: Dietz.

von Oertzen, Peter (1965): Überlegungen zur Stellung der Politik unter den Sozialwissenschaften. In: Kölner Zeitschrift für Soziologie und Sozialpsychologie. 17 (3)/1965. 503–520.

von Plato, Alexander (1984): „Der Verlierer geht nicht leer aus". Betriebsräte geben zu Protokoll. Berlin: Dietz.

von Plato, Alexander (1983): „Ich bin mit allen gut ausgekommen". Oder: War die Ruhrarbeiterschaft vor 1933 in politische Lager zerspalten? In: Niethammer (1983): 31–65.

Rabe, Bernd (1978): Der sozialdemokratische Charakter. Frankfurt/M.: Campus.

Raphael, Lutz (1989): Klassenkämpfe und politisches Feld. In: Eder (1989): 71–107.

Ritter, Gerhard A. (Hg.) (1973): Deutsche Parteien vor 1918. Köln: Kiepenheuer und Witsch.

Rohe, Karl (1982): Die „verspätete" Region. In: Steinbach (1982): 231–249.

Rohe, Karl (1979): Vom alten Revier zum heutigen Ruhrgebiet. In: Rohe/Kühr (1979): 21–73.

Rohe Karl/Kühr, Herbert (Hg.) (1979): Politik und Gesellschaft im Ruhrgebiet. Königstein/Ts.: Hain.

Rudzio, Wolfgang (1981): Wahlverhalten und kommunalpolitisches Personal in ausgewählten Oldenburger Gemeinden. In: Günther (1981): 253–297.

SINUS (o.J.): Lebensweltforschung – ein kreatives Konzept. Heidelberg: Manuskript.

SPD-Parteivorstand (1984): Planungsdaten für die Mehrheitsfähigkeit der SPD. Bonn: (Manuskript).

Sprondel, Walter (1976): Die Kategorie der Sozialstruktur und das Problem des sozialen Wandels. In: Grathoff/Sprondel (1976): 176–189.

Steinbach, Peter (Hg.) (1982): Probleme politischer Partizipation im Modernisierungsprozeß. Stuttgart: Klett.

Stoess, Richard (1991): Literaturbesprechung von Karl-Heinz Naßmacher „Parteien im Abstieg". In: Politische Vierteljahresschrift. 32(2) 1991. 378–379.

Thompson, Edward. P. (1980a): Plebejische Kultur und moralische Ökonomie. Frankfurt/M.: Ullstein.

Thompson, Edward P. (1980b): Das Elend der Theorie. Frankfurt/M: Campus.

Thompson, Edward P. (1978). Ein Interview mit E.P. Thompson. In: Aesthetik und Kommunikation 33/1978. 21–32.

Vester, Michael (1993): Das Janusgesicht sozialer Modernisierung, Ms., erscheint demnächst in: aus Politik und Zeitgeschichte, Bd. 26-27, 1993, 3–19.

Vester, Michael (1978): Edward Thompson als Theoretiker der „New Left" und als historischer Forscher. In: Aesthetik und Kommunikation. 33/1978. 33–44.

Vester, Michael/von Oertzen, Peter/Geiling, Heiko/Hermann, Thomas/Müller, Dagmar (2001): Soziale Milieus im gesellschaftlichen Strukturwandel. Frankfurt/M.: Suhrkamp.

Vester, Michael/von Oertzen, Peter/Geiling, Heiko/Hermann, Thomas/Müller, Dagmar (1993): Soziale Milieus im gesellschaftlichen Strukturwandel. Köln: Bund.

Vester, Michael/von Oertzen, Peter/Geiling, Heiko/Hermann, Thomas/Müller, Dagmar (1992): Neue soziale Milieus und pluralisierte Klassengesellschaft. Forschungsbericht. Hannover: (Manuskript).

Walter, Franz (1992): Thüringen – eine Hochburg der sozialistischen Arbeiterbewegung? In: Internationale wissenschaftliche Korrespondenz zur Geschichte der deutschen Arbeiterbewegung. (IWK). 28(2)/1992. 2–39.

Walter, Franz (1991): Sachsen – ein Stammland der Sozialdemokratie? In: Politische Vierteljahresschrift. 32(2)/1991. 207–231.

Walter, Franz/Dürr, Tobias/Schmidtke, Klaus (1993): Die SPD in Sachsen und Thüringen zwischen Hochburg und Diaspora. Bonn: Dietz.

Weber, Max (1958): Gesammelte Politische Schriften. Tübingen: Mohr.

Weber, Max (1924): Gesammelte Aufsätze zur Soziologie und Sozialpolitik. Tübingen: Mohr.

Weber, Max (1921): Wirtschaft und Gesellschaft. Tübingen: Mohr.

Winkler, Heinrich-August (1987): Arbeiter und Arbeiterbewegung in der Weimarer Republik. Bd. 3: Der Weg in die Katastrophe. Berlin: Dietz.

Winkler, Heinrich-August (1985): Arbeiter und Arbeiterbewegung in der Weimarer Republik. Bd. 2: Der Schein der Normalität. Berlin: Dietz.

von Winter, Thomas (1987): Politische Orientierungen und Sozialstruktur. Ein Beitrag zur Theorie des Wählerverhaltens. Frankfurt/M.: Campus.

DIAGNOSEN UND PERSPEKTIVEN

Soziale Milieus und die Ambivalenzen der Informations- und Wissensgesellschaft

Peter A. Berger

> „Wenn Lebensstile auch dadurch charakterisiert sind, dass sie unterschiedliche Wissensmilieus darstellen, Wissen aber eine zentrale Notwendigkeit des Lebens in der Wissensgesellschaft ist, dann sind mit Lebensstilen auch Lebenschancen verbunden. Sie eröffnen Zugang zu Wissen. Sie konstruieren neue Formen sozialer Ungleichheit" (Richter 2005: 63).

1. Auf dem Weg zur „Lebensstilgesellschaft"

Beeinflusst durch Pierre *Bourdieus* (1984) bahnbrechende Arbeiten zu den „Feinen Unterschieden" der französischen Gesellschaft einerseits, angestoßen durch Ulrich *Becks* (1983, 1986) viel diskutierte Thesen von einer intensivierten Individualisierung in der westdeutschen Wohlfahrts- und Wohlstandsgesellschaft andererseits, hat es seit den 1980er Jahren zahlreiche Anstrengungen gegeben, zunächst die westdeutsche, dann aber auch die ostdeutsche und schließlich die gesamtdeutsche Sozialstruktur mit *Lebensstil- und Milieuansätzen* zu beschreiben. In Auseinandersetzung mit dem „klassischen" Klassen- und Schichtenparadigma der Soziologie, dessen Erklärungswert immer öfter bezweifelt wurde, sollte dabei zugleich der theoretische wie empirische Stellenwert solcher Konzepte geklärt werden.[1]

Verbunden mit den Namen Pierre Bourdieu und Ulrich Beck standen sich dabei von Anfang an zwei vielleicht sogar unvereinbare, auf alle Fälle aber schwer vermittelbare Perspektiven gegenüber: Während sich nämlich bei Bourdieu trotz aller hermeneutischen Sensibilität im Detail letztlich oft der Eindruck einstellt, Lebensstile und Milieus seien so etwas wie ein kollektiver Ausdruck oder gar eine Widerspiegelung der Position von Klassen und Klassenfraktionen

---

1 Vgl. z.b. Berger/Hradil (1990), Hradil (1992), Lechner (2003), Müller (1992), Müller-Schneider (1994, 1998), Schulze (1992), Schwenk (1996), Spellerberg (1996), Vester u a. (1995), Vester u.a.(2001).

im „sozialen Raum", lag angesichts der Beckschen Grundthese eines Bedeu-
tungsverlustes objektiver Ungleichheiten für die Herausbildung kollektiver
(Klassen- oder Schicht-)Identitäten, die in der Metapher vom „Fahrstuhl" ihre
einprägsame Formulierung fand, das immer wieder zu registrierende Missverständnis nahe, dass „jenseits von Schicht und Klasse" Ungleichheiten generell
an Bedeutung verloren hätten. Dies wurde freilich so in der Individualisierungsthese auch nie behauptet (vgl. Berger 2004) – und wie etwa aktuelle Untersuchungen zu Einkommens- und Vermögensungleichheiten in Deutschland zeigen, ist dies auch nicht der Fall: Während noch unklar ist, ob sich in jüngster
Zeit Ungleichheiten nicht sogar wieder verschärfen, finden sich viele Indizien
für eine langfristige *Stabilität* in den Einkommens- und Vermögensungleichheiten – und in Deutschland sind dabei bei gleicher Qualifikation und Berufs-
gruppenzugehörigkeit auch die Lohn- und Gehaltsunterschiede zwischen Männern und Frauen von bemerkenswerter Konstanz.[2]

Trotz dieses Spannungsverhältnisses und ziemlich unbeeindruckt von tie-
fergehenden theoretischen Fragen nach dem Verhältnis von „Objektivem" und
„Subjektivem", von Struktur, Orientierungen und Handeln konnte sich jedoch
zumindest in der *kommerziellen Markt- und Meinungsforschung*, in der es neben
den bekannten „Sinus-Milieus" nun auch noch die „Sigma-" und die „Mosaic-
Milieus" gibt (vgl. SINUS 2005; SIGMA 2005; MOSAIC 2005), das Milieu-
und Lebensstilparadigma mittlerweile so fest etablieren, dass im Falle der Sinus-
Milieus nicht nur länderübergreifende „Meta-Milieus"[3] konstruiert werden, sondern die aktuellen Sinus-Milieus sogar zur Typologisierung deutscher Hunde-
halter Anwendung finden können.[4] Von Seiten der *akademischen Soziologie*,
und meist von dem angedeuteten Spannungsverhältnis motiviert, häufen sich
dagegen in den letzten Jahren Versuche, nach zwei Jahrzehnten Lebensstil- und
Milieuforschung in Deutschland eine Art *(Zwischen-)Bilanz* zu ziehen.[5] Diese
Bilanzierungen reichen von einer kritischen Abrechnung mit Milieu- und Le-
bensstilkonzepten über Vorschläge zur Präzisierung und Weiterentwicklung bis
hin zur Entdeckung einer weiteren zeitgenössischen Gesellschaft, nämlich der
„Lebensstilgesellschaft" (Richter 2005).

Auch die „Lebensstilgesellschaft" lässt sich dabei einreihen in jene mittlerweile gar nicht mehr so kurze Ahnengalerie „neuer" Gesellschaften, die mehr
oder weniger deutlich von einem Übergang von *Knappheits- zu Reichtumsun-
gleichheiten* und damit von einer abnehmenden Determinationskraft „klassisch"

---

2 Vgl. Becker/Hauser (2004), Berger (2005), Berger/Neu (2006), Hinz/Gartner (2005), Noll/Weick
   (2005), Sopp (2005), Stein (2004).
3 Vgl. http://www.sinus-sociovision.de/2/2-4.htm.
4 Vgl. http://www.sinus-sociovision.de/3/3-3-6.htm#hunde.
5 Vgl. Hermann (2004), Meyer (2001), Otte (2004, 2005), Rössel (2004).

industriegesellschaftlicher, vor allem an Positionen in der und zur Erwerbs-arbeitsgesellschaft festgemachten Ungleichheiten ausgehen. Im Unterschied zu Begriffsprägungen wie der „Arbeitsgesellschaft" (vgl. Matthes 1983), der „Risi-kogesellschaft" Ulrich *Becks* (1986), der „Erlebnisgesellschaft" Gerhard *Schulzes* (1992) und der „Multioptionsgesellschaft" von Peter *Gross* (1994)[6] hat freilich Michael Vester, dem dieser Beitrag gewidmet ist, einer solchen „Inflation" von Gesellschaften erfolgreich widerstanden und spricht allenfalls von einer „ständisch organisierten Klassengesellschaft" (vgl. Vester 2005: 39).

2. Wissens-, Informations- und Netzwerkgesellschaft

Gleichzeitig – und wenig beeindruckt von solchen noch in der Rede vom Übergang in eine Überflussgesellschaft ungleichheitstheoretisch motivierten Gesellschaftsdiagnosen – scheint sich freilich die Frage „In welcher Gesellschaft leben wir eigentlich?" (Pongs 1999, 2000) immer öfter auf Konzepte wie *Informations*- oder *Wissensgesellschaft* zu konzentrieren.[7] Sowohl in der öffentlichen wie auch in der sozialwissenschaftlichen Diskussion finden sich dabei häufig Rückgriffe auf die schon in den 1970er Jahren von Daniel *Bell* (1975) und Alain *Touraine* (1972) ins Spiel gebrachten Modelle einer *nach- oder post-industriellen Gesellschaft*, die u.a. von Nico *Stehr* (1994, 2000, 2001, 2003) zum Konzept der *Wissensgesellschaft* ausgebaut wurden – ein Etikett, das sich derzeit in Konkurrenz mit dem der *Informationsgesellschaft* befindet, in dem die Entwicklung und Ausbreitung neuer Informations- und Kommunikationstechnologien in den Vordergrund gestellt wird.

Beispielhaft kommt dies etwa in dem Ende 1999 unter dem Titel „*Innovation und Arbeitsplätze in der Informationsgesellschaft des 21. Jahrhunderts*" von der Deutschen Bundesregierung veröffentlichten Aktionsprogramm zum Ausdruck, wo es heißt:

> „An der Schwelle zum 21. Jahrhundert befindet sich Deutschland im Übergang zur Informationsgesellschaft. Die durch die neuen Informations- und Kommunikationstechnologien angestoßenen Entwicklungen werden dabei in allen Lebensbereichen zu teilweise fundamentalen Veränderungen führen. Kaum ein Bereich des Privatlebens und der Arbeitswelt wird davon ausgenommen sein." (BMBF/BMWI 1999: 14; vgl. Bittlingmayer 2005: 50 ff.)

---

6 Vergleichende Darstellungen zu den verschiedenen Gesellschaftsdiagnosen finden sich z.B. in Kneer u.a. (1997), Pongs (1999, 2000), Schimank/Volkmann (2000), Volkmann/Schimank (2002).
7 Vgl. z.B. Bittlingmayer (2005), Castells (2001, 2002, 2003), Hörning (2001), Hubig (2000), Kübler (2005), Stehr (1994, 2001), Steinbickler (2001), van Dülmen/Rauschenbach (2004).

Und auch bei Manuel *Castells*, dem Autor des dreibändigen Monumentalwerks „*Das Informationszeitalter*" (Castells 2001, 2002, 2003; vgl. Berger/Kahlert 2004), stehen die neuen Informations- und Kommunikationstechnologien und deren systemische, d.h. abstrakt-unpersönliche „Vernetzungslogik"
im Vordergrund. Deshalb spricht er von „informationeller" Gesellschaft, da dadurch die spezifische „Form sozialer Organisation, in der die Schaffung, die
Verarbeitung und die Weitergabe von Information unter den neuen technologischen Bedingungen (...) zu grundlegenden Quellen von Produktivität und Macht
werden" (Castells 2001: 22), besser zum Ausdruck kommen würde.

Folgt man diesen und ähnlichen Diagnosen, hat also vor allem die rapide
*Ausbreitung neuer Techniken der Informationsübermittlung, -verarbeitung und
-speicherung* nicht nur in der Arbeitswelt, sondern auch in privaten Lebensbereichen zeitgenössische Gesellschaften in technischer wie in ökonomischer Hinsicht mehr und mehr in *Informationsgesellschaften* verwandelt. Zugleich lassen
die voranschreitende Verwissenschaftlichung und die immer schnellere Zirkulation von Wissen diese Gesellschaften in zunehmendem Maße als *Wissensgesellschaften* erscheinen, in denen es möglicherweise zu tiefgreifenden sozialen Wandlungen und kulturellen Verunsicherungen kommt – darauf werde ich
weiter unten noch näher eingehen.

Obwohl sie nach wie vor beliebt sind, scheinen mir nun Diskussionen darüber, ob diese Konzepte in *diachroner* Perspektive einen wirklich fundamentalen Wandel von gesellschaftlichen Grundstrukturen beschreiben, nur begrenzt
fruchtbar. Denn auch wenn rein quantitative Verschiebungen (wie die Ausbreitung der neuen Informations- und Kommunikationstechnologien) nicht unbedingt etwas über qualitativ neue Formen von Vergemeinschaftung und Vergesellschaftung aussagen, sollten die Konsequenzen der wachsenden Diffusionsgeschwindigkeiten technischer Neuerungen, der beschleunigten Zirkulation von
Information und Wissen und des damit einhergehenden, immer schnelleren Veraltens alltäglicher Wissensbestände und Routinen nicht unterschätzt werden –
auch und gerade im Verhältnis der Generationen (vgl. z.B. Sackmann u.a.
1994). Und wie man etwa aus Niklas *Luhmanns* Studien zur „Wissenssoziologie
moderner Gesellschaften" (Luhmann 1980, 1981) lernen kann, signalisiert ja die
gesteigerte Bereitschaft zu Diskursen über neue Selbstbeschreibungen, die wir
zur Zeit beobachten, oftmals grundlegende Wandlungen in der gesellschaftlichen *Semantik*, also in jenen „höherstufig generalisierten, relativ situationsunabhängig verfügbaren Regeln der Sinnverarbeitung und Wirklichkeitsdeutung"
(Luhmann 1980: 19), die Gesellschaftsstrukturen – hier verstanden als Wissensstrukturen – zugrunde liegen. Das „und" im Titel dieses Beitrages soll weiterhin
andeuten, dass ich mich hier auch nicht auf die ebenfalls eher unfruchtbare Dis-

kussion darüber einlassen will, welches der beiden Etikette – Informations- *oder* Wissensgesellschaft – in *synchroner* Hinsicht treffender ist: Moderne, hoch differenzierte und komplexe Gesellschaften lassen sich schon lange nicht mehr aus nur einem einzigen Organisations- oder Strukturprinzip heraus begreifen. Vielmehr sind sie durch *(ungleichzeitige) Überlagerungen verschiedener Strukturierungsmuster* geformt – und es hängt letztlich von den theoretisch-analytischen Perspektiven und von konkreten empirischen Fragestellungen ab, welche Seite man betonen will.

Abbildung 1: Berufszuordnung nach Sektoren in Deutschland, 1882-2010

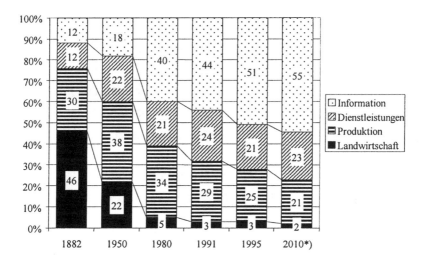

Nach: Dostal 1995: 528 (*2010: geschätzt)

Ausgehend von Manuel *Castells* (2001) kann man jedoch trotzdem „Information" insofern von Wissen unterscheiden, als es sich bei *Information* in der Regel um Signale, Daten oder auch um Wissensbestände handelt, die in irgendeiner Form gespeichert, kommuniziert und systematisiert werden (vgl. Hubig 2000: 19). *Wissen* scheint demgegenüber das breitere Konzept zu sein und soll hier – in Anlehnung an Nico *Stehr* (2001: 7) – definiert werden als „Fähigkeit zum (sozialen) Handeln" und – im Sinne der Luhmannschen Semantik – zugleich als ein „symbolisches System", das „Realität strukturiert".

Abbildung 2: Verbreitung von Computern, 1992-1999

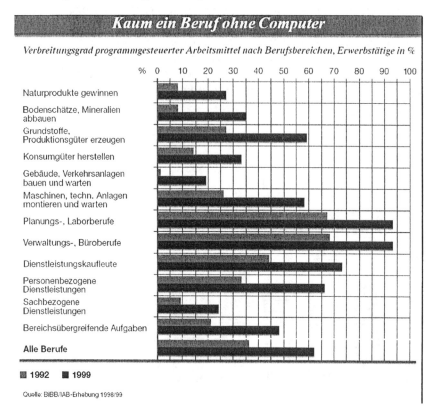

Eine solche Abgrenzung zwischen Information und Wissen richtet den Fokus zunächst auf die *Medien* der Speicherung, Übermittlung und Verarbeitung von Informationen, mithin auf die eher technischen und ökonomischen Aspekte der Verwendung dieser Medien in Beruf und Privatleben. Aus dieser Perspektive kann man nun beispielsweise Häufigkeit und Intensität von Informationsverarbeitung zur Basis einer *Berufsklassifikation* nehmen und so, wie in *Abbildung 1* dargestellt, zu dem Ergebnis kommen, dass in Deutschland schon Mitte der 1990er Jahre mehr als die Hälfte der Erwerbstätigen im Informationssektor tätig war[8], die Bundesrepublik also in diesem Sinne schon längst eine Informations-

---

8   Werner Dostal (1995: 528) beschreibt seine Vorgehensweise so: „Über den Tätigkeitsschwerpunkt des Mikrozensus wurden jene Erwerbstätigen separiert, die auf intensiven Informationsbezug schließen lassen. In einer Matrix Tätigkeitsschwerpunkt/Beruf wurden jene Berufe als In-

gesellschaft ist. Noch deutlicher wird die damit nur angedeutete *Informatisierung der Arbeitswelt*, wenn man sich, wie in der *Abbildung 2* zu sehen ist, die rapide Verbreitung sog. „programmgesteuerter Arbeitsmittel" (meist besser bekannt als: Computer) in allen Berufsbereichen vor Augen führt.

Mit Blick auf die Arbeitswelt stellen sich damit zugleich Fragen nach den Auswirkungen einer zunehmenden *Flexibilisierung von Beschäftigungsverhältnissen* (vgl. Berger/Konietzka 2001), nach berufsstrukturellen Wandlungen sowie nach Verschiebungen in der berufsbasierten Schicht- oder Klassenstruktur moderner Gesellschaften. Darüber hinaus interessieren Fragen nach *ungleichen Zugangsmöglichkeiten* zu den neuen Informationstechnologien – darauf werde ich gleich noch kurz zurückkommen. Zunächst aber noch etwas mehr zu den hier nur ganz grob skizzierten Veränderungen im Bereich der Arbeitswelt, die nicht nur von *Castells*, sondern z.b. auch von Richard *Sennett* (1998) in seiner Studie zum „flexiblen Menschen" in der „Kultur des neuen Kapitalismus" unter den Stichworten einer umfassenden *Flexibilisierung* und *„Entwurzelung"* beschrieben werden. Dies betrifft einerseits die Zuordnung von Erwerbstätigen zu bestimmten Berufsgruppen und Wirtschaftssektoren, verwandelt jedoch andererseits oftmals auch die konkreten Berufstätigkeiten und die zugehörigen Arbeitsplatzanforderungen. Zu vermuten ist dabei auch, dass diese Entwicklungen weitgehende Folgen für die *Beruflichkeit von Arbeit* bzw. für die Berufsförmigkeit der Organisation des gesellschaftlichen Arbeitsvermögens (vgl. Berger u.a. 2001) haben: Denn der Wandel zur Informationsgesellschaft verändert, so z.B. Werner *Dostal* (2002: 177), „nicht nur die Verteilung von Wirtschaftszweigen, Berufen und Tätigkeiten, sondern zerstört auch die in der Industriegesellschaft fixierten und standardisierten Messgrößen, nach denen Beschäftigung zugeordnet und quantifiziert wird." Deshalb, so eine seiner Schlussfolgerungen, sei derzeit auch nicht eindeutig zu klären, ob es in Informations- und Wissensgesellschaften zu einer forcierten *Auflösung von Beruflichkeit* kommen werde oder es sich dabei nur um ein „Übergangsphänomen" handle. In beiden Fällen ist jedoch damit zu rechnen, dass die Stabilität von Beschäftigung in Informationsgesellschaften zumindest in kurz- bis mittelfristiger Perspektive abnimmt, sich nichtstandardisierte, „flexible" Beschäftigungsformen wie Teilzeitarbeit, befristete Beschäftigung, Schein-Selbständigkeit, Beschäftigung bei Zeitarbeitsfirmen u.a.m. ausbreiten und damit zugleich Erwerbs- bzw. Lebensverläufe vielfältiger

---

formationsberufe klassifiziert, in denen mehr als 75% der Berufsangehörigen Informationstätigkeitsschwerpunkte angegeben hatten. In einer Matrix Beruf/Wirtschaftszweig wurden dann alle diese Berufsangehörigen der als Informationsberufe klassifizierten Berufe aus den angegebenen Wirtschaftszweigen separiert und in einem eigenen ‚Informationsbereich' zusammengefaßt."

werden (vgl. Berger 1996) – *Castells* (2001: 207 ff.) hat dazu eine Fülle interna-
tionaler Vergleichsdaten zusammengetragen.

Für Deutschland und auf der Grundlage von Mikrozensusdaten konnte dazu beispielsweise Martin *Groß* (2001) verdeutlichen, dass *befristete Beschäfti-*
gungsverhältnisse in Westdeutschland zwischen 1989 und 1995 von 4,8% auf
5,1% aller sozialversicherungspflichtig Beschäftigen ansteigen; in Ostdeutschland ist der Anteil befristeter Stellen in allen Jahren mehr als doppelt so hoch
und steigt deutlich von 9,9% auf 11,6%. Dabei betrifft die Befristung zum einen
jene Gruppen, die typischerweise als benachteiligt gelten, nämlich Frauen, ausländische Arbeitnehmer und Personen ohne Ausbildung. Zum anderen sind jedoch auch hochqualifizierte Arbeitnehmer überproportional häufig in befristeten
Beschäftigungen zu finden – ein Ergebnis, dass Karin *Kurz* und Nikolei *Stein-*
hage (2001) auf der Datenbasis des Sozio-ökonomischen Panels und in einer
Längsschnittanalyse auch für Berufsanfänger bestätigt haben. Darüber hinaus
kann *Groß* zeigen, dass die Befristung von Beschäftigungsverhältnissen in mittleren und unteren Bereichen der (Aus-)Bildungshierarchie durchweg mit Ein-
kommensverlusten einhergeht, während in höheren professionellen und Mana-
gementpositionen eine Befristung sogar mit höheren Einkommen verbunden
sein kann – womit sich insgesamt eine *Polarisierung* zwischen Flexibilisie-
rungsverlierern und -gewinnern abzuzeichnen scheint, die den Gewinnern nicht
nur Einkommensvorsprünge, sondern vielleicht auch Kompetenzvorsprünge im
Umgang mit Unsicherheiten (vgl. Berger 1998) beschert.

3. Konturen einer neuen „Klassenstruktur"
in der Informationsgesellschaft

Die mit der gesteigerten Dynamik zusammenhängende Krise der Beruflichkeit –
einem ja gerade in Deutschland besonders bedeutsamen Mechanismus der Ar-
beitskräfteallokation, mit dem Statusselbstzuschreibungen sowie Momente
(quasi-)ständischer Vergesellschaftungs- und Vergemeinschaftungsmechanis-
men eng verknüpft sind (vgl. Berger u.a. 2001) – wirft auch Fragen nach der
Brauchbarkeit gängiger Berufsklassifikationen und darauf aufbauender Schicht-
und Klassenmodelle auf. Dies gilt nicht nur für die berufliche Mobilität, die in
ihrem (gemessenen) Ausmaß und ihren Formen unmittelbar vom Zuschnitt der
Ausgangs- und Zielkategorien abhängt (vgl. z.B. Berger 2001), sondern insbesondere auch für Versuche, die Klassen- oder Schichtstruktur von Informations-
bzw. Wissensgesellschaften näher zu beschreiben, die ja schon eine längere
Tradition haben: So diagnostizierte etwa der Managementtheoretiker Peter F.

Drucker (1969; vgl. Steinbicker 2001) bereits in den 1960er Jahren den Aufstieg einer neuen Schicht von *Wissensarbeitern* – und schon in den 1960er Jahren wurde für die USA der Anteil der *Informationsarbeiter* auf rund ein Drittel der Beschäftigten geschätzt.

Abbildung 3: Vorindustrielle, industrielle und postindustrielle Gesellschaften

	Vorindustrielle Gesellschaft	Industrielle Gesellschaft	Postindustrielle Gesellschaft
Regionen	Asien Afrika Lateinamerika	Westeuropa Sowjetunion Japan	*Vereinigte Staaten*
Wirtschaftlicher Sektor	Primär (extraktive Industrien) Landwirtschaft Bergbau Fischerei Waldwirtschaft	Sekundär (Güterproduktion) Verarbeitung *Fertigproduktion*	Tertiär Quartär *(Dienstleistungen)* Verkehr Banken Erholung Versicherungen Quintär Gesundheit Ausbildung Forschung Regierung
Wichtigste Berufsgruppen	Bauer, Bergmann, Fischer ungelernter Arbeiter	angelernter Arbeiter Ingenieur	*technische und akademische Berufe Wissenschaftler*
Grundlage der Technologie	Rohstoffe	Energie	*Information*
Entwurfsprinzip	Spiel gegen die Natur	Spiel gegen die technisierte Natur	*Spiel zwischen Personen*
Methodologie	„Common sense"; Erfahrung	Empirismus; Experiment	abstrakte Theorien; Modelle, Simulation, Entscheidungstheorie, Systemanalyse
Zeitperspektive	Orientierung an der Vergangenheit; Ad-hoc-Reaktionen	Ad-hoc-Anpassung, Vorausberechnung	zukunftsorientierte Voraussage
Axiales Prinzip	Traditionalismus; Begrenzung von Boden und Ressourcen	Wirtschaftswachstum; staatl. oder priv. Kontrolle von Investitionsentscheidungen	*Zentralität und Kodifikation des theoretischen Wissens*

Nach: Bell 1975: 114 f.

Daniel *Bell* (1975) ging dann in seiner berühmten Studie zur *„Nach-Industriellen Gesellschaft"* davon aus, dass die von ihm als *„neue Wissensklasse"* bezeichnete Gruppe von Hoch- und Fachhochschulabsolventen, höheren Ange-

stellten, Beamten und Geschäftsinhabern in den 1970er Jahre rund ein Viertel
der amerikanischen Bevölkerung ausmachen würde – wobei er folgende zentralen Unterschiede zwischen industriellen und postindustriellen Gesellschaften
sah (Bell 1975: 32; vgl. *Abbildung 3*):

1. In ökonomischer Hinsicht erfolgt ein Übergang von einer güterproduzie-
   renden Wirtschaft zu einer Dienstleistungswirtschaft. Nicht mehr eine *„Logik des Kampfes gegen die Natur"* – wie in Agrargesellschaften – oder des
   „Kampfes mit der technisierten Natur" – wie in Industriegesellschaften –
   prägt solche Gesellschaften. Vielmehr gewinnt im Zusammenhang mit der
   Ausbreitung personen- und wissensbezogener Dienstleistungen eine *„Logik
   des Zusammenspiels zwischen Personen"* immer mehr an Gewicht.

2. Abzulesen ist dies u.a. an den von Jean *Fourastié* (1954) schon in den
   1950er Jahren prognostizierten, massiven Verschiebungen der Wirtschafts-
   und Berufsstruktur: Weg vom sog. *„primären" oder argarischen Sektor,*
   und nach einem Wachstum bis in die 1960er und 1970er Jahre hinein auch
   weg vom *„sekundären" oder industriellen Sektor* – und hin zum *„tertiä-
   ren" oder Dienstleistungssektor*. Damit einher geht nicht nur ein Bedeu-
   tungsgewinn güter- und personenorientierter Dienstleistungen, sondern
   auch ein Bedeutungszuwachs von professionalisierten und technisch qualifizierten Berufen – und im Zuge der *Bildungsexpansion* kommt es zu einem
   generellen „upgrading" der Qualifikationsstruktur. In postindustriellen Gesellschaften zählen dann, so *Bell* (1975: 134), „weniger Muskelkraft oder
   Energie als Information. Die wichtigste Figur ist der Akademiker, der auf
   Grund seiner Ausbildung und Schulung die zunehmend benötigten Fähigkeiten mitbringt."

3. „Axiales" oder organisierendes Prinzip postindustrieller Gesellschaften ist
   deshalb auch nicht mehr das *Eigentum an Produktionsmitteln* und der damit
   verbundene Klassengegensatz von Kapital und (Lohn-)Arbeit. Vielmehr
   rückt das *„kodifizierte theoretische Wissen"* als Quelle von Innovationen
   und als Ausgangspunkt der gesellschaftlich-politischen Programmatik ins
   Zentrum: „Was für Technologie und Wirtschaft gilt, trifft in veränderter
   Form auch auf alle anderen Wissensbereiche zu: Überall wird der Fortschritt abhängig von der vorausgehenden theoretischen Arbeit, die die bekannten Daten sammelt und auf den Weg zur empirischen Bestätigung
   weist. In zunehmendem Maße wird das theoretische Wissen so zum strate-
   gischen Hilfsmittel und axialen Prinzip der Gesellschaft." (Bell 1975: 41)

4. Noch geprägt vom Fortschrittsoptimismus der Nachkriegsjahre und ganz im
   Banne der Planungseuphorie der 1960er und frühen 1970er Jahre sind postindustrielle Gesellschaften für Bell schließlich auch gekennzeichnet durch

die *Schaffung „neuer intellektueller Technologien"*, die es u.a. erlauben sollten, den technischen und sozialen Fortschritt vorauszuplanen, zu bewerten und zu steuern – und damit den Eliten eine neue Herrschaftsbasis zu sichern.

Obwohl nun Alain *Touraine* (1972) im Unterschied zu *Bell* in seinem Ende der 1960er Jahre geschriebenem Buch weniger am Fortschrittsoptimismus der 1950er und 1960er Jahre anknüpfte, betonte auch er die *Bedeutung von Wissen und Information* als Quelle kontinuierlicher, technischer und kultureller Innovationen. Auch für ihn sind deshalb Universitäten, staatliche oder private Forschungsinstitute die zentralen Orte, an denen die *neue Produktivkraft Wissen* erzeugt und vermittelt wird. Allerdings richtete *Touraine* seine Aufmerksamkeit mehr auf die Ambivalenzen einer – wie er sie nannte – *„programmierten" Gesellschaft*, in der neue gesellschaftliche Konflikte, neue Formen der Herrschaft und neue Formen des Kampfes um politische Macht entstehen können.

Wesentliches Kennzeichen postindustrieller Gesellschaften ist dabei jedoch auch aus seiner Sicht, dass „die ökonomischen Entscheidungen und die ökonomischen Kämpfe hier nicht mehr dieselbe Autonomie und zentrale Stellung genießen" (Touraine 1972: 8) wie noch in Industriegesellschaften. Durch die Konzentration von Wissen und Entscheidungsgewalt wandeln sich deshalb für *Touraine* zugleich die Formen der Herrschaft von der ökonomischen Ausbeutung zur *Entfremdung*: Die programmierte Gesellschaft ist in seinen Augen eine „Gesellschaft der Entfremdung" (ebd.: 13), in der Menschen zwar nicht mehr ins materielle Elend gestoßen werden, über die Zuweisung von Bildungschancen, insbesondere jedoch durch *Werbung, Medien, Massenkultur* „verführt, manipuliert, integriert" würden. Dieser Gedanke, der sich im übrigen auch wie ein roter Faden durch *Castells'*(2001, 2002, 2003) Analysen zieht, wenn er etwa die voranschreitenden „Vermischung von Bedeutungssphären in multimedialen Informationsnetzwerken" analysiert[9], ist jedoch in der neueren Lebensstil- und Milieuforschung bislang kaum aufgegriffen worden.

---

9   „*Multimedia*" wird dabei als „potenzielle Integration von Text, Bild und Ton, die in ein und demselben System an vielen Punkten zu beliebiger Zeit innerhalb eines globalen Netzwerkes (...) miteinander interagieren" (Castells 2001: 376), aufgefasst und führt laut Castells (2002: 423 ff.) auch zu einer „zunehmenden Stratifikation zwischen Nutzern (...): den Interagierenden und den Interagierten".

Abbildung 4: Neue Arbeitsteilung in der „Netzwerkgesellschaft"

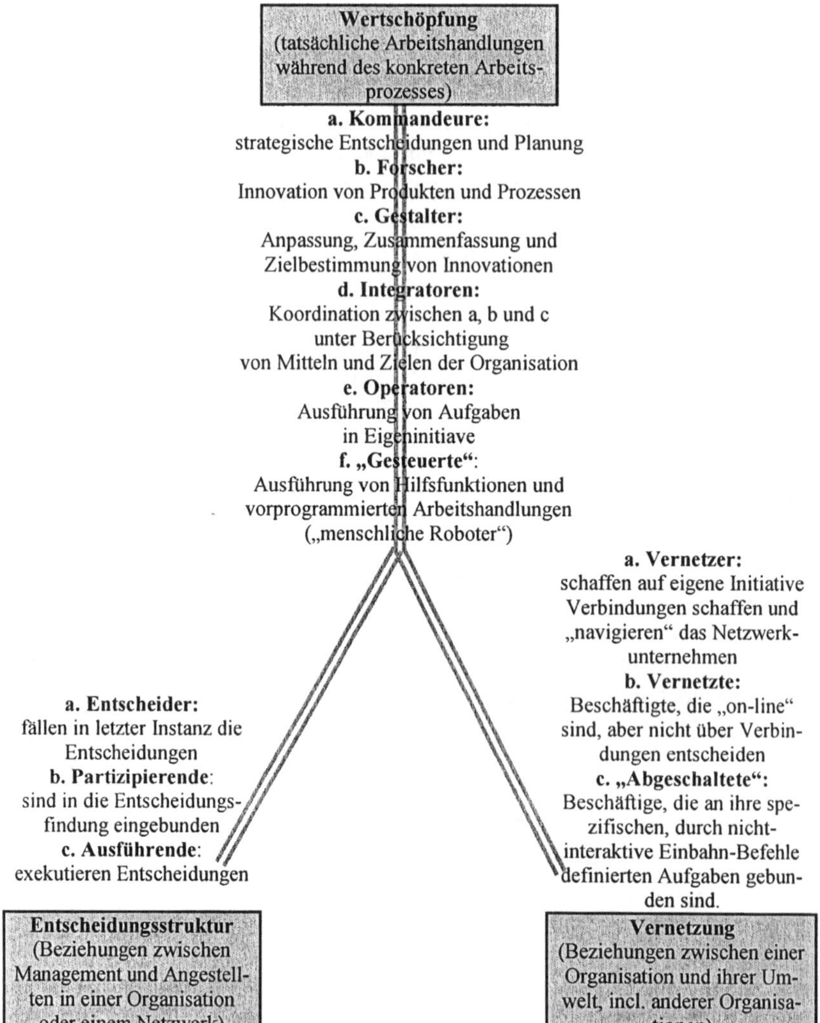

Wertschöpfung
(tatsächliche Arbeitshandlungen
während des konkreten Arbeitsprozesses)
a. Kommandeure:
strategische Entscheidungen und Planung
b. Forscher:
Innovation von Produkten und Prozessen
c. Gestalter:
Anpassung, Zusammenfassung und
Zielbestimmung von Innovationen
d. Integratoren:
Koordination zwischen a, b und c
unter Berücksichtigung
von Mitteln und Zielen der Organisation
e. Operatoren:
Ausführung von Aufgaben
in Eigeninitiave
f. „Gesteuerte":
Ausführung von Hilfsfunktionen und
vorprogrammierten Arbeitshandlungen
(„menschliche Roboter")

a. Vernetzer:
schaffen auf eigene Initiative
Verbindungen schaffen und
„navigieren" das Netzwerk-
unternehmen
b. Vernetzte:
Beschäftigte, die „on-line"
sind, aber nicht über Verbindungen entscheiden
c. „Abgeschaltete":
Beschäftige, die an ihre spezifischen, durch nicht-
interaktive Einbahn-Befehle
definierten Aufgaben gebunden sind.

a. Entscheider:
fällen in letzter Instanz die
Entscheidungen
b. Partizipierende:
sind in die Entscheidungsfindung eingebunden
c. Ausführende:
exekutieren Entscheidungen

Entscheidungsstruktur
(Beziehungen zwischen
Management und Angestell-
ten in einer Organisation
oder einem Netzwerk)

Vernetzung
(Beziehungen zwischen einer
Organisation und ihrer Umwelt, incl. anderer Organisationen)

Nach: Castells 2001: 274 f. und Steinbicker 2001: 95.

Die bei *Bell* eher optimistisch, bei *Touraine* eher pessimistisch eingefärbte Vorstellung, dass postindustrielle Gesellschaften durch eine umfassende *„Herrschaft kraft Wissen"* (Max Weber 1972) geprägt sind, scheint allerdings aus

heutiger Sicht doch reichlich überzogen. In beiden Fällen wird nämlich letztlich davon ausgegangen, dass „mehr Wissen", insbesondere auf Seiten von *Experten und Technokraten*, es erlauben würde, die Handlungsbedingungen von Laien besser und umfassender zu kontrollieren oder gar ihre Handlungsorientierungen weitgehend zu beeinflussen oder zu „manipulieren". Dem steht aber die mittlerweile wohl doch unabweisbare Beobachtung entgegen, dass die zunehmende Bedeutung von Wissen in modernen Gesellschaften keineswegs mit Notwendigkeit zu größerer „Planungssicherheit" oder zu mehr Rationalität beigetragen hat. Zudem ist deutlich geworden, dass eine Bedeutungszunahme von Wissen nicht unbedingt zur Herausbildung einer Herrschaft von Experten, zu unabwendbarer Bürokratisierung oder gar in Max Webers „ehernes Gehäuse" einer neuen „Hörigkeit" führen muss – ich werde darauf noch zurückkommen.

In Fortsetzung der Überlegungen *Bells* hat Robert *Reich* – Arbeitsminister in der ersten Clinton-Regierung – in seinem 1991 erschienen Buch „Die neue Weltwirtschaft" (Reich 1996) zwischen „Routineproduzenten" in klassischen Industriezweigen (1990 in den USA etwa ein Viertel der Beschäftigten), „personenbezogenen Dienstleistungen" (ca. 30 Prozent) und den sog. „Symbol-Analytikern" (ca. 20 Prozent) unterschieden.[10] Die *Symbol-Analytiker*, zu denen *Reich* neben Managern, Finanz- und EDV-Spezialisten beispielsweise auch Marketing-Experten und Medienproduzenten zählt, stellen für ihn in einer globalisierten Wissensgesellschaft eine besonders herausgehobene Gruppe dar, denn

„Symbol-Analytiker lösen, identifizieren und vermitteln Probleme, indem sie Symbole manipulieren. Sie reduzieren die Wirklichkeit auf abstrakte Bilder, die sie umarrangieren, mit denen sie jonglieren und experimentieren, die sie an andere Spezialisten weiterreichen und die sie schließlich zurück in die Wirklichkeit verwandeln können" (Reich 1996: 199).

Ein neues, *„dreipoliges" Muster der Arbeitsteilung* sieht schließlich Manuel Castells (2001: 274 f.) in der „Netzwerkgesellschaft" entstehen. Er unterscheidet zwischen den Dimensionen der *„Wertschöpfung"* (tatsächliche Arbeitshandlungen während des konkreten Arbeitsprozesses, die sich von den „Kommandeuren" bis zu den „Gesteuerten" bzw. „menschlichen Robotern" erstrecken), der *„Entscheidungsfindung"* (von den „Entscheidern" bis zu den „Ausführenden") und der *„Vernetzung"* (Beziehungen zwischen einer Organisation und ihrer Umwelt, incl. anderer Organisationen, wobei hier „Vernetzer", „Vernetzte" und „Abgeschaltete" einander gegenübergestellt werden; vgl. *Abbildung 4*).

So originell dabei die Dimension der „Vernetzung" als eine eigenständige (Ungleichheits-)Dimension zunächst erscheint – neben der aus der marxisti-

---

10 Der Rest entfällt auf Farmer, Bergleute etc. (ca. 5%) und Staatsbedienstete i.w.S. (ca. 20%).

schen Tradition ja altbekannten Dimension der „Wertschöpfung" (Ausbeutung) und neben der eher der weberschen Traditionslinie zuzurechnenden und ebenso vertrauten Dimension der „Entscheidung" (Macht und Herrschaft)[11] –, so bedauerlich ist freilich, dass *Castells* dies nicht weiter ausarbeitet und auch nicht mit seinen ja fast den ganzen zweiten Band seines Monumentalwerkes prägenden Überlegungen zu kollektiven Identitäten verknüpft (vgl. Berger/Kahlert 2004).

4. „Neue" Ungleichheiten in der Informations- und Wissensgesellschaft

Dieser kurzen und zweifellos unvollständigen Aufzählung einiger eher induktiv gewonnener Modelle kann man zumindest entnehmen, wie *wenig Einigkeit* über die in neuen Formen der Teilung und Rekombination von Arbeiten und Tätigkeiten begründete Klassen- oder Schichtenstruktur von Informations- und Wissensgesellschaften herrscht. Das hängt allerdings nicht nur damit zusammen, dass die Zuordnungen zwischen Personen und Positionen in der flexiblen informationellen Arbeitswelt anscheinend weniger dauerhaft, Berufs- bzw. Lebensläufe vielfältiger (vgl. z.B. Berger 1996; Berger/Konietzka 2001) und dabei die Grenzen zwischen Klassen, Schichten, sozialen Milieus oder Lebensstilgruppierungen fließender geworden sind.

Vielmehr, und damit komme ich zu dem Teil meiner Überlegungen, der das Schwergewicht auf das Konzept der Wissensgesellschaft legt, sind ja *Informationen* oder *Wissen* eine ungleichheitstheoretisch eher sperrige Ressource, was auch Nico *Stehr* (2001: 9) betont, wenn er etwa schreibt:

> „Zunächst einmal muss unterstrichen werden, dass Wissen, Ideen und Informationen höchst merkwürdige ‚Entitäten' sind, und zwar mit völlig anderen Eigenschaften als zum Beispiel Güter, Waren oder auch Geheimnisse. Wird Wissen zum Beispiel verkauft, so geht es wie im Fall der Ware an den Käufer über, bleibt aber im Gegensatz zur Ware weiter Eigentum seines ursprünglichen Produzenten. Somit verliert man in einem Tauschprozess nicht die Verfügungsgewalt über das Wissen. Wissen hat darüber hinaus keine Nullsummeneigenschaften. Für viele Bereiche des Lebens mag es durchaus vernünftig, sogar notwendig sein, Wachstumsgrenzen zu setzen; für das Wissen scheint das nicht zu gelten. Dem Wachstum des Wissens sind praktisch keine Grenzen gesetzt. Im Gegenteil, Wissen repräsentiert ein Positivsummenspiel: Alle können gewinnen. (...) Wissen, so hat es den Anschein, ist ein Gemeingut (...), es ist prinzipiell für alle da und verliert nicht an Einfluss, wenn es bekannt wird – im Gegensatz zu Geheimnissen".

---

11 Beide Dimensionen finden sich beispielsweise im neo-marxistischen Klassenmodell E.O. Wrights (1985) oder auch in den mehr weberianischen Klassenkonzepten von Anthony Giddens (1979) oder Robert Erikson und John H. Goldthorpe (1992).

Um als Basis für strukturierte soziale Ungleichheit oder für Vorteile im ökonomischen Wettbewerb fungieren zu können, muss Wissen also so organisiert werden, dass es nicht für alle gleichermaßen zugänglich ist – die zunehmenden Streitigkeiten um die Patentierung wissenschaftlicher Erkenntnisse und technischer Verfahren sprechen hier eine deutliche Sprache.

Abbildung 5: Internetnutzung nach sozialstrukturellen Merkmalen (Deutschland 2004)

	Onliner %	Nutzungsplaner %	Offliner %
Geschlecht			
Männer	60,4	5,9	33,7
Frauen	45,6	7,2	47,2
Alter			
14-19	82,6	6,7	10,7
20-29	78,7	6,9	14,5
30-39	73,0	7,9	19,1
40-49	63,1	7,9	29,0
50-59	50,3	7,6	42,1
60-69	25,3	5,6	69,1
70+	8,8	3,0	88,2
Bildungsabschluss			
Volksschule ohne Lehre	19,8	7,1	73,1
Volksschule mit Lehre	40,1	6,5	53,4
weiterbildende Schule, ohne Abitur	58,4	7,8	33,9
Abitur, Hochschulreife, Fachhochschule	79,2	4,3	16,5
abgeschlossenes Studium	76,1	4,2	19,7
Monatl. Haushaltsnettoeinkommen (in Euro)			
unter 1000	29,7	6,4	64,0
1000-1500	36,3	6,1	57,6
1500-2000	49,2	7,5	43,3
2000-2500	58,8	8,0	33,2
2500-3000	67,6	7,9	24,5
über 3000	77,5	5,7	16,8

Eigene Darstellungen nach: TNS Emnid (2004): (N)ONLINER Atlas 2004: 10-13 (auf der Basis von 30.318 Telefoninterviews)
Onliner = Nutzung des Internets (einschl. email) innerhalb der letzten 4 Wochen
Nutzungsplaner = Beschaffungsabsicht in einem Zeitraum von 12 Monaten
Offliner = keine Nutzung *und* keine Beschaffungsabsicht

Damit gerät jene auch von Castells hervorgehobene Eigenschaft informationeller Netzwerke in den Blick, auf die ich hier wenigstens kurz hinweisen will: Informationelle Netzwerke operieren anscheinend nach dem Modus von Inklusion und Exklusion – man ist, wie wir ja von Boris Becker und dem Internet wissen,

entweder „drin" oder nicht. Diejenigen Einzelpersonen oder Gruppen, die Betriebe oder Weltregionen, die „nicht drin" sind, also über keinen Zugang zu Informationsnetzwerken verfügen, befinden sich dagegen aus Sicht der Netzwerke
in einem „schwarzen Loch" – so eine Formulierung von Castells (2003: 170 ff.).

Damit angesprochene *Ungleichheiten im Zugang zu Informationsnetzwerken* kann man für Deutschland und in einer ersten Annäherung am Beispiel der
Internetnutzung illustrieren: Nach einer aktuellen Studie von TNS Emnid (2004)
konnten im Jahr 2004 knapp 53% der deutschsprachigen Wohnbevölkerung ü-
ber 14 Jahren als „Onliner", also als mehr oder weniger intensive berufliche
und/oder private Nutzer des Internet, bezeichnet werden.

Wie *Abbildung 5* entnommen werden kann, gibt es dabei mit 60,4% Onli-
nern unter den Männern und 45,6% unter den Frauen freilich nach wie vor erkennbare *geschlechtsspezifische Differenzen*; und mit dem *Alter* sinkt die Nutzungsintensität deutlich (von rund 80% bei den 14-29 Jährigen auf gut 25% bei
den 60-69 Jährigen). Dagegen steigt die Nutzungsintensität mit dem *Bildungsgrad* (von etwa 20% bei den Befragten mit Volksschulabschluss ohne Lehre bis
auf fast 80% bei den höchsten Bildungsabschlüssen) und mit dem *Haushaltsnet-
toeinkommen*.

Deutliche Unterschiede in der Internetnutzung zeigen sich aber nicht nur
entlang klassischer sozialstruktureller Merkmale zugeschriebener und erworbener Art, sondern auch zwischen verschiedenen *soziokulturellen Milieus* – hier
demonstriert am Beispiel der SIGMA-Milieus (vgl. SIGMA 2005): In *Abbildung 6* ist zu erkennen, dass insbesondere die älteren Milieus, also das „traditionell bürgerliche" und das „Arbeitermilieu" sowie das „konsummaterialistische"
Milieu das Internet eher *unter*durchschnittlich nutzen, während sich eine *über*-
proportionale Nutzung vor allem in den jüngeren Milieus, also im „aufstiegsorientierten", im „hedonistischen" und im „postmodernen" Milieu, aber auch im
„modernen Arbeitnehmermilieu" finden lässt. Mit Bittlingmayer (2005: 289)
könnte man daraus auch schlussfolgern, dass hier eine „spezifisch modernisierte" Form kulturellen Kapitals in den Vordergrund getreten ist, bei dem es nicht
mehr so sehr um „Distinktion" zwischen Milieus oder Lebensstilgruppierungen,
sondern um die u.a. generationsspezifisch gebrochene Aneignung von „*flexi-
blem arbeitsmarktfähigem Wissen*" geht.

Abbildung 6: Internetnutzung*) nach SIGMA-Milieus (Westdeutschland 2004)

	Milieus (in %)	Internetnutzung (in %)
1. Etabliertes Milieu	7,4	6,4
2. Traditionelles bürgerliches Milieu	13,2	1,4
3. Traditionelles Arbeitermilieu	5,7	0,9
4. Konsummaterialistisches Milieu	11,5	3,6
5. Aufstiegsorientiertes Milieu	16,6	22,3
6. Modernes bürgerliches Milieu	11,5	12,3
7. Liberal-Intellektuelles Milieu	8,3	8,6
8. Modernes Arbeitnehmermilieu	10,2	19,1
9. Hedonistisches Milieu	9,1	13,2
10. Postmodernes Milieu	6,6	12,0
	100,0	100,0

*) Nutzung des Internets oder des World Wide Web in den letzten 12 Monaten (zu Hause, am Arbeits-/Ausbildungsplatz, in der Schule/Hochschule, bei Freunden oder Bekannten, woanders) Eigene Auswertung nach: Axel Springer AG, Verlagsgruppe Bauer (2004) (auf der Basis von 31.783 Interviews)

5. Paradoxien der Kommunikation und Ambivalenzen des Wissens

Weisen nun solche Ungleichheiten im Zugang zu Informationsnetzwerken einerseits, Umschichtungen im Erwerbsbereich andererseits darauf hin, dass hier, wie nicht wenige Beobachter vermuten, eine *neue Informations- oder Wissenselite*, die ihre Bildungs- und Einkommensvorsprünge auch noch in Wissensvorsprünge umsetzen kann, entsteht? Eine „neue Klasse" mithin, die ihre *Herrschaft* nicht nur auf ihre hervorgehobene Position in der Wertschöpfungs-, der Entscheidungs- oder der „Netzwerkdimension" im Sinne *Castells*, sondern auch auf ihr überlegenes Wissen, ihr Expertentum oder auf milieuspezifische Vorteile im Umgang mit und im Einsatz von Wissen stützen kann?

Das würde freilich voraussetzen, dass es gelingt, Wissen als *exklusives* Gut dauerhaft zu monopolisieren und damit gegenüber den in der Regel graduellen Unterschieden in Informations- und Wissensbeständen eine Art von „kategoria-

ler" Unterscheidung zwischen „Wissen" und „Nicht-Wissen" zu konstruieren[12] –
darin liegt ja u.a. die Bedeutung der Unterscheidung zwischen „Vernetzten",
„Vernetzern" und „Abgeschalteten", wie sie *Castells* (2001: 274 f.) vorschlägt.
Mit Blick auf die „Entscheidungsdimension" im Modell Castells' (vgl. Abbildung 4) müsste es jedoch zumindest den „Entscheidern", die am Aufbau und
Erhalt einer dauerhaften Herrschaftsbasis interessiert sind, zugleich möglich
sein, aus einem Mehr an Wissen ein Mehr an *Sicherheit* in Entscheidungssituationen und ein Mehr an *Gewissheit* über die Folgen von Entscheidungen zu
erlangen. Gerade dies scheint aber zweifelhaft, denn die Zunahme von Wissen
bedeutet keineswegs durchgängig eine Zunahme von Gewissheit oder Sicherheit. Vielmehr heißt „mehr Wissen" immer auch *Zunahme der Kontingenz von
Wissen* – und damit zugleich der Kontingenz von sozialen Beziehungen und
Machtverhältnissen.

Die bei Bell und Touraine, aber auch noch bei Reich und Castells auftau-
chende, freilich höchst unterschiedlich bewertete und auch zweifellos höchst
ambivalente Vision einer *„Herrschaft kraft Wissen"*, die es Experten, Professionellen oder Symbolanalytikern ermöglichen würde, nicht nur Natur und Technik, sondern auch die Gesellschaft und die Menschen besser und umfassender
zu beherrschen – sei es durch die Kontrolle von Handlungsbedingungen oder
durch die Manipulation von Handlungsorientierungen –, gerät nämlich unter den
Bedingungen einer *„reflexiven Modernisierung"* (vgl. Beck u.a. 1996; Beck/
Bonß 2001) schnell an ihre Grenzen: Die unbestreitbaren Wissenszuwächse
auch und gerade in Wissenschaft und Technik haben allem Anschein nach nicht
nur nicht zu größerer Sicherheit, sondern, wie etwa auch die nicht enden wol-
lenden Diskussionen um ökologische *Folgeprobleme* moderner Produktions-
und Konsummuster lehren, in vielen Bereichen eher noch zu einer *gestiegenen
Risikosensibilität* und zu einem *Wachstum von Unsicherheiten* beigetragen (vgl.
z.B. Bonß 1995). Richard *Münch* (1995) hat dies in seinem Modell der *„Kommunikationsgesellschaft"* als *„Paradoxie des Rationalismus"* bezeichnet: Zwar
wird unser Handeln durch immer mehr Informationen angeleitet; es wird jedoch
dadurch zugleich *unberechenbarer*, weil etwa auch erkannt wird, dass es keine
eindeutig rationalen Entscheidungen mit nur positiven Folgen gibt.

Deutlich ist seit *Bell* und *Touraine* jedenfalls geworden, dass ein Wachstum von (theoretischem oder wissenschaftlichem) Wissen nicht automatisch zur
Herrschaft einer klar umrissenen Gruppe von Experten und Technokraten führen
muss: Nicht nur die immer wieder aufflammende Expertenkritik in der Tradition

---

12 Vgl. zur Unterscheidung zwischen „graduellen" und „kategorialen" Unterschieden – letztere
   markieren eher die Differenz von „Zugehörigkeit" oder „Nicht-Zugehörigkeit", „Inklusion" oder
   „Exklusion" – Berger (1989).

eines Ivan *Illich* (1980), sondern auch das Auftreten unzähliger „Gegenexperten", Laienbewegungen und Selbsthilfegruppen, denen Manuel *Castells* unter dem Obertitel *„Die Macht der Identität"* ja weite Teile des zweiten Bandes seiner Studie zum Informationszeitalter widmet (Castells 2002), haben mit dazu beigetragen, dass der immer wieder aufs Neue beanspruchte Expertenstatus – und damit auch ein wissensbasierter Herrschaftsanspruch – sofort wieder bestritten werden kann und meistens auch bestritten wird. Darüber hinaus fordern die von Richard *Münch* als *fortschreitende kommunikative Durchdringung* der Gesellschaft beschriebenen Prozesse der Verdichtung, Beschleunigung und Globalisierung von Kommunikation immer *noch mehr Kommunikation* heraus – mit der Folge, dass der *zweischneidige Charakter von Kommunikation* immer deutlicher zum Tragen kommt: Sie eröffnet zwar einerseits *„Chancen der Verständigung"* – dies könnte man auch die „Habermas-Perspektive" auf Kommunikation nennen. Gleichzeitig birgt sie jedoch stets auch die *„Gefahr des Missverständnisses"* in sich – das entspräche dann eher einer „Luhmann-Perspektive" auf Kommunikation!

Intensivierung und Beschleunigung von Kommunikation schaffen Raum für *abweichende* Interpretationen oder für *experimentelle* Informationsverknüpfungen, die ja für Robert *Reich* (1996) zum „Geschäft" der Symbol-Analytiker gehören, und haben schließlich zur Folge, dass tradierte Selbst- und Fremdtypisierungen, kulturelle Codes und Klassifikationen zunehmend problematisch werden: Im Licht neuer Informationen, im Bewusstsein unaufgefüllter Wissenslücken oder stets möglicher, kommunikativer Missverständnisse und unter dem Einfluss des stetigen Stroms von Bildern und Beschreibungen anderer Kulturen, Lebensstile und Biographien können hergebrachte soziale Beziehungen und Verhältnisse, gängige Rollenzumutungen, Traditionen und soziale Milieus immer seltener als „naturwüchsig" gelten. Sie erscheinen vielmehr, wie etwa Nico *Stehr* (1994: 470) betont, immer öfter als zumindest *prinzipiell auch anders mögliche soziale Konstruktionen*:

> „Die wachsende Kontingenz sozialen Handelns und das Bewusstsein der zunehmenden Beeinflussbarkeit sozialer Handlungszusammenhänge ist das Ergebnis der umfassenderen Verfügbarkeit reflexiven Wissens (...) sowie der gestiegenen Einsicht, dass sowohl die soziale Wirklichkeit als auch die Natur soziale Konstrukte sind. (...) Die verbreitete Verfügungsgewalt über reflexives Wissen reduziert die Fähigkeit der traditionellen Kontrollinstanzen der Gesellschaft, Disziplin und Konformität einzufordern und durchzusetzen".

In einer Formulierung von Karl H. *Hörning*, der in neueren Veröffentlichungen gegenüber den häufigen „kognitivistischen Verengungen" der Technik- und Wissenssoziologie eine angemessene Berücksichtigung *(alltags-)praktischen Wissens* einfordert, bedeutet das dann: „Je mehr Alternativen und Äußerungs-

formen den Praktikern erlaubt oder abgefordert werden, desto weniger sind ein-
deutige Zeichen- oder soziale Statuszuordnungen möglich. Dann ,spiegeln'
Praktiken keine Sozialstrukturen wider, sondern tragen ganz im Gegenteil zur
Entfaltung sozialen Lebens bei" (Hörning 2001: 194).

Wenn nun richtig ist, dass Wissen – auch und gerade in Form eines reflexiven, über die *Kontingenz* eigener und fremder Wissensbestände wenigstens im
Prinzip informierten Wissens – zunehmend an Bedeutung gewinnt, kommt es
nicht nur zu einer voranschreitenden *„Entzauberung der Welt"*, die etwa *Beck*
(1986) im Anschluss an Max Weber als zenralen Bestandteil von Individualisie-
rungsprozessen, Anthony *Giddens* (1996) als wesentliches Moment einer voranschreitenden *„Enttradionalisierung"* sieht. Unter Druck geraten darüber hinaus
auch jene weit verbreiteten Vorstellungen von sozialen Strukturen, die diese wie
etwa bei Pierre Bourdieu als etwas Objektives, ja manchmal sogar als etwas fast
„Materielles", auffassen, das auf die Handlungen der Menschen einen Zwang
ausübt oder sie sogar „determiniert". Neben den Mustern der Verteilung von
Ressourcen auf Positionen und Personen müssen deshalb vor allem auch *Wissensbestände, kognitive Erwartungen, Klassifikationsschemata, Semantiken*
u.a.m. als *eigenständige* Aspekte der Sozialstruktur in den Blick genommen
werden – und zwar nicht nur als theoretisches, sondern gleichermaßen als (all-
tags-)praktisches Wissen.

Abbildung 7: Vier Konzepte sozialer Strukturen

Struktur	Struktur aus der *Handlungsperspektive*	Struktur aus der *Systemperspektive*
Regelmäßigkeiten	**Regelmäßigkeits**struktur als *Ergebnis* von Handeln	**Regelmäßigkeits**struktur als *Voraussetzung* von Handeln
Regeln	**Regel**struktur als *Ergebnis* von Handeln	**Regel**struktur als *Voraussetzung* von Handeln

Nach: Reckwitz 1997: 41.

Wie *Abbildung 7*, die sich auf eine Arbeit von Andreas *Reckwitz* (1997) stützt,
zu entnehmen ist, repräsentiert das gängige Verständnis von „Sozialstruktur",
das sich auf die *Regelmäßigkeitsstruktur* als Voraussetzungen von Handeln be-

zieht (rechts oben in *Abbildung 7*)[13], nur einen Ausschnitt aus soziologisch sinnvollen Strukturvorstellungen. Genauso bedeutsam – und zwar sowohl als Handlungsergebnis wie auch als Handlungsvoraussetzung – sind danach *Strukturen als Regeln*, die von den Handelnden selbst verwendet werden, um ihren Handlungen Sinn oder Struktur zu geben und sich so in ihrer natürlichen und sozialen Umwelt zurechtzufinden. Regeln, sei es in Form von Konventionen, Sitten und Bräuchen, von Normen und Werten, von Weltbildern und Deutungsmustern, von Wissensbeständen und kulturellen Codes, wie sie etwa auch Lebensstilen und Milieus zugrunde liegen, werden durch ihre Verwendung im Alltag ständig aufs Neue produziert und reproduziert – und sie sind dabei genau jenen Unsicherheiten und Kontingenzen ausgesetzt, die eben als charakteristisch für Gesellschaften beschrieben wurden, die sich selbst zunehmend als Informations- und Wissensgesellschaften verstehen.

Dies sollte die Aufmerksamkeit sozialstruktureller Analysen auf die zumindest in Teilen *bewusste Herstellung* von Wissen und Semantiken, Klassifikationen und Zusammenhangsunterstellungen unter den Bedingungen der *Kontingenz* von Wissen und der *Deutungskonkurrenz* multipler Akteure lenken. Auch die klassische, von Antonio *Gramsci* (1967, 1983) aufgeworfene Frage nach der *„kulturellen Hegemonie"* oder Fragen nach Art, Ausmaß und Trägern von symbolischer oder *„Benennungsmacht"*, die ja auch Pierre *Bourdieu* (1992, 1993, 1998) in seinen letzten Arbeiten immer mehr in den Mittelpunkt rückte (vgl. auch Barlösius 2004), stellen sich dann auf neuartige Weise: Denn nun kommt einer ökonomisch und/oder kulturell privilegierten „Oberklasse" oder einer herrschenden „Elite" nicht mehr länger die fast ausschließliche Macht der *legitimen Benennung* zu. Unter den Bedingungen intensivierter und globalisierter Kommunikation und der voranschreitenden „Vermischung" von Bedeutungssphären in multimedialen Informationsnetzwerken (vgl. Castells 2001: 423 ff.) tauchen vielmehr im „Spiel" der Zuschreibungen und Klassifikationen immer wieder *neue Bedeutungen* und *neue Mitspieler* auf, die angemaßte Benennungs-, Deutungs- und Klassifizierungsmonopole schnell zu dementieren und zu demontieren versuchen. Zudem agieren die in diesem Zusammenhang ja besonders bedeutsamen „Symbol-Analytiker", die nach *Reich* (1996) nicht nur in in-

---

13 Soziale Strukturen werden ja in der Sozialstrukturforschung üblicherweise als quantifizierbare Verteilungsmuster von sozialen Positionen oder Ressourcen (wie etwa Eigentum an Produktionsmitteln, Bildungsabschlüsse, Beruf, Einkommen, Prestige) in einer gegebenen Population aufgefasst – so z.B. von Wolfgang *Zapf* (1989: 101), wenn dieser definiert: „Unter Sozialstruktur verstehen wir die demographische Grundgliederung der Bevölkerung, die Verteilung zentraler Ressourcen wie Bildung, Einkommen und Beruf, die Gliederung nach Klassen und Schichten, Sozialmilieus und Lebensstilen, aber auch die soziale Prägung des Lebenslaufes in der Abfolge der Generation."

formationstechnischen oder in ökonomischen Funktionen, sondern vor allem auch im Bereich von *Marketing und Unterhaltung* tätig sind, unter *Markt- und Konkurrenzbedingungen* und sind deshalb häufig geradezu dazu verdammt, immer wieder andersartige symbolische Repräsentationen, neue „Moden", Namen und Benennungen, modifizierte Zuschreibungen oder Klassifikationen zu „erfinden".

Das größere, freilich ambivalente Gewicht von Wissen, das in solchen Entwicklungen zum Ausdruck kommt und zumindest Wissen als Grundlage einer Expertenherrschaft problematisch werden lässt, meint jedoch keineswegs eine Entschärfung oder gar ein Verschwinden sozialer Ungleichheiten. Vor dem Hintergrund einer „stratifizierte(n) Verteilung des Wissens" (Stehr 2000: 150) werden in Zukunft vielmehr *wissensbasierte Kompetenzen* bei der Produktion und Reproduktion sozialer Ungleichheiten eine wichtigere Rolle spielen. Dabei werden vor allem *„reflexive" Fähigkeiten* beim Umgang mit Wissensbeständen und Zuschreibungsregeln an Bedeutung gewinnen, die sich möglicherweise bei den von *Reich* so benannten „Symbol-Analytikern" konzentrieren.

6.   Ungleichheiten durch „reflexives" Wissen

Dazu noch einige weitere, durchaus unfertige Überlegungen: Begreift man Wissen – im Unterschied zu Information – als eine *„generalisierte Kompetenz"* (*Stehr* 1994: 194 f.), betont in Anlehnung Anthony *Giddens'* „Theorie der Strukturierung" (vgl. Giddens 1997) seinen *praktischen* Charakter und hebt damit die Bedeutung von Wissen für das „Können in der Alltagspraxis" hervor, stellen sich, so *Hörning* (2001: 198 f.)

> „die Fragen nach Zugang, Kontrolle, Übertragung, Speicherung, Beglaubigung und Reproduzierbarkeit von Wissen ganz neu. Die ‚Landschaft' kultureller Wissensbestände erweist sich als erheblich disparater, ‚chaotischer', als es die traditionelle Wissenssoziologie wahrhaben mochte. Wer aus dieser Sicht Wissen besitzt, verfügt über eine Art Eigentum nicht an Dingen, sondern Kompetenzen, mehr oder weniger gut mit den Unwägbarkeiten und Unbestimmtheiten des Lebens zu Rande zu kommen".

Wissen stellt damit also eine Art alltagspraktischer „Meta"-Kompetenz dar, zu der dann beispielsweise Fähigkeiten wie das Finden und Auswählen „passender" Informationen, aber auch das Nutzen von Ermessens- bzw. Interpretationsspielräumen oder auch eine gewisse Geschicklichkeit im Umgang mit offenen Verhandlungs- oder Entscheidungssituationen gehören.

Mit Blick auf soziale Ungleichheiten scheinen dabei vor allem die folgenden, wissensbasierten Handlungskompetenzen von besonderer Bedeutung (Stehr 1994: 197 f.):

1. Die Fähigkeit, *Ermessensspielräume zu nutzen* und Schutz für den jeweiligen Besitzstand zu organisieren: „Sachverständige" Akteure werden dadurch in die Lage versetzt, die prinzipiell bei der alltäglichen Auslegung und Anwendung von Regeln und Normen immer existierenden Spielräume *zu ihren Gunsten* zu nutzen und sich so einen komparativen Vorteil zu verschaffen – man denke hier nur an die bundesdeutschen Steuergesetze mit ihrer Unzahl an Schlupflöchern, deren geschickte Nutzung freilich erhebliches Wissen voraussetzt. Oder an das ja selbst mitunter teuer gehandelte Wissen darum, welche Art der Vermögensanlage die „sicherste" oder gewinnbringendste ist.

2. Dabei setzt die Nutzung von Spielräumen, die ja nach *Bell* in postindustriellen Gesellschaften nach der Logik eines „Spiels zwischen Personen" abläuft, oftmals besondere *kommunikative Fähigkeiten* und ein erhebliches „Verhandlungsgeschick" voraus, wodurch meist auch eine Abgrenzung gegenüber denjenigen gegeben ist, die z.B. nicht über die verbalen und nonverbalen Fertigkeiten verfügen, ihre Interessen als Einzelne oder im Namen eines „Kollektivs" zu vertreten.

3. Aber auch das Geschick, *Widerstand zu mobilisieren* und so Nachteile zu vermeiden, bildet eine wichtige Komponente des ungleichheitserzeugenden Potenzials von Wissen. Hierher gehören dann beispielsweise auch jene wissensbasierten Vermeidungsstrategien, die nach dem „St.-Florians-Prinzip" zu einer Ungleichverteilung von Risiken aller Art führen können.

Wissensabhängige, sozial ungleich verteilte Kompetenzen können in diesem Sinne den Zugang zu spezifischen Handlungsressourcen, zu „Spezialwissen" und zu besonders „fähigen" Experten erleichtern. Sie können so in vielen Bereichen – vom Gesundheitsverhalten und der medizinischen Betreuung über die Vermögensanlage und Investitionsentscheidungen bis hin zur Wahl von Bildungsgängen, von Arbeits- und Wohnstätten – zu einer erfolgreicheren Lebensführung und zu dem Bewusstsein beitragen, nicht nur „Opfer" von Umständen zu sein, sondern diese Umstände selbst mitgestalten zu können. Mangelt es an solchen Kompetenzen, sind nicht nur relative Nachteile zu erwarten. Vielmehr wird sich dann auch häufig eine Weltsicht einstellen, der „die Umstände" als unabwendbares Schicksal, dessen hilfloser Spielball mann oder frau ist, erscheinen.

7. Soziale Milieus und Lebensstile in der Wissensgesellschaft

Welche Bedeutung kommt nun in einer Wissensgesellschaft, in der im gerade skizzierten Sinne Wissen als „Bündel sozialer Kompetenzen" nicht nur generell an Gewicht, sondern auch an Relevanz für die Produktion und Reproduktion sozialer Ungleichheiten gewinnt, *Milieus und Lebensstilen* zu? Zunächst treten hier Fragen nach dem Ursprung oder der Vermittlung von Kompetenzen zum *reflexiven* Umgang mit der Überfülle von Information und Wissen – und damit zugleich Fragen nach dem *Zugang zu Bildung* (vgl. z.B. Geißler 2005; Solga 2005; Vester 2005) – in den Vordergrund. Freilich kann es dabei nicht nur um die offiziellen Stätten von Bildung und Ausbildung gehen. Vielmehr müssen hier, ganz im Sinne des Habitus-Konzepts von Bourdieu, gleichermaßen die *informellen* Kanäle der Kompetenzvermittlung in Familien, Nachbarschaften, Netzwerken und Peer Groups – also auch in Milieus und Lebensstilgruppierungen –, in den Blick genommen werde (vgl. z.B. Dravenau/Groh-Samberg 2005). Dies lenkt die Aufmerksamkeit auf die trotz der Bildungsexpansion nach wie vor wirkungsmächtigen Momente einer *„ständischen Regulierung"* milieuspezifischer Bildungschancen in Deutschland (Vester 2005) und die solche Formen ständischer Regulierung regelmäßig begleitenden sozialen Konstruktionen *kategorialer Zugehörigkeiten* und Grenzziehungen zwischen „Insidern" und „Outsidern" (vgl. Barlösius 2004; Tilly 1999). Zu beachten ist also, dass Lebensstile und Milieus nicht nur Zugehörigkeiten einfordern oder erzeugen, sondern die darauf in der Regel aufbauende Minimierung interner Unterschiede und Ungleichheiten bei gleichzeitiger Abgrenzung „nach außen" direkt oder indirekt *selbst* zur *Produktion und Reproduktion von Ungleichheiten* beitragen können (vgl. Berger 1994) – wobei es sich im Sinne der leistungsgesellschaftlichen Triade von Bildung, Beruf und Einkommen dabei um „illegitime" Einflüsse der Zugehörigkeit handelt (vgl. Kreckel 2004).

Trotz des Fortbestands (quasi-)ständischer Schließungsmechanismen können aber Zugehörigkeiten zu sozialen Milieus und Lebensstilgruppierungen, sollten die voran stehenden Beobachtungen zur Kontingenzvermehrung durch Kommunikation und Wissen zutreffen, immer weniger als etwas gelten, was sich gleichsam *von selbst* herstellt oder immer wieder aufs Neue aus *tradierten* Quellen speisen kann. Vielmehr geht es dabei immer auch – und möglicherweise immer mehr – um alltagspraktische *Konstruktionen* und um die *Herstellung* von Nähe oder Distanz zu Milieus und Lebensstilgruppierungen. Weitgehend ungeklärt ist dabei aber, welche Rolle in diesem teils unbewussten, teils reflektierten „Spiel" der Klassifikationen jene vorformulierten Schemata und Muster der Weltdeutung spielen, die uns etwa in Form von Werbebotschaften und politischen Identifikationsangeboten rund um die Uhr von den Massenmedien ins Haus geliefert werden. Nimmt man die schiere Fülle solcher zunehmend multimedial verschmelzender Informations- und Wissensangebote (vgl. Castells 2001: 376) zum Ausgangspunkt, könnte dies einerseits zu einer zunehmenden *Relativierung* präzise eingrenzbarer Lebensstile und genau abgrenzbarer Milieus führen. Andererseits kann aber auch nicht ausgeschlossen werden, dass dasselbe Überangebot Abwehrreaktionen, *neue Schließungen* und das trotzige Festhalten an einmal gefundenen „Lösungen" für Identifikations- und Identitätsprobleme provoziert (vg. Richter 2005: 62). Entsprechende Forschungsstrategien könnten sich dann auf das komplexe Spiel von Angebot und Nachfrage auf dem „Markt" der Lebensstilangebote konzentrieren, wie es z.B. *Schulze* (1992: 417 ff.) vorgeschlagen hat, wenn er seine sozialen Milieus, für die Gemeinsamkeiten des „Stiltypus" konstituierend sind, an *Erlebnismärkte*, lokale „Szenen" und ausdrücklich auch an *kulturpolitische Strategien* zurück bindet. Noch direkter und mit Blick auf die „neuen sozialen Bewegungsmilieus" haben sich aber auch Michael *Vester* u.a. (2001: 253 ff.) um eine auf spezifische Regionen zugeschnittene Rekonstruktion der nicht nur kulturellen, sondern auch *politischen Entstehungsgeschichte* dieser Milieus bemüht und damit den Blick auf jene (politischen) *Akteure* gelenkt, die an der fortwährenden Konstruktion und Rekonstruktion sozialer Milieus mitwirken.

Gemeinsam ist solchen und ähnlichen Anläufen, dass die, wie die jüngsten Bilanzierungsversuche zeigen, in Teilen der Sozialstrukturforschung ja noch immer strittige These einer in westlichen „Überflussgesellschaften" deutlich gewachsenen *Autonomie* kultureller Differenzierungen nicht nur akzeptiert, sondern zur *Prämisse* weiterführender Überlegungen und Forschungen gemacht wird, die sich deshalb ohne größere Umwege dem „Raum" kultureller Definitionen und semantischer Konflikte zuwenden können (vgl. z.B. Barlösius 2004). Ungleichheiten im Zugang zu Informationsnetzwerken einerseits, ungleiche Kompetenzen im Umgang mit Wissen andererseits weisen freilich darauf hin, dass dieser Raum ebenso wenig von Interessenlosigkeit oder Herrschaftsfreiheit geprägt ist, wie der Raum ökonomischer Verteilungsauseinandersetzungen und politischer (Macht-)Konflikte. Vielmehr lassen sich auch hier alte und neue *Kollektivakteure* (Parteien, Verbände und Soziale Bewegungen; Kirchen, religiöse und „esoterische" Sekten; Verlagshäuser, Fernseh- und Rundfunkanstalten, Medienkonzerne u.ä.) finden, die Zeichen und Symbole der Zugehörigkeit und des Ausschlusses aufgreifen und verbreiten, uminterpretieren und neu schaffen, damit um Anteile auf den gewinnträchtigen „Märkten" für Lebensstile und Lebenssinn kämpfen und dabei – gewollt oder ungewollt – sowohl Differenzen wie auch Gemeinsamkeiten verstärken oder negieren können.

Die spezifischen Formen, Machtverhältnisse und Methoden genauer auszu-
leuchten, die in diesem Sinne die kulturelle und politische Konstruktion kollektiver Identitäten „diesseits" und „jenseits" von Klassen (mit-)prägen (vgl. Beck
1993), wird deshalb zu den wichtigsten Aufgaben einer zukünftigen *(politischen) Soziologie sozialer Milieus*, die sich direkter den Konstrukteuren, aber
auch den De-Konstrukteuren von Selbst- und Fremdzuschreibungen zu Milieus
und Lebensstilgruppierungen zuwendet, gehören. Erst dann können wir auch
begründete Antworten auf die von *Touraine* (1972) aufgeworfene und von
Castells (2001, 2002, 2003) zumindest implizit wieder aufgegriffene Frage erwarten, ob – und in welchem Maße – Informations- und Wissensgesellschaften
bei aller Kontingenz von Wissen nicht doch auf dem Weg zu einer (globalen)
„Gesellschaft der Entfremdung" (Touraine 1972: 13) sind, in der Verführung
und Manipulation neue – und möglicherweise in ihrer Subtilität immer schwerer
durchschaubare – Formen annehmen werden.

Literatur

Axel Springer AG, Verlagsgruppe Bauer (2004): MDS online – VerbraucherAnalyse 2004/3
     [http://145.243.189.193/start/mp/start.asp?va].
Barlösius, Eva (2004): Kämpfe um soziale Ungleichheit. Machttheoretische Perspektiven. Wiesbaden: VS
     Verlag.
Beck, Ulrich (1993): Die Erfindung des Politischen. Zu einer Theorie reflexiver Modernisierung. Frank-
     furt/M.: Suhrkamp.
Beck, Ulrich (1986): Risikogesellschaft. Auf dem Weg in eine andere Moderne. Frankfurt/M: Suhrkamp.
Beck, Ulrich (1983): Jenseits von Klasse und Stand? Soziale Ungleichheiten, gesellschaftliche Individuali-
     sierungsprozesse und die Entstehung neuer sozialer Formationen und Identitäten. In: Kreckel (1983):
     35–74.
Beck, Ulrich/Bonß, Wolfgang (Hg.) (2001): Die Modernisierung der Moderne. Frankfurt/M.: Suhrkamp.
Beck, Ulrich/Giddens, Anthony/Lash, Scott (1996): Reflexive Modernisierung. Eine Kontroverse. Frank-
     furt/M.: Suhrkamp.
Becker, Irene/Hauser, Richard (2004): Anatomie der Einkommensverteilung. Ergebnisse der Einkom-
     mens- und Verbrauchsstichproben 1969–998. Berlin: Edition Sigma.
Bell, Daniel (1975): Die nachindustrielle Gesellschaft. Reinbek: Rowohlt.
Berger, Peter A. (2005): Deutsche Ungleichheiten – eine Skizze. In: Aus Politik und Zeitgeschichte. Beila-
     ge zur Wochenzeitung Das Parlament. 37/2005. 12. September 2005. 7–16.
Berger, Peter A. (2004): Individualisierung als Integration. In: Poferl/Sznaider (2004): 98–114.
Berger, Peter A. (2001): Stichwort ‚Soziale Mobilität'. In: Schäfers/Zapf (2001): 595–604.
Berger, Peter A. (1998): Sozialstruktur und Lebenslauf. In: Mansel/Brinkhoff (1998): 17–28.
Berger, Peter A. (1996): Individualisierung: Statusunsicherheit und Erfahrungsvielfalt. Opladen: Westdeut-
     scher Verlag.
Berger, Peter A. (1994): ‚Lebensstile' – strukturelle oder personenbezogene Kategorie? Zum Zusammen-
     hang von Lebensstilen und sozialer Ungleichheit. In: Dangschat/Blasius (1994): 137–149.
Berger, Peter A.: Ungleichheitssemantiken. Graduelle Unterschiede und kategoriale Exklusivitäten. In: Ar-
     chives Européennes de Sociologie. Jg. XXX. 1/1989. 48–60.
Berger, Peter A./Konietzka, Dirk (Hg.) (2001): Die Erwerbsgesellschaft. Neue Ungleichheit und Unsicher-
     heiten. Opladen: Leske + Budrich.

Berger, Peter A./Konietzka, Dirk/Michailow, Matthias (2001): Beruf, soziale Ungleichheit und Individualisierung. In: Kurtz (2001): 209–238.

Berger, Peter A./Hradil, Stefan (Hg.) (1990): Lebenslagen, Lebensläufe, Lebensstile. Soziale Welt Sonderband 7. Göttingen: Schwartz.

Berger, Peter A./Kahlert, Heike (Hg.) (2005): Institutionalisierte Ungleichheiten. Weinheim und München: Juventa.

Berger, Peter A./Kahlert, Heike (2004): Alles ‚vernetzt‘? Sozialstruktur und Identität in der ‚schönen neuen Welt‘ des informationellen Kapitalismus. In: Soziologische Revue. Jg. 27. 1/2004. 3–11.

Berger, Peter A./Neu, Claudia (2006): Soziale Ungleichheit und soziale Schichtung. In: Joas (2006): im Erscheinen.

Berger, Peter A./Vester, Michael (Hg.) (1998): Alte Ungleichheiten – Neue Spaltungen. Opladen: Leske + Budrich.

Bittlingmayer, Uwe H. (2005): „Wissensgesellschaft" als Wille und Vorstellung. Konstanz: UVK.

BMBF/BMWI (1999): Innovation und Arbeitsplätze in der Informationsgesellschaft des 21. Jahrhunderts. Aktionsprogramm der Bundesregierung. Bonn/Berlin.

Bonß, Wolfgang (1995): Vom Risiko. Hamburg: Hamburger Edition.

Bourdieu, Pierre (1998): Gegenfeuer. Wortmeldungen im Dienste des Widerstands gegen die neoliberale Invasion. Konstanz: UVK.

Bourdieu, Pierre (1993): Soziologische Fragen. Frankfurt/M.: Suhrkamp.

Bourdieu, Pierre (1992): Rede und Antwort. Frankfurt/M.: Suhrkamp.

Bourdieu, Pierre (1982): Die feinen Unterschiede. Frankfurt/M.: Suhrkamp.

Castells, Manuel (2003): Das Informationszeitalter: Wirtschaft, Gesellschaft, Kultur. Teil 3: Jahrtausendwende. Opladen: Leske + Budrich.

Castells, Manuel (2002): Das Informationszeitalter: Wirtschaft, Gesellschaft, Kultur. Teil 2: Die Macht der Identität. Opladen: Leske + Budrich.

Castells, Manuel (2001): Das Informationszeitalter: Wirtschaft, Gesellschaft, Kultur. Teil 1: Der Aufstieg der Netzwerkgesellschaft. Opladen: Leske + Budrich.

Dangschat, Jens/Blasius, Jörg (Hg.) (1994): Lebensstile in Städten. Opladen: Leske + Budrich.

Dostal, Werner (2002): Beruflichkeit in der Wissensgesellschaft. In: Wingens/Sackmann (2002): 177–194.

Dostal, Werner (1995): Die Informatisierung der Arbeitswelt – Multimedia, offene Arbeitsformen, Telearbeit. MittAB 4/95. 520–532.

Dravenau, Daniel/Groh-Samberg, Olaf (2005): Bildungsbenachteiligung als Institutioneneffekt. Zur Verschränkung kultureller und institutioneller Diskriminierung. In: Berger/Kahlert (2005): 103–129.

Drucker, Peter F. (1969): The Age of Discontinuity. London: Heinemann.

Erikson, Robert C./Goldthorpe, John H. (1992): The constant flux. Oxford: University Press.

Fourastié, Jean (1954): Die große Hoffnung des zwanzigsten Jahrhunderts. Köln: Bund.

Geißler, Rainer (2005): Die Metamorphose der Arbeitertochter zum Migrantensohn. Zum Wandel der Chancenstruktur im Bildungssystem nach Schicht, Geschlecht, Ethnie und deren Verknüpfungen. In: Berger/Kahlert (2005): 71–100.

Giddens, Anthony (1997): Die Konstitution der Gesellschaft. Grundzüge einer Theorie der Strukturierung. Frankfurt/New York.

Giddens, Anthony (1996): Konsequenzen der Moderne. Frankfurt/M.: Suhrkamp.

Giddens, Anthony (1979): Die Klassenstruktur fortgeschrittener Gesellschaften. Frankfurt a.M: Suhrkamp.

Gramsci, Antonio (1983): Marxismus und Literatur: Ideologie, Alltag, Literatur. Hamburg: VSA-Verlag.

Gramsci, Antonio (1967): Philosophie der Praxis: eine Auswahl. Frankfurt/M.: Fischer .

Groß, Martin (2001): Auswirkungen des Wandels der Erwerbsgesellschaft auf soziale Ungleichheit. Effekte befristeter Beschäftigung auf Einkommensungleichheit. In: Berger/Konietzka (2001): 119–155

Gross, Peter (1994): Die Multioptionsgesellschaft. Frankfurt/M.: Suhrkamp.

Hermann, Dieter (2004): Bilanz der empirischen Lebensstilforschung. In: KZfSS 56. 1/2004. 153–179.

Hinz, Thomas/Gartner. Hermann (2005): Lohnunterschiede zwischen Frauen und Männern in Branchen, Berufen und Betrieben. IAB Discussion Paper, [http://doku.iab.de/discussionpapers/2005/dp0405.pdf].

Hörning, Karl H. (2001): Experten des Alltags. Die Wiederentdeckung des praktischen Wissens. Weilerswist: Velbrück.

Hradil, Stefan (Hg.) (1992): Zwischen Bewußtsein und Sein. Die Vermittlung „objektiver" Lebensbedingungen und „subjektiver" Lebensweisen. Opladen: Leske + Budrich.

Hubig, Christoph (Hg.) (2000): Unterwegs zur Wissensgesellschaft. Berlin: Edition Sigma.

Illich, Ivan (1980): Selbstbegrenzung. Eine politische Kritik der Technik. Reinbek: Rowohlt.

Joas, Hans (Hg.) (2006): Lehrbuch der Soziologie. Frankfurt/New York: Campus (völlig überarbeitete Neuauflage. Im Erscheinen).

Kneer, Georg/Nassehi, Armin/Schroer, Markus (Hg.) (1997): Soziologische Gesellschaftsbegriffe. Konzepte moderner Zeitdiagnosen. München: Fink Verlag 1997.

Kreckel, Reinhard (2004): Politische Soziologie der sozialen Ungleichheit. Frankfurt/M./New York: Campus.

Kreckel, Reinhard (Hg.) (1983): Soziale Ungleichheiten. (Soziale Welt. Sonderband 2). Göttingen: Schwartz & Co.

Kübler, Hans-Dieter (2005): Mythos Wissensgesellschaft. Wiesbaden: VS Verlag.

Kurz, Karin/Steinhage, Nikolei (2001): Globaler Wettbewerb und Unsicherheiten beim Einstieg in den Arbeitsmarkt. Analysen für Deutschland in den 80er und 90er Jahren. In: Berliner Journal für Soziologie. 4/2001. 513–532.

Kurtz, Thomas (Hg.) (2001): Aspekte des Berufs in der Moderne. Opladen: Leske + Budrich.

Lechner, Götz (2003): Ist die Erlebnisgesellschaft in Chemnitz angekommen? Von feinen Unterschieden zwischen Ost und West. Opladen: Leske + Budrich.

Luhmann, Niklas (1981): Gesellschaftsstruktur und Semantik 2. Studien zur Wissenssoziologie der modernen Gesellschaft. Frankfurt/M.: Suhrkamp.

Luhmann, Niklas (1980): Gesellschaftsstruktur und Semantik 1. Studien zur Wissenssoziologie der modernen Gesellschaft. Frankfurt/M.: Suhrkamp.

Mansel, Jürgen/Brinkhoff, Klaus-Peter (Hg.) (1998): Armut im Jugendalter. Soziale Ungleichheit, Gettoisierung und die psychosozialen Folgen. Weinheim/München: Juventa.

Matthes, Joachim (Hg.) (1983): Krise der Arbeitsgesellschaft?. Frankfurt/M./New York: Campus.

Meyer, Thomas (2001): Das Konzept der Lebensstile in der Sozialstrukturforschung – eine kritische Bilanz. In: Soziale Welt. 3/2001. 255–272.

MOSAIC (2005): MOSAIC-Milieus: [http://www.microm-online.de/de/index.htm?redir=mcstdlist.htm?cid=221&id=].

Müller, Hans-Peter (1992): Sozialstruktur und Lebensstile. Der neuere theoretische Diskurs über soziale Ungleichheit. Frankfurt.

Müller-Schneider, Thomas (1998): Subjektbezogene Ungleichheit. Ein Paradigma zur Sozialstrukturanalyse postindustrieller Gesellschaften. In: Berger/Vester (1998): 275–296.

Müller-Schneider, Thomas (1994): Schichten und Erlebnismilieus. Der Wandel der Milieustruktur in der Bundesrepublik Deutschland. Wiesbaden: DUV.

Münch, Richard (1995): Dynamik der Kommunikationsgesellschaft. Frankfurt/Main: Suhrkamp.

Noll, Heinz-Herbert/Weick, Stefan (2005): Relative Armut und Konzentration der Einkommen deutlich gestiegen. Indikatoren und Analysen zur Entwicklung der Ungleichheit von Einkommen und Ausgaben. In: ZUMA (Hg.): Informationsdienst Soziale Indikatoren. Ausgabe 33: 1–6.

Otte, Gunnar (2005): Hat die Lebensstilforschung eine Zukunft? Eine Auseinandersetzung mit aktuellen Bilanzierungsversuchen. In: KZfSS 57. 1/2005. 1–31.

Otte, Gunnar (2004): Sozialstrukturanalysen mit Lebensstilen. Eine Studie zur theoretischen und methodischen Neuorientierung der Lebensstilforschung. Wiesbaden: VS Verlag.

Poferl, Angelika/Sznaider, Natan (Hg.) (2004): Ulrich Becks kosmopolitisches Projekt. Auf dem Weg in eine andere Soziologie. Baden-Baden: Nomos.

Pongs, Armin (2000): In welcher Gesellschaft leben wir eigentlich? Gesellschaftskonzepte im Vergleich. Band 2. München: Dilemma.

Pongs, Armin (1999): In welcher Gesellschaft leben wir eigentlich? Gesellschaftskonzepte im Vergleich. Band 1. München: Dilemma.

Reckwitz, Andreas (1997): Struktur. Zur sozialwissenschaftlichen Analyse von Regeln und Regelmäßigkeiten. Opladen: Westdeutscher Verlag.

Reich, Robert B. (1996): Die neue Weltwirtschaft. Das Ende der nationalen Ökonomie. Frankfurt/M.: Fischer.

Richter, Rudolf (2005): Die Lebensstilgesellschaft. Wiesbaden: VS Verlag

Rössel, Jörg (2004): Von Lebensstilen zu kulturellen Präferenzen – Ein Vorschlag zur theoretischen Neuorientierung. In: Soziale Welt 55. 1/2004. 95–114.

Sackmann, Reinhold/Weymann, Ansgar/Hüttner, Bernd (1994): Die Technisierung des Alltags. Generationen und technische Innovationen. Frankfurt/New York: Campus.

Schäfers, Bernhard/Zapf, Wolfgang (Hg.) (2001): Handwörterbuch zur Gesellschaft Deutschlands. Opladen: Leske + Budrich 2001.

Schimank, Uwe/Volkmann, Ute (Hg.) (2000): Soziologische Gegenwartsdiagnosen I. Eine Bestandsaufnahme. Opladen: Leske + Budrich.

Schulze, Gerhard (1992): Die Erlebnisgesellschaft. Frankfurt/M./New York: Campus.

Schwenk, Otto G. (Hg.) (1996): Lebensstil zwischen Sozialstrukturanalyse und Kulturwissenschaft. Opladen: Leske + Budrich.

Sennett, Richard (1998): Der flexible Mensch. Die Kultur des neuen Kapitalismus. Berlin: Aufbau Verlag.

SIGMA (2005): SIGMA-Milieus für Deutschland: [http://www.sigma-online.com/de/SIGMA_Milieus/SIGMA_Milieus_in_Germany/].

SINUS (2005): Sinus-Milieus (Sinus-Sociovision): [http://www.sinus-sociovision.de/].

Solga, Heike (2005): Meritokratie – die moderne Legitimation ungleicher Bildungschancen. In: Berger/Kahlert (2005): 19–38.

Sopp, Peter (2005): Abspaltung oder Polarisierung? Einkommensungleichheit und Einkommensmobilität in Deutschland. Berlin: Logos Verlag.

Spellerberg, Annette (1996). Soziale Differenzierung durch Lebensstile. Eine empirische Untersuchung zur Lebensqualität in West- und Ostdeutschland. Berlin: Edition Sigma.

Stehr, Nico (2003): Wissenspolitik. Frankfurt/M.: Suhrkamp.

Stehr, Nico (2001): Moderne Wissensgesellschaften. In: Aus Politik und Zeitgeschichte. Beilage zur Wochenzeitung Das Parlament. B 36/2001. 7–14.

Stehr, Nico (2000): Die Zerbrechlichkeit moderner Gesellschaften. Weilerswist: Velbrück.

Stehr, Nico (1994): Arbeit, Eigentum, Wissen. Zur Theorie von Wissensgesellschaften. Frankfurt/M.: Suhrkamp.

Stein, Holger (2004): Anatomie der Vermögensverteilung. Ergebnisse der Einkommens- und Verbrauchsstichproben 1983–1998. Berlin: Edition Sigma.

Steinbicker, Jochen (2001): Zur Theorie der Informationsgesellschaft. Opladen: Leske + Budrich.

Tilly, Charles (1999): Durable Inequality. Berkley u.a: University of California Press.

TNS Emnid (2004): (N)ONLINER Atlas 2004 [http://www.nonliner-atlas.de/pdf/NONLINER-Atlas2004_TNS_Emnid_InitiativeD21.pdf].

Touraine, Alain (1972): Die postindustrielle Gesellschaft. Frankfurt/M.: Suhrkamp.

van Dülmen, Richard/Rauschenbach, Sina (2004): Macht des Wissens. Wien: Böhlau.

Vester, Michael (2005): Die selektive Bildungsexpansion. Die ständische Regulierung der Bildungschancen in Deutschland. In: Berger/Kahlert (2005): 39–70.

Vester, Michael/Hofmann, Michael/Zierke, Irene (Hg.) (1995): Soziale Milieus in Ostdeutschland. Gesellschaftliche Strukturen zwischen Zerfall und Neubildung. Köln: Bund.

Vester, Michael/von Oertzen, Peter/Geiling, Heiko/Hermann, Thomas/Müller, Dagmar (2001): Soziale Milieus im gesellschaftlichen Strukturwandel. Frankfurt: Suhrkamp.

Volkmann, Ute/Schimank, Uwe (Hg.) (2002): Soziologische Gegenwartsdiagnosen II. Vergleichende Sekundäranalysen. Opladen: Leske + Budrich.

Weber, Max (1972): Wirtschaft und Gesellschaft. Grundriß der verstehenden Soziologie. Tübingen: Mohr.

Wingens, Matthias/Sackmann, Reinhold (Hg.) (2002): Bildung und Beruf. Ausbildung und berufsstrukturellen Wandel in der Wissensgesellschaft. Weinheim/München: Juventa.

Wright, Erik Olin (1985): Classes. London: Verso.

Zapf, Wolfgang (1989): Sozialstruktur und gesellschaftlicher Wandel in der Bundesrepublik Deutschland. In: Weidenfeld, Werner/Zimmermann, Hartmut (1989) (Hg.): Deutschland-Handbuch. Eine doppelte Bilanz 1949–1989. Bonn: Bundeszentrale für politische Bildung.

„Natürlich gibt es heute noch Schichten!" – Bilder der modernen Sozialstruktur in den Köpfen der Menschen

Rainer Geißler/Sonja Weber-Menges

> Les sujets sociaux comprennent le monde
> social qui les comprend.[1] (Pierre Bourdieu)

Michael Vester hat die Auseinandersetzung unter den deutschen Sozialwissenschaftlern um die Struktur der modernen Sozialstruktur mit einem markanten und ausgesprochen relevanten eigenen Akzent versehen. Das Wagnis, das Konzept der sozialen Milieus ins Zentrum einer historisch-dynamisch angelegten, empirisch basierten Makroanalyse der deutschen Sozialstruktur zu setzen, hat zu Aufsehen erregenden Ergebnissen geführt. Die Milieuanalysen des Teams um Michael Vester sind aus der Debatte der letzten eineinhalb Jahrzehnte um die Sozialstruktur moderner Gesellschaften nicht mehr wegzudenken.

Wir teilen mit Michael Vester nicht nur die große Sympathie für den Ansatz von Pierre Bourdieu, der seine modernisierte Klassentheorie und die Lebensstilforschung zu einer fruchtbaren Synthese verschmolzen hat, sondern wir schätzen an der Milieuanalyse von Michael Vester auch die große Nähe zu Bourdieu. Vesters Diagnose, dass soziale Milieus immer pluraler und differenzierter werden, verstellt ihm nicht den Blick für das Fortbestehen gravierender sozialer Ungleichheiten im ursprünglichen sozialkritischen Sinn dieses Begriffs. Er ist nicht auf soziokulturelle Unterschiede und deren prognostisches Potenzial für bestimmte Handlungsmuster fixiert wie z.B. die Werbe- oder Wahlforschung, in deren Umfeld das moderne Milieukonzept entwickelt wurde, sondern er bleibt sensibel gegenüber Distinktionen und sozialen Ungerechtigkeiten bei der ungleichen Verteilung wichtiger Lebenschancen. Bei der Analyse der Milieuvielfalt gerät die vertikale Hierarchie ungleicher Ressourcen nicht ins Abseits, sondern sie wird als strukturprägendes und habitusgenerierendes Merkmal der modernen Sozialstruktur stets gleichrangig mitbedacht. Mit seinem Konzept der „pluralisierten Klassengesellschaft" (Vester 1993: 7; vgl. auch Vester u.a. 2001: 45) bringt er das Ergebnis seiner Doppelperspektive auf den Begriff –

---

1 Die sozialen Subjekte begreifen die soziale Welt, die sie umgreift.

eine Doppelperspektive, die einerseits die Pluralisierung und Modernisierung der soziokulturellen Milieus ausleuchtet, aber dabei gleichzeitig das Beharrungsvermögen der sich verändernden vertikalen Ungleichheitsstruktur mit erhellt. Dieser doppelte Blick bewahrt ihn davor, in die modische und bequeme Gondel der Nachklassentheoretiker (vgl. Geißler 1998) einzusteigen, die seit etwa zwei Jahrzehnten lautstark die Auflösung der Klassen und Schichten verkünden.

1. Alltagserkennen und wissenschaftliches Erkennen

Der Jubilar wird es uns sicherlich nachsehen, dass wir an einem Band, der zu seinen Ehren um soziale Milieus kreist, nicht mit dem Milieukonzept, sondern mit den traditionellen Schicht- und Klassenbegriffen arbeiten. Das hat einen einfachen Grund: Unser Beitrag macht nicht den Versuch, die Gestalt der modernen Sozialstruktur wissenschaftlich zu rekonstruieren – obwohl wir damit durchaus Hinweise für eine angemessene wissenschaftliche Rekonstruktion der gesellschaftlichen Realität geben möchten. Uns geht es vielmehr um die Frage, mit welchen Kategorien die sozialen Akteure selbst die soziale Welt von heute wahrnehmen. Und dabei spielen – wie noch zu zeigen sein wird – die Konzepte Schicht und Klasse eine zentrale Rolle.

Unser Wissen über die Struktur der Sozialstruktur lässt sich zwei Typen von Erkenntnis zuordnen, dem Alltagserkennen und dem wissenschaftlichen Erkennen. Die Bilder der Sozialstruktur in den Köpfen der sozialen Akteure sind mit Alltagserfahrungen gesättigt, entstehen vorwiegend spontan in der alltäglichen sozialen Praxis und sind gar nicht oder nur selten, und wenn, dann nur wenig, reflektiert. Es liegt auf der Hand, dass sie das soziale Handeln der Akteure und ihren Umgang mit anderen Menschen beeinflussen. Sie gehen aus der sozialen Praxis hervor und wirken gleichzeitig auf diese wieder zurück. Die theoretischen Entwürfe der Sozialstrukturanalytiker sind dagegen per definitonem das Ergebnis reflektierender, eben „theoretischer" Anstrengungen. Sie erheben den Anspruch, einer durchdachten Methodologie zu folgen, sind bestimmten, häufig empirischen Methoden verpflichtet, entstehen in Auseinandersetzung mit theoretischen Vorläufern und Konkurrenten und versuchen, ihren Platz im kritischen „Stahlgewitter" der wissenschaftlichen Auseinandersetzungen zu behaupten.

Von den Klassikern der Gesellschaftsanalyse – zum Beispiel von Norbert Elias und Pierre Bourdieu – wird mit Nachdruck darauf verwiesen, dass vorwissenschaftliche Bilder der Sozialstruktur in den Köpfen der agierenden und interagierenden Menschen bei der wissenschaftlichen Rekonstruktion der Sozialstruktur beachtet werden müssen. So schreibt Elias (1989: 61):

> „Erst wenn man das Bild, das Menschen, die in einer bestimmten Gesellschaft zusammenleben, jeweils von ihrer eigenen und von der Stufe ihrer Mitmenschen in der Sozialpyramide haben, mit Schichtungskriterien der Forschungsperspektive zu einem übergreifenden Modell zusammenfügt, hat dieses Modell eine Chance, für die Weiterarbeit fruchtbar zu werden; denn das Erleben der Schichtung durch die Beteiligten gehört mit zu den konstituierenden Elementen der Schichtstruktur."

Ähnlich und etwas komplizierter äußert sich Bourdieu (1979: 544):

> „Ainsi, les agents sociaux que le sociologue classe sont producteurs non seulement d'actes classables mais aussi d'actes de classement qui sont eux-mêmes classés. La connaissance du monde social doit prendre en comte une connaissance pratique de ce monde qui lui préexiste et qu'elle ne doit pas omettre d'inclure dans son objet..."[2]

2. Methode

Um dem Alltagswissen über die Struktur der Gesellschaft auf die Spur zu kommen, wurden von uns zwei Gruppen befragt: Die erste Gruppe sind Arbeiter und Angestellte aus 17 Industriebetrieben in Nordrhein-Westfalen, Hessen und Rheinland-Pfalz – davon neun aus ländlichen und acht aus (groß-) städtischen Gebieten. Im Mai 2001 wurden 3 114 Fragbögen verteilt, davon gingen 1 868 in die Auswertung ein (Rücklaufquote 61%).[3] Die zweite Gruppe sind 452 Studienanfänger in sozialwissenschaftlichen Studiengängen (Lehramtsfach Sozialwissenschaft, Magister Soziologie, Bachelor Social Science) an der Universität Siegen vom Sommersemester 2000 bis zum Wintersemester 2004/05. Es sind Teilnehmerinnen und Teilnehmer an dem Seminar „Die Sozialstruktur Deutschlands", die sich in der Regel im ersten Semester befinden. Um Einflüsse durch das Studium auszuschalten, füllten sie den Fragebogen beim Beginn der Einführungssitzung – noch vor der Bekanntgabe des Seminarprogramms – aus. Da einige Studierende das Seminar erst im zweiten Semester besuchten, sind Lerneffekte aus anderen Lehrveranstaltungen des ersten Semesters nicht völlig aus-

---

2 „So produzieren die sozialen Akteure, die der Soziologe klassifiziert, nicht nur klassifizierbare Akte, sondern auch Klassifizierungen, die ihrerseits klassifiziert sind. Die Gesellschaftstheorie muss ein praktisches Wissen in Rechnung stellen, das vor ihr existiert, und sie darf es nicht unterlassen, dieses in ihren Gegenstand zu integrieren..." (Übersetzung von R. G.).

3 Es handelt sich hierbei um eine vergleichende empirische Untersuchung zu Soziallage, Lebenschancen und Lebensstilen von Arbeitern und Angestellten in Industriebetrieben unterschiedlicher Industriezweige, die im Rahmen einer Dissertation (Weber-Menges 2004) durchgeführt wurde.

zuschließen. Die Auswertung lässt allerdings den Schluss zu, dass sie die Ergebnisse nur in Ausnahmefällen beeinflusst haben.

Um die Bilder von der heutigen Schicht- bzw. Klassenstruktur möglichst so differenziert und akzentuiert zu erfassen, wie sie in den Köpfen der Akteure im Alltag präsent sind, und um eine Beeinflussung der Antworten durch die Befragungsmethode zu minimieren, haben wir zwei offene Fragen gestellt:

> *Gibt es in der heutigen deutschen Gesellschaft noch Klassen oder Schichten? Wenn ja – welche?* (Industrielle Arbeitnehmer und Studienanfänger)
>
> *Lässt sich die Familie, in der Sie aufgewachsen sind, einer Klasse oder Schicht zuordnen? Wenn ja – welcher?* (Studienanfänger)
>
> *Welcher dieser Klassen oder Schichten würden Sie sich selbst zuordnen?* (Industrielle Arbeitnehmer)

Aus den Antworten beider Gruppen wurden dann die Kategorien für die Schicht-Schemata und für die Schichten bzw. Klassen der Selbsteinstufung entwickelt. Die Fragebögen der Studienanfänger wurden zusätzlich einer Feinauswertung unterzogen: Kategorisiert wurden darüber hinaus verschiedene Varianten der Zustimmung, der Umgang mit den Konzepten Schicht und Klasse, Anmerkungen zu den Besonderheiten der heutigen Schicht- bzw. Klassenstruktur, die direkten erwähnten oder indirekt zugrunde liegende Schichtkriterien sowie einige Besonderheiten der Selbsteinstufung.

Bei den Arbeitern und Angestellten bildeten die beiden Fragen einen kleinen Teil eines umfangreichen standardisierten Fragebogens zu sozioökonomischer Lage, Lebenschancen und Lebensstilen (Weber-Menges 2004). Den Studienanfängern wurden dagegen lediglich die beiden Fragen vorgelegt, ergänzt durch Fragen nach den Berufen von Mutter und Vater. Daher sind die häufig erheblich differenzierteren Antworten in dieser Gruppe nicht nur ihrem höheren Bildungsstand und den damit zusammenhängenden Einflüssen des sozialkundlichen Schulunterrichts zu verdanken, sondern teilweise auch als ein Effekt des methodischen Vorgehens zu deuten. Die Studierenden konnten sich bei der Beantwortung der Fragen ausschließlich auf die Probleme der Wahrnehmung einer sozialen Hierarchie und der Selbsteinstufung konzentrieren.

Aus Antworten auf zwei offene Fragen lassen sich nur relativ grobe Konturen des „common sense of social structure" (Schultheis u.a. 1996: 50) erkennen, die der Verfeinerung bedürfen. Nicht alles, was sich an Vorstellungen über Hierarchien in den Köpfen der sozialen Akteure befindet, lässt sich mit dieser Methode abrufen. So haben z.B. Schultheis u.a. (1996) in ihrer interessanten kulturvergleichenden Studie – sie ist unseres Wissens die einzige neuere Untersuchung zur alltäglichen Wahrnehmung sozialer Hierarchien durch die deutsche Bevölkerung – ein aufwendiges mehrstufiges qualitatives Forschungsexperiment in Anlehnung an französische Sozialstrukturforscher eingesetzt, um die Kategorisierung während des Klassifikationsprozesses selbst zu beobachten. Aber wir gehen davon aus, dass mit unserem einfachen Verfahren Erkenntnisse gewonnen wurden, die für die in Deutschland geführte Debatte um die Struktur der Sozialstruktur relevant sind.

3. Das dominierende Bild in den Köpfen der sozialen Akteure – die geschichtete Gesellschaft

Fast alle sozialen Akteure erleben ihre soziale Welt als hierarchisch gegliedert: nur drei Prozent der Studienanfänger und sechs Prozent der industriellen Arbeitnehmer gehen davon aus, dass es in der heutigen deutschen Gesellschaft keine Klassen oder Schichten mehr gibt. 97 Prozent der Studienanfänger und 94 Prozent der Industriearbeiter und -angestellten agieren dagegen in ihrer Alltagspraxis in einer Hierarchie von Schichten oder Klassen.

Abb. 1: Gibt es heute noch Klassen und Schichten?

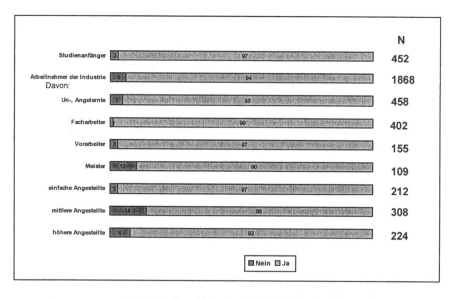

Unter den höheren Angestellten, den Meistern und insbesondere unter den mittleren Angestellten ist die Vorstellung einer schicht- und klassenlosen Sozialstruktur etwas weiter verbreitet als unter Arbeitern, einfachen Angestellten und sozialwissenschaftlichen Studienanfängern (vgl. Abb. 1).

Die Feinanalyse bei den Studienanfängern zur Zustimmung und zum Umgang mit den Konzepten Schichten und Klassen ergibt das folgende Bild: Einige Studienanfänger (8%) verleihen ihrem Ja zum Weiterbestehen der Schicht- und Klassenstruktur einen besonderen Nachdruck mit Formulierungen wie:

Ich bin überzeugt davon, dass man die deutsche Gesellschaft noch in Klassen bzw. Schichten einteilen kann.

In der deutschen Gesellschaft existieren mit Sicherheit noch die drei Schichten Oberschicht, Mittelstand und Unterschicht.

Natürlich gibt es in unserer heutigen deutschen Gesellschaft noch Klassen oder Schichten! Gerade in Zeiten, in denen Hartz IV in aller Munde ist, wird klar, dass die deutsche Gesellschaft in verschiedene Schichten unterteilt ist.

Abb. 2: Schichten oder Klassen?

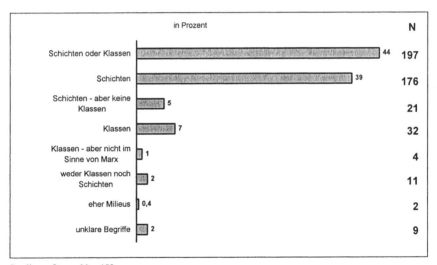

Studienanfänger N = 452

Eindeutig dominant ist die „gemäßigte" Vorstellung von einer geschichteten Gesellschaft, die radikalere und prononciert sozialkritische Idee der Klassengesellschaft, die sehr markante und krasse Strukturen der sozialen Ungleichheit impliziert, wird nur von einer kleinen Minderheit (8%) geteilt. Fast die Hälfte (44%) sprechen ausschließlich von Schichten, einige (5%) setzen sich dabei auch ausdrücklich vom Klassenbegriff ab:

In der heutigen deutschen Gesellschaft gibt es keine Klassen, sondern Schichten. Schichten
unterscheiden sich u. a. durch ihre Durchlässigkeit von Klassen, d h. soziale Aufstiegsprozes-
se sind eher möglich.

Die andere knappe Hälfte (ebenfalls 44%) verwenden die Ausdrücke „Klassen"
und „Schichten" ohne Bedeutungsunterschied, ihnen schwebt also eine gemäßigte „Schichtvariante der Klassen" vor. (Ein Beispiel dafür ist das nächste
Zitat.)

4. Fließende Übergänge – offizielle und inoffizielle Strukturen –
zunehmende Polarisierung

23 Prozent der angehenden Sozialwissenschaftler erläutern ihre Wahrnehmung
der sozialen Hierarchie durch Hinweise auf deren Spezifika: Heutige Schichten
oder Klassen haben keine präzise markierten Grenzen, sondern zeichnen sich
durch fließende Übergänge aus (11%), sind durchlässiger (7%), weniger markant und krass und damit schwerer wahrnehmbar (6%).

Meiner Meinung nach gibt es in der heutigen deutschen Gesellschaft auf jeden Fall noch
Klassen, auch wenn sie nicht auf den ersten Blick zu erkennen sind, was daran liegt, dass die
Übergänge fließender geworden sind, also die Grenzen nicht mehr klar zu definieren sind.
Die Grenzen sind durchlässiger und nicht mehr eindeutig.
Allerdings sind Übergänge fließend, da durch offenes Bildungssystem etc. jedem andere ge-
sellschaftliche Positionen offen stehen.

Ab und zu wird hervorgehoben, dass die heutigen Schichten oder Klassen anders aussehen als „früher" oder „damals" (8%), einige wenige weisen etwas
konkreter auf Unterschiede zur Ständegesellschaft (2,4%), zur Marx'schen
Klassengesellschaft (1,3%) oder zur Ungleichheitsstruktur in Gesellschaften der
Dritten Welt (1,5%) hin. Bemerkungen dieser Art decken sich weitgehend mit
den Ergebnissen der Sozialstrukturforschung; Alltagswissen und wissenschaftliche Erkenntnis stimmen in den großen Linien überein. Ein angemessener Sozi-
alkundeunterricht an den Gymnasien – Studierende der Sozialwissenschaften
haben häufig entsprechende Leistungskurse besucht – dürfte diese Vorstellungen mit beeinflusst haben.

Interessant sind kritische Hinweise auf den „inoffiziellen", gesellschaftlich
oder politisch unerwünschten Charakter der fortbestehenden Schicht- und Klassenstruktur. 33 Studienanfänger (7%) heben hervor, dass die hierarchische Gliederung dem offiziellen Selbstverständnis der deutschen Gesellschaft widerspricht:

[Klassen oder Schichten gibt es]...*nicht offiziell, aber inoffiziell; das Denken in Klassen und Schichten wird größtenteils nicht mehr „anerkannt", ist verpönt.*

Offiziell laut Grundgesetz sind alle Menschen gleich – trotzdem Abstufungen innerhalb der Gesellschaft.

Man kann in der BRD eine, wenn auch unbeabsichtigte Einteilung der Gesellschaft in Schichten feststellen.

Heutzutage kann man durchaus von Schichten sprechen, obwohl die „offizielle" Bezeichnung eher Milieus heißt.

Abb. 3: Besonderheiten heutiger Schichten/Klassen

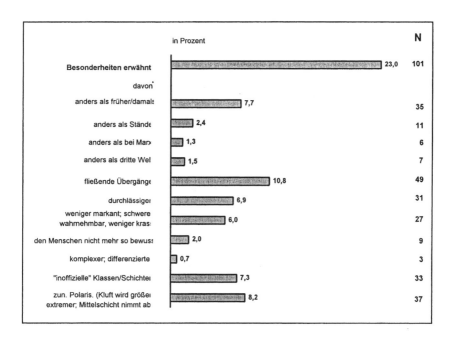

Studienanfänger N = 452   * Mehrfachnennungen möglich

Nur 3 Prozent der Studienanfänger gehen davon aus, dass es keine Schichten oder Klassen mehr gibt, aber 7 Prozent – mehr als doppelt so viele – nehmen eine „offizielle" Version vom Verschwinden der Klassen oder Schichten wahr, die sie ausdrücklich ablehnen; was „offiziell" dazu gesagt wird, ist für sie – wenn man es in die Wissenschaftssprache übersetzt – falsche Wahrnehmung oder auch ungleichheitsverschleiernde Ideologie. Die These von der Auflösung der Klassen und Schichten, die den Mainstream der deutschen Sozialstrukturforschung seit Mitte der 80er Jahre über lange Zeit dominiert hat und – so wie seinerzeit Schelskys These von der nivellierten Mittelstandsgesellschaft – in Teilen der deutschen Führungsschichten gern rezipiert wurde (Einzelheiten bei Geißler 1998), ist also häufiger auf Ablehnung als Zustimmung gestoßen.

8 Prozent diagnostizieren eine zunehmende Polarisierung der Gesellschaft, eine zunehmende Kluft zwischen Arm und Reich, zwischen Oben und Unten. Bei einigen ist damit die Vorstellung verbunden, dass die Mittelschicht zunehmend schrumpft:

> *Der Abstand zwischen arm und reich ist nicht so groß wie in anderen Ländern, wird aber zunehmend größer (Liberalisierung der Wirtschaft, Abbau des Sozialstaates).*
>
> *Gerade durch die wachsende Arbeitslosigkeit entsteht immer mehr Armut und damit größere „Klassenunterschiede" in der Gesellschaft.*
>
> *[Es existiert ein] ... sozialer Mittelstand, der allerdings durch das immer stärkere Auseinanderdriften von „Oberschicht und Unterschicht" immer mehr aus der Gesellschaft zu verschwinden droht.*
>
> *Ein Problem ist, dass der Mittelstand immer weiter abbröckelt und Schröders „Neue Mitte" so nicht entstanden ist wie angedacht. Die Kluft zwischen „arm" und „reich" wird immer größer.*

5. Schicht-Schemata

Nur wenige Studienanfänger (8%) und so gut wie keine Erwerbstätigen in der Industrie nehmen die umgebende gesellschaftliche Hierarchie bipolar wahr. Die Stichworte „Klassen oder Schichten" lösen kaum Assoziationen zu antagonistischen Modellen der sozialen Welt aus. Lediglich bei verschwindend kleinen Minderheiten der Studienanfänger wird die Sozialstruktur von den Polen arm versus reich (2,4%) oder Arbeit versus Kapital bzw. Arbeitgeber versus Arbeitnehmer (1,3%) dominiert. Die hier vorläufig „bipolar" genannten Schemata bedürfen noch einer Relativierung. Viele Studienanfänger, die in ihrer Antwort auf die erste Frage nach ihren Vorstellung von Klassen oder Schichten nur zwei Pole der Ungleichheit skizzieren, stufen sich bei der zweiten Frage in Zwischenstufen ein – z.B. in die Mittelschicht oder in eine der mittleren Subschichten. Das folgende Beispiel macht deutlich, dass die Wahrnehmung der Sozialwelt differenzierter ist, als es die erste Antwort erkennen lässt:

> *Antwort auf Frage 1: Ich bin mir nicht sicher, was die Definition der Begriffe „Klasse" oder „Schicht" heute genau aussagt. Auffallend aber ist in jedem Fall, dass es sozial-schwache Familien gibt und Familien, die in wirklich stabileren Verhältnissen leben. Zu den Verhältnissen zählt natürlich nicht nur das generelle soziale Umfeld, sondern vor allem die berufliche Situation/Position des jeweiligen Individuums. Kinder aus sozial-schwachen Familien bewegen sich meist in einem Umfeld, aus dem es – selbst in zunehmenden Alter – schwierig ist, wieder heraus zu gelangen.*

Einstufung der Herkunftsfamilie (Mutter Krankenschwester, Vater Verwaltungsdirektor eines Krankenhauses): *Ich denke, dass ich in einer gut situierten Familie groß geworden bin und diese schon eher zum „gehobenen Mittelstand" zählen kann.*

Es wäre allerdings falsch, aus diesem Befund zu folgern, dass sich die Deutschen der Illusion hingeben, in einer konfliktfreien harmonischen Gesellschaft zu leben. Es wurde bereits erwähnt, dass ein Teil der Studienanfänger den Eindruck hat, die Kluft zwischen Oben und Unten nehme zu. Zudem wissen wir aus anderen Studien, dass z.B. im Jahr 2000 58 Prozent der Westdeutschen und 72 Prozent der Ostdeutschen die Konflikte zwischen Arm und Reich als sehr stark oder stark einschätzten, die entsprechenden Werte für sehr starke oder starke Konflikte zwischen Arbeitgebern und Arbeitnehmern betrugen 42 bzw. 55 Prozent (Geißler 2001: 129). Aber Antagonismen dieser Art werden nicht mit Klassen oder Schichten verbunden, sie gehören offensichtlich einer anderen Dimension sozialer Wahrnehmung an. Dahrendorf (1965: 95) wies bereits vor 40 Jahren darauf hin, dass „es wohl zwei Formen der sozialen Ungleichheit" gibt: die produktive Ungleichheit als Keim sozialer Konflikte beim Kampf um Herrschaft und die distributive Ungleichheit im System der sozialen Schichtung. In den Köpfen der Deutschen werden diese beiden Formen offensichtlich auch heute weitgehend auseinander gehalten. Bei der Wahrnehmung der ungleichen Verteilung von Ressourcen und Lebenschancen schwingt zwar vielfach ein Gefühl der sozialen Ungerechtigkeit mit, aber eine Deutung der sozial ungerechten Verhältnisse mit der Kategorie des Klassenkampfes liegt den Deutschen fern.

In einer plural-geschichteten Gesellschaft wäre es sehr verwunderlich, wenn die mehrstufige Wahrnehmung der sozialen Hierarchie einheitlich wäre. Wie zu erwarten, existieren die kognitiven Schemata der Schichten in mehreren Varianten, und diese variieren tendenziell mit dem sozialen Standort der Akteure – mit ihrem Berufsstatus und ihrem Bildungskapital. Bei der folgenden Interpretation der Variationen ziehen wir auch die Ergebnisse der sozialen Selbsteinstufung mit heran, die erst später im Detail dargestellt werden.

Weit verbreitet ist ein dreistufiges Grundmuster Oben-Mitte-Unten – wir nennen es im folgenden O/M/U-Schema. 61 Prozent der Arbeitnehmer und 58 Prozent der Studienanfänger rekonstruieren ihre soziale Welt nach diesem Muster; es taucht in fünf Varianten auf.

Variante I ist eine sehr einfache, soziologisch relativ unbestimmte und wenig konkrete Gliederung in „Oberschicht – Mittelschicht – Unterschicht". 20-31 Prozent der meisten Arbeitnehmergruppen und 27 Prozent der Studienanfänger nehmen ihr Aktionsfeld nach diesem Schema wahr, unter Vorarbeitern (4%) sowie Un- und Angelernten (11%) taucht dieses Muster nur selten auf. Letztere tendieren offensichtlich dazu, für sich das Etikett „Unterschicht" zu vermeiden.

Sie rechnen sich lieber der Arbeiterschicht zu und ziehen daher die etwas konkretere Variante II vor, in der das Unten als „Arbeiter", „Arbeiterschicht" oder (selten) „Arbeiterklasse" bezeichnet ist. Etwa die Hälfte der Un- und Angelernten strukturiert die soziale Hierarchie in dieser Form. Ihre Selbstplatzierung in die untere Ebene wird für sie dadurch erleichtert, dass der Verweis ins Unten nicht als solcher sprachlich benannt wird und dass sie dieses Los mit anderen Teilen der Arbeiterschaft teilen. Andere Gruppen – insbes. Studienanfänger, Meister und Angestellte – sind in dieser Hinsicht zurückhaltender; sie verweisen die Arbeiterschicht erheblich seltener ins Unten.

Abb. 4: Kognitive Schemata von Schichten und Klassen (in Prozent)

	Stud.-Anf.	Arbeitn. insges.	HA	MA	EA	M	VA	FA	UA
Bipolare Schemata	8	1	-	-	2	-	-	2	1
Oben-Mitte-Unten-Schema O/M/U)									
Var. I: Oberschicht-Mittelschicht-Unterschicht	27	20	25	31	30	20	5	20	11
Var. II: Oberschicht-Mittelschicht-Arbeiterschicht	4	21	13	6	10	7	20	15	49
Var. III: Reiche-Mitte-Arme	12	11	2	28	10	23	19	1	7
Var. IV: Weitere Differenzier.	11	9	30	15	5	-	3	5	4
Var. V: Andere Konkretisierungen	4	-	-	-	-	-	-	-	-
Oben-Mitte-Arbeiter-Unten (O/M/U Plus)	5	16	13	2	17	29	43	27	3
Sonstige Schemata	9	8	10	1	14	4	3	14	7
Keine ganzheitlichen Schemata	17	9	-	3	8	6	5	16	14
Keine Klassen oder Schichten	3	6	8	14	3	10	3	1	5
Gesamt	100	101	101	100	99	99	101	101	101
N	452	1868	224	308	212	109	155	402	458

Legende: HA=Höhere Angestellte, MA=Mittlere Angestellte, EA=Einfache Angestellte, M=Meister, VA=Vorarbeiter, FA=Facharbeiter, UA=Un- und Angelernte

Die dritte Variante des O/M/U-Schemas konkretisiert das Oben und Unten durch die Ungleichheit im Hinblick auf materiellen Ressourcen; die drei Stufen werden als „Reiche-Mitte-Arme" wahrgenommen. Dieses Schema ist weniger verbreitet als die beiden anderen und taucht vergleichsweise häufig bei Gruppen aus der Mitte auf – bei mittleren Angestellten, Meistern, Vorabeitern und bei den Studienanfängern, die mehrheitlich aus mittleren Schichten stammen. Ihnen dient es offenbar zur Abgrenzung gegen Oben und Unten und markiert ihre mittlere Position als „weder reich noch arm". Facharbeiter nehmen die Gesellschaft nur in Ausnahmefällen in dieser Form wahr, da sie ihnen eine Platzierung zwischen Mitte und Unten versperrt. Und auch unter leitenden Angestellten ist dieses Muster kaum verbreitet, da eine Zwischenstufe zwischen Mitte und Oben fehlt. Leitende Angestellte ziehen ein weiter ausdifferenziertes O/M/U-Schema (Variante IV) vor. In diesem Modell werden innerhalb der drei Hauptschichten weitere Zwischenstufen eingezogen – am häufigsten wird die Mitte zweigeteilt (untere-obere Mitte) oder dreigeteilt (untere-mittlere-obere Mitte). Arbeiter und einfache Angestellte nehmen ihre soziale Welt selten in einer solchen Feingliederung wahr, erheblich häufiger taucht das Schema bei Studienanfängern (11%), mittleren (15%) und höheren Angestellten (30%) auf. Es spiegelt ihr Bemühen wider, sich selbst von anderen Gruppen der Mitte abzugrenzen bzw. sich zwischen Mitte und Oben zu platzieren. Auch ihr höheres Bildungsniveau dürfte eine Rolle spielen: es ermöglicht ihnen einen differenzierteren Blick auf die gesellschaftliche Realität. Die Feinanalyse bei Studienanfängern fördert das Phänomen zutage, das wir bereits bei den bipolaren Schemata erwähnt haben: Die differenzierten O/M/U-Schemata der Variante IV sind erheblich weiter verbreitet, als es die Antworten auf die erste Frage erkennen lassen. Viele, die zunächst lediglich ein dreistufiges Schema skizzieren, ordnen sich dann weiteren Subschichten innerhalb des O/M/U-Schemas zu – z.B. der oberen Arbeiterschicht oder der unteren oder oberen Mittelschicht (Beispiele dazu im Kapitel über Selbsteinstufung).

Andere Konkretisierungen des O/M/U-Schemas bei einem kleinen Teil (4%) der Studienanfänger (Variante V) sind vermutlich ebenfalls eine Folge ihres guten schulischen und kulturellen Kapitals. Sie präzisieren das Oben mit Begriffen wie Eliten, High Society, Promis, Bourgeoisie, Unternehmer, Firmenbosse, Manager, Intellektuelle, Akademiker oder Freiberufler; im Unten tauchen Ungelernte, Personen ohne Qualifikation, Ausländer, Migranten oder Kombinationen aus Arbeitern mit Sozialhilfeempfängern und/oder Arbeitslosen auf.

Das dreistufige U/M/O-Schema wird ab und zu durch eine Ergänzung zu einem Vier-Schichten-Modell erweitert. Zwischen Mitte und Unten wird die Arbeiterschicht eingeschoben. Man könnte dieses Modell auch als O/M/U-Plus (plus Arbeiterschicht) bezeichnen. Bei Vorarbeitern (43%) dominiert dieses Vier-Schichten-Schema die Wahrnehmung der sozialen Hierarchie, und auch bei Meistern (29%) und Facharbeitern (27%) taucht es häufiger auf als andere Muster. Das Bestreben, sich durch eine Platzierung zwischen Unten und Mitte nach unten abzugrenzen, dürfte der sozialpsychologische Hintergrund sein; den Meistern, die alle aus der Arbeiterschaft hervorgegangen sind (Weber-Menges 2004: 133), sich aber überwiegend in die Mittelschicht einstufen, ermöglicht es sogar eine doppelte Abgrenzung nach unten.

6. Schichtkriterien

Nach welchen Kriterien strukturieren die sozialen Akteure die gesellschaftliche
Hierarchie? Um diese Frage zu beantworten, haben wir lediglich die Antworten
der Studienanfänger analysiert. 275 der 452 ausgefüllten Fragebogen enthielten
direkte oder indirekte Hinweise auf die Kriterien der Schichtwahrnehmung
(Abb. 5).

Abb. 5: Schichtkriterien

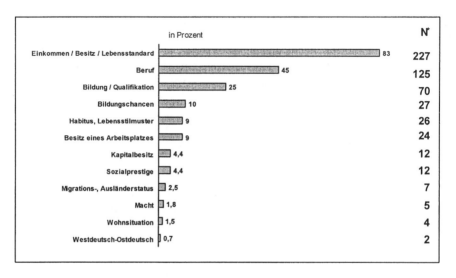

Studienanfänger N = 452   * Mehrfachnennungen möglich

Schichten werden in erster Linie nach den unterschiedlichen materiellen Lebensbedingungen wahrgenommen. 83 Prozent der Antworten enthalten Hinweise auf Unterschiede im Einkommen, in der finanziellen oder ökonomischen Situation, auf Reichtum und/oder Armut, auf Ungleichheiten im Lebensstandard.
Das eindeutige dominante Schichtkriterium sind also die Besitz- und Einkom-
mensverhältnisse, die häufig das Profil eines abgestuften Gegensatzes von Arm
und Reich annehmen. Viele geben das Kriterium ihrer Klassifikation direkt an:

> *Die Schichten heute richten sich meiner Ansicht nach dem (Familien-) Einkommen.*
>
> *Klassen/Schichten kann man heutzutage nach Reichtum/Einkommen einteilen.*
>
> *Gerade heutzutage ist die Gesellschaft von Arbeitslosigkeit geprägt, während sog. Großver-*
> *diener Millionen machen. Es gibt also arm und reich.*

Häufig lässt sich das Schichtkriterium indirekt aus dem Schichtungsmodell erschließen, wie z.b. beim folgenden O/M/U-Schema:

Oberschicht   *von Besserverdiener*
Mittelschicht
Unterschicht   *bis Sozialhilfeempfänger*

Beruf und – mit deutlichem Abstand – Bildung sind die beiden nächstwichtigen Kriterien der Klassifikation. Knapp die Hälfte der Akteure beachtet bei der Hierarchisierung die Berufsposition und ein Viertel klassifiziert nach Bildungsniveau – manchmal eindimensional nach nur einem Kriterium, häufiger mehrdimensional in Kombination von Beruf mit Bildung oder in Kombination mit Einkommen:

Ja – es gibt unterschiedliche Schichten, wo z.B. die einzelnen Berufsklassen untergeordnet sind.

Die Klassen/Schichten sind gekennzeichnet durch Beruf/soziale Herkunft und Bildung.

Unterschicht, Mittelschicht, Oberschicht; bedingt durch Einkommensverteilung und Bildungsungleichheiten.

Das folgende O/M/U-Schema ist ausschließlich nach Berufsgruppen gegliedert:

Arbeiterklasse (Arbeiter, Ungelernte)
Mittelschicht (Angestellte, Selbständige)
Oberschicht (Professoren u. ä.).

Andere Kriterien wie Kapitalbesitz (4,4%), Sozialprestige (4,2%), Migranten- oder Ausländerstatus (2,5%), Macht (1,8%), Wohnsituation (1,5%) oder Ostdeutsch-Westdeutsch (0,7%) werden von den Studienanfängern nur selten herangezogen. Den Rang von Sekundärkriterien haben eher die Chancen auf einen Arbeitsplatz (9%) – Arbeitslose werden häufig als eine von mehreren Gruppen der Unterschicht genannt – sowie auf Bildung und sozialen Aufstieg (10%):

Wir sehen immer noch, dass die Kinder, die zu Arbeiterfamilien gehören, in Zukunft Arbeiter werden.
Einstufung der Herkunftsfamilie (Mutter Chefsekretärin, Vater Bundesbahninspektor): *Ich würde sagen, irgendwas in der Mitte . ... [Punkte im Original] Durch die Berufe meiner Eltern war die finanzielle Seite immer gesichert, aber zu privilegierten Familien gehörten wir nie. Ich bin der erste aus der Familie, der studiert.*

Während die Hinweise auf Probleme von Arbeit und Arbeitslosigkeit in den letzten Semestern erheblich häufiger auftauchen als vor drei bis vier Jahren – evtl. eine Reaktion auf die Debatte um die Hartz-Konzepte zur Bekämpfung der hohen Arbeitslosenquoten –, zeigt die Nennung der Bildungschancen keinen „PISA-Effekt". Die Wahrnehmung ungleicher Bildungschancen als Anzeichen für Schichtung ist in etwa gleichmäßig über die Jahre des Untersuchungszeitraums verteilt.

Auch Habitusmerkmale und Lebensstilmuster werden ab und zu (9%) zur Gliederung oder Einstufung herangezogen:

> *Innerhalb dieser Schichten gibt es zumeist recht unterschiedliche Interessen hinsichtlich Kultur oder Freizeit.*
> Einstufung der Herkunftsfamilie (Mutter Buchhändlerin, Vater Oberstudienrat): *Ich bin in einer höheren Beamten-Familie aufgewachsen. Mein Umfeld umfasst nur Akademiker (die Männer). Vom Bürgermeister, Oberstudiendirektor bis hin zum Arzt und Unternehmer ist alles vorhanden. Geburtstage werden in der Gastronomie im Anzug abgehalten. Schon die Kinder tragen Anzüge.*

Es fällt auf, dass sich das Alltagserkennen von Schichten und Klassen an denselben drei Hauptkriterien – Einkommen, Beruf, Bildung – orientiert wie die traditionelle wissenschaftliche Rekonstruktion, lediglich die Gewichtung ist eine andere: Die Schicht- und Klassentheoretiker räumen dem Berufsstatus und dem Qualifikationsniveau einen deutlichen Vorrang vor Einkommen und Besitz ein.

7.   Selbsteinstufung

Fast alle *Industriearbeitnehmer* (94%) haben keine Probleme, sich in das Schicht-Schema einzustufen, das in ihrer Vorstellung existiert. Gewisse Unsicherheiten bestehen offensichtlich in der gesellschaftlichen Mitte: 14 Prozent der mittleren Angestellten und 10 Prozent der Meister nehmen keine Selbsteinstufung vor; am wenigsten Schwierigkeiten haben Facharbeiter, Vorarbeiter und einfache Angestellte (vgl. Abb. 6).

Die extremen Pole der Schichtungshierarchie stellen sich sehr homogen dar. Der Oberschicht ordnen sich ausschließlich und der oberen Mittelschicht fast ausschließlich höhere Angestellte zu, zu den Armen und zur Unterschicht zählen sich nahezu ausschließlich Un- und Angelernte. Allerdings ziehen es zweidrittel der Un- und Angelernten vor, sich als Angehörige der Arbeiterschicht bzw. der Arbeiterklasse zu sehen. Die Facharbeiter stufen sich sogar zu 69 Prozent in die Arbeiterschicht ein; wenn sie sich als Mittelschichtangehörige wahrnehmen, dann meist im unteren Bereich der Mitte (untere Mittelschicht).

Während die Selbsteinstufung der Vorarbeiter nur geringfügig von derjenigen der Facharbeiter abweicht, fühlen sich Meister überwiegend als Mittelschichtangehörige. Sie bilden die eigentliche „Arbeiterelite"; alle sind als Facharbeiter in den Beruf eingestiegen und haben sich zu Meistern fortgebildet. Diesen sozialen Aufstieg machen die meisten dadurch deutlich, dass sie sich bewusst von ihrer Herkunftsschicht abgrenzen. Nur 26 Prozent sehen sich noch als Angehörige der Arbeiterschicht bzw. Arbeiterklasse an. Die Nähe der Vorarbeiter zur Arbeiterschicht und der Meister zur Mittelschicht spiegelt sich im Übrigen auch in ihren Lebenschancen und Lebensstilen wider, die sich „typischerweise" (Geiger 1962: 191) voneinander unterscheiden (dazu Weber-Menges 2004: 125).

Abb. 6: *Subjektive Schichteinstufung der Arbeitnehmer in der Industrie*
(in Prozent)

	Gesamt	HA	MA	EA	M	VA	FA	UA
Oberschicht	2	18	-	-	-	-	-	-
Obere Mittelschicht	5	37	1	-	-	-	-	-
Mittlere Mittelschicht	3	2	15	3	-	-	-	-
Mittelschicht/Mittelstand/Mittelklasse	24	25	60	36	39	14	9	5
Untere Mittelschicht	13	-	7	25	23	26	19	5
Arbeiterschicht/-klasse	40	-	2	18	26	57	69	66
Unterschicht	2	-	-	-	-	-	0,5	10
Arme	2	-	-	-	-	-	1	8
Akademiker	1	7	-	-	-	-	-	-
Angestellte	2	3	1	14	2	-	-	-
Sonstige	0,5	-	-	1	-	-	1	1
Keine/unklare Einstufung	6	8	14	3	10	3	1	5
Gesamt	100	100	100	100	100	100	100	100
N	1868	224	308	212	109	155	402	458

Näherungsweise Signifikanz: ,000. Hochsignifikant auf dem 1%-Niveau. Korrelationskoeffizienten: Cramers V: 0,470; Kontingenzkoeffizient C: 0,755
Legende: HA= Höhere Angestellte, MA= Mittlere Angestellte, EA= Einfache Angestellte, M= Meister, VA= Vorarbeiter, FA= Facharbeiter, UA= Un-und Angelernte

Die Einstufung der drei Angestelltengruppen deckt sich sehr stark mit deren Abstufungen hinsichtlich Einkommen, Qualifikation und Niveau der Arbeitsplatzanforderungen. Die überwiegende Mehrheit der höheren Angestellten ordnet sich oberhalb der Mitte ein – 38 Prozent in die „obere Mittelschicht" (eine Kategorie, die nahezu ausschließlich ihnen vorbehalten ist); 18 Prozent in die Oberschicht und 7 Prozent betonen ihr besonderes kulturelles Kapital als Distinktionsmerkmal und bezeichnen sich als „Akademiker". Dreiviertel der mittleren Angestellten platzieren sich in der Mitte; ein Teil von ihnen unterstreicht diese mittige Position dadurch, dass sie eine „mittlere Mittelschicht" bilden, um sich von der unteren und oberen Mitte abzusetzen; bei anderen Gruppen taucht diese Subschicht kaum auf. Und auch die ausführenden Angestellten, die sich in Einkommen sowie Ausbildungs- und Einsatzqualifikation kaum von Facharbeitern unterscheiden, meiden weitgehend eine Zuordnung zur Arbeiterschicht; sie stufen sich in die Mitte, häufig in die untere Mittelschicht ein. Ein Teil (14%) wählt die gegenüber Arbeitern distinktive Kategorie „Angestellte". Dahrendorf (1965: 110) hat die ausführende Dienstleistungsschicht in den 60er Jahren als „falschen Mittelstand" bezeichnet – ein Begriff, der diese Schicht auch heute noch treffend charakterisiert. Interessant ist, dass die Minderheit der einfachen Angestellten (18%), die sich der Arbeiterschicht zurechnet, aus Arbeiterpositionen ins Angestelltenverhältnis übernommen wurde oder keine Berufsausbildung abgeschlossen hat (Weber-Menges 2004: 131 ff.).

Die hier ermittelten „typischen" Zusammenhänge von Berufsstatus und subjektiver Schichteinstufung sind auch durch den repräsentativen Wohlfahrtssurvey belegt (Habich/Noll 2002). Dieser gibt den Befragten ein Drei-Schichten-Modell in standardisierter Form vor, dessen Nähe zur tatsächlichen Wahrnehmung der Schichten im Alltag durch unsere induktiv ermittelten O/M/U-Schemata bestätigt wurde.

Die sozialwissenschaftlichen *Studienanfänger* sollten nicht sich selbst, sondern ihre Herkunftsfamilie in ihrem Schicht- oder Klassen-Schema platzieren. Die überwiegende Mehrheit (88%) kam dieser Aufforderung nach. 12 Prozent konnte keine oder keine klaren, verwertbaren Angaben machen (vgl. Abb. 7). Weitere 6 Prozent stufen ihre Familie ein, haben dabei aber gewisse Schwierigkeiten, auf die sie explizit hinweisen:

Schicht-Schema: „klassisches" Neun-Schichten-Schema (obere/mittlere/untere Oberschicht – obere/mittlere/untere Mittelschicht – obere/mittlere/untere Unterschicht)
Einstufung der Herkunftsfamilie (Mutter und Vater selbständige Kaufleute): *Meiner Meinung nach ist es schwierig, die eigene Familie einer Schicht zuordnen zu sollen. Spontan würde ich sagen, dass meine Familie der mittleren bis oberen Mittelschicht angehört.*

Antwort auf Frage 1: *Vermutlich ja, jedoch sind die Grenzen fließend und die sog. Mittelschicht so stark vertreten, dass es kaum auffällt.*
Einstufung der Herkunftsfamilie (Mutter und Vater Physiotherapeuten): *Lässt sich schwer bis gar nicht sagen: evtl. (höhere) [höhere ist durchgestrichen] Mittelschicht.*

Antwort auf Frage 1: *Ja, allerdings sind diese meiner Beobachtung nach nicht mehr so scharf abgegrenzt wie es in der Vergangenheit war. Im nachfolgenden verzichte ich darauf, diese Klassen mit Namen zu versehen:*
- *gesellschaftlich am höchsten gestellte Klasse, hohes Bildungsniveau, hohes Einkommen*
- *mittlere Schicht, die in Dtl. am häufigsten auftretende Klasse, durchschnittliches Einkommen, Kinder, durchschnittliche Berufe*
- *Schicht, der jeder direkte Kontakt zu den anderen fehlt, sie sind isoliert und haben ein sehr geringes Einkommen (z.B. Randgruppen, Asylbewerber, Sozialhilfeempfänger)*

Einstufung der Herkunftsfamilie (Mutter Verkäuferin, Vater Stahlarbeiter): *Schwer, aber ich würde sie in die durchschnittliche Klasse zuordnen. Die Zuordnung fällt mir nicht leicht, da durch den Tod des Vaters eine besondere Situation eingetreten ist.*

Diesen Unsicherheiten liegen verschiedene Ursachen zugrunde, sie spiegeln aber auch ein bereits bekanntes Ergebnis wider: soziale Akteure aus den mittleren und höheren Ebenen der sozialen Hierarchie – und die Studienanfänger stammen mit überwältigender Mehrheit aus diesen Bereichen – haben etwas häufiger Schwierigkeiten bei der Selbsteinstufung als Akteure aus der unteren Hälfte der Gesellschaft.

Abb. 7: Einstufung der Herkunftsfamilie durch die Studienanfänger(N = 452)

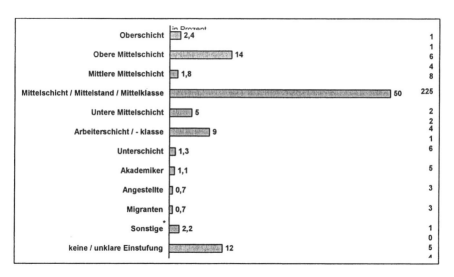

*Selbständige, bürgerliche Schicht, Proletarier je zwei Einstufungen;
Obere Einkommensklasse, Beamte, Arbeitnehmer je eine Einstufung

Die zur Einstufung herangezogenen Schicht-Schemata der Studierenden ähneln sehr stark denjenigen der Industriearbeitnehmer, aber die Verteilung auf die verschiedenen Stufen weicht erwartungsgemäß erheblich ab (vgl. Abb. 7). Sie macht die lange Zeit verdrängte, durch die PISA-Studie in die öffentliche und wissenschaftliche Diskussion zurückgeholte krasse schichttypische Ungleichheit der Bildungschancen (vgl. Geißler 2004) deutlich: Die Studienanfänger weisen einen dramatischen Mittelschichtenbias auf: nur 9 Prozent ordnen ihre Herkunftsfamilie der Arbeiterschicht bzw. (selten) Arbeiterklasse zu, 1,3 Prozent der Unterschicht und 0,7 Prozent definieren sich als Kinder aus Migrantenfamilien. Die einzige Person der Stichprobe, deren Vater ungelernter Arbeiter ist, wählt die Kategorie „Proletarier". Die Schicht der „Armen" taucht bei der Selbsteinstufung nicht auf. Fast dreiviertel der Studienanfänger verankern ihre Herkunftsfamilie in der gesellschaftlichen Mitte – die Hälfte in der Mittelschicht, 14 Prozent in der oberen Mittelschicht, der Rest in anderen mittleren Subschichten oder Berufsgruppen. Gegenüber einer Klassifizierung ins Oben sind die angehenden Sozialwissenschaftler sehr zurückhaltend: nur 2,4 Prozent sehen sich als Abkömmlinge aus der Oberschicht, 1,1 Prozent rechnen ihre Familie den Akademikern zu.

Die folgenden Beispiele sind kennzeichnend für die gut vier Fünftel der Studienanfänger, die keine Probleme mit der Einstufung ihrer Herkunftsfamilie haben:

Antwort auf Frage 1: *Ich würde sagen, es gibt die „klassische" Form von Ober-/Mittel-/Unterschicht.*
Einstufung der Herkunftsfamilie (Mutter Lehrerin, Vater Printmediengestalter): *Oberschicht*

Antwort auf Frage 1: *Ja, es gibt leider immer noch Klassen, welche durch den sozialen Standort unterschieden werden können: Oberschicht – Mittelschicht – Unterschicht.*
Einstufung der Herkunftsfamilie (Mutter Bankkauffrau, Vater Diplomingenieur): *Gehobene Mittelschicht*

Antwort auf Frage 1: *Akademikertum – Arbeiterfamilien (Arbeiterklasse) – Mittelstandsfamilien; Einteilung der „Klassen" in der heutigen deutschen Gesellschaft definiert sich vorwiegend über Berufsstand, mit Ausnahme von Ausländern, die auch heute noch durchaus als eigene Klasse bezeichnet werden können.*
Einstufung der Herkunftsfamilie (Mutter Kommunikationskauffrau, Vater Industriekaufmann): *Mittelschicht*

Antwort auf Frage 1: *Angeblich nicht, an vielen Punkten wird aber ein großer Unterschied deutlich, mindestens zwischen wenig oder nicht wohlhabenden und finanziell besser gestellten Menschen(z.B.Gesundheitswesen).*
Einstufung der Herkunftsfamilie (Mutter Hausfrau, Vater Kassenleiter IHK): *Untere Mitte*

Antwort auf Frage 1: *Es gibt Schichten, in denen die Übergänge fließender sind als in Klassen. Schichtung von unten nach oben (arm nach reich):*
1. Menschen, die auf Sozialhilfeniveau leben
2. Einfache Industriearbeiterfamilien
3. Facharbeiterfamilien und Beamte
4. Selbständige
5. Gehobener Beamtenstand
6. Reiche bis schwerreiche Elite (z.B.Topmanager), nur sehr kleine Schicht!
Einstufung der Herkunftsfamilie (Mutter Floristin/Hausfrau, Vater Zerspannungsmechaniker): *Facharbeiterfamilie.*

Antwort auf Frage 1: *Wenn nicht direkt, aber trotzdem spürbar:*
Arbeiter (Produktion)
Angestellte Beamte (Dienstleistung)
„Genießer" (Die Reichen von heute)
Einstufung der Herkunftsfamilie (Mutter Bäckerin, Vater Zimmermann): *Ja – zu der Arbeiterklasse.*

Interessant ist der Vergleich der Selbsteinstufung von Studienanfängern und Industriearbeitnehmern. Mit Ausnahme der Un- und Angelernten und der Vorarbeiter tauchen die Berufsgruppen aus der Industrie auch in den Elternberufen der Studienanfänger auf (vgl. Abb. 8). Bei der Klassifizierung der angehenden Sozialwissenschaftler nach den Berufen der Eltern haben wir – wenn die Berufe beider Elternteile angegeben sind und sich in ihrem Status unterscheiden – den statushöheren Beruf als Kriterium benutzt. Bei der Einstufung der Herkunftsgruppen in die kognitiven Schicht-Schemata tendieren sowohl die Studienanfänger aus Facharbeiterfamilien als auch diejenigen aus Familien der höheren Dienstleister stärker zu einer Selbstverortung in der gesellschaftlichen Mitte.

Abb. 8: *Einstufung der Herkunftsfamilie nach dem Beruf der Eltern* (Studienanfänger in Prozent)*

	FB	HA/HB	S	MA/MB	EA/EB	M	FA	UA	N
Oberschicht	50	4	3	1	-	-	-	-	11
Obere Mittelschicht	33	21	13	11	-	-	-	-	53
Mittlere Mittelschicht	-	1	-	2	-	-	3	-	5
Mittelschicht/Mittelstand/Mittelklasse	16	49	65	57	44	57	32	-	197
Untere Mittelschicht	-	2	5	4	22	14	11	-	18
Arbeiterschicht/-klasse	-	4	3	5	33	14	40	-	33
Unterschicht	-	1	-	-	-	-	8	-	4
Arme	-	3	3	-	-	-	-	-	5
Akademiker	-	1	-	1	-	-	-	-	3
Angestellte	-	-	-	-	-	-	5	-	2
Sonstige	-	3	5	1	-	14	-	100	10
Keine/unklare Einstufung	-	10	5	17	-	-	3	-	41
Gesamt	99	98	102	99	99	99	102	100	
N	6	140	40	141	9	7	38	1	382

Näherungsweise Signifikanz: ,000. Hochsignifikant auf dem 1%-Niveau. Korrelationskoeffizienten: Cramers V: 0,384; Kontingenzkoeffizient C: 0,736
* bei ungleichem Berufsstatus von Mutter und Vater Einstufung nach dem höheren
Legende: FB=Freiberufler, HA/HB=Höhere Angestellte/Höhere Beamte, S=Selbständige, MA/MB= Mittlere Angestellte/Mittlere Beamte, EA/EB=Einfache Angestellte/Einfache Beamte, M=Meister, VA=Vorarbeiter, FA=Facharbeiter, UA=Un- und Angelernte

Fast die Hälfte der Studienanfänger aus Arbeiterfamilien platziert sich in der Mitte – 32 Prozent in der Mittelschicht (Industrie 9%), 3 Prozent in der mittleren Mittelschicht (Industrie 0%) und 11 Prozent in der unteren Mittelschicht (Industrie 19%). Während sich 69 Prozent der Industriefacharbeiter der Arbeiterschicht zurechnen, sind es von den Studienanfängern aus den Facharbeiterfamilien nur 40 Prozent. Diese Tendenz zur Mitte bei Studienanfängern aus Facharbeiterfamilien lässt sich plausibel durch die Selektionsmechanismen im Bildungssystem erklären: Bis zur Universität schaffen es insbes. Kinder aus solchen Arbeiterfamilien, deren Bildungsaspirationen und Sozialisationsbedingungen für die Arbeiterschicht eher „untypisch" sind – so wie der Bildungserfolg ihrer Kinder „untypisch" ist (auch im Jahr 2000 gelang es nur 7 Prozent der deutschen Arbeiterkinder, ein Universitätsstudium aufzunehmen) –, deren soziokulturelles Milieu also der Mittelschicht ähnelt. Bei einer genaueren Überprüfung dieser Erklärung ist Michael Vester gefordert: mit seinen Milieukonzepten, die den soziokulturellen Pluralismus innerhalb der Arbeiterschaft ausleuchten, könnte er evtl. empirische Klarheit in diese Problematik bringen. Auf diese Sozialisationseffekte des Bildungssystems lässt sich vermutlich auch eine weitere Beobachtung zurückführen: Studienanfänger aus Familien von mittleren Dienstleistern stufen sich zu 11 Prozent in die obere Mittelschicht ein, von den mittleren Angestellten in der Industrie ist es nur 1 Prozent.

Andere Ursachen hat die Tendenz zur Mitte bei Studierenden aus Familien der höheren Dienstleister, die einer sozialen Abstufung und nicht – wie in den beiden vorherigen Fällen – einer sozialen Aufstufung gleichkommt. Die höheren Angestellten der Industrie platzieren sich überwiegend im Oben – 18 Prozent in der Oberschicht, 38 Prozent in der oberen Mittelschicht, aber nur 4 Prozent bzw. 21 Prozent der angehenden Sozialwissenschaftler aus Familien der höheren Dienstleister. Evtl. denken im Berufsleben stehende industrielle Führungskräfte „elitärer" und haben weniger Scheu, sich in den oberen oder höheren Ebenen der sozialen Hierarchie zu verorten als sozialwissenschaftlich interessierte junge Menschen. Eine andere Ursache könnten durchschnittlich bessere Einkommen der leitenden Angestellten in der Industrie sein; deren finanzielle Situation könnte besser sein, als die der Familien von höheren Beamten (häufig Lehrern), aus denen viele Studienanfänger stammen.

8. Bilanz: Vertikal-pluraler Doppelblick

Schichten und Klassen gehören auch zu Beginn des dritten Jahrtausends zu den gedanklichen und umgangssprachlichen Selbstverständlichkeiten einer überwältigenden Mehrheit der sozialen Akteure in Deutschland. Trotz zunehmender sozialstruktureller und sozialkultureller Differenzierung, trotz gestiegener sozialer Mobilität und Dynamik und trotz fortschreitender Individualisierung spiegelt sich die Sozialstruktur in den Köpfen der Menschen weiterhin als ein System von Über- und Unterordnung wider. Fast alle nehmen die Sozialwelt hierarchisch gestuft – hauptsächlich nach Einkommen und Besitz, aber auch nach Berufsstatus und Bildungsniveau – wahr, und fast alle sind auch in der Lage, sich selbst in ihrer Schichtstruktur zu verorten. Es kommt nicht von ungefähr, dass die RTL-Erfolgssendung „Big Brother" in ihrem fiktiven Dorf drei Schichten – in der Presse wird in diesem Zusammenhang auch von „Klassen" gesprochen – unterscheidet: Reiche, „Normalos" und Arme. Ein wichtiger Aspekt des *common sense of social structure* der Deutschen ist die geschichtete Gesellschaft; und gemäß ihrem *sense of one's place* in der sozialen Welt platzieren sie sich in einer bestimmten Etage des Hauses der sozialen Schichtung und grenzen sich von anderen Schichten ab, die sie auf anderen Etagen verorten.[4] Besonders differenziert ist der Blick auf die sozial nahen Bereiche, auf die direkten Nachbarn darüber oder darunter: die Grobkategorien Oben – Mitte – Unten, die bei der Gesamtschau auf die Sozialwelt das grobe Orientierungsmuster abgeben, verfeinern sich bei der Selbsteinstufung häufig in zwei oder drei Subschichten. Das gängige Muster beim Blick „aus der Ferne" auf die Gesamtstruktur ist das grobe O/M/U-Schema in seinen verschiedenen Varianten. Nimmt man die vierstufige O/M/U-Plus-Version (Oben–Mitten–Unten plus Arbeiterschaft) hinzu, dann nehmen fast zweidrittel der Studienanfänger und mehr als dreiviertel der Industriearbeitnehmer ihr soziales Aktionsfeld in dieser Form wahr. Als Klassengesellschaft wird die Bundesrepublik nur noch von einer kleinen Minderheit gesehen; unter den Studienanfängern ist diese jedoch fast dreimal so groß als die Mini-Minderheit derjenigen, die von einer Gesellschaft „jenseits von Klasse und Schicht" (Beck 1986: 121) ausgehen.

Für den Soziologen birgt es keinerlei Überraschung, wenn die Schicht-Schemata nicht einheitlich sind, sondern typischerweise mit dem sozialen Standort der Akteure variieren. Genauso wenig überraschend ist der Befund, dass Berufsgruppen und Selbsteinstufung nicht völlig deckungsgleich sind. Theodor Geiger als Klassiker der Schichtungssoziologie hat bereits während der Weimarer Republik mit Nachdruck darauf verwiesen, dass der Zusammenhang von Soziallage und psychischen Merkmalen „im Verhältnis typischer (nicht stricter) Entsprechung" (Geiger 1932: 5) steht. Wenn sich die große Mehrheit

---

4 Zu dieser Grundkenntnis gelangten auch Schultheis und sein Team mit ihrem qualitativen Forschungsexperiment: „(...) für den Soziologen kann es wohl kaum ein beredteres Zeugnis für das Fortbestehen des festen Glaubens an deutliche hierarchische Über- und Unterordnungen geben als diese auf dem Spieltisch sukzessive sich herauskristallisierende Atlanten des Sozialraums" (Schultheis 1997: 29).

der Facharbeiter in der Arbeiterschicht verortet und eine Minderheit – mit vergleichsweise guten Bildungschancen – in der (meist unteren) Mittelschicht, so zeigt dies nicht die Auflösung der Arbeiterschicht an, sondern die soziokulturelle Pluralisierung der Arbeiterschaft. Auffällig ist eine gewisse Tendenz zur Selbsteinstufung in der Mitte und eine gewisse Scheu vor einer Verortung im Oben und Unten. Allerdings wird die Mitte wiederum häufig in sich gestuft wahrgenommen, und man platziert sich in eine der mittleren Subschichten.

Die skizzierte hierarchische Gliederung der Gesellschaft in Schichten oder Klassen ist ein Ausdruck des – um es mit den Worten Bourdieus (1979) zu sagen – „sens pratique de l'espace social" (ebd.: 551)[5], sie ermöglicht den sozialen Akteuren „la production d'un monde commun et sensé, d'un monde de sens commun" (ebd.: 546)[6].

Welche Schlussfolgerungen lassen sich aus diesen Erkenntnissen über das Alltagswissen zur geschichteten Gesellschaft für die theoretische Rekonstruktion der modernen Sozialstruktur ziehen? Wie können Sozialwissenschaftler das Bild von der Sozialstruktur in den Köpfen der Menschen in ihre Theorien integrieren? „Les structures cognitives que les agents sociaux mettent en œuvre pour connaître pratiquement le monde social sont des structures sociales incorporées" (Bourdieu 1979 : 545).[7] Dieses strukturalistische Axiom Bourdieus von der Widerspiegelung sozialer Strukturen im Denken der Menschen – es taucht bei Geiger (1932: 76) in einer ähnlichen Form im Hinblick auf die Mentalitäten auf – bedarf dreier Kommentare, um es in unserem Zusammenhang nicht strukturdeterministisch miss zu verstehen.

Für die Ungleichheitsforscherinnen und -forscher ist es inzwischen selbstverständlich, dass mit den Konzepten Schicht und Klasse lediglich die sogenannte vertikale Dimension der mehrdimensionalen Struktur sozialer Ungleichheit angesprochen wird; andere Dimensionen – z.B. nach Geschlecht, Alter, Generation oder Region – bleiben ausgeblendet. Die hier vorgestellten Erkenntnisse zur Repräsentation der Sozialstruktur in den Köpfen der sozialen Akteure beziehen sich ausschließlich auf diesen vertikalen Ausschnitt der sozialen Welt; dieser wird durch diejenigen Ungleichheiten markiert, die mit den drei Kriterien materielle Lebensbedingungen, Berufsstatus und Qualifikationsniveau verknüpft sind.

Für den ideologiekritisch analysierenden Soziologen gibt es eine weitere Selbstverständlichkeit: Wahrnehmungen der sozialen Realität und die entspre-

---

5   des „praktischen Sinns für den sozialen Raum" (diese und folgende Übersetzungen von R. G.).
6   „den Aufbau einer gemeinsamen und sinnhaften Welt, einer Welt des ‚sens commun'".
7   „Die kognitiven Strukturen, die die sozialen Akteure einsetzen, um die soziale Welt praktisch zu erkennen, sind inkorporierte soziale Strukturen."

chenden kognitiven Kategorien und Schemata sind „seinsverbunden" und variieren mit den verschiedenen sozioökonomischen Lagen der sozialen Akteure (Mannheim 1952, Geiger 1968). Der soziale Standort des Erkennenden kann dabei Kenntnislücken, Einseitigkeiten und Verzerrungen produzieren. Alltagserkennen ist nach Bourdieu (1979: 549) auch ein „acte de méconnaissance", ein „Akt des Verkennens".

Schließlich sind kognitive Schemata nicht ausschließlich Produkte sozialer Standortfaktoren, sondern auch kulturell beeinflusst. Das zum Teil interessengesteuerte Reden über Sozialstruktur in den verschiedenen Zirkeln und auf den verschiedenen Ebenen der Diskurse – in Primärgruppen, in den Bildungseinrichtungen, in der Arbeitswelt, in der Öffentlichkeit – formt die Kategorien sozialer Wahrnehmungen mit. Interkulturelle Vergleiche können das Zusammenspiel von Sozialstruktur und Kultur bei der Klassifikation der Sozialwelt anschaulich belegen. So zeigen z.b. Schultheis u. a. (1996), dass sowohl in Deutschland als auch in Frankreich die Sozialstrukturen deutlich als hierarchisch abgestuft wahrgenommen werden. Der Unterschied zwischen den beiden Gesellschaften besteht darin, dass Deutsche die Hierarchie vergleichsweise diffus ordnen und benennen, während Franzosen „soziologischer" klassifizieren, weil die offizielle Statistik mit sozioökonomischen Kategorien wie z.B. „cadres supérieurs" arbeitet, die in Zusammenarbeit mit Soziologen entwickelt wurden und im öffentlichen Diskurs Frankreichs präsent sind.

Unter Beachtung der erwähnten Gesichtspunkte ziehen wir aus unserer Studie die folgenden Schlussfolgerungen für die deutsche Debatte um die Struktur der modernen Sozialstruktur: Wer als Sozialstrukturanalytiker die Auflösung der Klassen und Schichten diagnostiziert, übersieht die Wahrnehmung der sozialen Welt durch fast alle Akteure oder ist so vermessen (wie Karl Marx es einst war), den Akteuren ein falsches Bewusstsein von ihrer sozialen Lebenswelt zu unterstellen. Die Auflösungsthese bzw. die neue Theorie der Klassenlosigkeit ist eine „akademische", „gelehrte" Rekonstruktion der Sozialstruktur, die am Schreibtisch und am Computer entworfen wurde und von den alltäglichen Erfahrungen der Menschen in ihrer sozialen Praxis weit entfernt ist. Sie übersteigert sozialstrukturelle Entwicklungen, die von vielen Akteuren durchaus wahrgenommen werden – weniger markante Konturen der Schicht- oder Klassenstruktur, verschwimmende Grenzen, fließende Übergänge, mehr vertikale Durchlässigkeit und Mobilität –, ins Überdimensionale und damit ins Irrreale. Wer ist hier eigentlich wem davongelaufen – die Wirklichkeit den Begriffen, wie Ulrich Beck (1986: 140 f.) mit Blick auf das Schichtkonzept behauptet, oder die Theorie der Wirklichkeit? Schichten und Klassen sind für die Auflösungstheoretiker Konzepte von gestern, für die Akteure sind sie Begriffe von heute.

Und es gibt auch aus wissenschaftlich-theoretischer Sicht eine Fülle von Anhaltspunkten für die Realitätsadäquanz der Akteurskategorien.[8] Besonders auffällig ist derzeit die krasse schichttypische Ungleichheit der Bildungschancen, die durch den internationalen Vergleich der PISA-Studien nachdrücklich belegt wurde; Deutschland gehört zu den vier „Weltmeistern" bei der Benachteiligung von Kindern aus sozial schwachen Schichten. Vieles spricht dafür, dass nicht die Wirklichkeit dem Schichtkonzept, sondern die Auflösungstheoretiker der Wirklichkeit davon gespurtet sind. „Jenseits von Klasse und Schicht" (Beck 1986: 121) wähnen sich zwar viele deutsche Sozialstrukturanalytiker, aber nur eine verschwindend kleine Minderheit der sozialen Akteure.

Auch das moderne Konzept der sozialen Milieus ist ein theoretisches Konstrukt. Bei der wissenschaftlichen Rekonstruktion der Sozialstruktur ist es, wie bereits kurz erwähnt, analytisch ausgesprochen ergiebig, weil es soziokulturelle Differenzierungen – innerhalb von Schichten, z.T. auch schichtübergreifend – erkennen lässt, die bei der Analyse mit dem Schichtkonzept verloren gehen. Das Milieukonzept ergänzt den wissenschaftlichen Schichtbegriff sehr sinnvoll und mildert dessen analytische Defizite.

Im Alltagserkennen, in den kognitiven Strukturen sozialwissenschaftlicher Studienanfänger zur Wahrnehmung ihrer sozialen Welt ist der Milieubegriff nur bei einer kleinen Minderheit verankert. Wir haben im Jahr 2004 den eingangs erwähnten Fragebogen um folgende Frage ergänzt: *Lässt sich Ihre Herkunftsfamilie einem sozialen Milieu zuordnen? Wenn ja – welchem?* 74 von 102 angehenden Sozialwissenschaftlern konnten ihre Familie nicht zuordnen, ihnen war die Milieu-Kategorie fremd. 22 von ihnen nahmen eine Zuordnung vor, bei der Konkretisierung benutzen sie dann jedoch Begriffe wie „Arbeiterklasse", „Mittelschicht", „Mittelstand" oder „gehobene Mittelschicht". „Soziales Milieu" war für sie lediglich ein anderes sprachliches Etikett für die Konzepte Schicht oder Klasse. Nur sechs der Befragten gaben Antworten, die darauf schließen lassen, dass sie die Gesellschaft im Sinne des Milieu-Begriffs strukturieren. Unser methodisches Vorgehen schließt allerdings nicht aus, dass die Studierenden „soziale Landkarten" in Form von „Typen der alltäglichen Lebensführung" (Vester u. a. 2001: 43) im Kopf haben, die dem wissenschaftlichen Milieukonzept ähneln, die sie aber sprachlich nicht als „Milieus" bezeichnen.

Aus diesen Befunden darf daher nicht die Schlussfolgerung gezogen werden, dass soziale Milieus nicht wichtige Aspekte der sozialstrukturellen Realität repräsentieren. Wie wir bereits hervorgehoben haben, ist das moderne Milieukonzept ein ergiebiges Instrument der Sozialstrukturanalyse und Ungleichheits-

---

8 Vgl. die Zusammenstellungen von entsprechenden Forschungsergebnissen bei Geißler (1996,
   1998 und 2002: 139–143) mit vielen Literaturhinweisen.

forschung – dies allerdings nur unter einer wichtigen Voraussetzung: Der Milieutheoretiker darf die vertikalen Strukturen nicht aus dem Auge verlieren oder gar das Milieukonzept gegen das angeblich obsolete Schichtkonzept ausspielen; Ungleichheitsforschung darf nicht hinterrücks zu kulturalistischer Vielfaltsforschung mutieren. Wichtig ist der gleichzeitige Blick auf die vertikalen und pluralen Dimensionen der Sozialstruktur, ein vertikal-pluraler Doppelblick auf die geschichtete und gleichzeitig pluralisierte Gesellschaft – so wie ihn Michael Vester stets praktiziert hat.

Literatur

Beck, Ulrich (1986): Risikogesellschaft. Frankfurt/M.: Suhrkamp.

Bourdieu, Pierre (1979): La Distinction. Paris: Les Editions de Minuit (deutsch: 1982).

Dahrendorf, Ralf (1965): Gesellschaft und Demokratie in Deutschland. München: Piper.

Elias, Norbert (1989): Studien über die Deutschen. Frankfurt/M.: Suhrkamp.

Friedrichs, Jürgen/Lepsius, Rainer M./Mayer, Karl Ulrich (Hg.) (1998): Die Diagnosefähigkeit der Soziologie (Sonderheft 38 der KZfSS). Opladen: Westdeutscher Verlag.

Geiger, Theodor (1968): Ideologie und Wahrheit. 2. Auflage Neuwied/Berlin: Luchterhand.

Geiger, Theodor (1962a): Arbeiten zur Soziologie (hrsg. von Paul Trappe). Neuwied/Berlin: Luchterhand.

Geiger, Theodor (1962): Theorie der sozialen Schichtung. In: Geiger (1962a): 186–205.

Geiger, Theodor (1932): Die soziale Schichtung des deutschen Volkes. Stuttgart: Enke.

Geißler, Rainer (2004): Die Illusion der Chancengleichheit – von PISA gestört. In: Zeitschrift für Soziologie der Erziehung und Sozialisation. 24. 362–380.

Geißler, Rainer (2002): Die Sozialstruktur Deutschlands. Die gesellschaftliche Entwicklung vor und nach der Vereinigung. Wiesbaden: Westdeutscher Verlag.

Geißler, Rainer (2001): Sozialstruktur und gesellschaftlicher Wandel. In: Korte/Weidenfeld (2001): 97–135.

Geißler, Rainer (1998): Das mehrfache Ende der Klassengesellschaft. Diagnosen sozialstrukturellen Wandels. In: Friedrichs u.a. (1998): 207–233.

Geißler, Rainer (1996): Kein Abschied von Klasse und Schicht. Ideologische Gefahren der deutschen Sozialstrukturanalyse. In: Kölner Zeitschrift für Soziologie und Sozialpsychologie. 48. 319–338.

Habich, Roland/Noll, Heinz-Herbert (2002): Soziale Schichtung und soziale Lagen. In: Statistisches Bundesamt (2002): 570–579.

Korte, Karl-Rudolf/Weidenfeld, Werner (Hg.) (2001): Deutschland-Trendbuch. Opladen: Leske + Budrich

Mannheim, Karl (1952): Ideologie und Utopie. 3. erweiterte Auflage Frankfurt/M.: Schulte-Bulmke.

Schultheis, Franz (1997): Sinn für Unterscheidung. Ein Gesellschaftsspiel. In: Neue Rundschau 108(3). 24–36.

Schultheis, Franz u.a. (1996): Repräsentationen des sozialen Raums im interkulturellen Vergleich. Zur Kritik der soziologischen Urteilskraft. In: Berliner Journal für Soziologie 6. 43–68.

Statistisches Bundesamt (Hg.) (2002): Datenreport 2002. Bonn: Bundeszentrale für politische Bildung.

Vester, Michael (1993): Das Janusgesicht sozialer Modernisierung. In: Aus Politik und Zeitgeschichte B 26–27. 3–17.

Vester, Michael/von Oertzen, Peter/Geiling, Heiko/Hermann, Thomas/Müller, Dagmar (2001): Soziale Milieus im gesellschaftlichen Strukturwandel. Zwischen Integration und Ausgrenzung. Frankfurt/M.: Suhrkamp.

Weber-Menges, Sonja (2004): „Arbeiterklasse" oder Arbeitnehmer? Vergleichende empirische Untersuchung zu Soziallage, Lebenschancen und Lebensstilen von Arbeitern und Angestellten in Industriebetrieben. Wiesbaden: VS Verlag.

Die Metamorphosen der sozialen Frage in Zeiten des neuen Geistes des Kapitalismus

Franz Schultheis

Mit dem Fall der Mauer schien für viele Zeitdiagnostiker das Ende der Geschichte gekommen. Angesichts eines fulminanten Sieges des Kapitalismus und seiner besitzindividualistischen Weltsicht über die sich zum Sozialismus bekennenden Regime und deren kollektive Gesellschaftsentwürfe geriet auch die kritische Gesellschaftswissenschaft westlicher Prägung in die Krise. Ihr Vokabular erschien mehr und mehr von der Geschichte überholt, Begriffe wie „Klasse" oder „Ausbeutung", „Entfremdung" oder „Herrschaft" erschienen mehr und mehr hohl und verbraucht, ihre Zeit abgelaufen und somit gut für die Vitrinen historischer Museen. Es ist bestimmt nicht übertrieben, hier von einer *Identitäts- und Orientierungkrise der zeitgenössischen Sozialwissenschaften* zu sprechen, die sich obendrein den Vorwurf machen lassen und selber machen mussten, von den sich anbahnenden weltgeschichtlichen Erschütterungen nichts gespürt, geschweige denn sie voraus gesehen zu haben. Schlechte Noten für Dauerbeobachtung und Diagnostik gesellschaftlichen Wandels, „ungenügend" aber nicht zuletzt für die Fähigkeit, den dann doch konstatierten Wandel auf überzeugende Weise theoretisch einzufangen und verstehend nachvollziehbar zu machen.

Dass die kritische Sozialwissenschaft nur dann und dadurch aus dieser Krise herausfinden konnte, dass sie sich selbst als Teil dieser historischen Dynamik und der sie auszeichnenden Radikalisierung des Projektes der Moderne begriff, sich selbst also reflexiv gewendet zum „Problem" machte und auf ihren Beitrag zum Prozess der Rationalisierung und Modernisierung befragte, ist mittlerweile von verschiedenen Autoren gefordert worden. Von Giddens bis Beck, von Touraine bis Passeron, von Habermas bis Sennett haben zeitgenössische Gesellschaftstheoretiker immer aufs Neue diesen Weg einer *Standortbestimmung und Selbstverortung der spätmodernen Sozialwissenschaft* gefordert, jedoch in der Regel nur auf der Ebene essayistischer Zeitdiagnostik und einer theorielastigen Selbstbespiegelung, während es doch eigentlich darauf angekommen wäre, den relativen Anteil sozialwissenschaftlicher Repräsentationsarbeit an dieser historischen Dynamik empirisch aufzuzeigen und in ihrer Prägekraft für den vermeintlich nur von einer objektiven Beobachterposition aus registrierten Wandel plausibel nachzuzeichnen.

1. Reflexive Kapitalismuskritik

Genau dies leisten Boltanski und Chiapello (2003) in ihrer zu Recht internationales Aufsehen erregenden Studie „Der neue Geist des Kapitalismus", welche diesem Beitrag als theoretische Ausgangsstellung dienen wird. Schon ihr Titel ist Programm, postuliert einerseits Kontinuität der klassischen sozialwissenschaftlichen Paradigmen und ihre fortbestehende Deutungskraft betreffs der gesellschaftlichen Lebensverhältnisse und -bedingungen der Moderne, wirft nichts über Bord, ordnet und platziert die Dinge zugleich aber neu[1]. Der Geist des Kapitalismus wird zunächst in einem großen historischen Wurf auf originelle Weise so rekonstruiert, dass er von Beginn an als unweigerlich und unzertrennlich mit seiner Antithese, der Kapitalismuskritik, liiert scheint. Diese Kapitalismuskritik, zunächst in religiösen, philanthropisch-humanistischen, sozialphilosophisch daherkommenden Gewändern, nicht zuletzt aber auch in literarischer Gestalt einen nachhaltigen Ausdruck findend, verläuft, wie die beiden Autoren sehr überzeugend rekonstruieren, auf zwei parallelen Bahnen, die sich manchmal kreuzen und wechselseitig verstärken, ja geradezu bis zur Unerkenntlichkeit vereinen, dann wieder in Gegenlage zueinander treten und sich Rang und Publikum ablaufen. „Sozialkritik" an den vom Kapitalismus systematisch erzeugten Widersprüchen und Leiden, an der Ausbeutung von Menschen durch den Mensch hier, „Künstlerkritik" (critique artiste) an den verheerenden Folgen einer vermassten, in die Hörigkeit eines ehernen Gefängnisses bürokratischer Normalisierung und Disziplinierung verbannten Menschentums dort (vgl. ebd.: 80 ff.). Stehen zu Beginn die frühsozialistischen Gegenentwürfe zum manchesterliberalen Frühkapitalismus, dann aber noch grundlegender und dauerhafter der Frühmarxismus der Tradition der Sozialkritik an der Wiege und geben ihr langfristig Ton und Stossrichtung an, so geben sich bei der Geburt der Zwillingsschwester „Künstlerkritik" die verschiedenen Varianten der Bohème ein Stelldichein. Das „J'accuse" der kritischen Intellektuellen gegen die Menschen-

---

1   Man kann im vorliegenden Werk ohne Mühe eine Fortschreibung der für Max Weber prägenden Fragestellung erkennen: „Ausnahmslose jede, wie immer geartete Ordnung der gesellschaftlichen Beziehungen ist, wenn man sie bewerten will, letztlich auch darauf hin zu prüfen, *welchem menschlichen Typus* sie, im Wege äußerer oder innerer (Motiv-) Auslese, die optimalen Chancen gibt, zum herrschenden zu werden" (Weber 1973).

verachtung der entfesselten Ökonomie, fast allesamt Kinder eben jener Bourgeoisie, die hier auf die Anklagebank gesetzt wird, vermischt sich seitdem in immer neuen Polyphonien mit dem nietzscheanischen Pathos der Künstlerkritik an der Knechtschaft der „masses moutonnières" der modernen Lohnarbeitsgesellschaft, ihrem zum System gewordenen Nihilismus, dem man letztlich nur noch einen aufgeklärten heroischen Nihilismus im Stile Max Webers scheint entgegen setzen zu können (zur Verbindung von Sozial- und Künstlerkritik vgl. ebd.: 215 ff.).

Die besondere Überzeugungskraft der Theoriearbeit Boltanskis und Chiapellos liegt nun aber gerade darin aufzuzeigen, wie sehr diese kritischen Gegenentwürfe selbst vom Kapitalismus assimiliert und positiv bzw. im wahrsten Sinne des Wortes „produktiv" gewendet werden konnten (vgl. ebd.: 69 f., 254 ff.). Die Lektüre dieses spannenden Buches führt Schritt für Schritt vor Augen, wie sehr die immer wieder überraschende Vitalität und Selbsterneuerungskraft des Kapitalismus nicht zuletzt auf der Fähigkeit beruht, die Kritik an ihm aufzunehmen und dadurch aufzuheben. Die Kapitalismuskritiker müssen sich bei dieser Lektüre immer aufs Neue Asche auf ihr Haupt streuen und eingestehen, dass sie ihren Gegner auf sträfliche Weise unterschätzt haben und er sie auf ihren ureigensten Gefilden allzu oft mit ihren eigenen Waffen schlägt.

Der Kapitalismus erweist sich in dieser Sicht der Dinge nicht nur als überaus vital, sondern obendrein noch höchst lernfähig und lernbereit, absorbiert historische Erfahrungen und wendet sie reflexiv. Er lässt Kritik und Widerstand nicht einfach an sich abprallen, wie man lange versucht war zu glauben, sondern öffnet sich ihr, assimiliert und akkomodiert, um es mit der Piagetschen Lerntheorie auszudrücken, die aufgesogenen Wissensbestände und Erfahrungswerte, nimmt deren Aufschlüsse in sein Programm auf, wird klüger und reflexiver, schreitet fort, steigert seine Effizienz, stärkt sich und wird dabei immer unausweichlicher.

Die Autoren dieses Buches begnügen sich keineswegs mit solchen theoretischen Postulaten. Vielmehr begeben sie sich in die Höhle des Löwen, in seine think-tanks, wo seine Doktrinen und Doxa gehütet und fortgeschrieben werden.

Die zeitgenössische Managementliteratur dient ihnen als eine Art Spiegel, bzw. „Anzeiger" für die vor unseren Augen ablaufenden gesellschaftlichen Transformationsprozesse (vgl. ebd.: 89 ff.). Anhand akribischer Inhaltsanalysen der Lehr- und Handbücher für die Eliten des kapitalistischen Grossunternehmens, nach dem Verschwinden einer ohnehin wenig überzeugenden Alternative heute globaler und universalistischer daher kommend denn je, zeigen sie auf, wie die Künstlerkritik an entfremdender und abstumpfender Lohnarbeit, an rigiden, fremdbestimmten Arbeitsprozessen, an der für entfremdete Arbeit symptomatischen Spaltung von Arbeit hier und Freizeit und vermeintliche Freiheit dort, Massenproduktion und Massenkonsum etc. aufgegriffen wird und in ihrem Potenzial für eine erneute Befreiung bzw. Steigerung von Produktivität begriffen wird.

Hierbei begeben sich Boltanski und Chiapello nie auf die Ebene einer vulgären 68er-Schelte, verfallen nicht in die altbekannten Mechanismen eines intellektuellen Anti-Intellektualismus, wo Frustration, Ohnmachtsgefühle und Ressentiments regieren. Der Ton ist kühl, die Analyse distanziert, auch wenn man ihr immer wieder Betroffenheit anmerkt. Verschiedene Lesarten sind möglich und verdeutlichen, wie ertragreich der eingeschlagene Weg einer Rekonstruktion der Moderne unter Einbezug der für sie typischen Formen der Selbstbeobachtung und Selbstthematisierung, genannt „Sozialwissenschaft", sein kann.

2.   Im Treibhaus unternehmerischer Vernunft

So lässt sich z.B. nicht nur eine deutliche Kontinuität hinsichtlich der Weberschen Fragestellung nach dem Ethos des Kapitalismus aufzeigen, die ja angesichts der gewählten Titels ohnehin in die Augen springt, sondern auch eine Fortschreibung des Eliasschen Programms einer Analyse des Prozesses der westlichen Zivilisation erkennen. Hierbei erscheint dann der sich seit den frühen 1980er Jahren abzeichnende folgenschwere Paradigmenwechsel bei der Identifikation und Definition der normativen Anforderungen und Qualitätsstandards des Humankapitals in der Managementliteratur analog zu den mit der Neuzeit auftauchenden Benimm- und Etikette-Büchern wie ein Spiegel der allmählichen Transformation von Anforderungen an die sozialpsychologischen Kompetenzen der Selbstbeobachtung, Selbstkontrolle, Selbstdisziplin und Selbstbeherrschung des Individuums. Nur jetzt ist es nicht mehr die höfische Gesellschaft und ihre Elite, die eine Art „Treibhaus" für die Entwicklung dieses neuen zivilisierten Habitus abgeben, sondern dieser Prozess hat sich auf die Unternehmens-Chefetagen der heutigen gesellschaftlichen Eliten, das Management, verlagert.

Wie schon im Falle der höfischen Gesellschaft wirkt auch hier wieder ein enormer und omnipräsenter Konkurrenzdruck als Treibstoff dieses Prozesses der Steigerung individueller Kompetenzen an Selbstbeherrschung und Selbststeuerung: *savoir-vivre* und *savoir-survivre* waren schon im Zeitalter des Duc de Saint Simon am Hofe Ludwig XIV. Begleiterscheinungen eines sozialdarwinistischen Klimas der Auslese und Züchtung einer neuen Elite und der neue Ethos des Kapitalismus, der den homo oeconomicus in seiner idealtypischen Form des Unternehmers zum Modell für alle erhebt, fand gerade auf den Chefetagen der

Unternehmen und Consulting-Agenturen geeigneten Nährboden. Zu den Paradoxien dieses Gesellschaftstypus zählt, dass ausgerechnet bzw. gerade in Zeiten
einer immer mehr in zersplitterte Einzelprojekte zerfallenden Erwerbsbiographie
und der Normalisierung sog. atypischer Arbeitsverhältnisse in Gestalt von nur
punktuell abgesicherten und begrenzten Arbeitszusammenhängen, von den nicht
minder prekär werdenden privaten Lebensverhältnissen ganz zu schweigen, ein
immer komplexerer und integrierter Persönlichkeitstyp mit einem Höchstmaß an
Selbstkontrolle und sozialer Handlungskompetenz gefordert und gefördert wird.
Die Dialektik dieses Prozesses der Modernisierung bringt es mit sich, dass Individuen, die durch diese wachsende Anforderung schlicht überfordert werden,
insbesondere jene, die auf Grund ihrer sozialen Herkunft und Platzierung nur
schlecht mit den für diese radikalisierte Konkurrenz nötigen kulturellen Kompetenzen ausgestattet sind, es riskieren, auf der Strecke zu bleiben.

Hier schlägt dann wieder die Stunde der Sozialkritik, die sich mehr denn je
mit den Folgen einer Dialektik der Moderne auseinandersetzen muss, welche
systematische gesellschaftliche Spaltungen und Widersprüche erzeugt, materielle Lebenschancen und Handlungsspielräume und Projekte subjektiver Selbstverwirklichung für die Einen, Schutzlosigkeit und „negative Individualisierung"
(Castel 2003) für die Anderen erzeugt.

3. Menschen im Mahlstrom entfesselter Marktkonkurrenz

Eine zentrale Quelle des Leidens an gesellschaftlichen Lebensbedingungen findet sich im raschen, radikalen oder gar revolutionären Wandel von gesellschaftlichen Strukturen und alltäglichen Lebensverhältnissen. Dieser schlägt sich in
einem Bruch zwischen den vom Menschen internalisierten bzw. sprichwörtlich
„einverleibten" gesellschaftlichen Strukturen (dem Ensemble an Denkschemata,
moralischen Standards und Verhaltensgewohnheiten, die der Soziologe „Habitus" nennt) und den Rahmenbedingungen der gesellschaftlichen Umwelt nieder
und produziert das, was der Soziologie Anomie nennt, d.h. einen Mangel an
normativen Koordinaten und Orientierungen, an denen man seine Erwartungen
und Handlungen mit einiger Verlässlichkeit ausrichten kann. Genau hiervon
aber wird im Folgenden die Rede sein. Wir leben heute in einer Zeit massiver
wirtschaftlicher, sozialer und kultureller Umbrüche. Darüber besteht bei allen
Experten der Sozial- Wirtschafts- und Humanwissenschaften ein ausgeprägter
Konsens und man ist sich auch einig darin, dass dieser radikale Wandel in den
1980er Jahren begonnen hat. Nur wählt man für die Kennzeichnung dieses
Wandels sehr unterschiedliche Konzepte und spricht von Globalisierung, postindustrieller Gesellschaft oder Neoliberalismus.

Im Rahmen dieses Wandels kommt es nach dem, in zahlreichen sozialwissenschaftlichen Publikationen dokumentierten Stand der Forschung zu einer grundlegenden Veränderung der normativen Anforderungen an den Arbeitnehmer bzw., um es zeitgemäß auszudrücken, an das heutige Humankapital. Gemeinsamer Nenner dieses Steckbriefs des idealen Arbeitnehmers scheint zu sein: er arbeitet ständig und lebenslang an der Perfektionierung oder zumindest Bewahrung seines „Humankapitals" in Gestalt seines inkorporierten kulturellen und sozialen Kapitals, denkt und handelt im Rahmen von je befristeten und begrenzten Projekten statt in Dimensionen lebenslanger beruflicher Karrierevorstellungen, situiert sich im Kontext personengebundener sozialer Netzwerke (seinem „sozialen Kapital" an aktivierbaren Ressourcen an Unterstützung) statt auf institutionalisierte Netzwerke zu bauen. Der *„employable man"* orientiert sich an seinem eigenen, in Gestalt von konkreter Nachfrage messbaren Marktwert, statt nach einem dauerhaften Status zu streben und begnügt sich mit einer konjunktur- und situationsabhängigen Lebensführung, anstatt sich an einen langfristigen Lebensentwurf zu klammern. Er ist insofern in seiner Lebensorientierung stärker aussengeleitet als das klassische bürgerliche Individuum mit starker Innenleitung. Der marktgängige Arbeitnehmer ist geographisch mobil und beruflich flexibel und weiß dies mit seinen privaten Lebensarrangements in Einklang zu bringen, welche dadurch tendenziell auch den Charakter von zeitlich begrenzten Projekten annehmen.[2]

Der beschriebene ökonomische Habitus des „employable man[3]" spiegelt direkt die allgemeinen Grundzüge der neoliberalen Wirtschafts- und Gesellschaftslehre wider.

Hierzu zählen Aspekte wie: Optimierung der Markt-Transaktionen (Zahl und Frequenz), Optimierung der Vertragsabschlüsse (Zahl und Frequenz); Reduktion des Inhalts von Verträgen auf die effektiv zu erbringenden Leistungen (reiner Leistungslohn und reiner Zweckkontrakt), maximale Ausdehnung und Intensivierung des Markthandelns im gesellschaftlichen Raum unter Ausräumung aller dabei im Wege stehenden Schranken, Glaube an die Leitfigur des Unternehmers als Prototyp eines sensibel und rational auf die Marktkräfte reagierenden Akteurs und Forderung nach einer Orientierung an diesem rational wie moralisch überlegenen Modell für Jedermann.

---

2 Man wird schon gemerkt haben, dass auch das Leben des erfolgreichen Marktmenschen alles andere als reines Honigschlecken ist. Man fordert ihm ein sehr hohes (allzu hohes?) Maß an Selbstkontrolle und -disziplin ab, eine Dauerreflexivität, die irgendwann Ermüdungserscheinungen und eine „Fatigue d' être soi", wie es der treffende Titel eines Buches von Ehrenberg (1998) auf den Nenner bringt, zeitigen muss.

3 Hier wie andernorts wird „man" geschlechtsneutral in seiner anthropologischen Bedeutung verwendet.

So weit unsere Skizze des in vielfältigen sozialwissenschaftlichen Studien diagnostizierten Wandels der modernen Arbeitsgesellschaft auf makrostruktureller wie individueller Ebene.

Unser Beitrag wird nun den Versuch machen, diesen vor unseren Augen stattfindenden gesellschaftlichen Wandel und seine Folgen für die betroffenen Menschen anhand der Beobachtungen und Analysen der Veränderungen in einem weltbekannten Schweizer Unternehmen näher zu beleuchten. Es handelt sich um ein Traditionsunternehmen, das in den 1990er Jahren seine Unternehmenskultur im Gefolge einer zweifachen Fusion radikal umkrempelte bzw. „modernisierte" und im gleichen Schritt rund 4000 Mitarbeiter entließ bzw., wie man dort sagt, „freigestellt hat". Hierbei sei gleich einleitend angemerkt, dass dieses Unternehmen bis zu diesem Zeitpunkt einen besonderen Stolz darin zu finden schien, noch nie einen Mitarbeiter vor die Tür gesetzt zu haben. Es handelt sich also um eine tief greifende Metamorphose, nach der dieses Unternehmen auch und gerade für langjährige Mitarbeiter aller hierarchischen Positionen schlicht nicht mehr wieder zu erkennen war.

Der Autor hatte Gelegenheit, mit einer Gruppe jüngerer Soziologen und Soziologinnen diesen Prozess über eine Dauer von mehr als zwei Jahren beobachtend zu begleiten und zu erforschen[4]. Die Befunde und Ergebnisse dieser konkreten Beobachtungen und Analysen können unseres Ermessens über den Einzelfall hinaus sehr treffend als Spiegel unserer Gesellschaft auf dem Wege in ein neues, neoliberales Zeitalter dienen.

Im Zentrum hierbei steht die Frage nach dem Menschen: Was wird aus ihm, dem Homo sapiens, unter den Bedingungen einer brutalen Radikalisierung der Marktlogik? Entwickelt er sich vollends zu einem *Homo Oeconomicus*, wie es die moderne Wirtschaftslogik zu fordern scheint und viele der beobachtbaren Veränderungen es bereits andeuten? Gibt es Widerstände und Kräfte der Beharrung? Wie wird dieser Wandel konkret erlebt und erlitten? Mit solchen gewollt „naiv" erscheinenden Fragen folgen wir einem zentralen soziologischen Erkenntnisinteresse, welches von Max Weber in der folgenden Weise auf einen klaren Nenner gebracht wurde: „Ausnahmslose jede, wie immer geartete Ordnung der gesellschaftlichen Beziehungen ist, wenn man sie bewerten will, letztlich auch darauf hin zu prüfen, *welchem menschlichen Typus* sie, im Wege äußerer oder innerer (Motiv-)Auslese, die optimalen Chancen gibt, zum herrschenden zu werden" (Weber 1973: 217).

---

4 Eine ausführliche Präsentation der Fragestellungen, Methoden und Befunde dieser Forschung bietet die Dissertation von Andrea Buss Notter, die 2004 an der Universität Neuchâtel abgeschlossen wurde (vgl. Buss Notter 2006).

4. Ein nicht wieder zu erkennendes Unternehmen

1997 bekam unser kleines Soziologenteam die Möglichkeit, den frisch eingeleiteten grundlegenden Wandel eines Schweizer Traditionsbetriebs aus nächster Nähe zu beobachten und zu analysieren. Nach einer Fusion mit einem anderen inländischen und nachfolgend dem Zusammenschluss mit einem nordamerikanischen Unternehmen der gleichen Branche wurde diese Zusammenlegung für die Durchsetzung einer weit reichenden und tief gehenden Rationalisierung und Modernisierung genutzt. Zu diesem Zwecke holte man sich eine weltweit bekannte Unternehmensberatungsfirma ins Haus, die den Plan für einen Totalumbau ausarbeitete und umsetzte.

Möglichst viele Arbeitsplätze sollten eingespart werden und hierbei legte man die Elle der *employability* an, so der immer wieder explizit ins Feld geführte strategische Begriff, um die rund 4000 Überzähligen, sozusagen den Ausschuss des Modernisierungsprozesses, auszusortieren. Das Prinzip der *employability* wurde dabei nach den Plänen der für den Umbau zuständigen Consultants in Form von dreitägigen workshops umgesetzt: alle Mitarbeiter der beiden fusionierenden Unternehmen wurden eingeladen, um an ausgewählten Tagungsorten, d.h. in erstklassigen Hotels der Schweiz, einen Wettkampf um ihr Verbleiben bzw. Überleben zu bestehen und dabei zu beweisen, dass sie gegenüber ihren Konkurrenten ein höheres Maß an *employability* aufzuweisen hatten.[5]

Um die Verlierer nicht einfach auf der Strasse sitzen zu lassen (was für das Image des Unternehmens wenig erfreuliche Schatten hätte werfen können), entwarf das Unternehmen einen recht großzügigen Sozialplan und dieser gab denn auch den Rahmen dafür ab, Soziologen auf den Plan zu rufen. Die mit dem „sozial verträglichen" Personalabbau beauftragte Gruppe von Kadern des Unternehmens ließ uns Einblick in ihre Arbeit nehmen und ermöglichte es uns, die sozialen und menschlichen Folgekosten der vonstatten gehenden Rationalisierung zu beobachten und zu analysieren.

Unsere Forschung bediente sich unterschiedlicher Methoden wie teilnehmende Beobachtung, Auswertung schriftlicher Quellen unterschiedlichster Herkunft und Funktion (Trainingsprogramme, Pläne des *Consulting*-Unternehmens etc.), statistische Auswertung von Personalakten (soziodemographische Profile der Population freigestellter Mitarbeiter nach soziologisch relevanten Kriterien

---

5 Es bedarf wohl kaum einer längeren Fußnote, um auf die besondere Brutalität dieser Form sozialer Auslese zu verweisen. Das sozialdarwinistische Prinzip des „*survival of the fittest*" wird unter den Bedingungen solcher „Überlebensübungen" ohne Umschweife zelebriert, und analog zu den traditionellen Ausscheidungskämpfen (von den Gladiatorenkämpfen im Zirkus des alten Rom bis hin zum modernen Sport oder medial inszenierten Wettbewerben aller Art) lässt sich auch hier die kollektive Illusion wahren, dass alles mit rechten Dingen zugeht.

wie Alter, Herkunft, Familienstand etc.), qualitative Interviews mit mehr als 100 Betroffenen unterschiedlichster Statuspositionen im Unternehmen etc. Hierbei ging es darum, die menschlichen Erfahrungen mit dem erlebten Umbruch aus der Sicht der Betroffenen ans Licht zu bringen und deren Zeugnisse einzuholen und festzuhalten. Dieses Kernstück des Projektes diente u.a. auch dem Zweck, den Wandel des Unternehmens, welcher in künftigen Zeiten wohl hauptsächlich aus der Vogelperspektive der Unternehmensspitze als einschneidender Erfolg einer Anpassung an die Zwänge des Marktes und verschärfter globaler Konkurrenz gefeiert werden wird, auch aus der Froschperspektive des ganz normalen Angestellten zu sehen und deutlich zu machen, dass es sich bei diesem Unternehmenswandel um eine sehr doppelschneidige Angelegenheit handelt. Dieser bringt nicht nur auf Seiten der ihn passiv wie einen Schicksalsschlag erleidenden Alltagsmenschen enorme Verlustgefühle und Leiden mit sich, sondern destabilisiert auch das Verhältnis der im Unternehmen Verbleibenden dauerhaft, zerstört langfristig das Vertrauen, das der einfache Arbeitnehmer in es setzte und schlägt sich im sog. *Survivor-Sickness*-Syndrom nieder, welches wohl auch für das Unternehmen selbst langfristig negative Konsequenzen in Form von sinkender Identifikation (die viel beschworene *corporate identity*) und Arbeitsmotivation haben kann.

Mittels der statistischen Auswertung der demographischen und sozialen Merkmale der rund 4000 aussortierten Menschen, den Überzähligen, konnten wir zunächst der Frage nachgehen, ob denn der postulierte Wettkampf ums Überleben tatsächlich so egalitär wie behauptet vor sich ging, oder ob es typische Verlierer und typische Gewinner-Profile gab.

Schauen wir uns zu diesem Zwecke einmal das Profil der „Verlierer" bei dieser Ausscheidungskonkurrenz an. Fragt man nach den persönlichen Merkmalen und Profilen, die den Arbeitnehmer der fusionierenden Unternehmen für eine Freistellung prädisponierten und in gewissem Sinne also „Handicaps" in der Konkurrenz um knappe (bzw. aus Rationalisierungsgründen in der Logik der *shareholder-value* künstlich verknappte) Stellen waren, so stößt man zunächst auf den Faktor *Geschlecht*. Frauen waren bei der Population ausgesonderter Mitarbeiter, den *leaver*, weit überrepräsentiert, was zu einem guten Teil mit einem weiteren Typus des Handicaps bzw. der sozialen Verwundbarkeit zusammenhängen dürfte: der *Familiensituation*. Wie unsere statistische Analyse offen legte, scheinen Mütter von Kleinkindern, aber auch noch schulpflichtigen Kindern in ihrer vom Unternehmen evaluierten *employability* stark beeinträchtigt (gehandicapt) und wurden weit überdurchschnittlich frei gestellt[6], während

---

6 Hier sei darauf verwiesen, dass auch Teilzeitarbeit ein deutlicher Indikator für die Verwundbarkeit von Angestellten im sozialen Selektionsprozess darstellt, allerdings signifikant mit den bei-

Vätern in gleichen Familienverhältnissen ein solches Schicksal als „strukturelle Opfer" der Modernisierung erspart blieb. Kinder als Handicap? Glaubt man, dass unsere fortgeschrittenen Industriegesellschaften in Sachen Geschlechterungleichheit doch einige Fortschritte gemacht hätten, so wird man angesichts aktueller sozioökonomischer Veränderungen schnell eines Besseren belehrt.

Weiterhin erwies sich der Faktor *Alter* als zentrales Selektionskriterium: bereits ab 45 Jahren wurden Arbeitnehmer signifikant häufiger freigestellt, ab 55 Jahren aber prinzipiell von einer Frühverrentung betroffen, eine Entscheidung, die aufgrund ihrer für das Unternehmen katastrophalen Folgen schnell revidiert wurde.[7] Auch das *kulturelle Kapital* in Form von schulischen und universitären Diplomen erwies sich als einschneidendes Selektionsprinzip: je geringer das schulische Kapital, desto größer die Ausscheidungswahrscheinlichkeit – so einfach lesen sich die aus der statistischen Auswertung der Profile von Gewinnern und Verlierern destillierten Kriterien. Kommt noch hinzu ein *geographisches bzw. sozial-topographisches Selektionselement*, welches die spezifischen historisch gewachsenen Verhältnisse der Schweiz gut widerspiegelt: Arbeitnehmer aus den französisch- und italienischsprachigen Regionen der Schweiz waren deutlich häufiger dem Risiko des Arbeitsplatzverlustes ausgesetzt als jene aus der Deutschschweiz und das sich in dieser Form der Sonderung zum Ausdruck bringende Prinzip der Dominanz des Zentrums (die Deutschschweiz als zentraler Wirtschaftsstandort) spielte auch innerhalb dieses dominanten Sprachraums nochmals nach der Logik der Zentralität (Zürich als Kapitale des Kapitals der Schweiz war der Ort, an dem es sich am ehesten „überleben" ließ, Basel-Land oder die Ostschweiz hingegen gaben schlechte Standorte im Rennen ums Verbleiben ab.)

Kommen wir nun aber zu einem gerade für den Arzt als Leser der Zeilen eines Soziologen wichtigen Aspekt der Analyse des Leidens an aktuellen gesellschaftlichen Veränderungsprozessen. Innerhalb der Gruppe der ausgesonderten „unemployable men" des Unternehmens trafen wir viele Personen an, die oft seit geraumer Zeit mit gesundheitlichen Problemen, seien sie körperlicher oder seelischer Art, zu kämpfen hatten.

---

den genannten Faktoren weibliches Geschlecht und Familienlasten korrelierte und in dieser Weise für eine Ausgrenzung der dreifach Betroffenen prädestinierte.

7 Hier wie auch an vielen anderen Orten muss der Soziologe schlicht seinem Erstaunen Ausdruck geben und gestehen, immer wieder davon überrascht zu werden, mit welcher Weltfremdheit und Naivität hoch bezahlte *Consultants* wider allen gesunden Menschenverstandes ihre am grünen Tisch der Wirtschaftshochschulen erworbenen abstrakten Modellierungskünste contra-faktisch der Wirklichkeit verschreiben bzw. oktroyieren wollen. Eigentlich müsste man wissen, dass man das soziale Gedächtnis eines Unternehmens zerstört, wenn man eine ganze Generation schlicht vergessen macht. Aber gesellschaftliche Eliten funktionieren nun einmal nicht nach Prinzipien des gesunden Menschenverstandes.

Hier trafen wir Mitmenschen an, die uns von ihrem vermeintlich individuellen Schicksal berichteten und in Wirklichkeit Zeugnis von einer Renaissance
der kollektiven Intoleranz gegenüber Schwächen und Makeln aller Art ablegten.
Sie hatten einen Prozess der allmählichen Sicherung gegen die von ihnen haut-
nah erfahren körperlichen und psychischen „Pathologien" mit erlebt und neue
Gewissheiten und Identitäten angesichts dieser Zivilisierung menschlicher Lebensbedingungen gewinnen können, welche ihnen jetzt wieder genommen wurden. Die in der Interviewsituation angetroffenen Reaktionen auf diesen Verlust
reichen von der Schilderung persönlichen Dramen, über die fatalistische Hin-
nahme der Geschehnisse wie bei einer Naturkatastrophe, Wut und Hass auf das
Unternehmen, Selbstzweifel, bis hin zu Ressentiments gegenüber bestimmten
Vorgesetzten. Vorherrschend war jedoch der Ausdruck eines grundlegenden und
tiefgehenden Gefühls des Verlustes, des Verlustes an Heimat, an Identität, an
Gemeinschaft und allen voran ein *Verlust an Vertrauen in die gesellschaftlichen
Spielregeln und die eigene Zukunft.*

5.   Ein Ethos für „Herrenmenschen"

Das neue Ethos des Kapitalismus entstand, wie in Anlehnung an Boltanski und
Chiapello dargelegt, auf den Chefetagen der Unternehmen und den Consulting-
Agenturen. Hier wurde das Menschenbild des universellen „freien Unternehmers seiner selbst" genährt, bei dem individuelle Selbstsorge kollektive Vorsorge und Fürsorge ersetzt. Es handelt sich um einen Ethos von Eliten für Eliten
entwickelt, dessen Pathos die eigenen sozialen Möglichkeitsbedingungen geflis-
sentlich ignoriert oder verdrängt und vergessen macht und vergessen lässt, dass
die Fähigkeit der Selbstsorge nicht zuletzt als Privileg eines Individuums verstanden werden muss, das über die notwendigen materiellen Privilegien verfügt,
um sich selbst in die Hand nehmen zu können. Diese Voraussetzungen haben
jedoch unter den heutigen Bedingungen immer weniger einen materiellen,
patrimonialen Charakter, sondern sind weitgehend personengebunden, sei es in
Form inkorporierten bzw. zum Habitus eingefleischten kulturellen Kapitals, sei
es in Form persönlicher Netzwerke und sozialen Kapitals. Beide erfüllen die
Voraussetzungen maximaler Mobilität und Flexibilität, die heute zentrale
Merkmale des *employable man* sind.

Welch seltsames Paradoxon: ein immer mehr zersplitterter, in Einzelprojekte zerlegter und nur durch isolierte Werkverträge punktuell gesicherter gesellschaftlicher Arbeitszusammenhang soll durch die Forderung und Förderung
einer komplexen Persönlichkeitsstruktur mit höchster Handlungs- und Selbst-
steuerungskompetenz ermöglicht werden.

Am Gegenpol zu diesem Bild eines neuen elitären ökonomischen Habitus entsteht unweigerlich die Negativfolie des *unemployable man:* man muss nur bei jeder der von Boltanski und Chiapello aus der Managementliteratur herausgefilterten normativen Erwartungen an den employable ein negatives Vorzeichen setzen und schon entsteht der Steckbrief des jetzt stigmatisierten klassischen Arbeitnehmerhabitus. Was gestern positiv bewertet wurde und selbst Produkt eines Jahrhunderte langen Prozesses der Konstruktion und Institutionalisierung des modernen Arbeitnehmers war, wird plötzlich innerhalb kürzester Zeit zum Auslaufmodell deklariert und deklassiert.

6. Die neue Verwundbarkeit diesseits der sozialen Sicherungen

Die zeitgenössische Gesellschaftsdiagnose hat es demnach, wie in den von uns gesammelten Zeugnissen von Betroffenen der ökonomischen Rationalisierung und Modernisierung gespiegelt, immer mehr mit neuen Verwundbarkeiten „nach den Sicherungen" (Castel 2003) zu tun, die alle jene in ihrer Existenz bedrohen, die nicht über das Privileg verfügen, sich den zur allgemeinen Norm erhobenen Anspruch auf selbstverantwortliche Lebensführung materiell leisten und ihn lebenspraktisch einlösen zu können. Wie Castel richtigerweise unterstreicht, bedarf es des Eigentums als materieller Möglichkeitsbedingung autonomer Lebensplanung und Lebensführung, um sich selbst „eigen" nennen zu können. Dort wo Privateigentum in ausreichendem Masse vorhanden, oft schon von Geburt an ohne weiteres Verdienst in die Wiege gelegt, ist dies kein Problem. Wo aber Menschen nur über ihre Arbeitskraft verfügen, um sie auf dem Markt gegen Subsistenzmittel einzutauschen, dort herrscht eine fundamentale Prekarität, Unsicherheit und Verwundbarkeit.

Nun haben unsere kapitalistischen Gesellschaften in einem langwierigen Lernprozess Formen der sozialen Sicherung hervorgebracht, die gegen die Standardrisiken der Erwerbsarbeit, d.h. vor allem Invalidität, Alter, Krankheit und Arbeitslosigkeit, ein Mindestmaß an kollektivem Schutz gewähren und eine Art „Sozialeigentum", wie Castel es treffend nennt, fest institutionalisiert haben. Dieser enorme Fortschritt hin zu einer Anerkennung und Garantie universeller sozialer Teilhaberechte ging einher mit einer Art nachholenden Individualisierung bei den unteren Gesellschaftsschichten, deren sozialer Habitus mehr oder minder deutliche Zeichen einer Ver(klein)bürgerlichung aufweist. Mit diesem langfristigen Transformationsprozess einher gingen aber auch Auflösungen traditioneller Sozial- und Solidarformen – von der Familie und der erweiterten Verwandtschaft, über Nachbarschaft und Gemeinde, bis hin zu gewerkschaftlichen und politischen Organisationsformen, die in ihren unterschiedlichen Kombinationen das widerspiegelten, was man noch in den Zeiten des Wirtschaftswunders der „Arbeiterkultur" zurechnete.[8] Auch diese Formen der Vergesellschaftung in den Volksklassen haben im Zuge der Individualisierung alltäglicher Lebensformen und Verhaltensmuster eine rasche und nachhaltige Erosion erfahren und auf dem Wege vom traditionellen zum traditionslosen Arbeitnehmer sind viele der gemeinschaftlichen Ressourcen an Schutz und Solidarität – wohl unwiederbringlich – verschwunden. Hier liegt das radikal Neue der sich abzeichnenden „neuen" sozialen Frage: der schrittweise Abbau sozialer Sicherungen und der Rückzug des Staates aus der Verantwortung für eine solidarische Daseinsvorsorge trifft nunmehr hochgradig individualisierte Individuen, die dem kalten Wind einer radikalisierten Marktvergesellschaftung schutzlos ausgeliefert sind, weil ihr Habitus mittlerweile durch die schrittweise Gewöhnung an ein Mindestmaß an Schutz vor den Unwägbarkeiten des Alltags in der kapitalistischen Wettbewerbsgesellschaft geprägt ist, eine Gesellschaft die nun dazu übergeht, einen Wirtschaftsethos von Eliten für Eliten als allgemeines Anforderungsprofil an den Arbeitnehmer im Singular durchzusetzen. Während für Erstere ein angemessen erscheinender „Lohn der Angst" als Gratifikation für die Dauerbelastung des flexiblen Menschen wartet, bleibt für die unflexiblen Verlierer einer solchen Modernisierung die Angst vor dem letzten Lohntag.

Literatur

Beaud, Stéphane/Pialoux, Michel (Hg.) (2004): Die verlorene Zukunft der Arbeit. Konstanz: UVK.

Boltanski, Luc/ Chiapello, Ève (2003): Der neue Geist des Kapitalismus. Konstanz: UVK.

Bourdieu, Pierre u.a. (Hg.) (1997): Das Elend der Welt. Zeugnisse und Diagnosen alltäglichen Leidens an der Gesellschaft. Konstanz: UVK.

Buss Notter, Andrea (2006): Soziale Folgen ökonomischer Umstrukturierungen. Konstanz: UVK (i.E.).

Castel, Robert (2003): L' insécurité sociale. Paris: Seuil.

Ehrenberg, Alain (1998): La fatigue d'être soi: dépression et société.Paris: O. Jacob.

Menger, Pierre-Michel (2006): Kunst und Brot. Die Metamorphosen des Arbeitnehmers. Konstanz: UVK.

Schultheis, Franz/Schulz, Kristina (Hg.) (2005): Gesellschaft mit begrenzter Haftung. Zumutungen und Leiden im deutschen Alltag. Konstanz: UVK.

Schultheis, Franz: (2004): Der Arbeiter: eine verdrängte gesellschaftliche Realität. In: Beaud/Pialoux (2004): 8–15.

Weber, Max (1973): Gesammelte Aufsätze zur Wissenschaftslehre. Tübingen: Mohr.

---

[8]   Mit dem Milieuansatz Michael Vesters lässt sich hier nuancierend die Entwicklung zweier Traditionslinien, der facharbeiterischen und der kleinbürgerlichen, nachvollziehen, die über Metamorphosen des Habitus modernisierte, individualisierte Milieus hervorbringen, ohne die Dispositionen und Merkmale der Stammkultur wirklich abzulegen. Insofern kann man mit Vester Arbeiterkultur als in Teilen transformierte Kultur erhalten verstehen, die über den Gewinn an sozialer Teilhabe/Sicherheit nicht einfach ver(klein)bürgerlicht ist, sondern Metamorphosen erfährt.

Folgen gesellschaftlicher Entsolidarisierung

Reimund Anhut/Wilhelm Heitmeyer

1. Problemaufriss und Erkenntnisinteresse

Gesellschaftliche Entsolidarisierung ist ein häufig, gleichwohl zumeist unscharf verwendeter Begriff zur Charakterisierung unterschiedlicher, in der Regel als problematisch erachteter Entwicklungen, die insbesondere im Kontext der Diskussionen zum Rückbau des Sozialstaates, zum Umbau der Sozialversicherungssysteme und zum Funktionswandel intermediärer Instanzen (Familie etc.) angesprochen werden. Eine jüngere Taxonomie von Kaufmann (1997) unterscheidet drei Betrachtungsebenen. Entsolidarisierung äußert sich hiernach

1. als *individuelle Entsolidarisierung*, indem Einzelpersonen unter zweckwidriger Ausnutzung von Rechtsregeln oder unter bewusster Inkaufnahme von Rechtsverstößen sich Vorteile verschaffen. Insbesondere werden Tatbestände der Subventionserschleichung oder der unberechtigten Inanspruchnahme von Sozialleistungen hierunter ebenso subsumiert wie Steuerflucht, Steuerverkürzung oder die illegale Beschäftigung von Arbeitnehmern und Schwarzarbeit.

2. als *kollektive Entsolidarisierung*, indem Verbands- oder Unternehmensmacht dazu benützt wird, die Bedingungen der Tarifpartnerschaft zu unterhöhlen und das in Jahrzehnten bewährte Verfahren begrenzter Konfliktaustragung und die dabei gewachsene Basis wechselseitigen Verständnisses und Vertrauens durch Radikalisierung der eigenen Mitglieder und durch unnötige Provokationen in Frage zu stellen. Als kollektive Entsolidarisierungsprozesse müssen jedoch auch solche Absprachen gelten, in denen Arbeitgeber und Gewerkschaften sowie ihre politischen Repräsentanten sich auf Gesetzesänderungen einigen, die zu Lasten der nicht bzw. nicht mehr am Erwerbsleben beteiligten Gruppen gehen.

3. als *kulturelle Entsolidarisierung*, indem die normativen Grundlagen der Sozialstaatlichkeit in Frage gestellt werden und ein Recht der Stärkeren bzw. Leistungsfähigeren postuliert wird, deren Durchsetzungschancen im Rahmen verschärfter Verteilungskonflikte sich ohnehin deutlich vergrößert haben.

Als solidarisch wird gemeinhin ein Handeln bezeichnet, das bestimmte Formen des helfenden, unterstützenden, kooperativen Verhaltens beinhaltet und auf einer subjektiv akzeptierten Verpflichtung oder einem Wertideal beruht (vgl. Thome 1998: 219), wobei die verschiedenen Solidaritätsbegriffe in ihrer Axiomatik und in zusätzlichen Bestimmungselementen teils erheblich differieren. Den hier genannten Entsolidarisierungsbeispielen ist deshalb gemeinsam, dass sie jeweils *ein nicht-kooperatives Muster nahe legen, in welchem zum Zwecke einseitiger Nutzenmaximierung auch ein kurz-, mittel- oder langfristig kollektivitätsschädigendes Verhalten in Kauf genommen bzw. in Betracht gezogen wird.*

Schon die Konstatierung unsolidarischer Verhaltensweisen, insbesondere aber die Vermutung einer Zunahme der besagten Verhaltensmuster, wie sie der Begriff Entsolidarisierung nahe legt, werfen die Frage auf, aus welchen Inputs sich Entsolidarisierung speist bzw. speisen soll. Wir gehen davon aus, dass der harten Variante von Entsolidarisierung – in Form eines kollektivitätsschädigenden *Verhaltens* – eine weiche Variante auf der *Einstellungs*ebene vorausgeht bzw. mit ihr korrespondiert. Insbesondere auf der Basis eines Empfindens von Solidaritätsverlust oder erfahrener unsolidarischer Behandlung dürfte sich genügend (Selbst-)Legitimation für eine eigene nicht-solidarische Handlungspraxis ergeben. Die weiche Einstellungsvariante von Entsolidarisierung wäre demzufolge charakterisiert durch das Gefühl einer Ungleichverteilung der Lasten bei der Produktion des gesellschaftlichen Kollektivguts, das Empfinden, dass die eigene Gruppe die Hauptlast (oder die alleinige Last) trägt, während andere Gruppen sich an der Produktion des Kollektivguts nicht beteiligen, aber sehr wohl daran partizipieren etc.

Trifft unsere Annahme zu, ergeben sich insbesondere zwei wichtige Anschlussfragen. *Zum einen* stellt sich die Frage nach dem Umschlagpunkt zwischen der weichen und der harten Variante: Ab wann schlagen die diesbezüglichen Einstellungen in konkretes Verhalten um und wie könnte ein solches Umschlagen vermieden werden? *Zum anderen* stellt sich die Frage, welche weiteren Konsequenzen sich aus der weichen Variante auf der Einstellungs- wie auf der Verhaltensebene ergeben können.

Die zweite Frage steht im Vordergrund der hier vorzunehmenden Betrachtung. Vor dem Hintergrund der Kollektivgutlogik (vgl. bereits Olson 1968) erscheint es durchaus plausibel, dass die Wahrnehmung einer Verknappung des Kollektivguts oder einer Ungleichheit in der Lastenverteilung bei der Produktion desselben auch Interessen freisetzen kann, die Nutzung des Kollektivguts auf die beitragenden Gruppen zu beschränken oder die Zugehörigkeit zum Kollektiv neu zu deuten, um andere Gruppen von der Nutzung des Kollektivguts auszuschließen. Konkret geht es um die Frage, *ob die Wahrnehmung von Entsolidari-*

sierung bei der Produktion des gesellschaftlichen Kollektivguts[1] soziale und politische Einstellungsmuster begünstigt, die mit sozialer Schließung und/oder Systemablehnung einhergehen.[2]

Bevor der Versuch einer Beantwortung dieser Fragestellung unternommen werden soll, stellt sich auch hier die Frage, aus welchen Prozessen sich die weiche (Einstellungs-)Variante von Entsolidarisierung speisen soll. Zwei Hintergrundprozesse scheinen hierbei besonders bedeutsam.

Zum einen wird für die Milieus der moderneren Arbeitnehmermehrheit von Vester (2002) postuliert, dass sie sich einem Konflikt- und Aushandlungsmodell verpflichtet sieht, das im Grundsatz „Leistung gegen Teilhabe" zusammengefasst werden kann. Für die Bereitschaft zu hoher Arbeitsleistung wird demzufolge eine umfassende Teilhabe an sozialen Chancen verlangt. Große Teile der Arbeitnehmerschaft wurden jedoch insbesondere in den letzten beiden Jahrzehnten zunehmend verprellt, indem sowohl die Grundsubstanz des Sozialmodells immer stärker angetastet als auch eigene Arbeitsleistungen und immer bessere Bildungsabschlüsse weiter abgewertet wurden. Während z.B. die Reallöhne der Arbeitnehmer in den letzten Jahren überwiegend stagnierten oder sogar real rückläufig waren, verdoppelten sich im selben Zeitraum die Nettogewinne und die Bezüge von Managern der DAX-Unternehmen stiegen sogar um 167%.[3] Die Abwertung der Arbeitsleistung wird auf Arbeitnehmerseite nach Einschätzung von Vester erfahren als Verletzung des Grundkonsenses des historischen Sozialmodells der Bundesrepublik. Dieses Verletzungsempfinden wiederum übersetzt sich seines Erachtens jedoch lediglich in ein *Gefühl diffuser Unzufriedenheit*, da die Definitionsmacht über sozial- und wirtschaftspolitische Diagnosen bei neoliberalen Wirtschafts- und Politikeliten verbleibt und die wirtschaftlichen Laien diesem hegemonialen Diskurs nichts entgegenzusetzen haben, weshalb ihnen nur ihr Ethos verbleibt, das ihnen sagt, dass sie zwar genug leisten, dafür aber zu wenig Teilhabe erhalten (ebd.: 454).[4]

Zum anderen bleiben Unzufriedenheits- und Entsolidarisierungsempfindungen jedoch keineswegs auf die Gruppe der Arbeitnehmer und Durch-

---

1 Das gesellschaftliche Kollektivgut wird zu diesem Zweck definiert als die Summe des ökonomischen Wohlstands, die Gewährleistung der staatlichen Handlungsfähigkeit (durch materielle und symbolische Ressourcen) sowie die Sicherstellung der Funktionsfähigkeit der sozialen Sicherungssysteme.

2 Die Einstellungsmuster, die auf diese Frage hin untersucht werden sollen, sind insbesondere: Fremdenfeindlichkeit, Politikverdrossenheit, Sozialdarwinismus und ein Rückgang von Solidaritätsbereitschaft.

3 Vgl. ISW-Wirtschaftsinfo 36, 4/2004.

4 Den neoliberalen Diagnosen zufolge sind zentrale wirtschaftliche Probleme wie etwa Arbeitslosigkeit durch die Arbeitnehmer selbst verschuldet und ist Deutschland wirtschaftlich nicht mehr konkurrenzfähig, weil die Löhne zu hoch seien und die Unternehmen zu wenig verdienten.

schnittsverdiener beschränkt, auch die Gruppe der Besserverdienenden, Freiberufler und Selbständigen ist hierfür potenziell stark anfällig. Einem Argument
des Wirtschaftsethikers Friedhelm Hengsbach (1997: 222 f.) zufolge resultieren
Entsolidarisierungen insbesondere aus der Zunahme ökonomischer und sozialer
Polarisierungen einerseits sowie einer Aushöhlung des politischen Vertragswil-
lens zu einem „neuen Gesellschaftsvertrag", der die gewachsenen Disparitäten
zu kitten vermöchte, andererseits. Wachsende ökonomische Polarisierungen
infolge des Ausdifferenzierungsprozesses zwischen den Wirtschaftssektoren
hinsichtlich der Kaufkraft ihres Nachfragepotenzials, ihres Konkurrenzdrucks,
ihrer Produktivität, Kapitalintensität und Wertschöpfung übersetzen sich hiernach in soziale Polarisierungen, indem Lohn-, Einkommens- und Vermögens-
spreizungen sich ausweiten. Der Wille zur Korrektur stark asymmetrischer Ein-
kommens- und Vermögensverteilungen (Gesellschaftsvertrag) wurde dabei
durch den neoliberalen Klimawechsel der 1980er Jahre nachhaltig unterminiert.
Indem der Staat sich aus den Allokations-, Distributions- und Stabilisierungs-
aufgaben weiter zurückzieht, ist jedoch nicht nur der Umbau der sozialen Sicherungssysteme unausweichlich. Vielmehr wird auch gesellschaftliche Solidarität
insbesondere den Gewinnern des ökonomischen und gesellschaftlichen Strukturwandels immer weniger vermittelbar, wenn als Folge der Ausdifferenzierung
des sogenannten „Sozialmarktes" in einen privatwirtschaftlichen, einen öffentlichen und einen ehrenamtlichen Bereich die Privatisierung öffentlicher Dienstleistungen primär dazu führt, dass sich private Anbieter aus dem Leistungsange-
bot die rentabel bedienbaren Segmente herausschneiden und der Staat die ein-
zelwirtschaftlich defizitären, aber gesellschaftlich notwendigen Segmente organisieren muss. Sobald private Vorsorge dazu führt, dass private Krankenhäuser,
Schulen und Sozialstationen sich auf ausschließlich risikoarme Personengruppen und gewinnbringende Leistungen spezialisieren, während risikoreiche und
kostenintensive Leistungen den öffentlichen Trägern überlassen bleiben, werden
die Höherverdienenden sich nach Einschätzung von Hengsbach energisch gegen
jene Doppelbelastung wehren, die sie dazu zwingt, ihr persönliches Risiko mit
eigenen Mitteln abzusichern und anschließend die Risiken derer, die niedrige
Einkommen beziehen, finanziell mitzutragen. *Entsolidarisierung* zwischen Gewinnern und Verlierern des Strukturwandels wird daher *zunehmend erwartbar*,
ebenso wie sich die *sozialen Verteilungskonflikte insgesamt zuspitzen dürften.*
    Während Hengsbach jedoch aus den genannten Szenarien bereits die For-
mel „Gesellschaftlicher Spaltung" ableitet, was auch in der tagespolitischen

Diskussion entsprechenden Wiederhall findet,[5] stellt sich u.E. zuvor die Frage, ob und unter welchen Bedingungen sich *objektive* sozialstrukturelle Verschiebungen in *subjektivem* Problembewusstsein niederschlagen bzw. welche Brechungsfaktoren hierbei eine Rolle spielen. Nach wie vor dürfte Vesters (1997: 181) Diagnose zutreffen, dass nach Lebensstilen und Milieus pluralisierte Gesellschaften unter der Bedingung von Prosperität keine polarisierenden Konflikte um die soziale Frage mehr produzieren können. Auch wenn sich die Ausgangsbedingungen dieser Diagnose in Teilen geändert haben mögen, erlauben die widersprüchlichen Situationsdefinitionen (s.o.) keine einheitliche Problemwahrnehmung, weshalb Unzufriedenheitsempfinden sich nur auf der *Gefühlsebene* artikulieren kann. Die Argumentationslandschaft bleibt für den Einzelnen in der Regel unübersichtlich, was nicht heißt, dass es zu atmosphärischen Veränderungen oder einem Stimmungswandel kommen kann, an dem Entsolidarisierungsempfindungen einen maßgeblichen Anteil haben können.

In Verfolgung unserer oben genannten Ausgangsfrage geht es uns also vor allem darum festzustellen, wie die Wahrnehmung sozialer Polarisierung in der Bevölkerung ausfällt, zu überprüfen, inwieweit solche Polarisierungen von wem und unter welchen Bedingungen als Entsolidarisierung interpretiert werden und in Erfahrung zu bringen, ob sich hieraus konkrete Folgen in Form spezifischer sozialer und politischer Einstellungs- und Verhaltensmuster (Fremdenfeindlichkeit, Politikverdrossenheit, Sozialdarwinismus und Rückgang von Solidaritätsbereitschaft) ergeben.

2. Theoretische Annahmen

Die Überprüfung der genannten Fragestellungen erfolgt vor dem Hintergrund der Annahme, dass die Wahrnehmung sozialer Polarisierung beeinflusst wird von Art und Umfang der sozialen Integration der jeweiligen Personen. Wir schließen hier an unser Konzept *sozialer Desintegration* an (vgl. Anhut/Heitmeyer 2000, Anhut 2002, Anhut/Heitmeyer 2005), welches einen Zusammenhang unterstellt zwischen dem Grad sozialer Desintegration einerseits und Ausmaß und Intensität problematischer Verarbeitungsmuster von Prekarität andererseits. Grundlage dieses Konzeptes, das bislang insbesondere zur Erklärung fremdenfeindlicher, rechtsextremer und gewaltförmiger Handlungs- und Einstellungsmuster herangezogen wurde (vgl. u.a. Heitmeyer u.a. 1995, Heit-

---

5 So u.a. in der Kommentierung des Zweiten Armuts- und Reichtumsberichts der Bundesregierung durch die Verbandsvorsitzende des DPWV; vgl. dpa-Meldung vom 2.3.2005 „Jede siebente Familie ist arm".

meyer 2002), ist die *These*, dass es in der Folge defizitärer sozialer Integration zu spezifischen Anerkennungsverletzungen kommt, die die Wahl der genannten Handlungsmuster zum Zwecke der Kompensation vorausgegangener Anerkennungsbeschädigungen nahe legen.

2.1 Soziale Desintegration als Erklärungsansatz

Aus Sicht des Desintegrationsansatzes bedarf es insbesondere der Lösung dreier Aufgabenstellungen, um soziale Integration sicherzustellen. Auf der *sozialstrukturellen* Ebene (Reproduktionsaspekt) stellt sich hiernach das Problem der Teilhabe an den materiellen und kulturellen Gütern einer Gesellschaft, was objektiv im Regelfall durch ausreichende Zugänge zu Arbeits-, Wohnungs- und Konsummärkten sichergestellt wird, aber auch subjektiv eine Entsprechung in Form einer Zufriedenheit mit der beruflichen und sozialen Position erfordert. Auf der *institutionellen* bzw. *gesellschaftlich-normativen* Ebene (Vergesellschaftungsaspekt) geht es zweitens um die Sicherstellung des Ausgleichs konfligierender Interessen, ohne die Integrität von Personen zu verletzen. Dies erfordert aus Sicht des Desintegrationsansatzes die Einhaltung basaler, die moralische Gleichwertigkeit des (politischen) Gegners gewährleistende, demokratische Prinzipien, die von den Beteiligten als fair und gerecht bewertet werden können. Die Aushandlung und konkrete Ausgestaltung dieser Prinzipien im Einzelfall bedingt jedoch ebenfalls entsprechende Teilnahmechancen und -bereitschaften der Akteure. Auf der *personalen* Ebene (Vergemeinschaftungsaspekt) schließlich geht es um die Herstellung emotionaler bzw. expressiver Beziehungen zwischen Personen zum Zwecke von Sinnstiftung und Selbstverwirklichung. Hier werden erhebliche Zuwendungs- und Aufmerksamkeitsressourcen, aber auch die Gewährung von Freiräumen sowie eine Ausbalancierung von emotionalem Rückhalt und normativen Anforderungen benötigt, um Sinnkrisen, Orientierungslosigkeit, eine Beeinträchtigung des Selbstwertgefühls oder Wertediffusion und Identitätskrisen zu vermeiden.

Die Bewältigung der genannten drei Aufgabenstellungen wird innerhalb des Desintegrationsansatzes als individuell-funktionale Systemintegration (sozialstrukturelle Ebene), kommunikativ-interaktive Sozialintegration (institutionelle Ebene) sowie als kulturell-expressive Sozialintegration (sozio-emotionale Ebene) bezeichnet. Eine gelungene Bewältigung der Aufgabenstellungen führt aus Sicht des Desintegrationsansatzes zur Bereitstellung von *positionaler, moralischer* und/oder *emotionaler Anerkennung* und zu einer Selbstdefinition als zugehörig zum entsprechenden sozialen Kollektiv. Auf der Basis sozialer Integration ist dann auch *freiwillige* Normakzeptanz erwartbar. Unter den Bedingungen von Desintegration hingegen müssen die Auswirkungen des eigenen Handelns auf Andere nicht mehr sonderlich berücksichtigt werden, was die Entwicklung anti-sozialer Einstellungen begünstigt.

Das Desintegrationskonzept dürfte unseres Erachtens auch für die hier zu verfolgende Fragestellung nach den Auswirkungen von Entsolidarisierungsempfindungen von zentraler Bedeutung sein, weil mit der Frage des Solidaritätsempfindens eine seiner zentralen Wirkungskomponenten berührt ist. Um sich im Kollektiv einer Gesellschaft integriert fühlen zu können, postuliert der Desintegrationsansatz neben entsprechenden Beteiligungschancen (am Aushandlungsprozess über die Gültigkeit kollektiver Normen) insbesondere die Notwendigkeit des Empfindens der Gültigkeit von Anerkennung sichernden Grundnormen wie *Fairness, Gerechtigkeit,* und *Solidarität. Welche* spezifischen Normvorstellungen und -präferenzen die beteiligten Akteure dabei im Einzelfall verfolgen, ob sie z.b. im Falle von Gerechtigkeitsnormen stärker Verteilungsgerechtigkeit, Leistungsgerechtigkeit oder Bedürfnisgerechtigkeit favorisieren, ist für unseren Ansatz an dieser Stelle vorerst nachrangig. Entscheidend ist, ob es zu einem Verletzungsempfinden hinsichtlich der eigenen Normvorstellungen kommt oder nicht.[6]

Anerkennungsbeschädigungen können aus allen drei Integrationsdimensionen resultieren und problematische Konsequenzen zeigen. Als problematische Verarbeitungsmuster von Anerkennungsbeschädigung wurden in früheren Untersuchungen primär fremdenfeindliche, rechtsextreme und gewaltförmige Einstellungs- und Verhaltensmuster betrachtet, was nicht ausschließt, dass das Spektrum potenziell berücksichtigbarer Verarbeitungsmuster erheblich größer ausfällt. Welches konkrete Verarbeitungsmuster gewählt wird, entscheidet sich u.E. ohnehin erst aus dem Zusammenwirken der Anerkennungsverletzung mit biographischen Erfahrungen (u.a. individuellen und sozialen Kompetenzen und Zurechnungsmustern), den jeweiligen Gelegenheitsstrukturen (u.a. Bezugsgruppenorientierungen, Einbindung in soziale Milieus)[7] und der spezifischen Funktion, die dem gewählten Handlungs- bzw. Einstellungsmuster für die Kompensation der Anerkennungsbeschädigung zukommt. Mit welchen Einflussfaktoren haben wir es nunmehr im Falle der Fokussierung unserer Untersuchungsfrage auf den Aspekt von Entsolidarisierungsempfinden zu tun?

---

6 Unabhängig davon behalten die unterschiedlichen Präferenzen bezüglich der Beurteilung je spezifischer Handlungskontexte und -ebenen natürlich ihre Bedeutung (vgl. etwa Walzer 1992).
7 Nach Einschätzung von Vester (1997: 151 ff.) ist das soziale Milieu derjenige Ort, der für die Verarbeitung einer objektiven Interessenlage von entscheidender Bedeutung ist und auch prägend auf Vorstellungen sozialer Gerechtigkeit und Ungleichheit Einfluss nimmt.

2.2 Erwartbare Reaktionen auf Entsolidarisierungsempfinden

Beginnen wir mit der Frage, welche spezifischen Einstellungs- und Verhaltensmuster als Folge von Entsolidarisierungsempfinden erwartet werden. In der Diskussion um Entsolidarisierung wurden bisher zwei unterschiedliche Muster favorisiert. Während Hengsbach der Ansicht ist, dass sich die zuspitzenden Verteilungskonflikte insbesondere als ethnische Konflikte einstellen, mithin Fremdenfeindlichkeit das dominante zu erwartende Einstellungsmuster wäre, münden die von Vester beschriebenen Unzufriedenheitsgefühle primär in Politikverdrossenheit.

Beide Einstellungsmuster stellen auch aus der Sicht des Desintegrationsansatzes funktionale Reaktionsmuster auf Anerkennungsbeschädigungen dar. Fremdenfeindlichkeit erscheint als funktionales Muster für Anerkennungsverletzungen, die ihren Ursprung in der ersten Integrationsdimension besitzen. Die Verweigerung *positionaler* Anerkennung wird häufig als persönliches Scheitern empfunden, dass das Selbstvertrauen unterminiert, weshalb Menschen bestrebt sind, solche Beschädigungen zu vermeiden. Eine Option, ein positives Selbstbild zu bewahren besteht nun darin, anderen Personen die Schuld am eigenen Schicksal zuzuschreiben („Sündenbock-Phänomen"), Vorurteile und Feindbilder werden zu Kompensationszwecken herangezogen. Insofern wäre *Fremdenfeindlichkeit* ein erwartbares Reaktionsmuster.

Im Falle von Anerkennungsbeschädigungen, die ihren Ursprung in der zweiten Integrationsdimension besitzen, resultiert die Verweigerung *moralischer* Anerkennung entweder aus dem Empfinden, dass die eigene Existenz als nicht gleichwertig erlebt wird (z.B. durch Nichtzugehörigkeit zu sozialen Gruppen) oder durch den Eindruck, dass gegen basale Fairness- und Gerechtigkeitsprinzipien verstoßen wird, obwohl z.B. bei der Person selbst der Eindruck besteht, dass sie selbst bzw. die eigene Gruppe einen relevanten Beitrag zum sozialen oder gesellschaftlichen Kollektivgut leistet und dennoch eine minderwertige Behandlung erfährt. Hier greift die Logik der Kollektivgutproduktion, d.h. die Wahrnehmung, partiell aus dem Gemeinschaftsgut ausgeschlossen zu sein. Auch in diesem Fall wäre *Fremdenfeindlichkeit* deshalb ein erwartbares Muster, weil hierüber der Versuch unternommen werden kann, das Kollektiv neu zu definieren und andere (fremde) Gruppen von der Verteilung des Kollektivguts auszuschließen. Aber auch *Politikverdrossenheit* wäre ein funktionales Muster, wenn bei den Betroffenen der Eindruck entsteht, dass das politische System für die erfahrene Ungerechtigkeit verantwortlich ist, was wiederum u.a. von entsprechenden Zurechnungsmustern (s.u.) abhängt. Sollte ein diesbezügliches Verletzungsempfinden über längere Zeit andauern, ist schließlich damit zu rechnen, dass Politikverdrossenheit auch in eine Form von *Systemablehnung* übergehen kann (vgl. u.a. Pickel/Walz 1997: 33). Kollektivguttheoretisch wären aber nicht nur Fremdenfeindlichkeit und Politikverdrossenheit erwartbare Reaktionsmuster auf Entsolidarisierungsempfinden, sondern auch ein *Rückgang* der eigenen *Solidaritätsbereitschaft*, weshalb dieses Muster ebenfalls in das mögliche Reaktionsspektrum aufzunehmen ist.

Da wir dem Entsolidarisierungsempfinden auf *gesellschaftlicher* Ebene nachgehen wollen, scheint der Einbezug der dritten, die Vergemeinschaftung betreffende Integrationsdimension nicht unmittelbar evident, da sie die Ebene des sozialen Nahbereichs, die sozio-emotionale Einbindung in Familien, Milieus, Nachbarschaft oder Peergroup thematisiert. Gleichwohl geht der Desintegrationsansatz davon aus, dass Anerkennungsbeschädigungen, die die Individuen in einer der Teildimensionen erfahren haben, durch Anerkennungsgewinne in den anderen Teildimensionen zumindest teilweise kompensiert werden können. Insofern bleibt auch die dritte Integrationsdimension von Relevanz. Zudem lautet eine der Basisannahmen des Ansatzes, dass nur wer selbst genügend soziale Anerkennung erfahren hat bzw. erfährt, in der Lage sein dürfte, Anerkennung an Dritte weiterzugeben. Und darüber stellt sich die Frage, ob *emotionale* Anerkennungsverweigerung im sozialen Nahbereich, die in Form von Solidaritätsverweigerung oder -verlust erfahren wird, nicht ebenfalls Effekte zeitigen kann. Verdichtet sich hier bereits auf der Ebene des sozialen Nahbereichs das Gefühl, dass Solidarität nicht zu erwarten ist, wären u.E. *sozialdarwinistische* Reaktionsmuster (im Sinne von „Jeder ist sich selbst der Nächste") ebenfalls wahrscheinlich.

2.3 Mögliche Brechungsfaktoren

Ob es überhaupt zu Verletzungsgefühlen im Sinne eines konkreten Entsolidarisierungsempfindens kommt, dürfte maßgeblich von den *Solidaritätserwartungen* abhängen, die die Akteure mitbringen. Die prinzipielle Reichweite des Solidaritätsprinzips wird dabei in Abhängigkeit von der je zugrundeliegenden theoretischen Position höchst unterschiedlich beurteilt.

Von einem Teil der wissenschaftlichen Diskussion wird Solidarität als Wirkungsprinzip auf den sozialen Nahbereich (face-to-face-Beziehungen) beschränkt. Dies gilt etwa für das Konzept der soziologischen Steuerungstheorie von Kaufmann (1983, 1984 und 1992), in der Solidarität neben Markt und Hierarchie einen von drei reinen Steuerungstypen darstellt, mittels dessen die Handlungskoordination und -motivation einer größeren Zahl von Akteuren gesteuert werden kann. Letztlich beschränkt die steuerungstheoretische Analyse die Wirksamkeit von Solidarität (abgesehen vom Vorliegen realer Bedrohungsszenarien) prinzipiell auf den Geltungsradius partikularer Gemeinschaften. Solidarität als Steuerungsform ist in dieser Sicht dem Dilemma der großen Zahl nicht gewachsen, da die Unübersichtlichkeit der Verhältnisse (wie im Falle komplexer gesellschaftlicher Probleme), die Neigung zur Desolidarisierung (zu Trittbrettfahrerei) begünstigt und informelle soziale Kontrollen zur Verhinderung derartiger Effekte ab einer gewissen Komplexitätsstufe nicht mehr zur Verfügung stehen.

Im Unterschied zur steuerungstheoretischen Konzeption sieht die rational-choice basierte Theorie der Gruppensolidarität von Hechter (1988) die Funktionsfähigkeit von Solidarität auch für größere Kollektive als gegeben an, wenn es gelingt, spezifische Kontrollökonomien zu etablieren, die die Einlösung wechselseitiger Verpflichtungsbeiträge zur Produktion des gemeinsamen Kollektivguts sicherstellen. Das Solidaritätskonzept wird dabei von jenen Bestandteilen getrennt, die in konkurrierenden normativistischen Konzepten einen zentralen Stellenwert besitzen: affektive Bindungen und Sympathie, altruistische Dispositionen und internalisierte Normen (vgl. Thome 1998: 225). Das in der steuerungstheoretischen Perspektive geforderte (aus affektiven Bindungen und informellem Sanktionspotenzial resultierende) Zusammengehörigkeitsgefühl einer Gruppe ist damit für Hechter keine notwendige Bedingung für die Realisierung von Solidarleistungen. Solidarität muss in dieser Logik nicht auf partikulare Formen beschränkt bleiben, da zweckrationale Motive prinzipiell gesellschaftsweit generalisierbar sind.

In der sozialphilosophischen Tradition wiederum wird Solidarität als konstitutiv für sozialstaatliche Arrangements des Interessenausgleichs gesehen und auch gegenüber Gruppen und Personen erwartet bzw. eingefordert, die zu Gegenleistungen nicht verpflichtet bzw. nicht (zumindest nicht aktuell) in der Lage sind. Der Wohlfahrtsstaat garantiert allen Bürgern eine Teilhabe am ökonomischen, sozialen und kulturellen Leben des Gemeinwesens und praktiziert damit eine Form von Solidarität auch gegenüber „Ungleichen" (vgl. Thome 1998: 246).

Je nach theoretischer Position wird die Reichweite des Solidaritätsgedankens also bewusst auf face-to-face-Beziehungen beschränkt, auf den reziproken Austausch innerhalb und zwischen sozialen Gruppen konzentriert oder als Mechanismus des Interessenausgleichs auf ein gesellschaftliches Kollektiv transformiert. Da über die Gültigkeit der solidaritätstheoretischen Perspektiven hier keine Vorentscheidung getroffen werden kann und soll, nehmen wir an, dass alle drei Formen von Solidaritätserwartungen in der Bevölkerung vorhanden sein können. Für unsere Fragestellung scheinen nun primär die letztgenannten Solidaritätserwartungen bedeutsam, da nur diese beiden Formen durch die kollektivguttheoretisch begründeten Erwartungen auf gesellschaftlicher Ebene (s.o.) enttäuscht werden können. Insofern kommt den Solidaritätserwartungen der Betroffenen die Funktion einer moderierenden Variable zu, denn von ihnen dürfte es abhängen, ob sich überhaupt Verletzungsempfinden einstellt.

Neben den Solidaritätserwartungen dürften insbesondere die *Gerechtigkeitsvorstellungen* der Akteure eine zentrale Rolle spielen – und u.U. einen moderierenden Effekt auslösen.[8] Strittig ist dabei allerdings weniger die Art der Gerechtigkeitsvorstellung, da alle hier betrachteten Gerechtigkeits*normen* (Verteilungsgerechtigkeit, Leistungsgerechtigkeit und Bedürfnisgerechtigkeit) über die Zeit und auch im internationalen Vergleich (vgl. u.a. Roller 1999) hoch konsensfähig sind. Das Problem stellt sich vielmehr auf der Ebene der Gerechtigkeits*urteile*, in denen sich die jeweiligen Normverletzungen ausdrücken oder nicht ausdrücken. Bei Durchsicht der Ergebnisse der empirischen Gerechtigkeitsforschung zeigt sich ein seit längerem bekannter Sachverhalt derart, dass die Urteile über die Gesellschaft stark von den Urteilen über die individuelle Situation differieren. Bezogen auf das Prinzip der Verteilungsgerechtigkeit etwa halten stabile Dreiviertelmehrheiten dieses Prinzip in Deutschland nicht für realisiert (so u.a. die Ergebnisse des Wohlfahrtssurveys 1998, vgl. Buhlmahn 2000). Ebenso bejaht – zumindest in den alten Bundesländern – zugleich eine stabile Zweidrittelmehrheit ein individuell gerechtes Anteilsempfinden (vgl. u.a. Allbus 1990 und 1996). Wertet man die Ergebnisse des gerechten Anteilempfindens nach Einkommensgruppen aus, indem alle Befragten in Einkommensquintile unterteilt werden, zeigt sich, dass in *allen* Einkommensquintilen – im obersten ebenso wie im untersten – mindestens 60% der Befragten der Ansicht zustimmen, sie bekämen ihren gerechten Anteil (vgl. Noll 1992: 8). Wie es scheint, wird folglich selbst in den untersten Einkommensgruppen immer noch eine Gruppe identifiziert, der es subjektiv gesehen schlechter gehen soll, weshalb der eigene Anteil als gerecht eingeschätzt wird. Der soziale Abwärtsvergleich, der hier vollzogen wird, dürfte sein Motiv in der Suche nach der Vermeidung einer Selbstbildbeschädigung finden, wodurch das Befragtenverhalten maßgeblich beeinflusst zu sein scheint, da ja die Urteile über die Gesellschaft völlig konträr hierzu ausfallen. Es könnte daher sinnvoll und weiterführend sein, neben den stark divergierenden individuellen und gesellschaftlichen Urteilen auch Kollektivurteile zu erfassen, etwa in Form von Urteilen über die Leistung bzw. Nicht-Leistung anderer sozialer Gruppen. Sollten die individuellen Gerechtigkeitsurteile tatsächlich durch das oben genannte Motiv (Vermeidung

---

8 Auch der Teil der Diskussion, der der Realisierbarkeit von Solidarität in arbeitsteilig-organisierten modernen Gesellschaften unter den Bedingungen von funktionaler Differenzierung skeptisch gegenübersteht, benennt als prinzipielle Wirksamkeitsvoraussetzungen des Solidaritätsprinzips neben einem Bewusstsein wechselseitiger Abhängigkeit (Interdependenz) insbesondere die Sicherstellung eines spezifischen Gerechtigkeitsempfindens (vgl. Schmid 1989: 621).

einer Selbstbildbeschädigung) „geschönt" sein, müsste dieser Schönungszwang sich im Falle des Urteils über die eigene soziale Gruppe deutlich reduzieren, im Falle des Urteils über andere soziale Gruppen sogar entfallen.

Ein drittes und letztes Faktorenbündel, das es im Kontext unserer Untersuchungsfrage zu berücksichtigen gilt, ist die Frage der Verantwortungszuschreibungen für eine konkrete Situation. Prinzipiell lassen sich individuelle, kollektive, gesellschaftspolitische und sachliche Verantwortungszuschreibungen *(Zurechnungen)* unterscheiden. Im Falle individueller Verantwortungszuschreibungen[9] machen sich die Personen für ihr Schicksal selbst verantwortlich, im Falle kollektiver Verantwortungszuschreibungen werden soziale Gruppen als verantwortlich für ein soziales Problem identifiziert, im Falle einer gesellschaftspolitischen Verantwortungszuschreibung werden gesellschaftliche und politische Rahmenbedingungen als ursächlich interpretiert und im Falle einer sachlichen Verantwortungszuschreibung werden von sozialen Akteuren unabhängige Einflussfaktoren als problemverursachend gesehen. Wie bereits angedeutet, gehen wir davon aus, dass der Einzelne die Richtigkeit oder Falschheit von Situationsdefinitionen im Zusammenhang mit der Produktion des gesellschaftlichen Kollektivguts nicht wirklich nachvollziehen kann. Umso bedeutsamer dürfte es daher sein, wie er oder sie soziale Probleme generell zurechnet. Unsere Annahme ist, dass auch Zurechnungsmuster sich insbesondere durch den Einfluss von Bezugsgruppenorientierungen und Milieueinwirkung so verfestigen können, dass sie als stabiles Denk- und Erklärungsmuster schließlich auf unterschiedlichste Phänomene angewendet werden. Sollte dies der Fall sein, rechnen wir damit, dass individuelle Zurechnungsmuster bezogen auf unsere Untersuchungsfrage eher unpolitische Verarbeitungsformen (wie Apathie und Resignation) begünstigen dürften, kollektive Zurechnungsmuster die Kollektivgutlogik nochmals verschärfen müssten und soziale Ausgrenzungsbereitschaft (u.a. in Form von Fremdenfeindlichkeit) erhöhen dürften, gesellschaftspolitische Zurechnungsmuster eine Zunahme von Politikverdrossenheit und Systemablehnung nach sich ziehen müssten und das sachliche Zurechnungsmuster eine problementschärfende bzw. entpolitisierende Wirkung entfalten dürfte.

3.   Untersuchungsannahmen und ausgewählte empirische Ergebnisse

Im Folgenden wollen wir einige ausgewählte Ergebnisse aus einer speziell zur Entsolidarisierungsproblematik durchgeführten Untersuchung präsentieren.[10]

---

9   Vgl. hierzu u.a. die Logik des „individuellen Deutungsmusters" von Beck (1986).

Anknüpfend an die theoretischen Annahmen des zweiten Abschnitts lagen der Untersuchung u.a. folgende Hypothesen zugrunde:

1. Wahrnehmung sozialer Polarisierung/Entsolidarisierung

Ob es in der Bevölkerung vor dem Hintergrund der diskutierten objektiven Polarisierungsprozesse auch zu einer subjektiven Wahrnehmung sozialer Polarisierung kommen würde, war für uns eine empirisch offene Frage. Insbesondere vor dem Hintergrund der widersprüchlichen Situationsdefinitionen zu den genannten Polarisierungsprozessen (vgl. Abschnitt 1) wird jedoch erwartet, dass die Wahrnehmung sozialer Polarisierung – so sie sich denn einstellt – nicht unmittelbar mit den zu betrachtenden Einstellungsmustern sozialer Schließung, Politikverdrossenheit oder Sozialdarwinismus korrelieren muss, sondern dass entsprechende Zusammenhänge sich vor allem dann zeigen, wenn die Befragten die Wahrnehmung sozialer Polarisierung auch konkret als Entsolidarisierung empfinden.

2. Soziale Integration und Desintegration

Prekäre Integrationszustände erhöhen u.E. die Wahrscheinlichkeit problematischer Einstellungsmuster. Sollte sich ein konkretes Entsolidarisierungsempfinden einstellen, wären insbesondere Einstellungsmuster wie Fremdenfeindlichkeit, Politikverdrossenheit, Sozialdarwinismus und der Rückgang individueller Solidaritätsbereitschaft vor dem Hintergrund der oben skizzierten Annahmen erwartbare Resultate. Neben dem vorrangig zu untersuchenden Solidaritäts- bzw. Entsolidarisierungsempfinden müssten die anderen Aspekte sozialer Integration (sozialstrukturelle Teilhabe und sozioemotionale Einbindung) hier ebenfalls Folgen zeigen.

3. Gerechtigkeitsnormen und -urteile

Vor dem Hintergrund des Problems empirisch stark divergierender individueller und gesellschaftlicher Gerechtigkeitsurteile wird erwartet, dass die Messung von Ungerechtigkeits- bzw. Entsolidarisierungsempfinden durch kollektive Urteile zusätzliche Erklärungskraft bereitstellt. Sollte Entsolidarisierungsempfinden in

---

[10] Die Untersuchung war Teil eines Forschungsprojekts des Instituts für interdisziplinäre Konflikt- und Gewaltforschung (IKG) an der Universität Bielefeld und wurde als CATI-gestützte Repräsentativbefragung der erwachsenen deutschsprachigen Wohnbevölkerung von TNS-Emnid im Oktober und November 2002 durchgeführt. Die Nettostichprobe der Haupterhebung beträgt 2.003 Fälle. Die Interviews wurden über 306 sample points (210 West, 96 Ost) in Anlehnung an das ADM-Mastersample und damit über alle Bundesländer und Ortsgrößen gestreut.

Form kollektiver Urteile artikuliert werden, dürfte dies u.E. größere Effekte auf die abhängigen Variablen zeigen als Entsolidarisierungs- oder Ungerechtigkeitsempfinden in Form individueller Urteile.

4. Verantwortungszuschreibungen/Zurechnungsmuster

Sollten sich Verantwortungszuschreibungen in Form individueller, kollektiver, gesellschaftspolitischer und sachlicher Zurechnungsmuster analytisch bestätigen (d.h. von einem nennenswerten Teil der Befragten als das je dominante Erklärungsprinzip auf unterschiedliche Phänomenkontexte angewendet werden), wird erwartet, dass Zurechnungsmuster auch bei der Verarbeitung von Entsolidarisierungsempfindungen eine Rolle spielen. Individuelle Zurechnungsmuster hätten demzufolge keine erwartbaren Effekte für die abhängigen Variablen zur Folge, da sie eher entpolitisierend wirken; kollektive Zurechnungsmuster müssten vorfindbare Zusammenhänge zwischen Entsolidarisierungsempfinden bzw. Desintegration und Fremdenfeindlichkeit verschärfen, gesellschaftspolitische Zurechnungsmuster müssten vorfindbare Zusammenhänge zwischen Entsolidarisierungsempfinden bzw. Desintegration und Politikverdrossenheit erhöhen und sachliche Zurechnungsmuster wiederum einer Politisierung der Verarbeitungsmuster entgegenwirken, d.h. sowohl Fremdenfeindlichkeit wie Politikverdrossenheit als auch Sozialdarwinismus entsprechend reduzieren.

Beginnen wir mit der Überprüfung unserer *ersten Hypothese*. Die Wahrnehmung sozialer Polarisierung wurde in unserer Untersuchung erfragt als Beobachtung bzw. Nichtbeobachtung der Verschärfung von Gegensätzen zwischen sozialen Gruppen. Die erfragten Gegensätze lagen dabei sowohl entlang der horizontalen als auch der vertikalen Dimension sozialer Ungleichheit. Im Ergebnis zeigt sich ein überraschend eindeutiges Bild, wonach von den Befragten die Verschärfung sozio-ökonomischer Gegensätze gesehen wird, während Gegensätze zwischen Alt und Jung sowie Männern und Frauen von einer relativen Mehrheit als eher gleich geblieben eingestuft werden und sich die Gemüter insbesondere an der Frage fortbestehender, gleichgebliebener oder rückläufiger Ost-West-Gegensätze scheiden; die Zustimmung liegt hier jeweils bei ca. einem Drittel (vgl. Tabelle 1).[11]

---

11 Die Beobachtung der Verschärfung oder Nicht-Verschärfung von Gegensätzen verläuft dabei bei den jeweils angesprochenen Gruppen (z.B. Alten und Jungen, Einkommensarmen oder Einkommensstarken, Männern und Frauen) proportional zur Gesamtstichprobe. Einzige Ausnahme hierbei bildet die Beurteilung von Gegensatzverschärfungen oder Entschärfungen im Ost-West-Vergleich. Hier sehen von den Befragten in den alten Bundesländern 37% eher eine Verringerung der Gegensätze gegenüber nur 19,9% in den neuen Bundesländern. Umgekehrt sehen von den Befragten in den neuen Bundesländern 36,4% eine Verschärfung der Gegensätze, während dies in den alten Bundesländern nur 24,1% tun.

Tabelle 1: Gegensätze zwischen Personengruppen (Angaben in Prozent)

	Gegensätze			
	haben sich eher ver- schärft	sind gleich geblieben	haben sich eher verrin- gert	bestehen gar nicht
a) Arme und Reiche	74.0	19.3	3.5	1.5
b) Personen mit sicheren und Personen mit unsicheren Arbeitsplätzen	70.4	18.6	3.7	3.6
c) Arbeitslose und Beschäftigte	67.9	21.5	3.3	3.4
d) Ausländer und Deutsche	52.5	30.0	11.6	2.7
e) Alte Menschen und junge Menschen	34.2	44.2	14.1	6.3
f) Menschen in Ostdeutschland und Menschen in Westdeutsch- land	26.6	30.8	33.5	4.7
g) Männer und Frauen	14.6	54.0	20.9	7.2

Frage: „In unserer Gesellschaft gibt es soziale Gegensätze, die zwischen verschiedenen Personen- gruppen bestehen. Ich nenne Ihnen im Folgenden jeweils zwei Gruppen. Sagen Sie bitte jeweils, ob sich Ihrer Ansicht nach die Gegensätze zwischen den beiden genannten Gruppen in den letzten Jahren (1) eher verschärft haben, (2) gleich geblieben sind, (3) sich eher verringert haben oder (4) gar nicht bestehen?"

Die Erfassung von Gegensatzverschärfungen oder -entschärfungen entlang der eher horizontalen Dimension sozialer Ungleichheit (Alter, Geschlecht etc.) erfolgte insbesondere, um Relevanzvergleiche zwischen Polarisierungswahr- nehmungen auf der horizontalen und der vertikalen Ungleichheitsdimension vornehmen zu können; sie ist aber für die weitere Analyse nicht mehr von Be- deutung. Für die Frage, ob soziale Polarisierung als Entsolidarisierung – in Form des Herausziehens aus der Produktion des gesellschaftlichen Kollektiv- guts – interpretiert wird oder nicht, sind lediglich die Gegensätze in der vertika- len Dimension sozialer Ungleichheit heranzuziehen, da nur sie von den Befrag- ten mit der Definition des gesellschaftlichen Kollektivguts in der von uns be- stimmten Form (s.o.) in Verbindung gebracht werden können. Die weitere Ana- lyse bestätigt hier vorerst einmal unsere erste Hypothese, wonach die Wahr- nehmung sozialer Polarisierung für sich genommen noch keine Relevanz für problematische Einstellungsmuster u.a. in Form von Fremdenfeindlichkeit,

Politikverdrossenheit oder Sozialdarwinismus besitzen muss. Die Wahrnehmung sozialer Polarisierung in der sozioökonomischen Dimension (Verschärfung der Gegensätze 1 bis 3 aus Tabelle 1) korreliert mit den Einstellungsmustern Fremdenfeindlichkeit (r = .06), Politikverdrossenheit (r = .07) und Sozialdarwinismus (r = .08) nur äußerst geringfügig.[12]

Kommen wir daher zu unserer *zweiten Hypothese*, wonach erst ein konkretes Entsolidarisierungsempfinden, das sich auch als Bestandteil einer fehlenden
sozialen Integration verstehen lässt, konkrete Einstellungsveränderungen nach
sich ziehen dürfte. Da die Verletzung von Solidaritätserwartungen ein Kriterium
neben anderen darstellt, mittels derer sich soziale Integration bzw. Desintegration bestimmen lässt, soll vorab kurz auf die Gesamtheit der Indikatoren eingegangen werden, die in die Messung sozialer Integration eingeflossen sind. In der
sozialstrukturellen Teildimension von Integration wurde die Teilhabe an den
gesellschaftlichen Gütern erfasst über die objektive soziale Lage (Schulbildung,
Äquivalenzeinkommen und berufliche Stellung) einerseits und die subjektive
Zufriedenheit mit der beruflichen, finanziellen und sozialen Situation andererseits.[13] In der uns hier besonders interessierenden gesellschaftlich-normativen
Teildimension wurde der Aspekt der Partizipation erfasst durch die Abfrage der
Relevanz, die die Partizipation an gesellschaftlichen Entscheidungsfindungen
für die Befragten besitzt[14] sowie durch die Beurteilung der Chancen der persönlichen Einflussnahme auf diese Entscheidungsfindung.[15] Der Aspekt der Verletzung basaler Fairness-, Solidaritäts- und Gerechtigkeitsvorstellungen wurde
erfasst über die Beurteilung eines individuell gerechten Anteilempfindens,[16] die

---

12 Fremdenfeindlichkeit wurde in der Befragung als allgemeines Muster von Fremdenabwehr
   operationalisiert als Zustimmung zu Items wie „Es leben zu viele Ausländer in Deutschland",
   Politikverdrossenheit wurde gemessen in Form von Vertrauensverlust und politischer Entfremdung als Zustimmung zu Items wie „Die meisten Politiker interessieren sich in Wirklichkeit gar
   nicht für die Probleme der einfachen Leute" und Sozialdarwinismus wurde definiert als Überzeugung, dass die Menschen in einer Gesellschaft im Konkurrenzkampf zueinander stehen und
   der Einzelne sich gegenüber den anderen durchsetzen muss (gemessen u.a. als Zustimmung zu
   Items wie „Auge um Auge, Zahn um Zahn, so ist nun mal das Leben").
13 Der hierzu gebildete Faktor enthält neben der Beurteilung der individuellen wirtschaftlichen
   Lage, wie sie z.B. auch im Allbus abgefragt wird, subjektive Zufriedenheitsurteile in Bezug auf
   materielle Wünsche, Anerkennung für Leistung usw.
14 Operationalisiert als Zustimmung zu Items wie „Mir ist es sehr wichtig, dass ich darauf Einfluss
   nehmen kann, wie zentrale gesellschaftliche Probleme gelöst werden".
15 Operationalisiert als Zustimmung zu Items wie „Leute wie ich haben sowieso keinen Einfluss
   darauf, was die Regierung tut".
16 Eine entsprechende Frage lautete: „Im Vergleich dazu, wie andere hier in Deutschland leben:
   Glauben Sie, dass Sie Ihren gerechten Anteil erhalten, mehr als ihren gerechten Anteil, etwas
   weniger, oder sehr viel weniger?"

Beurteilung der Realisierung sozialer Fairness- und Solidaritätsprinzipien[17] sowie die Abfrage von Kollektivurteilen über Gruppen hinsichtlich ihres Beitrags zur Produktion des gesellschaftlichen Kollektivguts.[18] In der dritten Teildimension unseres Integrationskonzepts schließlich wurde die sozio-emotionale Einbindung erhoben über die Zustimmung zu Items, mittels derer praktische und emotionale Unterstützung sowie soziale Isolation gemessen wurden.[19] Im Rahmen unseres Modells gehen wir dabei davon aus, dass Anerkennungsverletzungen in den einzelnen Teildimensionen von Integration sich untereinander aufsummieren können, ebenso wie Anerkennungsgewinne in einzelnen Aspekten an anderer Stelle Anerkennungsverletzungen zu kompensieren vermögen.

Im Ergebnis zeigt sich zunächst einmal, dass die einzelnen Integrationsdimensionen und ihre Indikatoren mittelstark miteinander korrelieren. So geht z.B. ein „gerechtes Anteilsempfinden" der zweiten Integrationsdimension einher mit einer funktionierenden individuell-funktionalen Systemintegration wie etwa einer objektiv guten sozialen Lage ($r = .25$) oder einer entsprechenden subjektiven Zufriedenheit mit der beruflichen, finanziellen und sozialen Situation ($r = .44$). Ebenso finden sich weitere bivariat feststellbare Zusammenhänge zwischen den Indikatoren der ersten und der dritten Teildimension.

Auch die Qualität der sozio-emotionalen Einbindung fällt beispielsweise entsprechend besser aus, je günstiger sich die objektive soziale Lage der Befragten darstellt ($r = .28$) und je höher die subjektive Zufriedenheit mit der beruflichen, finanziellen und sozialen Situation ausfällt ($r = .31$). Die Tatsache, dass die bivariaten Korrelationen aber nicht übermäßig ausfallen, spricht sehr deutlich dafür, dass die Aspekte der einzelnen Integrationsdimensionen zwar miteinander verbunden sind, dass die Integrationsdimensionen als solche darüber hinaus aber auch eine relative Eigenständigkeit voneinander besitzen. Da die Indikatoren der Einzeldimensionen untereinander korrelieren, haben wir alle Integrationsindikatoren einer multivariaten Analyse unterzogen und auf ihre – um die wechselseitige Beeinflussung bereinigte – Wirkung hinsichtlich der Einstellungsmuster Fremdenfeindlichkeit, Politikverdrossenheit und Sozialdarwinismus hin untersucht. Das Ergebnis dieser Regressionsanalyse ist Tabelle 2 zu entnehmen.

---

17 Operationalisiert als Zustimmung zu Items wie: „Immer mehr Menschen werden an den Rand gedrängt".

18 Die Frage lautete: „Damit in einer Gesellschaft jeder ein angemessenes Leben führen kann ist es wichtig, dass jeder seinen Beitrag leistet. Hierzu tragen die gesellschaftlichen Gruppen in unterschiedlicher Weise bei. Bitte bewerten Sie den Beitrag jeder Gruppe, die ich Ihnen nenne und sagen Sie mir, ob deren Mitglieder zu wenig tun, genug tun oder mehr als genug tun". Antwortkategorien waren 12 soziale Gruppen: Unternehmer, Hausfrauen, Beamte usw.

19 Operationalisiert als Zustimmung zu Items wie: „Meine Familie oder meine Freunde nehmen meine Gefühle nicht ernst".

Tabelle 2: Soziale Integration und problematische Verarbeitungsmuster (Regressionsmodell)

Variable	Fremdenfeindlichkeit (fffa2)			Politikverdrossenheit (psfa1)			Sozialdarwinismus (sdfa)		
	Beta	T	Sig.	Beta	T	Sig.	Beta	T	Sig.
ifsfa1 Subjektive Zufriedenheit mit beruflicher, sozialer und finanzieller Situation der Befragten				-,043	-2,061	,039			
ifsfa2 Objektive soziale Lage	-,098	-4,686	,000	-,051	-2,629	,009	-,084	-3,873	,000
kis1fa1 Relevanz politischer Partizipation	-,051	-2,523	,012	-,077	-4,080	,000			
kis1fa2 Einflusschancen auf Politik und Gesellschaft	-,122	-5,855	,000	-,230	-11,720	,000			
kis2fa Individueller Erhalt eines gerechten Anteils	-,104	-4,760	,000	-,105	-4,908	,000			
kis4fa2 Gerechte Verteilung/ Chancengleichheit				-,081	-4,100	,000			
kis3fa2 Fairnessempfinden ("soziale Ausgrenzung") nicht verletzt	-,069	-3,206	,001	-,224	-10,838	,000			
kis3fa1 Solidaritätsempfinden A ("Sozialschmarotzertum") nicht verletzt	-,202	-9,759	,000	-,162	-8,390	,000	-,181	-8,456	,000
kis3fa3 Solidaritätsempfinden B ("Trittbrettfahrerei") nicht verletzt				-,040	-2,118	,034	-,097	-4,506	,000
DKIS5FA1 Vorhandensein gesell. Solidarität von Unternehmern und Profisportlern	,041	2,014	,044				,110	5,197	,000
DKIS5FA2 Vorhandensein gesell. Solidarität von Hausfrauen, alten Menschen und Arbeitnehmern									
DKIS5FA3 Vorhandensein gesell. Solidarität von Leuten ohne Kinder, jungen Leute und Ausländern	-,182	-8,983	,000	-,075	-3,975	,000	-,062	-2,889	,004
DKIS5FA4 Vorhandensein gesell. Solidarität von Beamten, Akademikern Lehrern und Empfängern öffentlicher Sozialleistungen	-,048	-2,331	,020	-,123	-6,418	,000			
kes3fa Sozioemotionale Einbindung	-,090	-4,310	,000				-,167	-7,618	,000
R-Quadrat	.210			.314			.119		

Die Regressionskoeffizienten (Beta) geben den Zusammenhang zwischen den unabhängigen Variablen und der jeweils abhängigen Variable (fffa2, psfa1 bzw. sdfa) wieder. Die Zusammenhänge sind mit Ausnahme bei der Variable DKIS5FA1 negativ, d.h., dass der Einfluss der unabhängigen Variablen reduzierend (bei der Variable DKIS5FA1 erhöhend) auf das jeweilige Einstellungsmuster wirkt.

Wie sich zeigt, erklärt das Modell sozialer Integration die abhängigen Variablen Fremdenfeindlichkeit, Politikverdrossenheit und Sozialdarwinismus unterschiedlich gut, die aufgeklärte Varianz liegt für Fremdenfeindlichkeit bei mittleren 21%, für Politikverdrossenheit immerhin bei 31% und für Sozialdarwinismus lediglich bei 12%. Hinsichtlich des Musters Fremdenfeindlichkeit zeigt sich, dass Indikatoren aus allen drei Integrationsdimensionen zur Vorhersage fremdenfeindlicher Einstellungen beitragen, wobei die Verletzung von Solidaritätsempfinden (u.a. in Form der Identifikation von Gruppen, die sich aus der Produktion des Kollektivguts herausziehen) einen maßgeblichen Anteil an der Erklärung hat.[20] Bezüglich des Musters Politikverdrossenheit[21] lässt sich feststellen, dass insbesondere fehlende Einflusschancen auf Entscheidungsprozesse sowie verletztes Fairness- und Solidaritätsempfinden dieses Einstellungsmuster erklären, während hier der Einfluss der sozio-emotionalen Integrationsdimension keine Rolle spielt.

Anders verhält es sich beim Sozialdarwinismus, dessen Vorhersage mittels der Modellvariablen sozialer Integration insgesamt weniger gut gelingt. Gleichwohl weisen auch hier Indikatoren auf die Relevanz aller Integrationsdimensionen zur Erklärung sozialdarwinistischer Einstellungen hin, wobei die sozioemotionale Teildimension hier ihren relativ stärksten Erklärungsanteil entfaltet.

Dass Fremdenfeindlichkeit und Politikverdrossenheit mit Hilfe des Integrationsmodells besser erklärt werden als sozialdarwinistische Einstellungen, entspricht insofern unseren Erwartungen, als hierzu hinsichtlich der ersten und zweiten Teildimension sozialer Integration spezifische Annahmen zur Wirkung von Anerkennungsverletzungen (Vermeidung von Selbstwertbeschädigung, kollektivguttheoretische Logik s.o.) getroffen werden konnten. Sozialdarwinistische Einstellungen sollten sich unseren Erwartungen zufolgen primär aus fehlender sozio-emotionaler Einbindung speisen (s.o.), aber auch hier scheint ein

---

20 Entgegen diesen Trends erhöht sich Fremdenfeindlichkeit, wenn bei den Befragten der Eindruck entsteht, dass Unternehmer und Spitzensportler einen solidarischen Beitrag zum Kollektivgut leisten. Vermutlich ist dies Ausdruck einer sozialen und kulturellen Distanz insbesondere sozial besser gestellter Gruppen gegenüber andersethnischen Gruppen, deren Urteil hier zu einem erheblichen Teil in das Befragungsergebnis einfließt

21 Es wäre zu diskutieren, ob die Erklärung von Politikverdrossenheit durch das Modell deshalb so hoch ausfällt, weil im Modell die Dimension der Einflusschancen auf Politik enthalten ist. Diese Dimension wird von einem Teil der politikwissenschaftlichen Diskussion als „internal efficacy" als mögliche Komponente von Politikverdrossenheit gehandelt (vgl. u.a. Pickel/Walz 1997). In einer solchen Betrachtung wären abhängige und unabhängige Variable in der Tat nicht hinreichend trennscharf. Wie u.a. die unbefriedigenden Ergebnisse zur efficacy-distrust-Hypothese gezeigt haben, verbleibt die Erklärungsreichweite politischer Selbstwirksamkeitskonzepte für andere Politikdimensionen (Politikvertrauen, politische Protestbereitschaft) jedoch häufig bescheiden (vgl. u.a. Gabriel 1995), weshalb es u.E. durchaus statthaft ist, hier von voneinander unabhängigen Dimensionen auszugehen.

Verletzungsempfinden hinsichtlich der Produktion des Kollektivguts von Bedeutung.

Tabelle 3a: Gerechtigkeitsurteile individuell und gesellschaftlich (Angaben in %)

„Im Vergleich dazu wie andere in Deutschland leben ...“	ALLBUS 1990	ALLBUS 2002	IKG-ESOLI 2002	Wohlfahrts-survey 1998	Gerechte Verteilung des Wohlstands in Deutschland ...
Mehr als gerechten Anteil	11,4	7,0	3,9		voll und ganz bzw. eher realisiert
gerechten Anteil	58,5	55,5	41,9	25,1	
etwas weniger	25,1	30,5	40,7		Eher nicht bzw. überhaupt nicht realisiert
sehr viel weniger	4,9	7,1	11,3	74,9	

Tabelle 3b: Individuell gerechtes Anteilsempfinden nach Äquivalenzeinkommensgruppen und im West-Ost-Vergleich (Angaben in %)
„Im Vergleich dazu wie andere in Deutschland leben...“

	ALLBUS 1991*					
Haushalt-pro-Kopf-Einkommen	West			Ost		
	gerechten Anteil	etwas weniger	sehr viel weniger	gerechten Anteil	etwas weniger	sehr viel weniger
unterstes Quintil	61	33	7	17	43	39
2. Quintil	69	28	4	13	45	42
3. Quintil	75	23	2	16	43	42
4. Quintil	74	24	2	19	52	29
oberstes Quintil	82	17	2	22	46	31

	IKG-ESOLI 2002					
Äquivalenzeinkommen**	West			Ost		
	gerechten Anteil	etwas weniger	sehr viel weniger	gerechten Anteil	etwas weniger	sehr viel weniger
unterstes Quartil	25	53	22	10	50	39
2. Quartil	39	46	15	28	51	21
3. Quartil	59	34	6	44	47	7
oberstes Quartil	66	29	4	57	35	7

*   Quelle: Noll (1992)
**   Kategoriengrenzen: der Median, das halbe Einkommen des Medians und das doppelte Einkommen des Medians, d.h. das unterste Quartil, entspricht den „Einkommensarmen", das oberste den „Reichen".

Weiter zeigt sich, dass die Solidaritätsurteile, die als *Kollektivurteile* erfasst wurden (Beurteilung des Beitrags verschiedener Gruppen zum gesellschaftlichen Kollektivgut), deutlich stärkere Wirkungen auf die abhängigen Variablen entfalten als die *individuellen* Gerechtigkeitsurteile (z.b. in Form eines gerechten Anteilempfindens), was sich als Bestätigung unserer *dritten Hypothese* interpretieren lässt. Überhaupt scheint das Empfinden von Entsolidarisierung insgesamt die stärksten Erklärungseffekte für Fremdenfeindlichkeit, Politikverdrossenheit und Sozialdarwinismus bereitzustellen.[22]

Insgesamt relativiert sich jedoch die Bedeutung der dritten Hypothese vor einem ganz anderen Hintergrund. Die Ergebnisse unserer Untersuchung deuten darauf hin, dass das Gerechtigkeitsempfinden in der Bevölkerung in der jüngeren Vergangenheit erheblichen Verschiebungen unterworfen ist, wodurch sich die Diskrepanzen zwischen Gerechtigkeitsurteilen auf der Individual- und der Gesellschaftsebene nicht mehr in dem Maße abbilden wie in früheren Untersuchungen (vgl. Tabelle 3a und 3b).

Zwei Trends fallen ins Auge: Erstens nimmt das als Individualurteil geäußerte gerechte Anteilsempfinden im Zeitverlauf deutlich ab. Und zwar in unserer Untersuchung von 2002 gegenüber dem Allbus-Wert von 1990 um mehr als 22%-Punkte, vermindert sich also um ein Drittel seines Ursprungswerts.[23] Das heißt, dass sich die Diskrepanz zwischen Individualurteil und Gesellschaftsurteil bereits deutlich verringert hat.

Noch bedeutsamer erscheint uns jedoch der zweite Aspekt, der hier zum Ausdruck kommt. Wurde das gerechte Anteilempfinden im Westen Deutschlands Anfang der 90er Jahre noch unabhängig von der objektiven Einkommenslage der Betroffenen als gegeben angesehen, hat sich dieses Ergebnis mittlerweile völlig umgekehrt. Im Westen wie im Osten Deutschlands erfolgt die Beurteilung eines gerechten oder ungerechten Anteilempfindens nunmehr in unmittelbarer Abhängigkeit von der eigenen objektiven Einkommenslage. Die von Vester postulierte „diffuse Unzufriedenheit", *d.h. das Gefühl der Nichtbeachtung des Prinzips Leistung gegen Teilhabe,* scheint hier bereits ihren ersten Niederschlag gefunden zu haben.

---

22 Betrachtet wurden hierbei jedoch aus Platzgründen nur Urteile, die das Herausziehen einzelner Dimensionen bei allen Befragten konstatieren. Werden die befragten Gruppen systematisch daraufhin ausgewertet, ob das Urteil des Herausziehens aus der Kollektivgutproduktion nur über solche sozialen Gruppen abgegeben wird, denen die Befragten selbst nicht angehören (Entsolidarisierung im engeren Sinn), erhöhen sich die beobachteten Zusammenhänge z.T. drastisch.

23 Vergleicht man die Ergebnisse des Allbus untereinander fällt, dieser Rückgang mit etwa 10%-Punkten nicht so gravierend aus, aber auch hier zeigt sich der gleiche Trend. Verlängert man den Bezugszeitraum auf das Jahr 1980, liegt der Rückgang im Allbus-Vergleich bei ca. 13 Prozentpunkten (von 71,4% auf 58,8%).

Tabelle 4: Mittelwertvergleich Zurechung sozialer Probleme*

ZP_ItCluster6 Cluster Zurechnung sozialer Probleme		fffa2 Fremden-feindlichkeit - Konkurrenzdi-mension (Faktor)	psfal Politik-verdrossenheit - Gesamtskala (Faktor)	sdfa Sozialdar-winismus (Faktor)
Individuelle Zurechnung bei Arbeitslosigkeit, sonst überwiegend keine Zurechnung	Mittelwert	,0409777	,0286940	**,1585138**
	N	250	250	250
	Std.	1,02566115	,92033506	1,04830789
	Sig.	,489	,628	,007
fast ausschließlich gesellschaftspolitische Zurechnung	Mittelwert	**,2241494**	**,4733662**	,0612361
	N	496	496	496
	Std.	1,04664636	,87355850	,98577818
	Sig.	,000	,000	,116
fast ausschließlich sachbezogene Zurechnung	Mittelwert	**-,1261136**	**-,2473853**	**-,1443793**
	N	387	387	387
	Std.	1,00651753	1,04081025	1,01581636
	Sig.	,006	,000	,002
überwiegend kollektive Zurechnung	Mittelwert	**,1474302**	,0470817	,0906606
	N	222	222	222
	Std.	,96319006	1,05030044	1,08340909
	Sig.	,020	,457	,152

* Die sechs Gruppen (bzw. Profile) zur Zurechnung sozialer Probleme wurden anhand einer Kombination aus konfirmatorischen Hauptkomponentenanalysen mit hierachischen Clusteranalysen nach Ward und abschließenden iterativen Clusterverfahren nach dem Varianzkriterium gebildet. Zwei Gruppen mit Mischformen bzw. ohne eindeutige Zurechnungsmuster sind nicht mit abgebildet.
Die Variablen ffa2, psfal und sdfa sind anhand einer Hauptkomponentenanalyse gebildet worden, sie haben einen Mittelwert von 0 und eine Standardabweichung von 1; d.h., dass ein Wert > 0 eine Zustimmung, ein Wert < 0 eine Ablehnung für das jeweilige Zustimmungsmuster bedeutet.

Wertet man den Allbus unter dem Gesichtspunkt „subjektives Anteilsempfinden – objektive Einkommenslage" sekundäranalytisch aus, zeigt sich eine ähnliche Tendenz, allerdings bewegt sich die Verletzung des individuell gerechten Anteilempfindens in den unteren Einkommensgruppen hier insgesamt auf einem gegenüber unserer Untersuchung deutlich niedrigeren Niveau und erreicht dort zumindest im Westen Deutschlands bereits im Jahr 1996 ihr Maximum. Da die Abweichungen in den Ergebnissen zu dieser Frage sich jedoch zwischen den beiden Repräsentativuntersuchungen – trotz gleichem Erhebungsjahr und ähnlicher Fallzahl – um deutliche 15 Prozentpunkte unterscheiden (vgl. Tabelle 3a), scheint hinsichtlich der Interpretation der Ergebnisse hier durchaus Vorsicht geboten.

Eine vorerst *letzte Frage*, die uns an dieser Stelle beschäftigen soll, war die Frage nach der möglichen problemverschärfenden oder -entschärfenden Wirkung von unterschiedlichen Mustern der Verantwortungszuschreibung. Zu diesem Zweck wurden drei Phänomenbereiche konstruiert (Arbeitslosigkeit, Probleme der Gesundheitsversorgung und Probleme der Rentensicherung) und den Befragten die Möglichkeit gegeben, bezüglich dieser Problemlagen unterschiedliche Ursachen als voll verantwortlich, z.T. verantwortlich oder gar nicht verantwortlich zu benennen.[24]

Die sozialen Probleme wurden unter dem Gesichtspunkt sozialer Relevanz aber zugleich aus einer ausreichenden „Entfernung" zum Problem sozialer Polarisierung ausgewählt, um tautologische Erklärungen zu vermeiden. Nur wenn sich die von uns erwarteten Zurechnungsmuster analytisch in „Reinform" zeigen würden, sollten sie einer Auswertung unterzogen werden. „In Reinform" meint hierbei, dass es identifizierbare Teile der Befragten geben sollte, die *unabhängig von der Art des sozialen Problems* jeweils dieselbe Form der Verantwortungszuschreibung (individuell, kollektiv, gesellschaftspolitisch oder sachlich) wählen. Mischformen von Verantwortungszuschreibungen wären deshalb aus unserer Sicht nicht interpretierbar.

Auch hier zeigt sich ein erstes durchaus *überraschendes Ergebnis* darin, dass die von uns postulierten Zurechnungsmuster doch von erheblichen Teilen der Befragten in relativer Eindeutigkeit gewählt werden (vgl. Tabelle 4).

Ca. 10% der Befragten verfolgen ein Muster individueller Problemzurechnung (welches allerdings auch nur für das Problem Arbeitslosigkeit als Erklärung angeboten wurde), etwa ein Viertel der Befragten verfolgt das Muster einer gesellschaftspolitischen Problemzurechnung – unabhängig vom gewählten sozialen Problem, weitere 10% präferieren über alle Probleme hinweg eine kollektive Problemzurechnung (also z.B. Arbeitgeber *oder* Gewerkschaften, Ärzte *oder* Patienten) und ein knappes Viertel der Befragten wählt nahezu ausschließlich sachbezogene Erklärungen für die Entstehung sozialer Problemlagen.

Bei mehr als einem Drittel der Befragten lassen sich entweder keine derartigen Zurechnungsmuster feststellen oder es finden sich Mischformen derselben, die von uns vorab als nicht interpretierbar eingestuft wurden. Wie die Mittel-

---

24 Im Bereich Arbeitslosigkeit lautete die Frage bspw. „Wir haben in Deutschland zur Zeit ca. 4 Millionen Arbeitslose. Für viele wird es daher immer schwieriger, überhaupt einen Job zu finden. Sagen Sie mir bitte, wer oder was dafür voll ..., zum Teil ... oder gar nicht verantwortlich ist". Antwortalternativen waren: „die Forderungen der Gewerkschaften", „der technologische Fortschritt", „jeder einzelne für sich", „die Arbeitgeberverbände" oder „die Arbeitsmarktpolitik des Bundes".

wertbetrachtung in Tabelle 4 zeigt, hängen individuelle Zurechnungen wie erwartet nicht mit Verarbeitungsmustern wie Fremdenfeindlichkeit und Politikverdrossenheit zusammen, da sie eher entpolitisierend wirken, entgegen unserer Erwartung allerdings mit dem Muster Sozialdarwinismus. Gesellschaftspolitische Zurechnungen erhöhen in der Tat Politikverdrossenheit und Systemablehnung markant (die Korrelation nach Pearson liegt hier bei $r = .27$), allerdings auch Fremdenfeindlichkeit. Sehr deutlich wird auch, dass die sachliche Problemzurechnung zu einer Verminderung fremdenfeindlicher, politikablehnender oder sozialdarwinistischer Einstellungen beiträgt. Die kollektiven Zurechnungsmuster erhöhen wie erwartet das Einstellungsmuster Fremdenfeindlichkeit signifikant. Da hier die Wirkung von Zurechnungsmustern nur isoliert betrachtet wurde, steht zu erwarten, dass die Zurechnungen den Einfluss einer prekären Integration bzw. konkreter Entsolidarisierungsempfindungen nochmals deutlich verstärken bzw. abschwächen dürften, worauf hier aber aus Platzgründen nicht weiter eingegangen werden kann.

4. Resümee

Der Beitrag diskutiert die Frage, ob sich insbesondere die von Hengsbach und Vester konstatierten objektiven sozialstrukturellen Polarisierungen subjektiv als Bewusstsein gesellschaftlicher Spaltung abbilden. Empirisch lässt sich zwar eine verstärkte Wahrnehmung der Verschärfung sozialer Gegensätze feststellen. Dies bleibt jedoch in der Regel ohne konkrete Folgen. Erst wenn sich zur Wahrnehmung sozialer Polarisierung ein konkretes Entsolidarisierungsempfinden einstellt, bzw. dies auf dem Hintergrund prekärer Integration erfolgt, bilden sich konkrete Einstellungs- und Handlungspräferenzen in Form von Fremdenfeindlichkeit, Politikverdrossenheit und Sozialdarwinismus heraus. Weiterhin lässt sich empirisch eine *drastische Verschiebung bezüglich des Gerechtigkeitsempfindens* beobachten. Ob es zu gesellschaftlich problematisch zu nennenden Einstellungs- und Verhaltensmustern kommt, hängt dabei von weiteren Einflussfaktoren u.a. in Form von Verantwortungszuschreibungen ab.

Literatur

Anhut, Reimund (2002): Die Konflikttheorie der Desintegrationstheorie. In: Bonacker (2002): 381–407.
Anhut, Reimund/Heitmeyer, Wilhelm (2005): Desintegration, Anerkennungsbilanzen und die Rolle sozialer Vergleichsprozesse für unterschiedliche Verarbeitungsmuster von Prekarität. In: Heitmeyer/Imbusch (2005): 75–100.
Anhut, Reimund/Heitmeyer, Wilhelm (2000): Desintegration, Konflikt und Ethnisierung. Eine Problemanalyse und theoretische Rahmenkonzeption. In: Heitmeyer/Anhut (2000): 17–75.

Bayertz, Kurt (Hg.) (1998): Solidarität. Begriff und Problem. Frankfurt/M.: Suhrkamp.

Beck, Ulrich (1986): Risikogesellschaft. Auf dem Weg in eine andere Moderne. Frankfurt/M.:Suhrkamp.

Bertram, Hans (Hg.) (1995): Ostdeutschland im Wandel. Opladen: Leske+Budrich.

Bonacker, Thorsten (Hg.) (2002): Sozialwissenschaftliche Konflikttheorien. Opladen: Leske+Budrich.

Bulmahn, Thomas (2000): Freiheit, Sicherheit und Gerechtigkeit. Unterschiedliche Bewertungen in Ost- und Westdeutschland. In: Informationsdienst Soziale Indikatoren (ISI). 23. 5–9.

Gabriel, Oscar (1995): Politischer Protest und politische Unterstützung in den neuen Bundesländern. In: Bertram (1995): 173–205.

Hechter, Michael (1988): Principles of group solidarity. Berkeley: University of California Press.

Heitmeyer, Wilhelm (Hg.) (2002): Deutsche Zustände. Folge 1. Frankfurt/M.: Suhrkamp.

Heitmeyer, Wilhelm (Hg.) (1997): Was hält die Gesellschaft zusammen? Bd. 2. Frankfurt/M.: Suhrkamp.

Heitmeyer, Wilhelm/Anhut, Reimund (Hg.) (2000): Bedrohte Stadtgesellschaft. Gesellschaftliche Desintegrationsprozesse und ethnisch-kulturelle Konfliktkonstellationen. Weinheim: Juventa.

Heitmeyer, Wilhelm/Collmann, Birgit/Conrads, Jutta (1995): Gewalt. Schattenseiten der Individualisierung bei Jugendlichen aus unterschiedlichen sozialen Milieus. Weinheim: Juventa.

Heitmeyer, Wilhelm/Imbusch, Peter (Hg.) (2005): Integrationspotenziale moderner Gesellschaften. Wiesbaden: VS.

Hengsbach, Friedhelm (1997): Der Gesellschaftsvertrag der Nachkriegszeit ist aufgekündigt. Sozio-ökonomische Verteilungskonflikte als Ursache ethnischer Konflikte. In: Heitmeyer (1997): 207–232.

ISW-Wirtschaftsinfo (2004): 36 (4). 2004.

Kaufmann, Franz-Xaver (1997): Schwindet die integrative Funktion des Sozialstaats? In: Berliner Journal für Soziologie. 1/97. 5–19.

Kaufmann, Franz-Xaver (1992): Der Ruf nach Verantwortung. Freiburg: Herder.

Kaufmann, Franz-Xaver (1984): Solidarität als Steuerungsform – Erklärungsansätze bei Adam Smith. In: Kaufmann/Krüsselberg (1984): 158–179.

Kaufmann, Franz-Xaver (1983): Steuerungsprobleme im Wohlfahrtsstaat. In: Matthes (1983): 474–490.

Kaufmann, Franz-Xaver/Krüsselberg, Hans-Günter (Hg.) (1984): Markt, Staat und Solidarität bei Adam Smith. Frankfurt/M.: Campus.

Matthes, Joachim (Hg.) (1983): Krise der Arbeitsgesellschaft? Verhandlungen des 21. Deutschen Soziologentages in Bamberg 1982. Frankfurt/M.: Campus.

Mohler, Peter Ph./Bandilla, Wolfgang (Hg.) (1992): Blickpunkt Gesellschaft 2: Einstellungen und Verhalten der Bundesbürger in Ost und West. Opladen: Leske+Budrich.

Noll, Heinz-Herbert (1992): Zur Legitimität sozialer Ungleichheit in Deutschland: Subjektive Wahrnehmungen und Bewertungen. In: Mohler/Bandilla (1992): Blickpunkt Gesellschaft 2: 1–20.

Olson, Mancur (1968): Die Logik des kollektiven Handelns. Kollektivgüter und die Theorie der Gruppen. Tübingen: Mohr.

Pickel, Gert/Walz, Dieter (1997): Politikverdrossenheit in Ost- und Westdeutschland: Dimensionen und Ausprägungen. In: Politische Vierteljahresschrift. 1/97. 27–49.

Roller, Edeltraud (1999): Politische und ökonomische Gerechtigkeitsvorstellungen in Deutschland und in den USA. In: Schwengel (1999): 79–176.

Schmid, Michael (1989): Arbeitsteilung und Solidarität. Eine Untersuchung zu Émile Durkheims Theorie der sozialen Arbeitsteilung. In: KZfSS. 3/89. 619–643.

Schwengel, Hermann (Hg.) (1999): Grenzenlose Gesellschaft? Bd. II/2. Pfaffenweiler: Centaurus.

Thome, Helmut (1998): Soziologie und Solidarität: Theoretische Perspektiven für die empirische Forschung. In: Bayertz (1998): 217–262.

Vester, Michael (2002): Schieflagen sozialer Gerechtigkeit. In: Gewerkschaftliche Monatshefte. 8/2002. 450–463.

Vester, Michael (1997): Kapitalistische Modernisierung und gesellschaftliche (Des-)Integration. Kulturelle und soziale Ungleichheit als Problem von „Milieus" und „Eliten". In: Heitmeyer (1997): 149–203.

Walzer, Michael (1992): Sphären der Gerechtigkeit. Ein Plädoyer für Pluralität und Gleichheit. Frankfurt/M.: Campus.

DIE UMSTELLUNG AUF KULTURELLES KAPITAL

Studentische Lebensstile und Geschlecht[*][1]

Steffani Engler

1. Geschlechtlichkeit als Dimension des Habitus

Der Habitus fungiert bei Bourdieu als Erklärungsschlüssel zwischen gesellschaftlichen Strukturen und den Praxen von Individuen, zwischen spezifischen
Lebensbedingungen und Lebensstilen. Er ist „Erzeugungsprinzip objektiv klas-
sifizierbarer Formen von Praxis und Klassifikationssystem (principium divisio-
nis) dieser Formen" (Bourdieu 1982: 277). Der Habitus ist strukturierende
Struktur, der die Wahrnehmungen und Einteilungen der sozialen Welt organisiert, und er ist strukturierte Struktur, da in ihn die gesellschaftlichen Verhältnisse eingehen, in denen er entstanden ist (vgl. ebd.: 277 ff.). So fungiert der Habitus als Erzeugungs- und Ordnungsgrundlage für Praxen und Vorstellungen, d.h.
aber auch, dass er organisiert, wie das Gesehene wahrgenommen und wie die
soziale Welt geordnet wird (vgl. Krais 1993: 211).

In vielen Arbeiten hat Bourdieu die Klassenlage als prägend für den Habitus der Individuen dargestellt; beispielsweise hat er gezeigt, wie bei formaler
Chancengleichheit im Bildungswesen vermittelt über den Klassenhabitus die
Strukturen der für eine Gesellschaft charakteristischen Klassengliederung dennoch reproduziert werden (Bourdieu/Passeron 1971; Bourdieu 1981). Seine in
Deutschland wohl bekannteste Untersuchung „Die feinen Unterschiede" beschäftigt sich mit der Differenziertheit der Lebensstile in modernen Gesellschaften am empirischen Beispiel Frankreichs. In den unterschiedlichen Lebensstilen,
die die Individuen durch ihre soziale Praxis hervorbringen, werden die „objektiven" Merkmale unterschiedlicher Klassenlagen real, im Handeln der Subjekte
reproduziert und gelebt. Auch hier geht es – anders als in den meisten deutschen
„Lebensstil"-Untersuchungen – um die Mechanismen und Funktionsweise der
Reproduktion „sozialer Klassen". Lebensstile, so Bourdieu, haben Distinktions-
funktion, und „Distinktion im Sinne von Unterscheidung ist die in der Struktur

---

* Der Beitrag ist übernommen aus Dölling/Krais (1997): 309–327.

1 An dieser Stelle möchte ich Irene Dölling und Beate Krais für ihre fruchtbaren Anmerkungen
danken. Beate Krais hat sich zudem wiederholt viel Zeit genommen, um mit mir den Beitrag zu
diskutieren und dazu beigetragen, ihn in die vorliegende Form zu bringen.

des sozialen Raumes angelegte Differenz" (Bourdieu 1985: 21). Bourdieu geht
es in diesen Analysen auch darum, die herkömmlichen Vorstellungen von
„Klassen" als sauber voneinander getrennte, nebeneinander oder übereinander-
stehende gesellschaftlichen Gruppen „außer Kraft zu setzen" (Bourdieu 1992:
31). „Soziale Klassen" stehen als zentrale Dimension sozialer Ungleichheit im
Blickfeld. Die Kategorie Geschlecht, die bei einigen Interpretationen durchaus
berücksichtigt wird, betrachtet Bourdieu als „sekundäres Teilungsprinzip" bzw.
Merkmal (vgl. Bourdieu 1982: 182). In seinem Beitrag über die „männliche
Herrschaft" (Bourdieu 1997) geht es Bourdieu darum, zu zeigen, dass das Konzept des Habitus auch für die Analyse der Geschlechterverhältnisse in der modernen Gesellschaft fruchtbar gemacht werden kann.

Um die „Wirkungsweise des vergeschlechtlichten und vergeschlechtlichenden Habitus" (Bourdieu 1997: 167) herauszuarbeiten, bezieht sich Bourdieu
auf die kabylische Gesellschaft, eine Gesellschaft, in der „der Erwerb symbolischen Kapitals die einzig wirkliche Akkumulationsform bildet" (ebd.: 206).
Anders als in differenzierten Gesellschaften ist die Einteilung der sozialen Welt
der kabylischen Gesellschaft primär geordnet entlang eines Teilungsprinzips,
dem Klassifikationsschema „weiblich–männlich", das auf der Arbeitsteilung
zwischen den Geschlechtern basiert. Bourdieu beschreibt hier, wie die ge-
schlechtliche Arbeitsteilung, die ebenso wie Geschlecht als soziale Konstruktion
zu denken ist, in die Sozialkörper eingeschrieben ist und als natürliche Ordnung
erscheint. Doch obgleich es um die „männliche Herrschaft" in der kabylischen
Gesellschaft geht, um eine Herrschaftsform, deren zentraler Bezugspunkt nach
Bourdieu die Konstruktion der geschlechtlichen Arbeitsteilung bildet, bleibt
ungeklärt, „weshalb diese Arbeitsteilung zugleich ein Herrschaftsverhältnis
impliziert" (Krais 1993: 221).

Wichtig an den Ausführungen Bourdieus zur „männlichen Herrschaft" ist
hier, dass die Konstruktion der geschlechtlichen Arbeitsteilung und das Klassifikationsschema „weiblich–männlich" dazu dienen, der Welt eine Ordnung zu
geben. „Ordnung einführen heißt Unterscheidung einführen" (Bourdieu 1987:
369), und nur was unterschieden ist, kann in ein hierarchisches Verhältnis gesetzt werden. Weiterhin ist von Bedeutung, dass dieses Klassifikationsschema
nicht auf ein Denkschema zu reduzieren ist, sondern der Körper als sozialer Ort
zu begreifen ist, als „vergeschlechtlichte Wirklichkeit", als Aufbewahrer von
„vergeschlechtlichenden Wahrnehmungs- und Bewertungskategorien" (Bourdieu 1997: 167). Auch in modernen Gesellschaften fungiert das Klassifikationssystem „weiblich–männlich" als System sozialer Unterscheidung und basiert
auf der Arbeitsteilung zwischen den Geschlechtern. In den Praxen und im kultu-

rellen Unbewussten hat diese Herrschaftsform „überlebt", und der Körper dient hierbei als Gedächtnisstütze.

Bourdieu (1992: 31) versteht den Habitus von Individuen als eine „allgemeine Grundhaltung, eine Disposition gegenüber der sozialen Welt", die geprägt ist durch die sozialen Verhältnisse, in denen sie entstanden ist. Da ich davon ausgehe, dass in differenzierten Gesellschaften zumindest Geschlecht und Klasse als grundlegende Dimensionen sozialer Ungleichheit anzusehen sind, folgt daraus, dass die Unterscheidung in zwei Geschlechter als eine zentrale Dimension des Habitus zu denken ist (ebenso wie Klasse), und dass diese Dimension auch in die Denk-, Handlungs-, Wahrnehmungs- und Bewertungsschemata von Individuen eingeht. Damit stellt sich aber die Frage – die auch in anderen Diskussionszusammenhängen in der Frauenforschung immer wieder aufgeworfen wurde –, wie sich diese beiden Dimensionen zueinander verhalten, insbesondere welche die „primäre", „grundlegende" ist. Möglicherweise jedoch ist diese Frage, über die zum Teil sehr heftig und kontrovers diskutiert worden ist, falsch gestellt. Beate Krais (1993) weist darauf hin, dass die Vorstellung, der Habitus sei etwas in sich Konsistentes, Widerspruchsfreies und in diesem Sinne „Logisches", zumindest in der modernen Gesellschaft abwegig ist. Sie führt vielmehr aus, dass „unterschiedliche Ordnungsvorstellungen und Verhaltensweisen" im Habitus angelegt sind.[2]

Ich will im folgenden der Frage nach dem Verhältnis dieser beiden grundlegenden Dimensionen des Habitus anhand der Untersuchung studentischer Lebensstile in der Bundesrepublik nachgehen. Ich greife dabei auf Arbeiten zurück, die im Projekt „Studium und Biographie" durchgeführt wurden.[3] Die leitende Frage des Hochschulforschungsprojektes war, auf welche Weise die sich nach Studienfächern ausdifferenzierende Hochschullandschaft zur Veränderung oder zur Festschreibung von Geschlechter- und Klassenverhältnissen beiträgt.

---

2 Krais geht noch weiter, sie schreibt: „Mit der Komplexität ihrer Strukturen und Kriterien sozialer Differenzierung legt die moderne Gesellschaft – anders als eine traditionale Gesellschaft wie die der Kabylen – zugleich Sprengsätze im Habitus der Subjekte an, Konflikte zwischen unterschiedlichen Ordnungsvorstellungen und Verhaltensweisen, die die Selbstverständlichkeit der Praxen immer wieder ein Stück weit in Frage zu stellen vermögen" (Krais 1993: 220).

3 Das von der DFG von 1988 bis 1991 geförderte Hochschulforschungsprojekt „Studium & Biographie" wurde von Jürgen Zinnecker (Universität-Gesamthochschule Siegen) geleitet unter Mitarbeit von Helmut Apel, Steffani Engler, Barbara Fiebertshäuser sowie Burkhard Fuhs.

2. Sozialer Raum, Fachkulturen und studentische Lebensstile: Methodische Anlage und Daten der Untersuchung

Die Hochschule – und mit ihr die Welt der Studierenden – wird in dieser Untersuchung gefasst als ein Ort, der in vielfältiger Weise eingebunden ist in gesamtgesellschaftliche Reproduktionsprozesse. Anknüpfend an die Konstruktion des „sozialen Raumes" bei Bourdieu (1982) kann die Welt der Studierenden als Ausschnitt dieses Raumes, d.h. als studentisches Feld gefasst werden.[4] Ohne im einzelnen auf die Konstruktion des sozialen Raumes einzugehen, kann für unsere Untersuchung festgehalten werden, dass es einen Zusammenhang gibt zwischen der Position, die jemand im sozialen Raum einnimmt, und seinem Lebensstil. Dieser Zusammenhang ist vermittelt durch den Habitus:

> „Als Vermittlungsglied zwischen der Position oder Stellung innerhalb des sozialen Raumes und spezifischen Praktiken, Vorlieben usw. fungiert das, was ich ‚Habitus' nenne, das ist eine allgemeine Grundhaltung, eine Disposition gegenüber der Welt, die zu systematischen Stellungnahmen führt" (Bourdieu 1992: 31).

Verglichen mit der breiten Streuung der Berufspositionen, zu denen das Studium führt, aber auch bezogen auf die unterschiedlichen Herkunftsmilieus der Studierenden, ist das studentische Feld, was die materiellen Lebensumstände anbelangt, als relativ homogen zu bezeichnen. Dies zeigt sich beispielsweise in der breiten Streuung der finanziellen Grundausstattung von Erwerbstätigen im Vergleich zu den relativ homogenen finanziellen Grundausstattungen von Studierenden. Die geringeren finanziellen Mittel von Studierenden manifestieren sich in weitgehend ähnlichen Wohnsituationen (meist beengte Wohnverhältnisse), in den konsumierten Lebensmitteln, den Aufwendungen für Kleidung und ähnliches mehr. Ein wichtiges Merkmal dieses Lebensabschnitts ist, dass das Studium verbunden ist mit Statusdiskrepanzen, und zwar sowohl gegenüber der sozialen Position der Herkunftsfamilie als auch gegenüber der zukünftigen Positionierung. Solche Diskrepanzerfahrungen sind allen Studierenden gemeinsam, sie variieren jedoch je nach Herkunftsmilieu. Ebenso ist allen Studierenden das Bestreben gemeinsam, „kulturelles Kapital" in Form eines akademischen Bildungstitels zu erwerben. Dennoch gestaltet sich das studentische Feld, das vor dem Hintergrund des „sozialen Raumes" als relativ homogen erscheint, keineswegs einheitlich. Die zentrale Dimension, in der sich die soziale Differenzierung dieses Feldes fassen lässt, ist – zumindest in der Bundesrepublik – das Studienfach. Die Fachkulturforschung, die das Studium eines akademischen

---

4   Eine ausführliche sozialstrukturell geleitete Darstellung der „Verortung" des studentischen Feldes im „sozialen Raum" sowie der Positionierung der studentischen Fachkulturen im studentischen Feld orientiert an den Kapitalbegriffen Bourdieus ist nachzulesen in Engler (1993).

Faches als Prozess der Sozialisation in unterschiedliche „Kulturen" mit entsprechend verschiedenen Denk-, Wahrnehmungs- und Handlungsmustern betrachtet, hat auf die Bedeutung des Studienfaches mit mehreren Untersuchungen hingewiesen (vgl. Huber u.a. 1983; Liebau/Huber 1985). Betrachtet man die studierenden Personen, so zeigt sich, dass sich in den verschiedenen Fächern auch Personen mit unterschiedlichen sozialen Erfahrungen, erworbenen Dispositionen und zukünftiger sozialer Lage finden.

So ergeben sich soziale Unterschiede zunächst einmal aufgrund der verschiedenen Herkunftsmilieus der Studierenden: Beispielsweise sind in Rechtswissenschaft und Medizin häufiger Studierende vertreten, deren Eltern über einen hohen Bildungsabschluss verfügen, als Studierende aus bildungsfernen Schichten (vgl. Bargel u.a. 1989: 59). Letztere sind in stärkerem Maße in sozial- und ingenieurwissenschaftlichen Studienfächern zu finden. Und obgleich beispielsweise Töchter und Söhne aus Arbeiterfamilien nahezu gleich geringe Chancen haben, ein Hochschulstudium aufzunehmen, ist nicht zu übersehen, dass auch sie, wie viele andere Studentinnen und Studenten, nicht die gleichen Fächer wählen (vgl. Engler/von Prümmer 1993). Studentinnen präferieren sprach- und sozialwissenschaftliche, Studenten naturwissenschaftlich-technische Studienfächer. Die ungleiche Verteilung wird insbesondere beim Studienfach Erziehungswissenschaft mit einem Studentinnenanteil von 68% im Vergleich zu ingenieurwissenschaftlichen Studienfächern wie Maschinenbau mit einem Anteil von 8% und Elektrotechnik mit einem Studentinnenanteil von 3% deutlich. Zwischen solchen Extremen der Geschlechterverteilung ist beispielsweise das ehemals von Männern aus bürgerlichem Hause dominierte Studienfach der Rechtswissenschaft mit einem Studentinnenanteil von 40% anzusiedeln, der etwa dem Anteil von Studentinnen an der Gesamtzahl der Studierenden entspricht.[5]

Auch die Unterscheidung auf der Basis antizipierter zukünftiger Berufspositionen, zu denen das Fachstudium führt, reichen in die Gegenwart des Studiums hinein und prägen den Habitus. Betrachtet man die Verteilung von Frauen und Männern auf die Studienfächer unter diesem Blickwinkel, so zeigt sich, dass Studentinnen in jenen Studienfächern überrepräsentiert sind, die zu Berufspositionen führen, die dem Dienstleistungssektor zuzuordnen sind und die – im Spektrum der akademischen Berufe – mit relativ geringem Einkommen und Status verbunden sind (Erziehungswissenschaft), während die häufiger von Studenten bevorzugten Studienfächer Maschinenbau und Elektrotechnik zu Berufspositionen führen, die im privatwirtschaftlichen industriellen Sektor an-

---

5 Vgl. Statistisches Jahrbuch für die Bundesrepublik Deutschland (Statistisches Bundesamt 1989). Alle Angaben in diesem Beitrag beziehen sich auf die alten Bundesländer.

gesiedelt sind und mit relativ hohem Einkommen und Status einhergehen. In der ungleichen Verteilung der Geschlechter auf die Studienfächer schlagen sich also auch die beruflichen Perspektiven der Studierenden nieder, d.h. die erfahrenen und antizipierten Geschlechterverhältnisse im sozialen Raum.

In der Untersuchung, deren Material hier herangezogen wird, wurde das Fach nicht nur als Indikator für unterschiedliche akademische Kulturen, sondern auch für die soziale Lage der Studierenden verwendet. Soziale Lage oder Position im sozialen Raum bezieht sich hier, in der Topologie des Raumes, nicht auf einen bestimmten *Punkt* im Raum, sondern auf eine „trajectoire", eine bestimmte – für die Vergangenheit bereits reale, für die Zukunft antizipierte, wahrscheinliche – *Laufbahn*. Die Antizipation der wahrscheinlichen Zukunft mit einzubeziehen, ist für eine Untersuchung von Studierenden, d.h. von Personen in einer transitorischen Lebensphase, noch wichtiger, als bei Untersuchungen, die sich auf Erwerbstätige beziehen. Im Zentrum der Untersuchung stand die Frage nach Unterschieden in den studentischen Lebensstilen, die im Zusammenhang mit dem Studienfach zu sehen sind.

In diesem Beitrag wird danach gefragt, welche relative Bedeutung Geschlecht und Studienfach für Unterschiede in den studentischen Lebensstilen zuzumessen ist. Die Studienfächer, die für die Erhebung ausgewählt wurden, waren Erziehungswissenschaft, Rechtswissenschaft, Elektrotechnik und Maschinenbau. Die Auswahl orientierte sich an der ungleichen Verteilung von Studentinnen und Studenten auf diese Fächer.

Methodisch wurden verschiedene Verfahren angewendet, um habitualisierte Denk-, Wahrnehmungs-, Bewertungs- und Handlungsweisen von Studierenden zu untersuchen und gleichzeitig den Kontext des Geschehens, das jeweilige soziale Feld, zu analysieren. Neben ethnographischen Verfahren wie z.B. teilnehmende Beobachtung, Raumzeichnungen, Soziogramme von Handlungsabläufen wurden alltagskulturelle Materialien und Dokumente gesammelt, ExpertInnengespräche geführt, mit Studentinnen und Studenten der genannten Fächer Gruppendiskussionen veranstaltet und biographische Interviews und Foto-Interviews (kommentierte Wohnungsinterviews) durchgeführt. Eine Fragebogenerhebung, die Fragen zur „sozialen Herkunft", zum Bildungsweg, zu Lebensstilen, zur Studiensituation sowie soziodemographische Daten umfasste, ergänzte dieses Material.[6]

Im vorliegenden Beitrag beziehe ich mich auf diese schriftliche Erhebung. Diese Einschränkung bedingt, dass der Thematisierung von Unterschieden und Gemeinsamkeiten zwischen Studentinnen und Studenten Grenzen gesetzt sind.

---

6 Ausführliche Angaben zur Datenerhebung, zum Fragebogen und zur Grundauszählung sind nachzulesen bei Apel (1990), Engler (1990b), Friebertshäuser (1989).

Denn ob und wie Unterschiede erlebt werden und wie sich Geschlechterverhältnisse in Interaktionsprozessen gestalten und in konkreten Handlungssituationen
zeigen, bleibt quantitativem Material verschlossen. Hierzu sei auf andere Pro-
jektauswertungen verwiesen (Apel 1989; Engler 1990a; Engler/Friebertshäuser
1989, 1992; Friebertshäuser 1992).

Die standardisierte postalische Erhebung wurde im Wintersemester 1988/
89 an den Hochschulorten Siegen und Marburg durchgeführt. Befragt wurden
Studentinnen und Studenten des 1. bis einschließlich 9. Semesters der Erziehungswissenschaft an den beiden genannten Hochschulen sowie Rechtswissenschaft in Marburg und Elektrotechnik und Maschinenbau in Siegen. Zusätzlich
wurden Studentinnen einer vergleichbaren Gesamthochschule (Wuppertal) in
die Erhebung aufgenommen. Das Sample umfasst 806 Studierende: 277 Studierende der Erziehungswissenschaft (195 Frauen und 82 Männer), 192 der
Rechtswissenschaft (86 Frauen und 106 Männer), 181 der Elektrotechnik (40
Frauen und 141 Männer) sowie 156 Studierende des Maschinenbaus (33 Frauen
und 123 Männer).

Da in der nachfolgenden Auswertung die soziale Herkunft der Studierenden nicht einbezogen wird, soll an dieser Stelle ein kurzer Hinweis erfolgen.
Eine Ausdifferenzierung nach sozialen Herkunftsgruppen, die sowohl vertikale
als auch horizontale Statusaspekte berücksichtigt, kann aufgrund der Stichpro-
bengröße hier nicht geleistet werden. Im Hinblick auf den Bildungsstatus und
die Stellung der Eltern im Beruf ist zunächst für alle Fächergruppen eine heterogene Zusammensetzung kennzeichnend.[7] Doch Studierende der Rechtswissenschaft nehmen im Vergleich zu den anderen Befragten bezogen auf alle Aspekte
des Herkunftsstatus die „obere" Position ein. Auffällig ist weiterhin, dass zwischen den Studierenden der Erziehungswissenschaft, also jenem Studienfach mit
relativ hohem Frauenanteil, und den Studierenden der beiden Ingenieurfächer,

---

7 Zur sozialen Herkunft der Studierenden: In Erziehungswissenschaft gaben 57%, in Rechtswissenschaft 31% und in Elektrotechnik/Maschinenbau 57% der Studierenden an, dass der Vater
über einen Volksschulabschluss verfüge. 16% der Väter von Studierenden der Erziehungswissenschaft, 39% der Rechtswissenschaft und 15% der Ingenieurwissenschaften (Elektrotech-
nik/Maschinenbau) verfügen über Fachabitur/Abitur. Zur beruflichen Stellung der Väter der
Studierenden: „Arbeiter" gaben 23% der Studierenden in Erziehungswissenschaft, 12% der
Rechtswissenschaft und 27% der Ingenieurwissenschaften an. – Ausgehend von den Müttern
zeigt sich folgendes Bild: In Erziehungswissenschaft gaben 62%, in Rechtswissenschaft 41%
und in den Ingenieurwissenschaften 63% der Studierenden an, dass ihre Mutter einen Volksschulabschluss habe, während 9% der Studierenden in Erziehungswissenschaft, 15% in Rechtswissenschaft und 7% in den Ingenieurwissenschaften angaben, ihre Mutter verfüge über Fach-
abitur/Abitur. Bezogen auf die (arbeitsrechtliche) Stellung gaben Arbeiterin 13% in Erziehungswissenschaft, 9% in Rechtswissenschaft und 17% in den Ingenieurwissenschaften an. Ihre Mutter sei Hausfrau wurde von 34% der ErziehungswissenschaftlerInnen, 27% der Rechtswissen-
schaftlerInnen und 30% der IngenieurwissenschaftlerInnen angegeben.

die einen relativ geringen Frauenanteil aufweisen, kaum nennenswerte Unterschiede bestehen. D.h. möglicherweise auftretende Unterschiede zwischen den letztgenannten Studienfächern wären durch einen Bezug zur sozialen Herkunft keinesfalls hinreichend zu erklären.

Ein Kernstück der oben genannten Erhebung bilden Fragen, die sich an der studentischen Lebensweise orientieren und Lebensstile zu ermitteln suchen. Diesen Fragen liegt die Vorstellung zugrunde, dass sich in kulturellen Praxen und in ihren vergegenständlichten Formen (z.B. in Zimmereinrichtungen) Handlungs-, Denk- und Beurteilungsschemata manifestieren. Orientiert an den Arbeiten Bourdieus und auf die studentische Alltagskultur bezogen wurde vermutet, dass in den Bereichen Wohnen, Schlafen, Essen und Kleidung Unterschiede zwischen Studierenden verschiedener Studienfächer sichtbar werden. Bezogen auf die studentische Situation wurden Wohnformen, Bezugsquellen der Wohnungseinrichtung und Schlafstätten ermittelt. Die Wohnformen umfassen die Ausprägungen: „Wohngemeinschaft", „Wohnen als Paar", „Wohnen allein", „Studentenwohnheim", „Untermiete/Zimmer" und „bei den Eltern". Bei den Bezugsquellen der Wohnungseinrichtung waren die Ausprägungen „Möbelgeschäft", „Elternhaus", „selbstgebaut", „möbliert", „Verwandte/Bekannte", „Flohmarkt", „Anzeige/Aushang" und „Sperrmüll" vorgegeben. Die Bettformen umfassen die Ausprägungen „Matratze auf dem Boden", „improvisiertes Bettgestell", „selbstgebautes Kastenbett", „Hochbett", „Bettcouch" und „gekauftes Bett". Weiterhin wurde nach Ernährungsvorlieben gefragt („gerne Fleisch", „vegetarisch", „biologisch-dynamisch", „fleischarm", „deutsche Küche", „ausländische Küche", „schnelle einfache Gerichte") und die Bezugsquellen der Kleidung erhoben („Kaufhaus", „Flohmarkt", „Boutique", „Fachgeschäft", „selbstgemacht", „geerbt").[8]

3.   Multivariate Darstellung der Lebensstile

Anhand dieses Materials soll dargestellt werden, durch welche Lebensstilmerkmale sich Studierende verschiedener Fächer unterscheiden. Gleichzeitig geht es darum, ob sich trotz unterschiedlicher Fachzugehörigkeit fachübergreifende Gemeinsamkeiten zwischen Studentinnen in Lebensstilmerkmalen aufzeigen lassen. Dazu sollen die von den weiblichen Studierenden der unterschiedlichen Fächer genannten Lebensstilmerkmale zueinander und gleichzeitig in Bezug zu

---

8   Da es hier darum geht, Zusammenhänge zwischen allen Lebensstilmerkmalen und den Studierendengruppen zu beschreiben, werden die bivariaten Ergebnisse nicht im Detail aufgeführt (vgl. dazu Engler 1993).

den Angaben der männlichen Studierendengruppen in Relation gesetzt werden. Anders gesagt, die genannten Lebensstilmerkmale sollen simultan den nach Studienfach und Geschlecht differenzierten Studierendengruppen zugeordnet werden. Dazu wird als multivariates Auswertungsverfahren die Korrespondenzanalyse verwendet.[9]

Die Angaben der Studentinnen und Studenten der Erziehungswissenschaft, Rechtswissenschaft, der Elektrotechnik und des Maschinenbaus (8 Gruppen) wurden mit den genannten Lebensstilvariablen kreuztabelliert. Die relativen Häufigkeiten bilden hier das Eingangsmaterial der Korrespondenzanalyse. Mittels der Korrespondenzanalyse werden Unterschiede zwischen den Studierendengruppen und den von ihnen jeweils genannten Lebensstilmerkmalen „übersetzbar" in eine graphische Darstellung.

Die nachfolgenden Beschreibungen der Verteilungsstruktur der Lebensstilvariablen im Projektionsraum basieren auf der graphischen Darstellung der Ergebnisse der Korrespondenzanalyse. Zunächst werden die studentischen Wohnformen und Bezugsquellen der Einrichtung, danach die sich stärker auf den Körper beziehenden Variablen Ernährung und Kleidung im Zusammenhang mit den Studierendengruppen betrachtet.

---

9   Bei der Korrespondenzanalyse handelt es sich um ein exploratives multivariates Analyseverfahren zur graphischen Darstellung von Zeilen- und Spaltenvariablen von Kontingenztabellen. Hier wird die einfache Korrespondenzanalyse verwendet (Aggregatdaten), um den Gruppen Lebensstilmerkmale zuzuordnen. Aussagen über einzelne Personen sind daher nicht zulässig. In dem durch die Korrespondenzanalyse aufgespannten Raum ist die Distanzfunktion zwischen Spalten und Zeilen ungeklärt. Vergleiche zwischen Spalten und Zeilen können jedoch über die Winkel der Vektorenendpunkte zum Achsenkreuz erfolgen. Vgl. zum Verfahren der Korrespondenzanalyse Blasius (1988), Blasius/Greenacre (1994). – Die Zeilen- (Lebensstilmerkmale) und Spaltenprofile (Studierendengruppe) werden derart in einen niederdimensionalen Projektionsraum projiziert, dass mit der ersten Dimension bzw. Achse ein Maximum der Variation der Daten erklärt wird. Die zweite Achse wird orthogonal zur ersten Achse in den Projektionsraum gelegt, mit ihr wird ein Maximum der noch verbleibenden Variation erklärt. Das Achsenkreuz kann verstanden werden als „Nullpunkt", das bedeutet, je näher die Ausprägungen dort lokalisiert sind, desto weniger tragen sie zur Unterscheidung der Studierendengruppen auf der Basis der verwendeten Lebensstilmerkmale bei. Dieser „Nullpunkt" teilt zugleich die jeweilige Achse in zwei Abschnitte. Die auf dem linken Achsenabschnitt (erste Achse) projizierten Merkmale sind negativ korreliert mit den projizierten Merkmalen des rechten Achsenabschnitts. Die Interpretation der graphischen Ergebnisse der Korrespondenzanalyse erfolgt vermittelt über die Achsen (über die Winkel der (Vektorenend-)Punkte zum Achsenkreuz) und über die Nähe und Distanz der Punkte zueinander. Zur Interpretation der nachfolgenden Ergebnisse wurden auch die hier nicht wiedergegebenen nummerischen Ergebnisse der Korrespondenzanalyse herangezogen.

3.1 Wie wohnen und schlafen Studierende?[10]

Wie gestalten sich nun Unterschiede bzw. Gemeinsamkeiten zwischen den Studierendengruppen im Hinblick auf die Lebensstilmerkmale aus dem Bereich „Wohnen und Einrichtung"? Werden Unterschiede, die im Zusammenhang mit dem Geschlecht zu sehen sind, bzw. fachübergreifende Gemeinsamkeiten zwischen Studentinnen einerseits und Studenten andererseits sichtbar?

Die Betrachtung der graphischen Darstellung der Korrespondenzanalyse (Abbildung 1) orientiert sich zunächst an der ersten Achse (Horizontale), die 49,7% der Variation des Gesamtmodells erklärt. Auf dem linken Achsenabschnitt der ersten Achse sind die Gruppen „Maschinenbau Männer" und „Elektrotechnik Männer" und „Maschinenbau Frauen" und „Elektrotechnik Frauen" lokalisiert. Auf dem entgegengesetzten Abschnitt der ersten Achse, also negativ korreliert mit den zuvor genannten Gruppen, sind „Jura Männer" und „Jura Frauen" und „Pädagogik Frauen" und „Pädagogik Männer" projiziert. Wird die erste Achse interpretiert, so besteht der Hauptgegensatz zwischen den Studierendengruppen der Ingenieurwissenschaften einerseits (linker Achsenabschnitt) und den beiden sozialwissenschaftlichen Studienfächern Rechtswissenschaft und Erziehungswissenschaft andererseits (rechter Achsenabschnitt). Hinsichtlich der verwendeten Lebensstilmerkmale bestehen also zwischen den Studierenden der Ingenieurwissenschaften und den Studierenden der beiden sozialwissenschaftlichen Studienfächer die größten Differenzen. Die Achse kann als „Fachdimension" interpretiert werden.

Bei der Betrachtung der graphischen Darstellung fällt auf, dass beispielsweise die Gruppe „Maschinenbau Männer" relativ nahe am linken Achsenabschnitt liegt, während im Vergleich dazu die „Jura Männer und Frauen" zum rechten Abschnitt der ersten Achse und zum oberen Abschnitt der zweiten Achse nahezu gleichweit entfernt liegen. Dies bedeutet, dass die Gruppe „Maschinenbau Männer" zur geometrischen Ausrichtung der ersten Achse beitragen, während die Gruppen „Jura Männer und Frauen" sowohl zur geometrischen Ausrichtung der ersten als auch der zweiten Achse beitragen und somit zu Unterschieden, die auf diesen Achsen dargestellt sind. Letzteres trifft in ähnlicher Weise auch auf die Gruppen „Pädagogik Frauen und Männer" zu, die im unteren rechten Quadranten lokalisiert sind.

---

10 Andere Faktoren, wie z.B. die Auswirkungen von Kindern auf die Wohnform von Studierenden werden hier nicht einbezogen, da die Fallzahl zu gering ist. So gaben 45 Studierende an, ein Kind zu haben.

Abbildung 1: Graphische Darstellung der Korrespondenzanalyse: Wohnformen, Bezugsquellen von Möbeln und Bettformen

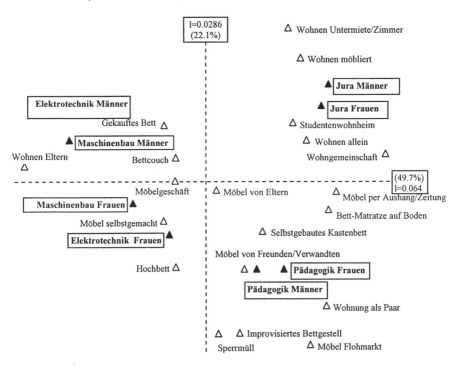

Die zweite Achse, mit der weitere 22,1% der Gesamtvariation erklärt werden, differenziert zwischen den Studierenden der Rechtswissenschaft (lokalisiert im oberen rechten Quadranten) und den Studierenden der Erziehungswissenschaft (lokalisiert im unteren rechten Quadranten). Diese Achse veranschaulicht Unterschiede zwischen den beiden sozialwissenschaftlichen Studienfächern.

Bei der Projektion der Lebensstilmerkmale auf die erste Achse kann den Studentinnen und Studenten der beiden ingenieurwissenschaftlichen Studienfächer insbesondere die Wohnform „bei den Eltern" zugeordnet werden. Dieses Lebensstilmerkmal liegt deutlich separiert im linken Achsenabschnitt. Dabei sind die Studentinnen (nicht die Studenten) dieser beiden Fächer zusätzlich durch die Merkmale „Hochbett" und „Möbel selbstgemacht" zu beschreiben. Doch diesen Ausprägungen kommt weniger Bedeutung zu als „bei den Eltern", da „Hochbett" und „Möbel selbstgemacht" näher am Achsenkreuz liegen. Denn je näher Ausprägungen am Achsenkreuz lokalisiert sind, desto weniger tragen diese zur Beschreibung von Unterschieden bei, da solche Ausprägungen nahezu gleich häufig bzw. selten von den Studierendengruppen angegeben wurden.

Im Gegensatz dazu können sowohl den Studentinnen als auch den Studenten der Rechtswissenschaft und Erziehungswissenschaft die Wohnform „Wohngemeinschaft" und das Merkmal „Möbel per Aushang/Zeitung" als Bezugsquelle der Wohnungseinrichtung und die Bettform „Matratze auf dem Boden" zugeordnet werden. Während jedoch Studierende der Rechtswissenschaft (2. Achse) zudem durch die Merkmale „Wohnen in Untermiete/in eigenem Zimmer", „Studentenwohnheim", „Wohnen allein" und „Zimmer ist vom Vermieter möbliert" gekennzeichnet werden können, sind Studierende der Erziehungswissenschaft zusätzlich anhand der Merkmale „Wohnen als Paar", bei den Bezugsquellen der Möbel durch „von Freunden/Verwandten", „vom Sperrmüll", „vom Flohmarkt" und bezogen auf die Bettformen durch „improvisiertes Bettgestell" und „selbstgebautes Kastenbett" zu beschreiben. Die Merkmale, die relativ nahe am Achsenkreuz liegen, „Möbel von den Eltern", „vom Möbelgeschäft", „Bettcouch", differenzieren weder zwischen den Studierendengruppen noch zwischen den Geschlechtern.

Zusammenfassend sind Studierende der Ingenieurwissenschaften durch die Wohnvariante „Wohnen bei den Eltern" zu beschreiben, in der das Studium als eine Verlängerung der Jugendphase und Schulzeit erscheint, und die symbolisiert, dass es sich beim Studium um eine Ausbildungsphase handelt. Bei Studierenden der beiden sozialwissenschaftlichen Studienfächer geht dagegen das Studium mit räumlicher Ferne zum Elternhaus einher. Dem Studium wird damit bereits eine relative Eigenständigkeit zugestanden, es impliziert im Selbstverständnis der Studierenden die Ablösung vom Elternhaus und den Aufbau einer eigenständigen Lebensweise. Solche Unterschiede können im Zusammenhang mit unterschiedlichen Jugendmodellen gesehen werden, die wiederum unterschiedliche Bezüge zur sozialen Welt (vgl. Zinnecker 1986) symbolisieren. Während jedoch in Erziehungswissenschaft die Lebensstilmerkmale auf einen individuellen, improvisierten Einrichtungsstil hinweisen („Sperrmüll", „Flohmarkt", „improvisiertes Bettgestell"), deuten die Merkmale, die den Studierenden der Rechtswissenschaft zugeordnet werden können, auf Wohnvarianten hin, die an studentische Traditionen anknüpfen („Untermiete/eigenes Zimmer", „Studentenwohnheim", „möbliert"), und symbolisieren, dass es sich beim Studium um eine Übergangsphase handelt. So werden im Bereich der Lebensstilmerkmale, die sich auf die Wohnvarianten, Bezugsquellen der Einrichtung und Bettformen beziehen, vor allem Unterschiede zwischen den Studierenden der verschiedenen Studienfächer sichtbar (Unterschiede, die darauf hinweisen, dass dem Studium offensichtlich eine unterschiedliche Bedeutung im Lebensverlauf je nach Studienfach zukommt). Unterschiede zwischen den Geschlechtern sind jedoch hier von untergeordneter Bedeutung. Diese Unterschiede zwischen den Fächern und die Gemeinsamkeiten zwischen Studentinnen und Studenten eines Faches sind im Rahmen einer zweigeschlechtlichen Weltsicht schwer zu interpretieren.

3.2 Bezugsquellen von Kleidung und Ernährungsvorlieben

In Abbildung 2, das ist die Korrespondenzanalyse „Kleidung und Ernährung", kann mit der ersten Achse bereits 77,5% der gesamten Variation der Daten erklärt werden, d.h. die Lösung ist nahezu eindimensional. Die erste Achse differenziert zwischen „Jura Männern", „Elektrotechnik Männern" und „Maschinenbau Männern" einerseits (linker Achsenabschnitt) und „Pädagogik Frauen", „Elektrotechnik Frauen", „Jura Frauen" und „Maschinenbau Frauen" andererseits (rechter Achsenabschnitt). Kurz, diese Achse differenziert zwischen den Geschlechtern; sie kann als „Geschlechtsdimension" interpretiert werden. Über die Fächer hinweg sind sich in den Kleidung und Ernährung betreffenden Lebensstilaspekten jeweils die Frauen untereinander und die Männer untereinander relativ ähnlich. Lediglich den Studenten der Erziehungswissenschaft kommt eine Sonderrolle zukommt: sie sind durch die zweite Achse zu beschreiben, die zusätzlich 10,3% der Varianz des Modellraums erklärt.

Die Studenten der Rechtswissenschaft, der Elektrotechnik und des Maschinenbaus (linker Achsenabschnitt) essen überdurchschnittlich „gerne Fleisch", bevorzugen „deutsche Küche" und kaufen ihre Kleidung häufiger als Studentinnen im „Fachgeschäft". Zum besseren Verständnis der Analyse: Dies bedeutet nicht, dass alle Studenten als Ernährungsvorliebe „gerne Fleisch" angaben, sondern vielmehr, dass sie es überdurchschnittlich oft im Vergleich zu den Studentinnen angaben. Gleiches gilt für die Lebensstilmerkmale, die zur Beschreibung der Studentinnen herangezogen werden können.

Die Studentinnen der Erziehungswissenschaft, der Elektrotechnik, der Rechtswissenschaft und des Maschinenbaus (rechter Achsenabschnitt) sind heterogener in bezug auf die Lebensstilmerkmale „Kleidung und Ernährung". Sie sind jedoch – mehr oder weniger – durch die Ernährungsvorlieben „fleischarm" bzw. „biologisch-dynamisch" zu beschreiben sowie durch die Merkmale „Boutique" als Ort des Kleidungserwerbs, „selbstgemachte Kleidung" und „Kleidung geerbt". Auch Vorlieben für „vegetarisch" und für „Kleidung vom Flohmarkt" beschreiben Unterschiede zu den Männern der untersuchten Fächer. Jedoch scheint es innerhalb der Gruppe von Studenten der Erziehungswissenschaft eine Untergruppe zu geben, die angab, am liebsten vegetarisch zu essen bzw. die Kleidung auf dem Flohmarkt zu erwerben. Dies ist in der graphischen Darstellung daran zu sehen, dass diese beiden Merkmale weder eindeutig auf die erste noch auf die zweite Achse projiziert sind.

Abbildung 2: Graphische Darstellung der Korrespondenzanalyse: Bezugsquellen von Kleidung und Ernährungsvorlieben

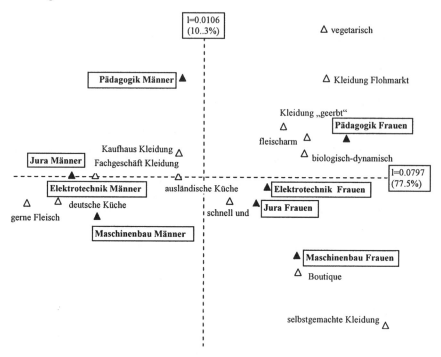

Jene Merkmale, die relativ nahe am Achsenkreuz liegen: „ausländische Küche", „schnelle und einfache Gerichte", „Kleidung im Kaufhaus erworben", tragen nur wenig zur Unterscheidung der Studierendengruppen bei. Diese Merkmale differenzieren weder zwischen den Geschlechtern noch zwischen den Studienfächern.

4. Diskussion der Ergebnisse

Während bei jenen Lebensstilmerkmalen, die sich auf die studentische Wohn-kultur beziehen, die Studienfachzugehörigkeit als dominantes Differenzierungs-kriterium fungiert, ist bei jenen Lebensstilmerkmalen, die einen Bezug zum Körper aufweisen, hier „Kleidung und Ernährung", das Geschlecht als dominan-tes Differenzierungskriterium anzusehen. In alltäglichen Dingen treten damit Unterschiede in den Lebensstilen der Geschlechter zutage, die darauf hinweisen, dass das Klassifikationsschema „weiblich–männlich", wie Bourdieu schreibt, sich nicht auf ein Denkschema reduzieren lässt. Diese Unterschiede lassen sich jedoch weder durch die zukünftigen unterschiedlichen Berufspositionen noch durch die sozialen Herkunft erklären. Sie deuten vielmehr auf verinnerlichte Dispositionen hin, die im Zusammenhang mit dem Geschlecht zu sehen sind. Die empirischen Befunde zeigen jedoch auch, dass nicht bei allen verwendeten Lebensstilmerkmalen Unterschiede hervortreten, die als Unterscheidungen zwi-schen den Geschlechtern zu begreifen sind, sondern dass die Unterschiede zwi-schen den Geschlechtern bereichsbezogen sind.

Dennoch kann hier nicht davon ausgegangen werden, dass den aufgezeig-ten Unterschieden zwischen den Geschlechtern in den verschiedenen Studienfä-chern die gleiche Bedeutung zukommt. Studentinnen der beiden ingenieurwis-senschaftlichen Studienfächer befinden sich, was ihr Geschlecht anbelangt, in einer Minderheitenposition. Studentinnen der Erziehungswissenschaft befinden sich in einer Mehrheitsposition. Welche Relevanz diese ungleiche Verteilung der Geschlechter auf die Studienfächer im Zusammenhang mit den aufgezeigten Unterschieden in den Lebensstilmerkmalen zukommt, muss hier offen bleiben.

Die Bedeutung dieser Ergebnisse ist weniger in dem Nachweis zu sehen, dass bei bestimmten Lebensstilmerkmalen fachübergreifende Unterschiede zwischen den Geschlechtern bzw. Gemeinsamkeiten zwischen Frauen einerseits und Männern andererseits zu finden sind. Die Bedeutung liegt meines Erachtens vielmehr darin, dass Geschlecht als Unterscheidungsmerkmal einmal eher in den Vordergrund, einmal eher in den Hintergrund tritt. Was kann man daraus schließen?

Bourdieu hat gezeigt, dass es einen Zusammenhang zwischen „höchst dis-paraten Dingen" gibt: „wie einer spricht, tanzt, lacht, liest, was er liest, was er mag, ... All das ist eng miteinander verknüpft" (Bourdieu 1992: 32). Im vorlie-genden Beitrag deutet sich jedoch an: Wie sie wohnt, sich einrichtet und schläft, ist eng verknüpft mit dem jeweiligen Studienfach; was sie gerne isst und wo sie ihre Kleidung erwirbt, ist eng verknüpft mit dem Geschlecht. Die vorgefunde-nen Unterschiede lassen sich nicht als stringent aufeinander bezogen beschrei-ben. Zunächst heißt das, dass weder Geschlecht noch Studienfach allein ausreichen, sozial relevante Unterschiede zu erklären. Es scheint vielmehr sinnvoll, Lebensstile differenziert nach unterschiedlichen Aspekten hin zu untersuchen. Denn wenn bei bestimmten Lebensstilmerkmalen das Geschlecht, bei anderen wiederum das Fach, bei wieder anderen ein Drittes als dominantes Unterscheidungsmerkmal hervortritt, und dies je nach untersuchtem Gegenstandsbereich, möglicherweise je nach Kontext und Situation wechselt, so liegt es nahe, dass Lebensstile nicht als einheitliches, konsistentes Lebensgefüge aufgefasst werden können. Die alltagskulturellen Praxen, aus denen die Ordnungsvorstellungen und Denkschemata von Individuen hervorgehen, gestalten sich offensichtlich unterschiedlich. Diese Unterschiedlichkeit, dass bei bestimmten Aspekten das Geschlecht eine zentrale Rolle spielt, während bezogen auf andere Aspekte das Geschlecht von geringerer Bedeutung ist bzw. anderes in den Vordergrund tritt, müsste dann auch in den Habitus eingehen. Der Habitus ist dann nicht als ein einheitliches, in sich schlüssiges System von Dispositionen und Teilungsprinzipien zu fassen, sondern als ein System, in das unterschiedliche, nicht logisch aufeinander bezogene Erfahrungen eingehen (vgl. Krais 1993), und das wiederum unterschiedliche Praxen hervorbringt.

Vor diesem Hintergrund erscheinen Debatten darüber, ob Geschlecht oder Klasse als vorherrschendes Ungleichheitsmerkmal anzusehen ist, oder wie das Ineinander dieser getrennt angenommenen Kategorien theoretisch zu begreifen ist, als unfruchtbar. Vielmehr wäre danach zu fragen, wann, in welchem Kontext und in welcher Situation welches Ungleichheitsmerkmal in den Vordergrund tritt. Damit kann herausgearbeitet werden, welches relative Gewicht Merkmalen im Netz von Unterschieden und sozialen Unterscheidungen zukommt.

Literatur

Apel, Helmut (1990): Fragebogen studentische Fachkulturen (II). Grundauszählung nach Fach und Geschlecht (geschlossene Fragen). Universität Gesamthochschule Siegen. (Publikationsreihe „Studium & Biographie", Nr. 8).
Apel, Helmut (1989): Fachkulturen und studentischer Habitus. In: Zeitschrift für Sozialisationsforschung und Erziehungssoziologie. 9(1). 2–22.
Bargel, Tino/Framhein-Peisert, Gerhild/Sandberger, Johann-Ulrich (1989): Studienerfahrungen und studentische Orientierungen in den 80er Jahren. Bad Honnef: Bock.
Becker, Egon (Hg.) (1983): Reflexionsprobleme der Hochschulforschung. Weinheim: Beltz.
Blasius, Jörg (1988): Zur Stabilität von Ergebnissen bei der Korrespondenzanalyse. In: ZA-Information 23. 47–62.
Blasius, Jörg/Greenacre, Michael J. (1994): Computation of Correspondence Analysis. In: Greenacre/Blasius (1994): 23–52.
Bourdieu, Pierre (1997 [1990]): Die männliche Herrschaft. In: Dölling/Krais (1997): 153–217.
Bourdieu, Pierre (1992): Die verborgenen Mechanismen der Macht. Hamburg : VSA.
Bourdieu, Pierre (1987): Sozialer Sinn. Kritik der theoretischen Vernunft. Frankfurt/M.: Suhrkamp.
Bourdieu, Pierre (1985): Sozialer Raum und „Klassen". Leçon sur la leçon. Frankfurt/M.: Suhrkamp.

Bourdieu, Pierre (1982): Die feinen Unterschiede. Frankfurt/M.: Suhrkamp.

Bourdieu, Pierre (1981): Klassenschicksal, individuelles Handeln und das Gesetz der Wahrscheinlichkeit. In: Bourdieu u.a. (1981): 169–226.

Bourdieu, Pierre/Boltanski, Luc/de Saint Martin, Monique/Maldidier, Pascale (1981): Titel und Stelle. Über die Reproduktion sozialer Macht. Frankfurt/M.: Europäische Verlagsanstalt.

Bourdieu, Pierre/Passeron, Jean-Claude 1971: Die Illusion der Chancengleichheit. Stuttgart: Klett.

Büchner, Peter/Krüger, Heinz-Hermann/Chisholm, Lynne (Hg) (1990): Kindheit und Jugend im interkulturellen Vergleich. Opladen: Leske+Budrich.

Dölling, Irene/Krais, Beate (Hg.) (1997): Ein alltägliches Spiel. Geschlechterkonstruktion in der sozialen Praxis. Frankfurt/M.: Suhrkamp.

Engler, Steffani (1993): Fachkultur, Geschlecht und soziale Reproduktion. Eine Untersuchung über Studentinnen und Studenten der Erziehungswissenschaft, Rechtswissenschaft, Elektrotechnik und des Maschinenbaus. Weinheim: Deutscher Studien Verlag.

Engler, Steffani (1990a): Die Illusion des Gleichheitsdenkens. In: Büchner u.a. (1990): 163–176.

Engler, Steffani (1990b): Fragebogen Studentische Fachkulturen (I). Aufbau und Konzeption des Fragebogens. Universität Gesamthochschule Siegen. (Publikationsreihe „Studium & Biographie", Nr. 7).

Engler, Steffani/Friebertshäuser, Barbara (1992): Die Macht des Dominanten. In: Wetterer (1992): 101–120.

Engler, Steffani/Friebertshäuser, Barbara 1989: „Zwischen Kantine und WG". Studienanfang in Elektrotechnik und Erziehungswissenschaft. In: Faulstich-Wieland (1989): 123–136.

Engler, Steffani/von Prümmer, Christine (1993): Studienfach, Geschlecht, „soziale Herkunft" – Zum Verhältnis von Geschlecht und Klasse an der Hochschule. In: Schlüter (1993): 105–125.

Faulstich-Wieland, Hannelore (Hg.) (1989): „Weibliche Identität". Dokumentation der Fachtagung der AG Frauenforschung in der Deutschen Gesellschaft für Erziehungswissenschaft. Hannover: Kleine.

Friebertshäuser, Barbara (1992): Übergangsphase Studienbeginn. Eine Feldstudie über Riten der Initiation in eine studentische Fachkultur. Weinheim: Juventa.

Friebertshäuser, Barbara (1989): Fragebogen ErstsemesterInnen Erziehungswissenschaft (I). Marburg WS 1985/86 und Siegen WS 1988/89. Zur Konzeption und Durchführung. Universität Gesamthochschule Siegen. (Publikationsreihe „Studium & Biographie", Nr.5).

Gebauer, Gunter/Wulf, Christoph (Hg.) (1993): Praxis und Ästhetik. Frankfurt/M.: Suhrkamp.

Greenacre, Michael/Blasius, Jörg (Hg.) (1994): Correspondence Analysis in the Social Sciences. Recent Developments and Applications. London: Academic Press.

Heitmeyer, Wilhelm (Hg.) (1986): Interdisziplinäre Jugendforschung. Weinheim: Juventa.

Huber, Ludwig/Liebau, Eckart/Portele, Gerhard/Schütte, Wolfgang (1983): Fachcode und studentische Kultur. Zur Erforschung der Habitusausbildung in der Hochschule. In: Becker (1983): 144–170.

Krais, Beate (1993): Geschlechterverhältnis und symbolische Gewalt: In: Gebauer/Wulf (1993): 208–250.

Liebau, Eckart/Huber, Ludwig (1985): Die Kulturen der Fächer. In: Neue Sammlung. 25(3). 314–399.

Schlüter, Anne (Hg.) (1993): Bildungsmobilität. Weinheim: Deutscher Studien Verlag.

Statistisches Bundesamt (Hg.). (1989): Statistisches Jahrbuch für die Bundesrepublik Deutschland 1989. Stuttgart: Metzler-Poeschel.

Wetterer, Angelika (Hg.) (1992): Profession und Geschlecht. Frankfurt: Campus.

Zinnecker, Jürgen (1986): Jugend im Raum gesellschaftlicher Klassen. In: Heitmeyer (1986): 99–132.

Die Transformation sozialer Selektivität.

Soziale Milieus und Traditionslinien der Weiterbildungsteilnahme

Helmut Bremer

In der bildungssoziologischen Diskussion haben Weiterbildung und lebenslanges Lernen meist nur wenig im Fokus gestanden. Angesichts der zunehmenden Bedeutung von kulturellem Kapital in der heraufziehenden ‚Wissensgesellschaft' wächst nun allerdings das Interesse an den Bildungsprozessen, die der Schul-, Hochschul- und Berufsausbildung nachfolgen. Dabei verdient die Frage der sozialen Ungleichheit besondere Beachtung, da alles dafür spricht, dass Lebenschancen künftig noch stärker an Bildungsteilhabe gekoppelt sein werden. Dieser Thematik soll im Folgenden etwas nachgegangen werden. Dabei ist zu konstatieren, dass der sozial sortierende und auslesende Effekt des Bildungswesens auch in der Erwachsenenbildung seit langem bekannt ist und unter den Begriffen der „doppelten Selektivität" (Faulstich 1981: 61 ff.) bzw. der „Weiterbildungsschere" (Schulenberg u.a. 1978: 525) diskutiert wird. Ausgedrückt wird damit, dass vor allem diejenigen an Weiterbildung partizipieren, die ohnehin über höhere Bildungsabschlüsse verfügen und dadurch in gehobenen beruflichen Bereichen tätig sind, die wiederum mehr Bildungserwerb erfordern und ermöglichen (vgl. jüngst etwa Schömann/Leschke 2004). Die vielfach erhoffte Kompensationsfunktion, d.h. das Ausgleichen früh eingestellter Bildungsunterschiede im späteren Leben durch Teilnahme an Erwachsenenbildung, hat sich nicht nur nicht erfüllt. Vielmehr wird Selektivität durch Weiterbildung „im Gegenteil eher noch verstärkt"; die „Bildungskumulation privilegierter sozialer Milieus setzt sich ungebrochen fort" (Faulstich 2003: 650).

Ungeachtet dieser Befunde, die die hohe Bedeutung sozialer Faktoren und der sozialen Herkunft für Partizipation an Weiterbildung deutlich machen, werden derzeit verstärkt Ansätze propagiert, die „lebenslanges Lernen" vor allem als selbstverantwortete Gestaltung der Bildungsbiographien konzipieren. Vorausgesetzt werden dabei offenbar individualisierte, intentionale und reflexive Akteure, deren soziale Klassenzugehörigkeit diffus bleibt und vernachlässigt wird (Bremer 2004a). Die *These* dieses Beitrags ist, dass damit ein Leitbild verbreitet wird, das den habitusspezifischen Lebensführungsmustern und Bildungsdispositionen oberer Milieus entspricht und mit dem sich zugleich in neuem Gewand ein Abdrängungsmuster fortsetzt, das auch früher schon zur Verschärfung sozialer Selektivität in der Erwachsenenbildung beigetragen hat. Die These soll belegt werden, indem die sozialstrukturellen Befunde zur Teilnahme an Erwachsenenbildung historisch betrachtet und aus der Perspektive von Bourdieus Theorie von Habitus und Feld (Bourdieu 1982, 1987, 2001) sowie des darauf aufbauenden Ansatzes der sozialen Milieus und ihrer Traditionslinien (Vester u.a. 2001) re-interpretiert werden. In diese Betrachtung, die *eine relative Kontinuität von Bildungsdispositionen sozialer Gruppen über einen längeren Zeitraum* aufzeigt, sollen schließlich die Ergebnisse unserer Studie zu den milieuspezifischen Weiterbildungsmotiven eingeordnet werden (Bremer 1999).

Herausgearbeitet wird, dass die sozial ungleiche Teilhabe an Erwachsenenbildung nicht allein daraus erklärt werden kann, dass wesentliche Weichenstellungen für die sozialen Laufbahnen und Bildungskarrieren für Erwachsene schon erfolgt sind und die Teilnahmestruktur daher im großen und ganzen auch den Bildungsdispositionen der Akteure entspricht. Ungeachtet dessen, dass Weiterbildung bezogen auf den Lebenslauf eher „Feinregulierungsfunktionen" hat (Wittpoth 1995: 76) und Bildungsungleichheit daher schon immer stärker präsent war, waren und sind die Bildungsentscheidungen auch auf die *Abwertung und Abwehr der pragmatischen Bildungszugänge* weiter unten stehender Milieus durch das bildungsbürgerlich dominierte Feld zurückzuführen.

Der Argumentation liegt das bisher wenig aufgegriffene bildungssoziologische Paradigma von Bourdieu und Passeron (1971) zugrunde, das Michael Vester (2006) kürzlich auf die aktuelle Debatte zur Bildungsungleichheit in Deutschland bezogen hat. Das Bildungswesen hat demnach zweierlei Funktionen. Schon Weber (1972) hatte darauf hingewiesen, dass Bildung und Erziehung sowohl den Zweck hatten, „eine bestimmte Lebensführung" zu erreichen, „die als ‚kultiviert' galt", als auch die „Fachschulung" durch „rationalen Unterricht" ermöglichen sollten (ebd.: 578). Die angestammte, durch eine distinguierte Lebensführung sich auszeichnende privilegierte Schicht ist dabei bestrebt, ein Verständnis durchzusetzen, wonach Bildung nicht auf ‚nackte' Kompetenzen und Fachwissen zu reduzieren ist. Damit drückt Weber aus, dass Kompetenzerwerb für die nicht privilegierten und negativ privilegierten Schichten in Bildungseinrichtungen über die Hürde einer Orientierung an der ständischen Lebensweise oberer Klassen führt, was zugleich mit der Erfahrung der *Entwertung* der eigenen weniger vornehmen Lebensführung und der damit zusammenhängenden *praktischen Kompetenzen* verbunden ist.

Bourdieu und Passeron haben diese Argumentation Webers aufgegriffen und präzisiert. Weil Angehörige aus mittleren und unteren Milieus erst „mühsam erwerben" müssen, was diejenigen aus privilegierten Milieus als „kulturelles Erbe" mit auf den Weg bekommen haben (Bourdieu/Passeron 1971: 42), ist der Erwerb schulischer Bildung für die unteren Klassen „immer zugleich *Akkulturation*" (ebd.: 40). Die ‚weichen' Formen der klassenkulturell gefärbten pädagogischen Kommunikation wirken dabei um so härter, weil sie oft nicht als Mechanismen, die zu sozialer Selektivität beitragen, erkannt werden.

Die Perspektive schärft den Blick für die kaum untersuchten sozialen Übertragungswege „kulturellen Kapitals". Dem vorliegenden Beitrag liegt die Annahme zugrunde, dass Einrichtungen der Erwachsenenbildung wie alle Anstalten des Bildungswesens eine eigene, relativ autonome Welt bilden, in der sich soziale Ungleichheit „gewissermaßen ‚übersetzt' (...) in die Sprache, in die Prinzipen von Bildung und Kultur" (Krais 2003: 7) und dass es diese Prozesse sind, die zusammen mit anderen Mechanismen zur ungleichen Weiterbildungsteilhabe mit beitragen.

1.   Anfänge der Weiterbildungsforschung

Erste Untersuchungen zur Teilnahme an Erwachsenenbildung fanden zu Beginn des 20. Jahrhunderts statt, vor allem in der Zeit der Weimarer Republik, als es eine erste Welle von Volkshochschulgründungen gab. Es handelte sich meist um Arbeiten, die sich auf lokale Einrichtungen bezogen und in denen die Bildungsinteressen der Teilnehmenden anhand von belegten Kursen geordnet und zu Bildungstypen gebündelt wurden.[1] Fasst man diese Arbeiten zusammen, so lassen *sich vier typologische Linien des Bildungszugangs mit sozialstrukturellen Schwerpunkten* identifizieren:
(1)   Ein vor allem von männlichen Facharbeitern getragener Grundtypus, der von Sachlichkeit und Klarheit gekennzeichnet ist und dem es vor allem um den Erwerb von fachlich-naturwissenschaftlichen Kenntnissen geht.
(2)   Ein vor allem von gering qualifizierten Arbeitern getragener Grundtypus, der durch eine deutlichere Distanz und Ablehnung von Bildung gekennzeichnet ist und der (wenn überhaupt) Interesse am Erwerb elementarer Kompetenzen (z.B. Rechnen, Schreiben) zeigte.
(3)   Ein sozialstatistisch heterogener Grundtypus (gering und mittel qualifizierte Angestellte und Beamte, aber auch Arbeiter und kleine Selbständige des alten Mittelstandes), der sich zum einen an der legitimen Kultur und bür-

---

1   Vgl. etwa Engelhardt (1926 – Berlin), Hermes (1926 – Leipzig), Radermacher (1932 – Wien), Große (1932) und Buchwald (1934 – Leipzig und Dresden).

gerlichen (schöngeistigen) Bildungsidealen orientierte und zum anderen Interesse an status- und aufstiegsbezogener Bildung zeigte.

(4) Ein von höheren Angestellten und Beamten getragener, über höhere Bildungsstandards verfügender Typus, der sich durch eine noch deutlichere Betonung kultureller und künstlerischer Bildungsaspekte auszeichnete und der am stärksten einem bildungshumanistischen und hochkulturellen Bildungsbegriff anhing.

Die aufgezeigte Pluralität von Bildungszugängen übertrug sich jedoch nicht in tatsächliche Teilnahme, die schon in der Weimarer Zeit „insgesamt einen Mittelschicht-Charakter" hatte (Olbrich 2001: 155). Es dürften also überwiegend der dritte und vierte Grundtypus gewesen sein, die die Praxis in jener Zeit besonders prägten.

Neben den mit der bildungsspezifischen Sozialisation und den oft wenig bildungsintensiven Berufstätigkeiten verbundenen Teilnahmebarrieren waren aber auch damals schon andere Mechanismen wirksam. So stellte etwa Große (1932) fest, dass in Kursen mit sozialstruktureller Mischung der Teilnehmenden der Anteil der weniger gebildeten Arbeiter im Verlauf des Seminars abnimmt, also „der Geschulte den Ungeschulten verdrängt" (ebd.: 51). Er führte das auf die größere soziale Nähe zurück, die zwischen den Dozenten und den höher gebildeten Angestellten besteht. Aufgrund dieses Verhältnisses neige der Lehrende dazu, sich stärker „auf den ihm in seiner Ausdrucksweise und in seiner ganzen geistigen Verfassung näherstehenden Schüler" einzustellen (ebd.).

Vermutungen über solche Effekte, die man mit Bourdieu als ein Muster *soziokultureller Abdrängung* bezeichnen kann, werden erhärtet durch eine zu Beginn der 1960er Jahre vorgelegte Arbeit von Tietgens (1978). Vor dem Hintergrund der nach wir vor stark von den Mittelschichten dominierten Erwachsenenbildung (vgl. etwa Ritz 1957) wollte er die tieferen Ursachen dafür analysieren, warum Industriearbeiter weniger in die Volkshochschule kommen als Angestellte. Tietgens stellte fest, dass die Volkshochschule sich häufig an der eher ‚zweckfreien', auf persönliche Selbstentfaltung zielenden Bildungsidee des Humanismus orientiere. Dieser Zugang zu Bildung und Lernen setze jedoch eine relativ gesicherte Lebenshaltung voraus. Tietgens stützte sich auf die sprachsoziologischen Arbeiten von Bernstein (1959) und vermutete bei den (wohlhabenderen) Mittelschichten einen am elaborierten Code orientierten Lerntyp, der auf das bildungshumanistische Leitbild eher abgestimmt ist. Dagegen seien die Lebens- und Arbeitsbedingungen von Arbeitern stärker von Prekarität, Notwendigkeit und Konkretheit geprägt, so dass auch Bildung stärker mit Nützlichkeit in Verbindung gebracht werde. So sei auch Emanzipation für Arbeiter immer mit einer konkreten Verbesserung der beruflichen Situation verbunden gewesen,

so dass Bildung „mit dem Bedürfnis nach persönlichem, beruflichem Fortkommen" verbunden wurde (Tietgens 1978: 103). Entsprechend vermutete er bei
den Arbeitern einen am Praktischen und Fachlichen orientierten Lerntyp. Darauf
jedoch waren die Volkshochschulen in jener Zeit kaum eingestellt. Tietgens
forderte, dass die Erwachsenenbildung nicht den angestelltentypischen Bildungszugang als den „erwünschten" voraussetzen solle, sondern dass sie, bezogen auf die Lebenswirklichkeit und Mentalität der Arbeiter, „das Bildungsangebot durch einen grundsätzlich anderen Typ" erweitern müsse (ebd.: 153).

2.   Beginn der Umstellungsstrategien in den 1960er und 1970er Jahren: Die ‚Göttinger' und die ‚Oldenburger Studie'

Die theoretische Arbeit von Tietgens, obwohl noch relativ wenig differenziert,
liefert einen wichtigen Beitrag zum Verstehen der Bildungsbeteiligung Erwachsener. Sie entstand in einer Zeit, als die sozialen Gruppen ihre Einstellung zu
Bildung änderten und der Druck auf das Bildungssystem zunahm. Die sog.
„realistische Wende" (Strzelewicz 1986) kennzeichnet eine gesellschaftliche
Umbruchsituation, in der die Erwachsenenbildung sich von einer einseitigen
Orientierung am humanistischen Bildungsideal lösen und sich stärker den Lebenswirklichkeiten und realen Bildungsbedürfnissen der Akteure zuwenden
sollte. Dabei waren die „Umstellungsstrategien" (Bourdieu 1982: 210 ff.) der
sozialen Akteure zu diesem Zeitpunkt schon im Gange.[2] Das soll im Folgenden
anhand von zwei breit angelegten bildungssoziologischen, außerhalb der engeren Erwachsenenbildung nur wenig beachteten Studien gezeigt werden, die als
‚Göttinger' und ‚Oldenburger Studie' bekannt geworden sind..
    Ziel der zwischen 1958 und 1960 an der Universität Göttingen durchgeführten Untersuchung „Bildung und gesellschaftliches Bewusstsein" (Strzelewicz u.a. 1966) war es, die jenseits von wissenschaftlichen Bildungstheorien in
der Bevölkerung vorhandenen Vorstellungen von Bildung zu explorieren.[3] In
einer vorangestellten historischen Betrachtung wurde verdeutlicht, dass Bildung
nicht universell zu verstehen ist, sondern schon immer für soziale Gruppen
unterschiedlich konnotiert und mit Bedeutung gefüllt war; im Sinne Bourdieus
handelt es sich also um einen umkämpften Begriff. Für die Entwicklung in

---

2   Auch Schlüter (2004: 135) vermutet aufgrund biographischer Studien, dass die Menschen schon
    im frühen Nachkriegsdeutschland die Bedeutung von Bildung erkannt hatten und an die „Verbesserung ihrer Ausgangssituation durch höhere Bildungsabschlüsse" glaubten.
3   Die Studie bestand aus drei aufeinander aufbauenden Teilen: Einer repräsentativen Befragung
    von 1850 Personen, insgesamt 34 Gruppendiskussionen mit zusammen 476 Teilnehmenden und
    38 Intensivinterviews.

Deutschland betonen die Autoren eine oft von den praktischen Notwendigkeiten der einfachen Leute distanzierte und somit ‚weltabgewandte' Situation der (bildungs-)bürgerlichen Gruppen. Dies habe letztlich zu der bis in die Gegenwart spürbaren spezifischen Ausprägung des deutschen Bildungsidealismus mit seiner starken, romantisierenden Betonung von „Innerlichkeit" und „Ästhetisierung des Persönlichkeitsideals" (Strzelewicz u.a. 1966: 16) geführt, während die weltlich-materielle Seite von Bildung demgegenüber abgewertet wurde.

Vor diesem historisch vorgeprägten Hintergrund sollten nun „Typen von Bildungsvorstellungen" und deren Verbindung mit „bestimmten sozialen Merkmalen" gefunden werden (Strzelewicz u.a. 1966: 39). Da es auch um Fragen von „Gleichheit und Ungleichheit der Chancen" (ebd.: 40) ging, richtete man zudem besonderes Augenmerk auf die Bedeutung der Bildungsinstitutionen, insbesondere der Schule und der Volkshochschule.

Ein zentraler Befund war, dass die Einstellung zu Bildung und die Bildungspraxis in der Bevölkerung weit auseinander klafften. Während sich in Bezug auf Bildung und Kultur in allen Schichten eine zwar unterschiedlich hohe, aber insgesamt breite Zustimmung bzw. Wertschätzung zeigte, wurden in der Weiterbildungsbeteiligung große Unterschiede nach sozialen Merkmalen deutlich: Höhergebildete, den oberen Schichten Zugeordnete sowie Beamte und Angestellte hatten deutlich höhere Teilnahmequoten als Personen mit niedrigem Bildungsgrad, unterer Schichtzugehörigkeit und Tätigkeit als Arbeiter.

Überraschend in Bezug auf Weiterbildung war der Befund, dass zwar nur etwa ein Viertel der Befragten größere Nähe zur Volkshochschule oder Erfahrungen mit der Teilnahme an Weiterbildung hatten, aber dennoch auch bei den Nichtteilnehmenden sehr klare Vorstellungen darüber vorhanden waren, welche Bildungsangebote die Volkshochschulen machen sollten. Erwartet wurden sachlich-konkrete und ‚fassbare' Themen, „die klar auf systematisches, verarbeitendes Lernen hinauslaufen" (ebd.: 598). Das bestätigt die erwähnten Vermutungen von Tietgens, wonach sich die Erwachsenenbildung in jener Zeit aufgrund eines kulturell dominierten Selbstverständnisses von diesem fachlich-schulischem Bildungszugang abgrenzte. Überhaupt wurde deutlich, dass bei den mittleren und unteren Schichten Bildung stärker von Pragmatismus gekennzeichnet war, mit Beruflich-Fachlichem und sozialem Aufstieg in Verbindung gebracht wurde und sich von dem Bildungsbegriff unterschied, der Bildung weitgehend mit höherer Kultur gleichsetzte und Innerlichkeit und Selbstentfaltung betonte.

Dazu wurden zwei, noch einmal unterteilbare „Typen von Bildungsvorstellungen" herausgearbeitet (vgl. ebd.: 100 ff.). Als „sozial-differenzierendes Syndrom", zu dem tendenziell sozial unten stehende Gruppen neigen, wurde ein Einstellungsmuster bezeichnet, das Bildung zuerst mit der sozialen Stufung der

Gesellschaft verbindet. Zugespitzt wurde höhere Bildung als Folge sozialer Begünstigung gesehen. Als „personal-differenzierendes Syndrom", zu dem eher sozial weiter oben stehende Gruppen neigten, wurde ein Muster bezeichnet, dass Bildung mit rein persönlichen Merkmalen verbindet. Gebildete verfügen demnach aufgrund individueller Verdienste und Fähigkeiten über ein besonderes Wissen und Verhalten (etwa: Toleranz und Güte). Während sich die unteren Schichten eher von Bildung ausgeschlossen sahen, hoben die begünstigten Gruppen eher hervor, dass Bildung eine Frage von persönlicher Exzellenz und Charakter ist (vgl. ebd.: 576). Dieser Befund bestätigte sich in der Tendenz auch in der späteren Oldenburger Studie.

Die Autoren zogen aus ihren Befunden den Schluss, dass die seinerzeit häufig vertretene These der ‚nivellierten Mittelstandsgesellschaft', die eine Abnahme klassen- und schichtspezifischer Lebensweisen und -chancen und eine Angleichung derselben prognostizierte, nicht haltbar sei. Vielmehr wären alle soziale Gruppen an Bildung stark interessiert, viele sähen sich jedoch davon ausgeschlossen. Daraus folgerten Strzelewicz u.a. (ebd.: 577) „das Vorhandensein weit verbreiteter Frustrationserlebnisse und Unmutsgefühle". Die Erfahrung bzw. der Eindruck, aufgrund fehlender ökonomischer Mittel und gesellschaftlicher Beziehungen bildungsmäßig benachteiligt zu sein, war weit verbreitet. Am stärksten kritisierten die aufstrebenden Gruppen der gesellschaftlichen Mitte (Facharbeiter und Beamte), die „aus einer besondere Lage heraus besondere Erwartungen und Ansprüche" hatten (ebd.: 581), die Schwierigkeiten des Weiterkommens durch Bildung. Die Unsicherheit und das Misstrauen bei den mittleren und unteren Gruppen korrespondierte mit Schließungstendenzen der höhergebildeten oberen Schichten; von dort wurde oft gewarnt etwa vor der „Entfremdung der Arbeiterkinder" durch zu schnellen Aufstieg oder vor der „Intellektualisierung der Frauen". Den Gruppen, die solche Vorbehalte äußerten, war offenbar „an einer Erhaltung des ständischen oder quasi-ständischen Gesellschaftsgefüges gelegen" (ebd.: 605), was der eingangs zitierten Vermutung Webers entsprechen würde.

1973, also rund 15 Jahre später, wurde an der Universität Oldenburg die repräsentative Untersuchung „Soziale Faktoren der Bildungsbereitschaft Erwachsener" durchgeführt, die an die ‚Göttinger Studie' anschloss (Schulenberg u.a. 1978). Aus den umfangreichen Befunden sollen hier vier Aspekte herausgegriffen werden.

(1) Das Bewusstsein um die Bedeutung von Bildung, das schon in der Göttinger Studie nachgewiesen worden war, war inzwischen beträchtlich gestiegen und „schärfer ausgeprägt" (ebd.: 520). Zugleich war auch die Skepsis gewachsen, ob die Bildungseinrichtungen den höheren Erwartungen gerecht werden

können. Die Schule wurde als eine Institution erkannt, die „chancenzuteilend" wirkte; Schulchancen seien „ein stark verinnerlichter Gradmesser für eine gerechte soziale Ordnung" (ebd.: 523). Damit einher ging, dass die Bildungsvorstellungen stärker von Pragmatismus, Funktionalität und Nützlichkeit geprägt waren, während bildungshumanistische Aspekte von zweckfreier intrinsischer Selbstentfaltung dagegen zurücktraten.

(2) Um den Zusammenhang von sozialer Herkunft, genereller Bildungsnähe und Weiterbildungsbeteiligung besser abbilden zu können, wurde bei der Unterscheidung der insgesamt neun Schichten nicht nur auf das Merkmal der beruflichen Stellung zurückgegriffen, sondern es wurde auch die berufliche und familiale Situation der Befragten einbezogen.[4] Im Ergebnis führte die Herkunft aus Mittelschichten (Beamte und Angestellte) zu stärkerem Bildungsstreben, während die Herkunft aus Arbeiterfamilien (differenziert nach qualifizieren und ungelernten Arbeitern) mit weniger Bildungsnähe verbunden war.

(3) Die nach wie vor vorhandene „Schere" (ebd.: 525), wonach sich „die sozialen Unterschiede" bei der Teilnahme „erheblich stärker" auswirkten als bei der „verbalen Wertschätzung" (ebd.: 526)[5], klaffte noch weiter auseinander, wenn man die Schulbildung der Befragten als Indikator heranzog. D.h., dass innerhalb derselben Schicht diejenigen mit höheren Schulabschlüssen auch als Erwachsene eine größere Neigung zur Bildungsteilnahme hatten. Offensichtlich wurden Bildungsdispositionen sozial vererbt: „In der allgemeinen Bildungsbereitschaft der Erwachsenen wirkt das bildungsmäßige Milieu der Herkunftsfamilie stark nach" (ebd.: 50).

Die Autoren bündelten ihre Ergebnisse schließlich zu einer Typologie. Für die *aktiven Weiterbildungsteilnehmer* (ca. 10%) war Bildung auch im Erwachsenenalter selbstverständlich. Sie wählten selbständig, intentional und zielstrebig Angebote aus, kommen damit rückblickend dem Idealbild aktiv-intrinsischer und selbststeuernder Lernender nahe. Überwiegend handelte es sich um höhergebildete Angestellten und Beamte, aber auch jüngere Facharbeiter. Bei den *gelegentlichen Weiterbildungsteilnehmern* (ca. 25%) erfolgte die Teilnahme eher aus dem Eingebundensein in Arbeitszusammenhänge oder Verbände wie Gewerkschaften, Kirchen oder Vereine. Das Bildungsverhalten war weniger zielgerichtet und intensiv als beim ersten Typus. Es überwogen auch hier Beamte und Akteure mit hohen Bildungsabschlüssen; Facharbeiter lagen im Durch-

---

4 Letzteres erwies sich insbesondere für Frauen als bedeutend. Zur Bedeutung der beruflichen Situation für Weiterbildungschancen heute vgl. Baethge/Baethge-Kinsky (2004).

5 Beispielsweise halten bei der Gruppe der Leitenden Angestellten 95% Weiterbildung für positiv und 68% haben an Veranstaltungen teilgenommen, bei der Gruppe der un- und angelernten Arbeiter stehen 71% der Weiterbildung generell positiv gegenüber, aber nur 17% verfügen über eigene Erfahrungen damit.

schnitt und ungelernte Arbeiter fand man in dieser Gruppe kaum. Bei den *Nicht-teilnehmern mit positiver Einschätzung der Weiterbildung* (50%) waren Wertschätzung und auch Kenntnisse über Aufgaben und Angebote vorhanden, ohne dass es jedoch zur Teilnahme kam. Untere Schichten und untere Bildungsabschlüsse waren deutlich überrepräsentiert. Bei den *Desinteressierten und Ablehnenden* (ca. 15%) handelte es sich dagegen um Personen, die sowohl in der verbalen Einschätzung als auch durch die Praxis des Nichtteilnehmens Distanz zu Weiterbildung ausdrückten. Zu diesem Typus zählten häufig Ältere, Menschen mit niedrigen Bildungsabschlüssen und Bewohner ländlicher Regionen.

Tabelle 1: Bedeutung der weiterführenden Schule Eltern/Kinder

Sozialschicht (Bevölkerungsant. in %)	Eltern haben für Befragte weiterführende Schule gewünscht[6] (tatsächl. besucht)	Befragte wünschen für ihre Kinder weiterführende Schule	Veränderungsfaktor
Arbeiter II (13,5)	7 (7)	43	6,1
Arbeiter I (20,8)	11 (10)	54	4,9
Landwirte (4,0)	11 (8)	43	3,9
Selbständige II (7,5)	24 (36)	63	2,6
Angest./Beamte II (23,1)	32 (45)	71	2,2
Selbständige I (2,2)	44 (60)	70	1,5
Angest. /Beamte I (5,3)	59 (63)	78	1,3
Gesamte Stichprobe	21 (27)	57	2,7

nach Schulenberg u.a. (1978) (Anhang)

(4) Wie sehr die sozialen Gruppen sich auf den Erwerb kulturellen Kapitals umstellten bzw. um die Notwendigkeit einer solchen Umstellung wussten, ließ sich daran ablesen, dass die Befragten für die eigenen Kinder inzwischen durchweg höhere Bildungsziele wünschten als sie selbst hatten. Allerdings stellte sich das für die einzelnen sozialen Gruppen ganz unterschiedlich dar (vgl. Tabelle 1).[7]

---

6   Realschule oder Gymnasium.
7   Es bedeuten: Selbständige I – Betriebe über 10 Beschäftigte und Freie Berufe; Selbständige II – Betriebe bis 10 Beschäftigte; Angestellte/Beamte I – Leitende Angestellte und höhere Beamte; Angestellte/Beamte II – übrige Angestellte und Beamte; Arbeiter I – Facharbeiter; Arbeiter II – An- und ungelernte Arbeiter. Ferner wurden Pensionäre (solche mit weiterführender Schulbildung und höheren Bezügen) sowie Rentner als Schichten unterschieden, die allerdings in der Tabelle nicht berücksichtigt sind.

Den stärksten Anstieg in den Bildungsaspirationen gab es bei den Gruppen, die bisher über den geringsten Bildungsgrad verfügten. Auch wenn die Bildungswünsche noch nicht mit Praxis gleichzusetzen waren, so zeichneten sich gewaltige Wandlungsprozesse und Verschiebungen zu vermehrten Bildungsanstrengungen ab. Davon waren vor allem die Arbeitergruppen und der ‚alte Mittelstand' betroffen, während die unteren und mittleren Angestellten und Beamten diese Umstellung vermutlich zu einem Teil schon hinter sich hatten.

3. Konzeptionelle Neuorientierungen: Milieu, Habitus und das Erbe der sozialstrukturellen Weiterbildungsforschung

Seit der Zeit der ‚Oldenburger Studie' hat sich die Weiterbildungsforschung insgesamt intensiviert und ausdifferenziert (überblickend Faulstich 2005). In Bezug auf die sozialstrukturell orientierte Forschungstradition haben die Arbeiten im periodisch durchgeführten „Berichtssystem Weiterbildung" eine gewisse Fortsetzung gefunden,[8] wobei die sozial ungleiche Teilhabe, wenn auch auf insgesamt höheren Niveau, immer aufs Neue bestätigt wurde (zuletzt Kuwan/Thebis 2005). Zugleich ist aber auch Kritik an dieser Form der Teilnehmerforschung geübt worden, weil sie durch das Beschränken auf sozialstatistische Korrelationen allenfalls „Befunde zur Oberflächenstruktur" liefere und die durch die ‚Oldenburger Studie' aufgeworfenen konzeptionellen Fragen und Perspektiven nicht aufgegriffen habe (Friebel 1993: 9). Milieukonzepte haben später in gewisser Weise das ‚Erbe' dieser Forschungstradition angetreten.

Die Oldenburger Forschungsgruppe hatte darauf gezielt, eine „Gliederung der typischen sozialen Lagen" zu erarbeiten, die über Schichtkonzepte hinausgeht und die „Lebenswirklichkeit" der Befragten einholt (Schulenberg u.a. 1978: 20).[9] Man fand jedoch noch keine Lösung dafür, die komplexen Daten entsprechend zu ordnen, so dass man notgedrungen mit einem Schichtenmodell arbeiten musste, dessen Erklärungsgrenzen jedoch im Prinzip schon bekannt waren.

So war deutlich geworden, dass die Bildungspraxis vielschichtig von soziokulturellen Einstellungs- und Handlungsmustern durchdrungen ist, ohne dass klar war, wie diese eingeholt werden können. In der ‚Göttinger' und der ‚Ol-

---

8 Weitere wichtige Arbeiten sind die Studie des Instituts zur Erforschung sozialer Chancen (ISO) zur Weiterbildungsabstinenz (Bolder/Hendrich 2000) sowie die Längsschnittuntersuchung von Friebel u.a. (2000).

9 Tippelt (2000: 82) ordnet die Studie rückblickend so ein, dass sie „in mancher Hinsicht (...) ein Vorgriff auf aktuelle Milieukonzepte in der Bildungs- und Weiterbildungsforschung" gewesen ist.

denburger Studie' war beispielsweise noch eine Sichtweise präsent, die Bildung meist mit höherer Kultur gleichsetzte. Die hohe Wertschätzung von Gebildeten quer durch die Schichten (die freilich auch bei den weiter unten stehenden Gruppen weniger ausgeprägt war) wurde dahingehend gedeutet, dass alle auch ‚eigentlich' nach dieser Form von Bildung streben, aber von ‚widrigen' Lebensumständen (Arbeit, Familie oder die ‚lockende seichte Unterhaltung') davon abgehalten würden. Die stärker von Pragmatismus und Nützlichkeit geprägten Bildungsorientierungen der mittleren und unteren Schichten kamen dabei als Defizit in den Blick; in Bezeichnungen wie ‚instrumentell' schwingt eine Abwertung zumeist mit.

Eine andere Sicht ermöglichen die frühen englischen „Cultural Studies", die den Kulturbegriff auf die Lebensweisen des Alltags bezogen und somit mit der ausschließlich elitären Konnotation gebrochen haben. Der Zugang zu Bildung kann dadurch aus der Alltagskultur entwickelt werden, ohne ihn an einem hochkulturellen Verständnis zu messen (vgl. Williams 1972).[10] Durch Bourdieus Arbeiten ist für eine solche Sicht ein elaboriertes Konzept bereit gestellt. Das an der herrschenden Kultur orientierte Verständnis von Bildung hat demnach einen typischen Ort im sozialen Raum; die Etablierung dieses spezifischen Bildungszugangs als universelle ‚legitime Bildung' entspricht den Interessen und Neigungen bildungsbürgerlicher Gruppen. Diese Erkenntnis ermöglicht es, den Blick auf die Durchdringung des Bildungswesens durch Herrschaftsstrukturen und dadurch bedingte Effekte sozialer Selektivität zu richten; die nachgewiesene hohe Zustimmung zur legitimen Bildung und Kultur sagt dann in erster Linie etwas aus über die soziale Beziehung zu den oberen Klassen.

Ein anderes Problem sahen die Autoren der ‚Oldenburger Studie' darin, dass die Lebensweisen und die Bildungspraxis nicht ausschließlich in einer durch Schichtmerkmale bestimmten „Über- und Unterordnung" (Schulenberg u.a. 1978: 23) aufgehen. Horizontale Formen sozialer Ungleichheit, d.h. das Phänomen, dass auf der selben sozialen Stufe verschiedene Lebensweisen und Bildungsdispositionen existieren können, können jedoch von den an der beruflichen Stellung orientierten Klassen- und Schichtenkonzepten nicht systematisch erfasst werden (vgl. Hradil 1987). Mit Bourdieus Konzept des sozialen Raumes und seinen bildungssoziologischen Arbeiten kann gezeigt werden, dass die Bewegung zu mehr Bildungserwerb weit überwiegend in die ‚horizontale' Richtung geht. Was auf den ersten Blick wie ein sozialer Aufstieg aussieht, oft auch

---

10 Michael Vester hat (2003: 199 f.) betont, welche fundamentale Bedeutung für die Klassenanalyse dieses Ersetzen des „geisteswissenschaftlichen Kulturbegriff(s) durch den ethnologischen Kulturbegriff" in den Arbeiten von Williams und auch von Bourdieu hat.

subjektiv im Sinne intergenerationeller Mobilität als solcher empfunden wird[11], ist zumeist eine horizontale Bewegung, die im Sinne des Statuserhalts nötig ist, ohne auf eine vertikal höhere Stufe zu führen. Die Gesellschaft kann sich also beträchtlich wandeln, ohne dass sich die Struktur der sozialen Hierarchie dadurch mit verändert.

Schließlich stellte sich das theoretische Problem, was eigentlich eine Schicht oder Klasse ausmacht? Wenn die Autoren der ‚Oldenburger Studie' betonten, dass „alle Faktoren in engen Wechselbeziehungen zueinander stehen" (ebd.: 528), ist darauf verwiesen, dass Merkmale miteinander verbunden sind. Bourdieus Konzept zielt gerade darauf, dass eine soziale Klasse „weder durch *ein* Merkmal" noch „durch eine *Summe* von Merkmalen", sondern durch „die *Struktur der Beziehungen zwischen allen relevanten Merkmalen*" definiert ist (Bourdieu 1982: 182, vgl. auch Vester u.a. 2001: 157 ff.). Es geht also um die Art des Zusammenhangs zwischen sichtbaren und empirisch messbaren Merkmalen. Wenn die Zugehörigkeit zu einer sozialen Gruppe auf das Erzeugungsprinzip des Habitus und die Muster der Lebenspraxis gründet, dann kommt ein verändertes Bildungsverhalten nicht, wie häufig interpretiert, einem ‚Ausreißen' aus Schichtmerkmalen gleich, sondern es deutet auf eine Veränderung der bisherigen Lebensweise hin. Schichtuntypische Bildungspraxis ist demnach kein Zeichen für die Auflösung einer sozialen Gruppe, sondern dafür, dass sie sozialhistorisch betrachtet ihren Umgang mit Bildung verändert.

Mit diesen konzeptionellen Erweiterungen kann auch die Frage nach dem festgestellten veränderten Bildungsverständnis, was bisweilen als eine Degenerierung des klassischen Bildungsideals „zu einem instrumentellen Bildungsbegriff" interpretiert wurde (Barz 2000: 174), anders beantwortet werden. Von dem „veränderten Gebrauch" (Bourdieu 1985: 381) durch die sozialen Gruppen wird das Bildungssystem stark unter Druck gesetzt, da vermehrt Akteure in die weiterführenden und gehobenen Bildungseinrichtungen kommen, die für einen intensiveren Bildungserwerb, so Bourdieu (ebd.), weniger „sozialisiert sind".[12] Aus dieser Perspektive sind die Veränderungen nicht auf neue ökonomische und technische Erfordernisse zu reduzieren. Sie gründen vielmehr auch auf dem Hineinströmen von Milieus in das Bildungswesen, die andere Alltagskulturen und dadurch einen anderen Zugang zu Bildung haben als die angestammten bildungsaktiven Milieus. Ein Wandel des Bildungsbegriffs ist somit Teil einer

---

11 Vgl. etwa die biographische Studie von Schlüter (1999) zur Bildungsmobilität von Arbeitertöchtern oder die mehrschichtige Längsschnittstudie von Friebel u.a. (2000).

12 Bourdieu (vgl. ebd.) verweist darauf, dass mit dem vermehrten Eintreten sozial unten stehender Gruppen in die Schulen neben den bekannten „bürgerlichen Formen" von „Randale", auf die das Bildungssystem mehr oder weniger vorbereitet ist, neue „Formen der Verweigerung und des ‚Radaus'" treten, „die es früher nicht gab" und die sie vor neue Herausforderungen stellen.

Entwicklung, in der neue Akteure in das Feld der Bildung eintreten. Es ist dann entscheidend, wie das Bildungssystem mit diesen neuen Gruppen und ihren Bildungszugängen umgeht. Damit wird darauf verwiesen, im Kontext von sozialer Ungleichheit im Bildungswesen auch die soziokulturellen und pädagogischen Beziehungsmuster zu analysieren, die zu sozialer Selektivität beitragen.

4. Soziale Milieus und Bildungstypen der Weiterbildung

Die zunehmend spürbar gewordenen Grenzen der Klassen- und Schichtkonzepte haben dazu geführt, dass Milieuansätze auch in die Weiterbildungsforschung Eingang gefunden haben. Damit konnten die Untersuchungen zur sozialen Ungleichheit in diesem Bereich fortgesetzt werden.[13] Dazu zählt auch unsere eigene Studie zu den Adressaten der gewerkschaftlichen Erwachsenenbildung (Bremer 1999), die hier kurz vorgestellt und anschließend in die Tradition der sozialstrukturellen Weiterbildungsforschung eingeordnet werden soll.

Unter einem sozialen Milieu wird dabei, kurz gesagt, eine soziale Gruppe verstanden, die durch eine bestimmte, im Habitus verankerte Form der Lebensführung charakterisiert ist. Die zehn, in sich weiter unterteilbaren sozialen Milieus lassen sich nach dem Typ ihres Habitus (Vester u. a. 2001: 26 ff.) in den sozialen Raum einordnen (Abb. 1). Wir finden in der vertikalen Stufung oben die Milieus mit distinktiven Lebensweisen, in der Mitte Milieus, denen es vor allem um Respektabilität geht und unten die Gruppen, die ihre Lebensweise am stärksten auf Notwendigkeiten und Zwänge abstimmen müssen. Auf der horizontalen Ebene sind rechts die Milieus eingeordnet, für die Status, Autorität, Hierarchie und Ordnung wichtig ist, während weiter links der Anspruch auf Autonomie und Eigenverantwortung zunimmt. Die kräftigen Rahmungen im Diagramm kennzeichnen „Milieustammbäume". Sie stehen für Milieus mit gleichen historischen Wurzeln, die nach dem Prinzip der „Metamorphose" des Habitus (Vester u. a. 2001: 324 ff.), also der Umformung lebensweltlicher Klassenkulturen (vgl. Clarke/Hall u. a. 1979), in den jüngeren Generationen neue Formen ausbilden. Diese zeitliche Entwicklung ist im Diagramm durch die diagonalen Linien innerhalb der Milieustammbäume dargestellt. Der Milieuwandel vollzieht sich vor allem innerhalb dieser Stammbäume bzw. „Traditionslinien" der sozialen Milieus, als horizontale sozialstrukturelle Verschiebung.

---

13 Es liegen mehrere Arbeiten vor, die sich auf das Milieumodell des Sinus-Instituts stützen (etwa Flaig u.a. 1993, Barz 2000, Barz/Tippelt 2004).

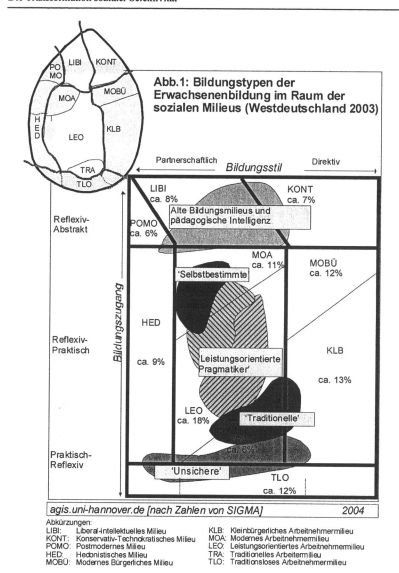

Abb.1: Bildungstypen der Erwachsenenbildung im Raum der sozialen Milieus (Westdeutschland 2003)

Abkürzungen:
LIBI: Liberal-intellektuelles Milieu
KONT: Konservativ-Technokratisches Milieu
POMO: Postmodernes Milieu
HED: Hedonistisches Milieu
MOBÜ: Modernes Bürgerliches Milieu
KLB: Kleinbürgerliches Arbeitnehmermilieu
MOA: Modernes Arbeitnehmermilieu
LEO: Leistungsorientiertes Arbeitnehmermilieu
TRA: Traditionelles Arbeitermilieu
TLO: Traditionsloses Arbeitnehmermilieu

Gestützt auf diesen Ansatz konnten wir in unserer qualitativen Studie vier nach Milieu und Habitus unterschiedliche Bildungstypen von Arbeitnehmern herausarbeiten sowie in Ansätzen den akademischen Typus der ideellen Bildungsproduktion skizzieren.[14] Diese Typen sind in Abbildung 1 in den Raum der sozialen Milieus projiziert.

Die *Unsicheren* verfügen über geringe Bildungs- und Qualifikationsniveaus. Im Gefühl, gegenüber der sozialen Ordnung ohnmächtig zu sein, sehen sie weder in der extrinsischen noch in der intrinsischen Bildungsmotivation der über ihnen stehenden Milieus realistische Strategien, um ihre Lage zu verbessern. Bildung gilt ihnen als unnütz und wird als notwendiges Übel empfunden, dem man sich kaum freiwillig aussetzen will. Zudem wird mit Bildung meist methodisches, kognitives und (selbst-)diszipliniertes Arbeiten verbunden, was den milieutypischen Vorlieben für Spontaneität, defensiv-flexiblem Reagieren und häufig sinnlich-praktischen Zugängen zur sozialen Welt eher entgegensteht. Erwartungen und inhaltliche Interessen werden, wenn überhaupt, spontan formuliert. Tatsächlich ist eine institutionelle Lernsituation mit vielen Unsicherheiten und Überforderungsängsten belastet, denen die *Unsicheren* beispielsweise mit Strategien des kollektiven Teilnehmens begegnen (für ein ähnliches Muster bei bildungsunsicheren Studierenden vgl. Lange-Vester/Teiwes-Kügler 2006). Häufig werden die negativen Schulerfahrungen auf die Weiterbildung übertragen. Nicht selten setzen sich auch die Autoritätskonflikte von damals fort.

Beim Bildungstypus der *Traditionellen* handelt es sich um eine ältere Facharbeitergeneration mit realistisch-bescheidenem Habitus. Von den Bildungsöffnungen haben sie wenig profitieren können; ihre Formalbildung ist relativ gering. Generell besteht jedoch eine Bildungsneigung, in der eine Aktualisierung des „Werk- und Berufsstolzes" sozialhistorischer Handwerkermilieus gesehen werden kann (vgl. Sombart 1969: 188 ff.). Man legt Wert darauf, auch unter Bedingungen materieller und sozialer Enge sein Leben möglichst eigenständig zu führen und die dafür erforderlichen Mittel durch Kompetenz- und Wissenserwerb zu erlangen. Weiterbildung ist für die *Traditionellen* häufig eine Möglichkeit, Bildungsbenachteiligung zu kompensieren oder sich beruflich besser zu qualifizieren. Zudem werden Geselligkeit und Gemeinschaft geschätzt. Der Bildungszugang ist sachlich-rational; man erwartet einen konkreten Nutzen und Wissenszuwachs. Gewünscht wird ein handfestes, griffiges Konzept. Der Dozent sollte als kompetenter Experte auftreten, strukturieren und leiten, ohne dabei allerdings „lehrerhaft" und bevormundend aufzutreten.

Beim Bildungstypus, den wir *Leistungsorientierte Pragmatiker* genannt haben, handelt es sich überwiegend um Facharbeiter und Fachangestellte mit

---

14 Grundlage war eine milieugeschichtete Stichprobe von ca. 100 Teilnehmenden und Nichtteilnehmenden von Weiterbildungsveranstaltungen sowie weiteren 25 Experten und Dozenten der Erwachsenenbildung. Zur Methodologie vgl. Bremer (2004b).

mittleren Formalqualifikationen. Sie haben, ähnlich wie ihre sozialhistorischen „Vorfahren" aus dem Milieu der „Traditionellen Arbeiter", einen nüchtern-realistischen Habitus. Jedoch konnten sie die Öffnung des Bildungswesens und die erweiterten Qualifikationschancen stärker nutzen und verfügen deshalb über höhere Bildungsstandards. Weiterbildung dient in erster Linie dazu, die Lebensweise zu bewahren oder, je nach Möglichkeit, in geringem Rahmen zu verbessern. Sie wird überwiegend auf berufliche Qualifizierung bezogen. Die Gruppe sieht sich häufig beruflich und auch privat stark beansprucht, so dass die Alltagsbewältigung relativ viel Disziplin und Pragmatismus erfordert. Auch ihr Bildungszugang ist deshalb funktional und an Kriterien wie Sachlichkeit, Effizienz und Nutzen orientiert. Dementsprechend bestehen höhere Ansprüche an das fachlich-inhaltliche Niveau und die Kompetenz der Dozenten. Entscheidend ist für die *Leistungsorientierten Pragmatiker* eine ergebnisorientierte Bildungsbeteiligung, die konkretes Wissen, Selbsterkenntnisse oder auch Einsichten in persönliche Handlungs- und Verhaltensweisen einbringt.

Der Bildungstypus der *Selbstbestimmten*, überwiegend jüngere Leute unter 35 Jahren, ist gekennzeichnet durch einen Habitus, der die Balance zentraler Lebensbereiche und -orientierungen regelt. Interessante, fordernde und gut bezahlte Arbeit und Berufsausbildung sind wichtig; sie sollen aber das Leben nicht dominieren. Auch zwischen gemeinschaftlichen Verpflichtungen und individueller Entfaltung wird ein Ausgleich gesucht. Man ist bereit, sich zu engagieren, will sich aber nicht bevormunden lassen. Die *Selbstbestimmten* verfügen über mittlere bis gehobene Formalbildung und sind in modernen technischen, sozialen und administrativen Berufen tätig. Insgesamt handelt es sich um sehr weiterbildungsaktive Leute. Die Motive zielen sowohl auf Persönlichkeitserweiterung in einem allgemeinen Sinn als auch auf die Erweiterung beruflicher Handlungsbereiche. Aufgrund ihrer sozialen Herkunft aus den praktischen Milieus der Mitte bevorzugen sie in der Regel einen anderen „Bildungsstil" als die typischen akademisch-intellektuellen Milieus der Oberklasse. Es wird darauf Wert gelegt, eigene Bezüge herzustellen und Praktisches und Theoretisches verbinden zu können. Wichtig sind für diesen Typus partizipative Elemente und ein partnerschaftlicher Umgang zwischen Lehrenden und Lernenden.

Die klassischen *akademischen Bildungsmilieus* konnten wir innerhalb unserer Untersuchung nur ausschnittweise berücksichtigen. Bei Lehrenden aus diesem Milieu wurden bisweilen abwertende Klassifizierungen gegenüber Lernenden sichtbar, denen ihre scheinbar geringere intrinsische Motivation als Mangel ausgelegt wurde. Häufig sind Dozenten implizit auf bildungsaktive Gruppen eingestellt und klassifizieren andere aufgrund der Habitus-Differenz als desinteressiert, unmotiviert und defizitär. So werden die Strategien, mit denen sich bildungsungewohnte Gruppen Zugang zu einem Bereich suchen, der ihnen als „fremde Welt" erscheint, oft fehlgedeutet statt „dechiffriert".

Generell kam man festhalten, dass mit zunehmender (Schul-) Bildungserfahrung tendenziell ein selbstbewussteres Auftreten und Artikulieren von Interessen im Feld verbunden ist. Auf Seiten der Lehrenden dagegen scheinen fehlendes Gespür und Unsicherheiten in der Diagnostik für die Differenzierungen der Teilnehmenden letztlich über die soziokulturell geprägten pädagogischen Beziehungen Prozesse sozialer Selektivität zu fördern (vgl. für den Bereich der Schule ähnlich Schumacher 2002).

5.   Traditionslinien der Adressaten und der doppelten Selektivität

Geht man von historisch längeren Traditionslinien sozialer Gruppen aus und sieht in den Milieus von heute die sozialhistorischen Nachfahren früherer Stände, Klassen und Schichten (vgl. Vester 2002: 90 ff.), dann können in den Befunden früherer sozialstruktureller Studien ‚Vorläufer' heutiger Bildungstypen erkannt werden. Mit den Grundmustern des Habitus sozialer Gruppen transformieren sich dann die Bildungsdispositionen von Generation zu Generation und aktualisieren sich im Feld jeweils neu (vgl. für das Beispiel kirchlich-religiöser Typen Bremer 2002: 127 ff.).

So können die Typologien aus früheren Arbeiten in diese Stammbäume eingeordnet und Kontinuität und Wandel betrachtet werden. In der Synopse (Abb. 2) ist das zusammenfassend dargestellt.[15] Während rechts in der Synopse die Traditionslinien in ihrer heutigen Form aufgelistet sind[16], wurde als orientierender Ausgangspunkt Geigers, auf den Volkszählungsdaten der 1920er Jahre beruhende, Unterteilung gewählt (Geiger 1987). Geiger ging es bekanntlich darum, die sozialstatistischen Unstimmigkeiten der damaligen Zeit, in denen er (ebd.: 85) „sozialgeschichtliche Verwerfungen" erkannte, systematisch in die sozialstrukturelle Schichtung mit einzubeziehen. Dazu führt er die Mentalität als

---

15 Diese Projektion beruht auf einer hermeneutischen Re-Interpretation früherer und aktueller typologischer Untersuchungen. Anhaltspunkte waren thematische Interessen, Hinweise auf Motive und Dispositionen sowie Angaben zur Lebensweise und zur beruflich-sozialen Situation. Wo die Zuordnung relativ eindeutig schien, wurde Fettschrift verwendet. Berücksichtigt sind neben den schon erwähnten Studien eine Arbeit zu den Hörern der Volkshochschule Wuppertal (Ritz 1957), die Studie zur Weiterbildungsabstinenz von Bolder/Hendrich (2000) sowie Befunde der Untersuchung zu milieuspezifische Bildungsvorstellungen (Barz/Tippelt 2004). Diese stützte sich auf das veränderte, an die sozialhistorischen Traditionslinien sozialer Milieus nur bedingt anschlussfähige Milieumodell von Sinus.

16 Nicht berücksichtigt sind das „Hedonistische Milieu" und das „Postmoderne Milieu", die keine eigenen Traditionslinien bilden.

zentrale Kategorie ein. Er unterschied nach Mentalitäten fünf, in sich weiter differenzierte sog. „Hauptmassen". Während der alte Mittelstand überwiegend durch ständische Berufe geprägt war und vermutlich geringe Weiterbildungsinteressen hatte, ordnete er beim neuen Mittelstand viele aufstrebende mittlere und höhere Angestellte ein, die vermutlich besonders bildungsaktiv waren. Andere Angestelltengruppen (Büroarbeiter, Hausangestellte) standen jedoch ihrer Mentalität nach den Industriearbeitern nahe, die nach Geiger einen großen Teil des Proletariats ausmachten. Zum Proletariat zählte er zudem Bergleute, Arbeiter in Handel und Verkehr sowie weitere Arbeitergruppen. Bei den Proletaroiden ordnete Geiger sowohl deklassierte Gruppen des alten Mittelstandes als auch Kleinhändler, Heimarbeiter und Kleinagrarier ein. Diese am stärksten negativ privilegierte Gruppe dürfte kaum als Teilnehmertyp der Erwachsenenbildung in Erscheinung getreten sein (Gardemin 2006).

Bei der horizontalen, ‚etagenweisen' Betrachtung der Typologien in der Synopse wird erkennbar, dass die *bildungsbürgerlich-akademischen Gruppen* sich durch ihre Vorliebe für anspruchsvollere, oft die Zweckfreiheit schöngeistiger Bildung betonender Interessen von den funktionalen Orientierungen mittlerer und unterer Gruppen abheben. Sowohl die ‚Göttinger' als auch die ‚Oldenburger Studie' haben aufgezeigt, dass die Wünsche der aktiven Besucher der Volkshochschule und der Nichtbesucher sich genau im Hinblick auf diese Haltungen unterscheiden, die bildungsbürgerlichen Gruppen ihre Bildungsinteressen mit anderen Worten also *durchsetzen* konnten. Zudem üben diese Gruppen Dominanz durch die Beherrschung eines ‚elaborierten Codes' und eines kultivierten Stils aus (vgl. Tietgens 1978). Schon in der ‚Göttinger Studie' wurde vermutet, dass bei der Betonung der ‚Zweckfreiheit' von Bildung die nützlichen Aspekte gerne dementiert werden. Schulbildung werde nicht eingeordnet „wie ein Instrument, das seinen Dienst getan hat" (Strzelewicz u.a. 1966: 588), sondern Bildung wird als ein Merkmal der eigenen Lebensführung und der Person herausgestellt. Die Distanzierung von solchen praktischen Funktionen von Bildung, kombiniert mit dem selbstsicheren Auftreten und Artikulieren von Interessen im Feld, ist bei diesen Gruppen deshalb mit einem Distinktionseffekt verbunden, d.h., er begründet das Abheben und Unterscheiden von den stärker ‚materiell' motivierten unteren Gruppen. Deutlich wird insgesamt, dass Bildung bei diesen Milieus stark verbunden war und ist mit dem intrinsischen Motiv der individuellen Entfaltung.

Abbildung 2: Hypothetische Verortung historischer und aktueller Bildungstypen

Hauptmentalitätsgruppen n. Geiger 1932	Engelhardt 1926	Hermes 1926	Radermacher 1932	Große 1932	Hofmann (n. Buchwald 1934)	Ritz 1957
Kapitalisten (ca. 1%)						leitender Angestellter
Alter Mittelstand (ca. 18%)				mittelständischer Typ		**leitender Angestellter:** ästhetische Interessen, intrinsisch motiviert
Neuer Mittelstand (ca. 18%)	**ästhetisch-literarischer Typus:** Handwerksberufe, Lehrer, Frauen; Interesse an schöngeistigen Fächern	Angestellter: Zukunftsoptimismus, verklärender Idealismus, schön-geistige Interessen, individuumszentriert	**A-Typus:** Büro- und Handelsangestellte; Fremdsprachen, Erwerb sozialer Kompetenzen, kulturelle Interessen, Aufstiegsorientierung	Kleinbürgerlicher Arbeitertyp; weiblicher Angestelltentyp	**gemütvollbesinnlicher Leser:** harmoniebetont;	unterer Angestellter: Fremdsprachen, Aufstiegsorientierung, extrinsisch motiviert
Proletariat (ca. 50%)	Typus des Fachmenschen: Metallarbeiter; Interesse an berufsrelevanten Inhalten	**marxistischer Arbeiter:** realitätsbezogen, sachlich-konkret, gemeinschaftsorientiert / breite Schicht, ohne aktives Bildungsstreben, aber mit Interesse	**H-Typus:** Metallarbeiter; elementare und an Beruf anknüpfende Bildungsinteressen (Technik, Naturwissenschaft)	proletarischer Angestellter; / politischer Arbeiter: Gesellschafts- und Naturwissenschaften, politisch engagiert	humanistischer prolet.Leser; / **sozialistischer prolet. Leser:** wirtschaftlich-politische Interessen / **prolet. Leser mit prakt./naturkundl. Interessen:** Metallarbeiter, Elektrotechniker, fachl. Interessen	**qualifizierter Arbeiter:** konkret-sachliches Interesse
Proletaroide (ca. 7%)	politischer Typus: gering qualif. Arbeiter: politisch, nicht beruflich interessiert	Nicht erreichte Masse ("Unterschicht"); Interesse an Unterhaltung	H-Typus: Hilfsarbeiter; allenfalls Interesse an Schließen von Bildungslücken	Ungelernter Arbeiter: kaum Teilnehmer bei VHS; z.T. politisiert	Naiv-phantasiemäßig proletarischer Leser: Realitätsflucht	gering Qualif.: Interesse an existenziellen und lebensnotwendigen Inhalten

Left margin vertical labels: positiv privilegiert (oben), negativ privilegiert (unten)

in den Traditionslinien sozialer Milieus

Tietgens 1978 [1964]	Strzelewicz u.a. 1966 („Gött. Stud.')	Schulenberg u.a. 1978 („Oldenb. St.')	Bolder/ Hendrich 2000	Barz/Tippelt 2004a,b	Bremer 1999	Milieutraditionen Vester u.a. 2001
Lerntyp B: Angestellte/Mittelschicht, Formalsprache, generalisierendes Lernen	personal-differenz. Syndrom („gutes Verhalten und Wissen'); *eher humanistisch- zweckfreie Bildungsvorst.*	aktiver Weiterbildungsteilnehmer: höher gebildete Angestellte und Beamte, intentional, intrinsisch		beruflicher Erfolg, humanistisches Bildungsideal, Persönlichkeitsentfaltung, Selbstverwirklichung, intentional	Zweckfreiheit; Kognitivtheoretischer Bildungszugang	besitzbürgerliche Tradition KONT (ca. 7%) Tradition der akademischen Intelligenz LIBI (ca. 8%)
Lerntyp A: Arbeiter/Unterschicht, Gemeinsprache, kasuistisches Lernen	personal-differenz. Syndrom (Herzensbildung und Güte) ↑ *eher pragmatisch-nützliche Bildungsvorstellungen* ↓	gelegentlicher Teilnehmer: mittlere Schichten, Teilnahme über bildungsnahe soziale/institutionelle Vernetzung	Desinteressierte; Verweigerer (Untertyp Ausweicher)	Charakter- und Herzensbildung (romantisierend), Verhaltenssicherheit, Vermittlung trad. Werte, Statussicherung		Ständischkleinbürgerliche Tradition (ca. 25%) MOBÜ KLB
Lerntyp A: Arbeiter/Unterschicht, Gemeinsprache, kasuistisches Lernen	sozialdifferenzierendes Syndrom (imponierende Persönlichkeit, Leistungen)	Nicht-Teilnehmer mit positiver Wertschätzung: eher mittlere und untere Schichten	Ausgegrenzte	Bildung ermöglicht berufl. Erfolg,	Selbstbestimmte: Partizipation Pragmatiker: Sachlichkeit, Funktionalität Traditionelle: Kompensation von Benachteiligung	Tradition der praktischen Intelligenz (ca. 35%) MOA LEO TRA
	sozialdifferenzierendes Syndrom (Höhere Schule, Auftreten, Position) personal-differenzierendes Syndrom	Des-Interessierte und Ablehnende: überw. gering gebildete untere Schicht	**Ausgegrenzte;** Des-interessierte; Verweigerer (Untertypen Ausweicher u. Widerständler)	Bildung gleich Qualifikation, Distanz zu höherer Bildung, Betonung von Alltagsnähe	Unsichere: Bildung als Bürde	Tradition der Unterprivilegierten (ca. 12%) TLO

In der aktuellen Milieustudie findet das beispielweise seinen Ausdruck in der starken Betonung von Persönlichkeit im Bildungsverständnis der oberen Milieus und deren Vorliebe für entsprechende Veranstaltungen (vgl. Barz/Tippelt 2004a: 49, 63). Die heute propagierte Form des selbstorganisierten Lernens, das von selbstbewussten und bewusst-zielgerichtet Akteuren ausgeht und diese Vorstellung universalisiert, entspricht damit vor allem den schon früher erkennbaren Dispositionen und Voraussetzungen der oberen bildungsaktiven Klassen. Sie stehen zusammenfassend der legitimen und höheren Bildung und Kultur nahe.

Die Traditionen der Milieus, die heute der *kleinbürgerlich-ständischen Linie* zugeordnet werden können, sind heterogen und zum Teil schwer abgrenzbar. Sie liegen bei den mittleren und unteren Teilen des (weniger weiterbildungsaktiven) alten und des (stark bildungsaktiven) neuen Mittelstands (hier oft: ‚Angestellte') sowie bei Teilen der Kategorie der ‚Arbeiter'. Als Muster tauchen auf *zum einen* relativ stark berufsbezogene Interessen (etwa: Fremdsprachen). Eine dabei erkennbare Aufstiegsorientierung ist vermutlich dem Motiv geschuldet, dass Bildungserwerb bei diesen Gruppen generell mit Status- und Sicherheitsdenken verbunden ist. *Zum zweiten* wird aufgrund der thematischen Interessen eine Orientierung an den Werten der bürgerlichen Kultur gesehen, teilweise verbunden mit Wünschen nach Harmonie und einem Hang zur ‚Verklärung' der Realität. Vor allem diese Typen dürften das Bild der sprichwörtlichen kleinbürgerlichen ‚Bildungsbeflissenheit' geprägt haben. Es muss aber *zum dritten* vermutet werden, dass ein großer Teil der kleinbürgerlichen Milieus aufgrund der ständisch-hierarchischen Sicherheits- und Stabilitätsorientierung gegenüber Weiterbildung skeptisch und unsicher ist. Diese eher auf Vermeidung von Weiterbildung und Festhalten an ständischen Privilegien gerichtete Haltung wird heute etwa in den Befunden von Bolder/Hendrich (2000) zur Weiterbildungsabstinenz erkennbar.

Bei den Gruppen und Bildungstypen, die in der Tradition der Milieus der *praktischen Intelligenz* stehen, wird eine sachlich-nüchterne, oft auf Arbeit und Beruf bezogene Einstellung zu Bildung erkennbar. Sie ist Ausdruck eines Realismus, der sich schon in den früheren Untersuchungen bei den Männern in den Interessen an naturwissenschaftlichen und technischen Inhalten zeigte. Vor dem Hintergrund der meist handarbeitenden Tätigkeiten ist zudem nicht überraschend, wenn bisweilen ein praktisch-dinglicher Zugang zu Bildung und Lernen festgestellt wird.[17] Gefunden wurden aber auch Typen, die Interesse an humanistischen und politischen Inhalten hatten. Was die quantitative Teilnahme betrifft, sind von diesen Milieus immer nur zahlenmäßig kleine, bildungsaktive Gruppen

---

17 Hier wären Anschlüsse an praktisch-körperliches Lernen herzustellen, die das Habituskonzept bietet (vgl. Bourdieu 2001: 165 ff.; Alkemeyer 2003).

erreicht worden. Historisch steht heute vor allem das ‚Moderne Arbeitnehmermilieu' in der Tradition dieses Grundtypus. Zudem gibt es einige weitere, auch aus heutiger Sicht noch interessante Hinweise, so etwa die Erwartung nach Transparenz und erklärend-unterstützender Lehre, die Vorliebe für das Lernen in Arbeitsgemeinschaften (statt durch Vorträge) und der Wunsch nach einem egalitärem Verhältnis zum Lehrenden. Festzuhalten gilt es zudem, dass das Bildungsverhalten der weiter unten stehenden Gruppen im Unterschied zu den oberen Milieus nicht von der Selbstsicherheit und Intentionalität geprägt ist, wie das etwa in der ‚Oldenburger Studie' für die aktiven Weiterbildungsteilnehmer konstatiert wird. Bis heute ist erkennbar, dass Teilnahme an Erwachsenenbildung bei diesen Gruppen häufig über die Einbindung in soziale, institutionelle und verbandliche Netze erfolgte, also nicht nach der Vorstellung intentionaler und individuell handelnder Akteure, die heute den Diskurs prägen.

Das Weiterbildungsverhalten der in der sozialen Stufung unten stehenden, *gering qualifizierten Milieus* ist wenig untersucht; als Teilnehmende traten sie kaum in Erscheinung.[18] Erwähnt wird beispielsweise das Interesse am Erwerben existenzieller, elementarer und notwendiger Kenntnisse. Die Befunde der verschiedenen Studien zu Adressaten, die dieser Milieutradition zugehörig sein dürften, lassen kaum Rückschlüsse darauf zu, welche weitergehenden Perspektiven mit Bildung verbunden werden könnten. Die Studie von Bolder/Hendrich (2000) macht deutlich, dass aufgrund der beruflichen Situation von starker objektiver Ausgrenzung etwa durch die beruflich-betriebliche Situation auszugehen ist, so dass fachliche Weiterbildung kaum in den Blick gerät. Durch die hohe Arbeitslosigkeit und die stärkeren Erfordernisse guter Fachqualifikationen drängen jedoch auch diese Milieus stärker als früher in Bildungseinrichtungen.

6. Selbstlernen und die Aktualisierung sozialer Schließungen in der Weiterbildung

Insgesamt wird durch die Zusammenschau deutlich, dass die milieuspezifischen Grundmuster der Bildungsorientierung, die sich schon in frühen Studien finden lassen, eine beachtliche Kontinuität haben. Dabei ist die Teilnahme an Weiterbildung heute auf allen sozialen Stufen gestiegen, ohne dass sich dadurch die Relationen dazwischen entscheidend verschoben haben. In Anlehnung an Beck (1986: 122) könnte man von einem „Fahrstuhleffekt" sprechen. Dennoch wird durch diese Entwicklung die ‚eingespielte' Ordnung unter Druck gesetzt, weil

---

18 Auffällig ist jedoch, dass die unterschiedlichen Bildungsneigungen von gering qualifizierten und qualifizierten Arbeitern auch früher schon deutlich waren.

Gruppen mit untypischen Bildungszugängen in die Bildungs- und Weiterbildungseinrichtungen drängen und gedrängt werden, die zur angestammten institutionellen Bildungs- und Lernkultur in Kontrast stehen. Um die sozial selektiven Abdrängungsmuster umfassend verstehen zu können, muss dabei der Aspekt berücksichtigt werden, wie die weiter unten stehenden Gruppen zu dieser ‚legitimen' Bildung stehen. Dazu sollen noch einmal die Gruppen betrachtet werden, die in der Traditionslinie der *praktischen Intelligenz* stehen.

Deren sachlich-konkrete, nach Nützlichkeit fragende Bildungsorientierung stand und steht oft im Gegensatz zu den kulturellen und zweckfreien Bildungsbegriffen des ‚gelehrten Wissens'. Häufig wurde bei Arbeitern eine rein instrumentelle Haltung zu Bildung unterstellt, obwohl mehrfach auch herausgearbeitet worden war, dass die nützliche Seite von Bildung nie allein auftauchte, sondern immer verbunden war mit einem Stück persönlicher ‚zweckfreier' Horizonterweiterung. Es ist also nicht Nützlichkeit *statt*, sondern Nützlichkeit *und* ideelle Orientierung, die dieses Bildungsverständnis kennzeichnet. Die Abwertung der praktischen Seite von Bildung durch die bildungsbürgerlichen Gruppen hatte weiter reichende Folgen. Schon Strzelewicz (ders. u.a. 1966: 33 f.) hatte davor gewarnt, „Technik und Berufswelt nicht als Gegensatz gegenüber der ‚wahren' und ‚echten' Bildung" zu sehen. In eine ähnliche Richtung argumentierte auch Tietgens (1978: 158), der bei den pädagogischen Intelligenzmilieus die häufige Neigung sah, Kultur und Bildung als Gegenpol zu Technik und Beruf zu denken. Vieles spricht dafür, dass durch diese Frontstellung die Bildungsdisposition der Facharbeitermilieus, die in der industriell-technischen Welt zu Hause waren, verkannt und ihnen dadurch der Zugang in das Feld verstellt wurde.

Daran wird deutlich, dass die Pluralität von Bildungsvorstellungen, -begriffen und -strategien nicht ein beliebiges Nebeneinander darstellt. Sie ist auch von Hierarchie, Macht und ungleichen Chancen durchdrungen. Die zunehmende Notwendigkeit von Bildungs- und Wissenserwerb für alle Gruppen trägt dabei mit zu Veränderungsprozessen bei. Zum früher dominierenden neuhumanistisch-zweckfreien Bildungsverständnis treten heute zunehmend Formen eines „Selbstmanagements" (vgl. Faulstich 2004), das die Lernenden auf die „Marktteilnahme individueller ökonomischer Akteure" vorbereiten soll (ebd.: 25). Das in der ‚Göttinger' und der ‚Oldenburger Studie' festgestellte Auseinanderklaffen von Wertschätzung der (legitimen) Bildung und der Beteiligung daran konstatieren Barz/Tippelt (2004b) beispielsweise heute auf der Ebene der sog. „Persönlichkeitsbildung", die weitgehend diesem neuen Selbstmanagement entspricht. Generell liegt bei den Adressaten das Interesse an solchen Seminaren „über ihrer bisherigen Teilnahmeerfahrung", wobei vor allem die modernen und postmodernen Milieus „diesen [persönlichkeitsbildenden Trainings, H.B.] gegenüber aufgeschlossen" sind (ebd.: 16).

In Bezug auf die Selektivität zeigt sich in diesem Wandel freilich der ‚legitime' Bildungsbegriff der oberen Klassen in neuem Gewand. D.h., dass sich innerhalb der gebildeten, im (Weiter-)Bildungswesen dominierenden Milieus andere Bildungsorientierungen durchsetzen. Auch diese Milieus benötigen heute viel stärker als früher Bildung im Sinne von Ausbildung und Wissen, also Bildung als Instrument zur Erlangung bestimmter privilegierter Positionen. Allerdings behält das im Grundsatz bei diesen Milieus den Charakter einer Zelebrierung und Stilisierung der Person; wie früher haben Individualität und Exzellenz große Bedeutung. Die propagierte Form des Selbstlernens vermittelt die Vorstellung einer spielerisch-experimentellen Form der Bildungsaneignung und symbolisiert somit eine Souveränität und Leichtigkeit, über die die stärker mit Notwendigkeiten und Zwängen konfrontierten weiter unten stehenden Milieus kaum verfügen. Für sie erweist sich die Erwartung, solche Kompetenzen zu haben bzw. zu erwerben, im Sinne der eingangs zitierten These der doppelten Funktion der Bildungseinrichtungen als *Nötigung zur Akkulturation*. Wenn die mit Persönlichkeitsbildung verbundenen Kompetenzen – Barz/Tippelt (2004b: 121) nennen „Kommunikations-/Kooperationsfähigkeit, Motivationsfähigkeit, Charisma, Zielstrebigkeit, Entscheidungsstärke, Stressbelastbarkeit, Fitness, Phantasie, Kreativität, Originalität, diskursive Intelligenz sowie Mobilität und Flexibilität" – zum normativen Muster „lebenslangen Lernens" und damit zur legitimen Form der Bildung erhoben werden, entspricht dieser Wandel daher tatsächlich der Fortsetzung von Selektivität in anderer Form. Es braucht nicht viel Phantasie, um in solchen Beschreibungen die Auferstehung des von Weber (1972: 578) beschriebenen Bildungsleitbildes des „angelsächsischen Gentleman" in Form eines modernen „Bildungsunternehmers" zu sehen. Anstatt für die unterschiedlichen Voraussetzungen und Dispositionen des Bildungserwerbs der Akteure zu sensibilisieren, scheinen solche, die Selbstausschließung von Bildung forcierende Konzepte (vgl. Wittpoth 2005) eher Ausdruck einer Strategie zu sein, auf das zunehmende Bildungsstreben der mittleren und unteren sozialen Milieus mit *neuen Formen der Schließung und Monopolisierung* zu reagieren. Dadurch jedoch werden sozialstrukturelle Ungleichheiten zementiert, wenn nicht verschärft.

Literatur

Alkemeyer, Thomas (2003): Bewegungen als Kulturtechnik. In: Neue Sammlung. 3/2003. 347–357.
Baethge, Martin/Baethge-Kinsky, Volker (2004): Der ungleiche Kampf um das lebenslange Lernen. Münster: Waxmann.

Barz, Heiner (2000): Weiterbildung und soziale Milieus. Neuwied-Kriftel: Luchterhand.

Barz, Heiner/Tippelt, Rudolf (Hg.) (2004a): Weiterbildung und soziale Milieus in Deutschland. Bd.1: Praxishandbuch Milieumarketing. Bielefeld: Bertelsmann.

Barz, Heiner/Tippelt, Rudolf (Hg.) (2004b): Weiterbildung und soziale Milieus in Deutschland. Bd.2: Adressaten- und Milieuforschung zu Weiterbildungsverhalten und -interessen. Bielefeld: Bertelsmann.

Beck, Ulrich (1986): Risikogesellschaft. Frankfurt/M.: Suhrkamp.

Becker, Rolf/Lauterbach, Wolfgang (Hg.) (2004): Bildung als Privileg? Wiesbaden: VS.

Bernstein, Basil (1959): Sozio-kulturelle Determinanten des Lernens. In: Kölner Zeitschrift für Soziologie und Sozialpsychologie. Sonderheft 4/1959. 52–79.

Bolder, Axel/Hendrich, Wolfgang (2000): Fremde Bildungswelten. Opladen: Leske+Budrich.

Bourdieu, Pierre (2001): Meditationen. Frankfurt/M.: Suhrkamp.

Bourdieu, Pierre (1987): Sozialer Sinn. Frankfurt/M.: Suhrkamp.

Bourdieu, Pierre (1985): Vernunft ist eine historische Errungenschaft wie die Sozialversicherung. In: Neue Praxis. 3/1985. 376–394.

Bourdieu, Pierre (1982): Die feinen Unterschiede. Frankfurt/M.: Suhrkamp.

Bourdieu, Pierre/Passeron, Jean-Claude (1971): Die Illusion der Chancengleichheit. Stuttgart: Klett.

Bremer, Helmut (2004a): Der Mythos vom autonom lernenden Subjekt. In: Engler/Krais (2004): 189–213.

Bremer, Helmut (2004b): Von der Gruppendiskussion zur Gruppenwerkstatt. Münster: Lit.

Bremer, Helmut (2002): Die sozialen Milieus und ihr Verhältnis zur Kirche. In: Vögele u.a. (2002): 109–134.

Bremer, Helmut (1999): Soziale Milieus und Bildungsurlaub. Hannover: agis.

Buchwald, Reinhard (1934): Die Bildungsinteressen der deutschen Arbeiter. Tübingen: Mohr.

Clarke, John/Hall, Stuart u.a. (1979): Jugendkultur als Widerstand. Frankfurt/M.: Syndikat.

Cortina, Kai S./Baumert, Jürgen/Leschinsky, Achim/Mayer, Karl Ulrich/Trommer, Luitgart (Hg.) (2003): Das Bildungswesen in der Bundesrepublik Deutschland. Reinbek: rororo.

Demirovic, Alex (Hg.) (2003): Modelle kritischer Gesellschaftstheorie. Stuttgart/Weimar: J.B.Metzlar.

Derichs-Kunstmann, Karin/Faulstich, Peter/Tippelt, Rudolf (Hg.) (1995): Theorien und forschungsleitende Konzepte der Erwachsenenbildung. Bielefeld: Kommission Erwachsenenbildung der DGfE.

Engelhardt, Viktor (1926): Die Bildungsinteressen in den einzelnen Berufen. Frankfurt/M.: Neuer Frankfurter Verlag.

Engler, Steffani/Krais, Beate (Hg.) (2004): Das kulturelle Kapital und die Macht der Klassenstrukturen. Weinheim: Juventa.

Faulstich, Peter (2005): Weiterbildungsforschung. In: Rauner (2005): 223–231.

Faulstich, Peter (2004): Exklusion durch prekäre Inklusion und der „neue Geist" der Weiterbildung. In: Report. 3/2004. 23–30.

Faulstich, Peter (2003): Weiterbildung. In: Cortina u.a. (2003): 625–660.

Faulstich, Peter (1981): Arbeitsorientierte Erwachsenenbildung. Frankfurt/M.: Diesterweg.

Flaig, Berthold Bodo/Meyer, Thomas/Ueltzhöffer, Jörg (1993): Alltagsästhetik und politische Kultur. Bonn: Dietz.

Friebel, Harry (1993): Der gespaltene Weiterbildungsmarkt und die Lebenszusammenhänge der Teilnehmer/-innen. In: Friebel u.a. (1993): 1–53.

Friebel, Harry/Epskamp, Heinrich/Knobloch, Brigitte/Montag, Stefanie/Toth, Stephan (2000): Bildungsbeteiligung: Chancen und Risiken. Opladen: Leske+Budrich.

Friebel, Harry/Epskamp, Heinrich/Tippelt, Rudolf (1993): Weiterbildungsmarkt und Lebenszusammenhang. Bad Heilbrunn: Klinkhardt.

Gardemin, Daniel (2006): Soziale Milieus der gesellschaftlichen ‚Mitte'. (Dissertation). Universität Hannover.

Geiger, Theodor (1987 [1932]): Die soziale Schichtung des deutschen Volkes. Stuttgart: Enke.

Georg, Werner (Hg.) (2006): Soziale Ungleichheit im Bildungssystem: Eine theoretisch-empirische Bestandsaufnahme. Konstanz: UVK.

Große, Franz (1932): Die Bildungsinteressen des großstädtischen Proletariats. Breslau: Neuer Breslauer Verlag.

Hermes, Gertrud (1926): Die geistige Gestalt des marxistischen Arbeiters. Tübingen: Mohr.

Hradil, Stefan (1987): Sozialstrukturanalyse in einer fortgeschrittenen Gesellschaft. Opladen: Leske + Budrich.

Krais, Beate (2003): Zur Einführung in den Themenschwerpunkt zu PISA. In: Zeitschrift für Soziologie der Erziehung und Sozialisation. 1/2003. 5–9.

Kuwan, Helmut/Thebis, Frauke (2005): Berichtssystem Weiterbildung 9. Bonn/Berlin: BMBF.

Lange-Vester, Andrea/Teiwes-Kügler, Christel (2006): Die symbolische Gewalt der legitimen Kultur. In: Georg (2006): 55–92.

Mägdefrau, Jutta/Schumacher, Eva (Hg.) (2002): Pädagogik und soziale Ungleichheit. Bad Heilbrunn: Klinkhardt.

Nollmann, Gerd/Strasser, Hermann (Hg.) (2004): Das individualisierte Ich in der modernen Gesellschaft. Frankfurt/M.: Campus.

Olbrich, Josef (2001): Geschichte der Erwachsenenbildung. Bonn: Bundeszentrale für politische Bildung.

Otto, Volker (Hg.) (1986): Von Hohenrodt zur Gegenwart: Rückblick und Zukunftsperspektive. Frankfurt/M.: Hessischer Volkshochschulverband.

Radermacher, Lotte (1932): Zur Sozialpsychologie des Volkshochschulhörers. In: Zeitschrift für angewandte Psychologie. Bd. 43. H. 5-6/1932. 461–486.

Rauner, Felix (Hg.) (2005): Handbuch der Berufsbildungsforschung. Bielefeld: Bertelsmann.

Rehberg, Karl-Siegbert (Hg.) (2006): Soziale Ungleichheit – Kulturelle Unterschiede. Frankfurt/M.: Campus (i.E.).

Ritz, Hans-Otto (1957): Die Bildungsinteressen der sozialen Schichten. Köln: Universität Köln.

Schlüter, Anne (2004): Sozialer Aufstieg und Individualisierung durch Bildung oder: Wer hat Erfolg? In: Nollmann/Strasser (2004.): 130–151.

Schlüter, Anne (1999): Bildungserfolge. Eine Analyse der Wahrnehmungs- und Deutungsmuster und der Mechanismen für Mobilität in Bildungsbiographien. Opladen: Leske+Budrich.

Schömann, Klaus/Leschke, Janine (2004): Lebenslanges Lernen und soziale Inklusion – der Markt alleine wird's nicht richten. In: Becker/Lauterbach (2004): 353–391.

Schulenberg, Wolfgang (Hg.) (1978): Erwachsenenbildung. Darmstadt: Wissenschaftl. Buchgesellschaft.

Schulenberg, Wolfgang/Loeber, Heinz-Dieter/Loeber-Pautsch, Uta/Pühler, Susanne (1978): Soziale Faktoren der Bildungsbereitschaft Erwachsener. Stuttgart: Klett.

Schumacher, Eva (2002): Die soziale Ungleichheit der Lehrer/innen – oder: Gibt es eine Milieuspezifität pädagogischen Handelns? In: Mägdefrau/Schumacher (2002): 253–269.

Sombart, Werner (1969 [1916]): Der moderne Kapitalismus. München: Duncker & Humblot.

Strzelewicz, Willy (1986): Von der realistischen zur reflexiven Wende. In: Otto (1986): 27–34.

Strzelewicz, Willy/Raapke, Hans-Dietrich/Schulenberg, Wolfgang (1966): Bildung und gesellschaftliches Bewusstsein. Stuttgart: Enke.

Tietgens, Hans (1978 [1964]): Warum kommen wenig Industriearbeiter in die Volkshochschule? In: Schulenberg (1978): 98–174.

Tippelt, Rudolf (2000): Bildungsprozesse und Lernen Erwachsener. In Zeitschrift für Pädagogik. 42. Beiheft/2000. 69–90.

Vester, Michael (2006): Die geteilte Bildungsexpansion. In: Rehberg (2006): (i.E.).

Vester, Michael (2003): Autoritarismus und Klassenzugehörigkeit. In: Demirovic (2003): 195–224.

Vester, Michael (2002): Die sozialen Milieus der Bundesrepublik Deutschland. In: Vögele u.a. (2002): 87–108.

Vester, Michael/von Oertzen, Peter/Geiling, Heiko/Hermann, Thomas/Müller, Dagmar (2001): Soziale Milieus im gesellschaftlichen Strukturwandel. Frankfurt/M.: Suhrkamp.

Vögele, Wolfgang/Bremer, Helmut/Vester, Michael (Hg.) (2002): Soziale Milieus und Kirche. Würzburg: Ergon.

Weber, Max (1972): Wirtschaft und Gesellschaft. Tübingen: Mohr.

Williams, Raymond (1972 [1958]): Gesellschaftstheorie als Begriffsgeschichte. München: Rogner und Bernhard.

Wittpoth, Jürgen (1995): Sozialstruktur und Erwachsenenbildung in der Perspektive Pierre Bourdieus. In: Derichs-Kunstmann u.a. (1995): 73–78.

Wittpoth, Jürgen: Autonomie, Feld und Habitus. In: Hessische Blätter für Volksbildung. 1/2005. 26–36.

Ungleichheit – Bildung – Herrschaft.

Zur politischen Soziologie der Milieutheorie Michael Vesters[*]

Uwe H. Bittlingmayer/Ullrich Bauer

> „Wenn Gewalt, Repression, Ausbeutung
> aus der Wissenschaft verbannt sind, so
> sind sie es damit nicht aus der Realität."
> Alfred Krovoza/Thomas Leithäuser

Einleitung: Wider das bloße Registrieren von Ungleichheit

Michael Vester in Verbindung mit der Hannoveraner Arbeitsgruppe für interdisziplinäre Sozialstrukturforschung kann als einer derjenigen Akteure im wissenschaftlichen Feld identifiziert werden, die maßgeblichen Anteil daran hatten, dass Fragen systematischer ungleicher Verteilung von Ressourcen und Mechanismen sozialer Vererbung wieder stärker in den Vordergrund der Ungleichheits- und Bildungsforschung gerückt sind. Das an die Ungleichheits-, Herrschafts- und Bildungssoziologie von Pierre Bourdieu angelehnte Milieumodell von Vester (vgl. Vester u.a. 1993; Vester/Gardemin 2001; Vester 2002, 2004) stellt eines der elaboriertesten Konzepte der gegenwärtigen Sozialstrukturanalyse dar, nicht zuletzt, weil es die Verbindung zwischen sozialer Ungleichheit, Bildung und Herrschaft weiterhin sichtbar hält und dadurch soziale Ungleichheiten nicht als „natürlichen Bestandteil" von allen denkbaren Gesellschaften verklärt (explizit z.B. in Vester 2001, 2003).

Die Konsequenz des wahrnehmbaren Rückzugs des individualisierungstheoretischen Paradigmas (Eickelpasch 1998) ist indes keine unmittelbare Rückkehr zu herrschaftssoziologischen Frage- und Themenstellungen, sondern nach unserer Wahrnehmung eher eine „theoretische Ratlosigkeit" in der Ungleichheits- und Bildungsforschung. Zwar werden die deutlichen Polarisierungstendenzen in Gegenwartsgesellschaften kaum noch geleugnet, nur bleiben

---

* Wir danken sehr herzlich Helmut Bremer und Andrea Lange-Vester für kritische und hilfreiche Kommentare. Natürlich sind wir für die sicherlich verbliebenen Ungenauigkeiten und Unschärfen verantwortlich.

sie aus einer bestimmten Perspektive konsequenzlos. So wurden als ein Charakteristikum der Debatten in den siebziger Jahren Befunde zur sozialen Vererbung von Bildungschancen oder zur Herkunftsabhängigkeit sozialen Aufstiegs unmittelbar mit *gesellschafts*kritischen Argumenten in Verbindung gebracht. In den gegenwärtigen Studien oder auch in aktuellen politischen Expertisen (vgl. BMA 2001 und Deutsches PISA-Konsortiums 2001) werden die objektiven sozialen Ungleichheiten durchaus benannt. Sie werden aber in den seltensten Fällen mit einer ungleichheits- oder herrschafts*kritischen* Position verknüpft. Es bleibt ein *bloßes Registrieren.*

Wir möchten in unserem Beitrag auf den allgemeinen Zusammenhang zwischen der Milieu- und Bildungsperspektive und einer politischen Soziologie sozialer Herrschaft genauer eingehen. Dabei verstehen wir eine politische Soziologie sozialer Herrschaft als notwendiges Dach, um Verhältnisse sozialer Ungleichheit und Verhältnisse von Bildungsungerechtigkeit, seien sie nun institutionell oder klassenkulturell vermittelt, gleichermaßen thematisieren zu können. Unseres Erachtens liefert eine Milieutheorie, so wie sie um Michael Vester entwickelt worden ist, eine solche komplexe ungleichheits- und bildungssoziologische und dabei gleichermaßen herrschaftskritische Perspektive. Um das zu verdeutlichen, werden wir zunächst eine praxeologische Grundlegung der Milieutheorie vornehmen (1.), die unseres Erachtens an Michael Vester anschließt, aber um eine sozialisations- und handlungstheoretische Perspektive ergänzt wird (Relevanzstrukturen, Agency, sedimentierter Wissensvorrat). Hieran anschließend werden wir das Verhältnis zwischen Defizit- und Differenzmodellen bei der Beschreibung von Ungleichheit und Bildung skizzieren (2.). Im dritten Abschnitt werden wir darlegen, dass eine bildungssoziologische Perspektive nur dann sinnvoll ist, wenn sie mit einem herrschaftssoziologischen Zugriff verknüpft wird (3.). Diese Verknüpfung ist allein deswegen unverzichtbar, um Herrschaftseffekte, die von Bildungsinstitutionen selbst ausgehen, nicht auszublenden. Für eine solche synthetisierende Perspektive lassen sich in der Milieutheorie Vesters durchaus Anknüpfungspunkte finden. Diese Synthese soll im letzten Abschnitt (4.) als politische Soziologie der Milieutheorie verhandelt werden. Dabei wird der Bezugsrahmen sozialphilosophisch erweitert und Michael Vester in der Nachfolge Kritischer Theorie verortet.

1. Der Erklärungsgehalt einer praxeologischen Milieutheorie

Nicht zuletzt im Kontext der aus unserer Sicht wahrgenommenen theoretischen Ratlosigkeit erhält ein komplexes Milieukonzept augenblicklich eine gestiegene Bedeutung. Die Arbeiten von Vester u.a. (1993, 2001), aber keinesfalls alle

Autoren, die mit einem Milieubegriff operieren, können unseres Erachtens heute als Gegenmodell gegen eine individualisierungstheoretisch angeleitete Sozialstrukturforschung begriffen werden (wie das Diaz-Bone 2004 nahe legt). Dabei bezieht die Milieuforschung Vesterscher Prägung ihren besonderen Reiz daher, dass sie im Anschluss an Bourdieu (1982) versucht, vertikale und horizontale Dimensionen sozialer Ungleichheit, Praktiken alltäglicher Lebensführung und Mentalitäten mit einem eigenständigen gesellschaftstheoretischen Ansatz, der mehrebenenanalytisch auf Produktivkräfte (Arbeitsteilung, Technik), Produktionsverhältnisse (soziale Herrschaftsverhältnisse) sowie auf soziale Handlungsfelder (z.b. Wissenschaftsfeld, ökonomisches Feld) und schließlich auf die Alltagshandlungen und Denkschemata sozialer Akteure (soziale Milieus) abhebt, zu vermitteln. Soziale Milieus sind – einmal in der phänomenologischen Terminologie – vor allem Ausdruck sedimentierter Präferenzstrukturen und Handlungsroutinen, die sich auf der Einstellungsebene anhand von Mentalitätsmustern bestimmen lassen. Soziale Milieus liegen somit an der Schnittstelle zwischen der geronnenen Individualgeschichte (Habitus) und der geronnenen Institutionengeschichte (Felder) (vgl. hierzu Bourdieu/Wacquant 1996: 124 ff.; Vester 2002).

1.1 Drei Methoden der Verwendung eines Milieubegriffs

Die These, dass das Milieukonzept tatsächlich als eine gegenüber dem Individualisierungsparadigma alternative Interpretationsfolie betrachtet werden kann, muss allerdings präzisiert werden, weil nicht alle Ansätze, die mit einem Milieubegriff arbeiten, gleichermaßen für den Zusammenhang von sozialer Ungleichheit und Herrschaft sensibel sind. Wir erkennen bei der konkreten Verwendung des Milieubegriffs drei Formen, die methodisch in unterschiedlichem Maße anschlussfähig sind an ein ungleichheits- und herrschaftssensibles Theoriemodell. Die simpelste Form ist sicherlich die einfache *Umbenennung* von klassisch sozialstrukturell orientierten Schichtmaßen in milieuspezifische Unterschiede (vgl. als Beispiel Grundmann 2001). Dieses Verfahren ist vor allem als diskursive Strategie innerhalb des wissenschaftlichen Feldes begreiflich, mit dem eingefahrene Konfliktlinien, etwa die populäre zwischen Schicht- und Klassenansätzen, vermieden werden sollen. Ein aufwendigeres Verfahren ist die quantitativ orientierte *Sekundäranalyse*, innerhalb derer beispielsweise ein verfügbarer Datensatz mit Milieuindikatoren re-analysiert wird, um neue Zusammenhänge oder bislang wenig beachtete systematische Differenzen zu entfalten. So hat etwa Thomas Müller-Schneider (1994) das Sozio-ökonomische Panel mit den Erlebnismilieuindikatoren von Gerhard Schulze bearbeitet, um die bis dahin auf Nürnberg beschränkte Aussagekraft der fünf Erlebnismilieus auf ganz Deutschland zu übertragen. Ein drittes Verfahren schließlich versucht, Milieus als einen *heuristischen Interpretationsrahmen* zu nutzen, um die soziale Logik hinter den differenten und gleichermaßen hierarchischen Praktiken der alltäglichen Lebensführung sichtbar und nachvollziehbar zu machen (Vester u.a. 2001; Grundmann u.a. 2006). Dieses letzte Verfahren bezieht sich in seinem Erklärungsmodus auf die Grundlagen des praxeologischen Ansatzes von Pierre Bourdieu (1982, 1987). Im Anschluss hieran behaupten wir, dass soziale Milieus besondere Sozialisationsinstanzen darstellen, die eigenen Handlungsrationalitäten und Anerkennungslogiken folgen (Bauer 2002b; Bittlingmayer 2005). Lediglich diese dritte Form der Verwendung des Milieubegriffs knüpft an ein komplexes sozialisationstheoretisches Verständnis an und findet in die folgenden Betrachtungen weiteren Eingang.

1.2 Die handlungstheoretische Erdung der Milieuperspektive

Für eine milieuspezifische Theorieanlage spielen die alltäglichen Handlungen sozialer Akteure durchaus eine gewichtige Rolle. Sie geht davon aus, dass die basale Analyseeinheit das in Anerkennungsstrukturen *eingebettete, also sozial sinnhafte Handeln* darstellt. Dieser Gedanke ist nur über eine elaborierte Handlungstheorie einzuholen, die für eine doppelte Strukturierungsperspektive anschlussfähig ist. Die Habitustheorie Bourdieus, die Mentalitätsanalysen Vesters, aber auch die Agency-Forschung (Emirbayer/Mische 1998) liefern hier die nötigen theoretischen Instrumente, um milieuspezifische Handlungsformen angemessen abzubilden.[1] Allen diesen Ansätzen gemeinsam ist zunächst, dass sie die dichotomischen handlungstheoretischen Unterscheidungen, wie etwa Determinismus versus Kreativität oder Routinisierung versus Spontaneität, als falsche Antagonismen zurückweisen. Menschen handeln, so die Grundposition, im Rahmen von die eigenen Handlungsmöglichkeiten übersteigenden Kontextbedingungen sowohl routinisiert und vorreflexiv als auch kreativ und spontan. Soziale Strukturen sind nicht ohne die andauernden Handlungen sozialer Akteure denkbar und die Handlungen sozialer Akteure werden durch die soziale, nach

---

1 Wir möchten an dieser Stelle keine ausführliche Herleitung und Entfaltung einer entsprechenden handlungstheoretischen Position liefern, sondern lediglich darauf hinweisen, dass die Bourdieusche Habitustheorie u.E. als handlungstheoretisches Konzept interpretierbar ist (Bittlingmayer 2000: Kap. 3; Bauer 2002b). Ferner beziehen wir uns auf den lesenswerten Grundlagentext *What is agency?* (Emirbayer/Mische 1998), in dem eine durchdachte Handlungstheorie im Anschluss an die Habitustheorie angeboten wird.

Milieus differenzierbare Realität vorstrukturiert.[2] Diese doppelte Strukturierung
gilt nicht nur für soziale Makrostrukturen wie das politische oder ökonomische
Feld, sondern ebenfalls für den Zusammenhang zwischen sozialen Milieus und
individuellen Habitus: „Die sozialen Milieus werden (...) durch den Habitus der
Akteure gestiftet, zugleich aber wird der Habitus auch in den sozialen Milieus
erworben" (Bremer 2004: 47). Im Agency-Konzept schließlich besteht *jede*
Handlung eines sozialen Akteurs aus den drei lediglich analytisch zu trennenden
Elementen des Iterativen, des Prospektiven und des Bewertenden (Emirbay-
er/Mische 1998; Bauer 2004). Selbst die kreativen Potenziale menschlichen
Handelns, die zweifellos in Rechnung zu stellen sind, bleiben mithin eingebettet
in soziale Kontextbedingungen, in denen sie sich dann spezifisch entfalten können. Eine Milieuperspektive besteht darauf, das Individuelle konsequent von der
gegebenen sozialen Realität her zu denken. Oder, noch einmal anders formuliert: Ein milieutheoretischer Zugang wird von uns als ein *besonderer Denkmo-
dus* begriffen, der individuelle Handlungen, Relevanzstrukturen oder selbst
biografische Entscheidungen stets *aus der Logik des Sozialen* konzeptionalisiert.
Eine Konsequenz dieses Modells ist die These, dass für ein angemessenes Verständnis der sozialen Logiken der alltäglichen Lebensführung, der kollektivier-
baren Mentalitäten oder Präferenzstrukturen in erster Linie an zwei Punkten
angesetzt werden muss. Zum einen ist entscheidend, bei welcher Referenzgrup-
pe eine beliebige Handlung Anerkennung und Wertschätzung hervorrufen soll.
Das ist ein sozialisationstheoretisches Moment der *alltäglichen* Gruppeninegra-
tion in soziale Milieus (Grundmann u.a. 2003). Zum anderen sind die Gruppen
gleichermaßen zentral, die die Funktion der Abgrenzungsfolie übernehmen, zu
denen also durch spezifische Verhaltensweisen eine Differenz signalisiert werden soll.

2.   Zwischen Linearitäts- und Differenzlogik:
   Milieus, Sozialisation und Ungleichheit

Werden Milieus so wie hier vorgeschlagen auch sozialisations- und handlungs-
theoretisch bestimmt, dann werden gleichzeitig soziale Ungleichheitsstrukturen
nicht nur als eindimensionale Hierarchisierung begriffen (Bittlingmayer 2006).
Hier wird einmal mehr die zuvor schon angesprochene doppelte Strukturie-
rungslogik virulent, diesmal nicht auf der Ebene der handlungstheoretischen

---

2   Vgl. hierzu v.a. Bourdieu (1987: Kap. 3), Kraemer (1994), Bourdieu/Wacquant (1996: 147 ff.),
    Bittlingmayer (2000: Kap. 3), Bauer (2002a), Bremer (2004: 46 ff.).

Konzeptionalisierung, sondern auf der Ungleichheitsdimension und der Ebene allgemeiner Sozialisationsprozesse. So sind neben den abgrenzbaren objektiven Ungleichheitsrelationen, die sich in Einkommens*ungleichheiten*, *ungleichen* Bildungschancen und *hierarchisierten* Berufsprestiges niederschlagen, die für ein Verständnis der sozialen Welt gleichermaßen bedeutsamen lebensweltlichen Differenzen zu berücksichtigen, die sich in *unterschiedlichen* Präferenzstrukturen, *differenten* Alltagsorganisationen oder *mannigfaltigen* Mentalitäten und Einstellungsmustern kristallisieren. In der gängigen Ungleichheitsforschung existiert nach unserem Eindruck noch immer eine wechselseitige Blindheit für die Eigenlogiken der beiden Dimensionen. Im Folgenden sollen deshalb Stärken und Schwächen beider Zugänge skizziert und anschließend Vorschläge zur Vermittlung beider Logiken vorgestellt werden.

2.1 Einsichten und Grenzen einer Linearitätslogik

Der Vorteil einer objektivistischen Sichtweise auf die soziale Realität liegt zunächst vor allem darin, dass die ungleichen Ressourcenausstattungen von Haushalten klar zur Geltung gebracht werden. So können immer wieder so genannte „Risikogruppen" identifiziert werden, die mit einer hohen Wahrscheinlichkeit ihr Einkommen temporär oder auch konstant aus sozialen Transferleistungen beziehen (z.B. Alleinerziehende, Migranten, räumlich Segregierte (Keller 2005), Schulbildungsferne oder eine Kombination dieser Merkmale). Die objektivistisch angelegten Studien liefern harte Daten und Befunde für die vertikale Einteilung von Gegenwartsgesellschaften nach Klassen, Schichten oder Milieus. Sie zeigen aber deutliche Schwächen, wenn es darum geht, die augenscheinliche Stabilität der Ungleichheitsrelationen und Herkunftsabhängigkeit der Biografien zu begreifen und zu verstehen. Dass es beispielsweise Armutslagen gibt, kann statistisch relativ klar gezeigt werden. Was das für die Betroffenen im Alltag bedeutet, welche Stigmatisierungsprozesse etwa damit einhergehen oder mit welchen Selbstbeschreibungen solche sozialen Lagen verknüpft sind, wird nicht benannt. Zudem sind sie mit problematischen, aber nur selten thematisierten Hintergrundannahmen verknüpft, die sich auf die sozialen Akteure beziehen.

So wird in objektivistischen Ansätzen aus der individuellen Verfügbarkeit über Ressourcen der jeweilige Komplexitätsgrad der Alltagspraktiken, Handlungsstrategien oder Einstellungsformen abgeleitet. Menschen, die in Armut ihr Leben verbringen müssen, sind damit im Vorfeld auf allen Ebenen kaum zurechenbare soziale Akteure, weil ihnen die Handlungsressourcen fehlen, um überhaupt sozial sinnvolle Aktivitäten zu vollziehen. Die Konsequenz ist eine durch den sozialwissenschaftlichen Blick verdoppelte Stigmatisierung benachteiligter

Gruppen, denen auf diese Weise Kapazitäten zur reflexiven Verarbeitung ihrer
Lebenswelt oder Bildungsprozesse im allgemeinen Sinne kurzerhand abgespro-
chen werden. Diese theoretischen Modelle, so lässt sich pointieren, stehen im
Kontext einer *Logik der Linearität.* Der Komplexitätsgrad alltäglicher Handlungen wird also direkt verknüpft mit den verfügbaren Handlungsressourcen, so
dass gilt: Je weniger Handlungsressourcen (Verfügbarkeit über ökonomisches,
kulturelles und soziales Kapital) vorhanden sind, desto geringer ist der Grad der
Komplexität der Handlungsstrategien, Wertvorstellungen, Einstellungsmuster,
Habitusstrukturen usw. Umgekehrt gilt, je mehr Ressourcen verfügbar sind, um
so mehr fächert sich der alltägliche Optionsraum auf, umso größer sind die
reflexiven Abwägungsprozesse im Handeln und um so größer sind die Bewusst-
seinsanteile an den Einstellungsmustern und Habitusstrukturen.

'Mit dieser Sichtweise geht eine Verkürzung bei der Analyse von Bildungsungleichheiten einher. Die Linearitätslogik produziert in ihrer Konsequenz eine
kaum beachtete *Defizitperspektive,* in dem aus der relativen Ferne *schul*bil-
dungsbezogener Wissensformen bei bestimmten Gruppen auf eine vollkommene
und alles übergreifende Bildungsferne geschlossen wird (vgl. hierzu ausführlicher Grundmann u.a. 2004a, 2004b, 2006). Soziale Akteure aus diesen Gruppen
werden – wie bereits ausgeführt – so gefasst, als hätten sie beispielsweise keinerlei reflexive Handlungskapazitäten oder würden keine komplexen Handlungsstrategien ausbilden. Diese Charakterisierung folgt dem Urteilsspruch der
schulischen Bildungsinstitutionen, die – wie wir seit Piere Bourdieu und Jean-
Claude Passeron (1971) sowie Basil Bernstein (2000) wissen – über ein Mono-
pol der Bestimmungsmacht darüber verfügen, was – also welche Wissensformen und Alltagspraktiken – als Bildung gelten kann und was nicht. Eine milieu-
theoretische Perspektive, so wie sie hier verfolgt wird versucht, nicht-schul-
bildungskonformes Handeln aus der Handlungslogik spezifischer Milieus, wir
sprechen hier von der Logik milieuspezifisch sedimentierter Relevanzstrukturen, heraus zu *verstehen* (Bourdieu 1997; Bourdieu u.a. 1997). Wir gehen davon
aus, dass die Handlungen von benachteiligten Gruppen sozial sinnhaft sind und
dasselbe Maß an Handlungskomplexität aufweisen, wie dies für die mittlerweile
gängigeren schulbildungsaspirativen Handlungsstrategien gilt. Auf dieser Ebene
der allgemeinen Bildungs- und Sozialisationsprozesse sind u.E. milieuspezifische Handlungspraktiken zunächst different.

2.2 Einsichten und Grenzen einer Differenzlogik

Eine eher horizontal ausgerichtete Differenzperspektive stärkt zunächst die
Einsicht, dass die Alltagspraktiken sozialer Akteure nicht von vorneherein in ein

hierarchisiertes Raster hineingezwungen werden können. So ist auf der phäno-menologischen Dimension erst einmal davon auszugehen, dass Freizeitgestaltungen wie Bergsteigen, die Teilnahme an Motorradrennen, das Lesen von Arztromanen, der Konsum von Dauerwerbesendungen im Fernsehen, ein Familienausflug mit dem Fahrrad, der Besuch von Theaterveranstaltungen usw. gleiche Dignität beanspruchen dürfen. Die Unterscheidung in hochkulturelle Praktiken, denen an sich mehr Würde inhärent ist, gegenüber Freizeitgestaltungen, die der bloßen Unterhaltung dienen, wird in dieser Sichtweise brüchig und die Exklusivität der hochkulturellen Praxisformen kommt (prinzipiell) als besondere soziale Inwertsetzung von Herrschaft in den Blick. Eine Differenzlogik bestimmt alle sozialen Akteure mit guten Argumenten als gleichermaßen zurechenbare Handlungsträger, deren Praktiken der alltäglichen Lebensführung sich prinzipiell nicht im Komplexitätsgrad unterscheiden. Auch die Differenzperspektive ist allerdings mit einer Gefahr verbunden, sofern sie als ausschließliche Interpretationsfolie für das Verständnis der sozialen Welt aufgefasst wird.

Die sensible Nachzeichnung der kreativen Bewältigungsstrategien von benachteiligten Milieus setzt sich dem Verdacht aus, die Maßstäbe sozialer Gerechtigkeit, das heißt die objektiven Verteilungsstrukturen aus den Augen zu verlieren. Es besteht also in gewisser Hinsicht die Gefahr eines *going native*, in dem etwa die Vielfältigkeit auch benachteiligender Lebenswelten zugunsten der biografieeinschränkenden Momente überbetont werden. Benachteiligte Milieus fungieren in diesem Zusammenhang dann als Projektionsfläche der SozialwissenschaftlerInnen, indem jene beispielsweise besondere Formen von nicht-kapitalistischen Authentizitätspotenzialen im Alltag verwirklichen oder etwa Hintergrundfolie für kommunitaristische Ideen der Nachbarschaftshilfe bilden sollen. Bei aller berechtigten Kritik an eindimensionalen Defizitmodellen: Die Verherrlichung nicht verherrlichungswürdiger Verhältnisse ist gewissermaßen die traditionelle Kehrseite eines eindimensionalen vertikalen Denkens (kritisch hierzu bereits Löwenthal 1980: 224 ff.).

3. Bildung und Milieus, Anerkennung und Herrschaft

Wenn man die Vorstellung ernst nimmt, dass die Lebensrealität, lebensweltliche Relevanzsetzungen, Präferenzstrukturen und Einstellungsmuster etc. milieuspezifisch variieren, dann wird klar, dass die allgemeinen Sozialisationsprozesse in den verschiedenen sozialen Milieus unterschiedliche Formen im Sozialisationsergebnis hervorbringen (Bauer 2002a, 2002b). Dabei ist der *Sozialisationsprozess* aller sozialen Akteure gleich komplex, die Nähe oder Distanz zu Aufstiegsaspirationen oder die individuellen Passungsverhältnisse zu den aktuellen institutionellen Anforderungen im Bildungssystem unterscheiden sich – stets im Rahmen von Wahrscheinlichkeiten – aber nach der Zugehörigkeit zu sozialen Milieus. Wir möchten uns nunmehr mit dem für die Gegenwartsgesellschaften besonders sensiblen Feld der Bildung auseinandersetzen und den Zusammenhang von Bildung und Herrschaft in das Zentrum rücken. Dabei soll nicht noch einmal ausführlich dargestellt werden, was eine Vielzahl von Untersuchungen im Bereich der Bildungsforschung seit nunmehr vier Jahrzehnten kontinuierlich nachweisen: Dass in Deutschland trotz der so genannten Bildungsexpansion ein – im internationalen Vergleich der OECD-Länder besonders – stabiler Konnex zwischen der sozialen Herkunft und dem individuellen Bildungserfolg existiert (vgl. aktuell die Beiträge in Engler/Krais 2004 und Becker/Lauterbach 2004). Wir möchten deshalb nicht die Ergebnisse der empirischen Bildungsforschung noch einmal zusammentragen. Vielmehr liegt der Fokus auf dem Zusammenhang von Bildungsprozessen, Anerkennungs- und Herrschaftsstrukturen, der aus der Perspektive einer Milieutheorie erörtert wird. Das kann im Rahmen dieses Beitrages nur skizzenhaft erfolgen. Es geht uns aber darum, an den Rand des gegenwärtigen „Post-PISA-Diskurses" gedrängte Fragen nach Bildungsgerechtigkeit wieder aufzuwerfen (Bauer/Bittlingmayer 2005).

3.1 Position und Perspektive:
Zum Zusammenhang von Bildung und sozialem Raum

Wie Vester (2004: 39) darlegen kann, ist „das Bildungsverhalten in die gesamte klassenspezifische Lage eingebettet" und insofern von Beginn an mit markanten Ungleichheiten *und* Differenzen verknüpft. Soziale Akteure erwerben mithin *milieuspezifische Handlungsbefähigungen* (Grundmann u.a. 2003, 2004a, 2004b, 2006), die sie mit Wahrnehmungs-, Denk- und Handlungsschemata ausstatten, die ihrem Milieu für den Erwerb von sozialer Anerkennung angemessen sind. So ist für einen Angehörigen der herrschenden Milieus die Akkumulation von kulturellem Kapital im Rahmen seiner milieuspezifischen Anerkennungsstrukturen etwas vollkommen Normales. Die alltäglichen Wissensstrukturen und Handlungsstrategien in den herrschenden Milieus sind nach der Umstellung auf den schulischen Reproduktionsmodus der Sozialstruktur in besonderer Weise auf die Erfordernisse der Bildungsinstitutionen eingerichtet, so dass die Aufnahme eines Hochschulstudiums zur wahrscheinlichen biografischen Option wird, während *hiervon abweichende* biografische Entwürfe innerhalb dieser milieuspezifischen Anerkennungsstrukturen *begründungsbedürftig* werden (Schmeiser 2003). Ein Hochschulstudium ist gerade in den jüngeren Kohorten hier also etwas Selbstverständliches. Die Mittelschichtmilieus zeichnen sich noch immer durch vergleichsweise ehrgeizige Bildungsaspirationen aus, auch wenn sich die Konkretisierungsformen der Aspirationen auf einer horizontalen Ebene des sozialen Raumes sehr unterschiedlich äußern.[3] Angehörige der Unterschichtmilieus sowie der älteren, aber noch nicht verrenteten Mitglieder der Arbeitermilieus und des Kleinbürgertums haben durch die Expansion hoher und höherer Bildungstitel aber noch an Boden verloren (vgl. hierzu auch Geißler 2002: Kap. 13).

Gerade die Angehörigen der schulbildungsfernen Unterschichtmilieus befinden sich in der Regel aufgrund ihrer über Generationen sedimentierten Handlungsstrategien in einer Opposition zu den Handlungsanforderungen der schulischen Institutionen.[4] Um nur ein plausibilisierendes Beispiel anzuführen: Im Unterschied beispielsweise zum Angehörigen eines herrschenden Milieus ist es für einen Jugendlichen einer beliebigen mittelgroßen und stigmatisierten Hochhaussiedlung gegenüber der peer-Gruppe *begründungsbedürftig*, den Nachmittag mit der Vorbereitung auf eine möglicherweise versetzungs- oder zeugnisrelevante (damit gleichzeitig bewerbungsrelevante) Klassenarbeit verbringen zu wollen, anstatt sich – wie üblich – an den nachmittäglichen Mofarennen zu beteiligen. Dieser Jugendliche wird wahrscheinlich im Gegenteil besondere soziale Anerkennung von der peer-Gruppe dann erhalten, wenn er ihnen eröffnet, dass er „keinen Bock" hat, für die Arbeit zu lernen, sondern sich stattdessen für die normale alltägliche Freizeitgestaltung „entscheidet". Diese „Entscheidung" folgt der gleichen Komplexität, die Prozessen der Wahrnehmung und dem Ringen zur Erhaltung von sozialer Anerkennung in schulbildungsnäheren Milieus inhärent sind. Das Handlungsergebnis führt aber zu einer Reproduktion der auf einer vertikalen Ebene niedrigen sozialräumlichen Position dieses sozialen Akteurs. Solche Beispiele werfen ein Licht auf das Ineinandergreifen der verschiedenen, auf den ersten Blick widersprüchlichen Prozesse der Reproduktion der sozialen Struktur trotz der kreativen Handlungsstrategien der Akteure und der formal offenen Strukturen im Bildungswesen. Eine herrschaftskritische Perspektive kann sich hier nun auf ganz unterschiedliche Ebenen beziehen: Beispielsweise auf die allgemeinste Ebene der Institution Schule selbst (Illich 1995), auf die Ebene der Selektionsfunktion des Bildungssystems in kapitalistischen Gesellschaften (Reichwein 1985), auf die Ebene des statistischen Zu-

---

3 Überhaupt wäre sorgfältiger, als wir es hier aus Platzgründen vermögen, die horizontale Differenzierungsachse mit der vertikalen Herrschaftsachse bildungs- und herrschaftssoziologisch zu vermitteln. Wir argumentieren in diesen Beispielen eher mit Hinweisen, die sich vor allem auf die vertikale Achse des sozialen Raums beziehen, ohne die Relevanz der horizontalen Achse leugnen zu wollen. Vgl. hierzu ausführlich Bittlingmayer (2006).

4 Noch einmal verschärft wird die Lage, wenn zu der Zugehörigkeit zu den unteren Milieus noch ein Migrationshintergrund tritt. Vgl. hierzu ausführlicher Sahrai (2003).

sammenhangs von sozialer Herkunft und Bildungserfolg (Deutsches PISA-Konsortium 2001; Geißler 2002) oder die konkretere Ebene der schulischen Einrichtung, inklusive der Lehramtsausbildung (Gomolla/Radtke 2002). Die beiden ersten Ebenen der Kritik sind in der aktuellen Diskussion um Bildungsungleichheiten nicht vorhanden.

3.2 Milieuspezifische Diskriminierung

Im Zuge der dominanten individualisierungstheoretischen Deutungsmuster wird das hypothetische Verhalten des von uns beispielhaft angeführten Mofa fahrenden Jugendlichen vermutlich als „Fehlentscheidung" begriffen werden. Dieser Konzeptionalisierung liegt das Modell zu Grunde, dass soziale Akteure in Gegenwartsgesellschaften nicht mehr sozial, sondern direkt systemisch integriert werden (Beck 1986). Individuen müssen sich auf anonymen Bildungsmärkten behaupten und der jeweilige Erfolg sichert die Biografie ab. Diese Perspektive unterschlägt nicht nur – wir haben bereits mehrfach darauf hingewiesen – die besondere Logik des Sozialen und die für soziale Akteure zentralen personalen Anerkennungsformen. Vielmehr wird durch die Konstruktion eines anonymen Bildungsmarktes ebenfalls die konkrete institutionelle Bildungsvermittlung gar nicht thematisiert, die für eine Vielzahl der Herrschaftseffekte, die in schulischen Sozialisationsprozessen übertragen werden, verantwortlich sind.

Im Kontext der empirischen und theoretischen Bildungsforschung sind eine ganze Reihe von *institutionellen Diskriminierungen* (Gomolla/Radtke 2002) herausgestellt worden. So ist für die Bundesrepublik Deutschland zunächst die besonders rigide Schulformhierarchie zu nennen. Diese Schulformhierarchie führt zunächst dazu, dass die Qualität der Bildungsbegleitung einem Matthäus-Prinzip folgt. Gymnasien haben – auch und gerade durch den aktuellen neoliberalen Umbau der schulischen Institutionen – wesentlich mehr Ressourcen zur Verfügung als diejenigen Hauptschulen, Sonderschulen, E-Schulen usw., um die man sich besonders kümmern müsste, wenn die Reduktion von Bildungsungleichheiten das primäre Ziel wäre (vgl. hierzu Gomolla/Radtke 2002; Solga/Wagner 2004; Bauer/Bittlingmayer 2005). Diese institutionelle Polarisierung wird bereits im Ausbildungssystem von LehrerInnen und ErzieherInnen besonders anschaulich. Die Struktur des Ausbildungssystems ist in Deutschland darauf ausgerichtet, dass die Einflüsse der sozialen Herkunft eine ganz zentrale Rolle spielen. Entgegen einer Idee der Kompensation wird dasjenige pädagogische Personal am niedrigsten entlohnt und „nur beruflich", aber nicht akademisch ausgebildet, dass am stärksten kompensatorisch im Vorschulbereich eingreifen könnte. Entsprechend ist die Ausbildung des Primarstufenbereichs, der bis vor kurzem an den meisten deutschen Universitäten nicht den Status eines Hochschulstudiums besaß, weniger ausgiebig als die darüber liegenden Schulformen, obwohl nach allen Erkenntnissen der Entwicklungspsychologie im Alter von sechs bis zehn Jahren wahrscheinlich das meiste kompensatorische Potenzial in der Schülerschaft vorhanden ist. Den höchsten Status, auch innerhalb des gesamten schulpädagogischen Personals, genießen die Gymnasiallehrkräfte, nicht zuletzt wegen ihrer höheren Entlohnung. Eine ernsthafte Bemühung um Kompensation, d.h. um eine Reduzierung des milieuspezifischen Hintergrundes auf institutioneller Ebene, müsste diese Logik umdrehen und die am besten Ausgebildeten an den Beginn der Kindheit und frühen Beschulung stellen, nicht an das Ende, neben der aus Gründen der Verringerung von Bildungsbenachteiligungen selbstverständlichen integrierten Gesamtschule (Bauer/Bittlingmayer 2005).

3.3 Keine Frage der Wahrscheinlichkeit

Die Frage nach sozialer Ungleichheit im Bildungsbereich wird seit dem PISA-Schock in Deutschland vorrangig diskutiert als international vergleichsweise skandalöser Zusammenhang zwischen der sozialen Herkunft (in der Regel gemessen an dem kulturellen Kapital der Eltern und deren Berufe) und dem Bildungserfolg der Kinder und Jugendlichen. So wissen wir seither, dass trotz des (noch) formal schrankenlosen Zugangs zum Sekundarbereich in den staatlichen Regelschulen die Wahrscheinlichkeit eines abgeschlossenen Hochschulstudiums für ein Kind etwa mit türkischem oder albanischem Migrationshintergrund um ein Vielfaches geringer ist als für ein Kind aus dem „Konservativ-technokratischen Milieu".[5] Aus diesen Studien zur empirischen Bildungsforschung folgt aus herrschaftssoziologischer Perspektive eine normative Variante, die auch die maßgebliche Variante der offiziellen Bildungspolitik bezeichnet. Der statistische Zusammenhang zwischen sozialer Herkunft und individuellem Bildungserfolg muss reduziert werden, der stabile Konnex zwischen Gruppen von Benachteiligten und der intergenerationalen Weitergabe des Bildungsmisserfolges muss aufgebrochen werden. Polemisch formuliert: Die herrschaftskritische Perspektive auf das gegenwärtige Bildungssystem zieht sich damit auf die Wahrscheinlichkeitstheorie zurück.

Selbstverständlich sind die kritischen Studien, die den empirischen Zusammenhang zwischen Bildungserfolg und Herkunft genau nachzeichnen, not-

---

5   Zu diesem Milieu vgl. Vester u.a. (2001: 504 ff.). Für eine aktuelle Milieulandkarte vgl. die Einleitung zu diesem Band.

wendig und sinnvoll. Sie bleiben aber zumeist in ihren impliziten oder expliziten normativen Implikationen dem schlechten Status-Quo verhaftet. So bleibt der *kompetitive Mechanismus*, der eine ungleiche Verteilung des sozialen Status oder die ungleiche Zuteilung von Lebenschancen und Lebenserwartung[6] *produziert,* in der Regel unthematisiert. Im Zweifelsfall wäre also Bildungsgerechtigkeit dann hergestellt, wenn sich keine statistisch signifikanten Effekte entlang der erreichten ungleichen Bildungsabschlüsse mehr zeigen lassen. Abgesehen davon, dass schon diese Umsetzung gegenwärtig eine Utopie zu sein scheint, so greift sie dennoch zu kurz. In den allermeisten Arbeiten zur Bildungsungleichheit wird das aktuelle Schulsystem, das notwendig Bildungshierarchien erzeugt, nicht angetastet. Aktuelle Debatten um eine Ganztagsbetreuung erfüllen hier Stellvertreterdiskurse. Die aus einer herrschaftskritischen Perspektive radikalere, aber durchaus denkbare Variante, die Entkopplung von gesellschaftlicher bzw. milieuspezifischer Anerkennung und individueller Arbeitsleistung, Bildungserfolg etc., ist kein Bestandteil des Bildungsdiskurses, auch nicht in den kritischen Beiträgen. Hier herrscht nach unserer Wahrnehmung im Augenblick ein Denkverbot: Die empirischen Befunde der Ungleichheits- und Bildungsforschung werden von grundlegenden Fragen nach sozialer Herrschaft und Gerechtigkeit entkoppelt. Nach unserem Verständnis aber sind empirische Fragen nach sozialer Ungleichheit und Bildungsungerechtigkeit nicht zu trennen von allgemeinen Fragen nach sozialer Herrschaft.

4. Die politische Soziologie der Milieutheorie

Der Versuch, Fragen sozialer Ungleichheit und Bildungsgerechtigkeit wieder auf soziale Herrschaft zu beziehen, fällt prinzipiell in den Aufgabenbereich der Sozialphilosophie, die in den gegenwärtigen soziologischen Diskursen ein Schattendasein führt. Max Horkheimer (1981: 43) hatte der Sozialphilosophie zu Beginn der dreißiger Jahre des zwanzigsten Jahrhunderts die Aufgabe zugewiesen,

> den „Zusammenhang zwischen dem wirtschaftlichen Leben der Gesellschaft, der psychischen Entwicklung der Individuen und den Veränderungen auf den Kulturgebieten im engeren Sinn, zu denen nicht nur die sogenannten geistigen Gehalte der Wissenschaft, Kunst und Religion gehören, sondern auch Recht, Sitte, Mode, öffentliche Meinung, Sport, Vergnügungsweisen, Lebensstil usf." zu erforschen.

---

6 Nach den SOEP-Daten etwa beträgt bei den Frauen der Unterschied in der Lebenserwartung zwischen dem obersten und dem untersten Quintil fünf Jahre, bei den Männern sogar zehn Jahre!

Aus diesem umfassenden Katalog sind drei allgemeine theoretische Elemente ableitbar, die zusammen aus unserer Perspektive eine politische Soziologie der Milieutheorie umspannen und die wir aus den Milieustudien von Michael Vester und MitarbeiterInnen – gewissermaßen sekundäranalytisch – extrahieren können: (4.1.) Gesellschaftstheorie, (4.2.) Klassentheorie und (4.3.) die Analyse der öffentlichen Diskurse im Sinne einer Ideologiekritik.

4.1 Gesellschaftstheoretische Weichenstellungen einer Herrschaftssoziologie

In den gesellschaftstheoretischen Überlegungen Vesters (2002: 63 ff.) finden sich durch eine einzige theoriestrategische Entscheidung starke Ansatzpunkte dafür, die gesellschaftlichen Verhältnisse als solche durchschaubar zu halten. Die so genannte Achsentheorie Vesters, eine moderne Variante marxscher Gesellschaftstheorie, hält neben den Dimensionen der Zeit und der Ebene der Felder die beiden maßgeblichen Strukturierungsgrößen von Gesellschaften analytisch getrennt: die Produktionsverhältnisse bzw. die Herrschaftsdimension einerseits sowie die Produktivkräfte bzw. die Dimension der Arbeitsteilung andererseits. Diese simple Unterscheidung ist folgenreich. Sie aktualisiert die Einsicht Theodor Adornos (1980) aus den späten sechziger Jahren, dass fortgeschrittene Industriegesellschaften nach ihrem technischen Stand durchaus die Möglichkeiten hätten, sich vollkommen anders zu strukturieren, dass sich aber der Grad der Herrschaftsausübung im krassen Gegensatz zu diesen Möglichkeiten befindet.

Dieses Missverhältnis hat sich seither nicht gebessert. Das lässt sich an einem simplen Beispiel zeigen. Mit fortschreitender Automatisierung der Industriearbeit ist das Maß an notwendiger Arbeit stark zusammengeschrumpft (technische Entwicklung). Eine Möglichkeit, die sich hieraus ergeben würde, ist die Senkung der durchschnittlichen Arbeitszeit der Bevölkerung und die Einleitung einer radikalen Arbeitszeitverkürzung (gesellschaftliche Entwicklung). Die aktuellen Entwicklungen einer Verlängerung der durchschnittlichen Arbeitszeiten, der Verdichtung von Lohnarbeit, der Wiederkehr von vormodernen Arbeitsverhältnissen (wie etwa Dienstmädchen oder Heimarbeit) folgen also nicht aus der technischen Entwicklung selbst, sondern sind Ausdruck von Herrschaftsverhältnissen. Aus der Differenzierung in Produktivkräfte und Produktionsverhältnisse folgt deshalb vor allem, dass sich aus der technischen Entwicklung in strengem Sinne keine gesellschaftliche Entwicklung ableiten lässt, sondern letztere stets auf den aktuellen Stand der gesellschaftlichen Auseinandersetzungen um Privilegien, Rechte und den Anteil am gesellschaftlichen Reichtum bezogen werden müssen. Die Vorstellung, dass durch eine bestimmte technische Entwicklung – etwa das Internet, das die Globalisierung ermöglicht – beliebige Gesellschaften gezwungen werden, soziale Sicherungssysteme zu ändern, steigende Armutsquoten zu akzeptieren, sich in „beschleunigten Konkurrenzkämpfen" behaupten zu müssen oder Kriege zu führen, ist ein Mythos (Bittlingmayer 2005).

4.2   Sozialer Wandel, Milieus und Klassenkohäsion

Das zweite allgemeine theoretische Element zur Konkretisierung einer zeitgemäßen Sozialphilosophie liefert die Klassentheorie. Ebenso wenig wie die Technikentwicklung als Determinante gesellschaftlicher Entwicklung betrachtet werden kann, lassen sich Klassenverhältnisse aus der technologischen Entwicklung oder der Entwicklung im für Gegenwartsgesellschaften zentralen Bildungssystem (Bildungsexpansion oder Wiedereinführung von Studiengebühren) deduzieren. Soziale Klassen werden nicht durch die Einführung von Teamarbeit in Industriebetrieben abgeschafft oder durch Re-Taylorisierung wieder erschaffen. Als eigenständige Sozialisationsräume entwickeln sie Handlungsstrategien, die einer anderen zeitlichen Struktur folgen als Entwicklungen in der Arbeitswelt oder in den Bildungsinstitutionen. Eine Klassentheorie, die diesen Aspekt berücksichtigt, wird dadurch enorm komplex. Sie muss zunächst die internen Dynamiken innerhalb der Klassen als Sozialisationsräume wahrnehmen (Klassenkohäsion), die allein aus den Generationenverhältnissen resultieren. Sie muss darüber hinaus nicht nur das Verhältnis der einzelnen Klassen zu der gesamtgesellschaftlichen Entwicklung (Produktivkräfte, gesellschaftliche Arbeitsteilung, technologische Entwicklung), sondern auch der Klassen untereinander (Klassenkampf) im Auge behalten.

Die Sozialtopografie, die in den Arbeiten von Vester u.a. (1993, 2001) im Zentrum steht und die in Anlehnung an die konstruktivistische Klassentheorie Bourdieus entwickelt worden ist, liefert ein Modell, das diese Aspekte aufnimmt. Die Milieulandkarte ist nach unserer Überzeugung in diesem Sinne Ausdruck einer mehrdimensionalen Klassentheorie.

Die sozialen Milieus haben sich im Verlauf der letzten einhundert bis einhundertfünfzig Jahre auf der Grundlage spezifischer historischer Traditionslinien ausdifferenziert (Vester 2002: 83 f.). Sie haben sich aber keineswegs aufgelöst. Soziale Milieus bestehen in einer Innenperspektive aus unterschiedlichen Geburtsjahrgängen, sind also integraler Bestandteil von Generationenverhältnissen (Lange-Vester 2003, 2006). Das äußert sich – wie in Abschnitt 3. ausführlicher dargelegt – darin, dass sie als eigenständige Sozialisationsräume begriffen werden müssen, in denen es zur milieuspezifischen Ausbildung von Handlungsdispositionen, Relevanzstrukturen usw. kommt. Nun verarbeiten Milieus gesellschaftliche Entwicklungen auf der Maßgabe der ihnen eigenen historisch sedimentierten Handlungsstrategien und Weltwahrnehmungen. Das lässt sich am Beispiel der milieuspezifischen Reaktionen auf die Bildungsexpansion gut nachvollziehen (Vester 2004). Aus den milieuspezifischen Vererbungsformen der individuellen Handlungsstrategien folgt ganz allgemein, dass sich sozialer Wandel je nach Milieuzugehörigkeit anders darstellt, mit anderen Handlungsstrategien verbunden wird und mit unterschiedlichen Optionsräumen verknüpft ist. Dennoch unterliegen soziale Milieus auch internem Wandel, allein dadurch, dass etwa die nachwachsenden Generationen in Milieus, die traditionell schulbildungsfern sind, über eine verlängerte Schulpflicht gegenüber der Elterngeneration andere Bildungsaspirationen, biografische Hoffnungen und andere Akzeptanzmuster für kulturelles Kapital erwerben.

4.3 Milieus in der „Wissensgesellschaft"

In den letzten dreißig Jahren ist die technologische Entwicklung so rasant vorangeschritten, dass die Zeitdiagnose „Wissensgesellschaft" zum populärsten Gesellschaftslabel avanciert ist. Dabei wird der gesellschaftliche Wandel in der Regel so begriffen, dass einzelne soziale Akteure gezwungen sind, sich nunmehr veränderten gesellschaftlichen Verhältnissen anzupassen, während der Wandel selbst als etwas Außersoziales konstruiert wird. Auf der Grundlage einer praxeologischen Milieutheorie stellt sich dieser Zusammenhang bis zu einem bestimmten Punkt umgekehrt dar: Nicht ein allgemeiner technologischer Wandel zwingt soziale Milieus, sich beispielsweise durch das Ergreifen neuer Berufe anzupassen. Eine beschleunigte technologische Entwicklung ist zunächst die indirekte Folge der Phase einer umfassenden und bis heute fortwirkenden Bildungsexpansion, die infolge eines Facharbeitermangels einerseits und der Systemkonkurrenz (West-Ost) andererseits „Begabungsreserven" aller Milieus an die Bildungsinstitutionen führen sollte und zu einer bedeutsamen Ausdehnung der Akademikerquote in Deutschland geführt hat. Im Zuge der letzten dreißig Jahre sind dadurch beispielsweise eine Reihe neuer Berufe im Dienstleistungsbereich entstanden (vor allem produktionsorientierte Dienstleistungen im Zusammenhang mit einer „New Economy"), indem die gut ausgebildeten sozialen Akteure sich neue Berufsfelder gesucht und teilweise selbst erzeugt haben.[7] Durch die der Bildungsexpansion geschuldete Differenzierung und Professionalisierung der Berufe der mittleren respektablen Milieus hat vor allem an

---

7 Ein Zusammenhang, auf den bereits Bourdieu (1982: 580) Ende der siebziger Jahre hinweist.

diesem sozialen Ort „eine Art Kompetenzrevolution stattgefunden" (Vester 2004: 14). Dennoch sind die sozialen Gruppen „weitgehend in ihren ange-stammten Berufsfeldern geblieben", auch wenn sich diese „durch die Wandlun-gen des Bildungs- und Ausbildungssystems erheblich modernisiert" haben (ebd.: 17). Aber durch die modernisierten Lebensformen der Milieus hat sich der *„Gegensatz zwischen herrschenden und beherrschten Milieus nicht aufge-löst"* (Vester 2002: 85; i.O. herv.).

Bedeutsam ist vor dem Hintergrund einer herrschaftssoziologischen Pers-pektive, dass der Hinweis auf eine allgemeine Bildungsexpansion und auf eine gesellschaftliche Entwicklung hin zu „Wissensgesellschaften" die ungleichen Beteiligungschancen sozialer Akteure und die ungleichen Gestaltungsräume des Wandels der Milieus in zweifacher Weise verwischt. Zum einen hat sich im Verlauf der Bildungsexpansion eine starke soziale Polarisierung des institutio-nalisierten Kulturkapitals eingestellt, die im Extremfall aus HauptschülerInnen eine stigmatisierte Gruppe produziert (von Schulen für Lernbehinderte ganz zu schweigen) und Klassenschranken neu justiert. Zum anderen stehen im Mittel-punkt solcher Betrachtungen allgemeinen Wandels stets die jüngeren, besser ausgebildeten Kohorten, während etwa die Geburtsjahrgänge um 1950 und darunter, die gewissermaßen vor der „Kompetenzrevolution" liegen, in der Re-gel ausgeblendet werden. Im Effekt wird die ungleiche Beteiligung der sozialen Milieus am konstatierten technologischen und gesellschaftlichen Wandel unter-schlagen und zugunsten von allgemeinen Phrasen über gestiegene biografische Unsicherheiten ersetzt (klassisch bei Beck 1986).

Das Verhältnis der Klassen untereinander stellt sich auf der Grundlage der Analysen von Vester u.a. (2001) so dar, dass sich nach wie vor klare Klassen-schranken erkennen lassen.

> „Zunächst bilden die Milieus drei übereinander angeordnete Gruppen, die durch zwei ‚cleava-ges' voneinander gesondert sind. Die drei oberen Milieus (...) heben sich deutlich von den Mi-lieus der Volksklassen unter ihnen ab. Wir sehen hier eine Trennlinie, die gemeinhin als *Linie der Distinktion* zwischen den feinen und den gewöhnlichen Leuten gilt. Die fünf Milieus der mittleren Volksklassen (...) liegen darunter. Sie sind ihrerseits durch das ‚Traditionslose Ar-beitermilieu' (...) unterschichtet (...). [Es bildet; die Verf.] die Unterklasse im engeren Sinne. Diese ist durch eine unsichtbare Grenzlinie von der respektablen Mitte getrennt, die gemein-hin als *Linie der Respektabilität* bezeichnet wird" (Vester u.a. 2001: 245).

Zum Topos des Klassenkampfes ist nach diesen Ausführungen vor allem ein Motiv festzuhalten: Wenn man die Existenz dieser Klassenschranken akzeptiert, dann überrascht, dass sie in den aktuellen öffentlichen Auseinandersetzungen so gut wie keine Rolle spielen. Damit ist die Ebene der öffentlichen Diskurse be-rührt, die abschließend betrachtet werden soll.

4.4 Die Dominanz des Selbst: Klassenherrschaft und Diskurs

Wenn man einen Blick auf den augenblicklichen öffentlichen Repräsentations-
raum wirft, wie er sich in den alltäglichen Talkshows oder in den Statements
und Presseerklärungen politischer Akteure manifestiert, dann ist die Dominanz
der Deutungsmuster aus dem Umfeld der Individualisierungstheorie kaum zu
übersehen. Dieser Punkt berührt den wichtigen Bereich des Verhältnisses zwischen sozialwissenschaftlichen Beschreibungen und Weltdeutungen und der
Diffundierung in öffentliche Diskurse.

Wir haben weiter oben die in den gegenwärtigen sozialwissenschaftlichen
Theorien wichtige These der generellen individuellen Zurechenbarkeit der bio-
grafiebestimmenden Entscheidungen (etwa im Feld der Bildung) dargestellt, die
in einer Phase bedeutender allgemeiner Wohlfahrtssteigerungen entwickelt
worden ist und auch in Zeiten wiederkehrender Ressourcenknappheit nach wie
vor für gültig befunden wird. Diese Position ist aber keineswegs eine neutrale
sozialwissenschaftliche Deskription der sozialen Realität, sondern vielmehr ein
wichtiger Bestandteil eines augenblicklichen „Klassenkampfes von oben"
(Dangschat 1998). Indem jede individuelle Biografie als selbstgesteuerte Karriere stilisiert wird (z.B. Kneer 1998), indem unterschiedslos und undifferenziert
auf sozialen und technologischen Wandel hingewiesen wird, der für alle sozialen Akteure dieselben Handlungsanforderungen bereit halten soll (z.B. bei Er-
penbeck/Heyse 1999, Stehr 2000), werden einerseits die Deutungsmuster bestimmter Milieus übernommen und verallgemeinert und andererseits die bestehenden Klassenschranken unterschlagen.

Die Umstellung im Raum der öffentlichen Repräsentationen von offensiver
Distinktion der herrschenden Milieus zur Betonung des Eigenanteils am biografischen Erfolg hat auch die momentan herrschenden parteipolitischen Eliten
nach unserem Eindruck vollständig erfasst. Ihr korrespondiert ein spezifischer,
individualisierungstheoretisch angeleiteter Blick. Dieser Blick ist kein indiffe-
renter Blick, sondern „ein Blick, der herrscht" (Foucault 1988: 55), der die
Wahrnehmung der sozialen Welt vorstrukturiert und vielfältig auf die Selbstbeschreibung der sozialen Akteure rückwirkt. Wenn in Zeiten fortschreitender
Sozialdisziplinierung durch politische Programme wie Hartz IV oder die Agenda 2010 (lesenswert hierzu Offe 2003) im unteren Teil des sozialen Raums in
der öffentlichen Rhetorik auf Eigenverantwortlichkeit und Eigeninitiative umgestellt wird, dann ist das bei gleichzeitig zunehmender Abhängigkeit eines biografischen Erfolges von der milieuspezifischen Herkunft ein Ausdruck symbolischer Herrschaft.

Fazit: Die Betonung des Selbst
als Fixpunkt bildungsvermittelter Herrschaft

Die in unserem Beitrag als erklärungsbedürftig angesehene Frage der „symbolischen Umstellung auf das Selbst" und des Erfolges des individualisierungstheoretischen Blicks hat auf der Grundlage der Vesterschen Milieutheorie zwei Ursachen. *Erstens* ist sie Ausdruck eines symbolischen Kampfes innerhalb der herrschenden Milieus selbst (vgl. hierzu bereits Bourdieu 1982). Nach Vester ringen gegenwärtig alle herrschenden sozialen Milieus darum, zur allgemeinen Orientierungsfolie der Gegenwartsgesellschaften zu avancieren und die eigenen milieuspezifischen Praktiken und Deutungsmuster durchzusetzen.

> „In der gegenwärtigen Elitenkonkurrenz versucht das Milieu [der Liberal-Intellektuellen; Anm. d. Verf.], sich gegen die konservative Beharrung der Milieus zu ihrer Rechten und den postmodernen Avantgardismus der Milieus zu ihrer Linken abzugrenzen. Zugleich versucht es, als Leitmilieu einer Wissensgesellschaft, in der nicht Macht, sondern Kompetenz entscheiden sollte, an Boden zu gewinnen. Allerdings reklamieren die anderen Elitemilieus diese Leitpositionen ebenfalls, und sie haben damit das Liberal-intellektuelle Milieu (...) in die Defensive gedrängt" (Vester u.a. 2001: 38).

Symbolisch dominant sind daher vorrangig die beiden anderen herrschenden Milieus. Einerseits das „Konservativ-technokratische Milieu", das die „bestsituierten Teile der gehobenen Selbständigen, Freiberufler, Wissenschaftler, Manager und leitenden Angestellten" (ebd.: 37) beherbergt. Andererseits das „Postmoderne Milieu", das sich in erster Linie aus dem entradikalisierten, früher als *alternativ* bezeichneten Milieus zusammensetzt, die ästhetische Avantgarde bildet und vor allem auf den so bezeichneten neuen Berufen der Kultur- und Medienbranche, der kleinen Unternehmen der neuen Technologien und symbolischen Dienstleistungen fußt (vgl. ebd.: 39). Besonders in diesem Milieu herrscht die typische Semantik des *Selbst* vor, die von dieser spezifischen Position im sozialen Raum aus Einfluss auf die Selbstbeschreibungen der anderen Milieus nimmt. Dabei hat sich im Laufe der letzten 15 Jahre eine besondere „neoliberal orientierte Koalition" (ebd.) zwischen dem „Konservativ-technokratischen" und dem „Postmodernen Milieu" herauskristallisiert, die für die symbolische Dominanz einer wissensgesellschaftlichen Orientierungsfolie bestimmend ist.

Die zweite Ursache des gewandelten Deutungshorizontes besteht in der Übernahme dieser Weltdeutung durch modernisierte Mittelschichtmilieus. Die gewandelten Deutungsmuster selbst der besonderen Koalition innerhalb der herrschenden Milieus würde nicht ausreichen, um die gegenwärtig nahezu vollkommene Alternativlosigkeit des „selbstbezüglichen Deutungshorizonts" zu erklären. Erst das Aufgreifen dieser vor allem aus den sechziger und siebziger Jahren stammenden, einst emanzipative Inhalte transportierenden Orientierungsfolie durch diejenigen Fraktionen der modernisierten Mittelschichtmilieus, die als Gewinner der Bildungsexpansion bezeichnet werden können und die vorrangig im „Modernen Arbeitsnehmermilieu" und im „Modernen Bürgerlichen Milieu" beheimatet sind, produziert aus einer symbolischen Elitenkonkurrenz einen gesamtgesellschaftlichen Blick.[8] Die Naturalisierung gesellschaftlicher Ungleichheitsverhältnisse ist ebenso integraler Bestandteil dieses Blicks wie die Betonung des gesellschaftlichen Wandels hin zur „globalisierten Wissensgesellschaft" mit all ihren unterstellten Sachzwängen (Bittlingmayer 2005). Das geschichtslose und gleichermaßen vorsoziale Selbst ist dann der einzige Referenzpunkt für Bildungserfolg oder Weiterbildungsbereitschaft (Bremer 2004). Die Benachteiligten der bestehenden strukturellen Hindernisse im Bildungssystem werden auf der Grundlage des individualistischen Blicks beschuldigt, ihren stets möglichen Bildungserfolg nicht realisiert zu haben – eine klassische Variante symbolischer Herrschaft.

Gegen die Affirmation des Bestehenden

Eine der bedeutendsten Formveränderungen besteht in der enormen Ausdehnung einer individualisierungstheoretischen Folie als gesamtgesellschaftlichem Deutungsmuster. Zu diesem gehört die Betonung der Eigenverantwortlichkeit für gesellschaftlichen Aufstieg oder die Negation von Klassenschranken. Dieses Deutungsmuster erfüllt heute eine doppelte ideologische Funktion: *Erstens* werden die Lebensrealität und die Handlungsrestriktionen ganzer Milieus oder der älteren Geburtsjahrgänge unterschlagen, so dass unterprivilegierte Gruppen unter einen immensen symbolischen Druck geraten, an ihrer sozialen Lage selbst Schuld zu sein. *Zweitens* wird mit den augenblicklichen Deutungsmustern die prinzipielle Gestaltbarkeit gesellschaftlicher Verhältnisse dadurch verdrängt, dass eine individualisierte Gesellschaft als eine besonders dynamische, nicht mehr politisch steuerbare Einheit erscheint. Die Ideologie zieht sich darin zurück, dass alles so ist, wie es ist und auch gar nicht anders sein kann (Institut für Sozialforschung 1956). Auf die früheren emanzipativen Gehalte der augenblicklich dominanten Orientierungsfolie einer „individualisierten Wissensgesellschaft" Bezug nehmend, könnte man etwas überspitzt, in Anlehnung an Theodor W. Adorno (1980: 356), formulieren: Der Begriff der individualisierten Gesellschaft supponiert die Utopie, als wäre sie schon da. Eine solche Perspektive, wie sie hier vertreten wird, hat auch für einen sozialwissenschaftlichen Blick Konsequenzen. Die ständige Thematisierung von nicht mehr zeitgemäßen sozialen

---

8   Auch hier ist noch einmal auf horizontale Differenzen in der Konkretisierungsform und in den Übernahmepraktiken der herrschenden Weltdeutungen in den mittleren Milieus zu verweisen. Die genaue Analyse muss aber späteren Untersuchungen vorbehalten werden.

Herrschaftsverhältnissen wird ihr zur ersten Pflicht und der stete Hinweis auf die radikalen gesellschaftlichen Möglichkeiten zur vornehmen Aufgabe. Das bedeutet aber auch, dass Theoriemodelle sozialer Ungleichheit, die weder soziale Herrschaft noch gesellschaftliche Gestaltungspotenziale berücksichtigen, zur sinnlosen Verlängerung sozialer Herrschaft beitragen. Sozialwissenschaften können gerade an diesem sensiblen Punkt nicht neutral sein. Die politische Soziologie der Milieutheorie Michael Vesters ist es keinesfalls.

Literatur

Adorno, Theodor W. (1980): Spätkapitalismus oder Industriegesellschaft? Einleitungsvortrag zum 16. Deutschen Soziologentag. In: Adorno (1980a): 354–370.

Adorno, Theodor W. (1980a): Soziologische Schriften I (= Gesammelte Schriften, Bd. 8). Frankfurt/Main: Suhrkamp.

Bauer, Ullrich (2004): Keine Gesinnungsfrage. Der Subjektbegriff in der Sozialisationsforschung. In: Geulen/Veith (2004): 61–91.

Bauer, Ullrich (2002a): Selbst- und/oder Fremdsozialisation: Zur Theoriedebatte in der Sozialisationsforschung. In: Zeitschrift für Soziologie der Erziehung und Sozialisation. 22 (2). 118–142.

Bauer, Ullrich (2002b): Die Reproduktion sozialer Ungleichheit. Pierre Bourdieus politische Soziologie und die Sozialisationsforschung. In: Bittlingmayer u.a. (2002): 415–445.

Bauer, Ullrich/Bittlingmayer, Uwe H. (2005): Egalitär und Emanzipativ: Leitlinien der Bildungsreform. In: Aus Politik und Zeitgeschichte. B12/2005. 14–20.

Beck, Ulrich (1986): Die Risikogesellschaft. Auf dem Weg in eine andere Moderne. Frankfurt/M.: Suhrkamp.

Becker, Rolf/Lauterbach, Wolfgang (Hg.) (2004): Bildung als Privileg? Wiesbaden: VS.

Berger, Peter A./Vester, Michael (Hg.) (1998): Alte Ungleichheiten, neue Spaltungen. Opladen: Leske + Budrich.

Bernstein, Basil (2000): Pedagogy, Symbolic Control and Identity. Lanham u.a.: Rowman & Littlefield.

Bittlingmayer, Uwe H. (2006): Handlungsbefähigung und Bildungsmilieus. Zur Bestimmung der isländischen Sozialisationsmatrix – Grundzüge einer mehrdimensionalen sozialstrukturellen Sozialisationsforschung. In: Grundmann u.a. (2006).

Bittlingmayer, Uwe H. (2005): „Wissensgesellschaft" als Wille und Vorstellung. Einige kritische Anmerkungen zu einem populären zeitdiagnostischen Label, Konstanz: UVK.

Bittlingmayer, Uwe H. (2000): Askese in der Erlebnisgesellschaft? Eine kultursoziologische Untersuchung zum Konzept der „nachhaltigen Entwicklung" am Beispiel des Car-Sharing, Wiesbaden: Westdt. Vlg.

Bittlingmayer, Uwe H./Eickelpasch, Rolf/Kastner, Jens/Rademacher, Claudia (Hg.) (2002): Theorie als Kampf? Zur politischen Soziologie Pierre Bourdieus. Opladen: Leske+Budrich.

BMA (Hg) (2001): Lebenslagen in Deutschland. Der erste Armuts- und Reichtumsbericht der Bundesregierung. Berlin.

Bourdieu, Pierre (1997): Verstehen. In: Bourdieu u.a. (1997): 779–822.

Bourdieu, Pierre (1987): Sozialer Sinn. Kritik der theoretischen Vernunft. Frankfurt/M.: Suhrkamp.

Bourdieu, Pierre (1982): Die feinen Unterschiede. Kritik der gesellschaftlichen Urteilskraft. Frankfurt/M.: Suhrkamp.

Bourdieu, Pierre/Passeron, Jean Claude (1971): Die Illusion der Chancengleichheit. Stuttgart: Klett.

Bourdieu, Pierre/Wacquant, Loïc (1996): Die Ziele der reflexiven Soziologie. In: Bourdieu/Wacquant (1996a): 95–249.

Bourdieu, Pierre/Wacquant, Loïc (1996a): Reflexive Anthropologie. Frankfurt/M.: Suhrkamp.

Bourdieu, Pierre u.a. (1997): Das Elend der Welt. Zeugnisse und Diagnosen alltäglichen Leidens an der Gesellschaft. Konstanz: UVK.

Bremer, Helmut (2004): Von der Gruppendiskussion zur Gruppenwerkstatt. Ein Beitrag zur Methodenentwicklung in der typenbildenden Mentalitäts-, Habitus- und Milieuanalyse. Münster: Lit.

Buer, Ferdinand/Cramer, Alfons/Dittrich, Eckhard/Reichwein, Roland/Thien, Hans-Günter (1985): Zur Gesellschaftsstruktur der BRD. Münster: Westfälisches Dampfboot.

Dangschat, Jens S. (1998): Klassenstrukturen im Nachfordismus. In: Berger/Vester (1998): 49–87.

Deutsches PISA-Konsortium (2001): PISA 2000. Basiskompetenzen von Schülerinnen und Schülern im internationalen Vergleich. Opladen: Leske + Budrich.

Diaz-Bone, Rainer (2004): Milieumodelle und Milieuinstrumente in der Marktforschung. In: Forum qualitative Sozialforschung, Online-Journal, 5 (2), Art. 28. Internet-Dokument [Zugriff am 12.1.2005] [http://www.qualitative-research.net/fqs-texte/2-04/2-04diazbone-d.htm].

Eickelpasch, Rolf (1998): Struktur oder Kultur? Konzeptionelle Probleme der soziologischen Lebensstilanalyse. In: Hillebrandt u.a. (1998): 9–25.

Emirbayer, Mustafa/Mische, Ann (1998): What is agency? In: American Journal of Sociology. 103 (4). 962–1023.

Engler, Steffani/Krais, Beate (Hg.) (2004): Das kulturelle Kapital und die Macht der Klassenstrukturen. Weinheim: Juventa.

Erpenbeck, John/Heyse, Volker (1999): Die Kompetenzbiografie. Strategien der Kompetenzentwicklung durch selbstorganisiertes Lernen und multimediale Kommunikation, Münster: Waxmann.

Foucault, Michel (1988): Die Geburt der Klinik. Eine Archäologie des ärztlichen Blicks. Frankfurt/M.: Fischer.

Geiling, Heiko (Hg.) (2003): Probleme sozialer Integration. Agis-Forschungen zum gesellschaftlichen Strukturwandel. Münster: Lit.

Geißler, Rainer (2002): Die Sozialstruktur Deutschlands. Die gesellschaftliche Entwicklung vor und nach der Vereinigung. Wiesbaden: Westdt. Vlg.

Geulen, Dieter/Veith, Hermann (Hg.) (2004): Sozialisationstheorie interdisziplinär. Stuttgart: Lucius und Lucius.

Gomolla, Mechtild/Radtke, Frank-Olaf (2002): Institutionelle Diskriminierung. Die Herstellung ethnischer Differenz in der Schule. Opladen: Westdt. Vlg.

Grundmann, Matthias (2001): Milieuspezifische Einflüsse familialer Sozialisation auf die kognitive Entwicklung und den Bildungserfolg. In: Klocke/Hurrelmann (2001): 209–229.

Grundmann, Matthias/Bittlingmayer, Uwe H./Dravenau, Daniel/Groh-Samberg, Olaf (2004a): Bildung als Privileg und Fluch. In: Becker/Lauterbach (2004): 41–68.

Grundmann, Matthias/Bittlingmayer, Uwe H./Dravenau, Daniel/Groh-Samberg, Olaf (2004b): Die Umwandlung von Differenz in Hierarchie? Schule zwischen einfacher Reproduktion und eigenständiger Produktion sozialer Bildungsungleichheit. In: Zeitschrift für Soziologie der Erziehung und Sozialisation. 24 (2). 125–145.

Grundmann, Matthias/Dravenau, Daniel/Bittlingmayer, Uwe H. (2006): Handlungsbefähigung und Milieu. Zur Analyse milieuspezifischer Alltagspraktiken und ihrer Ungleichheitsrelevanz. Münster: Lit. (i.E.).

Grundmann, Matthias/Groh-Samberg, Olaf/Bittlingmayer, Uwe H./Bauer, Ullrich (2003): Milieuspezifische Bildungsstrategien in Familie, Jugend und Kindheit. In: Zeitschrift für Erziehungswissenschaft. 6 (1). 25–45.

Hillebrandt, Frank/Kneer, Georg/Kraemer, Klaus (Hg.) (1998): Verlust der Sicherheit? Lebensstile zwischen Multioptionalität und Knappheit. Opladen/Wiesbaden: Westdt. Vlg.

Horkheimer, Max (1981 [1931]): Die gegenwärtige Lage der Sozialphilosophie und die Aufgaben eines Instituts für Sozialforschung. In: Horkheimer (1981a): 33–46.

Horkheimer, Max (1981a): Sozialphilosophische Studien. Frankfurt/M.: Fischer.

Illich, Ivan (1995): Entschulung der Gesellschaft. München: Beck.

Institut für Sozialforschung (1956): Ideologie. In: Institut für Sozialforschung (1956): 162–181.

Institut für Sozialforschung (Hg.) (1956a): Soziologische Exkurse. Frankfurt/Main: EVA.

Keller, Carsten (2005): Leben im Plattenbau. Zur Dynamik sozialer Ausgrenzung. Frankfurt/M.: Campus.

Klocke, Andreas/Hurrelmann, Klaus (Hg.) (2001): Kinder und Jugend in Armut. Umfang, Auswirkungen und Konsequenzen. Wiesbaden: Westdt. Vlg.

Kneer, Georg (1998): Statuspassagen und Karriere. Neue Unsicherheiten im Lebensverlauf? In: Hillebrandt u.a. (1998): 158–173.

Kneer, Georg/Kraemer, Klaus/Nassehi, Armin (Hg.) (1994): Soziologie – Zugänge zur Gesellschaft. Bd.1: Geschichte, Theorien, Methoden. Münster: Lit.

Korte, Karl-Rudolf/Weidenfeld, Werner (Hg.) (2001): Deutschland-TrendBuch. Opladen: Leske+ Budrich.

Kraemer, Klaus (1994): Soziale Grammatik des Habitus. Zum sozialtheoretischen Potential der Kultursoziologie Pierre Bourdieus. In: Kneer u.a. (1994): 169–189.

Lange-Vester, Andrea (2006): Habitus der Volksklassen. Kontinuität und Wandel seit dem 18. Jahrhundert in einer thüringischen Familie. Münster: Lit. (i.E.).

Lange-Vester, Andrea (2003) : Die longue durée des Habitus. Tradierung und Veränderung sozialer Bewältigungsmuster in einem Familiennetzwerk seit dem 17. Jahrhundert. In: Geiling, Heiko (2003): 67–90.

Löwenthal, Leo (1980): Mitmachen wollte ich nie. Ein autobiographisches Gespräch mit Helmut Dubiel. Frankfurt/M.: Suhrkamp.

Müller-Schneider, Thomas (1994): Schichten und Erlebnismilieus. Der Wandel der Milieustruktur in der Bundesrepublik Deutschland. Wiesbaden: DUV.

Offe, Claus (2003): Politik mit der Agenda 2010: Panikreaktion, Machtkalkül oder Reform? Vortrag, gehalten am 24. Mai 2003 auf dem Zukunftskongress von Bündnis 90/Die Grünen in Düsseldorf. Internet-Dokument (Zugriff am 13.5.2005). [http://www.alternativen.biz/aufbruch/agenda2010/OffeDuesseldorfB90G.pdf].

Rademacher, Claudia/Wiechens, Peter (Hg.) (2001): Geschlecht – Ethnizität – Klasse. Zur sozialen Konstruktion von Hierarchie und Differenz. Opladen: Leske + Budrich.

Reichwein, Roland (1985): Das deutsche Schulsystem im Reproduktionsprozeß der Gesellschaft. In: Buer u.a. (1985): 234–300.

Sahrai, Diana (2003): Ethnische Ungleichheit im deutschen Bildungssystem. Eine komparativ-kritische Analyse differenter Erklärungsmodelle. Münster (unveröff. Magisterarbeit).

Schmeiser, Martin (2003): „Missratene" Söhne und Töchter. Verlaufsformen des sozialen Abstiegs in Akademikerfamilien. Konstanz: UVK.

Solga, Heike/Wagner, Sandra (2004): Die Zurückgelassenen – die soziale Verarmung der Lernumwelt von Hauptschülerinnen und Hauptschülern. In: Becker/Lauterbach (2004): 195–224.

Stehr, Nico (2000): Die Zerbrechlichkeit moderner Gesellschaften. Die Stagnation der Macht und die Chancen des Individuums. Weilerswist: Velbrück.

Vester, Michael (2004): Die Illusion der Bildungsexpansion. Bildungsöffnungen und soziale Segregation in der Bundesrepublik Deutschland. In: Engler/Krais (2004): 13–52.

Vester, Michael (2003): Schieflagen sozialer Gerechtigkeit. In: Geiling (2003): 19–38.

Vester, Michael (2002): Das relationale Paradigma und die politische Soziologie sozialer Klassen. In: Bittlingmayer u.a. (2002): 61–121.

Vester; Michael (2001): Milieus und soziale Gerechtigkeit. In: Korte/Weidenfeld (2001): 136–183.

Vester, Michael/Gardemin, Daniel (2001): Milieu und Klassenstruktur. Auflösung, Kontinuität oder Wandel der Klassengesellschaft? In: Rademacher/Wiechens (2001): 219–274.

Vester, Michael/von Oertzen, Peter/Geiling, Heiko/Hermann, Thomas/Müller, Dagmar (2001): Soziale Milieus im gesellschaftlichen Strukturwandel. Frankfurt/M.: Suhrkamp.

Vester, Michael/von Oertzen, Peter/Geiling, Heiko/Hermann, Thomas/Müller, Dagmar (1993): Soziale Milieus im gesellschaftlichen Strukturwandel. Köln: Bund.

VOLKSMILIEUS ZWISCHEN DE-KLASSIERUNG UND ANERKENNUNG

Arbeitermilieus in der Ära der Deindustrialisierung.

Alte Benachteiligungen, gebrochene Flugbahnen, neue Ausgrenzungen

Olaf Groh-Samberg

Wenn die jüngere deutsche Geschichte, wie Eric Hobsbawn (1995) das im Weltmaßstab beschrieben hat, dem Aufbau eines Sandwich gleicht, dessen goldene mittlere Periode eingerahmt ist von einem „Zeitalter der Katastrophen" (1914–45) und einem neuen „Erdrutsch" (seit Mitte der 1970er Jahre), dann gilt das für die Arbeitermilieus wie für kaum eine andere soziale Gruppe. Von den Krisen und Kriegen zu Beginn des „kurzen 20. Jahrhunderts" am härtesten betroffen, erlebten die Arbeitermilieus in den Jahren des rasanten Wirtschaftswachstums und der Vollbeschäftigung ihren „langen Abschied von der Proletarität" (Mooser). Mit der Krise der Deindustrialisierung, der stufenförmig anwachsenden Massenarbeitslosigkeit und den immer tieferen Einschnitten in die Arbeitsrechte und das soziale Sicherungssystem haben die Arbeitermilieus in den letzten zwei bis drei Jahrzehnten jedoch einen wohl ebenso beispiellosen „Erdrutsch" erfahren.

Diese erneute Krise trifft vor allem diejenigen Teile der Arbeitermilieus, deren Angehörige auch in den Wachstumsjahren ArbeiterInnen *geblieben* sind. Sie konnten sich zwar häufig einen bescheidenen Wohlstand erarbeiten, entwickelten aber keine *Strategien der Umstellung* auf die nicht-manuellen, zukunftsträchtigeren Berufe und die entsprechenden höheren Bildungsqualifikationen. Während sich einige der älteren ArbeiterInnen in die (Früh-)Verrentung haben retten können, mussten andere empfindliche Einbußen und Dequalifizierungen hinnehmen oder sich mit ihren zumeist betriebsspezifischen Qualifikationen und gesundheitlichen Beeinträchtigungen in die hoffnungslosen Fälle der Arbeitsämter einreihen lassen. Um die jüngeren Generationen, die sich etwa in Erwartung des guten Lohns für harte Arbeit zur Facharbeiterausbildung entschieden oder sich als ungelernte ArbeiterInnen auf die Verwertung ihrer manuellen Arbeitskraft verließen, schließt sich die Schlinge immer enger. Wer nicht selbst bereits von Arbeitslosigkeit, Lohneinbußen und Arbeitsintensivierungen betroffen wurde, weiß in der Regel solche Geschichten von KollegInnen, Freunden und Bekannten zu erzählen. Vor allem in der ratlosen Sorge um die Zukunft der eigenen Kinder spiegelt sich das kollektive Gefühl wider, am Ende doch betrogen worden zu sein um die Früchte eines Arbeits- und ArbeiterInnenlebens, das für eine kurze Zeit verheißungsvoll oder zumindest *sicher* erschien.

Während der Prozess der Entproletarisierung empirisch gut dokumentiert ist und zu weitreichenden, häufig übertriebenen Diagnosen des Wandels der Arbeitermilieus führte, sind die erneuten Prekarisierungen der Arbeitermilieus so gut wie überhaupt nicht mehr beachtet worden. Die Forschung und damit das Wissen über die Entwicklung der Arbeitermilieus brechen genau zu einem Zeitpunkt ab, als sich das Blatt zu wenden begann. Im Folgenden soll daher versucht werden, die Entwicklungsverläufe der Arbeitermilieus in der Krisenzeit der Deindustrialisierung und Arbeitslosigkeit nachzuzeichnen. Dabei soll der Fokus, *erstens*, auf dem *doppelten Kontinuitätsbruch* liegen, der durch die Prozesse der Entproletarisierung (1.) und der Deindustrialisierung (2.) gekennzeichnet ist. Was die milieuspezifische Perspektive auf die jüngere Entwicklung der Arbeitermilieus so schwierig und zugleich interessant macht, ist, dass beide Prozesse sich auf komplexe Weise überlagern. Die „Aufschichtung" dieser gegensätzlichen zeitgeschichtlichen Erfahrungen bildet zugleich das bewegte Pendant zu der weitgehenden Stabilität klassenspezifischer Chancenungleichheiten, wie sie gerade für die deutsche Sozialstruktur herausgestellt wurde.

Einen *zweiten Fokus* stellen die Metamorphosen der einfachen Arbeiter- bzw. Unterschichtmilieus dar, wie sie durch die Krise des fordistischen Integrationsmodells und die veränderten wohlfahrtsstaatlichen Eingriffe in die Strukturierung unterer Klassenmilieus bedingt sind. Mit den Re-prekarisierungen der Arbeitermilieus verschärfen sich, so die Annahme, die kulturellen und symbolischen Abgrenzungen und Konflikte entlang der *Cleavage der Respektabilität* (3.).

Klassen, Schichten und Milieus:
Terminologische und historische Vorbemerkungen

Eine Hinterlassenheit des Forschungsabbruchs ist die anhaltende Schwierigkeit in der ungleichheitstheoretischen Konzeption der ArbeiterInnen: Arbeiterklasse, Arbeiterschichten, Arbeitermilieus – welche theoretischen Konzepte und empirischen Abgrenzungen sind angemessener? Wenn hier bereits im Titel auf die Bezeichnung „Arbeitermilieu" rekurriert wird, dann weil sich aus der zeitgeschichtlichen Perspektive, die im Folgenden eingenommen wird, dieser Ansatz am besten eignet, um sowohl den Kontinuitäten wie den Kontinuitätsbrüchen und ihren jeweiligen Erfahrungsdimensionen nachgehen zu können. Gleichwohl nötigt allein schon die Datenlage dazu, auf schicht- bzw. klassenspezifische Abgrenzungen zurückzugreifen. Im Sinne einer mehrdimensionalen Theorie sozialer Ungleichheit lassen sich die drei Konzepte ergänzend verwenden, wobei jeweils unterschiedliche Ebenen angesprochen werden:

Die Kategorie der *Arbeiterschicht* ist der arbeitsrechtlichen Klassifikation beruflicher Stellungen am nächsten und erlaubt eine Differenzierung zwischen den Qualifikationsniveaus der ungelernten, angelernten, Fach- und Vorarbeiter sowie Meister. Sie ist zugleich theoretisch am wenigsten komplex, strebt die theoretische Klassifikation sozialer Schichten doch lediglich eine Wiedergabe der institutionalisierten sozialstrukturellen Differenzierungen nach Beruf, Einkommen, Bildung und Prestige an, ohne damit bereits theoretische Annahmen über dynamische Entwicklungen oder die Qualität der Beziehungen zwischen sozialen Schichten zu machen. Das ist zwar in den meisten Klassenkonzepten weberianischen Typs nicht viel anders. Dennoch schwingt im *Klassenbegriff* stets auch eine konflikt- und herrschaftstheoretische Komponente mit, und sei es nur, dass in die Operationalisierung sozialer Klassen auch die Autoritäts- und Weisungshierarchien beruflicher Stellungen einfließen (vgl. Wright 2005). Im Folgenden kommt der Klassenbegriff immer dann zum Tragen, wenn stärker auf die „gröberen" sozialstrukturellen Differenzierungen und das Konflikt- und Dominanzverhältnis zwischen sozialen Klassen abgestellt wird.

Die Präferenz für den *Milieubegriff* entspricht dem Interesse an der Erfahrungsdimension und der „longue durée" der Milieuentwicklung. Der milieusoziologische Ansatz in der Tradition von Thompson und Vester ist nicht zufällig aus der Analyse des „Making" und der historischen „Lernprozesse" der Arbeitermilieus entstanden. Während die Arbeitermilieus auf besondere Weise den strukturellen Kräften der kapitalistischen Arbeitswelt ausgesetzt sind, sind es die aus ihren alltagskulturellen und moralischen Traditionen gespeisten Deutungsmuster und Handlungsstrategien, die ihnen eine Bewältigung und partielle Gestaltung dieser Zumutungen ermöglichen. Erst aus diesen Lernprozessen der (Wieder-)Aneignung „entfremdeter", d.h. nicht selbst bestimmter und kontrollierter gesellschaftlicher Entwicklungen entstehen die kollektiven Mentalitäten und Habitus, die ein Milieu ausmachen. Aus historischer Perspektive lassen sich zwei große Traditionslinien der Arbeitermilieus unterscheiden, das „traditionslose Arbeitermilieu" und die „Milieus der Facharbeit und praktischen Intelligenz" (vgl. Vester 1998). Diese Unterscheidung überschneidet sich stark mit der schichtspezifischen Differenzierung zwischen un- und angelernten sowie gelernten FacharbeiterInnen, die deshalb als empirische Annäherung an die beiden Traditionslinien benutzt werden kann. Gleichwohl gehen die mentalitätsbestimmten Abgrenzungen der verschiedenen Arbeitermilieus nicht in den erwerbsstatistischen Unterscheidungen der Arbeitergruppen auf. Der Milieustammbaum der Facharbeit und der praktischen Intelligenz hat sich im Verlauf des 20. Jahrhunderts ausdifferenziert in ein schrumpfendes „Traditionelles Arbeitermilieu", das „Leistungsorientierte Arbeitnehmermilieu" sowie in jüngster Zeit das „Moderne Arbeitnehmermilieu". Da sich in diesen „Arbeit*nehmer*milieus" zwar noch viele, aber längst nicht mehr allein FacharbeiterInnen und TechnikerInnen befinden, liegt der hier verwendete Arbeitermilieu-Begriff zuweilen quer zu den Abgrenzungen der Milieutypologie bei Vester u.a. (2001).[1] Darin spiegelt sich die vertretene Auffassung einer arbeiter-*klassen*-spezifischen Entwicklungsdynamik der letzten Jahrzehnte. Ich gehe mithin davon aus, dass die jüngeren strukturellen Umbrüche der Deindustrialisierung zunächst an sozialstrukturellen Merkmalen ansetzen und damit die – erwerbsstatistisch definierten – ArbeiterInnen erneuten Zumutungen aussetzen, auf die diese jedoch entsprechend ihren Mentalitäten reagieren.

Der Name „Traditionsloses Arbeitermilieu" schließlich trügt: Kein modernes soziales Milieu hat so weit zurückreichende Traditionslinien wie dieses. Seine Wurzeln liegen in der Zeit um die erste Jahrtausendwende, als ein säkularer Prozess des Anwachsens „unterbäuerlicher Schichten" einsetzte (bis 1800 auf etwa zwei Drittel der Bevölkerung, vgl. Wehler 1987: 166), der erst in der Pauperismuskrise der 1830er Jahre seinen Kulminationspunkt erreicht.[2] Weil sie nicht genug Land besitzen, um eine „volle Ackernahrung" einzubringen, verletzen diese ländlichen Unterschichten die grundlegende Norm ständischer Gesellschaften, durch einen rechtlich kodifizierten Beruf ökonomische Selbstständigkeit zu erlangen und den Konventionen einer ständischen Lebensführung entsprechen zu können (vgl. Kaschuba 1990). Ohne festen Beruf, vielmehr angewiesen auf eine flexible Gelegenheitskombination von kleiner Subsistenzwirtschaft und diversen Zusatzverdiensten, ziehen die „unterständischen Schichten" vielfache Stigmatisierungen auf sich, die sich auf die angeblich nicht vorhandenen Heirats- und Vererbungsregeln und damit die ungezügelte generative Vermehrung, sowie die angeblich mangelnde Arbeitsmoral und Disziplin der ökonomischen Haushaltsführung[3] richten. Erst mit der Industrialisierung setzt dann ein Prozess ein, der zu einem neuen Entwicklungsmuster für die ländlichen Unterschichten führt, nämlich zur sukzessiven Absorption durch die Industrie – bis auch dieser Prozess mit der Deindustrialisierung einen erneuten Höhepunkt und Abschluss erreicht. Ein durchgängiges Merkmal des „Traditionslosen Arbeitermilieus" ist nicht nur die Unsicherheit der Existenzbedingungen und die flexible Kombination von Erwerbsquellen und Überlebensstrategien. Auch das

---

1 Eine aktuelle Milieulandkarte befindet sich in der Einleitung zu diesem Band.
2 Ursachen und Verlaufskurven dieses Prozesses sind nur ansatzweise aufgeklärt. Vgl. als Überblicke mit weiterer Literatur Wehler (1987: 281–296) und von Hippel (1995).
3 Dies ist das Thema der Geschichte der neuzeitlichen Armenfürsorge und Sozialdisziplinierung von Sachße und Tennstedt (1998).

Stigma der Exterritorialität und *Irrespektabilität,* der Nicht-Zugehörigkeit zu einer nach Berufsständen und konventioneller Lebensführung wohl geordneten Welt, begleitet die Geschichte des „Traditionslosen Arbeitermilieus" von ihren Anfängen bis zur unmittelbaren Gegenwart.

1. Entproletarisierung und Chancenungleichheit: Ambivalenzen des fordistischen Integrationsmodells

Im Folgenden sollen die Entwicklungslinien der Arbeitermilieus in der krisenhaften Phase der Deindustrialisierung nachgezeichnet werden. Es geht also nicht um diejenigen Teil-Milieus, denen der soziale Aufstieg in mittlere und gehobene Angestellten- und Beamtenpositionen gelang. Es geht vielmehr um diejenigen Fraktionen, die Arbeiter und Arbeiterinnen *geblieben* sind, sei es als gut qualifizierte Facharbeiter oder als einfache „Malocher", sei es in der Großindustrie, in handwerklichen Kleinbetrieben oder in verschiedenen Berufen in der Landwirtschaft und im Dienstleistungssektor. Auch diese Gruppen haben von der Wohlstands- und Integrationsdynamik des Fordismus profitiert. Betrachtet man den Prozess der Entproletarisierung aus ihrer Sicht, so erscheint er jedoch weniger als ein Öffnungsprozess, der zu umfangreichen Aufstiegsmobilitäten und Umschichtungen geführt hat. Vielmehr tritt der *milieu-stabilisierende* und *ungleichheits-konservierende* Charakter des fordistischen Integrationsmodells zu Tage. In seinem Zentrum steht die Etablierung einer „respektablen" Arbeiterschaft, die im Gegenzug für ihre körperlich-handwerkliche Arbeitsleistung ein bisher ungekanntes Maß an sozialer Sicherheit und kulturellen Konsum- und Partizipationsmöglichkeiten erhält.

1.1 Entproletarisierung

Der Begriff der Entproletarisierung beschreibt die sozialen Folgen der Wohlstands- und Wohlfahrtsgewinne der Arbeiterschichten in den zwei bis drei Jahrzehnten des „Wirtschaftswunders" (vgl. Mooser 1984). Die historisch beispiellose Verbesserung des materiellen Lebensstandards der Arbeiterschichten in der Bundesrepublik steht im Schnittpunkt von vier sozialgeschichtlichen Trends: der Vollbeschäftigung, der Arbeitszeitverkürzung, der Reallohnsteigerungen und des Ausbaus der arbeitsrechtlichen und sozialstaatlichen Absicherungen der Arbeiterexistenz. Im Zuge dieser Entwicklungen erlangen die Arbeiterschichten frei verfügbare Zeit und einen frei verfügbaren Anteil des Haushaltsbudgets, und damit die Möglichkeit für ein „bürgerliches" Familienleben und der Partizipation an den neuen Konsummöglichkeiten. Vor allem erhalten sie soziale und biographische Sicherheiten, auf deren Grundlage Arbeiterleben in gewissen Grenzen planbar und überschaubar wird.

Mooser (1984) datiert den „sozialgeschichtlichen Kontinuitätsbruch" der Entproletarisierung auf die 1960er Jahre. Die Entproletarisierung bedeutet jedoch keineswegs eine Auflösung der Arbeitermilieus als sozialer Formation und ihr Aufgehen in der Kultur und Lebensweise der Mittelschichten. Trotz Verbesserungen etwa im Arbeitsschutz bleiben die körperlich belastenden Arbeitstätigkeiten ebenso erhalten wie die Bildungsbenachteiligungen und die Einkommensungleichheit. Im Vergleich zu der freien Zeit und den Konsummöglichkeiten mittlerer Angestellten und Beamten bleibt auch das Familienleben der einfachen ArbeiterInnen durch die Fremdbestimmung des Schicht- und Arbeitsrhythmus, die größere Erschöpfung und Regenerationsbedürftigkeit, die geringeren Konsumspielräume und die höheren Belastungen in der Haushalts- und Erziehungsarbeit geprägt (vgl. Weber-Menges 2004: 338 ff.; Herlyn u.a. 1994: 163 ff.).

Das historisch Neue der Entproletarisierung wird erst vor dem Hintergrund der Geschichte der Arbeitermilieus deutlich. Es besteht vor allem in der *Absorption der ländlichen Unterschichten*, aus denen sich das traditionslose Arbeitermilieu seit der Industrialisierung beständig erneuerte, und der *sozialen Integration* dieses Arbeitermilieus. Daraus resultierten, wie Mooser (1984: 147) ausgeführt hat, entscheidende *Homogenisierungstendenzen*. Während „mehr als die Hälfte der Arbeiterfamilien auf dem Land und in den Kleinstädten (welche die Mehrheit der Arbeiterschaft stellten) in der Zwischenkriegszeit noch agrarisch verwurzelt war" (ebd: 152), verschwand in der Nachkriegszeit diese „jahrhundertealte Sozialformation" der Symbiose von ländlicher Unterschichtenökonomie und kapitalistischer Lohnarbeit. Indem die unterschiedlichsten Lebensläufe – inklusive der wachsenden Zahl der angeworbenen ArbeitsmigrantInnen – mit dem Eintritt in die Fabrik eine industriegesellschaftliche Standardisierung erfuhren (vgl. Deppe 1982), fungierte die fordistische Industriearbeit als Grundlage eines *soziokulturellen Integrationsmodells*. Zugleich gewann jedoch, wie Mooser beobachtete,

„das Sozialprofil des ungelernten deutschen Arbeiters wesentlich andere Züge als noch in der Zwischenkriegszeit. Er stammt heute nur mehr zu einem geringen Teil aus den ländlichen Unterschichten der Landarbeiter und Kleinbauern, die den Wechsel in die (städtische) Ökonomie oft als einen kleinen Aufstieg erfahren konnten. Im Gegensatz dazu wurde er in den letzten Jahrzehnten immer mehr zum individuellen ‚Versager' in den Prozessen, welche die Qualifikation der anderen Arbeiter förderten, der Verschulung der Berufsausbildung und der Koppelung von Ausbildungsgrad und Statuszuweisung im Betrieb" (Mooser 1984: 156).

Diese Veränderungen in der sozialen Position gerade ungelernter ArbeiterInnen sind Teil der *Janusköpfigkeit* der fordistischen Entproletarisierung. Die Janusköpfigkeit besteht darin, dass die Arbeitermilieus zwar sozial und kulturell integriert wurden, aber damit zugleich den Anschluss an die „Modernisierungsprozesse" verloren, die sich neben und jenseits der industriegesellschaftlichen Prosperität in der Expansion neuer Berufe und des kulturellen Kapitals vollzogen. Vielmehr *stabilisierte* die industriegesellschaftliche Prosperität das traditionslose, aber auch das traditionelle Arbeitermilieu in ihrer sozialen Formierung, und damit *konservierte* sie zugleich spezifische Formen der sozialen Benachteiligung der Arbeiterschichten: die Unterprivilegierung körperlicher Arbeit und die relative Bildungsferne der Arbeitermilieus.

1.2 Stabilität der Chancenungleichheiten

Die empirischen Studien zur sozialen Mobilität und zu herkunftsspezifischen Bildungschancen zeichnen ein ernüchterndes Bild über die tatsächliche Entwicklung *sozialer Aufstiegschancen* von ArbeiterInnen in höhere Angestellten- und Beamtenpositionen. In ihrer Untersuchung „The Constant Flux" konnten Erikson und Goldthorpe (1992) die These stützen, dass sich die Mobilitätsmuster industrieller Gesellschaften im Verlauf des 20. Jahrhunderts als weitgehend konstant erwiesen. Zu einem ähnlichen Ergebnis kommt auch die ein Jahr später erschienene Studie von Shavit und Blossfeld (1993) über die Stabilität sozialer Bildungsungleichheiten.[4]

Diese Stabilität relativer Chancenungleichheiten bedeutet freilich nicht, dass es keine sozialen Aufstiege gab, sondern lediglich, dass die Stärke und Muster der sozialen Mobilität keine systematischen Schwankungen über die Phase der Industrialisierung hinweg aufweisen. Konkret bedeutet dies etwa, dass drei Viertel der zwischen 1920 und 1936 geborenen Söhne von un- und angelernten Arbeitern im Jahr 1971 selbst Arbeiter waren, und von den Facharbeitersöhnen noch 62 Prozent. Nur 4–10 Prozent dieser Arbeitersöhne gelangten in gehobene und höhere Angestellten- und Beamten- oder Selbständigenberufe. Die Bildungsexpansion hat zwar die einstmals scharfe Grenze zwischen einer exklusiven Bildungsoberschicht und den Mittelschichten eingeebnet, aber die

---

4 Im Vergleich zeichnet sich die deutsche Entwicklung durch eine besonders starke klassenspezifische Prägung der Mobilitätschancen ab. Neuere Studien (vgl. Breen 2004) zeigen ganz in Übereinstimmung mit den PISA-Ergebnissen, dass die Assoziationen zwischen Herkunfts- und Zielklassen in keinem Land so eng sind wie in Deutschland. Vor diesem Hintergrund gewinnt der „deutsche Sonderweg" (Rainer Geißler) in der Ungleichheitsforschung eine zusätzliche bizarre Note.

negativen Selektionseffekte mangelnder Bildungsabschlüsse an ihre Stelle gesetzt. *Bildungsferne* ist ein bleibendes milieuspezifisches Charakteristikum
geblieben, wie auch das ihr korrespondierende der *körperlichen Arbeit.*

Neuere Studien auf Basis verbesserter Datenreihen zeichnen ein differen-
zierteres Bild. Nach Müller und Pollak (2004) weist die älteste Generation der
1920–29 geborenen Männer sogar eine größere Offenheit der Mobilität auf als
die 1930–39 geborene Generation, die durch die Migrationsprozesse im Kontext
des Zweiten Weltkriegs beeinflusst ist. Erst für die Kohorte der in den 1950er
Jahren geborenen Männer lässt sich eine Zunahme an sozialer Offenheit konstatieren, die sich auch für die 1960er Kohorte noch fortsetzt. Im Anschluss an die
analytische Zerlegung von Mobilitätsmustern (vgl. Erikson/Goldthorpe 1992)
erklären Müller und Pollak (2004) diese leichte Zunahme der sozialen Mobilität
für die Wirtschaftswunder-Generationen durch eine Zunahme der vertikalen
Mobilitäten, die sich auf verbesserte Zugangschancen zu Bildungsqualifikationen zurückführen lässt. Andere Mobilitätsbarrieren – Vererbungseffekte, Sek-
toreffekte und positive und negative Affinitäten – bleiben jedoch unverändert
hoch. Die weitgehende Stabilität der Mobilitätsmuster lässt sich demnach vor
allem auf unveränderte Effekte der Selbstreproduktion und Vererbung beruflicher Ressourcen wie Neigungen sowie auf eine unverminderte Distanz zwischen
blue-collar und *white-collar*-Berufen zurückführen. Diese Effekte, die nicht
allein der hierarchischen Dimension der Klassenstruktur (in der Abgrenzung des
Goldthorpe-Klassenschemas) entspringen, erweisen sich relativ unbeeindruckt
von der Bildungsexpansion.

1.3 *Körperliche vs. geistige Arbeit: Kulturelle Widersprüche des Fordismus*

Der Kern der Stabilität der Klassendifferenzierung kann in der Trennung zwischen körperlicher und geistiger Arbeit gesehen werden. Das zentrale Merkmal
der Arbeitermilieus und ihrer Stellung im Sozialgefüge ist die vorwiegend ma-
nuelle Anwendung ihrer Arbeitskraft und die Abhängigkeit vom (Lohn-)Ar-
beitsmarkt. Damit einher gehen spezifische Reproduktions-, Regenerations- und
Bildungsstrategien sowie grundlegende Muster der Lebensführung und der
kulturellen Alltagspraxis. Jüngere Studien über klassen- oder schichtspezifische
Lebensstile (vgl. Weber-Menges 2004; Herlyn u.a. 1994; Friedrichs/Blasius
2000) bestätigten die Annahmen eines spezifisch restringierten und am „Notwendigen" ausgerichteten kulturellen Musters der ArbeiterInnen. Die Grenzen
zwischen körperlicher und geistiger Arbeit sowie zwischen abhängiger und
selbständiger Arbeit beschreiben also nach wie vor zentrale Klassengrenzen, die

weder im Zuge der fordistischen Integrationsdynamik noch im Übergang zur postfordistischen bzw. postindustriellen Gesellschaft an Macht verloren haben.

Tabelle 1: Arbeitseinstellungen bei ArbeiterInnen und Angestellten der Industrie

	UA	FA	VA	M	EA	MA	HA
	Un-/Angel.	Fach-arb.	Vor-arb.	Meis-ter	Einf. Ang.	Mittl. Ang.	Höh. Ang.
Grundeinstellungen zur Arbeit (Spaltenprozente)							
a) Arbeit ist etwas, mit dem ich mein Geld verdiene und nicht mehr	81	33	28	8	28	-	-
b) Meine Arbeit ist mir wichtig und macht mir Spaß	19	67	72	73	72	60	40
c) Meine Arbeit ist zugleich mein Hobby. Ich gehe voll und ganz in meiner Arbeit auf.	-	-	-	18	-	40	60
Differenzierte Einstellungen zur Arbeit (Anteil Zustimmung in v.H.)							
Ich träume davon, einmal nicht mehr für die anderen die Drecksarbeit machen zu müssen	87	50	20	-	2	-	-
Die alten Arbeitstugenden Disziplin, Fleiß und Pflichterfüllung sind für mich persönlich auch heute noch oberstes Gebot	63	63	65	67	36	25	16
Es ist mir wichtig, gute Arbeit abzuliefern und ich empfinde oft einen gewissen Stolz auf meine Arbeitsleistung	36	60	77	83	62	92	96
Im Beruf ständig dazulernen zu müssen, das wäre nichts für mich	87	69	28	11	59	9	-
Für unsereins ist es schwer, es im Beruf zu etwas zu bringen	94	64	46	25	37	4	-
Nur Frauen in Partnerschaft: Ich arbeite nur, weil das Geld, das mein Mann nach Hause bringt, nicht reicht, um sich etwas leisten zu können	77	56	49	46	56	23	3

Quelle: Weber-Menges (2004): 263 f. (Auswahl, gerundete Werte); N=1868.

Wie stark sich die Lebensbedingungen, Lebenschancen und Lebensstile zwischen ArbeiterInnen und Angestellten unterscheiden, hat jüngst Sonja Weber-Menges (2004) in einer vergleichenden empirischen Analyse von ArbeiterInnen und Angestellten in der Industrie eindrucksvoll dokumentiert. In den objektiven Dimensionen der Lebenslagen und -chancen wie in den subjektiven Dimensionen der Lebensstile zeichnen sich ausgeprägte schichttypische Ungleichheiten ab. Die un- und angelernten ArbeiterInnen bilden dabei in jeder Hinsicht eine

scharf abgesetzte Gruppe, die sich in ihren vielfältigen sozialen Benachteiligungen und eigensinnigen kulturellen Orientierungen sowohl von den höheren
ArbeiterInnen (Fach-, VorarbeiterInnen und Meister) wie von allen Angestelltengruppen (einschließlich der einfachen Angestellten) unterscheiden.[5] Die Tabelle zeigt ausgewählte Items zu den Arbeitseinstellungen, die eine denkbar
drastische Sprache sprechen.

Die un- und angelernten IndustriearbeiterInnen zeigen ausgeprägt instrumentelle Arbeitsorientierungen, die vor allem die hohen Belastungen bei der
Arbeit und die geringen Chancen auf beruflichen Aufstieg widerspiegeln. Aus
den Antworten spricht offen die Erfahrung des Zwangs, zu einer fremdbestimmten Lohnarbeit verurteilt zu sein.

Ein wichtiges Element dieses proletarischen Arbeitsbewusstseins ist die
Verinnerlichung der „alten Arbeitstugenden Fleiß, Disziplin und Pflichterfüllung", in der die Un- und Angelernten den höher qualifizierten Arbeitergruppen
in nichts nachstehen und die – in Widerspruch zur konservativen Ideologie –
gerade bei den höheren und mittleren Angestellten nur schwach im Kurs stehen.
Die bei einfachen ArbeiterInnen vielfach belegten Orientierungen an Disziplin,
Gehorsam, Pflichterfüllung, die der liberalen Theorie einfach als Arbeiter-
Autoritarismus und der marxistischen Theorie vielfach nur als „falsches Bewusstsein" gelten, sind wohl eher Ausdruck für das alltägliche Bestehen der
extremen Arbeitsanforderungen.

Es gehört zu den kulturellen Besonderheiten des Fordismus, die Intensivierung und Taylorisierung der Arbeit zusammen zu bringen mit der Ausbreitung
einer hedonistischen Konsum- und Freizeitindustrie (vgl. Hirsch/Roth 1986).
Während die konservative Modernisierungskritik diese Mischung als „kulturellen Widerspruch des Kapitalismus" (Bell 1991) interpretiert, stellt sich ihre
Problematik in der historischen Perspektive der Arbeitermilieus etwas anders
dar. Der rhythmische Wechsel von Arbeit und Genuss passt nämlich sehr gut zu
der für die ländlichen Unterschichten typischen „labour-consumer-balance"
(vgl. Thompson 1980), die freilich dem protestantischen Auge immer schon ein
Dorn der Unmoral war, dem mit strenger Disziplinierung begegnet wurde. Der
Widerspruch des Fordismus besteht darin, dass das fordistische Integrationsmo-
dell die Arbeitermilieus in ihren eigenen kulturellen Traditionen festhielt und in
einer Sicherheit wiegte, die nur einem Moratorium der Ausgrenzung gleichkam.
Nur einem geringen Teil wurden tatsächlich Aufstiegspfade in die zukunftsträchtigeren Berufe der postfordistischen Wachstumsbranchen eröffnet. Bei aller
historischen Einmaligkeit der sozioökonomischen Erfolgsgeschichte des For-

---

5 Rainer Geißler (1994) hat bereits in den 1980er Jahren auf die zunehmende Benachteiligung
   einer Unterschicht von geringqualifizierten Arbeiterhaushalten hingewiesen.

dismus überwand er die Klassenspaltungen nicht, die in die Trennung von körperlicher und geistiger Arbeit, und damit von Macht und Ohnmacht, eingebaut sind.

2. Von der Entproletarisierung zur Deindustrialisierung: Der doppelte Kontinuitätsbruch der Arbeitermilieus

Die Stabilität der klassenspezifischen Chancenungleichheiten verdeckt jedoch die Erfahrungsmuster des gesellschaftlichen Wandels und die Umstellungsstrategien in den sozialen Milieus, die erst dazu führen, dass unter den Bedingungen strukturellen gesellschaftlichen Wandels die relationalen Ungleichheiten beim Alten bleiben. Mit der Krise der Deindustrialisierung erleben die Arbeitermilieus einen *zweiten sozialgeschichtlichen Kontinuitätsbruch*, der dem Trend der Entproletarisierung genau entgegen gesetzt ist. Er führt zu neuen Prekarisierungen, die die fordistischen Errungenschaften der Entproletarisierung zumindest zum Teil wieder rückgängig machen. Das betrifft im Kern die soziale Absicherung un- und angelernter ArbeiterInnen und die Etablierung von Pfaden des sozialen Aufstiegs und der kulturellen Integration in ein „respektables" Arbeitermilieu. Gerade für die einfachen ArbeiterInnen mit geringen formalen Qualifikationen verdüstern sich mit der Deindustrialisierung die Zukunftsperspektiven dramatisch. Sie geraten in die Zangenbewegung des Abbaus einfacher, aber gut bezahlter und geschützter Arbeitsplätze in der Industrie und der Prekarisierung und Intensivierung der hier noch verbleibenden oder der im Dienstleistungssektor neu entstehenden Arbeitsplätze. In der Tretmühle zwischen Arbeitslosigkeit und prekären Billiglohnjobs und am doppelten Gängelband der Zumutungen des Sozialstaats und der Ausbeutung gering qualifizierter Arbeit bietet sich ihnen kaum mehr eine Chance auf sichere Beschäftigungs- und Aufstiegsperspektiven.

2.1 Blockierte Aufstiege und neue Segmentierung der Arbeitermilieus

Eine jüngere französische Studie (vgl. Beaud/Pialoux 2004) hat den allmählichen Niedergang und die Krise der industriell geprägten Arbeitermilieus eindrucksvoll nachgezeichnet. Die Studie basiert auf einer fast zwei Jahrzehnte währenden Feldforschung in der Industrieregion rund um das größte französische Peugeot-Werk bei Sochaux-Montbéliard. Die Autoren beschreiben die Auswirkungen der betrieblichen Umstrukturierungen, die zu einer Zerstörung des Arbeitsklimas und immer schlechteren Aufstiegs- und Arbeitsbedingungen

vor allem für die angelernten ArbeiterInnen führen. Die älteren, in der Wider-
stands- und Konfrontationskultur der 1970er Jahre sozialisierten und politisier-
ten ArbeiterInnen werden durch den Einsatz sowohl von ZeitarbeiterInnen wie
auch von hochqualifizierten jüngeren ArbeiterInnen in die Zange genommen.
Die Einführung der neuen Produktionskonzepte dient vor allem einer Veränderung der Herrschaftsstrukturen und Sozialbeziehungen im Betrieb. Sie zielen
darauf ab, den Einfluss der ausführenden ArbeiterInnen auf ihre Vorgesetzten,
mithin die informellen Techniken der Arbeitskontrolle auszuschalten und die
vielfältigen Verbindungen zwischen den Angelernten und den Facharbeitern zu
kappen, die sich sowohl über die betrieblichen Aufstiegskanäle ergaben wie
durch Prozesse der kulturellen und politischen Identifikation und Anlehnung.

Wie Beaud und Pialoux (2004: 325) bemerken, lassen sich diese Entwicklungen nicht bruchlos auf andere Länder übertragen. In Deutschland bietet der
hohe Stellenwert des Facharbeiters noch einen relativen Schutz. Für einen Vergleich mangelt es jedoch an aktuellen Studien. In einer Untersuchung über Be-
rufsverläufe von Facharbeitern konnte Lappe (1985) Anfang der 1980er Jahre
deutliche Unterschiede zwischen verschiedenen Facharbeitergruppen feststellen,
die der These einer Segmentierung der Arbeitermilieus Evidenz verleiht. Die
Reproduktionsstrategien der qualifizierten Facharbeiter, die in den vorprodukti-
ven Bereichen der Instandhaltung und -setzung beschäftigt sind (Maschinen-
schlosser und Werkzeugmacher), richten sich von Anfang an auf die permanente
Weiterqualifizierung, um mit dem technischen Fortschritt Schritt halten zu können. Sie gehören zur noch gut geschützten Stammbelegschaft, der gewisse Aufstiegsmöglichkeiten in leitende Techniker- und Angestelltenpositionen oder der
Wechsel in andere Betriebe offen stehen. Im Unterschied zu ihnen sind die Produktionsfacharbeiter von Anbeginn ihrer beruflichen Laufbahn mit der Gefahr
der Dequalifizierung konfrontiert. Ihnen stehen „keine wirklichen facharbeiter-
adäquaten Aufstiegswege" (Lappe 1985: 188) offen, sondern allenfalls horizontale Mobilitäten, die einen langwierigen „Marsch durch die Arbeitswertgrup-
pen" beinhalten. „Hinter diesem innerbetrieblichen Berufsverlaufsmuster steht",
so resümiert Lappe (ebd.: 189), „eine ganz bestimmte Personaleinsatz- und
Nutzungsstrategie, die darauf abzielt, die von den gelernten Produktionsfachar-
beitern angebotenen Überschußqualifikationen intensiv und über lange Zeit
hinweg auszubeuten". Für die beruflichen Orientierungen und Reproduktionsstrategien der Mehrzahl der Produktionsfacharbeiter zieht Lappe (ebd.: 190)
bereits Mitte der 1980er Jahre eine ernüchternde Bilanz:

> „Die zu den genannten Momenten hinzutretenden Verschärfungen der Arbeitssituation durch
> Intensivierung der Arbeit, Verkürzung der Taktzeiten sowie zunehmende Kontrolle und Dis-
> ziplinierung der Beschäftigten führen insgesamt für die Produktionsfacharbeiter zu einer Be-
> anspruchungssituation, die lediglich eine defensive Bewältigung des Gegenwärtigen zuläßt".

Die industriesoziologische Forschung zu den neuen Produktionskonzepten weist in eine ähnliche Richtung (vgl. Schumann 2003). Dem anfänglichen Optimismus ist in vielerlei Hinsicht eine Ernüchterung gefolgt. Abgesehen davon, dass die Einführung der neuen Produktionskonzepte branchen- und bereichsspezifisch sehr unterschiedlich verlief, bleiben die Effekte auf die Arbeitsprozesse und -orientierungen ambivalent. Positive Entwicklungen im Hinblick auf die Arbeitsautonomie und -kooperation finden sich vor allem dort, wo die Gruppenarbeit konsequent umgesetzt worden ist. Dies betrifft jedoch vor allem die „technisierten Fertigungen" (Schumann 2003: 33), wo die jüngeren, hochqualifizierten und weiterbildungsorientierten Facharbeitergruppen die neuen Gestaltungsspielräume für sich nutzen konnten. Diese GruppenarbeiterInnen neuen Typs zeigen ein gewachsenes Selbst- und Interessenbewusstsein, das zugleich gestiegene Partizipations- und Gerechtigkeitsansprüche impliziert – und damit keineswegs als ideologische Instrumentalisierung durch die neoliberale Unternehmensphilosophie begriffen werden kann. Gleichwohl: Diese Emanzipation aus dem Status fremdbestimmter Arbeit ist zugleich ein Stück Entfremdung von der traditionellen Arbeiterkultur.

Weitaus negativer schlagen die Ambivalenzen der neuen Produktionskonzepte in den arbeitsintensiven manuellen Fertigungsbereichen aus. Die hier vielfach nur halbherzig durchgesetzte Gruppenarbeit erhöht im Effekt lediglich den Arbeitsdruck bei fortbestehender Heteronomie. Zudem sind die Entwicklungen zu einer neuen Arbeitsorganisation in den letzten Jahren insgesamt deutlich rückläufig und werden zunehmend konterkariert von Rationalisierungstendenzen, die einer Rückkehr zu tayloristischen Verfahren gleichkommen. Die ungleiche Verwirklichung der neuen Produktionskonzepte wird damit selbst zum Motor der Differenzierung der Arbeitermilieus.

Damit dürften sich auch in Deutschland die von Beaud und Pialoux beschriebenen Segmentierungen in der Arbeiterschaft verschärft haben. Ein Teil von qualifizierten FacharbeiterInnen, die bereits aus ihrer familialen und schulischen Sozialisation ein ausgeprägtes Weiterbildungs- und Selbstentfaltungsinteresse mitbringen, kann sich die „traditionellen" personalpolitischen Strategien des Aufbaus von Stammbelegschaften ebenso zu Nutze machen wie die Einführung der neuen Produktionskonzepte. Diesem Milieu der „Modernen ArbeitnehmerInnen" gelingt in der Tat die produktive Verschmelzung von Tradition und Innovation, die sich – auf einer anderen Ebene – die Politik der Neuen Mitte auf die Fahnen schrieb. Aber die Ausdifferenzierung dieses Milieus ist verbunden mit einer zunehmenden Prekarisierung der älteren und der geringer qualifizierten Arbeitermilieus. Nach Vester (2002) zeigen die sozialen Milieus für die 1990er Jahre eine vertikale Ausdifferenzierung in den gesellschaftlichen Mittellagen: Das „leistungsorientierte" und das „kleinbürgerliche Milieu" polarisieren sich jeweils in einen gesicherten und einen verunsicherten Teil.

2.2 Flugbahnen: Krümmungen, Brechungen, Varianten

Der ökonomische Zyklus von Prosperität und Krise übersetzt sich in eine kollektive Flugbahn von Entproletarisierung und Re-Prekarisierung. Auch wenn sie selten ihre ganze Spannweite in einer einzigen Lebensgeschichte ausmisst – etwa wie bei den ostdeutschen ABM-Abrisstrupps, die erst ihre Industrien und dann ihre Siedlungen demontieren, die sie Jahrzehnte zuvor selbst aufgebaut haben – so teilt sich diese gekrümmte und gebrochene Flugbahn den individuellen biographischen Erfahrungen auf spezifische Weise mit. Wenn sie nicht am eigenen Leib erfahren wird, dann tritt sie am Verhältnis der Generationen, an den Problemen im Wohnviertel, an den Geschichten von Bekannten und Kolleg-Innen zutage.

In Westdeutschland entfaltet sie sich freilich über einen lang gestreckten Zeitraum, mithin unmerklicher. In einem Forschungsprojekt über „Arbeiter in der Wirtschaftskrise" haben Rainer Zoll (1981, 1984a) und seine MitarbeiterInnen bereits Anfang der 1980er Jahre die Deutungs- und Bewältigungsmuster der Wirtschaftskrise bei ArbeiterInnen der norddeutschen Montanindustrie untersucht. Sie stellten jedoch fest, dass trotz einer verbreiteten Krisenbetroffenheit eher „reduktionistische" Deutungsmuster überwogen, die durch Bagatellisierungen, Leugnungen und personalistische Schuldzuschreibungen der Arbeitslosigkeit und Wirtschaftskrise gekennzeichnet waren. Die meisten Befragten neigten dazu, die Arbeitslosenzahlen entweder auf eine „normale" Arbeitslosigkeit herunterzurechnen, sie der Arbeitsunwilligkeit der Betroffenen selbst zur Last zu legen, den AusländerInnen die Schuld zu geben oder das Problem auf eine andere Weise klein zu reden. Diese reduktionistischen Deutungsmuster und die ihnen entsprechenden defensiven und individualistischen Strategien des Festhaltens am eigenen Arbeitsplatz wurden von Zoll und MitarbeiterInnen als Ausdruck einer weitgehend unbewussten Existenzangst interpretiert, die eine „psychische Entsprechung" der prinzipiellen ökonomischen Unsicherheit der Arbeiterexistenz darstellt und in Krisenzeiten noch verschärft wird (Neumann u.a. 1984: 113). Zugleich dürften hierin die Erwartungshaltungen nachwirken, die sich im Zuge der Entproletarisierung und mit dem fordistischen Versprechen einer krisenfreien Fortschrittsdynamik bei den Arbeitermilieus eingestellt haben.

Die gekrümmte Flugbahn der westdeutschen Arbeitermilieus erfährt eine spezifische Modifikation im Falle der *immigrierten ArbeiterInnen*. Die kollektive Biographie vor allem der türkischen ArbeitsmigrantInnen und ihrer nachgezogenen Familien ist durch eine ausgeprägte Doppelerfahrung von Entproletarisierung und Deindustrialisierung geprägt, die zugleich eine von Anwerbung und Abschiebung ist.[6] Auch für die *ostdeutschen Arbeitermilieus* lässt sich eine spezifische Verdichtung der Umbruchserfahrungen nachzeichnen (vgl. Vogel u.a. 2005 und den Beitrag von Hofmann und Rink in diesem Band). Zunächst erleben auch die ostdeutschen Arbeitermilieus noch zu DDR-Zeiten einen Umschwung von der Aufbauperiode zu den mageren 1980er Jahren. Mit der Wende setzt eine paradoxe Entwicklung ein: die flutartige Verbreitung des Massenkonsums und der totale Zusammenbruch der ostdeutschen Industrie. Die Gleichzeitigkeit, mit der Fernseher, Autos und Plastikverpackungen, Arbeitsplatzverlust, Qualifikationsentwertung und staatliche Transfers in Erscheinung treten, treibt die Doppelerfahrung von (nachholender) Entproletarisierung und Deindustrialisierung auf die Spitze. Wie Hofmann und Rink (in diesem Band) zeigen, hat vor allem das traditionelle Facharbeitermilieu mit diesen Ambivalenzen zu kämpfen. Es dauert freilich nicht lange, bis sich für die auf der Strecke bleibenden ArbeiterInnen herausstellt, dass sie ohne Arbeit am neuen Massenkonsum nicht teilhaben können, während der Sozialstaat ihnen zunehmend sein autoritäres, disziplinierendes Gesicht zuwendet (vgl. Vogel u.a. 2005).

2.3 Widersprüchliche Generationenverhältnisse: Krise des „natürlichen Reproduktionsmodells"

Entproletarisierung und Re-Prekarisierung überlagern sich auf komplexe Weise. Während auf der einen Seite die Verbesserungen der Arbeits- und Lebensbedingungen in den Biographien der Älteren noch nachwirken, häufig vor der Kontrastfolie einer von Armut und Zwängen geprägten Kindheit und harter Arbeitserfahrungen, trifft die Krise vor allem die nachwachsenden Generationen mit ihren gewachsenen Ansprüchen wie ein harter Schlag ins Genick – und mittelbar dadurch ihre Eltern ins Herz. Im Verhältnis zu ihren eigenen Kindern, deren Ansprüche an das Leben ihnen ebenso fremd sind wie die heutigen Bedingungen für eine erfolgreiche Berufslaufbahn, spiegelt sich den älteren Generationen die ganze Ambivalenz der „fordistischen Integration" der Arbeitermilieus.

Eine von der Sozialforschungsstelle Dortmund Ende der 1980er Jahre durchgeführte Untersuchung zu Oberhausen gibt plastische Beispiele für die

---

6 Sie ist zudem durchzogen von der „illusio" des Rückkehrmotivs (vgl. Sayad 1997), die wie eine biographische Falle funktioniert, indem die nur als Provisorium konzipierte deutsche Existenz Jahr um Jahr verlängert und die Rückkehr aufgeschoben wird, auch wenn die Arbeits- und Lebensbedingungen mit dem Einsetzen der Krise mehr und mehr zu einer Situation der vollständigen sozialen Exklusion werden – mit entsprechenden Folgen für die jüngeren Generationen.

Überlagerung von Aufstiegen und Abstiegen bei den Stahl- und Bergarbeiterfamilien (vgl. Kruse/Lichte 1991: 195 ff.).[7] Da ist die Familie K.: Der Vater hat als Ungelernter im Stahlwerk angefangen und sich zum Springer hochgearbeitet, nun freut er sich auf den Vorruhestand, auch wenn er die bevorstehende Stilllegung seiner Grobblechstraße noch miterleben muss. Der älteste Sohn „hat es gut getroffen", er ist zufrieden mit seinem Beruf als Bergmechaniker, auch wenn die Gerüchte einer Zechenschließung ihm Sorgen bereiten. Der mittlere Sohn, gelernter Elektriker, ist bereits seit einem Jahr ohne Arbeit, und der Jüngste absolviert das letzte Jahr auf der Hauptschule. Eine Lehrstelle im Betrieb, in dem auch der Vater arbeitet und sein älterer Bruder gelernt hat, möchte er nicht, und nach etlichen vergeblichen Bewerbungen will er nun Verkäufer in einem Discounter werden – zum völligen Unverständnis seiner Mutter, die, gelernte Textilverkäuferin, als Auffüllerin in einem Kaufhaus arbeitet.

Die sozialen Flugbahnen der verschiedenen Generationen überkreuzen sich vielfältig. Ihnen allen ist gemeinsam, wegzustreben aus der Welt der industriellen Arbeit, die sich im unaufhaltsamen Niedergang befindet. Während jedoch die einen sozusagen mit dieser Welt über sie hinaus gewachsen sind, indem die fordistische Prosperitäts- und Integrationsdynamik sie ein Stück ihres Lebens trug, werden die anderen aus ihr „freigesetzt" als Ergebnis ihres Zersetzungsprozesses. Undenkbar für die Jüngeren, die Laufbahnen ihrer Eltern einfach wiederholen zu können, indem sie als Ungelernte in die Welt der „Maloche" eintauchen und, im Bestehen des ersten Schocks und der alltäglichen Belastungen, einen allmählichen innerbetrieblichen Aufstieg erreichen. Das Stück „Freiheit", das die älteren Generationen durch Ausdauer und Fügung ins Notwendige diesem abtrotzten, geht den Kindern trotz ihrer besseren schulischen Ausbildung und entbehrungsfreieren Kindheit erneut verloren.

Die Krise des Reproduktionsmodells zeigt sich insbesondere an den Unsicherheiten der Bildungs- und Berufsplanung der Kinder. Konnte die ältere Tochter von Familie S. als ausgebildete Arzthelferin noch im Krankenhaus Arbeit finden, muss die jüngere Tochter, die das Abitur absolviert hat und von einem pädagogischen Studium träumt, schließlich als Bürogehilfin in die Lehre gehen und nach nicht erfolgter Übernahme einen Job als Schreibkraft bei Aldi annehmen (vgl. Kruse/Lichte 1991: 249 ff.). Was Beaud und Pialoux (2004: 167–192) exemplarisch anhand einer französischen Arbeiterfamilie nachzeichnen, gilt in der Tendenz auch für die deutschen Arbeiter-Eltern: Während sie das Bildungssystem noch ganz selbstverständlich frühzeitig verließen, um erst im Betrieb ihre beruflichen Ambitionen zu verfolgen, sind sie nun mit der Aufgabe

---

7   Vgl. dazu auch die Beispiele aus der norddeutschen Montanindustrie bei Zoll (1981: 90 ff.), die allerdings auf die betrieblichen „Verlaufsformen von Krisenbetroffenheit" beschränkt bleiben.

konfrontiert, ihre Kinder durch ein Schul- und Ausbildungssystem zu navigieren, dessen verlängerte Inanspruchnahme ihnen als einziger Ausweg für ihre Kinder erscheint, das ihnen aber weitgehend fremd ist. Die generationsspezifische Fremdheit gegenüber der schulischen und kulturellen Wirklichkeit der Jugendlichen vervielfacht sich noch einmal vor dem Hintergrund der Migration wie auch der Wende. Umso verbreiteter ist gerade bei den türkischen und ostdeutschen Arbeitermilieus die Sorge um ihre Kinder, denen sie – ihrem paternalistischen Anspruch zum Trotz – kaum mehr Hilfestellungen und Orientierungen bieten können.[8]

3. Alte Benachteiligungen und neue Ausgrenzungen – Re-Prekarisierungen der Arbeitermilieus

Die Re-Prekarisierungen der Arbeitermilieus haben viele Facetten, die von enttäuschten Erwartungen und verlorenen Zugehörigkeitsgefühlen über Dequalifikationen, Lohneinbußen und erhöhten Arbeitsdruck bis hin zu Langzeitarbeitslosigkeit, manifester Armut und sozialer Ausgrenzung reichen. So wie die Abnahme der Armut in den ersten Nachkriegsjahrzehnten im wesentlichen ein Ergebnis der Entproletarisierung ist, so ist die erneute Zunahme von Armut seit Mitte/Ende der 1970er Jahre nicht zuletzt ein Produkt der Re-Prekarisierungen der Arbeitermilieus. Paradoxerweise wird dieser Zusammenhang von der Armuts- und Exklusionsforschung weitgehend ausgeblendet, teilweise sogar auf den Kopf gestellt: Die Diskurse der neuen Armut und der sozialen Ausgrenzung grenzen das Neue dieser Phänomene gegen die „alte Armut" der Arbeiterklasse bzw. gegen die „alte soziale Frage" ab.

3.1 Arbeitermilieus und Neue Armut

Die Empirie spricht eine andere Sprache. Während sich der demographische Strukturwandel der Armutsbetroffenheiten auf konjunkturelle Effekte zurückführen lässt (vgl. Groh 2000), gibt es für den immer wieder behaupteten Wandel von einer klassenspezifischen alten Armut zu einer „Neuen Armut" keine empirischen Belege. Im Gegenteil, wo immer dieser Zusammenhang empirisch untersucht wurde, wurde auch der enge Zusammenhang zwischen Armut und

---

8 Vgl. zur Situation von türkischen Jugendlichen die instruktive Studie von Tertilt (1996), zur Situation der ostdeutschen Jugendlichen Keller (2005b) sowie zur Sorge um sie Groh-Samberg (2005a).

Klassenlage sichtbar (vgl. Schott-Winterer 1991; Hanesch u.a. 1994: 174; Hübinger 1996: 139 ff. und 220). Eigene Analysen auf der Grundlage eines multidimensionalen und längsschnittigen Armutsindikators zeigen, dass etwa Dreiviertel der dauerhaft und multipel armen Personen in Deutschland den beiden Klassen der einfachen ArbeiterInnen und der FacharbeiterInnen zugeordnet werden können (vgl. Groh-Samberg 2004). In der Trendperspektive (1984–2004) ergibt sich das Bild einer weitgehenden Stabilität der klassenspezifischen Strukturierung von Armut, in der Tendenz sogar eine leichte Polarisierung der klassenspezifischen Armutsrisiken (vgl. Groh-Samberg 2005b). Die *Tabelle 2* zeigt die *Risiken* (Quoten) von Armut und Prekarität bei ausgewählten Gruppen sowie die *soziale Zusammensetzung* (Struktur) der armen und prekären Personen.

Tabelle 2: Quoten und Struktur von Armut und Prekarität (Personen in v.H.)

	Quoten (Zeilen-%)		Struktur (Spalten-%)			N
	Armut	Prekarität	Armut	Prekarität	Total	(ungew.)
Arbeiterklassen (EGP VI und VII)						
Familien (>1 Kind), ausländisch	30,8	42,5	18,1	19,7	3,6	839
Familien (>1 Kind), deutsch	18,8	13,9	20,9	12,2	6,9	1002
Alleinerziehende	15,6	18,2	5,9	5,4	2,3	277
AusländerInnen, sonstige Haushalte	20,7	12,7	13,5	6,5	4,0	886
sonstige jüngere Haushalte, deutsch	7,6	8,2	8,3	7,1	6,7	660
sonstige ältere Haushalte, deutsch	3,5	5,0	8,2	9,1	14,3	1427
zusammen Arbeiterklassen	*12,2*	*12,4*	*74,8*	*60,0*	*37,9*	*5091*
Höhere Klassen						
Familien (>1 Kind), ausländisch	17,2	27,7	2,3	2,9	0,8	227
Familien (>1 Kind), deutsch	1,7	9,5	4,3	18,6	15,4	1910
Alleinerziehende	14,2	(6,2)	8,2	(2,8)	3,6	353
AusländerInnen, sonstige Haushalte	(7,8)	(7,6)	(2,3)	(1,8)	1,8	350
sonstige jüngere Haushalte, deutsch	(2,7)	2,7	(6,4)	5,0	14,4	1270
sonstige ältere Haushalte, deutsch	(0,4)	2,7	(1,8)	9,0	26,2	2409
zusammen höhere Klassen	*2,5*	*5,0*	*25,2*	*40,0*	*62,1*	*6519*
Total	**6,2**	**7,8**	**100**	**100**	**100**	**11610**

Quelle: Groh-Samberg (2004: 672); Datenbasis: SOEP (Wellen M-Q), gewichtete Ergebnisse.
( )= ungewichtete Fallzahl<30.
Erläuterungen: Die Einteilung versucht, die wichtigsten Kombinationen soziodemographischer und klassenspezifischer Einflussfaktoren auf die Risiken und Struktur von Armut und Prekarität zu erfassen. Dem gebildeten Armuts- und Prekaritätsindikator liegen die Angaben zur relativen Einkommensposition, zum Sozialhilfebezug und zu Deprivationen in den Bereichen Wohnen (Ausstattungsmängel, Wohnraum), Arbeit (Arbeitslosigkeit) und finanzielle Rücklagen (keine Ersparnisse und Wertanlagen) aus fünf Jahren (1996–2000) zu Grunde. Die Klassenzugehörigkeit wurde nach dem EGP-Klassenschema operationalisiert und basiert auf den individuellen Berufsangaben. Kinder und Nie-Erwerbstätige wurden über die Klassenposition der Haushaltsvorstände klassifiziert. Vgl. ausführlich Groh-Samberg (2004).

Ins Auge springen die extrem hohen Armuts- und Prekaritätsrisiken bei den ausländischen Arbeiterfamilien: Ganze 31 Prozent dieser Personen sind dauerhaft multipel arm, weitere 43 Prozent befinden sich in der Zone der Prekarität. Diese Gruppe stellt allein jeweils ein knappes Fünftel aller Personen in Armut und Prekarität. Ausländische Arbeiterfamilien sind eine Kerngruppe der Armut in Deutschland. Sie vereinen drei generelle Armutsrisiken auf sich, die mit der Zugehörigkeit zur Arbeiterklasse, dem Haushaltstyp der Familie mit mehr als einem Kind und der ausländischen Herkunft verbunden sind. Ebenfalls hohe Armuts- und Prekaritätsrisiken besitzen die Gruppen, die nur zwei dieser Merkmale aufweisen: die deutschen Arbeiterfamilien (19 und 14 Prozent), die ausländischen ArbeiterInnen in sonstigen Haushaltsformen (21 und 13 Prozent) und die ausländischen Familien aus höheren sozialen Klassen (17 und 28 Prozent).

Für die Identifikationen von Kerngruppen der Armut ist neben den Armutsrisiken die *soziale Zusammensetzung* der Armut von Bedeutung, da nicht jede Gruppe mit hohen Armutsrisiken auch einen hohen Anteil an der Armutsbevölkerung ausmacht. Hohe Armutsquoten *und* hohe Anteilswerte an allen Armen besitzen vor allem die ausländischen und deutschen Arbeiterfamilien (mit jeweils 20 Prozent aller Armen) sowie die sonstigen ausländischen ArbeiterInnen und die Alleinerziehenden (mit jeweils 14 Prozent aller Armen). Das bestätigt nochmals, dass die Rede von einer sozialen Heterogenität oder Entgrenzung der Armut in Deutschland irreführend ist. Die soziale Zusammensetzung der *Zone der Prekarität* unterscheidet sich in wenigen wichtigen Punkten von der Armutszone. Hohe Prekaritätsrisiken *und* hohe Anteile an allen Prekären besitzen auch hier die deutschen und die ausländischen Arbeiterfamilien, mit Abstrichen die deutschen Familien höherer Klassen. Insofern nimmt die soziale Heterogenität in der Zone der Prekarität zu, während die markantesten Risikogruppen auch hier die Arbeiterfamilien bleiben.

3.2 Umstellungsstrategien und Milieukonflikte

Die heterogenen Erscheinungsformen, Verlaufsmuster und Bewältigungsformen der Armut besitzen in der Re-Prekarisierung der Arbeitermilieus eine durchaus gemeinsame Wurzel. Die verschiedenen Teil-Milieus der traditionslosen, traditionellen, kleinbürgerlichen und leistungsorientierten ArbeiterInnen geraten in den Sog derselben Probleme und sehen sich denselben Zumutungen der *Umstellung* ihrer tradierten Reproduktions- und Positionierungsstrategien gestellt. Prekäre Beschäftigungsverhältnisse mit flexiblen Arbeitszeiten, Befristungen und geringen Absicherungen, kurzfristige Arbeitsamtmaßnahmen, häufige Jobwechsel und Phasen der Arbeitslosigkeit, prekäre Selbständigkeit und Ich-AGs, regional verstreute Leiharbeiten – diese fortsetzbare Merkmalskette der De-Standardisierungen der Erwerbsarbeit bedeuten eine informelle Existenzweise, die einen denkbar krassen Gegensatz zur fordistischen Arbeiterexistenz darstellt. Die Deindustrialisierung geht einher mit einer *Renaissance* jener *informellen Alltagsstrategien* und „Ökonomie der Notbehelfe", wie sie das traditionslose Arbeitermilieu über Jahrhunderte charakterisiert hat. Der arbeitsmarkt- und sozialpolitische Kurs zielt auf eine systematische *Abdrängung in die Informalität*.

Die damit erzwungenen Umstellungsstrategien fallen den unterschiedlichen Teilmilieus unterschiedlich schwer oder leicht (vgl. Vester 2002). Dabei ergibt sich jedoch eine Zwickmühlensituation:[9] Je mehr sich die ArbeiterInnen auf die „informelle Ökonomie" der Gelegenheitskombinationen von Jobs, Maßnahmen, Transferbezügen und die Mobilisierung sozialer Netzwerke einlassen, umso weniger haben sie eine Chance, aus dieser Ökonomie heraus zu kommen und langfristige Perspektiven auf eine formelle Bildungs- und Erwerbskarriere zu entwickeln. Tobias und Boettner (1992) haben in einer der wenigen Studien dieser Art den Abstieg eines Arbeiterquartiers und die „Umstellung auf Armutsbedingungen" beschrieben. Sie machen deutlich, dass es sich bei diesen Alltagsstrategien der BewohnerInnen weder um eine „Kultur der Armut" handelt noch um rein habituelle Dispositionen.[10] Die von der Kultur und lebenslangen Erfahrung körperlicher Arbeit geprägten Arbeitermilieus entwickeln vielmehr aus der Not heraus Strategien des Überlebens, die – je nach Disposition (vgl. auch Kronauer u.a. 1993: 196 ff.) – von Techniken zur Kontrolle der Haushaltsführung über den informellen Austausch von Informationen und Hilfeleistungen bis zum Horten und Wiederverwerten von Sperrmüll und Krims Krams reichen. Die Einübung solcher Strategien und die Integration in entsprechende Netzwerke erleichtert vor allem die psychosoziale Bewältigung des sozialen Abstiegs. Demgegenüber birgt das Festhalten an den Normen einer stabilen Erwerbskarriere und eines „intakten Zuhause" und die Distanzierung gegenüber informellen sozialen Netzwerken nicht nur häufig größere ökonomische Probleme, sondern vor allem ein intensiveres subjektives Leiden. Kronauer u.a. (1993) sprechen vom „doppelten Leiden" an der Arbeitslosigkeit bei den Facharbeitern mit ho-

---

9 Die folgenden Ausführungen stützen sich u.a. auf Feldforschungen in zwei ostdeutschen Plattenbausiedlungen, die der Autor gemeinsam mit Carsten Keller zwischen 1997 und 2003 durchgeführt hat. Dabei wurden über 50 Interviews in armen und prekären Haushalten geführt, die sich neben siedlungsbezogenen Fragen auch mit den Alltagsstrategien und sozialen Netzwerken befassten. Vgl. ausführlich Keller (2005a).

10 Vgl. dazu auch Wilsons (1987, 1997) Argumentation zur Entstehung einer *urban underclass*. Wenn auch nicht auf Europa übertragbar, beschreibt Wilson am Extremfall der schwarzen Ghettos dennoch allgemeine Tendenzen der sozialen Segmentierung der Arbeitermilieus und des Verlust kultureller Anlehnungs- und Austauschprozesse („role models") für die „zurückbleibenden" ärmsten Arbeitergruppen.

hem Arbeitsethos und den verinnerlichten Normen (männlicher) Erwerbsarbeit, die nicht nur an den materiellen Einschränkungen, sondern auch an der identitätsbedrohenden und den Alltag desorganisierenden Effekten der Arbeitslosigkeit leiden.

Mit dem Zwang und den Problemen der Umstellungsstrategien verschärfen sich innerhalb der Arbeitermilieus die Abgrenzungen und Konflikte zwischen den kulturellen Traditionen der *Respektabilität* und der *Informalität* (vgl. Keller 2005a und den Beitrag von Gardemin in diesem Band). Da für die traditionellen und kleinbürgerlichen Teilmilieus die Preisgabe ihres Arbeitsethos und ihrer moralischen Normen respektabler Lebensführung auch unter den Bedingungen von Verarmung und Arbeitslosigkeit ein Tabu ist, reagieren sie mit Idiosynkrasie und Ressentiment auf die informellen Strategien derer, die sich mit ihrer Lage zu arrangieren versuchen. Die Fraktionen der Traditionslosen, die sich ganz auf die Logik von Gelegenheitsjobs, Anlehnungsstrategien und Mobilisierung informeller sozialer Netzwerke einlassen, müssen mit zunehmender Stigmatisierung rechnen. Sie reagieren darauf, indem sie das Stigma an diejenigen weitergeben, die aus Verzweiflung an ihrer Lage – Verzweiflung heißt, mit den habitualisierten Strategien keinen Schritt mehr weiter zu kommen – in Alkohohl und Tabletten flüchten oder in soziale Isolation geraten. Zwischen diesen Extremen des Festhaltens an traditionellen Werten der Respektabilität und dem virtuosen Einsatz informeller Strategien befindet sich die Mehrheit der von Armut und Prekarität bedrohten Arbeitermilieus in einer angespannten Lage. Damit verschärfen sich wechselseitige Abgrenzungen und alltägliche Konflikte, angeheizt von den staatlichen Maßnahmen der sozialen Kontrolle und Disziplinierung und den politisch lancierten Diskursen gegen den „Sozialmissbrauch". Wenn es auch stets kulturelle Abgrenzungen zwischen den traditionellen und traditionslosen Arbeitermilieus gegeben hat, so verlieren sich mit der Verschärfung dieser Konflikte und der Verschlechterung der Zukunftsperspektiven die vormals ebenfalls vorhandenen kulturellen Anlehnungs- und Austauschprozesse. Die traditionelle *Cleavage* der Respektabilität erhält eine erneute Intensität.

Die Politik der Ausweitung eines prekären und niedrigentlohnten Arbeitsmarktsegments und des erhöhten Drucks für Arbeitslose und TransferbezieherInnen, solche Jobs anzunehmen, enthält eine paradoxe Zumutung: Einerseits sollen die Haushalte kurzfristige Gelegenheitsorientierungen entwickeln, jede Arbeit – denn jede sei zumutbar – annehmen, um erst mal auf eigenen Füßen zu stehen. Andererseits soll sich ihnen durch langfristige Investitionen in Bildung und Ausbildung die Perspektive eines sozialen Aufstiegs bzw. einer endgültigen Überwindung der Armut erschließen. Das sozialpolitische Leitbild der „Eigenverantwortlichkeit" bezieht sich sowohl auf den kurzfristigen Primat der Lohnarbeit und der familialen Subsidiarität wie auch auf die langfristige private Absicherung von Risiken – ein fundamentaler Widerspruch, denn die Logik der flexiblen Gelegenheitsorientierung und die Logik der planvollen Investition schließen sich wechselseitig aus (vgl. auch Bourdieu 2000).

4. Schluss: Krise der Repräsentation und Politik der Ausgrenzung

Die Metamorphosen der Arbeitermilieus werden durch ein widersprüchliches Ineinandergreifen von endogenen Entwicklungsimpulsen und exogenen Faktoren und Brüchen vorangetrieben. Der endogene Impuls der Überwindung der Enge und Heteronomie der Arbeiterexistenz äußert sich in den Aufstiegs- bzw. Autonomiebestrebungen der angelernten und Fach-ArbeiterInnen, den jugendkulturellen Ausbruchsversuchen und der Flucht vor der Fabrik oder den betrieblichen Kämpfen um verbesserte Arbeitsbedingungen. Auf diesen Linien finden Auseinandersetzungen innerhalb der Arbeitermilieus statt, die sich keineswegs auf die einfache Alternative zwischen Klassensolidarität und Individualisierung reduzieren lassen.

Auf eine widersprüchliche, nicht selten tragische Weise verflechten sich diese Auseinandersetzungen jedoch mit den Restriktionen, Brüchen und Ausgrenzungen, die den Arbeitermilieus von „außen" widerfahren.[11] Dabei ist die Rede von der „Krise der Deindustrialisierung" keineswegs als selbstregulierter ökonomischer Prozess zu verstehen. Im Gegenteil, die unternehmerischen Strategien und der politische Kurswechsel zielten seit den 1970er Jahren sehr bewusst auf eine Schwächung der auf dem Höhepunkt ihrer Machtentfaltung angelangten Gewerkschaften und ihrer betrieblichen Basis. Die „institutionalisierten Klassenkonflikte" haben ihre weichenstellende gesellschaftspolitische Funktion nach wie vor behalten. Auf den Ebenen der betrieblichen Herrschaftsstrukturen und der tariflichen und gesellschaftlichen Auseinandersetzungen um Löhne, Arbeitsplätze, soziale Sicherheit und Mitbestimmung haben die Arbeitermilieus einschneidende Niederlagen erlitten, die in einer anderen Situation als der durch eine Überakkumulationskrise induzierten Massenarbeitslosigkeit der 1970er Jahre kaum vorstellbar gewesen wäre.

---

11 Am Beispiel der kollektiven Biographie der „68er-Betriebsräte" in der Stahlindustrie beschreiben Hindrichs u.a. (2000) sehr eindrucksvoll, wie sich der Impuls zur Abschaffung bzw. Humanisierung der als unmenschlich erfahrenen Arbeitsbedingungen in der Schwerindustrie auf paradoxe Weise mit den betrieblichen Rationalisierungsstrategien verband und sich die „68-er Betriebsräte" mit der Politik der Sozialpläne schließlich selbst in die Niederlage der Stilllegungskonflikte der späteren 1980er Jahre manövrierten.

In den letzten Jahrzehnten haben die Arbeitermilieus einen beispiellosen Verlust an politischer Repräsentation erfahren. Dazu haben auch die Sozialwissenschaften einen erheblichen Beitrag geleistet. Wenn Boltanski und Chiapello (2003) in der Einleitung zu ihrer Untersuchung des „neuen Geistes des Kapitalismus" auf die erstaunliche Zurückhaltung der Sozialwissenschaften in der Analyse und Kommentierung des radikalen politischen und hegemonialen Wandels der letzten dreißig Jahre verweisen, so sind die Parallelen zum Abbruch der Arbeitermilieu-Forschung kaum ein Zufall. In der politischen Öffentlichkeit ist das Bild einer in soziale Klassen gespaltenen und umkämpften Gesellschaft zurückgetreten hinter die eher diffusen Bilder einer modernen Dienstleistungsgesellschaft, die neben einer saturierten und integrierten Mehrheitsbevölkerung auch eine heterogene Gruppe von marginalisierten ethnischen Minderheiten, schulisch benachteiligten Arbeiterkindern und ausgegrenzten Langzeitarbeitslosen beherbergt. Dahinter verbirgt sich eine technokratische Weltsicht, in der die Ohnmacht der „Modernisierungsverlierer" eine vielleicht bedauernswerte, aber letztlich unvermeidbare Nebenerscheinung des technisch-ökonomischen Fortschritts und seiner Sachzwänge ist. Mit der Ablösung der Arbeiter- durch die Ausgrenzungsfrage droht der Ungleichheitssoziologie der Blick für die Herrschaftsstrukturen moderner Gesellschaften abhanden zu kommen.

Literatur

Beaud, Stéphane/Pialoux, Michel (2004): Die verlorene Zukunft der Arbeiter. Die Peugeot-Werke von Sochaux-Montbéliard: Konstanz: UVK.

Bell, Daniel (1991): Die kulturellen Widersprüche des Kapitalismus. Frankfurt/M.: Campus.

Boltanski, Luc/Chiapello, Éve (2003): Der neue Geist des Kapitalismus. Konstanz: UVK.

Bourdieu, Pierre (2000 [1977]): Die zwei Gesichter der Arbeit. Interdependenzen von Zeit- und Wirtschaftsstrukturen am Beispiel einer Ethnologie der algerischen Übergangsgesellschaft. Konstanz: UVK.

Bourdieu, Pierre u.a. (1997): Das Elend der Welt. Zeugnisse und Diagnosen alltäglichen Leidens an der Gesellschaft. Konstanz: UVK.

Breen, Richard (Hg.) (2004): Social Mobility in Europe. Oxford: Oxford University Press.

Deppe, Wilfried (1982): Drei Generationen Arbeiterleben. Eine sozio-biographische Darstellung. Frankfurt/M.: Campus.

Döring, Diether/Hanesch, Walter/Huster, Ernst-Ulrich (Hg.) (1990): Armut im Wohlstand. Frankfurt/M.: Suhrkamp.

Erikson, Robert/Goldthorpe, John H. (1992): The Constant Flux. A Study of Class Mobility in Industrial Societies. Oxford: Clarendon Press.

Friedrichs, Jürgen/Blasius, Jörg (2000): Leben in benachteiligten Wohngebieten. Opladen: Leske+ Budrich.

Friedrichs, Jürgen/Lepsius, M. Rainer/Mayer, Karl Ulrich (Hg.) (1998): Die Diagnosefähigkeit der Soziologie. Sonderheft 38 der KZfSS. Opladen: Westdeutscher Verlag.

Geißler, Rainer (Hg.) (1994): Soziale Schichtung und Lebenschancen in Deutschland. Stuttgart: Lucius & Lucius.

Groh, Olaf (2000): Armut und soziale Benachteiligung in Deutschland. Eine Diskussion neuerer Ansätze. (unveröffentlichte Magisterarbeit). Münster.

Groh-Samberg, Olaf (2004): Armut und Klassenstruktur. Zur Kritik der Entgrenzungsthese aus einer multidimensionalen Perspektive. KZfSS 56 (4). 653–682.

Groh-Samberg, Olaf (2005a): „der weiß nicht wer ich bin". In: Schultheis/Schulz (2005): 232–241.

Groh-Samberg, Olaf (2005b): Die Aktualität der sozialen Frage. Trendanalysen sozialer Ausgrenzung 1984–2004. In: WSI-Mitteilungen 11/2005. 616–623.

Hanesch, Walter/Adamy, Wilhelm/Martens, Rudolf/Rentzsch, Doris/Schneider, Ulrich/Schubert, Ursula/Wißkirchen, Martin/Bordt, Eva-Maria/Hagelskamp, Joachim/Niermann, Thomas/Krause, Peter (1994): Armut in Deutschland (Armutsbericht des DGB und des Paritätischen Wohlfahrtsverbandes). Reinbek bei Hamburg: Rowohlt.

Herlyn, Ulfert/Scheller, Gitta/Tessin, Wulf (1994): Neue Lebensstile in der Arbeiterschaft? Eine empirische Untersuchung in zwei Industriestädten. Opladen: Leske + Budrich.

Hindrichs, Wolfgang/Jürgenhake, Uwe/Kleinschmidt, Christian/Kruse, Wilfried/Lichte, Rainer/Martens, Helmut (2000): Der lange Abschied vom Malocher. Essen: Klartext.

von Hippel, Wolfgang (1995): Armut, Unterschichten, Randgruppen in der frühen Neuzeit. München: Oldenbourg.

Hirsch, Joachim/Roth, Roland (1986): Das neue Gesicht des Kapitalismus. Vom Fordismus zum Postfordismus. Hamburg: VSA.

Hobsbawn, Eric (1995): Das Zeitalter der Extreme. München: Carl Hanser.

Hübinger, Werner (1996): Prekärer Wohlstand: neue Befunde zu Armut und sozialer Ungleichheit. Freiburg i.Br.: Lambertus.

Kaschuba, Werner (1990): Lebenswelt und Kultur der unterbürgerlichen Schichten im 19. und 20. Jahrhundert. München: Oldenbourg.

Keller, Carsten (2005a): Leben im Plattenbau. Zur Dynamik sozialer Ausgrenzung. Frankfurt/M.: Campus.

Keller, Carsten (2005b): Jugendliche im Plattenbau. In: Schultheis/Schulz (2005): 173–185.

Kronauer, Martin/Vogel, Berthold/Gerlach, Frank (1993): Im Schatten der Arbeitsgesellschaft: Arbeitslose und die Dynamik sozialer Ausgrenzung. Frankfurt/M.: Campus.

Kruse, Wilfried/Lichte, Rainer (Hg) (1991): Krise und Aufbruch in Oberhausen. Fulda: Fuldaer Verlagsanstalt.

Lappe, Lothar (1985): Berufsperspektiven junger Facharbeiter. Frankfurt/M.: Campus.

Mooser, Josef (1984): Arbeiterleben in Deutschland 1900–1970. Frankfurt: Suhrkamp.

Müller, Walter/Pollak, Reinhard (2004): Social Mobility in West Germany. The long arms of history discovered? In: Breen (2004): 77–113.

Neumann, Enno/Oechsle, Mechthild/Zoll, Rainer (1984): Existenzangst und Alltagssolidarität. In: Zoll (1984b): 110–117.

Sachße, Christoph/Tennstedt, Florian (1998): Geschichte der Armenfürsorge in Deutschland. Band 1: Vom Spätmittelalter bis zum 1. Weltkrieg. Stuttgart: Kohlhammer.

Sayad, Abdelmalek (1997): Der Fluch. In: Bourdieu u.a. (1997): 725–752.

Schott-Winterer, Andrea (1990): Wohlfahrtsdefizite und Unterversorgung. In: Döring/Hanesch (1990): 56–78.

Schultheis, Franz/Schulz, Kristina (Hg) (2005): Gesellschaft mit begrenzter Haftung. Zumutungen und Leiden im deutschen Alltag. Konstanz: UVK.

Schumann, Michael 2003: Metamorphosen von Industriearbeit und Arbeiterbewusstein. Hamburg: VSA.

Shavit, Yossi/Blossfeld, Hans-Peter (1993): Persistent Inequality. Changing Educational Attainment in Thirteen Countries. Boulder: Westview Press.

Tertilt, Hermann (1996): Turkish Power Boys. Ethnographie einer Jugendbande. Frankfurt: Suhrkamp.

Thompson, Edward P. (1980): Plebejische Kultur und moralische Ökonomie. Frankfurt/M.: Ullstein.

Tobias, Gertrud/Boettner, Johannes (Hg.) (1992): Von der Hand in den Mund: Armut und Armutsbewältigung in einer westdeutschen Großstadt. Essen: Klartext.

Vester, Michael (1998): Was wurde aus dem Proletariat? In: Friedrichs u.a. (1998): 164–206.

Vester, Michael (2002): Schieflagen sozialer Gerechtigkeit. In: Gewerkschaftliche Monatshefte. 8/2002. 450–463.

Vester, Michael/von Oertzen, Peter/Geiling, Heiko/Hermann, Thomas/Müller, Dagmar (2001): Soziale Milieus im gesellschaftlichen Strukturwandel. Frankfurt/M.: Suhrkamp.

Vogel, Berthold/Groh-Samberg, Olaf/Hofmann, Michael/ Keller, Carsten (2005): Ostdeutsche Zustände – westdeutsche Verhältnisse. In: Schultheis/Schulz (2005): 165–172.

Weber-Menges, Sonja (2004): „Arbeiterklasse" oder Arbeitnehmer? Vergleichende empirische Untersuchung zu Soziallage, Lebenschancen und Lebensstilen von Arbeitern und Angestellten in Industriebetrieben. Wiesbaden: VS.

Wehler, Hans-Ulrich (1987): Deutsche Gesellschaftsgeschichte Bd. 2 ,1815–1845. München: Beck.

Wilson, William Julius (1987): The truly disadvantaged. The inner city, the Underclass and Public Policy. Chicago: The University of Chicago Press.

Wilson, William Julius (1997): When work disappears: the world of the new urban poor. New York: Vintage Books.

Wright, Erik Olin (Ed) (2005): Approaches to class analysis. Cambridge: Cambridge University Press.

Zoll, Rainer (Hg.) 1981: Arbeiterbewußtsein in der Wirtschaftskrise. Erster Bericht: Krisenbetroffenheit und Krisenwahrnehmung, Köln: Bund.

Zoll, Rainer (Hg.) (1984a): „Die Arbeitslosen, die könnt' ich alle erschießen!". Zweiter Bericht: Arbeiterbewußtsein in der Wirtschaftskrise, Köln: Bund.

Zoll, Rainer (Hg.) (1984b): „Hauptsache, ich habe meine Arbeit". Frankfurt/M.: Suhrkamp.

Vom Arbeiterstaat zur de-klassierten Gesellschaft?

Ostdeutsche Arbeitermilieus zwischen Auflösung und Aufmüpfigkeit

Michael Hofmann/Dieter Rink

1. Das Verschwinden der Arbeiter aus dem öffentlichen Diskurs

Unmittelbar nach der deutschen Vereinigung wurde die DDR von einigen westlichen Beobachtern als eine vom „gesellschaftsweiten Kleinbürgertum" geprägte Gesellschaft beschrieben (Giesen/Leggewie 1991). Diese soziologische Provokation löste heftige Kontroversen aus, stellte sie doch die – weithin auch verinnerlichte – Selbstbeschreibung des Landes als „Arbeiter- und Bauern-Staat" grundsätzlich in Frage. Das Gros der sozialwissenschaftlichen Literatur nahm dagegen auch in den 1990er Jahren den Kern der ehemaligen Selbstbeschreibung auf und sprach von „Arbeiter-" bzw. „Facharbeitergesellschaft" oder auch von „arbeiterlicher Gesellschaft" (Engler 2000). Schon bei den ersten empirischen Untersuchungen der ostdeutschen Gesellschaft wurde festgestellt, dass die Arbeitermilieus einen quantitativ bedeutenden, ja dominierenden Teil der DDR-Gesellschaft und zugleich auch einen großen Teil der gesellschaftlichen Mitte Ostdeutschlands ausgemacht hatten (Burda und Sinus 1993). Folgerichtig spielten sie in den Transformationsanalysen Ostdeutschlands, namentlich in den ersten Jahren nach der deutschen Vereinigung, eine zentrale Rolle. Freilich trat dabei schnell zutage, dass sich hinter der Fassade der Heroisierung der Arbeiter in der DDR und der Propagierung ihrer Werte die weitere Zerstörung ihrer Autonomie und die Auflösung ihrer Milieustrukturen abgespielt hatten (vgl. Hofmann/Rink 1993).

Aus den aktuellen sozialwissenschaftlichen Debatten und den Situationsbeschreibungen Ostdeutschlands sind die Arbeiter als Strukturkategorie inzwischen weitgehend verschwunden.[1] Sie tauchen noch als historische Reminiszenz auf oder dienen als Bezugsfolie für die Erklärung von negativen Begleiterscheinungen des Transformationsprozesses wie Rechtsradikalismus oder Ausländer-

---

[1] Ausnahmen bilden die Analyse moderner Arbeitsstrukturen im Chemiepark Bitterfeld von Regina Bittner (1998) und die sozialhistorisch fundierten Texte von Berthold Vogel über die ostdeutschen Arbeiter (1999) sowie über die Leiharbeit (2004).

feindlichkeit.[2] Das Verschwinden der Arbeiter als beschreibende Strukturkategorie speist sich im Wesentlichen aus einer realen Entwicklung: der weitgehenden De- bzw. Entindustrialisierung in Ostdeutschland. Selbst in den wenigen Erfolgsgeschichten des „Aufbau Ost" kommen Arbeiter nicht vor, sie sind vielmehr neuen Unternehmern, Software-Pionieren oder Ich-AG's vorbehalten. „Arbeiter" scheint es überhaupt nicht mehr zu geben. Geht man nach den Medienberichten, dann sind sie entweder verrentet oder in Sozialkarrieren abgeglitten. Die wenigen verbliebenen Industriearbeiter sind keine eigenen Analysen mehr wert, für die neuen prekären Zeit- und Gelegenheitsarbeiter kommt man auch ohne den Rekurs auf eine strukturelle Großkategorie aus. Hierfür sind auch die Sinus-Milieus ein instruktives Beispiel: in den aktuellen Milieubildern sucht man etwa vergebens nach dem Begriff „Arbeiter" (vgl.: http://www.sinus-sociovision.de). Auch die Sozialwissenschaften folgten im Wesentlichen dieser Themenkonjunktur, ostdeutsche Arbeiter finden hier seit einigen Jahren kaum noch nennenswerte Beachtung. Nach den z.T. umfangreichen Analysen in den ersten Jahren nach der Wende brach dieses Forschungsfeld etwa 1996/97 fast vollständig ab.[3] In den aktuellen Debatten finden sich bestenfalls noch kurze Verweise – so etwa im Schrumpfungsdiskurs der Stadtsoziologen (Kil 2004). Damit wiederholt sich freilich für Ostdeutschland nur die Ausgrenzung der Arbeiter aus dem Focus der Sozialwissenschaften, die man spätestens seit Mitte der 1990er Jahre beobachten kann (vgl. auch Groh-Samberg in diesem Band).[4]

Während dieser Umstand für die Sozialwissenschaften bislang folgenlos bleibt, fragt sich aber, welche Folgen das Verschwinden der Arbeiter aus dem öffentlichen Diskurs für die Selbstbeschreibung der ostdeutschen Gesellschaft hat. Denn eine Mittelschichtgesellschaft nach westdeutschem Vorbild ist in Ostdeutschland, jedenfalls bislang, nicht entstanden. Wer ist aber an die Stelle der

---

2 Dadurch haben die ostdeutschen Arbeiter im öffentlichen Bewusstsein einen Großteil ihrer ehedem hohen Reputation eingebüßt. Verunglimpfungen, z.B. als „rasender Mob" (Bittermann 1993), ziehen sich durch die Literatur. Wenn überhaupt, dann wird die ostdeutsche Arbeiterschaft heute als dumpfe ressentimentgeladene Masse dargestellt – ein Bild, das durch die Wahlerfolge der NPD in Sachsen und der DVU in Brandenburg im Herbst 2004 neuerlich Nahrung erhalten hat.

3 Seitdem lässt sich freilich ein Anschwellen der Literatur über die Geschichte der Arbeitermilieus in der SBZ bzw. DDR beobachten bzw. wurde das Forschungsfeld an die (Zeit-)Historiker übergeben (Alheit/Haack 2004, Hübner/Tenfelde 1999, Kleßmann 2003, Roesler 1997a+b, Schüle 2001).

4 Die Autoren wollen freilich weiterhin von Arbeitern sprechen. Trotz der hohen strukturellen Arbeitslosigkeit in Ostdeutschland sind Frauen und Männern mit einer Facharbeiterausbildung auf die Wirtschaftsrolle festgelegt, unter körperlicher Anstrengung (Handarbeit) in funktionsteilig eng umrissenen Tätigkeiten weisungsgebunden für Lohn zu arbeiten und rangieren auf der gesellschaftlichen Prestigeskala auf einem niedrigen Rang. Diese Merkmale, die für die Erfahrungen der Arbeiter wichtig sind, treffen nach wie vor zu.

Arbeiter als zentraler sozialer Figur getreten? Welche neue Selbstbeschreibung könnte für die ostdeutsche Gesellschaft identitätsstiftend sein? Die (Selbst-) Beschreibung als Klassengesellschaft ist obsolet, die als Schichtgesellschaft wird als westliche Zuschreibung eher abgelehnt, obwohl sich die Selbstzuordnung im Schichtgefüge langsam in westliche Richtung bewegt. Dieselbe Frage stellt sich auch für die Sozialwissenschaften: in welchen Begriffen kann die soziale Ungleichheit der ostdeutschen Teilgesellschaft überhaupt erfasst werden? Machte es für die DDR durchaus Sinn, von einer Arbeiterklasse zu sprechen (vgl. insbes. Solga 1995), so haben die Prozesse der Deindustrialisierung den Klassencharakter der Arbeiter als sozialer Gruppe in Frage gestellt. Vor diesem Hintergrund erlangen die Ausdifferenzierungen der Arbeitermilieus eine neue Bedeutung. Möglicherweise können wir aus der Analyse der Arbeitermilieus etwas über die Restrukturierung sozialer Ungleichheit erfahren und die Richtung bestimmen, in die die Reise geht.

2. Ostdeutsche Arbeitermilieus nach der Wende

Es war Michael Vester, der die Milieuanalyse als Teil einer historisch angelegten Sozialstrukturanalyse etabliert hat und von dem die Autoren ihr konzeptionelles Handwerkszeug in der Milieuforschung gelernt haben. Die Milieuanalyse steht bei Michael Vester und seiner Gruppe nicht für eine losgelöste Lebensstilforschung, die nur auf kulturelle Unterschiede abhebt. Sie interessieren sich, durchaus in der Tradition einer politischen Soziologie, für die Verknüpfung von Arbeitsteilung, Herrschaft, Institutionen und Geschichte als den verschiedenen Dimensionen des sozialen Raumes (nach Bourdieu). So können die Handlungsoptionen sozialer Akteure mit den Veränderungen in den sozialen Feldern abgeglichen werden. Soziale Milieus konstituieren sich nach Vesters Konzept nicht einfach durch kulturelle Lebensstile, sondern durch den sozialen Raum, in dem sie agieren und in dem sie sich durch ihre Sozialbeziehungen, Abgrenzungen und Gruppenkämpfe als historische Nachfahren der sozialen Klassen, Stände und Schichten erweisen. Im Buch „Soziale Milieus in Ostdeutschland" ordnet Michael Vester die lebensweltlichen Sozialmilieus Ostdeutschlands auf der Basis der Sinus-Daten von 1991 erstmals ein (vgl. Vester 1995). Er identifiziert drei ostdeutsche Arbeitermilieus und stellt ihren „engen sozialen Zusammenhalt" (ebd.: 16) fest. Das „Traditionsverwurzelte Arbeiter- und Bauernmilieu" (27%), das „Traditionslose Arbeitermilieu" (8%) und auch das in den 1970er Jahren neu entstandene „Hedonistische Arbeitermilieu" (5%) grenzt Vester mit einem relativ einheitlichen ostdeutschen Arbeiterhabitus vom vorwiegend traditionell und kleinbürgerlich geprägten Mittelklassenhabitus und dem (bürgerlichhumanistischen) Oberklassenhabitus der Bildungsaufsteiger der DDR ab. Damals war es Michael Vester wichtig, trotz differenter Habitusstammbäume der Arbeitermilieus ihre einheitliche soziale relationale Klassenzugehörigkeit hervorzuheben.

Abb. 1: Hypothetische Landkarte der sozialen Milieus in Ostdeutschland 1997

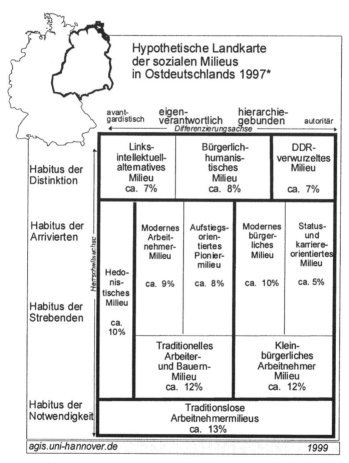

aus: Vester u.a. 2001: 51.

Auf der Grundlage der Daten von 1997 ordnen Vester u.a. dann hingegen das stark geschrumpfte „Traditionelle Arbeitermilieu" den unteren Mittelschichten zu und betonen die eigenverantwortlichen Orientierungen in diesem Milieu (vgl. Abbildung 1). Das „Hedonistische Arbeitermilieu" hingegen, das inzwischen im „Modernen Arbeitnehmermilieu" aufgegangen ist, wird in der oberen Mitte verortet. Allein das „Traditionslose Arbeitermilieu" (dessen Bezeichnung jetzt in „Traditionsloses Arbeitnehmermilieu" verändert wurde) wächst am unteren Ende des sozialen Raumes, unterhalb der Grenze der Respektabilität. Das „Traditionslose Arbeitermilieu" besitzt einen Habitus der Notwendigkeit und verfügt über vielfältige, von autoritären bis zu modernen Orientierungen. Die lebensweltlichen Unterschiede oder horizontalen Differenzen im „Traditionslosen Arbeitermilieu" erschweren den Milieuzusammenhalt, so dass sogar gefragt werden muss, ob das „Traditionslose Arbeitermilieu" als geschlossenes Milieu angesehen werden kann oder ob es nicht vielmehr in verschiedene Szenen oder Teilmilieus zerfällt.[5] Es ist eine wachsende, auf Gelegenheitsstrukturen angewiesene Lebenswelt, die von Vester u.a. auch in den anderen europäischen Gesellschaften identifiziert werden (z.B. British Poor). Konzeptionell deutet Vester hier die Auflösung des ehemals engen sozialen Zusammenhalts der Arbeitermilieus in Ostdeutschland an. Das „Traditionslose Arbeitermilieu", dessen „Lage in der Nachkriegsentwicklung teilweise deutlich stabilisiert worden ist", ist „teilweise in seinen alten Teufelskreis von geringer Qualifikation und geringen Aussichten, seine Lage durch eigene Anstrengungen zu verbessern, zurückgekehrt" (ebd.: 42).

Daran anknüpfend soll im Folgenden zunächst einigen Fragen nachgegangen werden, die sich auf die Größe, Zusammensetzung und Form der existierenden ostdeutschen Arbeitermilieus beziehen: Hier interessiert etwa, von welchen Konfliktlinien die aktuelle Milieukonfiguration geprägt ist? Ist die alte Abgrenzungslinie zwischen den traditionsbewussten, stolzen (Fach-)Arbeitern und den traditionslosen Arbeitern wieder aufgebrochen oder ist sie als Folge der Deindustrialisierung obsolet geworden? Und welche Folgen hat die Schrumpfung bzw. das Verschwinden der Arbeitermilieus für die ostdeutsche Milieustruktur? Sodann soll gefragt werden, wie die Arbeiter darauf reagieren: Folgt der Abwertung in der Öffentlichkeit eine Selbstentwertung? Konnten sich die Arbeiter auf die neuen unsicheren Verhältnisse durch einen Rückzug auf den Habitus der Notwendigkeit bzw. die Flexibilisierung ihrer Lebensstile einstellen?

Bevor jedoch auf die Transformationsprozesse der 1990er Jahre eingegangen wird, soll zum besseren Verständnis ein kurzer Blick auf die Geschichte der ostdeutschen Arbeitermilieus geworfen werden. Das Verschwinden des „Tradi-

---

5   Michael Vester und seine Gruppe unterteilen zum Beispiel das „Traditionslose Arbeitermilieu" Westdeutschlands in drei Teilmilieus: die Unangepassten, die Resignierten und die Statusorientierten (Vester u.a. 2001: 49).

tionellen Arbeitermilieus" aus der gesellschaftlichen Öffentlichkeit hat eine lange Vorgeschichte, die hier nur skizzenhaft nachgezeichnet werden kann.

3. Persistenz, Eigensinn und Enttraditionalisierung: Zur Geschichte der ostdeutschen Arbeitermilieus im Sozialismus

Im Arbeiterstaat DDR genoss „die herrschende Arbeiterklasse" einen privilegierten ideologischen Status. Die Industriepolitik führte in den ersten DDR-Jahrzehnten trotz Enteignung autonomer Arbeiterorganisationen und dem breiten Zustrom entwurzelter Arbeiter und Landarbeiter zu einer Integration und Stärkung der Arbeitermilieus. Dies galt in besonderem Maße für die eher „Traditionslosen Arbeitermilieus", die in der DDR als „Randbelegschaften" großer Industriekombinate gute Chancen auf Integration besaßen. Durch den chronischen Arbeitskräftemangel und die sozialpolitischen Grundsätze („keinen zurücklassen") gelang den unteren Arbeitermilieus eine Stabilisierung und Verbesserung ihrer lebensweltlichen Verhältnisse. Damit konnte der alte Konflikt innerhalb der Arbeitermilieus zwischen traditioneller Arbeiterschaft und Gelegenheitsorientierten oder eben traditionslosen Arbeitern, so wie er sich bis in die 1930er Jahre hinein teilweise als Konflikt zwischen sozialdemokratischen und kommunistischen Arbeitern manifestierte, zumindest oberflächlich befriedet werden.[6] Die traditionellen Arbeiter übernahmen dabei teilweise Aufsichts- und Kontrollfunktionen gegenüber den Traditionslosen, die in das paternalistische System der DDR eingebunden waren. Die verschiedenen Arbeitermilieus partizipierten – freilich in unterschiedlichem Maße – an den Integrationsangeboten des Arbeiterstaates (vgl. zum Folgenden auch Hofmann/Rink 1993). In den Betrieben und neuen sozialistischen Kombinaten der DDR richteten sich die Facharbeiter als „Hausbewohner" ein. Die Organisation der Arbeiterschaft in Brigaden, die bis in die Freizeit hinein reichte, schuf eine milieutypische kumpelhafte Kollegialität, von der bis heute nostalgisch berichtet wird.

Mit den Arbeiterprotesten 1953 endeten auch die öffentlichen und autonomen Protestformen der Arbeiter in der DDR. Peter Alheit und Hanna Haack haben am Beispiel der Rostocker Werftarbeiter gezeigt, dass die politische Schockwirkung der Arbeiteraufstände 1953 auf die SED auch zu einem Burgfrieden zwischen den Herrschenden und der Arbeiterschaft in den Norm- und

---

6 Die Konfliktlinie zwischen den traditionellen und den traditionslosen Arbeitern wird vor allem durch die Disziplinierungen und Sanktionen traditioneller Arbeiter gegenüber traditionslosen im kollektiven Arbeitsprozess markiert. Zur Geschichte der ostdeutschen Arbeitermilieus und zur Unterscheidung zwischen „Traditionellem" und „Traditionslosem Arbeitermilieu" siehe Vester/ Hofmann/Zierke (1995).

Lohnfragen führte. Zwar gab es in der DDR-Arbeiterschaft noch bis in die 1970er Jahre hinein Revolten und kleinere Streiks, sie entbrannten aber vor allem bei Versorgungsengpässen wie im „Kaffeestreik" von 1976. Nach 1953 hütete sich die Parteiführung, den Leistungs- und Rationalisierungsdruck auf die Industriearbeiter konsequent zu erhöhen. Horst Kern und Rainer Land haben das Funktionieren der „Normerfüllungspakte" wie folgt beschrieben: Die Arbeiter hatten innerbetrieblich eine relativ starke informelle Verhandlungsposition, die eine Art Stillhalteabkommen zwischen den Arbeitern und der politischen Führung ermöglichten. In den ersten beiden Jahrzehnten der DDR, zumal nach dem 17. Juni 1953, waren die Arbeiter der „Angstgegner" des Systems. Sie zu disziplinieren und zu gewinnen, prägte die DDR-Politik (vgl. Kern/Land 1991). Das, was Wolfgang Engler als „arbeiterlich" beschreibt, zielt auf das „soziale Zepter", das die traditionellen Arbeiter im Windschatten dieser Politik errangen: „Anschauungen, Meinungen, Konventionen, Kleidungs- und Konsumgewohnheiten und nicht zuletzt die Alltagssitten richteten sich nach den Normen und Idealen der arbeitenden Klasse" (Engler 2000: 200).

In letzen beiden DDR-Jahrzehnten begann allerdings die kulturelle Dominanz des „Traditionellen Arbeitermilieus" bereits zu schwinden. Die traditionellen Arbeiter verloren durch fehlende Industrieinvestitionen und den starken Verfall der Infrastrukturen in den Betrieben und den angestammten Arbeiterwohnvierteln an öffentlicher Reputation. Die ehedem geringen Lohn- und Leistungsdifferenzierungen zwischen der sozialistischen Intelligenz und den Arbeitern veränderten sich zuungunsten der Arbeiter, wodurch soziale Ungleichheiten wieder spürbarer wurden. Der sozialistische Paternalismus verlor in den Grundstoffindustrien an Boden, denn die Honeckersche Industriepolitik konzentrierte sich zunehmend auf so genannte moderne Schlüsselindustrien. Davon erhoffte sich die DDR Exporterlöse und Modernisierungen mit ideologischer Wirkung. Hier, auf diesen wenigen Modernisierungsinseln der DDR-Industrie, wurde auch eine neue Generation von Arbeitern herangebildet: hoch qualifizierte Facharbeiter, die von ihren Eltern das traditionelle Arbeitsethos übernahmen, aber in den Lebensstilen und Freizeitorientierungen am Wertewandel und den Konsumorientierungen der 1970er Jahre teilhatten. Auf diese hedonistischen Arbeiter zielte vor allem die Honeckersche Sozialpolitik (Wohnungen und soziale Vergünstigungen für junge Arbeiterfamilien). Aber diese modernen Arbeiter konnte die DDR ideologisch nicht mehr an sich binden und lebensweltlich nicht mehr integrieren. Sie zählen zu jenem Personenkreis mit den höchsten Quoten der Antragstellung auf Ausreise aus der DDR (Fritze 1990). Ihre modernen industriellen Qualifikationen entsprachen durchaus dem Branchenstandard im Westen.

In den traditionellen Industrien der DDR hingegen verschlechterte sich die Qualität der Arbeitsbedingungen in den 1980er Jahren geradezu dramatisch (Marz 1992). Die unzureichende Modernisierung und Vernachlässigung der Schwer- und Grundstoffindustrien und des Maschinenbaus raubte den Arbeitern in diesen Betrieben sukzessive ihre Respektabilität. Damit untergrub das System freilich langfristig seine eigene Legitimität, die zwar von den Arbeitern nicht mehr (wie noch 1953) und noch nicht wieder (wie dann 1989) grundlegend in Zweifel gezogen, dafür aber stillschweigend aufgekündigt wurde. Bezogen auf die eigenen Berufsperspektiven und die der Kinder äußerte sich dies in zunehmender Verunsicherung und Skepsis. Der deutlichste Ausdruck dessen war vielleicht, dass die familiären Traditionslinien rissen. In Einzelstudien konnte der Abbruch der Arbeiter(berufs)dynastien nachgewiesen werden, was als ein Indiz für das Anwachsen des „Traditionslosen Arbeitermilieus" interpretiert werden kann (Hofmann 1995a+b). Es ist sehr wahrscheinlich, dass das „Traditionslose Arbeitermilieu" in den 1980er Jahren bereits zu den zahlenmäßig wachsenden Milieus gehörte. Die DDR gebar in ihrer Spätphase folglich nicht nur neue Milieus, deren öffentlicher Ausdruck etwa die Bürgerbewegungen oder die neuen subkulturellen Szenen waren. Durch die wieder in größere Ferne rückenden Konsum- und Wohlstandsziele, vor allem aber durch die nachlassenden Leistungen der Sozialpolitik der DDR, machten besonders die traditionslosen Arbeiter in den 1980er Jahren neuerlich Desintegrationserfahrungen. Dies schürte unerfüllte bzw. unerfüllbare Konsum- und Wohlstandserwartungen, die sich dann 1989/90 offen Bahn brechen sollten.

Die steigende Unzufriedenheit in den „Traditionellen Arbeitermilieus" äußerte sich aber nicht in oppositionellen Gruppenbildungen wie etwa im alternativen Milieu. Insbesondere die jungen hedonistischen Arbeiter wandten sich von der DDR ab und wählten dabei zunehmend die „Exit-Variante", die Ausreise. Junge, gut ausgebildete Facharbeiter bildeten Ende der 1980er Jahren einen stetig wachsenden Teil der Antragsteller auf Ausreise, sie leiteten mit ihrer Forderung „Wir wollen raus" die Proteste ein, die nach kurzer Zeit zum Zusammenbruch der DDR führen sollten (Hofmann/Rink 1990). Auch die unmittelbar in der Wende 1989/90 einsetzende Übersiedlungswelle von über zwei Millionen Ostdeutschen nach Westdeutschland rekrutierte sich zu einem großen Teil aus den konsumorientierten jungen Facharbeitern. Die traditionslosen Arbeiter hatten hingegen viel geringere strukturelle Chancen, sich im Westen zu etablieren und kehrten, wenn sie es denn überhaupt versucht hatten, oft enttäuscht in den Osten zurück.

In der DDR zeigte die arbeiterliche Gesellschaft in den Protestbewegungen (mit wöchentlich bis zu 300.000 Demonstranten allein in Leipzig) noch einmal ihre kraftvolle Seite. Natürlich verfolgten die traditionellen und auch die traditionslosen Arbeiter ihre eigenen Interessen in der Wende. Sie wollten in einem vereinten Deutschland größere Autonomie und einen Anteil am westlichen Wohlstand erringen. So stellten neben den Vereinigungslosungen traditionelle Arbeiter- und Arbeitsthemen einen Kern der Demonstrationsforderungen und der Demonstrationsprosa dar. „Stasi in die Volkswirtschaft" und „Wer Sozialismus will, ist bloß zu faul zum Arbeiten" hieß es damals. Allerdings wurde diese arbeitszentrierte Programmatik auch schnell von den Hoffnungen auf eine neue paternalistische Fürsorge ergänzt: „Helmut nimm' uns an die Hand und führe uns ins Wirtschaftswunderland". Beide Arbeitermilieus setzten auf die „Allianz für Deutschland" und sorgten für eine große Enttäuschung in der deutschen Sozialdemokratie: Im Wahlverhalten knüpften die Arbeiter gerade in den Industrieregionen Sachsens und Thüringens nicht an ihre großen sozialdemokratischen Traditionen an, sondern wählten konservativ (vgl. Walter 1991 und den Beitrag von Oertzens in diesem Band). Dies ist vielleicht das augenfälligste Indiz für die Enttraditionalisierung ostdeutscher Arbeitermilieus.

4. Deindustrialisierung, Wohlstandswachstum und Marginalisierung: Zur Entwicklung der ostdeutschen Arbeitermilieus in der Transformation

Die maßgebliche Beteiligung an den Massenprotesten gegen die SED war die letzte bedeutende politische Bühne, die die ostdeutschen Arbeiter gemeinsam betreten konnten. Für das „Traditionelle Arbeitermilieu" begann mit der Deindustrialisierung eine unglaublich rasante Verdrängung aus der gesellschaftlichen Öffentlichkeit. Viele der älteren traditionsverwurzelten Arbeiter glitten in eine abgesicherte Unauffälligkeit über. Zwar können sie heute in manchem sanierten (kleinen) Plattenbauviertel die Deutungshoheit behaupten; insgesamt leben sie jedoch zurückgezogen, oft frustriert, in einer Art „Persistenzkonstellation" (Alheit u.a. 2004). Zur Unauffälligkeit gerade der traditionellen Arbeiter trägt zudem bei, dass diese Menschen als Harmoniekünstler ihrer privaten, bescheidenen Lebensverhältnisse gelten können. Ein Indiz dafür ist z.B. auch das Fehlen großer und öffentlicher Konflikte oder Generationsauseinandersetzungen.

Ein kleiner Teil der jüngeren, ehemals traditionsverwurzelten Arbeiter konnten sich auf den wenigen Modernisierungsinseln der ostdeutschen Industrie etablieren oder pendelt. Aber viele dieser modernisierten Arbeiter sind eben aus dem Osten abgewandert. Die, die z.B. noch in Eisenach oder Dresden arbeiten (oder dorthin pendeln), bilden überdies kein einheitliches Milieu. Insgesamt wissen wir wenig über diese modernisierten Vertreter der selbstbewussten Arbeiterschaft.[7] Eine offene Frage ist auch, wie sich bei den Kindern des „Traditionsverwurzelten Arbeiter- und Bauernmilieus" der Mentalitätstyp weiterentwickeln wird. Michael Vester und insbesondere Andrea Lange-Vester haben untersucht, wie sich habituelle Muster und Mentalitäten über lange historische Zeiträume umstellen und neu formieren und auf diese Weise „Habitusstammbäume" bilden. Sie argumentieren, dass sich die Umstellung und Neusortierung dieser habituellen Muster nicht beliebig vollzieht, sondern in Beziehung zum herkömmlichen Muster steht (vgl. Lange-Vester 2006). Es ist danach nicht zu erwarten, dass sich die Mentalitätsbestandteile des traditionsverwurzelten Arbeitermilieus einfach auflösen werden, selbst wenn das Milieu als Lebenswelt stark zusammenschrumpft. Ob und in welcher Form das traditionelle Arbeitermilieu Ostdeutschlands trotz des Verlustes der industriellen Basis und der Gemeinschaftsstrukturen erhalten bleibt, ist aber bisher empirisch noch nicht untersucht worden. Es lässt sich vermuten, dass es, nach dem Bruch des Stillhalteabkommens in den 1980er Jahren, seit den 1990er Jahren eine zweite „Auflösungswelle" erlebte. In der ersten Auflösungswelle zerbrachen die Arbeiterdynastien und die Väter und Mütter rieten ihren Kindern ab, die Berufstradition in den gleichen Kombinaten wie die Eltern fortzusetzen. In der zweiten Auflösungswelle nun geraten die Berufstraditionen selbst auf den Prüfstand. Da die Facharbeiterqualifikationen entwertet sind, muss in die berufliche Qualifikation der Kinder mehr und anders investiert werden. Wir vermuten, dass das traditionelle Arbeitermilieu weiterhin, und wie im Westen, bis auf wenige Prozentpunkte zusammenschrumpfen wird. Die habituellen Muster und die Mentalität der selbstbewussten Facharbeiterschaft aber werden sich in den Kindergenerationen neu formieren und anpassen. Die Söhne und Töchter der traditionellen Arbeiter sind nicht mehr unmittelbar in der Produktion tätig, sondern arbeiten in der Produktionsvorbereitung, in technischen Berufen sowie in Dienstleistungen. Diese Tätigkeiten verlangen neben technischem Wissen und Können viel Flexibilität und Eigenverantwortung. Bei der industriellen Restrukturierung nutzten westliche Unternehmen diese Chance für die Einführung neuer Arbeitszeit- und Kooperationsmodelle (vgl. Bittner 1998). Die Arbeit dieser neuen „Arbeitnehmer" hat wenig gemein mit den Arbeitsplätzen traditioneller Arbeiter, wie sie ja gerade in der DDR noch Ende der 1980er Jahre zu finden waren. Zumal auch bei den Belegschaften eher junge Berufsfremde genommen als alte Arbeiter weiter

---

7 In der Sinus-Milieutypologie tauchte in den 1990er Jahren ein „Modernes Arbeitnehmermilieu" auf, was diese Entwicklungen abbilden sollte. Sinus hat sich aber inzwischen wieder von dieser Milieubezeichnung verabschiedet, weil es kaum Milieustrukturen (also identifizierbare und abgrenzbare Lebenswelten) für diese modernisierten Arbeiter gibt.

beschäftigt wurden. Damit hielt man sich überkommene Gepflogenheiten und Traditionen gleich ganz vom Leibe. Der Typus des traditionellen Arbeiters dürfte in diesen Unternehmen bzw. Unternehmensteilen entweder gar nicht mehr zu finden sein oder die absolute Ausnahme darstellen. Dennoch werden diese modernen Arbeitnehmer, nach allem was wir über „Habitusstammbäume" wissen, dem Lebensmuster der ehrlichen, qualifizierten (Hand-)Arbeit, mit der man sein Brot verdient und seine Familie ernährt, verpflichtet bleiben. Die Arbeitsmarktlage setzt diese Kinder des traditionsverwurzelten Arbeitermilieus unter starken Druck. Sie können ohne Arbeit nicht in Würde leben und tun alles, einen qualifizierten Arbeitsplatz zu bekommen und zu behalten. Die Kosten bei den so genannten Gewinnern sind hoch. Sie pendeln, nehmen mobile Jobs und sogar Leiharbeit in Kauf, qualifizieren sich ständig weiter und stellen ihre Lebensstrategien stark auf die gegenwärtigen Arbeitsbedingungen ein. Die Vorstellungen von einem harmonischen Familienleben, von kollegialer Geselligkeit, aber auch berufliche oder gewerkschaftliche Emanzipations- und Autonomiewünsche werden zurückgestellt. Diese modernen Arbeitnehmer haben zum Teil gute Jobs, aber sie leiden oft unter Verunsicherung und Vereinzelung. Auch deshalb lässt sich nur schwer eine Prognose über die Bildung neuer Arbeitermilieus in Ostdeutschland abgeben.

Dabei ist die, wenn auch unsichere, Integration in den Arbeitsmarkt keine mehrheitliche Perspektive für die Kinder des „Traditionsverwurzelten Arbeiter und Bauernmilieus". Ein größerer Teil der jüngeren Arbeiter Ostdeutschlands muss sich dauerhaft mit einem prekären beruflichen Status abfinden. Die Rückkehr in eine Vollzeitbeschäftigung und der Wiedereinstieg in einen kalkulierbaren Berufsweg erweisen sich für viele Arbeitsuchende als schwierig. Daran ändert auch der bis heute andauernde intensive Einsatz von Arbeitsbeschaffungs- und Qualifizierungsmaßnahmen nichts. Im Gegenteil befürchten viele Arbeitslose, dass diese Maßnahmen häufig nicht zur Stabilisierung der Erwerbslaufbahn führen, sondern zur Fortsetzung oder sogar Verstärkung der Instabilität. Und ihre Befürchtungen bestehen zu Recht: Die Verdrängung aus dem ersten Arbeitsmarkt bedeutet Verlust an Respektabilität. „Hast du noch richtige Arbeit oder bist du in so einer Maßnahme?", wird gefragt. Am ostdeutschen Arbeitsmarkt sind regelrechte Maßnahmekarrieren zu beobachten, die langfristig eben nicht zur Wiedereingliederung, sondern zu einer allmählichen Verdrängung aus dem Erwerbsleben führen. Ihre industrielle Arbeitskraft wird in Ostdeutschland einfach nicht benötigt. Das führt sukzessive dazu, dass sie sich aus der Tradition lösen, entwurzelt werden. Wie sich diese weitere, möglicherweise endgültige Phase der Enttraditionalisierung vollzieht, und welche Folgen dies für die Milieus und ihre Prinzipien der Lebensführung hat, ist bislang nicht untersucht.

Die Sinus-Milieus eignen sich auch nur bedingt dafür, näheren Aufschluss über diese Zusammenhänge zu erlangen. Uns erscheint es eher unwahrscheinlich, dass sich die jüngeren Arbeiter grundsätzlich auf Gelegenheiten oder hedonistische Orientierungen umstellen und ihr Lebensglück nicht mehr von einer „ehrlichen Arbeit" abhängig machen. Wenn sich das Moratorium Arbeitslosigkeit aber zur strukturellen Komponente verfestigt und junge Facharbeiter in Ostdeutschland dauerhaft überflüssig bleiben, wird ihr Zustrom das „Traditionslose Arbeitermilieu" Ostdeutschlands eventuell stark verändern.

Der Typus des traditionellen Arbeiters konnte in der DDR deswegen seine Dominanz erlangen, weil er zugleich strukturell in der sozialistischen Produktion, lebensweltlich in seinem Milieu und politisch seitens der herrschenden Ideologie abgesichert war. Seine fast vollständige Prekarität rührt nun auch daher, dass alle diese Sicherungen zugleich weggefallen sind. Für diese Prekären gibt es kaum Organisationsformen: sie sind weder in den Berufsverbänden vertreten noch Mitglieder in den Gewerkschaften, die sich auch nicht für ihre Belange stark machen. Lediglich Erwerbslosengruppen und Arbeitsloseninitiativen fungieren als Ansprechpartner und haben ansatzweise in den 1990er Jahren eigene Öffentlichkeits- und Protestformen entwickelt. Dieser Wandel konnte von den Arbeitern in seinen Ambivalenzen und der Gegensätzlichkeit der Zumutungen nicht konsistent verarbeitet werden. Er bewirkte noch nicht, wie das Michael Vester paradigmatisch für die Konstitution der Arbeiterbewegung im 19. Jahrhundert gezeigt hat, einen Lernprozess (vgl. Vester 1970). Vielleicht kann man eher von einer tief greifenden Irritation sprechen, denn eine zentrale Erfahrung der Prekären besteht darin, dass der Verlust der Arbeit und eine gleichzeitige Steigerung des persönlichen Wohlstands einander nicht ausschließen müssen. Verlust- und Gewinnerfahrungen sind auf widersprüchliche Weise verknüpft: Das neue Auto und die Arbeitslosigkeit, die neu eingerichtete Wohnung und die Gefahr des sozialen Ausschlusses. Die gegenwärtige Paradoxie der ostdeutschen Arbeitslosigkeitserfahrung besteht darin, dass die entwurzelten Arbeiter dennoch – zumindest für eine gewisse Phase – am wachsenden Wohlstand teilhaben bzw. teilhatten. Mit der Arbeitslosigkeit gehen allerdings Handlungssicherheiten (etwa die Orientierung am alten Arbeitsethos) verloren, soziale Bindungen werden brüchig und Zukunftserwartungen sukzessive fragwürdig.

Der Rückzug und die Entwurzelung der traditionellen Arbeiter in Ostdeutschland hatten aber auch Auswirkungen auf die traditionslose Arbeiterschaft, die bisher zumindest in den DDR-Industriebetrieben unter der Hegemonie der alteingesessenen Facharbeiter standen. Die beiden Arbeitermilieus, die durch die DDR-Politik in eine funktionale Beziehung zueinander gebracht worden waren, gingen in den 1990er Jahren zunehmend auf Distanz zueinander. Maßgeblichen Anteil daran hatten die zahlreichen Auseinandersetzungen im Zuge der Deindustrialisierung. In den Konflikten um einen respektablen Abgang aus der Arbeitswelt zerbrach das Stillhalteabkommen zwischen den beiden Arbeitermilieus. Bei den Betriebstilllegungen mit ihren Entlassungswellen Anfang der 1990er Jahre wurden zunächst die traditionslosen Arbeiter freigesetzt, die sich gegenüber den Kollegen aus dem traditionellen Arbeitermilieu benachteiligt und von den Betrieben für die geleistete, oft schwere und gesundheitsschädigende, Arbeit nicht anerkannt fühlten. Die Traditionellen sicherten sich nicht zuletzt durch ihre Netzwerke und ihre betriebliche Verhandlungsmacht den Löwenanteil bei den Weiterbeschäftigungen bzw. in den Beschäftigungs- und ABM-Gesellschaften. Die Entlassung der traditionslosen Arbeiter geschah oft auf kaltem Wege, Sozialpläne und Abfindungen gab es im Kohlenwerk Espenhain beispielsweise für sie nicht (vgl. die Fallstudie von Hofmann 1995a). Null-Stunden-Kurzarbeit erwies sich bereits nach kurzer Zeit als direkter Weg in die Arbeitslosigkeit bzw. als Ende des Arbeitslebens. Dies sorgte in den (Kohle-) Arbeitersiedlungen für viel böses Blut und reaktivierte die paternalistisch überformte Konfliktlinie zwischen den Arbeitermilieus. Freilich wurden die traditionellen Arbeiter dann in den nächsten Entlassungswellen selbst freigesetzt, konnten sich aber, unter anderem mit medienwirksamen Aktionen, die besseren ABM-Stellen, Umschulungen oder Vorruhestandsbezüge erkämpfen. Die Einrichtung des Programms „Aufbau Ost", die riesigen ABM- und Qualifizierungsgesellschaften, kamen vor allem den abgewickelten traditionellen Arbeitern zu gute, während die traditionslosen Arbeiter von diesen staatlichen Unterstützungen weit weniger profitieren konnten.

In der Gegenwart hat sich diese Konfliktlinie zwischen den traditionellen und den traditionslosen Arbeitern offensichtlich entschärft. Für die traditionslosen Arbeiter sind die ehemals respektablen Kollegen auch keine Bezugsgröße mehr – jedenfalls nicht als ernsthafter Gegner. Aus ihrer Sicht hat sich viel eher die Konfliktlinie mit dem politischen Establishment reaktiviert. Außerdem nehmen sie nun die zugewanderten Arbeiter als Bedrohung wahr. Die Konfliktlinie zwischen deutschen und zugewanderten Arbeitern tritt an die Stelle der historischen Auseinandersetzungen mit den traditionellen Arbeitern. In dieser Konfliktlinie versuchen die Prekären nun selbst die Position der Respektabilität gegenüber den Zugewanderten, aber auch gegenüber den staatlichen Regulierungsbehörden einzunehmen und zu verteidigen.

Michael Vester hat aus historischer Perspektive zwei „Stammbäume" der Arbeitermilieus unterschieden, die Milieus der „Facharbeit und praktischen

Intelligenz" und das „Traditionslose Arbeitermilieu" (Vester 1998). Diese Unterscheidung überschneidet sich zum einen stark mit der schichtspezifischen Differenzierung zwischen un- und angelernten sowie gelernten FacharbeiterInnen, zum anderen weist sie Bezüge zur Marxschen Differenzierung zwischen Lumpenproletariern und Arbeitern auf (vgl. Marx 1981: 673).

Mit dem Ende der großen Industrien in Ostdeutschland existiert nur noch eine dünne Traditionslinie der „Facharbeit und praktischen Intelligenz". Das „Traditionslose Arbeitermilieu" wird jetzt in seinem Kampf um Respektabilität sichtbarer. Denn die 1990er Jahre brachten zugleich die Befreiung der Traditionslosen aus der lebensweltlichen Disziplinierung durch die traditionellen Facharbeiter und aus der ideologischen Bevormundung durch den „vormundschaftlichen Staat" (Rolf Henrich). Die paternalistisch organisierten und von den traditionellen Arbeitern dominierten Brigaden, FDJ-Gruppen oder Hausgemeinschaften lösten sich auf, die Sport- und Interessengemeinschaften, Kleingarten- und Siedlergemeinschaften differenzierten sich aus. Jetzt können die traditionellen Arbeiter nicht mehr so selbstverständlich die Reinigungspläne, Versammlungsordnungen oder Rederechte in den Alltagsinstitutionen festlegen. Die neuen Verhältnisse verschaffen den aus der ideologischen wie lebensweltlichen Vormundschaft entlassenen und nun von Ausgrenzung bedrohten traditionslosen Arbeitern einen (erzwungenen) Emanzipationsschub. Sie können die von den Traditionellen geschaffenen Betriebs- und Alltagsstrukturen und Netzwerke nicht mehr nutzen und sind gezwungen, eigene Arrangements zu finden. Auch vergrößert und differenziert sich das Milieu der traditionslosen Arbeiter durch die zahlreichen prekären Existenzen ehemals Traditionsverwurzelter. Das sind die Gründe dafür, dass dieses Milieu zunehmend aus dem Schatten des traditionsverwurzelten Arbeitermilieus herausgetreten ist und auch in lebensweltlicher Hinsicht eine größere Sichtbarkeit erlangt hat.

Während in Westdeutschland das „Traditionslose Arbeitermilieu" typischerweise in den Neubauten und Hochhäusern der Satellitensiedlungen wohnt, konnte es sich in Ostdeutschland in den Altbaugebieten oftmals halten bzw. dorthin auch nach den Sanierungsschüben zurückkehren. Dadurch gelang es den traditionslosen Arbeitern aber auch, ihre Verwurzelung in den ostdeutschen Großstädten auszubauen. Ähnliches gilt auch für ihre Arbeitserfahrungen. Traditionslose Arbeiter waren auch zu DDR-Zeiten schon in Dienstleistungsjobs beschäftigt und konnten diese Arbeitsfelder etwa in der Gastronomie, dem Transportwesen oder den kommunalen Diensten z.T. behaupten. Dadurch können die traditionslosen Arbeiter in der Transformation beruflich und lebensweltlich teilweise auf größere Kontinuitäten zurückblicken. Die fortgesetzte Gelegenheitsorientierung erleichtert ihnen gewissermaßen die Neuorientierung.

Während flexible Strategien zum festen Repertoire ihres Habitus gehören, zeigen sich die traditionsbewussten Facharbeiter mit ihrer Respektabilitätsorientierung eher unflexibel. Auch vermuten wir bei den Traditionslosen konstantere Netzwerke, weil diese im Gegensatz zu denen der traditionsverwurzelten Arbeiter eben nicht betriebszentriert waren. Der frühere Nachteil hat sich unter den Transformationsbedingungen in einen Vorteil verwandelt. In ähnlichem Maße wie die nicht etablierten traditionellen Arbeiter sind sie in prekärer Lage. Gleichwohl sind sie selbstbewusster geworden. Unter dem Eindruck einer neuen, scheinbar noch nicht gefestigten und teilweise diffus wirkenden Milieustruktur und „befreit" von der Bevormundung eines strengen staatlich-sozialistischen Paternalismus verschaffen sich die Traditionslosen in der Bundesrepublik mehr Gehör und ansatzweise eine politische, bisweilen durchaus respektierte Öffentlichkeit. Wahltaktisch eignen sich vor allem die rechtsradikalen Parteien als Drohkulisse.[8] Zumal die Kader und Politiker der DVU bzw. der NPD oft merkwürdige, wechselhafte Karrieren und Existenzen besitzen, die eine lebensweltliche Nähe zu den traditionslosen Arbeitern aufweisen. Die PDS hingegen wird von den traditionslosen Arbeitern zum einen als Intellektuellenpartei wahrgenommen, zum anderen als Partei der ehemaligen Kader und Funktionäre. Sie steht für Verteidigung alter Werte bzw. Privilegien und nicht für aktuelle Probleme und Bedürfnisse prekärer Arbeiter und ihre pragmatischen Forderungen.

Insbesondere das Auftauchen der Langzeitarbeitslosen und traditionslosen Arbeiter auf den Massendemonstrationen gegen Hartz IV im Jahr 2004 in den ostdeutschen Großstädten spricht für ein neues Selbstbewusstsein. In einigen Städten waren sie sogar die treibende Kraft wie etwa in Magdeburg oder Gera. Mit Andreas Ehrholdt[9] bringt diese Protestwelle auch eine Leitfigur hervor, die den Nerv des Milieus trifft und seine Sprache spricht. Die Sprache und Sichtweise der Traditionslosen wird auch in Art und Weise der Brandreden und Losungen sichtbar: „Hände weg von unserem Geld", „Verbrecherstaat", „Sklavenhalterstaat" usw. Im Gegensatz zur ausschließlich linken Ausrichtung ähnlicher früherer Proteste[10] sind auf diesen Demos auch rechte Kräfte präsent. In Leipzig geben knapp 9% der Befragten auf die „Sonntagsfrage" an, eine rechte Partei

---

8 Das frühere „Traditionslose Arbeitermilieu" sowie das „Konsum-materialistische" und das „Hedonistische Milieu" gehörten bzw. gehören zu den Hochburgen rechter Parteien (mündliche Auskunft von Carsten Wippermann, Sinus Sociovision).

9 Dieser langzeitarbeitslose Arbeiter aus Magdeburg hat dort die Anti-Hartz-IV-Demonstrationen selbst initiiert und organisiert. In seinen Reden verarbeitete er seine eigenen Erfahrungen und wurde dadurch zu einem authentischen Vorbild für viele Demonstranten.

10 Hier sind etwa die Demonstrationen gegen Betriebsschließungen und Massenentlassungen 1991, gegen das Auslaufen des ABM-Programms 1993, die von der PDS und einigen Gewerkschaften organisiert wurden, oder die Mobilisierung der Arbeitsloseninitiativen gegen Sozialkürzungen 1998 zu nennen.

wählen zu wollen, in Gera ist der Protestzug deutlich von nationalistischen und rechten Losungen geprägt. Traditionelle Arbeiter sind dagegen kaum auf den Demos präsent, die SPD als vermeintlich typische Partei der Traditionellen Arbeiter ist selbst Zielscheibe der Proteste, die Gewerkschaften tauchen kaum auf und rufen nicht selbständig zur Beteiligung ihrer Mitglieder auf. Die Anti-Hartz-Demos markieren eine Umkehrung der Verhältnisse: Während die selbstbewusste, traditionelle Arbeiterschaft aus der gesellschaftlichen Öffentlichkeit Ostdeutschlands weitgehend verschwunden ist, haben die traditionslosen Arbeiter ihren Platz eingenommen. Eine eigenständige politische Kraft sind sie deshalb noch lange nicht, zumal es ihnen fast vollständig an Organisation mangelt.[11] Allerdings muss in Zukunft mit dieser Gruppe stärker gerechnet werden. Das stellt einen beachtlichen Wandel dar, wurde doch den traditionslosen Arbeitern gewöhnlich bestenfalls politisches Desinteresse, schlimmstenfalls Dumpfheit und Apathie bescheinigt.

Abbildung 2 veranschaulicht die enormen Umschichtungen im sozialen Raum in Bezug auf die ostdeutschen Arbeitermilieus. Aufgrund der dargestellten erheblichen Forschungslücken in der sozialwissenschaftlichen Forschung über die neueren Entwicklungen der ostdeutschen Milieustruktur greifen wir auf die Sinus-Daten zurück.[12] Allerdings ist es auch hier einmal mehr schwierig geworden, über den Transformationsprozess der ostdeutschen Arbeitermilieus genaue Aussagen zu machen. Sinus weist seit einigen Jahren keine nach Ost und West getrennten Milieubilder mehr aus. Das ehedem große, ja dominante „Traditionelle Arbeiter- und Bauernmilieu" (1991: 27%), ist zunächst auf einen Bruchteil seiner ehemaligen Größe geschrumpft. Über seinen heutigen Anteil lassen sich keine genauen Aussagen mehr machen, da es gemeinsam mit dem „Kleinbürgerlich-materialistischen Milieu" im Milieu der Traditionsverwurzelten aufgegangen ist. Dessen Anteil beträgt im Jahr 2004 in Gesamtdeutschland 14%, in Ostdeutschland 11% und in Westdeutschland 16%.

---

11 Allerdings sind im Zuge bzw. im Gefolge der Proteste in einer Reihe von Städten Sozialforen und Initiativen entstanden, die sich zu einem eigenständigen Netzwerk zusammengeschlossen haben.
12 Die Graphik und die Ausführungen beziehen sich auf die Entwicklungen der Sinus-Milieus in den 1990er Jahren, bei den neuesten Entwicklungen greifen wir auf mündliche Aussagen von Sinus Sociovision zurück. Wir bedanken uns an dieser Stelle bei Carsten Wippermann von Sinus Sociovision für die Informationen und Einschätzungen.

Abb. 2: Entwicklung der ostdeutschen Arbeitermilieus (nach Sinus)

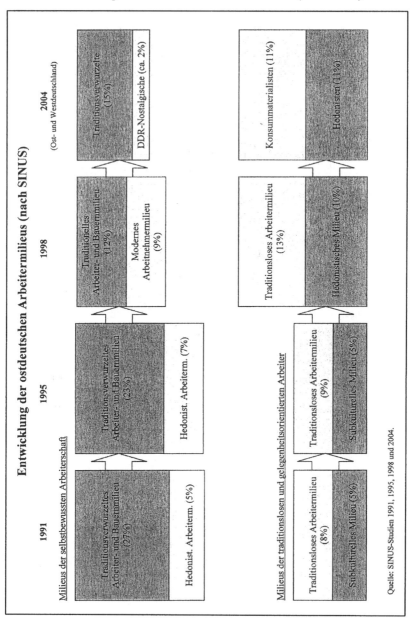

Das bedeutet, dass diese beiden Milieus in Ostdeutschland in den 1990er Jahren von ehemals ca. 50% auf ein Fünftel ihres ursprünglichen Anteils geschrumpft sind – viel schneller als die entsprechenden Westmilieus, bei denen sich dieser Schrumpfungsprozess auf 20 Jahre erstreckte. Die Traditionsverwurzelten sind gegenwärtig sehr stark überaltert, über 80 % dieses Milieus sind Rentner. Es ist ein sehr stark ländlich und weiblich geprägtes Milieu, dessen Schrumpfung auf eine Auflösung hinausläuft.

Vor dem Hintergrund dieses Schrumpfungsprozesses hebt sich das Wachstum des ehemaligen „Traditionslosen Arbeitermilieus" umso schärfer ab. Dessen quantitativer Anteil an der erwachsenen Bevölkerung war in Ostdeutschland von 9% (1991) auf 12% (1997) angewachsen. Wir schätzen die Größe dieser Lebenswelt im Jahre 2005 mit 15-16% ein, sie ist weiter erstarkt und wahrscheinlich eine der großen ostdeutschen Lebenswelten im unteren sozialen Raum. Mit dem gewachsenen „Traditionslosen Arbeitermilieu" rückt im gesamten sozialen Raum Ostdeutschlands auch die Grenze der Respektabilität, mit der sich die soziale Mitte oder die besser integrierten Milieus von den unteren Milieus abgrenzen, stärker zur Mitte vor (vgl. auch den Beitrag von Gardemin in diesem Band). Beim Update der Sinus-Milieus war dieses Milieu 1998 in zwei Milieus zerlegt worden: die Hedonisten und die Konsum-Materialisten. In dieser Splittung verbirgt sich auch eine Altersdifferenzierung: die Konsum-Materialisten sind der ältere Teil bzw. streuen über alle Altersgruppen, die Hedonisten sind der junge Teil des ehemaligen „Traditionslosen Arbeitermilieus". Das Milieu der Konsum-Materialisten ist seit seiner Messung im Osten im Wachsen begriffen: 2003 betrug sein Anteil 9%, im Jahr 2004 war es schon auf 11% gewachsen. Allerdings geht Sinus nicht von einem linearen weiteren Wachstum aus. Vielmehr wird die weitere Entwicklung des Milieus stark von den Reformen des deutschen Sozialstaats abhängen. Bei einem in etwa gleich bleibenden Wohlfahrtsstaat dürfte das Milieu relativ stabil bleiben, bei stärkerem Sozialabbau und Neoliberalismus könnte sich das Milieu spalten in einen eher gesicherten Teil und einen, der stärker von Armut und Anomie bedroht ist. Im „Konsum-materialistischen Milieu" (wie auch bei den Hedonisten) gibt es ausgeprägte Affinitäten zu rechten Parteien, die hier Aufwind haben, die Regierungsparteien haben in diesem Milieu tendenziell geringere Chancen. Die Milieustruktur, die im Bereich der alten bzw. ehemaligen Arbeitermilieus entstanden ist, hat einen sehr fluiden Charakter. Die Milieus im sozialen Raum in Ostdeutschland sind immer noch in starker Bewegung begriffen und das gesamte Milieugefüge ist wesentlich instabiler als zu DDR-Zeiten bzw. im Vergleich zur westdeutschen Milieustruktur.

5. De-Klassierung und Prekarisierung: Merkmale der nach-arbeiterlichen Gesellschaft in Ostdeutschland

Zunächst muss man feststellen, dass für die traditionsbewusste Arbeiterschaft in Ostdeutschland das eingetreten ist, was Karl Marx einst prognostiziert hatte: Die Arbeiter sind massenhaft aus dem unmittelbaren Produktionsprozess freigesetzt worden. In den wenigen Fällen, wo sie in der Produktion verblieben, sind sie in andere Rollen geschlüpft, etwa die der Überwacher, Techniker und Regulierer. Nur für diesen kleinen Teil gingen die Visionen von Freiheitsgewinn, Statuserhalt oder auch sozialem Aufstieg in Erfüllung. Für den großen Rest, der sich dem Deindustrialisierungsprozess noch teilweise widersetzt hatte, bedeutete das Marginalisierung.

Die Arbeiter sind im ostdeutschen Alltag praktisch aus dem öffentlichen Leben verschwunden. Viele mentalitätsprägende Öffentlichkeitsformen der ostdeutschen Gesellschaft wie das Kumpelhaft-Kollegiale des Alltags und proletarische Öffentlichkeitsformen sind mit Betriebsschließungen verloren gegangen (Parmalee 1996). Im Gefolge der Deindustrialisierung befinden sich Institutionen wie die Gewerkschaften in der Krise, was man daran ablesen kann, dass etwa die Veranstaltungen zum 1. Mai nur wenig Zulauf haben. Die Arbeiterquartiere sind entweder unsaniert und von Leerstand gezeichnet oder aufgewertet und chic gemacht, um neue kaufkräftigere Mieter anzulocken. Die viel beschworene Arbeiterklasse hat sowohl ihre Reputation als wertschaffende Klasse als auch den über betriebliche Verhandlungsmacht, Streiks und große Tarifauseinandersetzungen erlangten gesellschaftlichen Respekt und Einfluss verloren. Sie ist schlicht kein autonomer und ernst zu nehmender Akteur mehr. Die traditionellen Arbeiter können keine „Normerfüllungspakte" oder wenigstens „Stillhalteabkommen" mehr heraushandeln. Ostdeutschland ist heute eine nach-arbeiterliche Gesellschaft, in der die Arbeiter weitgehend unsichtbar geworden sind.

Die ostdeutsche Gesellschaft hat sich allerdings auch nicht in eine moderne Mittelschichtgesellschaft verwandelt oder zumindest noch nicht. Dass der ostdeutsche Sozialraum heute ein anderes Gesicht hat, liegt zu einem großen Teil an den Wandlungsprozessen der traditionellen Arbeitermilieus. Die Milieustruktur ist insbesondere in den mittleren und unteren Lagen (noch) nicht so klar konturiert wie bis in die 1980er Jahre. Auch hat das frühere, vor allem von den traditionellen Arbeitermilieus verkörperte kulturelle Leitbild, das offenbar weit über diese Milieus hinaus den Selbstbeschreibungen der alten DDR auch entsprach bzw. dies prägte, zumindest bisher keinen gleichermaßen dominanten Nachfolger gefunden. So bleibt die ostdeutsche Gesellschaft von ihren Wertorientierungen und Lebensstilen her in gewisser Weise merkwürdig konturlos, ein neuer sozialer Ort für die Selbstwahrnehmung ist noch nicht gefunden. Die

Sinus-Befunde gehen seit 2002 (mit der Ausnahme des auf mittleren sozialen Positionen verorteten „DDR-nostalgischen Milieus") von einer weitgehend parallelen Milieuentwicklung in Ost- und Westdeutschland aus. Rainer Geißler spricht von einer „Tendenz zur Umschichtung nach unten innerhalb der genuin ostdeutschen Bevölkerung". Im Jahr 2000 lassen sich 40% der ostdeutschen Erwerbstätigen vom Berufsstatus her als Arbeiter und Arbeiterinnen einstufen, aber die Mehrheit der ostdeutschen Bevölkerung, nämlich 51%, fühlt sich der Unter- und Arbeiterschicht zugehörig (in Westdeutschland sind es zeitgleich 28%; Geißler 2002: 243 und 331; vgl. auch Geißler/Weber-Menges in diesem Band). Diese Selbsteinschätzungen zeigen die außerordentlich starken Verunsicherungen und Ambivalenzen und lassen die Hoffnungen der Modernisierer auf eine ostdeutsche Mittelschichtgesellschaft eher in die Ferne rücken. In mancher Hinsicht scheint es, als hätten weniger die neuen Milieus und Mentalitäten der sozialen Mitte die Nachfolge der arbeiterlichen Gesellschaft angetreten, sondern eher das Milieu der traditionslosen Arbeiter. Dieser Teil der Bevölkerung zählt zwar nicht zur selbstbewussten Arbeiterschaft, hat aber im Zuge von Wandlungs- und Umstellungsprozessen an Sichtbarkeit und manchmal auch an Anerkennung gewonnen. Das „Traditionslose Arbeitermilieu" wuchs in den 1990er Jahren an, vor allem in Ostdeutschland. Gerade hier kann sich diese Lebenswelt nicht mehr als Arbeitermilieu mit beruflichen und betrieblichen Integrationsschwerpunkten entwickeln. Auf fehlende Integrationsangebote in Beruf und Status reagieren diese Lebenswelten im Konsum und Mediennutzung zunehmend selbstbewusster. Die Konsum-Materialisten, wie Sinus dieses Milieu jetzt nennt, scheinen von der Konsum- und Medienforschung geradezu als der prägnante Typus ostdeutscher Konsumenten wahrgenommen zu werden.

Aber auch politisch formiert sich ein eigenes, allerdings auch fragwürdiges Selbstbewusstsein, das sich am besten mit dem Adjektiv „aufmüpfig" beschreiben lässt. Die Orientierungen der Konsum-Materialisten sind zwar „traditionell" eher unselbständig und politisch nicht festgelegt („wes Brot ich ess', des Lied ich sing'"), momentan gibt es aber keine politische Kraft, die sich ihrer Belange in paternalistischer Weise annimmt. Eben deshalb müssen sie ihre Geschicke stärker selbst in die Hand nehmen und aktiv werden, wie dies jüngst bei den Protesten gegen Hartz IV zu erleben war. Da sie nicht über eigene Organisationen verfügen, verschaffen sie sich eher über spontanes Aufbegehren und Protestwählen wenigstens gesellschaftlichen Respekt. Zwar ist zu bezweifeln, dass diese ostdeutschen Arbeiter damit eine Avantgarde bilden (Engler 2003), aber für Unruhe und Irritationen dürften sie allemal noch sorgen. Möglicherweise ist dies auch ein Indiz dafür, dass die Transformation der ostdeutschen Gesellschaft nicht abgeschlossen und sich inzwischen auf andere Pole zu bewegt. Im Osten haben nach 1990 die Arbeitermilieus weiteren Wandel durchgemacht, die für Arbeiter ehedem typischen prekären Erwerbsverhältnisse dehnen sich auf größere Teile der ostdeutschen Bevölkerung aus. Konnte dies bislang noch in starkem Maße sozialstaatlich abgefedert werden, so tritt es jetzt immer stärker zutage. Es bleibt abzuwarten, ob sich daraus eine fragmentierte Milieustruktur ergibt oder ob die Reste der Arbeitermilieus zu neuen Vergemeinschaftungskernen zusammenfinden werden.

Deindustrialisierung und Prekarisierung haben auch die Beziehungen zwischen Männern und Frauen in der „nach-arbeiterlichen Gesellschaft" verändert. Einerseits haben die männlichen Arbeiter in der Deindustrialisierung ihren beruflichen Rollenstatus verloren, obwohl sie durch alle möglichen sozialstaatlichen Maßnahmen abgesichert wurden. Die Geschlechterarrangements in den traditionellen Milieus können so nicht mehr auf die selbstverständliche, unreflektierte familiäre Arbeitsteilung bauen. Die Jobs, aus denen viele Arbeiter ihre Respektabilität bezogen hatten, sind ein für alle mal weg; Ersatz dafür gibt es nicht. Das stellt insbesondere die nachwachsenden männlichen Jugendlichen vor schwerwiegende Probleme, ihre Lebensorientierungen sind schlicht nicht mehr einlösbar. Dies hat enorm zur Verunsicherung von Männlichkeit in Ostdeutschland beigetragen. Andererseits sind es oft die Frauen, die in prekären Lebenssituationen stärker die Versorgungsrollen übernehmen (vgl. den Beitrag von Susanne Völker in diesem Band). Anfang der 1990er Jahre war die Arbeitslosigkeit in Ostdeutschland vor allem weiblich geprägt. In den 1990er Jahren waren fast durchgängig etwa zwei Drittel aller ostdeutschen Arbeitslosen weiblich. Seit 2001 hat sich dieser Trend jedoch umgekehrt und nun sind mehr als die Hälfte der ostdeutschen Arbeitslosen männlich – mit steigender Tendenz. Dennoch, trotz der verstärkten weiblichen Versorgungsaktivitäten oder vielleicht gerade deswegen, kündigen die um Respektabilität ringenden Arbeiter in den prekären Lebenslagen die (ehedem) fortschrittlicheren Geschlechterarrangements zunehmend auf. Es lässt sich ein neuer Trend zum Autoritarismus vor allem im „Traditionslosen Arbeitermilieu" vermuten. Gerade weil die Arbeiter ihren respektablen beruflichen Status verloren haben, verteidigen sie ihre Männlichkeit umso aggressiver in den privaten Lebensverhältnissen. Der Modernisierungsvorsprung der ostdeutschen Frauen gerät so offensichtlich auch in den eigenen Milieus zunehmend unter Druck. Auch deshalb wandern junge Frauen, die sich um- und weiterqualifiziert haben, ab. Das freilich erhöht noch mal den Druck auf die Männer und verschärft ihre Krise weiter. Allein die Abwanderung der jungen Frauen aus Ostdeutschland könnte in wenigen Jahren aus der ehedem „weiblichsten Gesellschaft Europas" (Niethammer 1994) eine der männlichsten machen.

Mit der Deindustrialisierung sind die Facharbeiter als kulturelles Leitbild zwar verschwunden und ist die arbeiterliche Gesellschaft Geschichte geworden. Zugleich aber wurde ein Attribut der traditionslosen Arbeiter verallgemeinert: die prekäre Existenz. In der Gegenwart wird dies erst vollends sichtbar: mit den Novellierungen der Sozialgesetze, insbesondere aber mit Hartz IV, wird die Grenze der Respektabilität verschoben. Berufstätige praktisch aus allen Positionen können sich nun in kürzester Zeit in einer (Berufs)Position wieder finden, die der der traditionslosen Arbeiter ähnelt. Ostdeutschland bleibt also eine arbeiterliche Gesellschaft – sie wird nur nicht mehr so beschrieben und von ihren Angehörigen auch nicht mehr so empfunden. Ein neues Leitbild für die ostdeutsche Arbeitsgesellschaft zeichnet sich noch nicht ab. Gesucht werden kann es zum Beispiel in den Wandlungs- und Anpassungsprozessen der Kinder des „Traditionsverwurzelten Arbeiter- und Bauernmilieus" als dem Kern des nacharbeiterlichen Ostdeutschlands. Arbeiterliche Berufs- und Respektabilitätsorientierung wandeln sich hier zu modernen Arbeitnehmerqualifikationen, allerdings mit der Bedrohung und Prekärisierung von Netzwerken, familiären Ressourcen und korporativen Emanzipationsmöglichkeiten. Das nacharbeiterliche Ostdeutschland eignet sich in diesem Sinne tatsächlich als ein Experimentierfeld für neue, intensivere Arbeits- und Ausbeutungsformen. Andererseits wächst in der ehemaligen arbeiterlichen Gesellschaft das „Traditionslose Arbeitermilieu". Vielleicht könnte man in diesem Zusammenhang auch von Ostdeutschland als einer „Gelegenheitsarbeitergesellschaft" bzw. „gelegentlich arbeitenden Gesellschaft" sprechen.

Literatur

Alheit, Peter/Haack, Hanna (2004): Die vergessene „Autonomie" der Arbeiter. Eine Studie zum frühen Scheitern der DDR am Beispiel der Neptunwerft. Berlin: Dietz.
Alheit, Peter/Bast-Haider, Kerstin/Drauschke, Petra (2004): Die zögernde Ankunft im Westen. Biographien und Mentalitäten in Ostdeutschland. Frankfurt/M.: Campus.
Bittermann, Klaus (Hg.) (1993): Der rasende Mob. Die Ossis zwischen Selbstmitleid und Barbarei. Berlin: Edition Tiamat.
Bittner, Regina (1998): Kolonien des Eigensinns. Frankfurt/M.: Campus.
Burda und Sinus (1993): Wohnwelten und Gärten in Ostdeutschland. Offenburg: Burda.
Engler, Wolfgang (2003): Die Ostdeutschen als Avantgarde. Berlin: Aufbau.
Engler, Wolfgang (2000): Die Ostdeutschen. Kunde von einem verlorenen Land. Berlin: Aufbau.
Fritze, Lothar (1990): Ausreisemotive – Hypothesen über die Massenflucht aus der DDR. In: Leviathan 1/1990. 39–54.
Geißler, Rainer (2002): Die Sozialstruktur Deutschlands. Wiesbaden: Westdeutscher Verlag.
Giesen, Bernd/Leggewie, Claus (Hg.) (1991): Experiment Vereinigung. Berlin: Rotbuch.
Grabner, Wolf-Jürgen/Heinze Christiane/Pollack, Detlef (Hg.) (1990): Leipzig im Oktober. Kirchen und alternative Gruppen im Umbruch der DDR. Berlin: Wichern-Verlag.
Hofmann, Michael (1995a): Die Kohlearbeiter von Espenhain. Zur Enttraditionalisierung eines ostdeutschen Arbeitermilieus. In: Vester u.a. (1995): 91–135.

Hofmann, Michael (1995b): Die Leipziger Metallarbeiter. Etappen sozialer Erfahrungsgeschichte. In: Vester u.a. (1995): 136–192.

Hofmann, Michael/Rink, Dieter (1990): Der Leipziger Aufbruch 1989. In: Grabner u.a. (1990): 114–122.

Hofmann, Michael/Rink, Dieter (1993): Die Auflösung der ostdeutschen Arbeitermilieus. Bewältigungsmuster und Handlungsspielräume ostdeutscher Industriearbeiter im Transformationsprozeß. In: Aus Politik und Zeitgeschichte. B 26-27/1993. 29–36.

Hübner, Peter; Tenfelde, Klaus (Hg.) (1999): Arbeiter in der SBZ – DDR. Essen: Klartext.

Kaelble, Hartmut/Kocka, Jürgen/Zwahr, Hartmut (Hg.) (1994): Sozialgeschichte der DDR. Stuttgart: Klett.

Kern, Horst/Land, Rainer (1991): Der „Wasserkopf" oben und die „Taugenichtse" unten. In: Frankfurter Rundschau vom 13.2.1991. 16 f.

Kil, Wolfgang (2004): Luxus der Leere. Vom schwierigen Rückzug aus der Wachstumswelt. Wuppertal: Müller und Busmann.

Kleßmann, Christoph (2003): Arbeiter im Arbeiterstaat. Deutsche Traditionen, sowjetisches Modell und westdeutsches Magnetfeld. In: Aus Politik und Zeitgeschichte. B50/2000. 20–28.

Lange-Vester, Andrea (2006): Habitus der Volksklassen. Kontinuität und Wandel seit dem 18. Jahrhundert in einer thüringischen Familie. Münster: Lit. (i.E.).

Marx, Karl (1981): Das Kapital I. Marx-Engels-Werke Bd. 23. Berlin: Dietz.

Marz, Lutz (1992): Dispositionskosten des Transformationsprozesses. In: Aus Politik und Zeitgeschichte. B 24/1992. 3–14.

Niethammer, Lutz (1994): Erfahrungen und Strukturen. In: Kaelble u.a. (1994): 95–115.

Parmalee, Patty Lee (1996): Brigadeerfahrung und ostdeutsche Identität. In: Beiträge zur Geschichte der Arbeiterbewegung. Nr. 4. 70–86.

Roesler, Jörg (1997a): Probleme des Brigadealltags. Arbeitsverhältnisse und Arbeitsklima in volkseigenen Betrieben 1950-1989. Aus Politik und Zeitgeschichte. B38/1997. 3–17.

Roesler, Jörg (1997b): Zur Rolle der Arbeitsbrigaden in der Hierarchie der VEB. In: Deutschlandarchiv. 30(5). 737–750.

Schüle, Annegret (2001): Die „Spinne". Die Erfahrungsgeschichte weiblicher Industriearbeit im VEB Leipziger Baumwollspinnerei. Leipzig: Leipziger Universitätsverlag.

Solga, Heike (1995): Auf dem Weg in eine klassenlose Gesellschaft? Klassenlagen und Mobilität zwischen Generationen in der DDR. Berlin: Akademie-Verlag.

Vester, Michael (1998): Was wurde aus dem Proletariat? Das mehrfache Ende des Klassenkonflikts: Prognosen des sozialstrukturellen Wandels. In: Kölner Zeitschrift für Soziologie und Sozialpsychologie. Sonderheft 38. 164–206.

Vester Michael (1995): Milieuwandel und regionaler Strukturwandel in Ostdeutschland. In: Vester u.a. (1995): 7–50.

Vester, Michael (1970): Die Entstehung des Proletariats als Lernprozeß. Frankfurt/M.: EVA.

Vester, Michael/Hofmann, Michael/Zierke, Irene (Hg.) (1995): Soziale Milieus in Ostdeutschland. Köln: Bund.

Vester, Michael/von Oertzen, Peter/Geiling, Heiko/Hermann, Thomas/Müller, Dagmar (2001): Soziale Milieus im gesellschaftlichen Strukturwandel. Frankfurt/M.: Suhrkamp.

Vogel, Berthold (Hg.)(2004): Leiharbeit. Neue sozialwissenschaftliche Befunde zu einer prekären Beschäftigungsform. Hamburg: VSA.

Vogel, Berthold (1999): Ohne Arbeit in den Kapitalismus. Hamburg: VSA.

Walter, Franz (1991): Sachsen – ein Stammland der Sozialdemokratie? In: Politische Vierteljahresschrift. 32(2). 207–231.

Umstellungsstrategien in ostdeutschen Arbeitnehmerinnenmilieus: Pragmatische Selbstbehauptungen

Susanne Völker

Laut aktuellen Diagnosen der Arbeitsforschung (vgl. Sauer 2004) haben die strukturellen Wandlungsprozesse in der Bundesrepublik in den 1990er Jahren an Dynamik und qualitativer Durchschlagskraft gewonnen. Doch nicht nur für die Umbrüche in der Erwerbsarbeit, die sich etwa in der Erosion des männlichen Normalarbeitsverhältnisses, in der Vermarktlichung von internen Unternehmensstrukturen oder in dem veränderten, ‚subjektivierten‘ Integrationsmodus der Arbeitskraft zeigen, markierten die 1990er Jahre einen ‚Umschlagspunkt‘ (ebd.). Mit dem Zusammenbruch der DDR und dem Ende des sowjetisch geprägten Sozialismus insgesamt stand die neu konturierte bundesdeutsche Gesellschaft vor der Aufgabe, Transformationsprozesse in Ost wie West voranzutreiben, die von Ungleichzeitigkeiten, Eigendynamiken und divergenten Interessenkonstellationen bestimmt waren (und sind). Die bislang ungleich drastischeren Verwerfungen und die soziale Schärfe, die diese Prozesse in Ostdeutschland charakterisieren (Völker 2005), verweisen dabei jedoch weniger auf eine Sonderentwicklung Ost. Sie richten den Blick auf die ‚gesamtdeutsch‘ weitreichenden Folgen für die Verfasstheit von Arbeits- und Geschlechterverhältnissen, für soziale Ungleichheiten und deren institutionelle Regulierung. Wachsende soziale Verwundbarkeiten einerseits, Diskrepanzen zwischen ‚realen‘ und ‚gefühlten‘ Arbeitsplatzunsicherheiten andererseits, dauerhaftes Leben jenseits der Erwerbsarbeit und zunehmende soziale Polarisierungen zwingen zum Über- und Neudenken ungleichheitssoziologischer Konzepte (vgl. Bude 1998, Kronauer 2002).

Dabei war in den 1990er Jahren die Suche nach zupackenderen Konzepten für die Analyse der vielschichtigen Wandlungsprozesse bei den subjektorientierten Ansätzen zunächst wesentlich mit dem Durchforsten der jeweiligen AkteurInnen nach ihren *Anpassung*sressourcen und -potenzialen verbunden.[1] Mittler-

---

1 Ein Beispiel hierfür stellt die inzwischen prominente und weiterentwickelte These von Voß und Pongratz (1998, 2003) von einem ‚neuen Strukturtypus‘ der Arbeitskraft, dem Arbeitskraftunternehmer, dar, der (oder auch die) in der Lage ist, die veränderten Erwerbsanforderungen durch entsprechende Selbstorganisation, Selbstökonomisierung und eine verbetrieblichte Lebensführung zu *bewältigen*. Zwar nahmen die Autoren schon früh kritisch Stellung gegen die zuneh-

weile mehren sich erfreulicherweise die kritischen Stimmen, die darauf setzen, die Bewältigungsperspektive hin zu einer Perspektive der *Gestaltung* zu verschieben. Es geht damit auch um das Nachdenken über gesellschaftliche Veränderung(srichtung)en, über Kriterien und Perspektivennahmen für ein ‚gutes Leben'. So wird zu Recht gefordert, die Arbeitsforschung solle mit ihrer „obsessiven Fixierung auf Anpassungsfähigkeit" (Nickel 2005) brechen und stärker die „Orientierungen an Perspektiven der eigenen Lebensgestaltung (...) zu Maßstäben für die Bewertung von Arbeit " machen (Sauer 2004).

Diese Betonung der Lebensgestaltung der AkteurInnen mag darüber hinaus auch zur Infragestellung und Überwindung kurzschlüssiger und vereinseitigender Gegensatzkonstruktionen beitragen, die alltägliche Praktiken und ihre Eigenlogiken häufig als Anpassung *oder* Widerständigkeit, als Selbstbehauptung *oder* Opportunismus, als modern *oder* veraltet klassifizieren. Einen differenzierenden Zugriff für das Sichtbarmachen der Differenz, ja des Eigensinns von subjektiven Praktiken gegenüber den alltäglichen Anforderungen und Umstellungszumutungen bietet die von Michael Vester entwickelte Verknüpfung von Habitus- bzw. Mentalitätsanalyse und Milieuforschung. Die von ihm und seinen MitarbeiterInnen herausgearbeiteten unterschiedlichen historischen Traditionslinien der Habitus und Milieus, ihrer Eigenständigkeiten *und* (dominierten und dominierenden) Beziehungen untereinander, die Charakterisierung von ‚Habitusmetamorphosen' in jungen Milieus (vgl. Vester u.a. 2001) bieten einen wichtigen Zugang zur Interpretation von Habituszügen und Praxisformen der Gegenwart. Denn – trotz der vielfältigen akademischen und politischen Diskussionen um den Wandel von Erwerbsarbeit und Geschlechterarrangements, um gesellschaftliche (Des-)Integration und soziale Polarisierung – es ist erstaunlich, dass die Befunde und das Wissen darüber, wie die einzelnen selbst sich in praxi diesen Wandel aneignen, wie sozial und kulturell different sie ihn interpretieren und welche (möglicherweise veränderten) Konfigurationen von Arbeit, Leben und Partizipation sie in ihren Lebensführungen hervorbringen, relativ rar gesät sind.

Diese Fragen möchte ich nun mit meinem Beitrag zu den Strategien der alltäglichen Lebensführung von ostdeutschen weiblichen Beschäftigten der Deutschen Bahn AG aufgreifen. Anhand von drei exemplarischen Einzelfallanalysen einer breiteren Untersuchung[2] möchte ich zeigen, wie komplex die Umstellungs-

---

mende Selbstausbeutung und -unterwerfung der einzelnen, doch ihr Konzept blieb (zunächst) insgesamt der ‚Anpassungsperspektive' – verbunden mit dem Ausmachen von entsprechenden GewinnerInnen und VerliererInnen – verhaftet.

2 Die Untersuchung (vgl. Völker 2004) wurde in ausgewählten, zumeist in den neuen Bundesländern gelegenen, Unternehmensteilen der Deutschen Bahn AG durchgeführt. Das Gesamtsample der Paneluntersuchung umfasste zehn Personen (sieben Frauen und einen Mann aus Ostdeutsch-

strategien sind, mittels derer die einzelnen AkteurInnen gesellschaftliche und betriebliche Wandlungsprozesse bearbeiten. Welche Rolle spielt dabei ihre sozio-kulturelle Verortung in ostdeutschen Arbeitnehmerinnenmilieus? Welche mit dem Arbeits- und Geschlechterregime der DDR verbundene ‚Milieuge-schichte' haben sie nach dem Systembruch zu integrieren und zu gestalten? Welche Belastungen, Umbrüche und Neustrukturierungen zeigen sich in den Lebens- und Geschlechterarrangements unter veränderten gesellschaftlichen Bedingungen? Auf welche ‚Normalitätserwartungen' wird im alltäglichen Handeln zurückgegriffen?

Im ersten Abschnitt des Beitrags (1) werde ich die Anforderungsstrukturen, denen sich die Subjekte gegenübersehen, skizzieren. Im Mittelpunkt stehen dabei zwei Aspekte: das Problem der Labilisierung der männlichen Erwerbsarbeit und die Neu-/Redefinition von Erwerbsanforderungen am Beispiel der DB AG. Im Folgenden (2) möchte ich zeigen, wie die befragten Frauen die gesellschaftlichen und betrieblichen Umbrüche in ihren je konkreten Erwerbsarbeits- und Lebensverhältnissen bearbeiten. Wie erklären sich die unterschiedlichen Aufmerksamkeiten und Deutungen, die sie den gesellschaftlichen Wandlungsprozessen entgegen bringen? Abschließend (3) werde ich kurz den Ertrag einer milieu- und geschlechter‚sensiblen' Forschungsperspektive resümieren.

1. Arbeit und Leben –
Anforderungskonglomerate an die Arbeitnehmerinnen

Der zeitliche Schwerpunkt der Untersuchung liegt in den 1990er Jahren, in denen die Transformationsprozesse in Ostdeutschland durch die Folgen des Systembruchs einer besonderen Dynamik unterlagen. Insbesondere zwei Phänomene sind hier von Interesse: die *gesamtgesellschaftlichen Wandlungsprozesse* in den (Erwerbs-)Arbeits- und Geschlechterregimen aus der Perspektive der

---

land, einen Mann und eine Frau aus Westdeutschland). Die qualitativen Interviews wurden in der ersten Welle 1997 im Rahmen des von Hildegard Maria Nickel (Humboldt-Universität zu Berlin) und Hasko Hüning (Freie Universität Berlin) geleiteten DFG-Forschungsprojekts ‚*Frauen im betrieblichen Transformationsprozess der neuen Bundesländer*', dessen Sample wiederum rund 50 Interviews umfasste, und in der zweiten Welle im Jahr 2000 im Rahmen des Dissertationsprojekts von Susanne Völker erhoben (vgl. ausführlich ebd.). Alle Frauen und Männer arbeiteten zumeist in den Dienstleistungssegmenten der DB AG (im Zugbegleitdienst des Fernverkehrs und im Service auf den Bahnhöfen sowie in der internen (Personal)-Verwaltung). Das Sample ist nach Alters- und Lebensphasen gemischt (1997 waren die Frauen und Männer zwischen 22 und 54 Jahre alt), weitgehend homogen sind allerdings die Lebensformen, d.h. alle Frauen und Männer lebten in heterosexuellen Partnerschaften und hatten – bis auf den Westmann – zumindest ein Kind bzw. erwarteten eines.

ostdeutschen Transformationsgesellschaft und Aspekte des *Wandels der Er-werbsarbeit* und der *Erwerbsintegration* am Beispiel der Deutschen Bahn AG.

In Ostdeutschland zeigen sich die gesamtdeutschen Problemlagen in einer eigenen Konstellation: Erstens ist die Situation von einer doppelt so hohen Arbeitslosigkeit und der anhaltenden materiellen Schlechterstellung der Bevölkerung gekennzeichnet. Zweitens zeigen sich spezifische Formen der Milieuintegration und kulturellen Konditionierungen, die als er- und gelebte Erfahrung der patriarchalen Gleichstellungspolitik der DDR die heutigen Erwerbsformen, Lebensführungen und Geschlechterarrangements mitkonfigurieren und bestimmen. Die ostdeutsche feministische Forschung hat das Geschlechterregime der DDR[3] als eines charakterisiert, das durch die (wenn auch durch Abwertungen und Segregationen qua Geschlecht relativierte) tendenziell gleichberechtigte Erwerbsintegration beider Geschlechter, eine staatliche patriarchal-paternalistische Fürsorgepolitik und eine große Intaktheit von hierarchischen Weiblichkeits- und Männlichkeitsbildern gekennzeichnet war. Es produzierte damit widersprüchliche Anforderungen an Frauen – bspw. zwischen Gleichheitsanspruch in der Erwerbsteilhabe und besonderer 'weiblicher' Verantwortung für den familialen Bereich. Die subjektiven Aneignungen und Bearbeitungen dieser anderen gesellschaftlichen Regulierungen stellen heute das ambivalente 'biographische Gepäck' (Dölling) dar, das eigensinnige Bezüge auf die gesellschaftlichen Wandlungsprozesse der ostdeutschen Transformationsgesellschaft motiviert und Unterschiede in den Erwerbs- und Lebensformen zwischen West und Ost erklärbar macht. Die Enttäuschung von bislang selbstverständlichen 'Normalitätserwartungen'[4] – wie etwa Vollzeiterwerbsarbeit von Frauen *und* Männern – ist dabei zentral für die Bewertung der Lebensbedingungen und die praktizierten Umstellungsstrategien der ostdeutschen Frauen. In meinem Sample haben zwar die Frauen bei der DB AG einen *vergleichsweise (noch)* sicheren Arbeitsplatz[5], ihre Partner sind jedoch zum überwiegenden Teil arbeitslos oder

---

3 Vgl. Dölling (2003, 2005), Nickel (1998, 1999), Völker (2003, 2004).

4 Der Begriff 'Normalitätserwartung' beschreibt die lebensgeschichtlich erfahrenen Konfigurationen zwischen Arbeit und Leben und ihre subjektive Verarbeitung zu einem entsprechenden biographischen 'Konzept'. Normalitätserwartungen beziehen sich also auf praktisch angeeignete und 'gelebte' gesellschaftliche Regulierungsmodi, sie stellen zugleich auch inhaltliche Ansprüche an 'gerechte' Arbeitsteilungen und Anerkennungen (bspw. zwischen den Geschlechtern) in der Gesellschaft bzw. innerhalb einzelner Teilbereiche dar (vgl. auch Völker 2004: 247 ff.).

5 So verzichtete das Unternehmen auf betriebsbedingte Kündigungen, wenngleich es insbesondere auch in den ostdeutschen Unternehmensteilen vor und seit der Fusion zur DB AG zu einem massiven Personalabbau durch Vorruhestandsregelungen und Verdrängungen von MitarbeiterInnen kam (vgl. Frey/Hüning/Nickel 2001).

in prekären Beschäftigungsverhältnissen.[6] Die *Labilisierung der männlichen Erwerbsarbeit und -integration* zeigt sich hier als tagtägliche Belastung des Lebenszusammenhangs. Es erhöht sich zum einen der finanzielle Druck auf die Erwerbstätigkeit der Frauen. Vielfach nehmen aber auch die psychischen Belastungen zu. So leisten die befragten Frauen Aufbauarbeit für die durch den Verlust ihrer (stabilen) Erwerbsarbeit tief in ihren Selbstbildern verunsicherten Männer. Auch innerfamiliäre Arbeitsteilungen wie etwa die hauptsächlich weibliche Verantwortung für die Hausarbeit werden nicht neu strukturiert, im Gegenteil können die Frauen u.U. noch weniger als bisher auf Unterstützung durch ihre Männer rechnen.

Der Blick auf die Erwerbsarbeit der befragten Frauen im Unternehmen zeigt auch hier Umbruchprozesse, die mit den bisherigen Erwartungen an die eigene Tätigkeit neu ins Verhältnis gesetzt werden müssen. So verbanden sich mit dem Ziel, Marktmechanismen als Regulative in das Unternehmen einzuführen und eine *maximale Ausrichtung an KundInnenbedarfen* zu realisieren (,*Vermarktlichung*' der Arbeits- und Organisationsstrukturen) vor allem im Bereich der operativen Dienstleistungen (Zugbegleitung und Service auf den Bahnhöfen) *massive zeitliche und örtliche Flexibilisierungen*. Damit gingen neue Anforderungen an die Beschäftigten einher, die von seiten der subjektorientierten Arbeitsforschung (Nickel/Frey/Hüning 2003, Moldaschl/Voß 2003, Sauer 2004) unter dem Label ,*Subjektivierung*' als neue Vergesellschaftung der Arbeitskraft diskutiert werden. Unter den betrieblichen Bedingungen der DB AG stellt sich dies als *paradoxe Anforderungsstruktur* dar. Sowohl im Bereich der operativen Dienstleistungen als auch im Bereich der internen Verwaltung sollen die Beschäftigten einander ausschließende Anforderungen in Eigenregie und mittels des Einsatzes ihrer gesamten personalen und sozialen Kompetenzen ,lösen' – so bspw. das betriebliche Gebot, einerseits eine qualitativ hochwertige und hochindividualisierte Dienstleistungsarbeit zu erbringen und andererseits zeit- und kostengünstig zu handeln. Dies wird von den Beschäftigten durchgängig als psychisch wie physisch außerordentlich belastend empfunden. Sie fühlen sich dem Unmut unzufriedener KundInnen hilflos ausgesetzt. Statt durch mehr dezentrale Entscheidungsbefugnisse sollen sie durch Nerveneinsatz und Improvisationen die Paradoxien der Arbeitsorganisation individuell entschärfen.

Die betrieblichen Restrukturierungen mit ihren unterschiedlichen Phasen, Kurskorrekturen und z.T. gegenläufigen Entwicklungen (vgl. Frey/Hüning/ Nickel 2001) waren (und sind) zudem durch eine hohe *Diskontinuität* gekenn-

---

6 Fünf der sieben befragten Frauen sind mit ihrem Einkommen Hauptverdienerinnen, wenn nicht alleinige Familienernährerinnen und sichern die Lebensqualität und die Teilhabechancen ihrer Kinder und Partner.

zeichnet, die ebenfalls hohe Anforderungen an die (funktionale und örtliche) Flexibilität der Beschäftigten stell(t)en. Vielfach ist weder für die Beschäftigten noch für ihre Vorgesetzten zu kalkulieren, wie dauerhaft ein einmal getroffenes Arbeitsverhältnis ist, inwieweit nicht mit einer weiteren Welle betrieblicher Umstrukturierung erneute Verschiebungen und Brüche der Erwerbslaufbahnen produziert werden. So hatte eine hier vorgestellte Befragte zwischen 1990 und 1996 fünf verschiedene betriebliche Positionen inne – und sie ist kein Einzelfall.

2. ,Pragmatischer Realismus' als Stellungnahme zu den Transformationsprozessen

Im Folgenden stehen jene Handlungsstrategien von drei weiblichen, in den 1950er Jahren geborenen, Beschäftigten im Mittelpunkt, mit denen sie sich die veränderten gesellschaftlichen und betrieblichen Rahmenbedingungen zu eigen machen. Ich rekurriere dabei auf den Bourdieuschen Strategiebegriff, der weniger ein bewusst gewähltes, zielgerichtetes und kalkuliertes Handeln als vielmehr die im Habitus, also in den Bewertungs-, Deutungs- und Klassifikationsschemata der einzelnen verankerten, ,unbewussten' Handlungsschemata zum Gegenstand hat. Diese Handlungsschemata sind mal mehr und mal weniger auf das jeweilige Handlungsfeld abgestimmt, insbesondere weil die Logiken und Regeln der Felder ,im Regelfall' Wandlungsprozessen (im vorliegenden Beispiel in radikalisierter Form) unterliegen. Als ,*Umstellungsstrategien'* bezeichnet Bourdieu (1987: 227 ff.) daher jene Strategien, die diesen Veränderungen des Handlungsfeldes Rechnung tragen. Dabei versuchen die einzelnen bewusst oder unbewusst, jene Ressourcen zu entfalten und auf sie zurückzugreifen, die unter den veränderten Bedingungen einträglich sind und die Reproduktion der eigenen Position absichern. Die jeweiligen Strategien erklären sich jedoch nicht nur aus ihrer Bezogenheit auf *ein* Feld, hier das Feld der eigenen Erwerbsarbeit. Vielmehr wird das – aus Perspektive der Lebenskonfigurationen der Frauen überwiegend friktionale – *Verhältnis zwischen einzelnen Teilfeldern*, bspw. zwischen Erwerbs- und Privatsphäre, zwischen individueller und ,familialer Lebensführung' (vgl. Jürgens 2001) bearbeitet. Damit werden die Handlungsstrategien nicht ausschließlich im Bezug auf das jeweils aktuelle Handlungsfeld generiert, vielmehr spielt das abwesende, ,verdrängte' andere Feld ebenfalls in die Praxis hinein. Nicht zuletzt zeigt sich an der Bedeutung der Labilisierung der männlichen Position in der Familienökonomie, wie abhängig die praktizierten Handlungsstrategien der einzelnen von anderen Bezugspersonen und deren Tangiert-Sein von gesamtgesellschaftlichen Wandlungsprozessen sind.

Die unterschiedlichen Deutungen der Umbrüche und die Umstellungsstrategien in ihren Varianten verweisen auch auf die Erfahrungen, die die einzelnen mit den Integrationsmodi der DDR-Gesellschaft gemacht haben. Zwar sind alle drei Frauen der Traditionslinie der Facharbeit und der praktischen Intelligenz, die die respektablen Volksmilieus charakterisiert, zuzurechnen.[7] Ihre Position innerhalb dieser Linie ist allerdings vertikal unterschiedlich gelagert. So ist bspw. Frau Heinrichs[8] eher in dem arrivierten und gesicherten Teil dieser Milieus zu verorten. Frau Lipkes Handeln zeigt sich dagegen stärker von dem Habitus der Notwendigkeit, dem Arrangieren mit dem Gegebenen, bestimmt, ihre soziale Position scheint weniger gesichert. Dennoch erfahren beide Frauen mittels qualifikatorischer und/oder politischer Integration soziale Aufstiege in der DDR. Ihr Verhältnis zur DDR als Bestandteil ihrer Biographie ist bis heute von einer relativ hohen, auf solidarische Werte abhebenden Identifikation gekennzeichnet. Den Systemwechsel erleben sie als weitreichende lebensgeschichtliche Zäsur, die es mit hohem Aufwand zu bewältigen gilt. Die Frauen erweisen sich in den 1990er Jahren als außerordentlich belastbar, wenn es darum geht, die soziale Integration und respektable Lebensführung ihres familialen Zusammenhangs durch eigenen Einsatz zu garantieren. Verhalten bis enttäuscht ist ihr Verhältnis zur Gegenwartsgesellschaft des vereinten Deutschlands. Ihre selbstverständlichen Erwartungen an soziale Gerechtigkeit, Anerkennung von Leistung und eine gesellschaftliche Verantwortung für die Integration ihrer Mitglieder sehen sie nun massiv in Frage gestellt. Auch die Vorstellungen von gerechten, gleichberechtigten Geschlechterarrangements reiben sich an den Verfasstheiten maßgeblicher gesellschaftlicher Institutionen und den Lebensumständen der Gegenwart.

Eine andere, geradezu unbeteiligte Wahrnehmung des Systembruchs zeigt sich bei Frau Kerstens. Ihre Position innerhalb der facharbeiterischen Traditionslinie ist aufgrund ihrer niedrigen Qualifikation und der Instabilität ihres Lebenszusammenhangs und ihrer sozialen Beziehungen prekärer als die der beiden anderen Frauen. Die starke Homogenisierung und soziale Kontrolle der Lebensläufe (Trappe 1995) zu DDR-Zeiten fungiert zunächst als Korsett für ihre von Verwerfungen bestimmte Biographie. Gleichzeitig zeigt sich Frau Kerstens selbst außerordentlich tatkräftig beim spontanen Nutzen von Gelegenheiten zur Stabilisierung ihrer Lebensumstände (vgl. zum ‚Gelegenheitshabitus' Lange-Vester 2003, Vester 2004: 46 f.). So erweist sich der Glücksfall des Stellenantritts bei der Deutschen Reichsbahn Mitte der 1980er Jahre für sie als eigentlicher Wendepunkt ihrer bis dahin krisengeschüttelten Biographie. Die ‚Wende'

---

7 Vgl. dazu die Milieulandkarten und -beschreibungen von Michael Vester u.a. (2001: 26–54), auch Vester (2004). Eine aktuelle Milieulandkarte findet sich in der Einleitung zu diesem Band.
8 Die Namen der Befragten sind frei erfunden.

1989 ist im Vergleich dazu ein Nebenschauplatz von subjektiv geringer Relevanz. Angewiesen darauf, aktiv für die Absicherung ihrer labilen Integration Sorge zu tragen, hat sich in ihrer Wahrnehmung auch nach dem Systembruch – zumindest solange sie ihren Arbeitsplatz inne hat – für sie nichts geändert.

Im Folgenden soll anhand des Erwerbshandelns und der jeweiligen Lebensarrangements der drei Interviewpartnerinnen vor allem eine, für die Frauen aus Arbeitnehmerinnenmilieus ‚typische' Handlungsstrategie in ihren lebensgeschichtlichen Varianten und unterschiedlichen Bedingungsgefügen herausgearbeitet werden: die Strategie des *pragmatischen Realismus*. Gemeint ist damit das Abwägen zwischen erwerbs- und lebensformbezogenen Möglichkeitsräumen einerseits und den eigenen Interessen, Lebens- und Gerechtigkeitsvorstellungen andererseits. Jenseits des vermeintlichen Gegensatzes zwischen Anpassung und Widerständigkeit praktizieren die Frauen ein – realitätsbezogenes und eigensinniges – Einfügen in die strukturelle Begrenzung von Erwerbschancen oder in die (zugewiesene, bisweilen aufgenötigte) Verantwortung für die Organisation des Haushalts. Sie schaffen sich gleichzeitig auch (Frei-)Räume des Schutzes gegen Überforderung und zur Wahrung ihrer Interessen. Provokativ mit Bourdieu formuliert: aus der ‚Not' der Benachteiligung und Überlastung qua Geschlecht erwächst die ‚Tugend' des reflexiven Karrierebeschränkens und der Grenzziehung gegenüber maximaler Vereinnahmung.[9]

2.1 Frau Heinrichs: Pragmatischer Realismus als Schutz vor gesellschaftlicher Desintegration und Entschärfung individueller Überlastung

„Wir sind eben ein Verdiener für vier Personen", stellt Frau Heinrichs, eine Mitarbeiterin im Personalwesen der Unternehmensbereichs Station&Service, in dem 1997 geführten Interview knapp fest und beschreibt damit die Bedeutung ihrer Erwerbsarbeit für das ökonomische Bestehen und die gesellschaftliche Integration ihrer Familie. Die familiäre Situation ist entlang der Scheidelinie vor und nach der ‚Wende' gegensätzlich besetzt und die zuvor selbstverständlichen beruflichen Perspektiven für Ehemann und Kinder kehren sich nach der ‚Wende' in Abwertungserfahrungen und Deklassierungsängste um. Frau Heinrichs ist entsprechend pessimistisch:

> Mein Mann ist seit '91 arbeitslos, was es vor der Wende nicht gab. Ich habe zwei Kinder, eines davon hat in der Schule Schwierigkeiten, hat Lese-Rechtschreibschwäche, das war zu

---

9 Zu zwei weiteren vorgefundenen Umstellungsstrategien, der Strategie der *Ermächtigung* als selbstbewusste Beanspruchung leistungsadäquater betrieblicher Positionen und der Strategie der *Selbstselektion* als scheinbar ‚freiwillige' Vorwegnahme antizipierter Exklusionsprozesse, vgl. Völker (2003, 2004).

DDR-Zeiten nicht so schlimm, haben trotzdem ihre Lehrstelle bekommen. Inzwischen geht sie in die 9. Klasse und die Wahrscheinlichkeit, eine Lehrstelle zu bekommen, ist sehr gering.[10]

Die nicht nur ökonomisch, sondern für die Familienmitglieder auch psychisch prekäre Situation ist unmittelbare Folge der gesellschaftlichen Transformationsprozesse. Dies drückt sich auch in Frau Heinrichs kritischer Distanz zur Gegenwartsgesellschaft aus:

Einmal war ich also nicht der Typ, der gesagt hat, er hat sich in der DDR unwohl gefühlt. Das war mein Land, das war mein Zuhause. (...) Und von daher war die Wende für mich durchaus schwierig. Ich habe die Schwierigkeiten bis heute auch nicht ganz überstanden.

Frau Heinrichs gehörte in der DDR zu den fachlich ambitionierten und sozial verwurzelten Arbeitermilieus, die von der hohen Bewertung der Facharbeit und den Institutionen der Arbeiter(intelligenz)bildung profitieren konnten. Im Anschluss an die 10. Klasse absolviert sie Anfang der 1970er Jahre bei der Deutschen Reichsbahn (DR) ihren Facharbeiterabschluss und damit verbunden das Abitur. Nach kurzer Tätigkeit als Fahrkartenverkäuferin beginnt sie – delegiert vom Unternehmen – ein Ökonomiestudium, bei dem sie ihren späteren Ehemann kennen lernt. Als diplomierte Ökonomin kehrt sie schließlich zur DR zurück und wird im Personalwesen angestellt. Anfang der 1980er Jahre werden ihre Kinder geboren. Sie lässt sich nach den Geburten jeweils ein Jahr von ihrer Erwerbsarbeit freistellen und arbeitet zur Einschulung der Kinder jeweils ein Jahr verkürzt (30 Stunden die Woche). Trotz wechselnder Aufgabengebiete kann Frau Heinrichs auf eine jahrzehntelange Berufskontinuität im Bereich Personalwesen zurückblicken, die auch den Systemwechsel überdauert. Ihr Mann hingegen verliert mit der Wende nicht ‚nur' seinen Arbeitsplatz, sondern auch die Anerkennung seiner Qualifikation. Der Systembruch geht so einher mit der Verwerfung einer bisher sozial anerkannten, respektablen und gesicherten gesellschaftlichen Position. Die von Frau Heinrichs formulierte Normalitätserwartung eines konstanten familiären Arrangements, das durch die Vollerwerbseinkommen beider PartnerInnen und einer zum guten Teil arbeitsteilig organisierten und öffentlich unterstützten Haus- und Familienarbeit charakterisiert ist, scheint unter heutigen Bedingungen nicht mehr realisierbar. Stattdessen schichten sich die Anforderungen an die Befragte auf. Aus der Familie und der gemeinsamen Haushaltsführung zieht sich der Ehemann als Reaktion auf die Entwertungserfahrung und die berufliche Perspektivlosigkeit zurück:

---

10 Im Jahr 2000 ist der Ehemann noch immer erwerbslos. Die Tochter hat inzwischen eine Lehrstelle bekommen, der Sohn lebt nicht mehr im Haushalt und studiert. Kein Familienmitglied ist ökonomisch eigenständig, alle sind abhängig vom Frau Heinrichs' Einkommen.

Ja, ich habe oft genug gesagt, weißt du, wenn du schon den ganzen Tag zu Hause bist und die Zeit hast, kannst du wenigstens den Part übernehmen. Aber wenn es halt nicht gemacht war abends, (...)

I3: Und würden Sie denn sagen, dass das auch was mit den üblichen Rollenverteilungen von Mann und Frau zu tun hat oder (...)?

Nee, das hat also bei meinem Mann mit Sicherheit nichts mit Rollenverteilung zu tun oder so. Mein Mann hat, als er noch Arbeit hatte, wir haben uns den Haushalt immer geteilt. Das war einfach für ihn die pure Resignation und er hatte irgendwann an einer Stelle mit dem Leben abgeschlossen.

Parallel zu der familiären Krisensituation wachsen die Anforderungen in der Personalverwaltung. Frau Heinrichs ist in ihrem Aufgabengebiet – der Neubewertung von Tätigkeiten und der Umsetzung von Stellenstreichungen – mit dem stärkeren Druck des Unternehmens auf die Beschäftigten konfrontiert. Sie selbst führt die Personalgespräche zur Versetzung der MitarbeiterInnen, die ihren Arbeitsplatz vor Ort oder in ihrem Fachgebiet verloren haben, und sieht auch hier – wie im eigenen privaten Bereich – die Notlagen von Familien. Entsprechend hat sich ihre Haltung zu ihrem Tätigkeitsbereich verändert. Bereits 1997 sind ihre Handlungsräume angesichts des steigenden Kostendrucks zusammengeschrumpft, die zunächst positive Aufnahme der betrieblichen Umstrukturierungen ist einer tiefen Skepsis gewichen. Ganz im Sinne der Strategie der ‚reflexiven Karrierebeschränkung'[11] schlägt sie berufliche Aufstiegsangebote aus.

Im Sommer 2000 scheint die dauerhaft überfordernde Situation sowohl im beruflichen wie im privaten Bereich ein Kräfte sparendes Handeln zu motivieren. Nun geht es um das Überdauern im Unternehmen als notwendigem Broterwerb bis zum ersehnten Ruhestand in acht Jahren. Das friktionale Verhältnis zwischen den steigenden erwerbsbezogenen Anforderungen und der Alleinverantwortung als Familienerhalterin führen zu einer distanzierten und instrumentelleren Erwerbshaltung.

Arbeit... bringt den Lebensunterhalt für meine Familie. Es gab Zeiten, da bin ich auch noch (...) arbeiten gegangen, weil es mir auch viel Spaß gemacht hat. Im Moment kann ich das so nicht sagen. Es is' sicher bedingt durch diese ganze Strukturveränderung.

---

11 Gemeint ist damit eine spezifische Handlungsstrategie, mittels derer offerierte, offenstehende berufliche Aufstiegsmöglichkeiten ‚freiwillig' ausgeschlagen werden. Die Gründe für diese ‚Selbstbeschränkung' sind vielfältig. Sie liegen bspw. in der Ablehnung der persönlichen Verantwortung für bestimmte Unternehmenspolitiken, in der befürchteten Zuspitzung des Vereinbarkeitsproblems zwischen beruflichen und privaten (familiären) Verpflichtungen, in der Weigerung, sich geschlechtsspezifischen Konkurrenzen und Durchsetzungskämpfen auszusetzen oder auch in der Schwerpunktsetzung auf andere Lebenssphären. So unterschiedlich die Motivationen einer reflexiven Karrierebeschränkung sind, Kern dieser Handlungsstrategie ist die Antizipation von Problemen, die sich mit einem beruflichen Aufstieg verbinden – und die Entscheidung, den ‚Preis' des Aufstiegs nicht zahlen zu wollen und/oder zu können (vgl. auch Völker 1999: 218).

Hinsichtlich der Verschiebungen in den subjektiven Orientierungen und Handlungsstrategien lassen sich *drei Aspekte festhalten*:

Erstens zeigt sich im Zeitverlauf die Verstetigung einer persönlichen Krise, an deren Anfang der Systembruch als soziale Deklassierungs- und Desintegrationserfahrung steht und der mit seinen Folgen unmittelbar biographisch relevant wird. Gegenüber der Gesellschaft wächst angesichts der Langzeitarbeitslosigkeit des Ehemannes und der eigenen strukturellen Überforderung das Empfinden von Ungerechtigkeit. Offenbar haben vormals in der DDR qualifizierte Kräfte in kompromittierenden Bereichen wie der Ökonomie – so das Beispiel des Ehemannes – kaum Chancen, sich unter den anderen gesellschaftlichen Bedingungen einen anerkannten (Arbeits-)Platz zurückzuerobern, sie fristen ein ‚überflüssiges' Dasein am Rande. Den somit aus dem Gleichgewicht geratenen familiären Zusammenhalt versucht Frau Heinrichs nun mit großer Selbstüberforderung zu stützen.

Die betrieblichen Transformationsprozesse stellen mit ihrer desintegrativen Logik des Arbeitsplatzabbaus und der umfassenden Flexibilisierungszumutungen an die Beschäftigten eine parallele Bewegung zu der familiären Krisenkonstellation der Ausgrenzung und Überforderung dar.

Zweitens wächst auch im familiären Bereich nach dem Zerbrechen des egalitär/komplementären Geschlechterarrangements das Gefühl, ausgenutzt zu werden. Die sich überlagernden Erfahrungen von gesellschaftlicher Desintegration und Übervorteilung in der ‚privaten' Arbeitsteilung geraten in ein reibungsvolles Verhältnis zu den DDR-geprägten Normalitätserwartungen.

> Ich war hier im Unternehmen extrem gefordert und hatte das alltägliche Leben für meine Familie mit zu organisieren und hatte einen Mann, der eigentlich den ganzen Tag zu Hause war und der nichts bewegt hat. Von daher kam eine maßlose Enttäuschung und das Gefühl, ich werde ausgenutzt und wurde vielleicht auch ausgenutzt.

Damit engt sich drittens der Handlungsraum im Zusammenspiel zwischen Erwerbsorientierung und Lebensarrangement zunehmend auf die Suche nach Entlastungsmöglichkeiten ein. Für die Erwerbsarbeit steht dabei das Überdauern bis zum Vorruhestand im Mittelpunkt. Im Sinne eines ‚pragmatischen Realismus' versucht Frau Heinrichs, ihr Arbeitshandeln den gewandelten Anforderungen anzupassen, ohne dabei die eigenen Verausgabungskosten über das Notwendige in die Höhe zu treiben. Sie hält an dem ‚Projekt Erwerbsarbeit' fest; ihr Handeln ist auf die Aufrechterhaltung des – sozialen – Status quo, auf die Absicherung einer respektablen Lebensführung und auf die Entlastung des Friktionsmanagements zwischen Erwerbsbereich und ‚Privatem' gerichtet. Familiär sind insbesondere eine Reintegration des Ehemannes in die Lebensorganisation und die sukzessive Entlassung der Kinder in den Erwachsenenstatus wichtige Elemente einer gerechteren Verteilung von Arbeit und Verantwortung.

Insgesamt dreht sich die Umstellungsstrategie der Befragten also wesentlich um die Abfederung des Ausfalls einer wichtigen Position im familiären Arrangement. Dass sie dabei das gesellschaftliche Strukturproblem der Deklassierung und sozialen Abdrängung ganzer qualifizierter Milieufraktionen auf individueller Ebene zu entschärfen sucht, macht ihr doppeltes Ungerechtigkeitsempfinden aus: als ungerechte gesellschaftliche Ausgrenzung ihres Mannes und als ungerechte Integrationsforderung von Seiten der Gesellschaft *und* ihres Mann an sie.

2.2 Frau Lipke: Pragmatischer Realismus zwischen Anknüpfen und Neukonfigurieren

Der Blick auf die lebensgeschichtlichen Turbulenzen von Frau Lipke und ihrer Familie nach dem Systembruch offenbart zwei Phänomene: sowohl der Verwandten- und Freundeskreis als auch ihr Ehemann und Frau Lipke selbst sind massiv von Arbeitslosigkeit oder vielfältigen Wechseln im Bereich der Erwerbsarbeit betroffen. Nahezu durchgehend ist die ‚Wende' eine biographische Zäsur, verbunden mit einer Verschlechterung der sozialen Positionen, mit Jahre andauernden Diskontinuitäten und mit dem Verabschieden ganzer Lebenskonzepte – so die eine Seite. Auf der anderen Seite steht das Selbstvertrauen der Befragten in ihre Fähigkeiten, das Hervorbringen eines gänzlich veränderten Lebensrhythmusses und das Vermögen, bei aller Offenheit bewusst an der eigenen Person anzuknüpfen. *„Einen Konsens mit sich selbst zu finden"* – so formuliert Frau Lipke während des Interviews im Jahr 2000 ihr Motto und den Kern ihrer Umstellungsstrategie des pragmatischen Realismus.

Frau Lipke stammt aus einer Arbeiterfamilie; Vater und Schwester sind bei der Reichsbahn tätig. Aus der *Eisenbahner*-Tradition möchte sie zunächst ausscheren. Nachdem sie mit ihrem Berufswunsch *„zur Kartographie (zu, SV) gehen"* scheitert, beginnt sie nach ihrem Hauptschulabschluss auf Drängen des Vaters schließlich doch eine Ausbildung zur Facharbeiterin Betriebs- und Verkehrsdienst bei der DR. Anschließend arbeitet sie bis zur Geburt ihrer Kinder und ihrer Heirat Ende der 1970er Jahre als Zugbegleiterin und Zugführerin im Schichtdienst. Da sie mit geregelten Arbeitszeiten die Familienaufgaben besser vereinbaren kann, ist sie bis 1989 als Sekretärin bei der DR tätig. Parallel engagiert sie sich politisch. In beiden Interviews bezieht sie sich positiv auf die DDR bzw. auf das von ihr gestaltete Lebensarrangement:

Bin dann auch, ich stehe dazu, (...) in die Partei eingetreten, (...), hab' es dann auch bis zum Parteisekretär geschafft. (...) Man muss sich ja nicht davor scheuen und hab' mich da (in der DDR, SV) eigentlich auch engagiert und ich muss sagen, wenn das alles so geblieben wäre, wie ich mir das vorgestellt habe, ja, wäre ich dann glücklich dabei geworden. Aber mit der Wende, die ja dann 1989 kam, ist ja dann, sag' ich mal, für viele Menschen doch vieles kaputt gegangen.

Mit dem Ende der DDR standen nicht nur ihre eigene Erwerbsposition und die ihres Mannes als Fahrer bei einer staatlichen Institution zur Disposition und nicht nur die privaten Arrangements und veränderten sich nicht nur erzwungener maßen, vielmehr markierte der Systembruch den Abschied von einer Lebenskonzeption und den damit verbundenen Glücksvorstellungen. Obgleich Frau Lipke in dem Gesellschaftssystem der DDR durchaus Konzessionen bezüglich der Verwirklichung ihrer Erwerbsaspirationen machte, verknüpfte sie letztlich doch unterschiedliche Lebensinteressen zu einem ‚runden' Konzept, einem Balancekonzept zwischen einer Tätigkeit ‚mittlerer Verausgabung', dem Selbstbestätigungsraum gesellschaftspolitischer Aktivität und der Vereinbarkeit mit dem familiären Lebenszusammenhang. Mit dem Systembruch geht es für sie darum, sich neu zu organisieren.

Die Jahre der Unsicherheit, Diskontinuität und beruflichen Wechselbäder zwischen mehr oder weniger befriedigenden Aushilfsjobs in unterschiedlichen Bereichen der Bahn lassen sie erst sechs Jahre später in die Position der Service-Point-Mitarbeiterin einmünden. Diese schwierige Zeit ist für Frau Lipke von dem Versuch bestimmt, sich stabil und längerfristig im betrieblichen Feld zu verorten und in einem neu zu treffenden Lebensarrangement Fuß zu fassen. Dabei macht sie durchaus selbstbewusst die eigenen Interessen und Begabungen zum Ausgangspunkt für die Suche nach Zukunftsoptionen – so lehnt sie einen höher dotierten Posten in der Verwaltung ab, da die dortigen strengen Hierarchien mit ihrem Interesse an eigenständiger Arbeit nicht zu verbinden sind. Gleichzeitig ringt sie den an sie gestellten Anforderungen und den damit verbundenen Veränderungen für das eigene Leben etwas Positives, einen individuellen Zugewinn, ab. Dieser Prozess der Umgestaltung des Lebenszusammenhangs und Neuinterpretation der eigenen Interessen lässt sich auch als Abwehr der Abwertung der eigenen Person bzw. Biographie lesen:

...für mich war der Knackpunkt eigentlich 1989 gewesen und man kann ja nicht stehen bleiben. (...) Es nutzt nichts, wenn ich mich jetzt hinstelle und sag', was war das früher alles schöner gewesen (...). Man verändert sich ja selber auch, man muss sich einfach verändern. (...) ich kenne noch viele, die (...) in so ein tiefes Loch gefallen sind, die einfach nicht hochgekommen sind. Da hab' ich gedacht, nee, das kannst du selber nicht machen. Du musst an dich glauben, du musst, also ich weiß eigentlich, was in mir steckt und wenn du das verwirklichen kannst, (...) dann musst du auch was für dich finden...

Parallel zu diesen Jahren der Neuverortung wachsen die beiden Söhne heran, so dass sich ein neuer Spielraum auf Seiten der familiären Verpflichtungen eröffnet. Gleichzeitig arrangiert sich der Ehemann mit seinem Posten als Wachmann und die Eheleute praktizieren langsam ein verändertes ‚postfamiliales' Lebens- und Zeitarrangement. Zum Zeitpunkt des Zweitinterviews 2000 arbeiten sie bereits seit gut fünf Jahren in entgegengesetzten Schichten. Der Gefahr des Auseinanderlebens begegnen die PartnerInnen mit entsprechender Beziehungs- und Austauscharbeit, gut geplanten Urlauben und gemeinsamen Freizeitaktivitäten. Gleichzeitig beschreibt Frau Lipke das private Arrangement als Raum für *eigene Zeit*, für individuelle Interessen und Reproduktionsbedürfnisse (Sauna, eine Stunde Ruhe nach der Arbeit). Und hier ist die Abwesenheit des Mannes durchaus erwünscht. Die Schichtarbeit kommt ihr dabei eher entgegen und den – vor allem körperlichen – Belastungen durch unterschiedliche Tages- und Nachtrhythmen setzt Frau Lipke in ihrer Bewertung gewonnene Freiräume entgegen.

> (...) ich bin ja nun seit '95 wieder im Schichtdienst. Man hat sich dran gewöhnt, ich weiß eben, dass ich in der Woche frei habe und kann eben dann gewisse Dinge für mich eben verlagern.(...) Was natürlich immer gewöhnungsbedürftig ist, wenn man sonnabends, sonntags arbeiten muss (...). Aber das sind so Dinge, man gewöhnt sich dran. (...) Und man kann es eigentlich auch mit der Familie abstimmen. Das ist eigentlich auch nicht das Problem.

Obgleich also aufgrund der beiden Schichtarbeitsverhältnisse das gesamte Leben strukturell vom Erwerbsbereich dominiert ist, bedeutet diese Dominanz der Arbeitszeitstrukturen ein Mehr an *individueller* Freiheit im privaten Bereich, aber auch die – kontinuierlich bearbeitete – Gefahr der Entfremdung in sozialen Beziehungen. Es handelt sich trotz der strukturellen Dominanzen eher um ein ausgeglichenes und zugleich getrenntes Verhältnis zwischen Erwerbs- und privaten Interessen.

Während sich die zeitliche Flexibilisierung der Erwerbsarbeit für Frau Lipke in der ‚postfamilialen' Lebensphase als bewältigbar darstellt, bringen sie die Unternehmens- und KundInnenforderungen nach umfassender Dienstleistungsarbeit an ihre Belastungsgrenzen. Zwar ist die Arbeit im Servicebereich für Frau Lipke generell positiv besetzt. Sie ist stolz auf ihre Kompetenzen wie ihren patenten Umgang mit Menschen, ihre Couragiertheit und ihr energisches Zupacken und grenzt die Arbeit von dem täglichen Einerlei eines Büros ab. Aber die Belastungen der Tätigkeit nehmen über die Jahre zu. Während Frau Lipke 1997 nicht ohne Stolz die weibliche Konnotation der Tätigkeit aufgreift, indem sie sich als „*Mutter der Nation*" bezeichnet, stehen im Zweitinterview die Beschwerden der Bahn-KundInnen im Vordergrund. Die ServicemitarbeiterInnen stehen am Ende der Hierarchie, ihr ‚Job' ist es, den Unmut der KundInnen auszuhalten, zu kanalisieren, ohne betrieblich über Gestaltungsmacht zu verfügen –

sie werden zum „*Fußabtreter der Nation*". Die steigenden psychischen Belastungen sucht Frau Lipke privat abzufedern:

> Ich versuche, also ich weiß von vielen, die dann auch schon Beruhigungsmittel nehmen, also das möchte ich eigentlich nicht. Man muss für sich dann einen Konsens finden. (...) man muss jemand finden, dem man das alles erzählen kann. Ansonsten geht man zugrunde, ja, weil man eigentlich auch weiß, du selber kriegst keine Hilfe und Unterstützung. Ich sag' jetzt mal, die da oben wissen das, dass wir die Fußabtreter der Nation sind. Also nun mach' was draus. Die sagen sich auch, ja sie haben sich das ausgesucht, also müssen sie auch damit leben. Schwer ist das. Und die wissen ja ganz genau, wir können ja nichts machen, wir müssen uns wirklich nur massiv die Beschimpfungen anhören.

Letztlich verdichtet sich 2000 ein Bild der Servicetätigkeiten, das die Negativaspekte ‚typischer Frauenberufe' hervortreten lässt: Die Arbeitsbelastungen rekurrieren insbesondere auf extrafunktionale Kompetenzen der ‚Gefühlsarbeit'. Verbunden mit der Enge der Handlungs- und Entscheidungsräume zeigt sich eine Dauerüberforderung:

> Also ich kann mir nicht vorstellen, dass diese Arbeit bis zur Rente gemacht werden kann, das geht nicht, weil man, das ist eine nervliche Anstrengung. (...) Ich will es mal auf einen Nenner bringen, die Arbeit macht einem Spaß, also macht mir wirklich Spaß. Aber in diesen zwei Jahren, in denen ich jetzt dort bin, habe ich schon gemerkt, ich bin nervös, hektisch und die Ruhe als solche ist weg. (...) Ich sage immer, bis zur Rente kann man da nicht arbeiten, das geht nicht.

So berichtet Frau Lipke 1997, als sie gerade 40 Jahre alt ist.[12] Zusammenfassend ist es ihr gelungen, sich als Angehörige eines Arbeiterinnenmilieus, das in der DDR politisch und sozial hoch integriert war, nach der biographischen Zäsur der Wende gesellschaftlich neu zu verorten. Dabei ging es ihr pragmatisch darum, ihre Kompetenzen und Interessen in der ostdeutschen Transformationsgesellschaft einzubringen und sich mit den vorhandenen Möglichkeiten zu arrangieren – eben einen Konsens zu finden. Allerdings zeigen sich im Zeitverlauf gerade im Bereich der weiblich segregierten und abgewerteten weiblichen Dienstleistungsarbeit, Überforderungen und paradoxe Anforderungsstrukturen, die desintegrative Effekte hervorbringen.

---

12 Im Jahr 2000 hat sie sich bereits nach beruflichen Alternativen umgeguckt und ist gescheitert. Ihre Entscheidung, die Arbeit im Servicebereich noch geraume Zeit auszuüben, hat sie sich merkbar schwer abgerungen: *Also ich hab' mir hier ein Maximum gesetzt, (...) wenn ich das bis 58 hier durchhalte, dann habe ich Gutes vollbracht.*

2.3 Frau Kerstens: Pragmatischer Realismus als Kontinuitätssicherung

Gefragt nach den Auswirkungen der Vereinigung beider deutscher Staaten, steht bei Frau Kerstens 1997 vor allem die Kontinuität der Lebensführung und der Erwerbsarbeit im Mittelpunkt.

> Kann ich nicht sagen, dass es was verändert hat groß. Meine Arbeit ist geblieben. Ich mache die Arbeit genau wie vorher auch. Ich bin alleine, also alleinstehend. Da kann ich nicht sagen, dass in der Familie groß irgendwie –. Ich habe alles für mich selber entschieden und für mich selber alles gemacht...

Nachvollziehbar wird diese Unberührtheit von betrieblichen und gesellschaftlichen Prozessen wie die Selbstwahrnehmung des eigenen Lebensverlaufs als Kontinuität des für Sich-Selbst-Sorgens, wenn die spezifische Bedeutung der Erwerbsarbeit für die Befragte rekonstruiert wird. Anders als bei Frau Heinrichs und Frau Lipke markiert für Frau Kerstens nicht das Jahr 1989 mit seinen gesellschaftlichen Folgeentwicklungen eine wichtige biographische Zäsur. Es ist vielmehr ihr Beschäftigungsbeginn bei der DR im Jahr 1987, der einen Wendepunkt in ihrem bis dahin durch Diskontinuitäten und Verwerfungen bestimmten Leben bezeichnet.

Aus einem niedrig qualifizierten, eher unterprivilegierten Teil der Arbeitnehmerinnenmilieus stammend, ist Frau Kerstens' Biographie früh von Unbilden dieser prekären und risikoreichen sozialen Lage gezeichnet. Gleichzeitig verfügt sie über ein eindrucksvolles Gespür, sich ihr bietende Gelegenheiten zur Verstetigung und Stabilisierung ihrer Lebensführung beim Schopfe zu packen und sich aus kritischen Lebenssituationen heraus zu katapultieren.

Als junges Mädchen beendet Frau Kerstens Mitte der 1960er Jahre die Polytechnische Oberschule nach der 8. Klasse mit einem Hauptschulabschluss und absolviert eine Ausbildung zur Fachverkäuferin. Anschließend arbeitet sie in einem Kaufhaus, später in einer Großküche. Diese Erwerbserfahrungen sind hauptsächlich negativ besetzt und insbesondere durch Konflikte mit KollegInnen und Ausgrenzungserfahrungen geprägt. Auch im privaten Bereich hat Frau Kerstens schmerzhafte Erfahrungen hinnehmen müssen: Ihre erste Ehe, zu deren Beginn die gemeinsame Tochter 1970 geboren wird, scheitert und auch die zweite Ehe wird von dem Partner unmittelbar nach einem durch ihn herbeigeführten Umzug aufgekündigt. In der fremden Stadt, konfrontiert mit der jähen Trennung und den Umstellungsschwierigkeiten ihrer Tochter, gerät Frau Kerstens in eine tiefe Krise: „Da war ich ganz unten im Keller".

Auf eine Zeitungsannonce hin bewirbt sie sich auf eine Stelle im Zugbegleitdienst. Sie folgt beharrlich ihrem Impuls, sich aus der persönlichen Krise durch eine stark vereinnahmende Erwerbsarbeit heraus zu begeben, die private

Situation hinter sich zu lassen und sich auf ein berufliches Abenteuer – trotz Abraten der dortigen Personalmitarbeiterin – mit Haut und Haaren einzulassen:

> Vorstellung war, ich wollt' raus, ich wollt' unter Leuten sein. (...) dann hab' ich gedacht, das ist das Richtige, Zugbegleitdienst. Und die Frau S. damals, die wollte mich ja zum Schalter. Hab' ich gesagt, ne', ich will raus. Ja, und nie pünktlich Feierabend und Feiertag arbeiten und Sonnabend, Sonntag arbeiten. Hab' ich immer gesagt, weiß ich. Die hat mir den Beruf so richtig schwarz gemacht und ich hab' ihn wieder richtig hell gemacht.

Nach erfolgreicher dreimonatiger Ausbildung gelingt es ihr erstmals, sich dauerhaft in einem Betrieb zu verankern. Die Arbeit als Zugbegleiterin wird zum zentralen, ersten Lebensinhalt: *„Mit dem Herzen bin ich dabei und das ist die Einstellung".* Sie fungiert – phasenspezifisch mal mehr, mal weniger – als Freiraum zu den eher beengenden privaten Verhältnissen.

Insofern steht Frau Kerstens' Eintritt in die Zugbegleitung für einen, nach Umwegen, letztlich geglückten Selbstfindungs- und Selbstverortungsprozess, ein nicht nur erwerbsbezogenes – zumindest vorläufiges – ‚Happy end' sozialer Stabilität. Diese Stabilität wird auch nicht von der historischen Zäsur der Grenzöffnung 1989 in Frage gestellt.

> Die Wendezeit, die war ein bisschen stürmisch, die war ja, schätze ich, für jeden ein bisschen stürmisch. Das war ja nun dann. Aber dann lief alles so seine geordneten Bahnen eigentlich, kann man sagen.

Nicht nur die Tätigkeit erweist sich in der Dynamik des deutsch-deutschen Transformationsgesellschaft als stabil, auch das Lebensziel, in *geordneten Bahnen* zu leben, in die Gesellschaft integriert zu sein, steht nicht zur Disposition. Gleichzeitig scheint in den Kontinunitätsbezeugungen hinsichtlich der subjektiven Arbeits- und Lebensbedingungen vor und nach 1989 jedoch eine kritische Sicht auf gesellschaftliche Zusammenhänge durch. Denn Kontinuität heißt eben auch, dass die Bäume unter den anderen gesellschaftlichen Bedingungen nicht in den Himmel wachsen, die sozialen Chancen begrenzt bleiben.

> Aber eben wie gesagt, die (Bundesdeutschen, SV) hatten Freiheiten, klar, was wir (DDR-BürgerInnen, SV) nicht hatten, aber ich war zufrieden mit dem, was ich hier hatte vorher und ich habe jetzt auch nicht mehr. Ich kann mir jetzt genauso mehr nicht leisten wie damals auch. Ich kann auch nicht über meinen Schatten springen.

Nach der ‚Wende' ist Frau Kerstens als Zugbegleiterin auf ICE's tätig. Dort betreut sie 1997 in einem festen vierköpfigen Team vornehmlich die Erste-Klasse-Fahrgäste. Als Älteste ihres Teams verfügt sie über beträchtliche Berufserfahrung und hat bezüglich des Lebensalters eine in gewisser Weise ‚autorisierte' Position, die auch von ihrem Chef anerkannt wird. Beim Zweitinterview ist diese erwerbsbezogene Hochphase bereits überschritten. Frau Kerstens ist lediglich zu 40% ihrer Arbeit in das konstante Team eingebunden, sie betreut mitt-

lerweile ‚nur noch' die Fahrgäste der zweiten Klasse und thematisiert den zunehmenden Stress mit den KundInnen. Auch ihr Alter wird von ihr nun weniger
als Ausweis für Kompetenz und Erfahrung, sondern stärker unter dem Aspekt
von körperlichem Verschleiß thematisiert. Hier zeigen sich, wie im Bereich des
Bahnhofsservice bereits von Frau Lipke geschildert, spezifische Grenzen und
Belastungen dieser Tätigkeitssegmente. Dabei erweist sich auch für Frau Kerstens weniger die Arbeit in wechselnden Schichten oder die örtliche Mobilität als
Überforderung.[13] Es ist vielmehr die psychische Belastung der Gefühlsarbeit an
den KundInnen, die zudem weder als Qualifikation anerkannt noch entsprechend vergütet wird.

Der Blick auf den Zusammenhang zwischen Umstellungsstrategien und gesellschaftlichen wie betrieblichen Wandlungsprozessen offenbart zwei ambivalente Tendenzen: Einerseits ist Frau Kerstens auf dem Zug, unterwegs, in dis-
kontinuierlichen, das gesamte restliche Leben bestimmenden Schichten *in ihrem
Element*. Mit ihrer Tätigkeit schafft sie sich einen Raum, ihre Kompetenz und
ihre Erfahrung, nämlich mit (biographischen) Diskontinuitäten umzugehen, als
Erwerbsanforderung zu integrieren. Insofern bergen jene Servicetätigkeiten, die
als modernisierte Variante einer ‚traditionellen', niedrig qualifizierten weiblichen Dienstleistungsarbeit mit beschränkten Aufstiegschancen gelten, durchaus
auch Individualisierungsoptionen und Schutz gegen gesellschaftliche Aus-
schlussprozesse, wie sie als ‚*weibliches* Klassenschicksal' in den prekären sozialen Lagen der Volksmilieus nahe liegen könnten. Strukturelle Ressourcen für
die gelungene Verankerung in dem Unternehmen DR in den 1980er Jahren
waren die durch das DDR-Geschlechter- und Arbeitsregime staatlich gestützten
Möglichkeiten der Vereinbarkeit von (Schicht-)Erwerbsarbeit und der Lebensform des Alleinerziehens. Darüber hinaus war und ist es die sinngebende und
identifikatorische Dimension der Arbeit, die die Lebensführung stabilisiert(e)
und einen Raum der Selbstverwirklichung schafft(e). Zugespitzt formuliert: Die
‚fremdbestimmte' und niedrig qualifizierte, geschlechtlich segregierte Tätigkeit
wandelt Frau Kerstens in ein Feld der Selbstbehauptung um, in dem die verschränkten klassenmilieu- und geschlechtsspezifischen Benachteiligungen ihre
Schwerkraft (bislang) nicht ausspielen können.[14]

---

13 Dies unterscheidet Frau Lipke und Frau Kerstens von anderen weiblichen Beschäftigten in den
   Servicebereichen mit rollierendem Schichtdienst, die sich in der aktiven Familienphase befinden
   und Kleinkinder zu betreuen haben. Für sie wirken die Arbeitszeiten hochgradig selektiv und
   motivieren Verdrängungen aus dem Erwerbsbereich (vgl. dazu auch die Umstellungsstrategie der
   ‚Selbstselektion' in: Völker 2003, 2004).
14 Der Biographieverlauf der Tochter, über deren Handlungsstrategien hier nichts gesagt werden
   kann, scheint genau die Wirksamkeit der verschränkten klassenmilieu- und geschlechtsspezifischen Marginalisierungspotenziale zu bestätigen. Im Sommer 2000 hat sie zwei (Klein-)Kinder
   von unterschiedlichen Vätern, mit denen die jeweilige Beziehung gescheitert ist. Wie ihre Mutter

Andererseits zeigen sich jedoch im Verlauf der betrieblichen Transformationsprozesse auch für Frau Kerstens Belastbarkeitsgrenzen, die mit der auslaugenden ‚weiblichen' Gefühls- und Vermittlungsarbeit und den inhärenten Altersgrenzen im kundInnenorientierten Dienstleistungsbereich einhergehen. Möglicherweise – so deutet sich im Zweitinterview an – erschöpft sich die einsatzfreudige Umstellungsstrategie angesichts der sich sukzessive verschlechternden Arbeitsbedingungen, die auch mit hohem persönlichen Engagement nicht mehr zu kompensieren sind. Damit zeigen sich dann auch die Ertragsgrenzen in diesem (vergeschlechtlichten) Beschäftigungssegment an – die Bäume wachsen eben nicht in den Himmel! Entsprechend sucht Frau Kerstens nach einem kalkulierten Ausstieg:

> Gesundheitlich auf'm Zug, weiß ich nicht. Deswegen sage ich ja, irgendwie noch, also fünf Jahre noch auf'm Zug und dann mal sehen, was sich ergibt. Man muss so denken jetzt schon, mal schauen, wie gesagt, man wird ja älter.

Obgleich es im Erwerbsbereich also durchaus ambivalente Entwicklungen gibt, fällt in den Interviews vor allem der Gegensatz zwischen der Lebendigkeit, mit der Frau Kerstens ihre Erwerbswelt beschreibt, und der sehr zurückgenommenen Schilderung ihres ‚privaten' Lebens auf:

> ...dann (bei der Arbeit, SV) bin ich wieder ganz in meinem Element. So kennen mich viele auch, mal sagen, zu Hause, mein Partner jetzt, der kennt mich so gar nicht. Der sagt, du gehst überhaupt nicht aus dir raus. Ne' zu Hause will ich meine Ruhe haben, da bin ich wieder total das Gegenteil, ganz ruhig. Da will ich so, ich kann auch viel alleine sein, aber die Arbeit, da muss ich Trubel um mich rum haben und die Leut' und das alles.

Den Bereich privater Beziehungen stellt Frau Kerstens selbst seltsam ‚widersprüchlich' dar. Sie bezeichnet sich einmal als alleinstehend („*Ich bin alleine, also alleinstehend"*) und betont stolz, ihr Leben lang für sich selbst gesorgt und aus eigener Kraft Krisen überwunden zu haben. Gleichzeitig lebt sie jedoch seit Mitte der 1990er Jahre mit einem neuen Partner zusammen. Doch wie die Beziehungen zuvor stellt sich diese Partnerschaft als nicht unproblematisch, ja fast als Belastung dar. So ist Frau Kerstens mit ihrem schmalen Gehalt nicht nur ökonomisch verantwortlich für ihren chronisch kranken und nicht mehr erwerbstätigen Lebensgefährten. Der Partner guckt neidisch auf Frau Kerstens' Erwerbstätigkeit – sie ist aus seiner Perspektive in der Beziehung die Bevorteil-

---

hat sie nach einer schwierigen Schullaufbahn eine Ausbildung im Bereich einfacher Qualifikationen als Köchin absolviert. Die Tochter ist jedoch seit acht Jahren mehr oder weniger arbeitslos und hält sich mit Aushilfsjobs über Wasser. Die der Mutter in DDR-Zeiten noch zur Verfügung stehenden öffentlichen Einrichtungen zur Kinderbetreuung gelten für die Tochter nur noch reduziert. Ihre vergleichsweise niedrige Qualifikation verschließt ihr in der von Massenarbeitslosigkeit gekennzeichneten ostdeutschen Transformationsgesellschaft Erwerbschancen. So spitzt sich die Lebenssituation der Tochter absehbar zu einer sich eher verstärkenden Abwärtsspirale zu.

te. Gleichzeitig empfindet er ihre Arbeitswelt als Bedrohung und versucht, die
wenigen privaten kollegialen Kontakte seiner Partnerin weiter zu reduzieren. Er
appelliert an ihre Zuwendung, ihre Gefühlsarbeit; die Prekarität seiner Lage soll
durch ihr Verständnis, ihr Umsorgen, ihre Präsenz wettgemacht werden. Der
Partner ist somit zwar ein relativ fester und stabiler Bestandteil ihres Privatbe-
reichs, er eröffnet ihr im Rahmen der Partnerschaft offenbar kaum positive Er-
lebensräume. Dies thematisiert Frau Kerstens radikal:

> Interviewerin: Wie ist das, können Sie sich auch ein ganz anderes Lebensarrangement vor-
> stellen (...)?
>
> Frau Kerstens: (...) ich könnte auch alleine leben.
>
> Interviewerin: Das ist doch schon eine spannende Frage, wie kommen Sie darauf?
>
> Frau Kerstens: Ach, ich weiß nicht, ich könnte auch alleine leben wieder, (...) so muss ich
> immer sagen, er ist zu Hause, musst immer ein bisschen Rücksicht nehmen, ist ja noch jemand
> da. Aber so wäre ja niemand da. Da wäre nur meine Tochter da, ja und.
>
> Interviewerin: Und Ihr Job.
>
> Frau Kerstens: Ja und der Job und der ist mir wichtig.

Es ist die Erwerbsarbeit, über die das Bedürfnis nach sozialer Integration und
Kommunikation verwirklicht wird, in der Frau Kerstens sich Erfüllung verschafft und ihr Leben selbstbewusst gestaltet. Demgegenüber ist es gerade das
private Lebens- und Geschlechterarrangement, das Handlungsspielräume ein-
engt, Partizipationsmöglichkeiten beschränkt und Verstrickungen wie etwa die
vorwiegend weibliche Verantwortlichkeit für Beziehungs- und Liebesarbeit (re-)
produziert.

3.   Schlussbemerkung

Die beschriebene Umstellungsstrategie des ‚pragmatischen Realismus' lässt sich
zusammenfassend als realitätstüchtige Abwägung zwischen dem sich aktuell
bietenden Möglichkeitsraum und dem Rückgriff auf die eigenen, biographisch
hervorgebrachten Lebensvorstellungen und Normalitätserwartungen charakterisieren. Dabei habe ich zu zeigen versucht, welch ein komplexes Gewebe diese
meist ganz ‚unwillkürlich' hervorgebrachten alltagpraktischen Strategien darstellen. Mit ihnen werden von seiten der Subjekte unterschiedliche gesellschaftliche Arrangements (DDR *und* ostdeutsche Transformationsgesellschaft) und
die damit verbundenen Klassenmilieu- und Geschlechterverhältnisse genutzt,
interpretiert und als Erfahrungswissen aufgeschichtet. Die Umstellungsstrategien artikulieren so die milieuspezifischen und sozial positionierten Aneignun-

gen und Bedeutungsbelegungen von Arbeit und Leben. Dabei werden die hier explizierten Deutungen der jeweils aktuellen gesellschaftlichen und betrieblichen Handlungs- und Partizipationsbedingungen ins Verhältnis gesetzt zu den (strukturellen und individuellen) Möglichkeitsgefügen anderer Angehöriger des Lebenszusammenhangs (‚familiale Lebensführung').

Die Bewertungen der Erwerbsbedingungen (wie bspw. Schichtarbeit) lassen sich dabei nicht nur aus den Handlungsspielräumen und -zwängen ableiten, der den einzelnen etwa qua Lebensform und -phase zur Verfügung steht (etwa betreuungsintensive Fürsorgephase oder postfamiliales Arrangement), sondern erklären sich auch aus differenten Partnerschaftskonzepten, Sehnsüchten nach Freiräumen oder erwerbsbezogener Verausgabung. In den gelebten Geschlechterarrangements können individualisierte Arbeitszeiten bisweilen zum positiven Fluchtpunkt oder auch zur Möglichkeit ‚eigener' Zeit werden. So ist es bspw. für Frau Kerstens gerade diese Schichtarbeit und die relative Autonomie auf dem Zug, die ihr Freiräume von der Eingebundenheit in begrenzende private Lebensführungen und Beziehungsverstrickungen verschafft und auch Frau Lipkes Bewertungen des Schichtsystems fallen – zwischen Zugewinn an individuellen Freiheitsgraden und Belastung sozialer Beziehungen – ambivalent aus.

Die Leistung einer klassenmilieudifferenzierenden und geschlechtersoziologisch informierten Analyse liegt m.E. zusammenfassend darin, praktische Lebensführungen, subjektive Akzeptanzen oder Ablehnungen in ihrer Genese und ihrer sozialen und kulturellen Situierung verstehbar zu machen. Das ist nicht eben wenig, bedenkt man/frau, dass die gegenwärtigen Diskussionen um den Wandel von Erwerbsarbeit und Geschlechterarrangements, um den Gestaltwandel von sozialen Ungleichheiten vornehmlich von den Deutungsmustern der akademischen Milieus bestimmt werden. Die unterschiedlichen Praxisformen der AkteurInnen in ihren je eigenen Interpretationen und ihre ‚Umarbeitungen' der Wandlungsprozesse sind dagegen im Diskurs eher wenig artikuliert und konturiert. Der Blick auf die Genese der praktischen Lebensführungen und die hier hervorgebrachten Umstellungsstrategien ermöglicht dagegen, der Eigenlogik und Kreativität der Praxis der AkteurInnen Raum zu geben und hilft, vereinseitigende Gegensatzkonstruktionen etwa zwischen Anpassung an gestellte Anforderungen *oder* widerständigem Handeln zu umgehen. Diese praktischen Stellungnahmen können sich dabei auch durchaus als kritisches Potenzial gegenüber gesellschaftlichen Umbruchprozessen erweisen[15] und ‚widerständige'

---

15 Hierauf weisen auch Michael Vester und Daniel Gardemin (2001) mit ihren Befunden zum politischen Unmut von westdeutschen Frauen des modernen leistungsorientierten Arbeitnehmermilieus hin. Ihre Unzufriedenheit sei das Resultat des enttäuschten und real zurückgewiesenen Anspruchs auf Leistungsgerechtigkeit durch die nach wie vor geschlechterungleichen Teil-

Strategien zwischen Interessenwahrung, Zurückweisen von als überzogen oder unzumutbar empfundenen Anforderungen und notwendigem Arrangieren mit dem Gegebenen hervorbringen.

Literatur

Berger, Peter A./Vester, Michael (Hg.) (1998): Alte Ungleichheiten – Neue Spaltungen. Opladen: Leske+Budrich.

Bourdieu, Pierre (1987): Die feinen Unterschiede. Kritik der gesellschaftlichen Urteilskraft. Frankfurt/M.: Suhrkamp.

Bude, Heinz (1998): Die Überflüssigen als transversale Kategorie. In: Berger/Vester (1998): 363–382.

Deutsches Institut für Fernstudienforschung an der Universität Tübingen (Hg.) (1998): Funkkolleg ‚Deutschland im Umbruch'. Studienbrief 5. Tübingen.

Dölling, Irene (2005): Ostdeutsche Geschlechterarrangements in Zeiten des neoliberalen Gesellschaftsumbaus. In: Schäfer u.a. (2005): 16–34.

Dölling, Irene (2003): Zwei Wege gesellschaftlicher Modernisierung. Geschlechtervertrag und Geschlechterarrangements in Ostdeutschland in gesellschafts-/modernisierungs-theoretischer Perspektive. In: Knapp/Wetterer (2003): 73–100.

Engler, Steffani/Krais, Beate (Hg.) (2004): Das kulturelle Kapital und die Macht der Klassenstrukturen. Sozialstrukturelle Verschiebungen und Wandlungsprozesse des Habitus. Weinheim: Juventa.

Frey, Michael/Hüning, Hasko/Nickel, Hildegard Maria (2001): Neuorganisation der Deutschen Bahn AG. Als Börsenbahn in die Zukunft? In: Humboldt-Spektrum 2/2001. Berlin. 1–8.

Glatzer, Wolfgang/Ostner, Ilona (Hg.) (1999): Deutschland im Wandel: Sozialstrukturelle Analysen. Opladen: Leske+Budrich.

Geiling, Heiko (Hg.) (2003): Probleme sozialer Integration. agis-Forschungen zum gesellschaftlichen Strukturwandel. Münster: Lit.

Heintz, Bettina (Hg.) (2001): Geschlechtersoziologie. (Sonderheft 41 der Kölner Zeitschrift für Soziologie und Sozialpsychologie). Wiesbaden: Westdeutscher Verlag.

Jürgens, Kerstin (2001): Familiale Lebensführung. Familienleben als alltägliche Verschränkung individueller Lebensführungen. In: Voß/Weihrich (2001): 33–60.

Knapp, Gudrun-Axeli/Wetterer, Angelika (Hg.) (2003): Achsen der Differenz. Gesellschaftstheorie und feministische Kritik Bd. 2. Münster: Westfälisches Dampfboot.

Kronauer, Martin (2002): Exklusion. Die Gefährdung des Sozialen im hoch entwickelten Kapitalismus. Frankfurt/M.: Campus.

Lange-Vester, Andrea (2003): Die longue durée des Habitus. Tradierung und Veränderung sozialer Bewältigungsmuster in einem Familiennetzwerk seit dem 17. Jahrhundert. In: Geiling (2003): 67–90.

Moldaschl, Manfred/Voß, G. Günter (Hg.) (2003): Subjektivierung von Arbeit. München: Hampp.

Nickel, Hildegard Maria (2005): Vortrag bei den 3. Marburger Arbeitsgesprächen: „Die Zukunft der Arbeit und der Arbeitsforschung liegt in ihrem Wandel". 23.–25.02.05 in Marburg.

Nickel, Hildegard Maria (1999): Lebenschancen von Frauen in Ostdeutschland. In: Glatzer/Ostner (1999): 255–264.

Nickel, Hildegard Maria (1998): Zurück in die Moderne? Kontinuitäten und Veränderungen im Geschlechterverhältnis. Studieneinheit 17. In: Deutsches Institut für Fernstudienforschung an der Universität Tübingen (1998): 5–36.

Nickel, Hildegard Maria/Völker, Susanne/Hüning, Hasko (Hg.) (1999): Transformation – Unternehmensreorganisation – Geschlechterforschung. Opladen: Leske+Budrich.

habechancen an qualifizierten Erwerbspositionen. Ihr Unmut markiere ein kritisches Potenzial, das gegenwärtig allerdings nicht gesellschaftspolitisch aufgegriffen und repräsentiert werde.

Nickel, Hildegard Maria/Frey, Michael/Hüning, Hasko (2003): Wandel von Arbeit – Chancen für Frauen? Thesen und offene Fragen In: Berliner Journal für Soziologie. 4/2003. 531–543.

Pongratz, Hans J./Voß, G. Günter (2003): Arbeitskraftunternehmer. Erwerbsorientierungen in entgrenzten Arbeitsformen. Berlin: Edition Sigma.

Sauer, Dieter (2004): Arbeit im Übergang – Gesellschaftliche Produktivkraft zwischen Zerstörung und Entfaltung. Vortrag KOPRA-Konferenz „Von der Allgegenwart der verschwindenden Arbeit. Neue Herausforderungen der Arbeitsforschung" am 2./3.12.2004 in München.

Schäfer, Eva/Dietzsch, Ina/Drauschke, Petra/Peinl, Iris/Penrose, Virginia/Scholz, Sylka/Völker, Susanne (Hg.) (2005): Irritation Ostdeutschland. Geschlechterverhältnisse seit der Wende. Münster: Westfälisches Dampfboot.

Trappe, Heike (1995): Emanzipation oder Zwang? Frauen in der DDR zwischen Beruf, Familie und Sozialpolitik. Berlin: Akademie-Verlag.

Vester, Michael (2004): Die Illusion der Bildungsexpansion. Bildungsöffnungen und soziale Segregation in der Bundesrepublik Deutschland. In: Engler/Krais (2004): 13–53.

Vester, Michael/Gardemin, Daniel (2001): Milieu, Klasse und Geschlecht. Das Feld der Geschlechterungleichheit und die ‚protestantische Alltagsethik'. In: Heintz (2001): 454–486.

Vester, Michael/von Oertzen, Peter/Geiling, Heiko/Hermann, Thomas/Müller, Dagmar (2001): Soziale Milieus im gesellschaftlichen Strukturwandel. Frankfurt/M.: Suhrkamp.

Völker, Susanne(1999): Erwerbsorientierungen und betriebliche Transformation. Selbstverortungen und Handlungsstrategien ostdeutscher Frauen bei der Deutschen Bahn AG In: Nickel u.a. (1999): 205–226.

Völker, Susanne (2005): Nachbetrachtung: Vom Nutzen der ‚Irritation' – Zwischenräumlichkeiten und hybride Praktiken. In: Schäfer u.a. (2005): 235–248.

Völker, Susanne (2004): Hybride Geschlechterpraktiken. Erwerbsorientierungen und Lebensarrangements von Frauen im ostdeutschen Transformationsprozess. Wiesbaden: VS.

Völker, Susanne (2003): Hybride Praktiken zwischen Anpassung und Widerständigkeit. Erwerbsorientierungen und Lebensarrangements ostdeutscher Frauen im (betrieblichen) Transformationsprozess. In: Potsdamer Studien zur Frauen- und Geschlechterforschung. 7. Jg., Heft 2003. 33–59.

Voß, G. Günter/Pongratz, Hans J. (1998): Der Arbeitskraftunternehmer. Eine neue Grundform der Ware Arbeitskraft? In: Kölner Zeitschrift für Soziologie und Sozialpsychologie. 50(1). 1998. 131–158.

Voß, G. Günter/Weihrich, Margit: Tagaus – tagein. München: Hampp.

Mittlere Arbeitnehmermilieus
und Strategien der Respektabilität

Daniel Gardemin

> „Die Arbeitskraft wurde, als marktabhängige Ware, zur einzigen Existenzgrundlage; das natürliche und das durch Freisetzungen bedingte Bevölkerungswachstum sowie die Vereinfachung des erforderlichen Fachkönnens im Fabriksystem machten die Arbeiter ‚austauschbar', zu Konkurrenten, zu stets potentiell Arbeitslosen; verloren waren die alten Sicherungen der Autonomie und Solidarität, d.h. die eigenen Arbeitsmittel und die nachbarschaftliche Hilfe. Nicht nur die Arbeit, sondern der gesamte Lebensablauf wurde starrer Disziplinierung und Zeiteinteilung unterworfen (...). Zugleich waren die sozio-kulturellen Wertmuster der alten Lebensweise keine Hilfe zur Bewältigung der neuen Situation; sie gerieten in eine Krise, bedurften der Transformation" (Vester 1970: 106 f.).

Vor dieser Aufgabe, *Lernaufforderung* nennt es Michael Vester, standen gegen Ende des 19. Jahrhunderts zwei unterschiedliche Arbeitertypen, zum einen „die Arbeitergruppen, die länger in städtischen bzw. industriellen Milieus lebten", und zum anderen die „Landarbeiter und ländlichen Heimarbeiter" (Vester 1970: 108). Die Bewältigung von Transformationskrisen gelang seitdem den städtischen leistungsorientierten Facharbeitermilieus besser, denn nach jeder überstandenen Krise konnte auch das Selbstbewusstsein wachsen, für den Prozess der Industrialisierung unentbehrlich zu sein. Ihre Qualifikation wurde gebraucht. Die weniger gebildeten Landarbeiter und ländlichen Heimarbeiter hingegen gingen aus Krisenzeiten zumeist als Verlierer hervor. Auch heute wird gering qualifizierte Arbeit als erstes wegrationalisiert.

Doch auch die qualifizierteren städtischen Facharbeiter- und Dienstleistungsmilieus stehen derzeit unter Druck. Durch die anhaltende Massenarbeitslosigkeit wird ihre Existenzgrundlage, für Arbeit einen gerechten Gegenwert fordern zu können, in Frage gestellt (vgl. dazu insbesondere den Beitrag von Groh-Samberg sowie auch Hofmann/Rink in diesem Band). Zu diesem Gegenwert gehört nicht nur das Einkommen, sondern auch die materielle Sicherung bei Arbeitslosigkeit, die Lohnfortzahlung im Krankheitsfall und die Sicherheit, im Alter keinen Mangel erleiden zu müssen. Diese und weitere Errungenschaften, die in sozialen Kämpfen ausgehandelt wurden und die zum nachhaltigen sozialen Frieden der Gesellschaft geführt haben, haben die Gesellschaft gerechter gemacht und den arbeitenden Klassen zu Status und Respekt verholfen. Und wer sichere Arbeit und Einkommen hat, war und ist „respectable" und gehört zu „the better sort of people", so Friedrich Engels 1845 (Engels 1973: 301).

Der Frage, wo heute Respektabilität anfängt bzw. wo der Abstieg unter die Schwelle der gesellschaftlichen Partizipation beginnt, wird in diesem Beitrag unter Rückgriff auf eigene empirische Analysen nachgegangen. Hintergrund ist die Beobachtung, dass die Verunsicherung der arbeitnehmerischen Milieus der gesellschaftlichen Mitte zunimmt. Durch ökonomische, technologische und gesellschaftspolitische Probleme wie Massenarbeitslosigkeit, Veränderung der Arbeitswelt und Umbau der Sozialsysteme geraten diese Milieus unter Druck. Zugleich werden die erprobten Strategien und Standards, die lange Zeit Respektabilität und Anerkennung garantierten, infrage gestellt. Das betrifft heute vor allem die schwächsten Teile der mittleren Arbeitnehmermilieus, deren Abstieg aus der respektablen Zone des sozialen Raumes zu einer kollektiven Erfahrung zu werden droht. Doch welche Folgen hat dieser drohende Abstieg auch für das Selbstverständnis, zur respektablen Arbeitnehmergesellschaft dazuzugehören? Und welche Strategien werden dagegen gehalten, um überwunden geglaubte Prekarität, Unsicherheit und Deklassierungsgefahr zu bewältigen.

Mit einem kleinen Beispiel aus Gottfried Kellers Novellenzyklus „Die Leute aus Seldwyla" soll im *ersten Abschnitt* dargestellt werden, welche tiefliegende Bedeutung der Wunsch nach Zugehörigkeit zur respektablen Gesellschaft hat. Gegen den Abstieg werden unterschiedliche Strategien verfolgt, die der Logik des sozialen Raums und des Habitus folgen. Mit dem Beispiel soll deutlich werden, dass sich der drohende Respektabilitätsverlust nicht auf eine einzige Dimension der sozialen Praxis oder der ökonomischen Lage reduzieren lässt, sondern als ein komplexes soziales Phänomen verstanden werden muss.

Im *zweiten Abschnitt* soll anhand von vier sozialwissenschaftlichen Zugängen gezeigt werden, dass sehr unterschiedliche Ebenen das komplexe Phänomen der Respektabilität gliedern. So hat Max Weber mit der *ständischen Ehre* eine Begriffsebene eingeführt, die es ermöglicht, sich über die Praktiken der Lebensführung der sozialen Trennung von gesellschaftlichen Großgruppen anzunähern. Robert Castel weist mit dem Begriff der *Prekarität* auf eine Zone der Gesellschaft hin, die in einer Zeit der Krise der Lohnarbeitsgesellschaft eine existenzielle ökonomische Bedeutung für die absteigenden Teile der Bevölkerung hat. Georg Simmel hingegen zeigt, dass durch *relative Armut* auch scheinbar gesicherte Teile der Gesellschaft unterhalb die „Grenze des anständigen Anzugs" abzusteigen drohen. Michael Vester schließlich verdeutlicht die historische Wirkmächtigkeit der *Grenze der Respektabilität*, die bis heute die sogenannten ehrbaren mittleren Milieus von den unsicheren und deklassierten Milieus der Gesellschaft trennt.

Anhand einer empirischen Untersuchung von zwei großen arbeitnehmerischen mittleren Milieus soll im *dritten Abschnitt* gezeigt werden, mit welchen Umstellungsstrategien die vom Abstieg bedrohten Milieus sich gegen die Deklassierung wehren. Vor dem Hintergrund der untersuchten mittleren Milieus sollen abschließend im vierten Abschnitt mögliche Auswirkungen aktueller sozialpolitischer Entwicklungen thematisiert werden. Durch die jüngste Sozialgesetzgebung, bekannt geworden als sogenannte „Hartz-Gesetze", verändert die wohlfahrtsstaatliche und juristische Grenzziehung zwischen Arbeitslosen und Sozialhilfeempfängern, die eine wesentliche von außen ablesbare Trennlinie darstellte, ihre Gestalt. Zum Teil wohl ohne Wissen und Absicht der politischen Entscheidungsträger, entwickelt sich die Einführung einer einheitlichen Hilfskasse für die schwächeren Milieus zu einer bedrohlichen Perspektive eines dauerhaften Abstiegs.

1. Von der Mär, des eigenen Glückes Schmied zu sein

„John Kabys, ein artiger Mann von bald vierzig Jahren, führte den Spruch im Munde, dass jeder der Schmied seines eigenen Glückes sein müsse, solle und könne, und zwar ohne viel Gezappel und Geschrei. Ruhig, mit nur wenigen Meisterschlägen schmiede der rechte Mann sein Glück! war seine öftere Rede, womit er nicht etwa die Erreichung bloß des Notwendigen, sondern überhaupt alles Wünschenswerten und Überflüssigen verstand" (Keller 2002: 327). Kabys, in einfachen Verhältnissen aufgewachsen in Seldwyla, einer kleinen Ortschaft „irgendwo in der Schweiz", plant, mit wenig Aufwand die sozialen Schranken seiner Herkunft zu überwinden.

Kabys konzentriert sich auf Äußerlichkeiten, auf eine kleine Veränderung seines Namens und auf die Verbesserung seiner Kleidung. Seinem einfachen Namen hat er bereits einen „edleren und fremdartigeren Anhauch" (ebd.: 327) gegeben, aus Johannes Kabis wird John Kabys.

Doch weder seine ökonomischen noch seine kulturellen Ressourcen reichen aus, sich den Anschein eines Dazugehörigen zu geben und „an der allgemeinen Respektabilität" (ebd.: 328) dauerhaft teilzuhaben. Seine Mittel investiert er zwar in einen aufwändigen Lebensstil. Doch als sein bescheidenes Erbe dann bald aufgezehrt ist, verblassen die mühsam gepflegten äußerlichen Attribute, die „in einer vergoldeten Brille, in drei emaillierten Hemdenknöpfen, durch goldene Kettchen unter sich verbunden, in einer langen goldenen Uhrkette" (ebd.: 329) u.a. bestehen. Kabys versucht, den Mangel durch „eine fortwährend ruhige und würdevolle Haltung" (ebd.) zu überdecken, er will „weder vor der Welt noch vor sich selbst für einen Bettler gelten." Denn für ihn ist es letztlich eine existenzielle Frage, „das Äußerste zu erdulden, ohne an Glanz einzubüßen" (ebd.). Doch seine Bemühungen reichen nicht, die Fassade aufrecht zu erhalten.

Besserung verspricht sich Kabys durch eine geschickt eingefädelte Heirat, die ihm und seinem Firmenschild einen klangvollen Doppelnamen verleihen soll. Doch in Unkenntnis der Familienverhältnisse zeigt es sich, dass nur die Mutter seiner Braut den vornehmen Namen trägt, was Kabys kurzerhand veranlasst, um die Hand der Mutter statt um die der Tochter anzufragen. „Allein die entrüstete Frau hatte nun ihrerseits in Erfahrung gebracht, dass Herr Kabys gar kein Mahagonikästchen mit Werttiteln besitze, und wies ihm schnöde die Türe" (ebd.: 331).

Dem Misserfolg folgt der Entschluss, „etwas Wirkliches zu arbeiten oder wenigstens zur Grundlage seines Daseins zu machen" (ebd.: 332). Doch es entspricht nicht dem Habitus des Kabys, die Tage als Barbier – „gar nichts als vortrefflich rasieren" (ebd.) konnte er – ohne rechtes Einkommen und ohne Aussicht auf Veränderung dahingehen zu lassen. Ein Kunde bringt ihn auf die Idee, eine gewagte Erbschleicherei außerhalb seiner Heimat einzufädeln, die ihm Geld und einen Adelstitel bescheren soll. Wieder fehlt Kabys der nötige Weitblick in der Planung, so dass er kurz vor dem Ziel durch Unachtsamkeit und Großmannssucht selbst den Erblasser auf den Schwindel bringt und zurück nach Seldwyla flüchten muss.

Kellers holzschnittartige Skizze, die den Titel „Der Schmied seines Glückes" trägt, ist nicht nur die Geschichte eines gescheiterten Parvenüs, der mit wenig Aufwand sein Herkunftsmilieu verlassen und die Höhen der Gesellschaft erklimmen möchte. Vielmehr zeigt sich hinter den Plänen des Kabys, wie ein Mensch scheitert, weil die ökonomischen und kulturellen Ressourcen für seine Vorhaben nicht ausreichen. Kabys stößt an die Grenzen seines Habitus. Auch wenn er sich bei seinen Vorhaben auf den ersten Blick nicht ungeschickt anstellt, so ist doch das Ziel so auffällig weit gesteckt, dass kleine Versäumnisse den gesamten Plan zum Scheitern bringen. Kabys Herkunftshabitus wird dabei von den Beteiligten immer wieder entschlüsselt und es werden so seine Pläne, die einzig und allein dazu dienen, „an der allgemeinen Respektabilität" teilzunehmen, zunichte gemacht.

Anders als in Kellers Parallelnovelle „Kleider machen Leute", wo der arme, aber ehrliche Schneider Strapinski mit nichts mehr als gepflegtem Schnurrbart, edlem Mantel und polnischer Pelzmütze – „solcher Habitus war ihm zum Bedürfnis geworden" (ebd.: 280) – schließlich die Tochter des Amtsrates heiratet, wird Kabys als Aufschneider und Erbschleicher enttarnt und endet als einfacher Nagelschmied. Strapinski, der Schneider, der ohne eigene Absicht in eine Verwechslungskomödie gerät, bleibt hingegen „bescheiden, sparsam und fleißig

in seinem Geschäfte, welchem er einen großen Umfang zu geben verstand"
(ebd.: 325), verdoppelt so sein Vermögen und wird ein angesehener Mann.

Kellers moralische Absicht ist es, den tugendhaften Schneider Strapinski
für seine asketische Lebensführung und seinen „ehrlichen" Habitus zu belohnen
und gleichzeitig Kabys prätentiösen Habitus der Unbescheidenheit zu bestrafen.
Kabys, „der erst in leidlicher, dann in ganzer Zufriedenheit so dahin hämmerte,
als er das Glück einfacher und unverdrossener Arbeit spät kennen lernte, das ihn
wahrhaft aller Sorgen enthob und von seinen schlimmen Leidenschaften reinig-
te" (ebd.: 356), wird spät geläutert. Kabys Suche nach der „allgemeinen Respektabilität" findet ihre Entsprechung nicht im Glück, das er „mit wenigen Meisterschlägen" (ebd.: 330) erzwingen wollte, sondern in der Kontinuität einer einfachen Arbeit. Arbeit wird zum Motiv der Reinheit, der Buße und der Bewährung.
Die Seldwyler und mit ihnen Keller und die Leser zollen ihm nun Respekt.

Keller zeigt mit seinen Parabeln, dass auf dem Weg zur „allgemeinen Res-
pektabilität" das Zusammenwirken von ehrbarer Arbeit und standesgemäßer
Lebensführung eine entscheidende Rolle spielt. Dabei steht die materielle Aus-
stattung nicht im Vordergrund, sondern das erarbeitete Vertrauen wird zum
Maßstab der Zugehörigkeit. Materieller Wohlstand stellt sich dann, wie bei den
beiden Protagonisten, denen der soziale Abstieg drohte, letztlich durch Fleiß,
Heirat und Glück (in Form von Hilfestellungen aus dem sozialen Umfeld) im
Laufe des Lebensweges ein.

Kellers literarische Figuren des frühen 19. Jahrhunderts stehen auch für die
kleinstädtische Sozialstruktur, in der sich unterschiedliche ständische Gruppen
entwickelten und auch in Konkurrenz zueinander standen. So scheint Kabys ein
Hochstapler eines auf gesellschaftlichen Erfolg orientierten Milieus zu sein, der
die städtische Freiheit zu nutzen weiß, manchmal über die Grenzen des Erlaubten hinweg. Den Gegenpart bildet Strapinski, der mit eigener Hände Arbeit zu
angemessenem Wohlstand gelangt, und nur für ein Abenteuer und für die ge-
spannten Zuhörer das angestammte Milieu verlässt. Keller spielt in seinen No-
vellen, die sich bis heute großer Beliebtheit erfreuen, mit dem überwiegend
kleinbürgerlichen Publikum, das mit Kabys und Strapinksi für kurze Zeit selbst
dem beschränkten und mühseligen Arbeitsalltag entfliehen kann. In Wirklichkeit stammen beide Figuren aber selbst aus der Enge der kleinbürgerlichen Milieus, Strapinski eher aus den ehrbaren handwerklichen Kreisen, Kabys eher aus
den unterständischen niederen Berufen. Ihre temporäre Flucht aus den Herkunftsmilieus lässt den Betrachter staunen und schließlich moralisch werden. So
gehört es sich nicht, dass es sich Kabys im aufstiegsorientierten Milieu der Parvenüs gut gehen lässt, er wird in die Schranken des Herkunftsmilieus verwiesen.
Dem Schneider Strapinski wird verziehen, dass er sich mit feinem Zwirn zwar

großbürgerlich gibt, aber nicht den Kodex der ‚ehrlichen Arbeit' verletzt. Dass Keller beide Figuren der ‚gerechten Strafe' zuführt, besänftigt das Publikum.

2. Ständische Ehre, Prekarität und relative Armut und die Grenze der Respektabilität

Das literarische Beispiel verdeutlicht, dass soziale Anerkennung bzw. Respektabilität in einem direkten Zusammenhang mit den materiellen und kulturellen Ressourcen der sozialen Milieus stehen. Diejenigen, denen die soziale Anerkennung versagt wird, werden auch vom Erwerb anderer Ressourcen ausgeschlossen. Entzug von Respektabilität ist demnach weder nur Schicksal oder eine vorübergehende Schwäche eines Individuums noch handelt es sich um einen reinen ökonomischen Tatbestand. Vielmehr ist Respektabilität ein vielschichtiger struktureller Ausdruck sozialer Kämpfe und betrifft die Gesellschaft als Ganzes. Anhand von vier sozialwissenschaftlichen Zugängen soll der Begriff der Respektabilität umrissen werden.

Mit Max Webers Vorstellungen von ‚ständischer Ehre' soll als erstes gezeigt werden, dass der rechtlich fixierte Status der Stände in direktem Zusammenhang mit der alltäglichen Lebensführung steht. Recht und Alltagspraxis definieren die Zugehörigkeit zur respektierten ständischen Gesellschaft. An Robert Castels Ansatz, den rechtlichen Status der Lohnarbeit als Maßstab für soziale Zugehörigkeit heranzuziehen, zeigt sich eine Trennung der Gesellschaft zwischen sicheren und von ‚Prekarität' betroffenen Bevölkerungsgruppen. Georg Simmels Theorie der ‚relativen Armut' belegt, dass unterschiedliche Armutszonen in der Gesellschaft existieren, von denen diejenige am stärksten wirkt, die die Bedürftigen von dem Rest der Gesellschaft trennt. Michael Vester kann schließlich mit dem Modell der sozialen Milieus darstellen, dass etablierte Milieus und entwurzelte Milieus eine historisch stabile *Grenze der Respektabilität* trennt.

Soziale Zugehörigkeit bedingt sich also nicht allein über die Teilhabe an materiellen Ressourcen, sondern die Grenze verläuft ebenso entlang der „allgemeinen Respektabilität" oder, wie *Max Weber* es nennt, entlang der „*ständischen Ehre*". Auch für Weber ist die ständische Ehre aufs Engste mit der Art der Lebensführung verknüpft, denn „inhaltlich findet die ständische Ehre ihren Ausdruck normalerweise vor allem in der Zumutung einer spezifisch gearteten Lebensführung an jeden, der dem Kreise angehören will" (Weber 1980: 535). Demnach kannten sowohl der Hochstapler Kabys wie auch der bescheidenere Strapinski die Mechanismen gesellschaftlicher Ausgrenzung, denn sie versuchten, ihren Status mittels stilistischer Attribute auch in materiell schlechten Zeiten zu erhalten, wussten sie doch um die Gefahr des Ausschlusses und Abstiegs. Doch der Schneider, dessen Kleidung seine innere Haltung ausdrückte oder, wie Keller es formuliert, dem „solcher Habitus" zum Bedürfnis geworden war, wirkte auf die Beteiligten als der ehrlichere Handwerker, bei dem Anspruch und Praxis überein zu stimmen schienen. Kabys hingegen hatte versucht, die ständischen, d.h. milieuspezifischen Prinzipien betrügerisch zu instrumentalisieren, um so seine materielle Notlage zu verbessern. Er stellte somit, wie Weber es nennt, eine „Bedrohung" für die ständische Ordnung dar.

> „Gliederung nach ‚Ehre' und ständischer Lebensführung ist als solche bedroht, wenn der bloße ökonomische Erwerb und die bloße, nackte, ihren außerständischen Ursprung noch an der Stirn tragende, rein ökonomische Macht als solche jedem, der sie gewonnen hat, gleiche oder (...) sogar dem Erfolg nach höhere ‚Ehre' verleihen könnte, wie sie die ständischen Interessen kraft ihrer Lebensführung für sich prätendieren" (ebd.: 538).

Der Aufsteiger wollte sich mit einer beachtlichen Ausdauer und Schläue von seinem Herkunftsmilieu mit wenig Aufwand möglichst weit entfernen. Doch er scheitert an dem ihm unbekannten filigranen Regelwerk – Unkenntnis der Heiratsregeln und Unkenntnis in Erbschaftsfragen – des Zielmilieus.

Man muss bei Kabys aber beachten, dass er wohl bereits aus einer unteren Randlage der ständischen Gesellschaft entstammte und nicht vollständig in das Regelwerk der Zünfte integriert war. Man erfährt zwar kaum etwas über seine Herkunft, doch seine geringe Qualifikation, sein Versuch, als Barbier tätig zu werden und vor allem seine maßlosen Unternehmungen zeugen von einer Existenz, die von der sozialen Ordnung der ständischen Gesellschaft, also derer, die „Respektabilität" besitzen, wahrscheinlich schon von Hause aus wenig Kenntnis besitzt. Nur aus der Perspektive des Entwurzelten, der nichts zu verlieren hat, lohnt sich der Versuch überhaupt, außerhalb des starren Regelwerks einer festgefügten Gesellschaftsordnung den Ausbruch zu wagen. So gesehen hatte Kabys am Ende seines Lebensweges als Nagelschmied, der zwar als Anlernberuf eine untere ständische Stufe einnahm und ohne zusätzliche Einnahmequelle „wohl kaum den Mann ernähren konnte", immerhin eine relativ angesehene und ehrbare Arbeit. Und in der ehrlichen „Reue über die unzweckmäßige Nachhilfe, die er seinem Glück hatte geben wollen" (Keller 2002: 356), schwingt der Stolz mit, in die „allgemeine Respektabilität" aufgenommen worden zu sein.

Nun kann eingeworfen werden, dass die „rein ökonomische Macht" inzwischen die Prinzipien der ständischen Gesellschaft verdrängt habe und ein Schicksal des Kabys oder Strapinskis sich heute anders entwickeln müsse. So bemerkt etwa Rainer Geißler, dass „die ständischen Korporationen, die nahezu die gesamte Lebenswelt ihrer Mitglieder regelten", an Gewicht verloren. „In den Städten wurden die Privilegien der Zünfte und Gilden gebrochen und schließlich aufgehoben (...) Räumliche und soziale Bindungen wurden abgebaut, statt dessen wurden die Menschen stärker den Kräften des Wirtschaftslebens und des Marktgeschehens ausgesetzt" (Geißler 1996: 30 f.).

Mit der Transformation der ständischen Ordnung hin zu Wirtschaftsleben und Marktgeschehen haben sich jedoch neue Spannungsfelder entwickelt, die, ähnlich wie Weber die Trennung zwischen Klassen und Ständen vollzieht, zwischen reinen marktwirtschaftlichen Regularien und Regeln sozialer Kohäsion unterscheiden. Die Merkmale Geschlecht, Region, Familienverhältnis, Alter oder Ethnie, die Stefan Hradil als neue Zuweisungsmerkmale sozialer Ungleichheit beschreibt (vgl. Hradil 1987: 40–46), entscheiden heute mit über gesellschaftliche Partizipation. Die Teilhabe erstreckt sich auf den Zugang zu kontinuierlichen Arbeitsverhältnissen, zu planbarem und geregeltem Einkommen, zu schulischer, beruflicher Bildung und Weiterbildung, sowie auf Teilnahme am gesellschaftlichen und politischen Leben.

Genau die Gruppen, die die negativen Zuweisungsmerkmale sozialer Ungleichheit aufweisen, geraten in Zeiten ökonomischer Unsicherheit bzw. damit einhergehenden gesellschaftlichen Modernisierungsprozessen an die Grenze der Teilhabegesellschaft oder sind, so *Robert Castel*, in einer ‚Zone der Prekarität' der ‚sozialen Verwundbarkeit' ausgeliefert (vgl. Castel 2000: 348–364). Hierzu gehören nicht allein die Arbeitslosen. Auch diejenigen Arbeitnehmer sind davon betroffen, deren Arbeitsverhältnisse durch einen zunehmenden Abbau von Arbeitnehmerrechten, wie Lockerung des Kündigungsschutzes, Auflösung von Tarifverträgen, Erhöhung der Wochen- und Lebensarbeitszeit und Wegfall von Lohnfortzahlungen im Krankheitsfall, einer massiven Entwertung unterliegen. Sie sind damit von den verlässlichen Regeln des so genannten ersten Arbeitsmarktes ausgeschlossen. Diese moderne Form des Entzuges von gesellschaftlicher Teilhabe ähnelt der Trennung, wie sie früher zwischen Bürgern und unterständischen Schichten bzw. Bauern und unterbäuerlichen Schichten vollzogen wurde. Es wurde zwischen Dazugehörigen, die in erster Linie verlässliche Rechte, wie das Bürgerrecht, besaßen und den davon Ausgeschlossenen unterschieden. „Bei allen Unterschieden", so Hradil (1999: 52–57) über die unterbürgerlichen Gruppen der mittelalterlichen Stadtgesellschaft,

„war ihnen gemeinsam, keine Bürgerrechte zu besitzen. Diese waren in der Regel Voraussetzung für das Führen eines Zunftbetriebes und eine dem entsprechend angesehene Stellung. Unterbürgerliche Existenzen bestritten ihren Lebensunterhalt ganz überwiegend durch unselbständige oder nicht-zünftige Berufstätigkeit. Von Ausnahmen abgesehen erlaubten diese Positionen nur ein bescheidenes, wenig angesehenes und oft genug unsicheres Auskommen" (ebd.: 56).

Unterhalb der Grenze, an der Regeln nicht mehr verlässlich sind, beginnt die ‚prekäre Beschäftigung' an der Grenze der Lohnarbeitsgesellschaft, d.h. „halbe Lohnarbeit, zersplitterte Lohnarbeit, verachtete Lohnarbeit etc. Über dem Landstreicher, jedoch unterhalb derer, die einen Stand haben, bevölkern die Arbeiter die minderwertigen und bedrohten Auflösungszonen der Gesellschaftsordnung" (Castel 2000: 101).

Mit den prekären Beschäftigungsformen geht der Verlust von gesellschaftspolitischer Teilhabe einher. Castel verweist darauf, dass wir im Unterschied zu den proletarischen Verhältnissen der Frühindustrialisierung heute auf eine Geschichte sozialstaatlicher Sicherungsmechanismen zurückblicken können und daher die gesamtgesellschaftlichen Folgen der Desintegration großer Bevölkerungsteile kennen müssten. Für Castel ist daher die rechtliche Befriedung der prekären Arbeit ein öffentliches Interesse, an dem es sich entscheidet, ob der Staat in der Lage ist, die ‚neue soziale Frage' durch neue Sicherungsmechanismen gezielt anzugehen, oder ob der „Sozialstaat seine gesamte Integrationskraft" (ebd.: 20) verliert und damit das Armutsrisiko bis weit in die lohnarbeitende Bevölkerung hineinwächst.[1]

Armut beginnt dort, wo Gesellschaft in der Pflicht ist, den Bedürftigen zu helfen. Nicht der Arme grenzt sich aus, sondern die Gesellschaft oberhalb der Trennlinie bestimmt den Grad der Bedürftigkeit, die Hilfe und die Stigmatisierung und damit die Folgen der Ausgrenzung. „Deshalb ist er im sozialen Sinne erst arm, wenn er unterstützt wird", schreibt *Georg Simmel* (1906: 27) in seiner „Soziologie der Armut". In dem Moment, in dem der Bedürftige den Normen der Gesellschaft dauerhaft nicht mehr folgen kann – wobei die Art der Herbeiführung dieses Zustandes unwesentlich ist – muss er sich als Bedürftiger zu erkennen geben. „Das Annehmen einer Unterstützung rückt also den Unterstützten aus den Voraussetzungen des Standes heraus, sie bringt den anschaulichen Beweis, dass er formal deklassiert ist. Bis dies eintritt, ist das Klassenpräjudiz stark genug, um die Armut sozusagen unsichtbar zu machen, solange bleibt sie ein individuelles Leiden und wird nicht sozial wirksam" (ebd.: 27). Simmel verweist darauf, dass auch innerhalb der Stände, Milieus und Klassen armutsähnliche Unterschichtungen existieren. Im Gegensatz zum absoluten Armutsbegriff, der im Bereich der physischen Überlebensfähigkeit liegt, verweist Simmel, ähnlich wie heute in der Armutsforschung argumentiert wird (vgl. Hübinger 1996: 55 f.), in seinen Ausführungen auf den „relativistischen Charakter des

---

1 Ähnlich argumentiert Sergio Bologna (2006), der die Aufgaben des Sozialstaats auch darin sieht, die gewachsenen historischen Strukturen im Transformationsprozess schützend zu flankieren. Doch der Entstehung eines „Prekariats", das sich aus ehemals abhängig Beschäftigten und nun in die Selbständigkeit entlassenen kleinsten Existenzen bildet, steht der Sozialstaat hilf- und tatenlos gegenüber.

Armutsbegriffes" (Simmel 1906: 24). Arm sei derjenige, dessen Mittel für seine Zwecke nicht ausreichen. Denn

> „jedes allgemeine Milieu und jede besondere soziale Schicht besitzt typische Bedürfnisse, denen nicht genügen zu können Armut bedeutet. Daher die für alle entwickeltere Kultur banale Tatsache, dass Personen, die innerhalb ihrer Klasse arm sind, es innerhalb einer tieferen keineswegs wären, weil zu den für die letztere typischen Zwecken ihre Mittel zulangen würden" (ebd.).

Es existieren demnach mehrere Armutstrennlinien in der Gesellschaft, von denen die, wie Simmel sie umschreibt, „Grenze des ‚anständigen' Anzugs, unterhalb deren bleibend man ihr nicht mehr zugehört" (ebd.: 17), die wohl wichtigste Grenze darstellt. Zwar setze sich die Gesellschaft „auch eine Grenze nach der anderen Seite: ein gewisses Maß von Luxus und Eleganz, ja manchmal sogar von Modernität, schickt sich in diesen und jenen Kreisen nicht, wer diese obere Schwelle überschreitet, wird gelegentlich als nicht ganz dazu gehörig behandelt" (ebd.: 17). Doch die „untere Schwelle", die die Teilhabe an den „typischen Bedürfnissen" der gesamten Gesellschaft von den Bedürftigen trennt, setzt, so Simmel, „dem subjektiven Belieben eine objektive Grenze, d.h. eine solche, die ihre überindividuellen Lebensbedingungen fordern" (ebd.).

Simmel sieht in der „unteren Schwelle" demnach eine Trennlinie, die in zweifacher Hinsicht die Gesellschaft durchschneidet. Zum einen sind es die sozialen Milieus selbst, die sich durch subjektive Selbstzuschreibung und soziale Kämpfe gegenüber benachbarten Milieus abgrenzen. Zum anderen wird nach unten hin, gegenüber den Bedürftigen, eine zweite Trennung vollzogen, die sich über eine objektive Zuschreibung von Armut definiert. Die Bedürftigen haben somit weder materielle Ressourcen noch können sie auf die Aufnahme in die respektierten Milieus hoffen.

Das Ausschlusskriterium ist die „allgemeine Respektabilität", die, ähnlich wie in unserem Beispiel des zu bescheidener Anerkennung gelangten Nagelschmiedes, nur über eine dauerhafte Bewährung erlangt werden kann. Wer von der „allgemeinen Respektabilität" ausgeschlossen bleibt, wird in den meisten Fällen – neben der sozialen Stigmatisierung – auf geregelte Arbeit und ausreichendes Einkommen verzichten müssen. Die unterschiedlichen Armutsursachen, die in einem Mangel an materiellen, kulturellen und sozialen Ressourcen zu suchen sind, führen die Betroffenen in eine prekäre Lage, die allerdings nicht zwangsläufig einen ähnlichen Habitus und ähnliche Handlungsschemata bedingt. Simmel weist darauf hin, dass es zwar Beispiele von so genannten Elendengilden gebe, jedoch „mit der wachsenden Differenzierung der Gesellschaft die individuellen Unterschiede der Hineingehörigen an Bildung und Gesinnung, an Interessen und Vergangenheit zu mannigfaltig und zu stark wurden, um jener

einen Gemeinsamkeit noch die Kraft zu realer Vergesellschaftung zu lassen"
(ebd.: 29). Hinzu kommt, dass die Stigmatisierung von Armut, zu der die Verdrängung von Armut aus der Öffentlichkeit und die Tabuisierung von Ausge-
schlossenheit gehört, Artikulation zusätzlich erschwert. Für Simmel ist die Klasse der Armen

> „der gemeinsame Endpunkt von Schicksalen der verschiedensten Art, von dem ganzen Um-
> fang der gesellschaftlichen Unterschiedenheiten her münden Personen in ihr, keine Wandlung,
> Entwicklung, Zuspitzung oder Senkung des gesellschaftlichen Lebens geht vorüber, ohne ein
> Residuum in der Schicht der Armut wie in einem Sammelbecken abzulagern" (ebd.).

Michael Vester sieht in der bundesrepublikanischen Gesellschaft an der Schwelle des 21. Jahrhunderts

> „ein heterogenes Feld von sozial benachteiligten Gruppen im unteren und mittleren Teil der
> Gesellschaft, die als Milieu- und Mentalitätsgruppen nicht zusammengehören: Teile einer
> ‚neuen Unterklasse' von schlecht Ausgebildeten, am Rande zu prekärer Beschäftigung und
> Dauerarbeitslosigkeit; benachteiligte Frauen; Ausländer und Zuwanderer; schließlich Risiko-
> gruppen (Kranke, Alleinerziehende, Durchschnittsverdienende mit Kindern, durch Struktur-
> krisen freigesetzte Ältere usw.), die unzureichend durch soziale Netze gestützt werden"
> (Vester 1998: 190).

Zwischen den Volksmilieus, die geregelte Arbeits- und Lebensverhältnisse
aufweisen und ihren milieuspezifischen festen Platz in der Mitte der Gesellschaft haben und den unterprivilegierten Milieus, die von materieller Not, Dauerarbeitslosigkeit und Gelegenheitsjobs geprägt sind, sieht Vester eine historisch
stabile Trennlinie, die er die *Grenze der Respektabilität* nennt.

> „Die Grenze der Respektabilität trennt die mittleren von den unterprivilegierten Milieus. Res-
> pektabilität wird definiert durch Statussicherheit: Es kommt darauf an, eine beständige, gesi-
> cherte und anerkannte soziale Stellung einzunehmen, die entweder durch Leistung oder durch
> Loyalität *verdient* ist. Dem entspricht eine besondere Leistungs- oder Pflichtethik" (Vester
> 2001: 148).

Ähnlich Webers ständischer Ehre wird die *Grenze der Respektabilität* über den
anerkannten Status definiert. Wer etwas Stetiges leistet, hat auch den Anspruch
auf eine Gegenleistung in Form von sozialer Teilhabe, aus der dann auch die
Netzwerke der Bildung, Arbeit und Reproduktion hervorgehen. Den unteren
Milieus hingegen „wird es als Charaktermangel vorgehalten, dass sie eher unste-
tigen und unsicheren Beschäftigungen nachgehen, weniger Zuverlässigkeit und
Bildungsstreben zeigen und eher auf günstige Gelegenheiten als auf eigenes,
planmäßiges Schaffen setzen" (Vester 2001: 148).

Vester betont, dass die seit den 1970er Jahren zu beobachtende kontinuierliche Zunahme zuerst von sozialer Diskriminierung, dann von Destabilisierung
von Lebensläufen, dann von prekären Arbeitsverhältnissen und schließlich von

Langzeitarbeitslosigkeit zur schleichenden Auflösung der sozialstaatlichen Fundamente führt (Vester u.a. 2001: 81–88). Das Prinzip der „Leistung gegen Teilhabe" findet nur noch bedingt Anwendung, da Arbeitslosigkeit und Beschneidung der Arbeitnehmerrechte heute auch diejenigen trifft, die sich eigentlich innerhalb der ehrbaren Milieus wähnen.

Mit dieser Entwicklung verändert auch die *Grenze der Respektabilität* ihre Gestalt. Da auch die scheinbar gesicherten Volksmilieus von Arbeitslosigkeit und Rückgang des Realeinkommens betroffen sind, nimmt der Druck auf alle mittleren und unteren Arbeitnehmermilieus zu. „In Milieus", so Vester u.a. (ebd.: 92),

> „die gute soziale Netze oder effiziente Strategien des Umgangs mit knappen und unsicheren Ressourcen mobilisieren können, destabilisieren sich soziale Lagen seltener. Die Bewältigungsformen werden aber durch die neuen Lagen auch auf die Probe gestellt, und es zeigt sich, dass nicht alle Teile der Milieus sie erfolgreich anwenden können. Vielmehr teilen sich heute die Milieus in sich selbst zwischen relativen Gewinnern und relativen Verlierern".

Die relativen Verlierer stehen nun auf der Grenze zwischen Dazugehörigkeit und möglicherweise dauerhaftem Abstieg.

3. Die bedrohten mittleren Arbeitnehmermilieus

Wenn die mittleren Arbeitnehmermilieus durch Entwertung von Lohnarbeit, Arbeitslosigkeit und Rückgang des Einkommens unter Druck geraten, stellt sich die Frage, mit welchen Verarbeitungsmustern in den sozialen Milieus der Mitte gerechnet werden muss. Ein Blick auf unsere Auswertungen (vgl. Vester u.a. 2001; Gardemin 1998, 2006; Vögele/Bremer/Vester 2002) zeigt bereits, dass die großen arbeitnehmerischen Volksmilieus der Mitte Brüche aufweisen, die auf einen schleichenden Abstieg von Teilen der mittleren Milieus schließen lassen. Zwei Beispiele sollen verdeutlichen, wie in den zwei größten mittleren Arbeitnehmermilieus unterschiedliche Bewältigungsstrategien zum Tragen kommen.

Auf der einen Seite zeigt sich, dass im *Kleinbürgerlichen Arbeitnehmermilieu*, das rund ein Fünftel der bundesrepublikanischen Bevölkerung umfasst, neben materiellen Notlagen Resignation und Ressentiments stärker werden. Zum anderen wird im *Leistungsorientierten Arbeitnehmermilieu*, das ebenfalls rund ein Fünftel der Bevölkerung darstellt, eine Untergruppe sichtbar, der bereits seit den 1980er und 1990er Jahren den Anschluss an die mittleren Milieus zu verlieren droht.

3.1 Kleinbürgerliches Arbeitnehmermilieu

In den traditionellen mittleren Milieus, wie dem *Kleinbürgerlichen Arbeitneh-mermilieu*, werden Veränderungen in der Arbeits- und Lebenswelt vielfach als Angriffe auf den konservativen Wertekonsens interpretiert. Nicht nur Tugenden auf der Ebene der Werthaltungen, wie Sparsamkeit, Ordnung etc. sehen die älteren Fraktionen des *Kleinbürgerlichen Arbeitnehmermilieus* gefährdet, sondern auch der Abbau von sozialstaatlichen Errungenschaften führt gerade für die schwächeren Teile des Milieus zu Existenzängsten. Entgegen der Meinung, es handele sich bei den kleinbürgerlichen Milieus um Reste der ständischen Gesellschaft, die als kleine Selbständige anderen Logiken als die übrige Arbeit-nehmergesellschaft unterlägen, sind die überwiegende Mehrzahl der Angehöri-gen dieser Milieus mit kleinen bis mittleren Einkommen abhängig beschäftigt. Sie haben zwar ihre Wurzeln in der ständischen Gesellschaft der Handwerksbe-triebe und kleinen Kaufleute und auch ihre Mentalität entspricht den häufig paternalistisch bis autoritär anmutenden Prinzipien des Befehlens und des Die-nens, doch in der beruflichen Existenz sind sie nicht auf sich allein gestellt. 70 Prozent der Erwerbsfähigen in diesem Milieu sind oder waren in Angestellten- und Facharbeiterberufen tätig. Dies entspricht über acht Millionen Beschäftig-ten, also einem nicht unerheblichen Teil der bundesrepublikanischen Arbeit-nehmergesellschaft (vgl. Gardemin 2006: 166 ff.).

In Teilen der großen Organisationen der Telekommunikation, der Post und der Personenbeförderung fand sich eine Entsprechung der kleinbürgerlichen Mentalität. Die Unternehmen garantierten den Arbeitnehmern verlässliches Einkommen, berufliche Entwicklungsmöglichkeiten und eine Absicherung im Krankheitsfall und im Rentenalter. Nicht selten bildeten sich Netzwerke von Familienmitgliedern und Gleichgesinnten, die in den Unternehmen ihre Funkti-onen ausübten und die mittels ihrer Mentalität ähnlichen Interessen nachgingen. Dies konnte im Betriebsrat, in örtlichen Parteien oder aber auch im Betriebs-sport oder assoziierten Vereinen geschehen. Der familiäre Aspekt – die ‚Sie-mensianer', die ‚Postler' etc. – wurde dem Unternehmen mit extrafunktionalen Qualifikationen gedankt. Die kleinbürgerliche Mentalität der Ordnungsliebe, des Verantwortungsbewusstseins, der Beflissenheit, der Loyalität und der Ver-schwiegenheit führte am Arbeitsplatz zu großer Sorgfalt, Ausdauer und Diskreti-on. In dieser gegenseitigen Abhängigkeit entwickelte sich eine Variante des Gerechtigkeitsprinzips „Leistung gegen Teilhabe". Das Unternehmen konnte ein Ersatz des Familienbetriebes werden, weil es den Mitarbeitern eine hierarchi-sche Ordnung, Sicherheit des Arbeitsplatzes und verantwortungsvolle Tätigkei-ten gewährleistete.

Mit der Privatisierung ehemals staatlicher Großunternehmen und der parallel verlaufenden technologischen Innovation durch die Einführung des Computers in den Arbeitsalltag und den damit einhergehenden Veränderungen von Betriebsorganisation verschoben sich auch die Arbeitswelten der kleinbürgerlichen Arbeitnehmer. Anstelle von loyalitätsgebundenen Funktionen waren mehr und mehr neue Schlüsselqualifikationen wie technische Intelligenz, Selbständigkeit und Lernfähigkeit gefordert, die gerade die geringer qualifizierten und die älteren kleinbürgerlichen Arbeitnehmer überforderten. Andererseits konnten sich die jüngeren und qualifizierteren Teile des *Kleinbürgerlichen Arbeitnehmermilieus* besser umstellen, da sie durch die Kombination von guter Qualifikation, Verlässlichkeit und Verantwortungsbewusstsein neue Tätigkeitsfelder in modernisierten Unternehmen besetzen konnten. Über horizontale Mobilitätsschübe konnten sich die modernisierten Kleinbürger eine gehobene Stellung in der Arbeitnehmermitte sichern.

In unseren Untersuchungen sind wir dabei auf eine innere Teilung des *Kleinbürgerlichen Arbeitnehmermilieus* gestoßen (vgl. Abb. 1). Neben dem Kern der *Statusorientierten Kleinbürger,* die mit 13 Prozent der Gesamtbevölkerung nach wie vor ein großes Milieu darstellen, entwickeln sich zwei Unterfraktionen, die *Traditionellen Kleinbürger* und die *Modernen Kleinbürger,* die jeweils eigene Milieumerkmale aufweisen (vgl. Vester u.a. 2001; Gardemin 1998, 2006; Vögele/Bremer/Vester 2002).

Die *Traditionellen Kleinbürger,* die fünf Prozent der Bevölkerung umfassen, sind die absteigende Fraktion des *Kleinbürgerlichen Arbeitnehmermilieus.* Sie vertreten mit Nachdruck restriktive Werte, in denen sie Orientierung suchen. So stimmen beispielsweise 90 Prozent der Aussage „eine Frau findet ihre Erfüllung in erster Linie in der Familie"[2] und 70 Prozent der Aussage „wir Deutsche haben einige gute Eigenschaften, die andere Völker nicht haben" zu. Die stark überalterte Fraktion gehört zu den Verlierern der Modernisierung. Nicht selten sind sie vorzeitig in den Ruhestand versetzt worden oder haben ihre Arbeit verloren. Die Einkommen und Renten bewegen sich in den untersten Einkommensklassen und lassen keinen Spielraum für zusätzliche Konsumwünsche offen. Überdurchschnittlich viele Frauen in dieser Milieufraktion sagen: „ich fürchte, dass ich meinen heutigen Lebensstandard in den nächsten Jahren nicht aufrechterhalten kann" (42 Prozent).

---

2 Alle nachfolgend zitierten Statements entstammen aus einer repräsentativen Befragung, die 1991 im Rahmen des Forschungsprojektes ‚Soziale Milieus im gesellschaftlichen Strukturwandel' durchgeführt wurde (vgl. Vester u.a. 2001: 373–385). Für diesen Aufsatz und die Frage nach Abstieg und Respektabilität wurden diejenigen Statements aus der Befragung untersucht, die Hinweise auf Gerechtigkeit, Arbeit, soziale Geltung und Ressentiments enthalten.

Die *Traditionellen Kleinbürger* befinden sich bereits in einer prekären Situation, denn die schulische und berufliche Bildung halten den Anforderungen des Arbeitsmarktes nicht stand. Gleichzeitig ist diese kleinbürgerliche Fraktion nicht in der Lage, den Modernisierungsstau aufzuholen, was zu einer zunehmenden Isolation und zu einem Rückzug in die private Nische führt. Nur der große Anteil von Rentnern und Pensionären stabilisiert diese Milieufraktion.

Abb. 1: Respektable Volks- und Arbeitnehmermilieus und die Zone der Prekarität. Fraktionen des „Leistungsorientierten Arbeitnehmermilieus" und des „Kleinbürgerlichen Arbeitnehmermilieus"

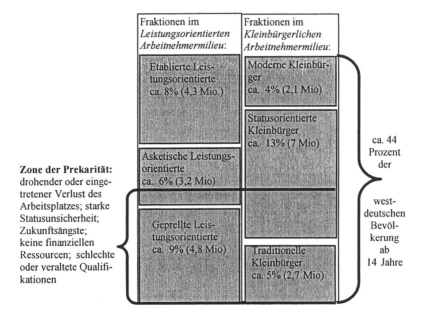

Eigene Darstellung nach repräsentativer Erhebung (n=2.699) der deutschsprachigen Bevölkerung Westdeutschlands ab 14 Jahre 1991 (nach Vester u.a. 2001). – Lesebeispiel: ca. 5 Prozent bzw. 2,7 Millionen der westdeutschen Bevölkerung gehören der Milieufraktion der *Traditionellen Kleinbürger* an. Die *Traditionellen Kleinbürger* befinden sich ihren Werthaltungen, ihren Qualifikationen und ihrem Einkommen entsprechend in der Zone der Prekarität.

Die Umstellung auf die veränderten gesellschaftlichen Anforderungen fällt den *Modernen Kleinbürgern* hingegen leichter. Diese Gruppe umfasst rund 4% der Bevölkerung. Die *Modernen Kleinbürger* sind aufgrund der besseren Qualifikationen und ihrer etwas gelockerten Bindung gegenüber ihren Herkunftswerten im Vergleich zu den *Traditionellen Kleinbürgern* im Vorteil. Insbesondere gute Fachausbildungen führen die *Modernen Kleinbürger* in qualifizierte Handwerks- und kaufmännische Berufe. Die Frauen dieser Milieufraktion sind häufig in sozialpflegerischen Berufen anzutreffen. Dennoch gibt es durchaus auch bei den *Modernen Kleinbürgern* begründete Zukunftsängste, die aus der relativen Nähe zu den von sozialem Abstieg betroffenen Nachbarfraktionen herrühren. Nicht selten sind im Verwandtschafts- und Freundeskreis Familien von Langzeitarbeitslosigkeit oder Gelegenheitsjobs betroffen.

Die Arbeitsmarktkrise ruft bei den *Modernen Kleinbürgern* jedoch keine Rückzugsstrategien hervor. Ähnlich wie bei den absteigenden Handwerkern und Kleinkaufleuten in der Zeit der Weimarer Massenarbeitslosigkeit wird der Ruf nach einem starken Staat und restriktiveren Maßnahmen gegen Billiglöhne und Kapitalflucht laut (vgl. Gardemin 2006: 105 ff.). Die meisten der *Modernen Kleinbürger* würden daher auch für den Erhalt ihrer Arbeitsplätze aktiv einstehen. 81 Prozent stimmen der Aussage zu: „wenn es im Betrieb zu größeren Entlassungen kommt, sollten sich die Arbeitnehmer dagegen wehren, notfalls auch mit Streiks." Parallel dazu soll der Staat dafür sorgen, dass Zuwanderer nicht zur Konkurrenz auf dem deutschen Arbeitplatz werden. So stimmen 78 Prozent dem Statement zu: „um mit dem Ausländerproblem fertig zu werden, müssen unsere Behörden weit mehr Vollmachten als bisher erhalten", bzw. 72 Prozent meinen, „die Flüchtlinge aus allen Teilen der Welt entwickeln sich zu einer ernsten Bedrohung für unser Land." Gleichzeitig sagen 79 Prozent der *Modernen Kleinbürger*, „soziale Gerechtigkeit heißt für mich, dass jeder den Platz in der Gesellschaft erhält, den er aufgrund seiner Leistungen verdient." Mit der Gesellschaft ist aber nur die eigene Gesellschaft bzw. die deutsche Arbeitnehmergesellschaft gemeint, die es gegen die Bedrohung von außen zu verteidigen gilt.

3.2 Leistungsorientiertes Arbeitnehmermilieu

Das zweite Beispiel zeigt, dass neben den traditionellen kleinbürgerlichen Milieus der Arbeitnehmermitte auch diejenigen Gruppen von sozialem Abstieg bedroht sind, die zu den Gewinnern von Bildungsreformen und Partizipation im Nachkriegsdeutschland gehörten. Auf den facharbeiterischen Milieus, die über schulische und berufliche Bildung in qualifizierte Facharbeiter- und Dienstleistungsberufe aufgestiegen sind, lastet ein ähnlicher Druck wie auf ihren kleinbürgerlichen Nachbarmilieus.

Das *Leistungsorientierte Arbeitnehmermilieu*, das über 12 Millionen Menschen in Westdeutschland umfasst, gliedert sich in drei Unterfraktionen (vgl.

Abb. 1), von denen zwei, die *Geprellten Leistungsorientierten* und die *Asketischen Leistungsorientierten*, besonders von den gesellschaftlichen und ökonomischen Umbrüchen betroffen sind (vgl. Gardemin 2006: 221ff.).[3]

Die eine Gruppe, die *Geprellten Leistungsorientierten*, gehören zu denjenigen Vertretern des *Leistungsorientierten Arbeitnehmermilieus*, die sehr stark auf die Autonomie der eigenen Leistung setzen. Sie sind in mittleren bis größeren Unternehmen tätig, ein Teil der Frauen zudem in qualifizierten Personendienstleistungen. Sie befinden sich in den mittleren bis älteren Kohorten und blicken in der Regel auf eine kontinuierliche Berufsbiographie zurück, an die sich Lebensentwürfe wie Familiengründung, Eigentumserwerb und eine gesicherte Altersversorgung angeschlossen haben. Allerdings beschränken sie sich, den finanziellen Möglichkeiten entsprechend, auf bescheidenen Konsum, und im Gegensatz zu den gehobeneren Milieus der Gesellschaft fehlt ihnen das nötige angesparte Geld, um berufliche, gesundheitliche oder familiäre Notzeiten überbrücken zu können. Oftmals reicht der Fortfall eines Einkommens in Doppelverdienerhaushalten aus, um in eine Notlage zu geraten. Innerhalb der mittleren Arbeitnehmermilieus ist keine Gruppe so sehr auf eine Kontinuität der Berufsbiographien angewiesen wie die *Geprellten Leistungsorientierten*. Doch gerade die Arbeitsplätze dieser Milieufraktion sind durch die stetige Zunahme von Arbeitslosigkeit seit Mitte der 1980er Jahre gefährdet. Insbesondere Veränderungen in Produktion und Organisation größerer Unternehmen führen zu Ausgliederungen von Facharbeitertätigkeiten der mittleren Ebene. Der Feinblechner, zuvor einem geringen Automatisierungsgrad unterlegen, wird von maschinisierter modularer Endfertigungstechnik ersetzt; der Mechaniker wird vom PC-Techniker verdrängt; standardisierbare und standortunabhängige Bürodienstleistungen werden nicht selten zu Lasten der mittleren Qualifikationsgrade ins Ausland ausgegliedert – die Liste der Beispiele ließe sich mühelos verlängern.

Dementsprechend ist die Milieufraktion der *Geprellten Leistungsorientierten* stark verunsichert. Ihre bescheidenen Lebensentwürfe werden zunehmend durch von außen herbeigeführte Veränderungen wie Arbeitslosigkeit, Lohnkürzungen, ungeplant steigende Lebenshaltungskosten durch beruflich bedingten Wohnortwechsel, Wegfall von geplanten Gratifikationen wie Weihnachts- und Urlaubsgeld etc. bedroht. Hieraus entsteht für einen Teil der *Geprellten Leistungsorientierten,* und es ist anzunehmen, das sich die Situation dieser Gruppe zuspitzt, eine Mischung aus Abstiegsängsten und realen ökonomischen Notlagen. So stimmten 43 Prozent der Befragten dem Statement zu: „ich fürchte, dass

---

3 Zu den *Etablierten Leistungsorientierten*, die sich in einer eher gesicherten Zone des sozialen Raumes befinden und die an dieser Stelle nicht weiter thematisiert werden, vgl. Gardemin (2006: 229 ff.).

ich meinen heutigen Lebensstandard in den nächsten Jahren nicht aufrecht erhalten kann", und 41 Prozent meinten: „für unsereins gibt es wenig Chancen, es zu etwas zu bringen."

Die überwiegende Mehrheit der *Geprellten Leistungsorientierten* hofft, ähnlich wie der oben erwähnte Schneider Strapinski aus Gottfried Kellers Parabel, die Probleme aus eigener Kraft heraus zu bewältigen. So sagen 82 Prozent: „was die Zukunft betrifft, vertraue ich voll auf meine Leistungsfähigkeit." In dieser hohen Zustimmung spiegelt sich das Ethos des Milieus wider, in dem die eigene Leistungsfähigkeit über die Möglichkeiten sozialstaatlicher Sicherungssysteme gestellt wird, z.T. verkennend, dass gerade sie es sind, deren Lebensleistung und deren Lebensentwürfe durch übergeordnete gesamtgesellschaftliche Schließungsprozesse entwertet werden.

Im Gegensatz zu den *Geprellten Leistungsorientierten* können die *Asketischen Leistungsorientierten* mit den Zumutungen des Arbeitsmarktes besser umgehen. Sie beschränken sich stärker auf die berufliche Sphäre und sind weniger durch Familie, Eigentum und Ortsgebundenheit belastet. Dies mag einerseits daran liegen, dass sich 60 Prozent der Befragten in der Alterskohorte der unter 40jährigen befinden. Andererseits hilft ihnen aber auch ihre starke Bereitschaft, sich beruflich weiter zu qualifizieren, sich mit neuen Technologien auseinander zu setzen und in allen Belangen einen beruflichen Aufstieg anzustreben. So lehnen 87 Prozent das Statement: „durch Weiterbildung kann man seine berufliche Zukunft heute auch nicht mehr sichern" ab und 89 Prozent meinen: „richtig eingesetzt, können neue Technologien den Menschen nur nützen." 90 Prozent sind der Meinung: „jeder der sich anstrengt, kann sich hocharbeiten."

Der hohe berufliche Einsatz führt für viele der *Asketischen Leistungsorientierten* auch zu beruflichem Erfolg. So kann der Eindruck entstehen, als sei diese Fraktion des *Leistungsorientierten Arbeitnehmermilieus* ein Mustertyp des neuen flexiblen Arbeitnehmers (vgl. Voß/Pongratz 1998). Für die *Asketischen Leistungsorientierten* ist der Erfolg aber häufig nur durch Doppeleinkommen und den Verzicht auf die Gründung einer eigenen Familie zu realisieren. 20 Prozent sind Doppelverdiener ohne Kinder bzw. bei lediglich 25 Prozent der Befragten leben Kinder unter 14 Jahren im Haushalt.

Gleichzeitig sieht sich auch ein Teil dieser Gruppe vom beruflichen Erfolg abgekoppelt und schaut der Zukunft pessimistisch entgegen. 33 Prozent sagen: „ich fürchte, dass ich meinen heutigen Lebensstandard in den nächsten Jahren nicht aufrecht erhalten kann", und zum Zeitpunkt der Befragung mussten 29 Prozent der Befragten mit einem monatlichen persönlichen Nettoeinkommen von weniger als 1.500 DM auskommen. So sind dann auch 73 Prozent der *Asketischen Leistungsorientierten* der Meinung: „das Mitspracherecht der Arbeitnehmer am Arbeitsplatz muss sehr viel größer werden" und 87 Prozent sagen: „wenn es in einem Betrieb zu größeren Entlassungen kommt, sollten sich die Arbeitnehmer dagegen wehren, notfalls mit Streiks."

Gerade in den qualifizierteren facharbeiterischen Arbeitnehmermilieus, wie die *Asketischen Leistungsorientierten* und die *Modernen Kleinbürger*, verbreitet sich die Meinung, dass das persönliche Schicksal nicht allein vom eigenen Leistungsvermögen abhängt. Diese Erkenntnis ist vor allem für die leistungsstarken Teile dieser Milieus schmerzhaft, bei denen Selbständigkeit, Eigenverantwortung und Solidarität einen sehr hohen Stellenwert besitzen.

Die schwächeren Teile der mittleren Arbeitnehmermilieus sind bereits von prekären Beschäftigungsverhältnissen und steigender Arbeitslosigkeit in einem starken Maße erfasst. Das Vertrauen in die eigene Zukunft nimmt dementsprechend ab und der Ruf nach den bewährten gesellschaftlichen Bindungskräften, insbesondere nach starken Gewerkschaften, wird lauter. Dies gilt nicht nur für das in der Arbeitertradition stehende *Leistungsorientierte Arbeitnehmermilieu*, sondern auch für das *Kleinbürgerliche Arbeitnehmermilieu*, das heutzutage zum größten Teil aus abhängig Beschäftigten besteht.

4.   Die Verschiebung der Grenze der Respektabilität

Der Blick auf die mittleren Arbeitnehmermilieus zeigt, dass alle Teile der abhängig beschäftigten Bevölkerung mit der Veränderung der Arbeitswelt und dem Druck, der sich aus der lang anhaltenden Arbeitsmarktkrise ergibt, konfrontiert werden. Gleichzeitig sind die Bewältigungs- und Umstellungsstrategien milieuspezifisch unterschiedlich. Die Milieus greifen auf die Traditionen ihres Habitus zurück und sind damit in der Lage, sich zu modernisieren. Allerdings findet die Modernisierung je nach Milieutypus unterschiedlich statt. So konnten sich die jungen und gut ausgebildeten *Asketischen Leistungsorientierten* wesentlich besser auf die Anforderungen der neuen Arbeitswelten einstellen als die älteren *Geprellten Leistungsorientierten,* von denen viele bereits den größten Teil ihres Arbeitslebens hinter sich haben. Gleichzeitig erleben die *Traditionellen Kleinbürger*, von denen viele im Rentenalter sind, die Transformation eher aus einer sehr kritischen Distanz, während sich Teile der *Statusorientierten Kleinbürger*, die ja auch die Kinder der *Traditionellen* sind, gegen gesellschaftliche Modernisierung zu wehren versuchen.

Offenbar besteht aber in der politischen Klasse Unkenntnis über die Unterschiedlichkeiten der Arbeitnehmergesellschaft. Das Beispiel der jüngsten Sozialreformen zeigt, dass die politischen Eliten wenig Gespür für die Differenziertheit der Volksmilieus aufbringen.

Verlief eine wichtige Klassifikation zur äußeren Bestimmung der Respektabilitätsgrenze in der Vergangenheit entlang der Unterscheidung von Arbeitslosen (zu denen die kurzfristig arbeitslosen Arbeitslosengeld- und die langfristig arbeitslosen Arbeitslosenhilfebezieher gehörten) auf der einen Seite und Sozialhilfeempfängern auf der anderen Seite, so hat sich diese Trennlinie durch das 2005 eingeführte Gesetz für moderne Dienstleistungen am Arbeitsmarkt, besser bekannt unter dem Namen „Hartz IV", verschoben. Anlass war eine Reform der Sozialgesetzgebung vor dem Hintergrund leerer Staatskassen und einer modernisierungsbedürftigen ‚Arbeitslosenverwaltungsbürokratie'. Mit der technokratischen Umsetzung der Reform wurde jedoch die symbolische Kraft der Trennung von Arbeitslosenunterstützung und Sozialhilfebezug übersehen. Neben der leistungsabhängigen materiellen Zuweisung wurde in der Vergangenheit dem Arbeitslosen eine Rückkehr in die Arbeitsgesellschaft in Aussicht gestellt. Die materielle Unterstützung erfolgte mittels eines staatlich geregelten Versicherungssystems, in dem die Lebensleistung der Arbeitnehmer die Berechnungsgrundlage darstellte. Die Unterstützung sollte temporär sein. Der Sozialhilfebezieher hingegen war aus familiären, gesundheitlichen oder anderen Gründen in der Regel nicht in der Lage, dem Arbeitsmarkt zur Verfügung zu stehen und bedurfte damit der solidarischen Hilfe der Gesellschaft.

Nach der neuen Gesetzgebung wird nun zwischen kurzzeitig vom Arbeitsmarkt Ausgeschlossenen auf der einen Seite und für den Arbeitsmarkt als ungeeignet empfundenen Langzeitarbeitslosen auf der anderen Seite unterschieden. Damit sinkt die sehr große Gruppe der ehemaligen Arbeitslosenhilfebezieher ab und verschmilzt mit den Sozialhilfeempfängern. Mit dem Ausschluss aus der Arbeitsgesellschaft geht zudem in vielen Fällen eine ökonomische Enteignung einher, da die Betroffenen vor Erhalt von Leistungen eigenes Vermögen und Vermögen ihrer Ehe- bzw. Lebenspartner aufbrauchen müssen. Die Anrechnung von eigenem Vermögen erfolgt ohne Rücksicht auf die Lebensarbeitszeit und den eigenen Beitrag für die Sozialkassen.[4]

Ein Blick auf die Zahlen zeigt, dass der Abstieg der Arbeitslosenhilfebezieher ein Massenphänomen darstellt. So waren im Februar 2005 insgesamt 5,2

---

4 Die Scheinheiligkeit der Debatte, jeder müsse angesichts leerer Kassen seinen Teil beitragen, zeigt sich in der seit Jahren geführten Diskussion um höhere Erbschaftssteuern und die Wiedereinführung der Vermögenssteuer (vgl. z.B. Leicht 2002). Eine durchaus vergleichbare Vermögensentwertung wird als verfassungsinkompatibel bewertet, da die Vermögenden nicht für das schon einmal versteuerte Kapital nochmals zur Kasse gebeten werden dürften. Insbesondere das Substanzkapital der kleinen und mittleren Unternehmen und die Altersvorsorge der Unternehmer würden durch diese Maßnahmen gefährdet. Zudem sei der verwertbare Steuereffekt durch Mehrbelastung der Steuerbeamten und Flüchtigkeit des Kapitals gering. Weitere Beispiele, wie die Senkung des Spitzensteuersatzes, die Steuerentlastung bei Luxusgütern wie Flugbenzin, Dienstpersonal und Dienstwagen, ließen sich anführen.

Millionen erwerbsfähige Menschen nach Angaben der Bundesagentur für Arbeit in der Bundesrepublik arbeitslos gemeldet, also bald jede siebte Person der erwerbsfähigen Bevölkerung.[5] Von den 5,2 Millionen offiziell gemeldeten Arbeitslosen hatten rund 1,9 Millionen Menschen als kurzfristig Arbeitslose über sogenannte Lohnersatzleistungen Anspruch auf ein maximal einjähriges Arbeitslosengeld erster Klasse in Höhe von rund zwei Dritteln des zuletzt erzielten Einkommens. Sie stellen die Arbeitslosen dar, die realistische Chancen auf eine Rückkehr in den Arbeitsmarkt haben. Die rund 2,3 Millionen ehemalige Arbeitslosenhilfebezieher, die zwischen Arbeitslosengeld- und Sozialhilfebeziehern eine Zwischenstellung einnahmen, wurden nun mit den Sozialhilfeempfängern, ob erwerbsfähig oder nicht, zusammengelegt. Beide Gruppen erhalten nun das neu eingeführte Arbeitslosengeld II, das als Leistung zur Sicherung des Lebensunterhalts bezeichnet wird und faktisch die Sozialhilfe ersetzt. Die Kommunen empfahlen zu ihrer eigenen Entlastung ihren Sozialhilfeempfängern, bei der Bundesagentur für Arbeit Arbeitslosengeld II aus der Bundeskasse zu beantragen. Bis September 2005 kamen zu den ehemaligen Arbeitslosenhilfebeziehern 2,5 Millionen zusätzliche Anspruchsberechtigte hinzu, so dass nun 4,8 Millionen Menschen ein Arbeitslosengeld zweiter ‚Klasse' empfangen.[6]

Von den 2,3 Millionen ehemaligen Arbeitslosenhilfebeziehern, welche gemeinsam mit ihren Familien die Hauptlast der Arbeitsmarktreform tragen, wurde ein Großteil schlechter gestellt. Der Deutsche Gewerkschaftsbund geht in einer ersten Schätzung von etwa einer Million Menschen aus, die sofort finanziel-

---

5 Alle Angaben zur Arbeitsmarktstatistik aus: Institut für Arbeitsmarkt- und Berufsforschung (2005), www.destatis.de und www.pup.arbeitsamt.de. Erwerbsfähige Personen im Februar 2005: 38,5 Millionen.

6 In der offiziellen Arbeitsmarktstatistik sind zudem hinzuzufügen 0,4 Millionen saisonbedingte Arbeitslose und 0,3 Millionen Arbeitslose, die keine Leistungsempfänger sind. Den 5,22 Millionen offiziellen erwerbsfähigen Arbeitslosen sind noch rund 0,26 Millionen Menschen in Qualifizierungsmaßnahmen, 0,1 Millionen Menschen in Arbeitsbeschaffungsmaßnahmen und 0,15 Millionen Kurzarbeiter als zusätzliche Hilfeempfänger hinzuzurechnen. Die Zahl der erwerbsfähigen Hilfeempfänger beträgt somit rund 5,7 Millionen. Hinzu kommen dann noch die 2,5 Millionen ehemaligen Sozialhilfeempfänger und eine nicht berechnete Anzahl von Sozialhilfeempfängern, die weiter von den Kommunen unterstützt werden (Schätzungen gehen von 10 bis 30 Prozent der ehemaligen Sozialhilfeempfänger aus), so dass 8,2 Millionen Menschen Sozialtransferleistungen aus dem Bundeshaushalt erhalten. Diese müssen nach Schätzungen mindestens für noch einmal so viele Menschen ausreichen, die in Bedarfsgemeinschaften außerhalb der Erwerbsfähigkeit als Kinder, Alte und Kranke an die Unterstützungsempfänger gebunden sind. Das Institut für Arbeitsmarkt- und Berufsforschung geht zudem von einer „stillen Reserve", d.h. arbeitsfähigen Menschen, die weder als Erwerbsfähige noch als Leistungsempfänger auftauchen, in Höhe von 2 Millionen aus (Institut für Arbeitsmarkt- und Berufsforschung 2004: 8), die nur zum Teil in den genannten Bedarfsgemeinschaften leben. – Zu beachten ist, dass die Zahlen der erwerbsfähigen Arbeitslosen wegen der Umstellung der Arbeitsmarktstatistik und wegen unterschiedlicher Klassifikationskriterien derzeit Schwankungen unterliegen.

le Einschnitte zu bewältigen haben (vgl. Gillen 2004: 68). Hinzu kommen diejenigen Hilfeempfänger, die noch eigenes Vermögen und das ihres Partners aufzehren können und damit ebenfalls einen sozialen Abstieg verarbeiten müssen.

Die doppelte Abwertung der Arbeitslosenhilfebezieher und damit die Spreizung sozialer Ungleichheit wird ökonomisch mit einer anhaltenden Wachstumsschwäche, Konvergenzdruck des europäischen Wirtschaftspaktes und hoher Staatsverschuldung infolge der deutschen Einigung legitimiert. Gleichzeitig wird jedoch den Arbeitslosen eine Mitschuld unterstellt, sie würden ohne materiellen und sozialen Druck den Weg aus der „sozialen Hängematte", wie das traditionelle Sozialstaatsmodell 1998 vom damaligen Kanzleramtsminister bezeichnet wurde (vgl. Hombach 1998: 199), nicht allein finden.

Dies erinnert an eine bereits von Friedrich Engels beschriebene frühkapitalistische Argumentationsfigur. Engels berichtet von einer Kommission,

> „die die Verwaltung der Armengesetze untersuchte und eine große Menge Missbrauche entdeckte (...). Man fand, dass dies System, wodurch der Arbeitslose erhalten, der Schlechtbezahlte und mit vielen Kindern Gesegnete unterstützt, der Vater unehelicher Kinder zur Alimentation angehalten und die Armut überhaupt als des Schutzes bedürftig anerkannt wurde – man fand, dass dies System das Land ruiniere" (Engels 1973: 310).

Dieser Mechanismus, zuerst pauschal moralischen Druck auf die ohnehin verunsicherten mittleren Arbeitnehmermilieus aufzubauen und dann die Koordinaten der sozialen Sicherungssysteme zu verändern, führt – neben dem sozialen Abstieg eines Teils der Betroffenen – aber insgesamt bei den Volksmilieus zu großer Verunsicherung und zu einem Vertrauensverlust in die politischen Eliten. Denn der Abwertungsmechanismus trifft Arbeitende wie Arbeitslose gleichermaßen, unabhängig von Lebensleistung und Leistungswillen. Für die Arbeitenden beinhaltet die „organisierte soziale Unsicherheit" (Bourdieu 1998: 14) die Konsequenz, zusätzliche Belastungen im Arbeitsalltag ertragen zu müssen. Für die kurzfristig Arbeitslosen nimmt der Druck zu, Arbeiten unter dem alten Qualifikations- und Einkommensniveau anzunehmen und Arbeitslose, die innerhalb eines Jahres keine neue Arbeit finden, werden aus dem Sicherungssystem der Arbeitsgesellschaft ausgeschlossen.

Es ist zu befürchten, dass anhaltende Massen- und Dauerarbeitslosigkeit und damit verbundene Status- und Vermögensentwertungen für die schwächeren Teile der mittleren Milieus zu einem Abstieg in die relative Armut führen. Wer langfristig arbeitslos ist oder wer schwer erkrankt, wer durch Kinder- oder Altenbetreuung dem Arbeitsmarkt nicht zur Verfügung stehen kann, wer außerhalb der Wirtschaftszentren wohnt, wer durch Ethnie, Geschlecht oder soziale Herkunft benachteiligt ist, hat unter diesen Bedingungen dann kaum Chancen, wieder in den sogenannten ersten Arbeitsmarkt aufzusteigen.

Würden die politischen Eliten den unterschiedlichen Voraussetzungen in den sozialen Milieus stärker Rechnung tragen, würde der gesellschaftliche Modernisierungsprozess von den Volksmilieus wohl eher mitgetragen werden können. Doch pauschale Abwertungen und ungerechte Einschnitte in die Sozialgesetzgebung verfestigen den Eindruck autokratisch handelnder Volksvertreter, für die die mühsam ausgehandelten sozialen Sicherungssysteme und auch die betroffenen Menschen selbst nur eine Verhandlungsmasse zu sein scheinen, die beliebig umgeformt werden kann. Die unterschiedlichen Modernisierungsbemühungen und Umstellungsstrategien in den Arbeitnehmermilieus werden aber ignoriert und damit das Gerechtigkeitsempfinden und die Motivationsbereitschaft der Betroffenen erheblich gestört.

Die Beispiele des Schmieds Kabys und des Schneiders Strapinskis zeigen hingegen, dass die Gemeinschaft auf die Eigenarten der Menschen eingehen kann und den beiden Protagonisten ihrem Habitus entsprechend ihre Möglichkeiten und Grenzen aufzuweisen weiß. Im Falle der kleinen Ortschaft Seldwyla sind es die Nachbarschaften, die als Regulativ in die Auf- und Abstiege des Schmieds des Schneiders eingreifen. Wenn eine arbeitsteilige Gesellschaft durch eine hohe Wertschöpfung erheblich von der geistigen und körperlichen Leistungskraft aller Beteiligten profitiert, so muss sie auch um ihrer selbst Willen in der Lage sein, in Krisenzeiten das geschaffene Vertrauen nicht leichtfertig zu verspielen, indem sie sich der „Ausgeschlossenen" (ebd.) zu entledigen sucht und gleichzeitig die Verantwortung hierfür von sich weist. Nachbarschaft bedeutet eine gegenseitige Verantwortung innerhalb eines austarierten Systems von Regeln, und nur wer die Regeln verletzt, wird dafür zur Rechenschaft gezogen, wie unser Nagelschmied Kabys. Die Bewohner Seldwylas haben für dieses Regelwerk einen ausgeprägten Sinn. So wird gerade in schlechten Zeiten auf den sozialen Zusammenhalt besonders acht gegeben. „Wenn etwa eine allzu hartnäckige Geldklemme über der Stadt weilt, so vertreiben sie sich die Zeit und ermuntern sich durch ihre große politische Beweglichkeit" (Keller 2002: 8 f.).

Literatur

Bologna, Sergio (2006): Die Zerstörung der Mittelschichten. Thesen zur neuen Selbständigkeit. Graz: Nausner und Nausner.

Bourdieu, Pierre (1998): Jetzt steigen die Aktien der Arbeitslosen. In: Sozialismus. 2/98. 14.

Castel, Robert (2000 [1995]): Die Metamorphosen der sozialen Frage. Konstanz: UVK.

Engels, Friedrich (1973 [1845]): Die Lage der arbeitenden Klasse in England. München: DTV.

Friedrichs, Jürgen/Lepsius, Rainer M./Mayer, Karl Ulrich (Hg.) (1998): Die Diagnosefähigkeit der Soziologie. Sonderheft 38 der Kölner Zeitschrift für Soziologie und Sozialpsychologie. Opladen: Westdeutscher Verlag.

Gardemin, Daniel (2006): Soziale Milieus der gesellschaftlichen ‚Mitte'. Eine typologisch-sozialhistorische und multivariat-sozialstatistische Makroanalyse des Leistungsorientierten Arbeitnehmermilieus und des Kleinbürgerlichen Arbeitnehmermilieus. (Dissertation). Universität Hannover.

Gardemin, Daniel (1998): Mentalitäten der ‚neuen Mitte'. Forschungsbericht. Hannover: agis.

Geißler, Rainer (1996): Die Sozialstruktur Deutschlands. Opladen: Westdeutscher Verlag.

Gillen, Gabriele (2004): Hartz IV. Eine Abrechnung. Reinbek bei Hamburg: Rowohlt.

Hombach (1998): Aufbruch. Die Politik der neuen Mitte. München: Econ.

Hradil, Stefan (1999): Soziale Ungleichheit in Deutschland. Opladen: Leske+Budrich.

Hradil, Stefan (1987): Sozialstrukturanalyse in einer fortgeschrittenen Gesellschaft. Opladen: Leske+ Budrich.

Hübinger, Werner (1996): Prekärer Wohlstand. Neue Befunde zu Armut und sozialer Ungleichheit. Freiburg i. Br.: Lambertus.

Institut für Arbeitsmarkt- und Berufsforschung (2005): Daten zur kurzfristigen Entwicklung von Wirtschaft und Arbeitsmarkt. 03/2005.

Institut für Arbeitsmarkt- und Berufsforschung (2004): IAB Kurzbericht. Nr. 17. 12.11.2004. Nürnberg.

Keller, Gottfried (2002 [1858]): Die Leute von Seldwyla. Erzählungen. Stuttgart: Reclam.

Korte, Karl-Rudolf/Weidenfeld, Werner (Hg.) (2001): Deutschland-Trendbuch. Opladen: Leske+Budrich.

Leicht, Robert (2002): Ihr seid mir schöne Ideologen. In: Zeit.de 51/2002.

Simmel, Georg (1906): Zur Soziologie der Armut. In: Archiv für Sozialwissenschaft und Sozialpolitik. 1906. Bd. 22. 1–30.

Vester, Michael (2001): Milieus und soziale Gerechtigkeit. In: Korte/Weidenfeld (2001): 136–183.

Vester, Michael (1998): Was wurde aus dem Proletariat? Das mehrfache Ende des Klassenkonflikts: Prognosen des sozialstrukturellen Wandels. In: Friedrichs u.a. (1998): 164-206.

Vester, Michael (1970): Die Entstehung des Proletariats als Lernprozess. Frankfurt/M.: Europäische Verlagsanstalt.

Vester, Michael/v. Oertzen, Peter/Geiling, Heiko/Hermann, Thomas/Müller, Dagmar (2001 [1993]): Soziale Milieus im gesellschaftlichen Strukturwandel. Zwischen Integration und Ausgrenzung. Frankfurt/M.: Suhrkamp.

Vögele, Wolfgang/Bremer, Helmut/Vester, Michael (Hg.) (2002): Soziale Milieus und Kirche. Würzburg: Ergon.

Voß, Günter/Pongratz, Hans (1998): Der Arbeitskraftunternehmer. Eine neue Grundform der Ware Arbeitskraft? In: Kölner Zeitschrift für Soziologie und Sozialpsychologie. 1/1998. 131–158.

Weber, Max (1980 [1921]): Wirtschaft und Gesellschaft. Tübingen: Mohr.

Internetquellen: www.destatis.de, www.pup.arbeitsamt.de

ZUSAMMENLEBEN UND ALLTAGSKULTUR

Milieu und Stadt. Zur Theorie und Methode einer politischen Soziologie der Stadt

Heiko ⸀

⸀ ᴊozialer Strukturwandel gefasste gesellschaftlich-politische Entwicklungsprozesse haben von jeher die Aufmerksamkeit für das Geschehen in der Stadt geweckt. Schon die sozialwissenschaftlichen Klassiker erwarteten von der Beschreibung und Analyse des sozialen Lebens in der Stadt erklärende Hinweise für ihre Theorien der Gesellschaft. Bis heute hat sich daran wenig geändert. Zwar äußert sich in den mittlerweile extrem ausdifferenzierten Sozialwissenschaften die Aufmerksamkeit für die Stadt als ‚Stadtsoziologie' oder als ‚Lokale Politikforschung'. Doch richtet sich trotz aller Differenzen in den theoretischen und methodischen Zugängen zur Stadt das gemeinsame Erkenntnisinteresse auf die Erklärung des Verhältnisses von Gesellschaft und Politik. Denn nach wie vor stellt die Stadt bzw. Großstadt einen herausragenden Ort der Vergesellschaftung dar und verkörpert damit die jeweilige Rationalität von Gesellschaft und ihrer sich wandelnden Strukturen und Beziehungsverhältnisse. Als Verkörperung sozialen Strukturwandels ist Stadt gekennzeichnet von Differenzen, Ungleichzeitigkeiten und Widersprüchen, die als vielfältige Phänomene städtischen Lebens letztlich immer wieder auf den jeweiligen Status gesellschaftlich-politischer Entwicklung verweisen.

Stadtanalyse ist als Gesellschaftsanalyse insbesondere dann nachvollziehbar, wenn die alltagsweltlichen Lebenszusammenhänge bzw. die „sozialen Milieus" in den Blick genommen werden. Sowohl deren Binnenstrukturen als auch ihre Beziehungen zueinander verdeutlichen, dass es die eine Rationalität von Gesellschaft nicht gibt, stattdessen der Normalfall von Gesellschaft sich in jenen Differenzen, Ungleichzeitigkeiten und Widersprüchen darstellt, die so häufig ausschließlich städtischen Lebensräumen zugeschrieben werden. Diese mehrdimensionale Vielfalt von Gesellschaft ist in den klassischen Texten zur Stadt immer schon angelegt. In *Abschnitt 1* soll zunächst an entsprechende Theoreme von *Max Weber*, *Émile Durkheim* und *Georg Simmel* erinnert werden. Sie verweisen auf unverändert wirksame Dimensionen sozialen Lebens in der Stadt. Insbesondere lassen sie erkennen, dass die Analyse der Stadt über physisch-räumliche Strukturen und verdinglichte Formen städtischer Vergesellschaftung hinausreicht. *Abschnitt 2* erweitert diese erkenntnistheoretische Diskussion mit dem an die Gesellschaftstheorie *Pierre Bourdieus* anschließenden Konzept des sozialen Raums und bereitet damit den Zugang zu einer neuartigen empirischen Sozialraumanalyse in der Stadt vor. Diese wird in *Abschnitt 3* vorgestellt. Der auf die Analyse gesellschaftlicher Konflikte und Herrschaftsbeziehungen in einem Stadtteil ausgerichtete Untersuchungsansatz basiert auf dem von der Forschungsgruppe um *Michael Vester* entwickelten Konzept des sozialen Milieus.

1.   Dimensionen des Städtischen

1.1 Max Weber

Von allen klassischen Autoren bietet Max Weber für das Verständnis der Strukturen und sozialen Vorgänge in der Stadt ein Instrumentarium an Begriffen, das mit seinen Möglichkeiten der Vollständigkeit und Tiefenschärfe für die Analyse städtischen Geschehens noch heute von Interesse ist. Mit Blick auf den hier thematisierten Zusammenhang von Milieu und Stadt interessieren insbesondere die soziologische Kategorienlehre und der zwischen 1911 und 1914 entstandene Essay „Die Stadt" – besser bekannt als „Typologie der Städte" –, in der Max Weber seinen Kategorien der Beziehungssoziologie empirische Gestalt gibt (vgl. Weber 1985, 1999).

Für Max Weber ist die mittelalterliche europäische Stadt eine universalhistorische Ausnahmeerscheinung und zugleich die Voraussetzung für das Entstehen des modernen Kapitalismus. Mit seinen vielfältigen, aber begrifflich konsequent eingefassten historischen Befunden kann er erklären, warum nur im Okzident und nicht auch in anderen Teilen der Welt die Stadt eine Gestalt annehmen konnte, deren zentrale Bestandteile schließlich zu einem Bürgertum, einer kapitalistischen Ökonomie, einer rational-bürokratischen Verwaltung und einer Demokratie führten. Nun ist zwar jede als Stadt zu begreifende Ortschaft für Max Weber aus soziologischer Perspektive von Anonymität gekennzeichnet, aus ökonomischer Perspektive als Marktort und aus politischer Perspektive als rechtlich geregelter Raum (vgl. Weber 1985: 727–736). Das Spezifische der mittelalterlichen europäischen Stadt jedoch besteht für ihn im revolutionären Akt ihrer Einwohner, sich in der kultischen Tradition der „christlichen Abendmahlsgemeinschaft" im Sinne einer „schwurgemeinschaftlichen Verbrüderung" politisch als Bürger zur „Stadtgemeinde" vergesellschaftet zu haben. Im Unterschied zur antiken wie auch zur asiatischen Stadt betont Max Weber den zwar religiös unterlegten, jedoch Individualisierung voraussetzenden bürgerschaftlichen Gründungsakt der mittelalterlichen europäischen Stadt, zumal die christliche Religion einen konfessionellen Verband der gläubigen Einzelnen und nicht einen rituellen Verband von Sippen darstellte.

Die mittelalterliche europäische Stadt nach Max Weber

„Die Stadt des Okzidents (...) war nicht nur ökonomisch Sitz des Handels und Gewerbes, politisch (normalerweise) Festung und eventuell Garnisonsort, administrativ ein Gerichtsbezirk, und im übrigen eine schwurgemeinschaftliche Verbrüderung" (Weber 1985: 748).

„Formalrechtlich wurden die Korporation der Bürger als solche und ihre Behörden (...),legitim' konstituiert. (...) Aber oft und zwar gerade in den wichtigsten Fällen handelte es sich um etwas ganz anderes: eine, formalrechtlich angesehen, revolutionäre Usurpation" (ebd.: 749).

„Der Bürger trat wenigstens bei Neuschöpfungen als Einzelner in die Bürgerschaft ein. Als Einzelner schwur er den Bürgereid. Die persönliche Zugehörigkeit zum örtlichen Verband der Stadt, und nicht die Sippe oder der Stamm, garantierte ihm seine persönliche Rechtsstellung als Bürger. Die Stadtgründung schloß auch hier oft nicht nur ursprünglich orts-, sondern eventuell auch stammfremde Händler mit ein" (ebd.: 747).

„Entscheidend war für die Entwicklung der mittelalterlichen Stadt zum Verband aber, daß die Bürger in einer Zeit, als ihre ökonomischen Interessen zur anstaltsmäßigen Vergesellschaftung drängten, einerseits daran nicht durch magische oder religiöse Schranken gehindert waren, und daß andererseits auch eine rationale Verwaltung eines politischen Verbandes über ihnen stand. Denn wo auch nur einer von diesen Umständen vorlag, wie in Asien, da haben selbst sehr starke gemeinsame ökonomische Interessen die Stadtinsassen nicht zu mehr als nur transitorischem Zusammenschluß befähigt" (ebd.: 749).

„Und doch ist weder der moderne Kapitalismus noch der moderne Staat auf dem Boden der antiken Städte gewachsen, während die mittelalterliche Stadtentwicklung für beide, zwar keineswegs die allein ausschlaggebende Vorstufe und gar nicht ihr Träger war, aber als ein höchst entscheidender Faktor ihrer Entstehung allerdings nicht wegzudenken ist" (ebd.: 788).

Kennzeichen der mittelalterlichen europäischen Stadt

„1. *Politische Selbständigkeit* (Hervorhebungen von H.G.) und, teilweise, um sich greifende Außenpolitik derart, daß das Stadtregiment dauernd eigenes Militär hielt, Bündnisse schloß, große Kriege führte, große Landgebiete und unter Umständen andere Städte in voller Unterwerfung hielt, überseeische Kolonien erwarb. (...)

2. *Autonome Rechtssatzung der Stadt* als solcher und innerhalb ihrer wieder der Gilden und Zünfte. (...)

3. *Autokephalie*, also: ausschließlich eigene Gerichts- und Verwaltungsbehörden. (...)

4. *Steuergewalt* über die Bürger, Zins- und Steuerfreiheit derselben nach außen. (...)

5. *Marktrecht*, autonome Handels- und Gewerbepolizei und monopolistische Banngewalten. (...)

6. Aus der spezifischen politischen und ökonomischen Eigenart der mittelalterlichen Städte folgte auch ihr *Verhalten zu den nichtstadtbürgerlichen Schichten*. Dies zeigt nun bei den einzelnen Städten allerdings ein sehr verschiedenes Gesicht. Gemeinsam ist allen zunächst der wirtschaftsorganisatorische Gegensatz gegen die spezifischen außerstädtischen politischen, ständischen und grundherrlichen Strukturformen: Markt gegen Oikos" (ebd.: 788-793).

Was hier von Max Weber als „Errungenschaften der Städte" (ebd.: 788) zusammengefasst wird, ist nun nicht zu verwechseln mit dem, was das soziale

Leben in den Städten ausmacht. Es handelt sich um seine analytische Systematik der politischen und ökonomischen Vergesellschaftung der mittelalterlichen Stadt, deren vielfältige historische und gesellschaftliche Wirklichkeit des sozialen Lebens von ihm zuvor in aller Gründlichkeit aufgearbeitet wurde. Dort findet sich das empirische Material bzw. die Realität der Stadt, die er mit Hilfe seiner an anderer Stelle formulierten Beziehungssoziologie hier auf die begriffliche Ebene seines Erkenntnisinteresses hinsichtlich der systemischen Voraussetzungen des modernen Kapitalismus und des modernen Staates gebracht hat. Auch wenn er die übrigen sozialen Voraussetzungen nur als Möglichkeitsrahmen für die primär interessierenden Vergesellschaftungsprozesse der Stadt untersucht, gelingt es ihm damit, den Untersuchungsgegenstand „Stadt" in aller Vollständigkeit zu erfassen.

Kampf, Vergemeinschaftung und Vergesellschaftung nach Max Weber

„*Kampf*' (Hervorhebung von H.G.) soll eine soziale Beziehung insoweit heißen, als das Handeln an der Absicht der Durchsetzung des eignen Willens gegen Widerstand des oder der Partner orientiert ist. ‚Friedliche' Kampfmittel sollen solche heißen, welche nicht in aktueller physischer Gewaltsamkeit bestehen. Der ‚friedliche' Kampf soll Konkurrenz heißen, wenn er als formal friedliche Bewerbung um eigne Verfügungsgewalt über Chancen geführt wird, die auch andre begehren. ‚Geregelte Konkurrenz' soll eine Konkurrenz insoweit heißen, als sie in Zielen und Mitteln sich an einer Ordnung orientiert. Der ohne sinnhafte Kampfabsicht gegen einander stattfindende (latente) Existenzkampf menschlicher Individuen oder Typen um Lebens- oder Ueberlebenschancen soll ‚Auslese' heißen: ‚soziale Auslese', sofern es sich um Chancen Lebender im Leben, ‚biologische Auslese', sofern es sich um Ueberlebenschancen von Erbgut handelt" (Weber 1985: 20).

„*Vergemeinschaftung*' (Hervorhebung von H.G.) soll eine soziale Beziehung heißen, wenn und soweit die Einstellung des sozialen Handelns – im Einzelfall oder im Durchschnitt oder im reine Typus – auf subjektiv gefühlter (affektueller oder traditionaler) Zusammengehörigkeit der Beteiligten beruht" (ebd.: 21).

„*Vergesellschaftung*' (Hervorhebung von H.G.) soll eine soziale Beziehung heißen, wenn und soweit die Einstellung des sozialen Handelns auf rational (wert- oder zweckrational) motiviertem Interessenausgleich oder auf ebenso motivierter Interessenverbindung beruht" (ebd.: 21).

Den Zugang zu den sozialen Seiten der Stadt verschafft er sich entlang der Kategorien seiner Beziehungssoziologie. In dieser geht er davon aus, dass soziale Beziehungen sich in den Modi des Kampfes, der Vergemeinschaftung und der Vergesellschaftung realisieren.

In vergleichender Perspektive geht Max Weber in seiner „Typologie der Städte" immer wieder erneut auf diese Seite der sozialen Beziehungen ein und beschreibt die historischen Ungleichzeitigkeiten und Übergänge von nichtfriedlichen zu friedlichen Kampfmitteln und von sich entwickelnden Beziehungen der Konkurrenz zu denen geregelter Konkurrenz. Politisches Charakteristikum der mittelalterlichen Stadt war dabei die Herausbildung und zivilisatorische

Funktion des geregelte Konkurrenz erstrebenden gesonderten Bürgerstandes: „Die Stadtbürger waren dort ökonomisch zunehmend an friedlichem Erwerb durch Handel und Gewerbe interessiert und zwar die unteren Schichten der Stadtbürgerschaft am allermeisten ...“ (ebd.: 805). Im Modus des Kampfes wurden demnach die sozialen Beziehungen von ökonomischen Interessen der Stadtbürger neu geprägt. Im Unterschied zu den übrigen sozialen Gruppen, wie z.b. dem mittelalterlichen Adel, den Patriziern und selbst den Bürgern der antiken Stadt, standen ihnen keine anderen Ressourcen oder Identitäten zur Verfügung als der neu zu entwickelnde soziale, ökonomische und politische Ordnungsrahmen geregelter Konkurrenz in der Stadt.

Bei aller Konkurrenzorientierung der sozialen Beziehungen in der Stadt schreibt Max Weber dem Modus der Vergemeinschaftung eine nicht unerhebliche Bedeutung zu, weil sich die städtischen Bürgerschaften im Sinne anstaltsmäßiger Gemeinden zunächst in revolutionärer Gegnerschaft zu alten Privilegienherrschaften als „eidliche Bürgerverbrüderungen“ konstituieren mussten. Dies setzte auch gefühlsmäßige Bindungen voraus, die über die Praxis der christlichen Abendmahlsgemeinschaft schon vorgezeichnet waren und immer wieder erneuert werden konnten.

> „Auch die mittelalterliche Stadt war ein Kultverband. (...) Wenn so auch die Stadt des Mittelalters des kultischen Bandes bedurfte, (...) so war sie dennoch, wie die antike Stadt, eine weltliche Gründung“ (ebd.: 747). Und: „Die religiöse Einungsbewegung, die Schaffung von ‚confraternitates‘, ging das ganze Mittelalter hindurch neben den politischen, den gildenmäßigen und den berufsständischen Einungen her und kreuzte sich mit ihnen in mannigfachster Art. Sie spielten namentlich bei den Handwerkern eine bedeutende, mit der Zeit wechselnde Rolle“ (ebd.: 754).

Der Modus der Vergesellschaftung ist in der Zusammenfassung bzw. den „Errungenschaften der Stadt“ von Max Weber hinlänglich dargestellt und manifestiert sich insbesondere im zweckrationalen Markttausch sowie in den eigenen Gerichts- und Verwaltungsbehörden als reine Zweckvereine. In seiner Beziehungssoziologie findet sich zudem ein Hinweis auf die in der Stadtanalyse durchgängig betonte Dimension des Kampfes, so z.B. die für die Selbstkonstituierung der mittelalterlichen bürgerlichen Stadt erfolgten Abgrenzungen und Kämpfe gegen konkurrierenden Gruppen des Adels, des Patriziats und der Kirche, oder das auf dem Strukturgegensatz von Markt und Oikos beruhende Verhalten der Städter gegenüber nichtstadtbürgerlichen Schichten: „Erst die Entstehung bewußter Gegensätze gegen Dritte kann für die (...) Beteiligten eine gleichartige Situation, Gemeinschaftsgefühl und Vergesellschaftungen (...) stiften“ (ebd.: 23). Die europäischen Städte des Mittelalters stellten sich somit für Weber insbesondere auch als gegen den Feudalismus gerichtete politische Subjekte dar (vgl. Häußermann 2001: 245).

1.2 Émile Durkheim

Während Max Webers Erkenntnisinteresse auf die für ihn in der mittelalterlichen Stadt angelegten Strukturvoraussetzungen der bürgerlich-kapitalistischen Gesellschaft gerichtet ist, geht Émile Durkheim 1893 in seiner Studie „Über soziale Arbeitsteilung" den aktuellen sozialen Auswirkungen dieser Gesellschaft nach (Durkheim 1999). Ihn interessiert, wie sich in der entstehenden Industriegesellschaft des 19. Jahrhunderts mit ihren dramatischen gesellschaftlich-politischen Umbrüchen soziale Ordnung erhalten kann. Er fragt, wie in einer sich zunehmend ausdifferenzierenden modernen Gesellschaft sozialer Zusammenhalt gewährleistet werden kann, obwohl alle Anzeichen darauf hindeuten, dass traditionelle Ordnungs- und Wertvorstellungen an Bedeutung verlieren.

Mechanische und organische Solidarität nach Émile Durkheim

Im Unterschied zu vielen kulturpessimistischen Prognosen seiner Zeit geht Émile Durkheim davon aus, dass die zunehmende Arbeitsteilung in der Gesellschaft – die rapide wachsenden Industriestrukturen waren ihm vor Augen – eine neue Form der Solidarität und Moral, die sogenannte „organische Solidarität" entstehen lässt. Sozialer Zusammenhalt bzw. soziale Kohäsion ist für ihn jeweils abhängig von gesellschaftlichen Strukturen und damit verbundenen Rechtsvorstellungen. In einfachen, überschaubaren segmentären Gesellschaften, wie z.B. Stammesgesellschaften mit geringer Arbeitsteilung, lebende Menschen haben für ihn keine besondere Individualität ausprägen können. Sie sind für ihn durch rigide moralische Kontrollen des gemeinsamen Verhaltenskodex an die Gesellschaft gekettet und mehr oder minder bloße Kopien dieser daraus resultierenden kollektiven Mentalität. Die imperative Kontrolle repressiver Rechtsverhältnisse in entsprechenden Gesellschaften sichert deren Zusammenhalt, so Émile Durkheim, in Gestalt von „mechanischer Solidarität": „In dem Augenblick, in dem diese Solidarität wirkt, löst sich unsere Persönlichkeit definitionsgemäß sozusagen auf; denn dann sind wir nicht mehr wir selbst, sondern das Kollektivwesen" (Durkheim 1999: 182).

„Organische Solidarität" hingegen ist für Émile Durkheim Ausdruck funktional differenzierter komplexer Gesellschaften mit ausgeprägter Arbeitsteilung, deren Zusammenhalt notwendig organischen Charakter annehmen muss. Die Menschen sind demnach nicht unmittelbar und direkt an die Gesellschaft angebunden, sondern werden über arbeitsteilig organisierte und spezialisierte Tätigkeitsbereiche zusammengehalten, weil diese in wechselseitiger Abhängigkeit miteinander netzförmig verknüpft sind. Spezialisierungen in vielfältiger Gestalt von Kompetenzen und Berufsrollen führen für Durkheim zwangsläufig zu individuellen Persönlichkeitsentwicklungen. Gleichzeitig entstehende funktionsspezifische Wertvorstellungen und moralische Ordnungen sind für ihn immer Ausdruck vergemeinschaftender sozialer Milieubeziehungen, die in den Berufsgruppen und Nachbarschaften gelebt und in der Erfahrung wechselseitiger Abhängigkeiten zu organischer gesellschaftlicher Solidarität transformiert werden. „Zu Unrecht stellt man also die Gesellschaft, die aus der Gemeinschaftlichkeit des Glaubens entsteht, der Gesellschaft gegenüber, die auf der Zusammenarbeit beruht, indem man nur der ersten einen moralischen Charakter zubilligt und in der zweiten nur eine wirtschaftliche Gruppierung sieht. In Wirklichkeit hat gerade die Zusammenarbeit ebenfalls ihre eigenständige Moralität" (ebd.: 285).

Und wenn Max Weber für die entstehende mittelalterliche Stadtgesellschaft noch die religiös motivierten „confraternitates" als vergemeinschaftende Bezugspunkte für die interessengeleiteten und zweckrational ausgerichteten sozialen Beziehungen betont, sieht Émile Durkheim mit der in der Zweckrationalität selbst angelegten „Arbeitsteilung" ein neues Medium sozialen Zusammenhalts.

Gegen vertragstheoretische, auf Interessenverfolgung ausgerichtete utilitaristische Interpretationen seiner Solidaritätsvorstellungen verweist Émile Durkheim darauf, dass nicht alles vertraglich ist beim Vertrag:

> „Das Interesse ist in der Tat das am wenigsten Beständige auf der Welt. Heute nützt es mir, mich mit Ihnen zu verbinden; morgen macht mich der selbe Grund zu Ihrem Feind. Eine derartige Ursache kann damit nur zu vorübergehenden Annäherungen und flüchtigen Verbindungen führen" (ebd.: 260).

Die zunehmende Vertragssicherheit in modernen Gesellschaften führt er darauf zurück, dass sich die Vertragspartner als Mitglieder ein und derselben Gesellschaft immer schon als moralisch Integrierte begegnen, als auf die Einhaltung spezifischer Regeln verpflichtete Partner, die vergleichbare Regeln in ihren jeweiligen sozialen Milieus erlernen und in den sozialen Beziehungen zur übrigen Gesellschaft erweitern und bestätigen.

Man kann sich nicht auf Émile Durkheim beziehen, ohne den Begriff der Anomie aufzugreifen, den er in seinen berühmten Studien über den Selbstmord entwickelt hat. Doch schon in seinen Ausführungen über die Arbeitsteilung geht er darauf ein, und zwar in einer Diktion, die auch heute das aktuelle Problem mangelnder sozialer Integration nicht besser beschreiben könnte:

> „Tiefgreifende Veränderungen haben sich innerhalb sehr kurzer Zeit in der Struktur unserer Gesellschaften vollzogen. Sie haben sich mit einer Geschwindigkeit und in einem Ausmaß vom segmentären Typus befreit, für welche die Geschichte kein anderes Beispiel bietet. Folglich ist die Moral, die diesem Sozialtypus entsprach, verkümmert, ohne dass sich an deren Stelle die neue genügend rasch entwickelt hat, um den Raum zu füllen, den die andere in unserem Bewusstsein hinterlassen hat. Unser Glaube ist erschüttert; die Tradition hat ihre Herrschaft eingebüßt; das individuelle Urteil hat sich vom Kollektivurteil gelöst. Andrerseits aber haben die Funktionen, die sich im Verlauf des Umschwungs voneinander getrennt haben, noch keine Zeit gehabt, sich einander anzupassen; das neue Leben, das sich plötzlich entfaltet hat, hat sich noch nicht vollständig organisieren können, und es hat sich vor allem nicht so organisiert, dass es das Bedürfnis nach Gerechtigkeit zu befriedigen vermöchte, das in unseren Herzen so glühend erwacht ist" (ebd.: 479).

Anomie entsteht also dort, wo der gesellschaftliche Strukturwandel erfolgt, ohne rechtzeitig hinreichende Regeln der Kooperation und Solidarität ausbilden zu können. Strukturwandel bedarf nach Durkheim der Habitualisierung zunächst provisorischer, dann gewohnheitsmäßiger und schließlich rechtsförmiger Verkehrsformen und Regeln im Umgang mit neuen Funktionen und Strukturen. Unvermittelt neuartigen gesellschaftlichen Bedingungen ausgesetzt zu sein, bedeutet für die Menschen Orientierungslosigkeit, weil sie ihre gewohnten Moral- und Wertvorstellungen als dysfunktional erleben. Sie werden mit Verhaltenszumutungen konfrontiert, die sie nicht wie andere Anforderungen zuvor wie selbstverständlich bewältigen können.

1.3 Georg Simmel

In seinem Essay „Die Großstädte und das Geistesleben" von 1903 diskutiert Georg Simmel, wie sich unter den Bedingungen großstädtischen Lebens und kapitalistischer Ökonomie die Formen sinnlicher Wahrnehmungen der Städter verändern. Sich in seinen Schriften über moderne gesellschaftliche Phänomene immer zwischen Soziologie, Kulturtheorie und Ästhetik bewegend, greift Georg Simmel im Unterschied zu Max Webers und Émile Durkheims soziologischer und historischer Systematik psychologische Fragen auf, bei deren Beantwortung er eher en passant zu einem idealtypischen Theorem sozialer Integration in der modernen Großstadt kommt. Seine von ihm beanspruchte Untersuchungsperspektive umfasst zunächst mehr als die manifesten Strukturmerkmale der Stadt:

> „Wie ein Mensch nicht zu Ende ist mit den Grenzen seines Körpers oder des Bezirks, den er mit seiner Tätigkeit unmittelbar erfüllt, sondern erst mit der Summe der Wirkungen, die sich von ihm aus zeitlich und räumlich erstrecken: so besteht auch eine Stadt erst aus der Gesamtheit der über ihre Unmittelbarkeit hinausreichenden Wirkungen" (Simmel 1998: 129).

Georg Simmel geht davon aus, dass die moderne Großstadt mit ihren vielfältigen und ständig wechselnden Reizen und Impressionen zu einer allgemeinen „Steigerung des Nervenlebens" führt. „Daraus wird vor allem der intellektualistische Charakter des großstädtischen Seelenlebens begreiflich, gegenüber dem kleinstädtischen, das vielmehr auf das Gemüt und gefühlsmäßige Beziehungen gestellt ist" (ebd.: 120). Der intellektualistische Charakter ist hier als in die persönliche Freiheit mündende Individualisierung zu verstehen. Sie resultiert für Georg Simmel aus der zum Selbstschutz kultivierten Blasiertheit, Indifferenz und Reserviertheit des Städters gegen die Hektik und Vielfalt seiner städtischen Umgebung.

> „Denn die gegenseitige Reserve und Indifferenz, (...) werden in ihrem Erfolg für die Unabhängigkeit des Individuums nie stärker gefühlt als in dem dichtesten Gewühl der Großstadt, weil die körperliche Nähe und Enge die geistige Distanz erst recht anschaulich macht..." (ebd.: 128).

Gäbe es sie nicht, so Georg Simmel, müsste sie „in dem Augenblick einer irgendwie veranlaßten nahen Berührung sogleich in Haß und Kampf ausschlagen" (ebd.: 125). Die so als individuelle Form der Selbstbehauptung und als Verhinderung von Hass bzw. als Integrationsmodus in der großstädtischen anonymen

Massengesellschaft wirkende Distanziertheit gewährt „dem Individuum eine Art
und ein Maß persönlicher Freiheit, zu denen es in anderen Verhältnissen gar
keine Analogie gibt" (ebd.: 126). Andererseits führt sie zugleich zu typischen
„großstädtischen Extravaganzen des Apartseins":

> „Das Leben wird ihr (der städtischen Persönlichkeit, H.G.) einerseits unendlich leicht ge-
> macht, indem Anregungen, Interessen, Ausfüllungen von Zeit und Bewußtsein sich ihr von al-
> len Seiten anbieten (...). Andererseits setzt sich das Leben doch mehr und mehr aus diesen un-
> persönlichen Inhalten und Darbietungen zusammen, die die eigentlich persönlichen Färbungen
> und Unvergleichlichkeiten verdrängen wollen; so daß nun gerade, damit dieses Persönlichste
> sich rette, es ein Äußerstes an Eigenart und Besonderung aufbieten muß; es muß dieses über-
> treiben, um nur überhaupt noch hörbar, auch für sich selbst, zu werden" (ebd.: 131 f.).

Wie Georg Simmel die hier skizzierte Transformation zur städtischen Zivilisation, Toleranz und Integration mittels distanzierter Indifferenz und Individualisierung letztlich begründet, mag kaum überraschen. Er bezieht sich dabei auf die
Arbeitsteilung und die damit verbundenen Effekte, wie sie Émile Durkheim mit
der „organischen Solidarität" gefasst hat, und er bezieht sich auf die zweckrationalen Strukturbedingungen der Stadt als „Marktort", wie sie Max Weber für
die bürgerliche Stadtgesellschaft voraussetzt.

Georg Simmel: Geldwirtschaft und Verstandesherrschaft

„Die Großstädte sind von jeher die Sitze der Geldwirtschaft gewesen (...). Geldwirtschaft aber und
Verstandesherrschaft stehen im tiefsten Zusammenhang. Ihnen ist gemeinsam die reine Sachlichkeit in der Behandlung von Menschen und Dingen (...). Denn das Geld fragt nur nach dem, was
ihnen allen gemeinsam ist, nach dem Tauschwert, der alle Qualität und Eigenart auf die Frage nach
dem bloßen Wieviel nivelliert. (...) Dadurch bekommt das Interesse beider Parteien eine unbarm-
herzige Sachlichkeit, ihr verstandesmäßig rechnender wirtschaftlicher Egoismus hat keine Ablen-
kung durch die Imponderabilien persönlicher Beziehungen zu fürchten" (Simmel 1998: 120 f.).
Auf die Arbeitsteilung bezogen heißt es bei Georg Simmel: „Die Städte sind zunächst die Sitze der
höchsten wirtschaftlichen Arbeitsteilung (...). Die Notwendigkeit, die Leistung zu spezialisieren,
um eine noch nicht ausgeschöpfte Erwerbsquelle (...) zu finden, drängt auf Differenzierung, Verfeinerung, Bereicherung der Bedürfnisse des Publikums, die ersichtlich zu wachsenden personalen
Verschiedenheiten innerhalb dieses Publikums führen müssen" (ebd.: 129 f.).

Stadt wird von Georg Simmel primär als idealtypischer Ort kapitalistischer
Geldwirtschaft betrachtet. Demnach gestalten sich die sozialen Beziehungen der
Menschen in Analogie zu denen von Marktteilnehmern rein sachlich und völlig
entpersönlicht. Auf dem Markt sollte es völlig unerheblich sein, wie sich jemand
darstellt und äußert, Hauptsache er verfügt über hinreichend Geld oder andere
anerkannte Tauschmittel. Diese von Georg Simmel vorausgesetzte Marktorien-
tierung bedeutet in der Konsequenz, dass städtisches Leben eigentlich ohne
geistiges Zentrum und ohne moralische Instanz auskommt, um zu funktionieren.
Soziale Integration stellt sich in diesem Verständnis als purer Ausdruck funktio-

naler Arbeitsteilung dar, in der die Einzelnen die Anderen ausschließlich als
Tauschpartner und Marktteilnehmer wahrnehmen und dabei alle übrigen persön-
lich begründbaren Motive sozialer Beziehung in den Hintergrund rücken. Für
Georg Simmel erklärt sich darüber, warum das städtische Sozialverhalten der
Distanziertheit, Blasiertheit und Indifferenz nicht in Chaos ausartet. Denn einer-
seits wirkt diese entpersönlichende Distanz als Selbstschutz vor der Hektik des
Markt- und Stadtgeschehens, andererseits birgt sie – im Unterschied zur ausge-
prägten sozialen Kontrolle dörflichen Lebens – ungeahnte Möglichkeiten der
Autonomie und Selbstverwirklichung.

   Allerdings ist diese idealtypische Annahme an eine abstrakte Gestalt des
städtischen Bürgers geknüpft, ausschließlich an jene Menschen mit gleichbe-
rechtigtem Zugang zum Markt und zur Bürgerschaft, die sich in der Konkurrenz
der Geldwirtschaft und Arbeitsteilung behaupten können. Nur unter der Bedingung, dass die Chancen und Rechte ökonomischer und politischer Teilhabe
gewährleistet sind, ist Georg Simmels Annahme vorstellbar, dass sich großstäd-
tische Blasiertheit und Gleichgültigkeit zur Tugend und urbane Anonymität zur
Freiheit wandelt. In der hier vorgelegten Idealtypisierung wird zudem jedes
noch so subjektiv motivierte Verhalten immer nur als das des Aufmerksamkeit
und damit Individualität anstrebenden vollendeten „homo oeconomicus" verstanden. Der affektuellen Beziehungsdimension der Vergemeinschaftung, die
nach Max Weber, neben denen des Kampfes und der Vergesellschaftung, jede
soziale Beziehung konstituiert, und die bei Émile Durkheim selbst noch der
ökonomischen Tauschbeziehung vorausgesetzt ist und sich in den aus der Arbeitsteilung resultierenden Berufsgruppen und sozialen Netzen ständig erneuert,
wird hier von Georg Simmel keine weitere, dem übrigen Kontext städtischen
Lebens verbundene Bedeutung zugemessen.

2.   Gesellschaftlicher Raumbegriff

In dem von Marlo Riege und Herbert Schubert (2002) edierten Sammelband
über Sozialraumanalysen wird entlang von zahlreichen historischen und aktuellen Untersuchungsansätzen dokumentiert, wie die Stadt und ihre einzelnen Ge-
biete als Lebensräume mit spezifischen Strukturen, Funktionen und Verflech-
tungen empirisch zugänglich gemacht werden können. Die aktuelle Diskussion
über soziale Stadterneuerung, veränderte Jugendhilfeplanung und Neuorganisation sozialer Dienste wird von den Herausgebern als Grund dafür angeführt,
dass der Begriff und das analytische Konzept des Sozialraums erneut an Bedeutung gewonnen habe. Zugleich wird angemerkt, dass eine „breitere Debatte über

soziale Bedeutungsinhalte von Raum" (ebd.: 7) erst in den letzten Jahren begonnen habe. Dem ist weitgehend zuzustimmen, obwohl die noch geringe Zahl fundierterer Beiträge, wie sie insbesondere nach Bourdieu (1991) und Läpple (1991) vorgelegt worden sind, eine eher schmale Debatte annehmen lässt.

Weit davon entfernt, hier eine entsprechende theoretische Grundlegung des Verhältnisses von Raum und Gesellschaft liefern zu können, um damit einen Beitrag zur Funktion und Rolle sozialwissenschaftlicher Stadtforschung geben zu wollen, soll an dieser Stelle auf die methodologischen Theoreme aufmerksam gemacht werden, die uns bei unserer hier im letzten Abschnitt vorzustellenden Konzeption „Milieus im städtischen Raum" maßgeblich beeinflusst haben. Nicht vergessen werden soll, dass sie uns darüber hinaus in der Auseinandersetzung um die Untersuchungsergebnisse dahingehend gestärkt haben, diese nicht als verwaltungs- oder planungsspezifische intern, sondern als soziale und politische öffentlich zu diskutieren.

2.1 Georg Simmel und Robert E. Park über Raum

In seinem ebenfalls 1903 publizierten Essay „Soziologie des Raumes" weist Georg Simmel (1995) auf „die an sich wirkungslose Form" des Raumes hin,

> „in deren Modifikationen die realen Energien sich zwar offenbaren, aber nur wie die Sprache Gedankenprozesse ausdrückt (...). Nicht die Form räumlicher Nähe oder Distanz schafft die besonderen Erscheinungen der Nachbarschaft oder Fremdheit, so unabweislich dies scheinen mag. Vielmehr sind auch dies rein durch seelische *Inhalte* erzeugte Tatsachen, deren Ablauf zu ihrer Raumform in keinem prinzipiell anderen Verhältnis steht als eine Schlacht oder ein Telephongespräch zu den ihrigen" (ebd.: 133).

Einige Seiten weiter, im Zusammenhang seiner Diskussion räumlicher Grenzsetzungen, wird das soziologische Erkenntnisinteresse bezüglich des Raums von Georg Simmel noch deutlicher gefasst:

> „Nicht die Länder, nicht die Grundstücke, nicht der Stadtbezirk und der Landbezirk begrenzen einander; sondern die Einwohner oder Eigentümer üben die gegenseitige Wirkung aus (...). Die Grenze ist nicht eine räumliche Tatsache mit soziologischen Wirkungen, sondern eine soziologische Tatsache, die sich räumlich formt" (ebd.: 141).

Es sind demnach für Georg Simmel zunächst die sozialen Beziehungen, die im Mittelpunkt des sozialwissenschaftlichen Rauminteresses stehen. Sie sind es, die für die Gestaltung des Raums und seiner Grenzen verantwortlich sind. Erst in zweiter Instanz ist zu fragen, wie sich die Raumgestalt einer spezifischen Vergesellschaftungsform auf die übrigen sozialen Bedingungen auswirkt. Bei dem Begründer der „Chicago-School", Robert E. Park, einem Schüler von Georg

Simmel, wird dieses Theorem 20 Jahre später im Kontext von Mobilität und Entfernung zum Ausdruck gebracht:

> „Mobilität ist für die soziologische Theorie nur insofern von Bedeutung, als sie neue soziale Kontakte herstellt, und die physikalische Entfernung ist für soziale Beziehungen nur dann wichtig, wenn man sie in Begriffen der sozialen Distanz fassen kann" (Park 1983: 316).

Das von Robert E. Park hier diskutierte Verhältnis von „räumlicher Struktur" und „sittlicher Ordnung" in der Stadt bzw. von Raum und sozialem Sinn ist, wie bei Georg Simmel, primär von soziologischem Erkenntnisinteresse geprägt:

> „Es ist eine Tatsache, dass soziale Beziehungen häufig und unvermeidlich mit räumlichen Beziehungen korrelieren. Das bedeutet, dass physische Distanz häufig als Index für soziale Distanz angesehen wird. Aus diesem Grund haben Statistiken für die Soziologie besondere Bedeutung. Dies gilt aber nur insoweit, wie soziale und physische Tatsachen auf räumliche Fakten reduzierbar und damit messbar werden. Erst dann sind Korrelationen statthaft" (ebd.: 318).

An gleicher Stelle beruft sich Robert E. Park, wenn er auf die interdependenten Beziehungen der Individuen in den städtischen Gemeinschaften der Einwanderer, den ‚natural areas', hinweist, auf die „soziale Morphologie" (ebd.: 309) Émile Durkheims. Für Émile Durkheim umfassen soziologische Tatbestände auch Dinge physisch-materieller Art, wie beispielsweise Verkehrswege und Wohnungen. Bei diesen „Dingen" handelt es sich für ihn um gesellschaftlich einverleibte Objekte und um Produkte früherer sozialer Tätigkeit: „Sie sind die Materie, an welcher die lebendigen Kräfte der Gesellschaft angreifen, doch entwickeln sie selbst keine lebendige Kraft. Als aktiver Faktor bleibt also nur das eigentlich menschliche *Milieu* (Hervorhebung von H.G.) übrig" (Durkheim 1976: 195). Auf den Raum und seine gegenständliche Gestaltung übertragen heißt dies, dass dieser allenfalls als Ergebnis und Ausdruck sozialer Praxis von sozialwissenschaftlichem Interesse sein kann. Die grundlegende Frage nach dem sozialen Sinn ist es denn auch, die Émile Durkheim dazu bewegt, soziologische Tatbestände auf die physisch-materielle Welt auszudehnen und mit entsprechenden Untersuchungsmethoden zu verfolgen:

> „Wer die Art der politischen Teilung einer Gesellschaft, die Zusammensetzung dieser Teile, die mehr oder weniger enge Verbindung zwischen ihnen kennenlernen will, kann zu diesem Ziele nicht durch eine rein materielle Untersuchung und durch geographische Beobachtungen gelangen. Diese Einteilungen sind moralischer Natur, wenn sie auch in der physischen Natur eine Grundlage haben" (ebd.: 113).

2.2 Pierre Bourdieus Konzept des sozialen Raums

Die von Menschen vergegenständlichte Welt aus der Perspektive sozialer Funktionen und Interessen wahrzunehmen, wird in der Gesellschaftstheorie Pierre Bourdieus in besonderer Weise zum Ausdruck gebracht. Sie erlaubt es, systematische Zusammenhänge zwischen sozialen Ungleichheiten und symbolisch vermittelten Auseinandersetzungen und Differenzen um kulturelle Selbstdarstellungen, Lebensstrategien und Organisationsformen herzustellen. Das dabei von Pierre Bourdieu verwendete Konzept des „sozialen Raums" (vgl. Bourdieu 1982) ist als ein abstraktes gesellschaftliches Raummodell konzipiert, das auf die in der Gesellschaft wirksamen Strukturprinzipien verweist. Das Raummodell bildet die ungleiche Verteilung gesellschaftlicher Ressourcen und Chancen, von ihm als ökonomisches und kulturelles „Kapital" gefasst, ab, ebenso die damit verbundenen alltagskulturellen Praktiken bzw. Lebensstile sowie auch die Mentalitäten, die als „Habitus" gefasst werden. „Kapital" wird von Pierre Bourdieu als historisch angehäufte Energie und Arbeit verstanden, die mit kalkuliert wie auch vor allem unbewusst verfolgten Strategien und Grundhaltungen erworben, umgewandelt oder weitergegeben werden. In diesem dynamischen Verständnis des Kapitalbegriffs sind Strategien nicht mit rein ökonomischen Interessenorientierungen gleichzusetzen. Sie realisieren sich – über wirtschaftstheoretische Vorstellungen hinaus – in ethisch-moralisch begründeten und symbolisch vermittelten Beziehungspraktiken der Menschen. Die Vergegenständlichung sozialer Dimensionen ist in der, der Tradition Émile Durkheims folgenden, Theorie Pierre Bourdieus grundsätzlich angelegt.

In Bezug auf die geographischen bzw. physischen Räume betont er so auch deren immer schon soziale Konstruktion und Wahrnehmung. Er will damit sagen, dass die Aneignungs- und Nutzungsweisen des physischen Raums Strategien folgen, die auch den abstrakten sozialen Raum prägen; Strategien, die den entsprechend der gesellschaftlichen Chancenverteilung zur Verfügung stehenden Machtressourcen folgen. Für Pierre Bourdieu gehen in diesem Sinne physischer und sozialer Raum als Dimensionen sozialer Praxis ineinander über: „Der soziale Raum ist somit zugleich in die Objektivität der räumlichen Strukturen eingeschrieben und in die subjektiven Strukturen, die zum Teil aus der Inkorporation dieser objektivierten Strukturen hervorgehen" (Bourdieu 1991: 28).

Physische reale Räume sind demnach von sozialen bzw. in den gesellschaftlich-politischen Bedingungen angelegten Ungleichheiten charakterisiert. Sie stellen sich in spezifischen Siedlungs- und Infrastrukturen sowie damit verbundenen Bewertungen dar. Auch beeinflussen sie als räumliche Objektivierung gesellschaftlicher Ungleichheit in Gestalt von privilegierten oder vernachlässigten realen Räumen die individuellen Orientierungen und Mentalitäten ihrer Nutzer. Die soziale Konstruktion und Reproduktion gesellschaftlicher Wirklichkeit wird demnach in mehr oder minder bewusster Symbolisierung und Verräumlichung zum Ausdruck gebracht.

Physische reale Räume, wie Stadtteile und Quartiere, sind immer schon bewertet und klassifiziert, weil sie Gegenstände gesellschaftlicher Auseinandersetzungen sind. So, wie die Besetzung der Räume mit sozialen Vor- und Nachteilen verbunden ist, repräsentieren ihre Nutzer privilegierte oder benachteiligte soziale Positionen. In diesem Sinne ist die räumliche Verteilung von spezifischen Bewohnergruppen und sozialen Milieus immer auch Ausdruck gesellschaftlicher Konflikte und Herrschaftsbeziehungen.

3.   Milieus im sozialen Raum der Stadt

Die vorangegangenen Abschnitte zur Soziologie der Stadt machen darauf aufmerksam, dass der Raum der Stadt nicht als voraussetzungs- und wirkungslos zu betrachten ist, und dass die sich darin realisierenden sozialen und gesellschaftlichen Beziehungen nicht allein an ihren verdinglichten Ergebnissen der Vergesellschaftung zu messen sind. Ein daran anschließender empirischer Zugang zur Stadt bzw. zu einem Stadtteil, dessen Erkenntnisinteresse auf gesellschaftliche Konflikte und Herrschaftsbeziehungen ausgerichtet ist, soll hier abschließend vorgestellt werden. Die Untersuchung war Teil einer im Rahmen des Bund-Länder-Programms „Soziale Stadt" erstellten Forschungsarbeit (vgl. Geiling/ Schwarzer u.a. 2002) und ließ sich von der Gesellschaftstheorie Pierre Bourdieus und dem in Hannover entwickelten Konzept des „sozialen Milieus" leiten.

3.1 Soziale Milieus und Felder

Wie hier in Abschnitt 1 nachgezeichnet, war das Konzept der „sozialen Milieus" bereits 1893 von Émile Durkheim (1999) für die Analyse gesamtgesellschaftlicher Akteursgruppen eingesetzt worden. Sozialer Zusammenhalt und Abgrenzung funktionieren nach diesem Konzept auf der Basis von in Verwandtschaft, Nachbarschaft oder Berufsgruppe geprägten Beziehungen, in deren Verlauf gemeinsame moralische Regeln und gemeinsame Geschmacks- und Mentalitätsausprägungen entstehen, die jeweils typisch sind für einzelne soziale Milieus. Über lange Zeit war dieses Konzept in Deutschland hinter die primär auf ökonomische Dimensionen sozialer Ungleichheit setzenden Klassen- und Schichttheorien zurückgetreten. Angesichts neuer sozialer Ungleichheiten und verstärkter Anzeichen von Sozialstruktur- und Mentalitätswandel in den 1980er Jahren machte Stefan Hradil (1987) das bereits in der Markt- und Meinungsforschung (Becker/Nowak 1982) praktizierte Milieukonzept wieder für die deutsche Soziologie bekannt, weil es in der Verbindung objektiver und subjektiver Dimensionen eher in der Lage war, soziales und politisches Verhalten zu erklären und vorauszusagen.

Neben der sich dazu parallel entwickelnden und dabei die ökonomischen Dimensionen sozialer Ungleichheit überwiegend vernachlässigenden Lebensstilforschung etablierte sich die auf die Milieu- und Klassentheorie Pierre Bourdieus und auf die frühen englischen „Cultural Studies" (Williams 1963, Thompson 1963) beziehende hannoversche Milieuforschung (Vester/von Oertzen/Geiling u.a. 2001). Mit qualitativen und standardisierten Methoden konnte sie einen großen Teil des sozialen Raums der Bundesrepublik nach sozialen Milieus explorieren. Die hannoversche Milieuforschung unterscheidet sich von anderen Ansätzen dadurch, dass sie die Milieuzugehörigkeit vom jeweiligen Typus des Habitus bzw. der Mentalität, im Sinne einer unabhängigen Variable, abhängig macht. Es wird dabei vom Primat der Herkunftsmilieus und -familien ausgegangen. Dort werden nicht nur Statusressourcen ökonomischer, kultureller und sozialer Art bzw. Kapital weitergegeben, sondern vor allem dauerhafte Lebensstrategien und Habitusmuster, mit denen soziale Stellungen gesichert oder erworben werden können und die mehr über Milieuzugehörigkeiten aussagen als wechselhafte soziale Stellungen.

Für die Frage nach den gesellschaftlichen Konfliktlinien und Herrschaftsbeziehungen ist die im Sinne einer sozialen Topologie raumorientierte Milieu- und Klassentheorie Pierre Bourdieus äußerst aufschlussreich. Denn sie erklärt soziales Verhalten mit Verweis auf die Spielräume, die sozialen Akteuren in ihren jeweiligen Umwelten zur Verfügung stehen (vgl. Bourdieu 1992). Spielräume werden danach bemessen, welche Stellung die sozialen Akteure in den hierarchisierten und mit je eigener Logik ausgestatteten Umwelten bzw. sozialen Feldern einnehmen. Den Kräften eines sozialen Feldes mehr oder minder hilflos ausgeliefert zu sein, heißt, eine untergeordnete Stellung einzunehmen. Die Möglichkeiten der eigenen Ressourcenausstattung sind dabei zu gering, um den mehrdimensionalen bzw. spezifischen Anforderungen und Kräften des Feldes widerstehen zu können. Hingegen verfügen Akteure dann über einen großen Spielraum, wenn sie auf Grund ihrer Ressourcen, seien sie ökonomisch, kulturell oder sozial, die Verteilungs- und Unterscheidungsprinzipien, nach denen sich die Umwelt strukturiert, in ihrem Sinn beeinflussen können. Zugleich sind nach der Theorie Bourdieus nicht einzelne Merkmale (Alter, Geschlecht, Beruf,

Ethnie usw.) als Ressourcen der sozialen Akteure für deren soziale Stellung und Handlungsspielräume ausschlaggebend, sondern die Kombination dieser Merkmale und ihre Kompatibilität mit den spezifischen Anforderungen der einzelnen sozialen Felder.

3.2 Stadtteil als sozialer Raum

Ausgehend von der Frage, wie im Interesse eines gelingenden Quartiermanagements in einer von sozialer Benachteiligung gekennzeichneten Großwohnsiedlung auf die lokalen gesellschaftlichen Konflikte und Herrschaftsbeziehungen geschlossen werden kann, wurde der zu untersuchende Stadtteil in Anlehnung an Bourdieus abstrakten sozialen Raum rekonstruiert. Angenommen wurde, dass sich Beziehungen sozialer Nähe und Distanz im Zugang zu den „intermediären Einrichtungen und Institutionen des Stadtteils" (siehe Abb. 1) konturieren. Es sind diese Orte der mittleren Vergesellschaftungsebenen, in denen sich die unterschiedlichen sozialen Milieus nicht nur repräsentiert und symbolisiert sehen, sondern über die sie sich auch mit anderen sozialen Milieus auseinandersetzen. Dementsprechend wurde ein Modell des stadtteiltypischen sozialen Raums (siehe Abb. 2) erstellt, das mit seinen Zonen sozialer Nähen und Distanzen zugleich über soziale Machtkonstellationen im Stadtteil Auskunft geben kann.

Die Vertikale des Raummodells positioniert die im Stadtteil vorfindlichen sozialen Lagen der Bewohnerschaft, während die Horizontale deren unterschiedliche Mentalitäten bzw. Habitus oder Dispositionen der alltäglichen Lebensführung abbildet. Vorausgesetzt und empirisch bestätigt wurde, dass in den verschiedenen Stadtteileinrichtungen jeweils spezifische Verhaltenserwartungen, Wertvorstellungen, Stile und Praktiken der Kommunikation vorzufinden sind. Dies beginnt mit Verhaltens- und Umgangsweisen, die auf Grund geringer materieller und sozialer Ressourcen der Beteiligten auf Unterstützung ausgerichtete Anlehnungsstrategien bzw. „Mentalitäten der Notwendigkeit" begründen, setzt sich mit nach allgemeiner Anerkennung und „Respektabilität" strebenden Orientierungen fort bis hin zu „Mentalitäten des Besonderen", deren Praktiken und Anerkennungsstrategien soziale und kulturelle Kompetenzen der Hochkultur voraussetzen.

Abb. 1: Intermediäre bzw. kommunale, sozialstaatliche und bewohnergetrage-ne lokale Einrichtungen in einem hannoverschen Stadtteil

Kommunale Einrichtungen
Sozialamt:
- Stelle für allgemeine Sozialhilfe
- Seniorenbegegnungsstätte, Seniorenbüro
Amt für Jugend und Familie:
- Jugend-, Familien- und Erziehungsberatung
- Jugendzentrum Camp
- Kinderspielpark Holzwiesen
Kommunaler Sozialdienst:
- Dienststelle Vahrenheide
- Gemeinwesenarbeit
- Jugendgerichtshilfe
Gesundheitsamt:
- Sozialpsychiatrische Beratungsstelle
Schulamt:
- Fridtjof-Nansen-Grundschule
- IGS Vahrenheide-Sahlkamp
- Herschelgymnasium
Kulturamt: (mit Stadtteilinitiative)
- Kulturtreff Vahrenheide
Polizeidirektion Hannover:
- Polizeistation Vahrenheider Markt
- Kontaktbereichsbeamte

Einrichtungen der Gesellschaft für Bauen und Woh-nen Hannover mbH (GBH)
GBH-Geschäftsstelle Vahrenheide
Betreute Altenwohnanlagen
GBH-Mieterservice
Mieterbeirat GBH

Einrichtungen der evangelischen Kirche/ Diakonie
Titusgemeinde
Kita Titus I und II
Soziale Gruppeninitiative e.V.
- Jugendwerkstatt Vahrenheide
- Werkstatt-Treff
- Pro Beruf
- Montage-Bau
Treff deutsche und ausländische Frauen
Diakoniestation Vahrenheide-Sahlkamp
....
Sozialpädagogische Einzelbetreuung der evangeli-schen Jugendhilfe des Stephansstifts
"Kids-Club" vom Jugendverband der evangelischen Freikirchen
Evangelische Baptisten-Brüdergemeinde
Evangelische Christengemeinde

Einrichtungen der katholischen Kirche/ Caritas
St. Franziskusgemeinde
Carl-Sonnenschein-Haus
Faschings-Club St. Franziskus

Einrichtungen der Arbeiterwohlfahrt
Emmy-Lanzke-Haus
Krabbelstube und Kita Emmy-Lanzke-Haus
Hort in der Fridtjof-Nansen-Schule
Spielmobil
Streetwork/ Jugendkontaktladen
LIFT/ Job-Börse

Einrichtungen des Deutschen Roten Kreuzes
DRK-Ortsverein Vahrenheide
Altenpflegeheim Dunantstraße

Vereine/ bewohnergetragene Initiativen
Bürgerinitiative Vahrenheide e.V.
Stadtteilinitiative Kulturtreff Vahrenheide e.V. - Kulturtreff (auch öffentlicher Träger)
Nachbarschaftsinitiative e.V.
- Krabbelstube Simsalabim
- Nachbarschaftstreff
- Seniorenklub Russischer Nachmittag
Grünpflege Vahrenheide e.V.
- Grünflächenprojekt
- Grüne Boten
- Pro Sauber
FLAIS e.V. Förderverein Leben und Arbeiten im Stadtteil Vahrenheide
- Tauschring/ Fundgrube
- Bürger-Service
Wohnungsgenossenschaft Vahrenheide-Sahlkamp (VASA)
Mieterverein Klingenthal 6B
„Es tut sich was" MieterInnenverein Sahlkamphäuser 81–87 e.V. in Hannover
Alkoholkrankenselbsthilfegruppe "Gruppe 90"
Verein für Sozialmedizin Vahrenheide e.V.
Demokratischer Kulturverein e.V.
Schießsport Vahrenheide von 1967 e.V.
SV Kickers Vahrenheide e.V.
Sportverein Borussia e.V.
TUS Vahrenwald 08 e.V.
Eis- und Rollsportclub e.V.
Sportverein Wasserfreunde 98 e.V.
Kleingartenvereine

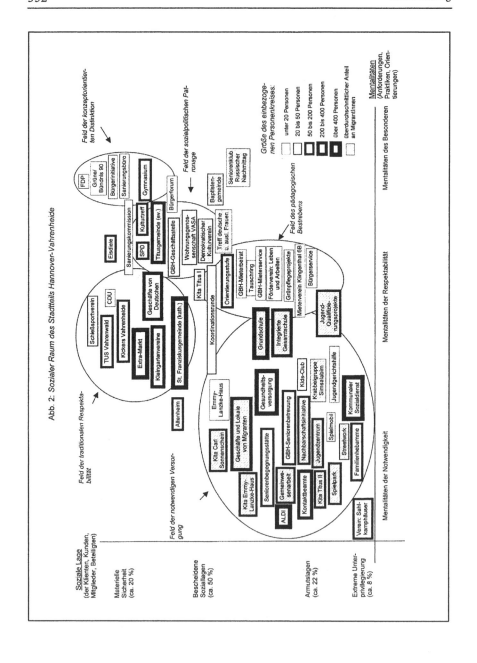

Abb. 2: Sozialer Raum des Stadtteils Hannover-Vahrenheide

Nach entsprechender Maßgabe der sozialen Lage und der Mentalität wurde jede
der Einrichtungen des Stadtteils gemeinsam von der Forschungsgruppe positioniert. Dabei handelt es sich um ein regelgeleitetes hermeneutisches Verfahren
(vgl. Vester/von Oertzen/Geiling u.a. 2001: 220; vgl. auch Bremer 2004: 61 ff.),
in dem ausschließlich die beteiligte Forschungsgruppe auf ihr im Untersu-
chungsverlauf angehäuftes Wissen (Sozialstrukturanalysen, Experteninterviews,
Begehungen, Teilnehmende Beobachtungen, Dokumentenanalysen) über den
Stadtteil zurückgreift und konsensual entscheidet; so z.B. bei Fragen danach,
welche sozialen Milieus ihre Kinder in welchen Tagesstätten betreuen lassen,
oder wie die Vereine im Stadtteil sich nach Maßgabe der Kategorien der sozialen Lage und der Mentalitäten ihrer Mitglieder voneinander unterscheiden. Nach
einer vorläufigen Einordnung der Einrichtungen erfolgte die endgültige Positionierung durch die Forschungsgruppe, nachdem die Einrichtungen Schritt für
Schritt alle zueinander in Beziehung gebracht worden waren. Die sich aus dem
zunächst zweidimensionalen Raumschema ergebenden Darstellungszwänge
sowie auch die Problematik der unterschiedlichen Logiken der einzelnen Einrichtungen (z.B. ALDI, Schulen, Parteien) wurden im Interesse der auf eine
Gesamtbetrachtung der sozialen Beziehungen im Stadtteil zielenden Abstraktion
bewusst in Kauf genommen.

In Abb. 2 sind Einrichtungen schraffiert gekennzeichnet, die überdurchschnittliche Anteile von Migranten zu ihren Nutzern zählen. Die grau unterlegten Felder verweisen darauf, welche Organisationen vergleichbare Zielsetzun-
gen und Integrationsformen haben, wo alltagskulturelle Abgrenzungen verlaufen, welche sozialen Milieus eher sozial isoliert sind und welche Einrichtungen
soziale Brückenfunktionen wahrnehmen. Die unterschiedlichen Rahmungen der
Einrichtungen zeigen die Größe der in ihnen verkehrenden Personenkreise an.
Der soziale Raum dieses hannoverschen Stadtteils mit etwa 9.500 Einwohnern
präsentiert sich dabei als Muster von unterschiedlichen Feldern:

1. Im „Feld der notwendigen Versorgung" (unten links) dominieren die sozialstaatlichen Einrichtungen und Initiativen für Kinder, Jugendliche und Se-
   nioren und dabei insbesondere für Nicht-Deutsche. Dazu gehören preis-
   günstige Geschäfte sowie auch Kioske, Bistros und Läden von Migranten.
   In diesem Feld bewegen sich zumeist Bewohnergruppen mit sehr niedrigen
   sozialen Standards.

2. Im „Feld des pädagogischen Bestrebens" (unten rechts) bewegen sich ebenfalls Angehörige prekärer sozialer Lagen. Allerdings sind die dortigen Einrichtungen darauf ausgerichtet, berufliche Qualifizierungen zu vermitteln
   und nachzuholen sowie mit Hilfestellungen von professioneller und etab-

lierter Seite den Betroffenen zu respektablen Lebensperspektiven zu verhelfen.

3. Im „Feld der traditionalen Respektabilität" (oben links) dominieren die Traditionsvereine der zumeist älteren Deutschen. Dazu gehören einige wenige Fachgeschäfte, die katholische Kirche und die CDU. Hier überwiegen die relativ wenigen Angehörigen des bürgerlichen Milieus und des traditionellen und kleinbürgerlichen Arbeitnehmermilieus, die den Stadtteil mit aufgebaut haben und sich heute in der Defensive wahrnehmen. Abgrenzungen werden deutlich zu den Migranten und zu den Kindern und Jugendlichen des Stadtteils, die sich in den unteren Feldern repräsentiert sehen.

4. Im (oberen mittleren) „Feld der sozialpolitischen Patronage" finden sich Einrichtungen und Organisationen, die im Stadtteil Hegemonie ausüben, weil sie die politischen Mehrheitsverhältnisse und die Agenda lokaler Diskussionen dominieren. Dazu gehören die SPD, die Wohnungsbaugesellschaft GBH, die Arbeiterwohlfahrt (AWO) sowie auch die evangelische Kirchengemeinde. In den alltäglichen sozialen Beziehungen stehen sie zur Bevölkerungsmehrheit im Stadtteil in relativer Distanz, gehören jedoch zu den Initiatoren und Unterstützern der Einrichtungen in den unteren Feldern.

5. Im (oberen rechten) „Feld der konzeptorientierten Distinktion" sind politische Gruppierungen wie FDP, Grüne, Einrichtungen der Bürgerbeteiligung und auch das Gymnasium positioniert. Es handelt sich um relativ kleine Gruppen der lokalen Einwohnerschaft, deren engagierte Personen über umfangreiche soziale Kompetenzen, sprachliches Geschick und Selbstbewußtsein verfügen. Noch deutlicher als die Einrichtungen des Feldes der sozialpolitischen Patronage sind ihre Alltagsbeziehungen von sozialer Distanz zu den übrigen Einwohnern geprägt, auch wenn sie bereit sind, sich für den Stadtteil, allerdings vornehmlich aus ihren eigenen moralischen und politischen Perspektiven heraus, einzusetzen.

6. In diesem Raummodell fallen Einrichtungen auf, die sich keinem der Felder eindeutig zuordnen lassen. Dies gilt beispielsweise für die „Sahlkamphäuser" (unten links), in denen stark unterprivilegierte Deutsche leben, ebenso wie für die „Baptisten" (in der Mitte rechts), die sich gegenüber der Stadtteilöffentlichkeit abschotten.

7. Zwischen den Feldern vermittelnd sind Schulen, Qualifizierungsprojekte, Bürgerforum und Sanierungskommission platziert; so auch die Koordinierungsrunde, ein seit mehr als 20 Jahren bestehendes Gremium aus Mitarbeitern sozialer Einrichtungen. Es steht in relativer Spannung zu den hegemonialen Ansprüchen der Institutionen aus Politik und Verwaltung der oberen, insbesondere rechten Hälfte des sozialen Raums. Diese halten den sozialpä-

dagogisch Beschäftigten nicht selten ineffektive und Vorschriften negierende Arbeit im Umgang mit den sozialen Problemgruppen vor, während jene umgekehrt eine von Politik und Verwaltung zu verantwortende mangelhafte Ressourcenausstattung beklagen.

3.3 Gesellschaftliche Konflikte und Herrschaftsbeziehungen im Stadtteil

Mit den rekonstruierten Strukturen des stadtteilspezifischen sozialen Raums lassen sich typische Konfliktlinien einer Großwohnsiedlung identifizieren:

Das *Verhältnis zwischen Gesamtstadt und Stadtteil* ist davon geprägt, dass gesamtstädtische Probleme sozialer und ethnischer Integration von Politik und Verwaltung überwiegend in Großwohnsiedlungen konzentriert werden. Hier ist der Anteil von Wohnungen mit städtischen Belegrechten um ein Dreifaches höher als in der Gesamtstadt, und die Sozialhilfe- und Arbeitslosenquote der Bewohnerschaft beträgt mehr als das Doppelte des gesamtstädtischen Durchschnitts. Der Anteil der Nicht-Deutschen im Stadtteil ist mit 30% doppelt so hoch wie im Stadtdurchschnitt. Auch liegt der Anteil von Kindern und Jugendlichen weit über dem in der übrigen Stadt, während der Anteil der sozialversicherungspflichtig Beschäftigten weit unter dem Stadtdurchschnitt angesiedelt ist. Hier bestätigt sich, dass die unverhältnismäßige Ballung sozial benachteiligter Menschen in Großwohnsiedlungen Ergebnis städtischer Entlastungsstrategien ist. Städtische Sanierungsversuche, über Privatisierung und familiengerechten Umbau von Wohnungen moderne soziale Milieus in den Stadtteil zu holen und gleichzeitig mit den Privatisierungserlösen Belegrechtswohnungen in anderen Stadtteilen aufzukaufen, zeigen angesichts der Stigmatisierung der Großwohnsiedlung und angesichts des in der Stadt entspannten Wohnungsmarktes keine Erfolge.

Der Stadtteil ist von erheblicher *Binnen-Segregation* gekennzeichnet. In der Abstufung von Reihenhaussiedlungen, Zeilenbauten und Hochhauskomplexen zeigen sich extreme soziale Ungleichheiten, die das Zusammenleben im Stadtteil ungleich schwieriger gestalten als es aus gesamtstädtischer Perspektive vorstellbar scheint. Auf der einen Seite befinden sich einige wenige gutsituierte, zumeist ältere Teile der Bewohnerschaft in relativ abgeschotteten Reihenhausquartieren, während in den Hochhauskomplexen sozial unterprivilegierte Gruppen auf engem Raum um notwendigste Lebensgrundlagen bemüht sind. Dazwischen bewegen sich in den Zeilenbauten auf Respektabilität bedachte ältere Angehörige der Wiederaufbaugeneration wie auch zunehmend in das Bildungs- und das Erwerbssystem integrierte Nicht-Deutsche. Bewohner aus modernen sozialen Milieus der gesellschaftlichen Mitte, die zwischen den unterschiedlichen, nicht selten gegensätzlichen Ansprüchen auf Gebrauch der von Funktionstrennungen geprägten öffentlichen Räume und spärlichen Infrastruktur vermitteln könnten, sucht man im Stadtteil vergeblich. Deren Funktion versuchen sozialstaatliche Einrichtungen und Initiativen zu übernehmen, die allerdings nur bedingt in der Lage sind, sich im Interesse der öffentlich schwachen, sogenannten Problemgruppen gegen die Hegemonie der von den älteren Autochthonen beherrschten intermediären Institutionen durchzusetzen. Da es darüber hinaus Ressourcen lokaler Ökonomie im Stadtteil nie gegeben hat, reduzieren sich entsprechende Initiativen auf zeitlich befristete Beschäftigungsmaßnahmen in einfachen Dienstleistungsbereichen sowie auf Qualifizierungsprojekte, die auf Erwerbstätigkeit außerhalb des Stadtteils ausgerichtet sind.

Des weiteren birgt die Großwohnsiedlung einen erheblichen *Generationenkonflikt*, der sich im Verhältnis der beiden unteren Felder im Modell des sozialen Raums zum Feld der traditionalen Respektabilität andeutet. Kinder und Jugendliche repräsentieren die unteren sozialen Lagen im Stadtteil und erleben Formen der Vergemeinschaftung überwiegend in sozialstaatlich vermittelten Einrichtungen, die häufig überfüllt und für ihre Aufgaben schlecht ausgestattet sind. Allein die Schulen als milieuübergreifende, weil alle Kinder des Stadtteils erreichende, Sozialisationsinstanzen eröffnen mit engagierter Arbeit und innovativen Erziehungskonzepten den jüngeren Generationen ein größeres Maß gesellschaftlicher Chancen. Die Altmieterschaft aus dem Feld der traditionalen Respektabilität scheint hingegen mit den Mentalitäten der jungen Generationen überfordert zu sein. Dementsprechend verstehen und gestalten sie ihre Einrichtungen eher als Rückzugsorte denn als auf den gesamten Stadtteil ausgerichete Integrationsinstanzen.

Der Generationenkonflikt wird zudem durch Formen der *ethnischen Segregation* überlagert. 31% Nicht-Deutsche aus mehr als 40 Nationen sowie 11% deutsche Aussiedler konzentrieren sich in den jüngeren Alterskohorten, während die autochthone deutsche Bevölkerung überwiegend in den älteren Geburtenjahrgängen anzufinden ist. In den oberen Feldern des sozialen Raums finden sich kaum Personen mit Migrationshintergrund. Insbesondere den zunehmend soziale und materielle Sicherheit gewinnenden türkischen Milieus fehlen öffentliche Orte und Gelegenheiten zu gesellschaftlicher und kultureller Repräsentanz. Mit Blick auf das Geschlechterverhältnis zeigt sich, dass vor allem nichtdeutsche Männer in den intermediären Einrichtungen des Stadtteils fehlen. Lediglich der von Türken getragene „Demokratische Kulturverein" hat im sozialen Raum Berührungspunkte mit dem oberen mittleren Feld, insbesondere nach Unterstützung durch die Evangelische Kirche und einigen Sanierungsakteuren.

Die katholische Kirche kann einen Teil der Aussiedlerbevölkerung integrieren, während die Baptistengemeinde und der russisch geprägte Seniorenklub an vergleichbaren Angeboten nicht interessiert sind.

Grundsätzlich auffällig ist das erhebliche *Machtgefälle* im Stadtteil. Die in den oberen Feldern des sozialen Raums repräsentierten älteren Deutschen dominieren mit ihren Repräsentanten die lokale kulturelle und politische Öffentlichkeit. Sie stellen die in der Stadtteilsanierung aktive Bewohnerschaft dar, die in den Einrichtungen und Gremien, wie Sanierungsbüro, Sanierungskommission und Bürgerforum, ihre Distanz zum übrigen alltagskulturellen Stadtteilgeschehen aufrecht erhalten. Denn nur ein äußerst geringer Teil der Bevölkerung aus den unteren Feldern des sozialen Raums lässt sich für Beteiligungsangebote im Rahmen von öffentlicher Rede und Geschäftsordnung gewinnen. Dies betrifft auch die auf Bewohnerbeteiligung ausgerichteten Projekte „sozialer Sanierung", die mit den Problemen mangelnder Bereitschaft zum Engagement kämpfen. Angesichts der unterschiedlichen Interessen der äußerst heterogenen Bewohnerschaft werden diejenigen Aktiven, die nicht zu den Repräsentanten der deutschen Mehrheitsbewohner zählen, nicht selten auch noch als Vertreter von Partikularinteressen gehandelt. Dies passiert immer dann, wenn ihre Vorstellungen mit vermeintlich politischen und finanziellen Sachzwängen kollidieren, die häufig schon zuvor unter Ausschluss der in der Regel sprachlosen betroffenen Bewohnergruppen in unumstößliche Vorhaben und Planungen städtischer Politik und Verwaltung eingegangen sind. Aber auch beteiligungsorientierte Maßnahmen, wie die Einrichtung und der Ausbau integrativer Schulformen, sozialstaatlicher Betreuungseinrichtungen und diverser baulicher und sozialer Sanierungsinitiativen, stoßen an Grenzen, wenn es darum geht, den nicht-deutschen Ethnien und Kulturen Selbstdarstellungs- und Entwicklungsmöglichkeiten zuzugestehen. Dies betrifft sowohl die Gestaltung und Symbolik des öffentlichen Raums als auch Hilfestellungen bei der autonomen Gestaltung kultureller Handlungsspielräume. Diese werden trotz veränderter Mehrheitsverhältnisse aus den traditionellen hegemonialen Strukturen heraus, also von der relativen Minderheit älterer autochthoner Deutscher, definiert. Wird berücksichtigt, dass im Stadtteil nahezu ein Drittel der Bewohner über keinen politischen Bürgerstatus verfügt, zudem die Wahlbeteiligungen der übrigen Bewohnerschaft äußerst gering ist und 30% der Deutschen auf sozialstaatliche Transferleistungen angewiesen sind, ist vorstellbar, dass politische und gesellschaftliche Beteiligung in den Formen bürgerlicher Öffentlichkeit und Kompetenz hinter der Bewältigung alltäglicher Probleme zurückstehen müssen.

4. Schlussbetrachtung

Das hier vorgestellte Modell des sozialen Raums halten wir für grundsätzlich übertragbar, sofern es gelingt, soziale Strukturdaten mit qualitativ erhobenen Befunden aus Interviews, Beobachtungen, Begehungen und Dokumentenanalysen zu verbinden. Dabei wird es häufig einfacher sein, sich die Strukturdaten zu beschaffen, als sich der relativ zeitaufwändigen qualitativen Stadtforschung widmen zu können. Die in den beiden Raumdimensionen „Soziale Lage" und „Mentalitäten" zum Vorschein gebrachte Konfiguration sozialer Felder lohnt jedoch den Zeitaufwand, weil sie die soziale Phantasie beflügelt. Ihr heuristischer Charakter regt an und gibt Hinweise: auf den Umfang der sozialen Felder und der sozialen Netze, auf die Positionierung einzelner Einrichtungen und ihrer Machtchancen, auf feldübergreifende und damit zwischen den sozialen Kulturen vermittelnde Instanzen, auf soziale Nähen und Distanzen sowie auf damit verbundene soziale Chancen und Konfliktpotenziale. Das Modell des sozialen Raums lässt stadtteiltypische soziale Konfigurationen mit einem Blick erfassen. Zugleich aber, und dies verweist auf die heuristische Seite des Modells, ist dieser Blick nie endgültig, da mit jeder positionierten Einrichtung und mit jedem umrissenen Feld Fragen aufgeworfen werden, deren Beantwortung unweigerlich zu neuen Fragen führt: wie sieht die Binnendifferenzierung einzelner sozialer Felder aus, wie sind die Einrichtungen nach Geschlecht, Alter, Ethnie, Bildung usw. gegliedert, welcher Verein kann für welches Projekt Brückenfunktion übernehmen, wie verändert sich die lokale Machtstruktur, wenn einzelne Gruppen zeitweise privilegiert werden usw.? Es handelt sich also um ein dynamisches Modell, das sich sowohl für den Einstieg in den Stadtteil als auch für weiterreichende Maßnahmen bis hin zum Controlling im Rahmen eines selbstreflexiven Quartiermanagements anbietet.

Literatur:

Becker, Ulrich/Nowak, Horst (1982): Lebensweltanalyse als neue Perspektive der Meinungs- und Marketingforschung. In: E.S.O.M.A.R.-Kongress. Bd.2. 247–267.

Bourdieu, Pierre (1982): Die feinen Unterschiede. Kritik der gesellschaftlichen Urteilskraft. Frankfurt/M.: Suhrkamp.

Bourdieu, Pierre (1991): Physischer, sozialer und angeeigneter physischer Raum. In: Wentz (1991): 25–34.

Bourdieu, Pierre (1992): Ökonomisches Kapital – Kulturelles Kapital – Soziales Kapital. In: Bourdieu (1992a): 49–79.

Bourdieu, Pierre (1992a): Die verborgenen Mechanismen der Macht. Hamburg: VSA.

Bremer, Helmut (2004): Von der Gruppendiskussion zur Gruppenwerkstatt. Ein Beitrag zur Methodenentwicklung in der typenbildenden Mentalitäts-, Habitus- und Milieuanalyse. Münster: Lit.

Deutsches Institut für Urbanistik (Hg.) (2002): Die soziale Stadt. Eine erste Bilanz des Bund-Länder-Programms „Stadtteile mit besonderem Entwicklungsbedarf – die soziale Stadt". Berlin: Verein für Kommunalwissenschaften e.V.

Durkheim, Émile (1999 [1893]): Über soziale Arbeitsteilung. Studie über die Organisation höherer Gesellschaften. Frankfurt/M.: Suhrkamp.

Durkheim, Émile (1976 [1895]): Regeln der soziologischen Methode. Neuwied/Berlin: Luchterhand.

Geiling, Heiko/Schwarzer, Thomas/Heinzelmann, Claudia/Bartnick, Esther (2002): Hannover – Vahrenheide-Ost. In: Deutsches Institut für Urbanistik (2002): 152–167.

Häußermann, Hartmut (2001): Die europäische Stadt. In: Leviathan. 29 (2). 237–255.

Häußermann, Hartmut/Ipsen, Detlev/Krämer-Badoni, Thomas (Hg.) (1991): Stadt und Raum. Soziologische Analysen. Pfaffenweiler: Centaurus.

Hradil, Stefan (1987): Sozialstrukturanalyse in einer fortgeschrittenen Gesellschaft. Opladen: Leske+Budrich.

Läpple, Dieter (1991): Essay über den Raum. Für ein gesellschaftswissenschaftliches Raumkonzept, in: Häußermann u.a. (1991): 157–207.

Park, Robert E. (1983 [1895]): Die Stadt als räumliche Struktur und als sittliche Ordnung. In: Schmals (1983): 309–318.

Riege, Marlo/Schubert, Herbert (Hg.) (2002): Sozialraumanalyse. Grundlagen – Methoden – Praxis. Opladen: Leske+Budrich.

Schmals, Klaus M. (Hg.) (1983): Stadt und Gesellschaft. München: Academic.

Simmel, Georg (1998 [1903]): Die Großstädte und das Geistesleben. In: Simmel (1998a): 119–133.

Simmel, Georg (1998a): Soziologische Ästhetik. Bodenheim: Philo Verlagsgesellschaft.

Simmel, Georg (1995 [1903]): Soziologie des Raumes. In: Simmel (1995a): 132–183.

Simmel, Georg (1995a): Soziologie. Untersuchungen über die Formen der Vergesellschaftung. Gesamtausgabe Bd.11. Frankfurt/M.: Suhrkamp.

Thompson, Edward P. (1963): The Making of the English Working Class. Harmondsworth: Penguin Books

Vester, Michael/von Oertzen, Peter/Geiling, Heiko/Hermann, Thomas/Müller, Dagmar (2001): Soziale Milieus im gesellschaftlichen Strukturwandel. Zwischen Integration und Ausgrenzung. Frankfurt/M.: Suhrkamp.

Weber, Max (1985): Wirtschaft und Gesellschaft. Tübingen: Mohr.

Weber, Max (1999): Die Stadt. Wirtschaft und Gesellschaft. Die Wirtschaft und die gesellschaftlichen Ordnungen und Mächte. (Max Weber Gesamtausgabe Bd. I/22-5). Tübingen: Mohr.

Wentz, Martin (Hg.) (1991): Stadt-Räume. Frankfurt/M.: Campus.

Williams, Raymond (1963): Culture and Society 1780–1950. Harmondsworth: Penguin Books.

Ähnlichkeit oder Differenz – was bestimmt heute das Zusammenleben von türkischen und deutschen Jugendlichen?

Gisela Wiebke

1. Einleitung

In diesem Beitrag soll auf der Grundlage einer standardisierten Befragung mit deutschen Jugendlichen und Jugendlichen türkischer Herkunft untersucht werden, ob und in welcher Weise sich die Lebensorientierungen und Lebensziele von einheimischen Jugendlichen und Jugendlichen mit Migrationshintergrund unterscheiden oder überschneiden. Der von Michael Vester entwickelte Ansatz der „sozialen Milieus" (vgl. Vester u.a. 2001) eröffnet in diesem Zusammenhang die Möglichkeit, Orientierungen, Ziele und Lebensentwürfe der Jugendlichen unterschiedlicher ethnischer Herkunft zu vergleichen, ohne dabei aus dem Auge zu verlieren, dass sich deren Lebensziele und -orientierungen nicht in Kategorien der ethnischen Herkunft auflösen, sondern ‚quer' dazu liegen können. Gleichermaßen berücksichtigt dieser Ansatz, dass alltagskulturelle Unterschiede nicht ohne eine Rückbindung an vertikale Ungleichheiten unterschiedlicher sozialer Lagen zu verstehen sind. Mit Hilfe dieses Konzeptes kann demnach gezeigt und diskutiert werden, wie sich die Verschränkung von alltagskultureller Differenzierung und vertikalen Ungleichheiten für türkische und deutsche Jugendliche im Vergleich darstellt und ob sich daraus Auswirkungen auf das Zusammenleben der Jugendlichen ergeben. Dabei wird vor allem überprüft, inwieweit die ethnische Herkunft für soziale Ungleichheiten und demnach für die Realisierungschancen von Lebenszielen und Lebensorientierungen eine Rolle spielt oder ob es sich in Bezug auf Fragen sozialer Ungleichheit nur noch um ein historisches Relikt handelt.[1]

---

[1] Die empirische Grundlage bildet eine quantitative Befragung (IKG-Jugendpanel 2002), an der 926 Jugendliche türkischer Herkunft und 2.577 Jugendliche deutscher Herkunft teilnahmen. Die Untersuchung fokussiert auf Jugendliche türkischer und deutscher Herkunft, die mit dem Abschluss der 10. Jahrgangsstufe von Schulen in Nordrhein-Westfalen zu einem großen Teil vor Entscheidungen über ihre berufliche Zukunft und ihren weiteren Lebensweg stehen. Der Altersdurchschnitt der befragten Jugendlichen liegt bei 17 bis 18 Jahren.

Die Frage nach dem Zusammenleben von Gruppen unterschiedlicher ethnischer Herkunft wird in modernen Gesellschaften zunehmend relevant. Wie sich die sozialwissenschaftliche Forschung der Untersuchung des interethnischen Zusammenlebens annähern kann, scheint auf den ersten Blick eingängig: Auf der einen Seite steht die deutsche Mehrheitsgesellschaft, auf der anderen Seite stehen die allochthonen Minderheiten unterschiedlicher nationaler und ethnischer Einwanderergruppen.

Doch diese eingängige, ethnische Kategorisierung, mit der sich Sozialwissenschaftler der Frage nach einem interethnischen Zusammenleben annähern, gestaltet sich in modernen, systemisch hoch ausdifferenzierten Gesellschaften mehr und mehr zum Problem, wenn dadurch andere, nicht weniger bedeutsame sozialstrukturelle und (alltags-)kulturelle Differenzierungen in einer Gesellschaft vernachlässigt oder sogar überdeckt werden. Durch die Konzentration auf eine ethnische Kategorisierung werden künstliche Homogenisierungen geschaffen, die im Rahmen des interethnischen Zusammenlebens letztlich eher zur Verschleierung und Mythenbildung als zu einer Aufklärung der wechselseitigen Beziehungen beitragen können. Doch kann es gelingen, bei der Untersuchung des interethnischen Zusammenlebens der Gefahr der Ethnisierung (Bukow/Llaryowa 1988; Bukow 1996) zu entgehen und sich dennoch der Erklärungskraft von ethnischen Differenzen nicht völlig zu verschließen?

2. Ethnische Differenzen – ein historisches Relikt?

Migranten können als ethnische Gemeinschaften betrachtet werden, die den Habitus der Herkunftsgesellschaft teilen und das Bewusstsein einer gemeinschaftlichen Herkunft haben:

> „Wir wollen solche Menschengruppen, welche auf Grund von Aehnlichkeiten des äußeren Habitus oder der Sitten oder beider oder von Erinnerungen an Kolonisation und Wanderung einen subjektiven Glauben an eine Abstammungsgemeinschaft hegen, derart, daß dieser für die Propagierung von Vergemeinschaftungen wichtig wird, dann, wenn sie nicht ‚Sippen' darstellen, ‚ethnische' Gruppen nennen, ganz einerlei, ob eine Blutsgemeinschaft objektiv vorliegt oder nicht" (Weber 1972: 237).

Dabei sind vor dem Hintergrund des Migrationsprozesses vielfältige Differenzierungs- und Entwicklungsmöglichkeiten zu beachten. Zunächst lässt sich ergänzen, dass Einwanderer nicht einfach die Herkunftskultur in das Einwanderungsland transportieren. Vielmehr ist zu berücksichtigen, dass durch die Migration eine spezifische Kultur entsteht, die sich sowohl von der Herkunftskultur wie von der Kultur der Majorität der Aufnahmegesellschaft unterscheidet (Treibel 2003: 137). Heckmann (1981: 132) spricht von der Kultur der Einwanderergesellschaft. Bei ihm findet mit dieser Definition auch Beachtung, dass Ethnizität und kulturelle Orientierung nichts Statisches sind, was in der Migrationssituation importiert wird. Die Einwanderergesellschaft entwickelt vielmehr ein eigenständiges, sozio-kulturelles System aus der Wechselwirkung von Faktoren aus beiden Kulturbezügen. Die Normen der Herkunfts- und der Aufnahmegesellschaft sind also nicht unvereinbar, sondern können in der Einwanderungsgesellschaft neue eigenkulturelle Verbindungen eingehen (Treibel 2003: 176).

Der zweite Hinweis auf vielfältige Differenzierungen innerhalb einer nationalen oder ethnischen Gruppe von Migranten, die den Habitus einer gemeinsamen Herkunftsgesellschaft teilen, betrifft die Berücksichtigung unterschiedlicher sozialstruktureller Entwicklungsverläufe in der Aufnahmegesellschaft. Auch die Kritik von Bukow/Llaryora (1988: Kap. 1.3 und 1.4) weist in diese Richtung. Sie gehen so weit, dass sie den Begriff der kulturellen Identität als historisches Relikt ansehen und vertreten die Auffassung, dass ethnisch-kulturelle Differenzen und Eigenheiten in modernen, formal-rational organisierten Gesellschaften belanglos seien. Dabei unterscheiden sie eine *endogene* und eine *exogene Belanglosigkeit von Kulturunterschieden*:

▪ *Endogene Belanglosigkeit* betrifft die Überlegung, dass moderne Gesellschaften aufgrund ökonomischer und bürokratischer Differenzierungen (Arbeitsteilung, Qualifikation, Leistungsprinzip) funktionieren und nicht aufgrund von sozialer Herkunft, Familiennetzwerken oder ethnischen Unterschiede. Nach der Auffassung von Bukow/Llaryora bedeutet dies, dass nicht der zugeschriebene, sondern der erworbene Status darüber entscheidet, welches Ansehen Menschen in modernen Gesellschaften haben. Soziale Herkunft, Alter und Geschlecht haben dabei nach Auffassung der Autoren an Bedeutung verloren. So sei letztlich auch der Unterschied zwischen einem Migranten und einem deutschen Kleinbürger nicht kulturspezifisch, sondern nur aufgrund der jeweiligen Lebensbedingungen zu erklären.

▪ *Exogene Belanglosigkeit* fokussiert auf einen gesellschaftlichen Vergleich. Beispielsweise seien die Familienstrukturen in der Bundesrepublik grundsätzlich nicht weniger patriarchalisch als in der Türkei oder Italien, wo ebenfalls die Kleinfamilie dominiere und der Umgang zwischen Männern und Frauen hier wie dort dem Bild eines partnerschaftlichen Verhältnisses nur wenig entspräche. So seien auch die Unterschiede zwischen einem Neapolitaner und einem Duisburger nicht kulturspezifisch, sondern nur aufgrund der Lebensbedingungen zu erklären. Es handelt sich nach Auffassung der Autoren um „feine Unterschiede, (...) die sicher nicht gravierender sind als Unterschiede *einer* Gesellschaft zwischen verschiedenen Klassen" (ebd.: 40; Hervorh. im Original).

Zunächst ist der etwas problematische und zu Missverständnissen einladende Begriff der „Belanglosigkeit", den Bukow/Llaroya zur Betonung ihrer Position einsetzen, genauer zu betrachten. Der Verweis auf den Klassiker „Die feinen Unterschiede" (Bourdicu 1982) liefert dabei einen wichtigen Hinweis, wie Bukow/Llaryora die Belanglosigkeit von kulturellen Unterschieden verstanden wissen wollen. Ethnische Kulturunterschiede, die nicht selten relativ beliebig an Merkmalen wie z.B. Glauben, Aussehen, Haartracht, Hautfarbe, Kleidung, Essen, Körperbau, Herkunft und Sprache festgemacht werden, wollen sie nicht anders betrachtet und gewichtet wissen als andere kulturelle Unterschiede (z.B. zwischen unterschiedlichen Klassen oder Schichten) in einer Gesellschaft.

Vor allem im Hinblick auf die Überlegungen von Bukow/Llaryora zur endogenen Belanglosigkeit sollten allerdings die von Hradil (vgl. insbesondere 1987) betonten „neuen" Ungleichheitsdimensionen nicht unberücksichtigt bleiben. Demnach vermischen sich in modernen Gesellschaften Ungleichheitskriterien traditionellen Zuschnitts (formale Bildung, Beruf, Einkommen) mit informellen Kriterien (beispielsweise Präferenzen von Lebenszielen, Geschmackspräferenzen und Stilisierungspraktiken). Alter, Geschlecht, soziale Herkunft und ethnische Unterschiede würden danach aber keinesfalls an Bedeutung für soziale Ungleichheiten verlieren; es ist für die moderne Ungleichheitsforschung nur zunehmend schwieriger, ihren Einfluss hinter angeblich formal-rationalen Entstehungsprinzipien (Qualifikation, Leistung) sozialer Ungleichheit zu entdecken. Vor dem Hintergrund dieser Überlegungen hieße die ethnische Herkunft einer Person zu vernachlässigen, ein wichtiges Kriterium zur Erklärung sozialer Ungleichheit unberücksichtigt zu lassen.

Dennoch sollte bei einem Rückgriff auf ethnische Kriterien auch die Gefahr einer Ethnisierung nicht unterschätzt werden. Bukow/Llaryora (1988: Kap. 1.3 und 1.4) spitzten ihre Sichtweise Mitte der 1980er Jahre dahingehend zu, dass Interaktionen von Einheimischen und Migranten von den Einheimischen dominiert werden. So würde mit dem Argument, diese gehörten einem ‚anderen Kulturkreis' an, vor allem türkische Familien ausgegrenzt. Es werde unterstellt, diese seien rückständig, ihre Erziehungspraktiken autoritär, ihre Alltagsorganisation und Kultur seien unmodern und sollten durch eine nachholende Sozialisation ausgeglichen werden. Bukow/Llaryora gehen weiter davon aus, dass durch ethnische Zuschreibungen ein Prozess der Ethnisierung in Gang gesetzt wird, der unabhängig davon verlaufe, wie stark oder wie lange sich der Migrant oder die Migrantin am Herkunftskontext oder an einer Einwanderergesellschaft orientiere. Nach diesem Ansatz sind es allein die Zuschreibungsprozesse der umgebenden Gesellschaft, die jemanden zum Ausländer oder zur Ausländerin machen. Durch eine Strategie der Abgrenzung und Zuweisung werden Migranten von Einheimischen als nicht-dazugehörig, als „ausländisch" etikettiert.

Die Kritik von Bukow (1996) und Bukow/Llaryora (1988), wonach die ethnische Herkunft allein relativ wenig erklärt und der Rückgriff auf ethnische Kriterien die Gefahr einer Ethnisierung in sich trägt, ist dankenswert und wichtig. Insbesondere findet im hier vorliegenden Beitrag Beachtung, dass kulturellen Unterschieden aufgrund der ethnischen Herkunft kein übergeordneter ‚Sonderstatus' im Vergleich mit anderen kulturellen Unterschieden in einer Gesellschaft gebührt. Allerdings wird auch die Ansicht vertreten, dass Ethnizität nicht allein durch die Förderung von Ethnisierung erklärt werden kann. Ethnizität stellt einen wesentlichen Aspekt der Identitätsbildung von Akteuren dar. Dabei dürften ethnische Identifikationen eigene und wesentliche Bedeutungen haben, die in den Habitus einer Person eingehen und sich nicht allein durch Ehnisierungsprozesse der Aufnahmegesellschaft erklären lassen (Treibel 2003: 148).

3. Alltagskulturen von türkischen und deutschen Jugendlichen im sozialen Raum

Im folgenden Abschnitt wird dargestellt, wie sich das Konzept des „sozialen Raums", das wesentlich von Bourdieus Habitus- und Feldtheorie inspiriert ist und von Michael Vester weiterentwickelt wurde (vgl. Vester u.a. 2001: 23 ff.), für den kulturellen und sozialstrukturellen Vergleich von türkischen und deutschen Jugendlichen nutzen lässt.

3.1 Theoretische Vorüberlegungen

Das Grundverständnis des sozialen Raums folgt Bourdieus Vorstellungen. So wird der soziale Raum als ein Konstrukt gesehen und gehandhabt, das einer Art Sozialtopologie (Bourdieu 1985: 9) gleicht. Analog einer Landkarte (vgl. Vester u.a. 2001: 43; vgl. auch die aktuelle Landkarte in der Einleitung zu diesem Band) ermöglicht dieses Konstrukt einen gesellschaftlichen Überblick.

Maßgeblich ist dabei Bourdieus Grundannahme, dass Beziehungen und Relationen für „soziale Wirklichkeit" (Durkheim) wichtiger sind als Substanzen oder Objekte (vgl. Cassirer 1969). So geht es bei der Konstruktion des sozialen Raums um die modellhafte Darstellung unsichtbarer Beziehungen zwischen Akteuren, die sich durch wechselseitige Positionen zueinander ausdrücken lassen (Bourdieu 1992: 138). Positionierungen ergeben sich wiederum daraus, dass dem sozialen Raum Unterscheidungs- und Verteilungsprinzipien zugrunde liegen, die als Eigenschaften (bzw. Merkmale) wirksam sind. Jedem Akteur verleihen die Eigenschaften ein bestimmtes Maß an Macht oder Stärke.[2] Danach lassen sich alle Akteure oder Gruppen von Akteuren anhand ihrer relativen Stellung zueinander innerhalb dieses Raumes definieren. Von Bedeutung für das Verständnis des sozialen Raumes ist demnach die Überlegung, dass sich seine Strukturierung mit der Positionierung in ihm aus den Beziehungen und Spannungen der Akteure und Akteursgruppen zueinander ergeben. Die Strukturierung des Raums, etwa durch Über- und Unterordnung, Abgrenzung oder Zugehörigkeit, Nähe oder Distanz, wird demnach von den Beziehungen der Akteure zueinander bestimmt.

Michael Vester ist es auf der Grundlage dieses Konzeptes gelungen, ein Modell zu entwickeln, das die Beziehungen zwischen den Ebenen Sozialstruktur, Habitus/Mentalität[3] und der damit verbundenen Alltagskultur sozialer Milieus durch eine ‚Positionierung' im sozialen Raum zum Ausdruck bringt (Vester u.a. 2001: 43 ff.). Dabei werden soziale Milieus[4] von Michael Vester als Gruppen mit ähnlichem Habitus bezeichnet, die eine ähnliche Alltagskultur entwickeln (Vester u.a. 2001: 25). Die Personen innerhalb eines Milieus teilen demnach eine gemeinsame Alltagskultur, die sie verbindet, und an der sie sich erkennen. Wie bei Bourdieu wird betont, dass die ‚Wahl' einer Alltagskultur weder determiniert durch unterschiedliche soziale Lagen noch völlig frei davon

---

2 Mit seinem Konzept des Feldes, das wesentlich von Kurt Lewin (vgl. 1982) und dessen Feldbegriff angeregt wurde, macht Bourdieu deutlich, dass sich Individuen nicht voraussetzungslos zueinander verhalten, sondern in von ihren Vorgängern (aber auch von ihnen selbst) produzierten Gravitations- und Kampffeldern agieren. Diese Felder beschreibt Bourdieu (1985: 10) als ein Ensemble objektiver Kräfteverhältnisse, die sich jedem in das Feld Eintretenden gegenüber als Zwang auferlegen. Darüber hinaus handelt es sich auch um Kampffelder, auf denen um Wahrung oder Veränderung der Kräfteverhältnisse gerungen wird (ebd.: 74).
3 Michael Vester greift auf beide Begriffe zurück. Während er mit dem Habitus die gesamte innere und äußere Grundhaltung eines Menschen beschreibt, sieht er in Mentalitäten in Anlehnung an Geiger (1932) einen stärker von Gefühlsambivalenzen und mentalen Einstellungen (dazu gehören auch moralische Vorstellungen) bestimmten Begriff, der einen Teil des Habitus umfasst (vgl. Vester u.a. 2001: 167).
4 Allein aus Gründen der wissenschaftlichen Vorsicht wird hier nicht auf den Milieubegriff zurückgegriffen, sondern von alltagskulturellen Gruppen gesprochen. Michael Vester geht von generationsübergreifenden Traditionslinien der Milieus aus, was die Erforschung von Entwicklungsverläufen sozialer Milieus ermöglicht. Nach der dahinter stehenden Theorie der „Habitus-Metamorphosen" stellen jugendliche Lebensstile somit keine vollkommen neue Identität dar, sondern entwickeln sich aus der „Stammkultur" der Eltern, die von den Jugendlichen jedoch jeweils auf neue soziale Bedingungen abgestimmt wird (Vester u.a. 2001: 176). Innerhalb der Traditionslinien kommt es so zu ‚Verzweigungen' und der Entstehung neuer sozialer Milieus. An diese Traditionslinien sozialer Milieus konnte mit der hier vorliegenden quantitativen Studie einer Alterskohorte von deutschen und türkischen Jugendlichen nicht unmittelbar angeschlossen werden.

ist, sondern sich mit und über den Habitus in einem Möglichkeitsraum bewegt. Hinter dem Habitus steht nach diesem Verständnis niemals nur eine passive ‚Anpassungsleistung' an eine sozialstrukturelle Position, sondern dahinter verbirgt sich eine aktive Interpretations- und Konstruktionsleistung von Akteuren, mit denen sie ihre spezifische Ressourcenlage und ihre subjektiven Valenzen und Bedürfnisse ‚in Einklang' bringen, einen typischen und unverwechselbaren ‚Stil' der Bewältigung ihres Alltags und damit eine typische Alltagskultur entwickeln.

Die Ausgangsfrage dieser Untersuchung, die einen Vergleich der Wert- und Lebensorientierungen von türkischen und deutschen Jugendlichen in den Mittelpunkt rückt, lässt sich nicht angemessen beantworten, wenn dabei eine ungleiche Verteilung von Ressourcen und sozialen Chancen zwischen türkischen und deutschen Jugendlichen unberücksichtigt bleibt. Schwierigere Ausgangsbedingungen für türkische Jugendliche lassen sich bereits durch Vergleiche der gesamten Herkunftsgruppen vor allem zur Bildungssituation feststellen (vgl. z.B. Kristen 1999, 2002; Ramm u.a. 2004). Andererseits ist ein schnell gebildeter Zusammenhang zwischen sozialstrukturellen und kulturellen Unterschieden nur eine Scheinlösung, die die aktive Interpretations- und Konstruktionsleistung der betrachteten Jugendlichen nicht hinreichend berücksichtigt. Daraus ergeben sich für das hier gestellte Untersuchungsvorhaben eines interkulturellen Vergleichs zwei Hauptanforderungen:

▪ Es ist darauf zu achten, dass trotz insgesamt schwierigeren Ausgangsbedingungen für türkische Jugendliche, vor allem durch geringere Bildungsabschlüsse, nicht davon ausgegangen werden kann, dass alle türkischen Jugendlichen davon gleichermaßen betroffen sind. Der gewählte Ansatz sollte die Möglichkeit eröffnen, dass sich Vergleiche der Wert- und Lebensorientierungen zwischen türkischen und deutschen Jugendlichen auch auf Jugendliche in vergleichbaren sozialen Lagen beziehen.

▪ Zudem ist die aktive Interpretations- und Konstruktionsleistung der Jugendlichen zu berücksichtigen. Für das hier gestellte Untersuchungsvorhaben bedeutet dies vor allem, dass der gewählte Ansatz für ethnisch-kulturelle Unterschiede zwischen türkischen und deutschen Jugendlichen offen sein muss, ohne diese vorauszusetzen. So kann nicht von vornherein davon ausgegangen werden, dass türkische Jugendliche je nach ihrer sozialen Lage ihre Ressourcen und sozialen Chancen anders wahrnehmen, bewerten und zur Bewältigung ihres Alltags andere Orientierungen und Strategien entwickeln, als dies für deutsche Jugendliche in einer vergleichbaren sozialen Lage zutrifft. Andererseits könnten ihre Erfahrungen als türkische Jugendliche innerhalb der deutschen Mehrheitsgesellschaft auch zu eigenen, von deutschen Jugendlichen abweichenden Bewältigungsmustern führen.

Der hier gewählte Ansatz erfüllt diese Anforderungen. Dabei ist der Begriff der Alltagskultur für die hier vorgenommene inter-kulturelle Vergleichsanalyse besonders geeignet, da er ‚Raum' für ethnisch-kulturelle Eigenheiten und Unterschiede der Alltagsbewältigung lässt, ohne allein darauf fokussiert zu sein und diese von vornherein ‚zu unterstellen'. Zudem werden sozialstrukturelle Unterschiede berücksichtigt, ohne dass ein Determinismus zwischen sozialer Lage und Bewältigungsformen und -mustern aufgebaut wird und damit die aktive Interpretations- und Konstruktionsleistung der Akteure nicht hinreichend Beachtung findet. Zusammenfassend bietet sich durch diesen Ansatz die Möglichkeit eines inter-kulturellen Vergleichs zwischen türkischen und deutschen Jugendlichen, indem spezifische Bewältigungsleistungen der Jugendlichen vor dem Hintergrund ihres ethnischen Herkunftskontextes im Zusammenhang mit ihren unterschiedlichen sozialen Lagen aufdeckt werden.

3.2 Untersuchungsmethode

Ein zentraler ‚Baustein' ist dabei das weiterentwickelte Modell des sozialen Raums (Vester u.a. 2001: 26 ff.). Für die untersuchte Fragestellung ergibt sich mit Hilfe des mehrdimensionalen Modells der besondere Vorteil, gleichermaßen (alltags-)kulturelle wie sozialstrukturelle Zusammenhänge und Wechselwirkungen sowie Differenzen und Überschneidungsbereiche zwischen deutschen und türkischen Jugendlichen sichtbar machen zu können. Zudem können Aussagen über Verläufe von Abgrenzungen und Distanzierungen aufgezeigt werden, die für das Zusammenleben von türkischen und deutschen Jugendlichen von Bedeutung sind. Ein wesentlicher Bestandteil der hier vorgenommenen Analyse ist dabei die Positionierung von alltagskulturellen Gruppen türkischer und deutscher Jugendlicher im sozialen Raum.

Dabei stellt die *vertikale Dimension* des sozialen Raums, die auch in unserer Alltagswahrnehmung vergleichsweise präsent ist, die „Herrschaftsachse" dar, die Über- und Unterordnungen bzw. das ‚Mehr oder Weniger' von sozialen Chancen, Wohlstand, Macht und Einfluss widerspiegelt (ebd.). Diese vertikalen Ungleichheiten betreffen sozioökonomisch bedingte, ungleiche Zugangschancen zu begehrten Gütern, Waren und soziokulturellen Praktiken, entlang derer sich Menschen selbst und gegenseitig als besser oder schlechter gestellt bewerten und behandeln (siehe auch Bolte 1990: 30 f.).

Dem Alltagsverständnis weniger geläufig ist die *horizontale Dimension* des sozialen Raums, auch als „Differenzierungsachse" bezeichnet. Durch sie werden die vertikalen Differenzierungen noch einmal unterteilt. Vester u.a. (2001: 29) führen aus, dass die horizontale Differenzierung als Achse zu betrachten ist, die an ihren Polen links Avantgardismus und rechts entschiedenen Autoritarismus verbindet. Aufgegliedert wird dadurch ein Spektrum zwischen Hierarchiebindung (eher rechts) und Eigenverantwortung (eher links). Dieses Spektrum ist auf das hier dargestellte Untersuchungsvorhaben, das Jugendliche im Altersdurchschnitt von 17 bis 18 Jahren in den Mittelpunkt rückt, zu übertragen. Dabei gilt es zu beachten, dass sich die Jugendlichen in einer besonderen biographischen Phase der Identitätsfindung befinden, in der auch eine Orientierung an Autoritäten Teil eines Suchprozesses sein kann, der sich nicht zwingend als Autoritarismus bezeichnen lässt. Das Spektrum der horizontalen Differenzierung wird für diese Untersuchung daher dahingehend ausgelegt, dass auf der rechten Seite Gruppen von Jugendlichen stehen, die bestehenden gesellschaftlichen Werten und Zielen, wie sie Jugendlichen beispielsweise in Form von Pflicht- und Sicherheitswerten entgegengehalten werden, akzeptierend gegenüberstehen. Je weiter nach links, desto hinterfragender und distanzierender bis hin zur Formulierung eigener Werte und Ziele zeigen sich die Jugendlichen (vgl. Abb. 2).

Zu beachten ist für die hier durchgeführte Untersuchung zudem, dass sich die über Einstellungen zur Lebensführung und Alltagsbewältigung ermittelten alltagskulturellen Gruppen von Jugendlichen nicht deterministisch aus sozialen Lagen und Positionen und den zur Verfügung stehenden Ressourcen ableiten lassen. Sie können daher auch nicht – wie in vorgefertigte Schubladen – sozialen Positionen zugeordnet werden. Da kein Determinismus wirkt, ist auch kein Umkehrschluss von bestimmten sozialen Positionen und Ressourcenausstattungen auf bestimmte Alltagskulturen von Jugendlichen möglich. Die Begründung hierfür findet sich im Feldcharakter des Bourdieuschen Konzeptes des sozialen Raums (vgl. 3.1). In Anlehnung an Bourdieus Vorstellungen des sozialen Raums verweisen Vester u.a. (2001: 155 ff.) auf die relative Autonomie unterschiedlicher Felder einer Gesellschaft, zu der auch das Feld des Habitus der verschiedenen Milieus mit ihren Alltagskulturen und das Feld der sozialen Lagen gehören. Für eine empirische Untersuchung ergibt sich daraus: „Jedes Feld folgt gewissen Eigenlogiken, die in Spannung zu den Eigenlogiken der anderen Felder stehen. Daher muß jedes Feld getrennt von den anderen Feldern und auf seiner eigenen kategorialen Ebene untersucht werden" (ebd.: 224 f.). Abgeleitet aus diesen Überlegungen sind für die hier vorgenommene Untersuchung zunächst zwei getrennte Analysen durchzuführen:

- Die erste Analyse betrifft die objektive Ebene unterschiedlicher sozialer Lagen, die in der hier vorgenommenen Untersuchung über die Ressourcenausstattungen der Jugendlichen vorgenommen wird (vgl. 4.1).[5]

- Die zweite Analyse bezieht sich auf die subjektiven Einstellungen zur Lebensführung und Alltagsbewältigung der befragten Jugendlichen. Basierend auf diesen Aussagen werden alltagskulturelle Einstellungstypen identifiziert und relational zueinander, entlang der oben beschriebenen vertikalen Herrschaftsachse und der horizontalen Differenzierungsachse, positioniert.

Diese beiden Ebenen der Untersuchung werden, wie bei einem Übereinanderlegen von Bögen von Pergamentpapier (vgl. Bourdieu 1982: 211), abschließend wieder zusammengeführt. Dadurch können Homologien der Positionen zwischen diesen beiden Ebenen sichtbar gemacht und es können Aussagen darüber getroffen werden, welche Jugendlichen mit welcher alltagkulturellen Orientierung schwerpunktmäßig über welche Ressourcenausstattung verfügen. Aus Platzgründen kann hier nur dieser abschließende Schritt der beiden zusammengeführten Untersuchungsebenen (vgl. 4.2) dargestellt werden.

3.3 Operationalisierung der beiden Analyseebenen

Im ersten Analyseschritt, der die objektive Ebene unterschiedlicher Ressourcenausstattungen betrifft, geht es um eine Aufdeckung von Status- und Chancenunterschieden zwischen den Jugendlichen. Zu diesem Zweck wurden mit Hilfe einer Clusteranalyse[6] unterschiedliche ‚Schichten' ermittelt und voneinander abgegrenzt.[7]

---

5 Hier wurde mit der Entwicklung eines Schichtmodells ein von Vester u.a. (2001) abweichender Weg der Analyse beschritten. Die Begründung hierfür findet sich in der Lebenswelt und Lebenssituation der untersuchten Jugendlichen, die im Vergleich zu einer an der Gesamtbevölkerung ausgerichteten Stichprobe zum Zeitpunkt der Befragung die 10. Jahrgangsstufe allgemein bildender Schulen besuchten und damit noch vor dem Eintritt in das Erwerbssystem standen. Eine Analyse der durch die Erwerbstätigkeit bedingten sozialen Position und eine vertikale und horizontale Ausdifferenzierung und Verortung der Berufe der Befragten, wie sie von Vester u.a. (2001: 238 f.) im Rahmen der Analyse sozialer Lagen vorgenommen wurde, blieb dadurch verschlossen.
6 Bei der Clusteranalyse wurde so vorgegangen, dass zunächst über eine hierarchische Clusteranalyse nach dem Ward-Algorithmus eine sinnvolle Clusteranzahl sowie die Clusterzentren für eine anschließende gewichtete Analyse mit dem k-means Verfahren ermittelt wurden. Da sich zur Entwicklung eines gemeinsamen Schichtmodells für türkische und deutsche Jugendliche die Differenzierung der Schichten auf die gesamte Erhebung erstreckt, berücksichtigt der in dieser Analyse eingesetzte Gewichtungsfaktor den ethnischen Herkunftshintergrund, das Geschlecht und den bis zur Befragung 2002 besuchten Schultyp und orientiert sich hinsichtlich dieser drei Ge-

Die zur Clusterbildung herangezogenen aktiven Variablen zum kulturellen und ökonomischen Kapital (vgl. Bourdieu 1983) orientieren sich an der Lebenssituation der Jugendlichen, die entweder zum Zeitpunkt der Befragung die Schule gerade verlassen hatten oder noch zur Schule gingen. Die hiermit angesprochene Lebensphase und -situation der Jugendlichen ist insbesondere durch eine Ausbildungssituation und erhebliche Unterschiede in Bezug auf eigene Verdienstmöglichkeiten (z.B. Taschengeld, Vergütungen für kleinere Jobs und Gelegenheitsarbeiten, Ausbildungsvergütungen) gekennzeichnet, aus deren Differenzen jedoch keine Chancen- und Statusunterschiede abgeleitet werden können. Als Indikator für das ökonomische Kapital der Jugendlichen wurde daher auf die Einkommensquelle der Familie zurückgegriffen. Zudem ist darauf hinzuweisen, dass es sich hierbei um die einzige Variable zum ökonomischen Kapital handelt. Chancen- und Statusunterschiede ergeben sich bei den betrachteten Jugendlichen somit nicht allein, aber doch schwerpunktmäßig durch Unterschiede beim kulturellen Kapital. Damit wird neben der allgemeinen Bedeutung von Bildung, Wissen und Kompetenzen innerhalb einer Wissensgesellschaft auch die Lebensphase der Jugendlichen widergespiegelt, die sich bedingt durch die Ausbildungssituation in einem Feld und damit Konkurrenzsystem bewegen, das in stärkerem Maße von Unterschieden kulturellen Kapitals geprägt ist.

Berücksichtigt wurden bei der Entwicklung des Schichtmodells für türkische und deutsche Jugendliche insgesamt die folgenden Indikatoren:

Zum ökonomischen Kapital:

▪ 1. Variable: Einkommensquelle der Familie (differenziert nach der Einkommensquelle der Eltern, d.h. Einkommen aus einer Ganztagsarbeit, Einkommen aus einer Halbtagsarbeit bzw. einer Umschulung, Einkommen als Rentner/Rentnerin, Einkommen aus Arbeitslosigkeit oder Sozialhilfe).

Zum kulturellen Kapital:

▪ 2. Variable: besuchter Schultyp (Hauptschule, Realschule, Gesamtschule oder Gymnasium),

▪ 3. Variable: angestrebter Schulabschluss (Hauptschulabschluss, Realschulabschluss/Mittlere Reife, Abschluss der Handelsschule, Fachhochschulreife/Fachabitur oder allgemeine Hochschulreife/Abitur),

---

wichtungskriterien an den Daten des Landesamtes für Datenverarbeitung und Statistik Nordrhein-Westfalen von 10. Jahrgangsstufen allgemein bildender Schulen in Nordrhein-Westfalen.

7   Zur Ermittlung der Schichten wurde eine Clusteranalyse gewählt, da im Unterschied zu einem summarischen Schichtindex hierbei die Möglichkeit besteht, zusätzliche Informationen aus der Kombination der für die Homogenität eines Clusters relevanten und damit für die Abgrenzung gegenüber anderen Clustern besonders charakteristischen Indikatoren zu ziehen.

- 4.-5. Variable: Schulnoten in Mathe und Deutsch (Hinweise auf sprachliche und analytische Kompetenzen der Jugendlichen),

- 6.-7. Variable: Berufsausbildung der Eltern (jeweils höchster beruflicher Abschluss des Vaters und der Mutter, Hinweis auf das in der Familie formal vorhandene kulturelle Kapital),

- 8.-10. Variable: 3 Erziehungsstile (erfahrene Unterstützung, Aufmerksamkeit und Förderung) innerhalb der Familie:8

- 8. Variable: Erziehungsstilfaktor 1 „liebevolle Unterstützung",

- 9. Variable: Erziehungsstilfaktor 2 „inkonsistent und strafend",

- 10. Variable: Erziehungsstilfaktor 3 „sich selbst überlassen".

Für den zweiten Analyseschritt, in dem es um die Identifikation unterschiedlicher alltagskultureller Einstellungstypen geht, galt es, die komplexen und nicht-deterministischen Zusammenhänge zwischen alltagskulturellen Orientierungen und sozialen Lagen, die als subjektive Sinn- und Valenzstrukturen für alltagskulturelle Bewältigungsmuster bedeutsam sind, operationalisierbar zu machen.

Als Orientierung zur Ausarbeitung eines Erhebungsinstruments dienten der „Milieu-Indikator" des Sinus-Instituts (vgl. z.B. Becker u.a. 1992; Flaig u.a. 1994) und die in der Untersuchung „Soziale Milieus im gesellschaftlichen Strukturwandel" (Vester u.a. 2001) ermittelten Dimensionen zur alltäglichen Lebensführung. Zu berücksichtigen war, dass sich die Items auf den Erfahrungshintergrund von Jugendlichen im Alterdurchschnitt von 17 bis 18 Jahren beziehen sollten.[9] Das so entwickelte Erhebungsinstrument enthält Aussagen (1) zur sozialen Verantwortung und zum Bewusstsein einer moralischen Hegemonie, (2) zur Risikobereitschaft und zu hedonistischen Orientierungen, (3) zur Anpassungsbereitschaft, (4) zum Ehrgeiz und zur Leistungsorientierung, (5) zur Zukunftsplanung vs. einer Gegenwarts- und Gelegenheitsorientierung, (6) zur Empathielosigkeit, (7) zur wahrgenommenen Chancenlosigkeit, (8) zum rebelli-

---

8 Die Berücksichtigung der Erziehungsstilfaktoren geht auf Bourdieus Überlegung zurück, dass bei der familiären Sozialisation die Möglichkeit und Bereitschaft, in das Kind Zeit zu ‚investieren', eine zentrale Rolle für die Übertragung kulturellen Kapitals in der Familie spielt (Bourdieu 1983: 188). Diese Überlegung macht neben der Beachtung formaler Bildungsabschlüsse auch die Wahrnehmung der Jugendlichen relevant, ob ihnen in der Familie Aufmerksamkeit, Unterstützung und Förderung zuteil wurde.

9 So war beispielsweise darauf zu achten, dass Jugendliche im Altersdurchschnitt von 17 bis 18 Jahren auf keine längeren Berufs- und damit zusammenhängenden Lebenserfahrungen zurückblicken können. Zudem wurde auf kurze und für Jugendliche deutscher und türkischer Herkunft gleichermaßen verständliche Formulierungen geachtet.

schen Engagement, (9) zu Gefühlen von Scham und Unsicherheit und (10) zum Fortschrittsoptimismus der Jugendlichen.[10]

Auf Basis dieser Dimensionen zu den alltagskulturellen Orientierungen der Jugendlichen wurde jeweils eine Clusteranalyse[11] für die beiden ethnischen Herkunftsgruppen durchgeführt, um alltagskulturelle Einstellungstypen und dabei mögliche Unterschiede zwischen türkischen und deutschen Jugendlichen entdecken zu können. Zu berücksichtigen ist, dass nicht die Aussagen zu einer oder einigen wenigen Dimensionen Auskunft über die Alltagsbewältigung der Jugendlichen geben können, sondern aussagekräftig ist, wie die Dimensionen gegen- und miteinander ,ausbalanciert' werden. Aus diesen Mustern können alltagskulturelle Differenzierungen sowie vertikale und horizontale Positionierungshinweise abgeleitet werden. So wird entlang der vertikalen Differenzierungsachse eine Unterscheidung zwischen eher distinktiven oder vulgären Stilen der Alltagsbewältigung getroffen. Damit ist gemeint, ob ein Bewältigungsmuster eher davon geprägt ist, sich gegenüber anderen abzugrenzen (oben) oder ob Gemeinschaft (Mitte) und Anlehnung (unten) von größerer Bedeutung sind. Entlang der horizontalen Differenzierungsachse wird zwischen Mustern einer Orientierung an bestehenden Werten und Normen z.B. in Form von Pflicht- und Sicherheitswerten (rechts) und einer kritischen Auseinandersetzung (Mitte) bis hin zu einer Orientierung an selbst formulierten Werten (links) unterschieden.

4.   Ergebnisse und Zusammenführung der beiden Analyseebenen

4.1 Ein Schichtmodell für türkische und deutsche Jugendliche

Im Rahmen des ersten Analyseschrittes unterschiedlicher Ressourcenausstattungen der Jugendlichen konnten mit den aufgezeigten zehn Variablen (vgl. 3.3) vier Schichten extrahiert und in Relation zueinander angeordnet werden (vgl. Abb. 1). Die Variablen der Analyse, die gut zwischen den Gruppen unterscheiden und damit zur Charakterisierung besonders geeignet sind, wurden herausgegriffen und zur Illustration der Schichten in der Abbildung dargestellt. Dazu

---

10 Eine Hauptkomponentenanalyse mit Varimax-Rotation (Eigenwertkriterium > 1) ergab eine sinnvolle Reduktion auf diese zehn Faktoren. Eine Darstellung der einzelnen Items zu den Faktoren (mit ihren Faktorladungen) musste aus Platzgründen leider entfallen.

11 Die Vorgehensweise bei der Clusteranalyse entspricht der Beschreibung bei der Differenzierung unterschiedlicher Schichten (vgl. Fußnote 5). Der eingesetzte Gewichtungsfaktor enthält diesmal jedoch nur die Kriterien Geschlecht und den bis zur Befragung 2002 besuchten Schultyp, da die Analyse für die türkische und deutsche Herkunftsgruppe jeweils getrennt durchgeführt wurde.

gehören vor allem die berufliche Ausbildung der Eltern sowie der vorhandene und angestrebte höchste Schulabschluss der Jugendlichen.

Abb. 1: Schichtmodell für türkische und deutsche Jugendliche

	„oben"
Anteil bei türk. J.: 9%	beide Elternteile mit Hochschulabschluss ↑
Anteil bei deutschen J.: 31%	Besuch eines Gym. ↑; angestrebter Abschl.: Abitur ↑
	Einkommensquelle: Ganztagsarb. (mind.) eines Elternteils ↑
	„aufstrebende Mitte"
Anteil bei türk. J.: 36%	beide Elternteile mit abgeschlossener Lehre ↑
Anteil bei deutschen J.: 31%	Besuch eines Gym. →; angestrebter Abschl.: Abitur ↑
	Einkommensquelle: Ganztagsarb. (mind.) eines Elternteils ↑
	„untere Mitte"
Anteil bei türk. J.: 23%	beide Elternteile mit abgeschlossener Lehre ↑
Anteil bei deutschen J.: 31%	Besuch einer HS. →; angestrebter Abschl.: Realschule↑
	Einkommensquelle: Ganztagsarb. (mind.) eines Elternteils ↑
	„unten"
Anteil bei türk. J.:32 %	Vater abgeschl. Lehre↑; Mutter ohne Berufsausbildung ↑
Anteil bei deutschen J.: 7%	Besuch einer HS ↑; angestrebter Abschl.: Realschule →
	Einkommensquelle: Ganztagsarbeit (mind.) eines Elternteils ↑

Quelle: IKG-Jugendpanel 2002; türk. J.: n = 926; deut. J.: n = 2.577
Legende:
↑   trifft für die Mehrheit zu (prozentualer Anteil liegt mindestens bei 60%)
→   trifft für annähernd die Hälfte zu (prozentualer Anteil liegt über 40%)
↓   trifft für weniger als ein Drittel der betrachteten Jugendlichen zu

Zu erkennen ist, dass türkische Jugendliche bei einer Verteilung auf die Schichten im Vergleich mit deutschen Jugendlichen anteilig deutlich häufiger im sozialstrukturellen „Unten", das betrifft ca. ein Drittel der türkischen Herkunftsgruppe, und geradezu spiegelbildlich dazu mit ca. einem Zehntel von ihnen deutlich geringer im sozialstrukturellen „Oben" vertreten sind. Aus den einzelnen Indikatoren ergibt sich, dass türkische Jugendliche häufiger eine Hauptschule und seltener ein Gymnasium besuchen, ihre Eltern häufiger über keine berufliche Ausbildung verfügen und sehr selten eine Hochschulausbildung abgeschlossen haben sowie das Familieneinkommen bei Jugendlichen mit türkischem Herkunftshintergrund häufiger durch Renteneinkünfte erwirtschaftet wird. Dies verdichtet sich letztlich zu dem in Abbildung 1 dargestellten Ergebnis.

Die besondere Vorgehensweise, Schichten mit Hilfe einer Clusteranalyse zu ermitteln, ermöglicht zudem die Aufdeckung und Berücksichtigung von Kombinationen und Konfigurationen zwischen den einzelnen Indikatoren. Dabei verdient aus der vergleichenden Perspektive zwischen deutschen und türkischen Jugendlichen die „aufstrebende Mitte" Beachtung. Hier sind anteilig etwas mehr türkische als deutsche Jugendliche zu finden. Unter ihnen ist ein größerer Anteil, der durch den Besuch eines Gymnasiums und den angestrebten Schulabschluss Abitur die Tendenz zu höheren Bildungsabschlüssen zeigt. Im Vergleich mit den Jugendlichen im sozialstrukturellen „Oben", die zu einem großen Teil aus Akademikerfamilien stammen, deutet sich für die Jugendlichen in der „aufstrebenden Mitte" in Bezug auf ihre Bildungsabschlüsse intergenerationell ein erheblicher Schritt nach vorne an. Anteilig betrachtet und unter Berücksichtigung der Größe ihrer Herkunftsgruppe, sind dabei türkische Jugendliche an der auf ihre Bildung bezogenen aufstrebenden Tendenz der „aufstrebenden Mitte" nicht unwesentlich beteiligt. Zusammenfassend bleibt es jedoch bei der Aussage, dass türkische Jugendliche insgesamt im Vergleich mit deutschen Jugendlichen über eine geringere Ressourcenausstattung verfügen und sich daraus begrenztere Möglichkeiten der Realisierung ihrer Lebensziele und Lebensorientierungen ableiten lassen.

4.2 Eine Typologie – alltagskulturelle Gruppen von türkischen und deutschen Jugendlichen und ihre Position im sozialen Raum

Im Folgenden werden die beiden Analyseebenen, d.h. die objektive Ebene unterschiedlicher Ressourcenausstattungen und die subjektive Ebene unterschiedlicher Einstellungen zur Lebensführung und Alltagsbewältigung, in ein gemeinsames Modell (Abb. 2) zusammengeführt und dargestellt. Die dargestellten Positionen der ermittelten alltagskulturellen Gruppen ergeben sich dem relationalen Paradigma des sozialen Raumes folgend (vgl. 3.1), indem die Gruppen vergleichend in Beziehung zueinander gesetzt werden.

So sind die *Sendungsbewusst-Engagierten*, eine alltagskulturelle Gruppe von deutschen Jugendlichen, überdurchschnittlich häufig im sozialstrukturellen „Oben" vertreten. Charakteristisch ist für diese Gruppe, dass sie über ein ausgeprägtes idealistisch-moralisches Sendungsbewusstsein verfügen. Die Jugendlichen geben durch ihre Einstellungen zum Ausdruck, dass sie sich einer moralischen Verantwortung bewusst sind und Angehörige anderer sozialer Gruppen auf Werte eines moralisch ‚richtigen Lebens' hinweisen. Eine Einordnung eher links im sozialen Raum ergibt sich daraus, dass bei ihnen generell eine geringe Anpassungsbereitschaft an bereits Formuliertes und Definiertes festgestellt werden konnte. Darüber hinaus zeigt sich in dieser Gruppe ein Selbstverständnis, bestehende Normen nicht nur zu hinterfragen, sondern sich selbst als ‚wegweisend' und Normen vorgebend zu betrachten. Distanzierend könnten sich die *Sendungsbewusst-Engagierten* vor allem denen gegenüber zeigen, die ihre moralischen und empathischen Werte nicht teilen, und sich dadurch ihrem Sendungsbewusstsein entziehen.

Die *Zielstrebigen*, eine alltagskulturellen Gruppe, die sowohl bei deutschen als auch bei türkischen Jugendlichen nachgewiesen werden konnte, sind überdurchschnittlich häufig in der „aufstrebenden Mitte" anzutreffen. Charakteristisch für die Jugendlichen dieser Gruppe ist, dass sie viel Disziplin und Anstrengungsbereitschaft zeigen und dass soziale Sicherheit für sie von zentraler Bedeutung ist. Für die horizontale Positionierung der Zielstrebigen relational gesehen eher rechts im sozialen Raum ist ausschlaggebend, dass ihre Einstellungen weitestgehend von einer Orientierung an bestehenden Pflicht- und Sicherheitswerten geprägt sind. So stehen die *Zielstrebigen* vergleichsweise strikt zu den von ihnen vertretenen Normen und grenzen sich von Personen, die diese Normen nicht teilen, deutlich ab. Abgrenzungen und Distanzierungen könnten von ihnen ausgehend vor allem Personen und Personengruppen betreffen, die viel riskieren, vor allem anderen ihren Spaß haben wollen, wenig über ihre Zukunft nachdenken und lieber in der Gegenwart leben. Bei den *Zielstrebigen* in der deutschen Herkunftsgruppe ist zudem darauf hinzuweisen, dass sie sich gegenüber Personen abgrenzen, die sich in schwierigen und prekären sozialen Lagen bewegen. Ein nicht unerheblicher Teil der Gruppe zeigt eine ausgeprägte Empathielosigkeit gegenüber sozial Schwächeren, wie sie letztlich in der verallgemeinerten Unterstellung zum Ausdruck kommt, diese Personen seien für ihre Schwierigkeiten selbst verantwortlich. Von dieser Abgrenzung können in besonderer Weise auch Jugendliche in unteren sozialen Positionen betroffen sein. An dieser Stelle ist allerdings auf einen deutlichen Unterschied zwischen türkischen und deutschen Jugendlichen hinzuweisen. Es findet sich bei den *Zielstrebigen* in der türkischen Herkunftsgruppe kein Hinweis auf eine geringere Empathie, Abgrenzung oder gar abwertende Haltung gegenüber weniger Erfolgreichen oder sozial Schwächeren. Diese Abgrenzung und Distanzierung ‚nach unten' geht allein von deutschen Jugendlichen in der Gruppe der *Zielstrebigen* aus.

Abb. 2: Alltagskulturen türkischer und deutscher Jugendlicher
*   im sozialen Raum*

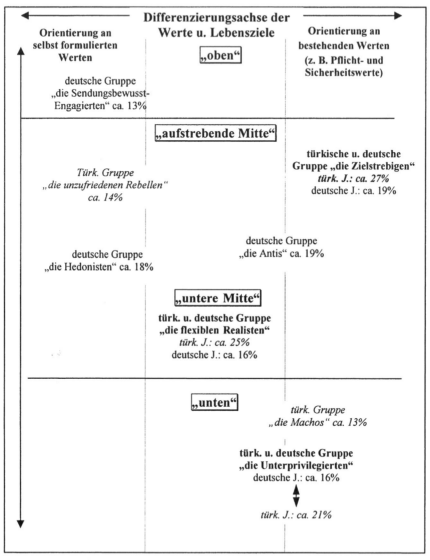

Quelle: IKG-Jugendpanel 2002

Bei den *unzufriedenen Rebellen*, einer alltagskulturellen Gruppe von türkischen Jugendlichen, zeigt sich im Vergleich zu den anderen befragten Jugendlichen ein überproportionaler Anteil in der „aufstrebenden Mitte". Hervorzuheben ist bei den Jugendlichen dieser Gruppe eine kritische Distanz gegenüber individualisierten Leistungswerten und einen in ihren Augen zu materiell ausgerichteten und egoistischen Konsumhedonismus. Zudem findet sich bei ihnen eine deutliche Zurückweisung einer generellen Anpassungsbereitschaft an bestehende Regeln und Erwartungen. Im Vergleich mit den anderen Jugendlichen ihrer Herkunftsgruppe zeigt sich bei ihnen darüber hinaus die größte Unzufriedenheit in Bezug auf ihre Zukunftschancen. Verbunden wird diese Bewertung ihrer Zukunftsaussichten allerdings nicht mit einer resignativen, sondern einer aufbegehrenden Einstellung, sich nicht mit dem Gegebenen abzufinden. Ihre Einordnung entlang der horizontalen Achse des Raummodells wird relational zu den anderen Gruppen vor allem von ihrer kritischen Distanz gegenüber vorgegebenen Normen und ihrer deutlichen Zurückweisung einer generellen Anpassungsbereitschaft geleitet. Abgrenzungen können sich bei ihnen vor allem gegen Personen und Personengruppen richten, bei denen sie entweder eine egoistische Leistungs- und Konkurrenzorientierung oder einen vor allem am Konsum orientierten Hedonismus zu erkennen glauben.

Bei den *Hedonisten* handelt es sich um eine alltagskulturelle Gruppe deutscher Jugendlicher, die überdurchschnittlich häufig in der „unteren Mitte" und in der „aufstrebenden Mitte" vertreten ist. Aus den alltagskulturellen Einstellungen der *Hedonisten* lässt sich entnehmen, dass sie Pflicht-, Leistungs- und Sicherheitswerte mehrheitlich zurückweisen und vielmehr Spaß und Spontaneität in den Mittelpunkt ihrer alltagskulturellen Orientierung rücken. Allerdings stellt sich die damit verbundene Risikobereitschaft der *Hedonisten* vergleichsweise begrenzt dar und lässt vermuten, dass bei ihnen ein Bewusstsein vorhanden ist, etwas verlieren zu können, und sie nicht bereit sind, einen gravierenden sozialen Abstieg in Kauf zu nehmen. Bei der horizontalen Positionierung werden die *Hedonisten* relational zu den anderen Jugendlichen eher links im sozialen Raum eingeordnet. Dies begründet sich daraus, dass die Jugendlichen dieser Gruppe gesellschaftliche Pflicht-, Leistungs- und Sicherheitswerte für sich in Frage stellen und an ihrer Stelle nicht selten eigene jugendkulturelle und hedonistische Werte formulieren. Die Abgrenzung gegenüber Pflicht- und Leistungsnormen fällt bei den *Hedonisten* so deutlich aus, dass sie sich auch gegen Personen und Personengruppen richten könnte, bei denen sie ein vergleichsweise strenges ‚Festhalten' an diesen Normen zu erkennen glauben. Davon könnten vor allem die *Zielstrebigen* in der deutschen und in der türkischen Herkunftsgruppe betroffen sein.

Die *Antis*, eine alltagskulturelle Gruppe deutscher Jugendlicher, sind im Vergleich zu den anderen befragten Jugendlichen überdurchschnittlich häufig in der „unteren Mitte" und in der „aufstrebenden Mitte" vertreten. Charakteristisch für die Jugendlichen dieser Gruppe ist, dass es bei ihnen zu einer deutlichen Zurückweisung von positiv formulierten (und damit normativ aufgeladenen) Aussagen zu Empathiewerten, Solidarität und Gerechtigkeitsvorstellungen kommt. Auffällig ist bei den *Antis*, dass sich ihre ablehnende Haltung vor allem gegen die moralischen Anforderungen und Wertvorstellungen richtet, die von den *Sendungsbewusst-Engagierten* vertreten werden. Bei der Einordnung entlang der horizontalen Achse des Raummodells findet bei den *Antis* Berücksichtigung, dass sie sich generell distanzierend gegenüber Erwartungen und Verhaltensaufforderungen zeigen und sie sich somit tendenziell eher gegen eine Akzeptanz und Übernahme von vorgegebenen Normen aussprechen. Ihre Einordnung erfolgt aus diesem Grund eher in der Mitte der horizontalen Achse des Raummodells. Abgrenzungen könnten bei den *Antis* vor allem Personen betreffen, deren Sendungsbewusstsein und hegemoniales Selbstverständnis sie als anmaßend und bevormundend empfinden. Dazu würden auch die *Sendungsbewusst-Engagierten* gehören.

Für die *flexiblen Realisten*, deren alltagskulturelles Einstellungsmuster in der deutschen und in der türkischen Herkunftsgruppe nachgewiesen werden konnte, ist eine überdurchschnittliche Häufung in der „unteren Mitte" festzustellen. Ihre Alltagskultur ist vor allem davon geprägt, dass sie versuchen, ihre jugendkulturellen Interessen, einschließlich der Wahrnehmung von Spaß- und Freizeitangeboten und die Erfüllung von Pflicht- und Leistungsnormen, miteinander in Einklang zu bringen. Sie versuchen somit, eine Balance zwischen Ehrgeiz und Leistung einerseits sowie andererseits Spaß, Freizeit und Abwechslung zu finden. Die *flexiblen Realisten* zeigen durch ihre Einstellungen zudem, dass sie für ihre Zukunft feste Pläne haben und auch zuversichtlich sind, dass sie sie erreichen können. Gleichermaßen haben sie auch keine Schwierigkeiten damit, ihre Pläne und damit verbundene Sicherheit aufzugeben und zu verändern, falls es erforderlich sein sollte. Ihre generelle Bereitschaft zur realistischen Auseinandersetzung mit Notwendigkeiten und situativen Anpassungserfordernissen spiegelt sich auch in ihrem vergleichsweise ausgeprägten Verständnis und der Empathie mit Personen wider, die in Not geraten sind. Was die horizontale Einordnung der *flexiblen Realisten* betrifft, so stehen sie im Vergleich zu den *Zielstrebigen* deutlich weniger strikt hinter bestehenden Pflicht- und Sicherheitswerten. Obwohl im Einstellungsmuster der *flexiblen Realisten* durchaus auch die Erfüllung von Pflicht- und Leistungsnormen eine Rolle spielt, hinterfragen sie diese auch kritisch. Vor diesem Hintergrund erfolgt die Einordnung entlang der horizontalen Achse relational zu den anderen alltagskulturellen Gruppen in der Mitte des Raummodells.

Die *Machos*, eine alltagskulturelle Gruppe türkischer Jugendlicher, die anteilig sehr deutlich von jungen Männern dominiert wird, sind in Relation zu den anderen Jugendlichen häufig im sozialstrukturellen „Unten" zu finden. Für die Jugendlichen dieser Gruppe stehen vor allem die eigene Stärke, Mut und Risikobereitschaft im Vordergrund. Ihr Selbstverständnis und ihr Selbstvertrauen scheinen neben ihrer Risikobereitschaft vor allem auch an ihrem physischen Mut zu hängen. Aus dem Einstellungsmuster der *Machos* lässt sich die Vermutung ableiten, dass sie sich überwiegend in Feldern bewegen, in denen die Stellung ihrer Mitglieder eher durch die Bereitschaft zu körperlichem Einsatz bestimmt wird. Zudem findet sich bei den Jugendlichen in dieser Gruppe überdurchschnittlich häufig eine Befürwortung, die Grenzen bestehender Regeln auszuloten und sich auch einmal darüber hinweg zu setzen. Die Einordnung entlang der horizontalen Achse des Raumodells erfolgt bei den *Machos* vergleichsweise eher in der Mitte. Diese Positionierung ergibt sich vor allem aus der kritischen Distanz zu vorgegebenen Sicherheitswerten, die in den Augen der *Machos* als ein Mangel an Risikobereitschaft und damit wohl auch als ein Zeichen von Schwäche gesehen werden. Distanzierungen und Abgrenzungen könnten bei ihnen Personen und Personengruppen treffen, die entgegen ihren eigenen Zielen und Orientierungen soziale Sicherheit hoch bewerten.

Auch bei den *Unterprivilegierten*, die sowohl bei deutschen als auch bei türkischen Jugendlichen zu finden sind, zeigt sich ein überproportionaler Anteil im sozialstrukturellen „Unten", der allerdings deutlich höher ausfällt als bei den *Machos*. Zudem ist auf Unterschiede zwischen den beiden ethnischen Herkunftsgruppen hinzuweisen: Die *Unterprivilegierten* in der türkischen Herkunftsgruppe konzentrieren sich nahezu im sozialstrukturellen „Unten". In den alltagskulturellen Einstellungen der *Unterprivilegierten* zeigt sich vor allem eine Wahrnehmung ihrer eigenen Chancenlosigkeit. Ihre Zukunft erscheint ihnen überwiegend unsicher, unkalkulierbar und wenig viel versprechend zu sein. Vor diesem Hintergrund betrachten sie Ehrgeiz, Anstrengung und Leistung für sich als wenig sinnvoll, so dass diese Aussagen von ihnen überwiegend abgelehnt werden. Das trifft auch auf Aussagen zur Zukunftsplanung zu. Zudem zeigt sich bei ihnen häufiger ein Scham- und Unsicherheitsgefühl, das auf Stigmatisierungserfahrungen schließen lässt. Entlang der horizontalen Achse des Raummodells erfolgt die Einordnung der *Unterprivilegierten* vergleichsweise eher in der Mitte, da ihre alltagskulturellen Einstellungen zeigen, dass sie gesellschaftliche Normen gegebenenfalls für sich und ihre soziale Lage anpassen bzw. diese flexibel und situativ handhaben. So werden vergleichsweise weniger geordnete und stetige Arbeits- und Lebensverhältnisse von ihnen auch positiv umgedeutet und einem, in ihren Augen übertrieben planmäßigen und ehrgeizigen, Streben nach Sicherheit, Bildung und gesellschaftlicher Anerkennung entgegengehalten. Von diesen Abgrenzungen könnten Personen und Personengruppen betroffen sein, bei denen sie dieses streng planmäßige und ehrgeizige Streben zu erkennen glauben.

5. Alltagskulturelle Abgrenzungen zwischen türkischen und deutschen Jugendlichen – Gibt es Hinweise auf ein interethnisches Konfliktpotenzial?

Zusammen genommen zeigt die Untersuchung, dass die ethnische Herkunftskategorie bei der Aufdeckung von Chancenunterschieden ihre Bedeutung nicht eingebüßt hat. Zudem können sich besonders aus Verlustängsten um den sozialen Status und der Abwehr von Abwertungen, die Jugendliche in sozial schwächeren Positionen betreffen, Belastungen für das Zusammenleben türkischer und deutscher Jugendlicher ergeben.

Abb. 2 verdeutlicht, dass die alltagskulturellen Orientierungen von türkischen und deutschen Jugendlichen drei „Überschneidungsbereiche" aufweisen. Das betrifft die *Zielstrebigen*, die *flexiblen Realisten* und die *Unterprivilegierten*. Werden die prozentualen Anteile dieser alltagskulturellen Gruppen berücksichtigt, dann zeigen türkische Jugendliche in ihren alltagskulturellen Orientierungen weit reichende Ähnlichkeiten zu deutschen Jugendlichen. Allerdings besteht keine völlige Deckungsgleichheit zwischen deutschen und türkischen Jugendlichen. Bei den *unzufriedenen Rebellen* in der „aufstrebenden Mitte" und den *Machos* im unteren Bereich des sozialen Raums werden *spezifische Verarbeitungs- und Bewältigungsstrategien türkischer Jugendlicher* deutlich, die im Zusammenhang mit ihrem Migrations- und Herkunftskontext stehen dürften.

So zeigen sich bei den *unzufriedenen Rebellen* Hinweise auf eine kritisch-distanzierte Auseinandersetzung mit Werten der deutschen Gesellschaft. Die häufig negative Beurteilung ihrer Zukunftschancen lässt allerdings vermuten, dass die Jugendlichen dieser Gruppe, die im Vergleich mit ihren Eltern und anderen Jugendlichen der türkischen Herkunftsgruppe über eine höhere Bildungsaspiration verfügen, Aufstiegsbarrieren wahrnehmen. So kann die kritische Haltung der unzufriedenen Rebellen als eine spezifische Bewältigungsstrategie gedeutet werden, mit der Jugendliche mit türkischem Migrationshintergrund, die über eine vergleichsweise hohe Bildungsaspiration verfügen und dadurch ihre Integrationsbereitschaft zeigen, ihre enttäuschten Erwartungen in

Bezug auf ihre Zukunftschancen und möglicherweise auch wahrgenommenen Benachteiligungen aufgrund ihres türkischen Herkunftshintergrunds verarbeiten.

Im Hinblick auf ein Zusammenleben zwischen türkischen und deutschen Jugendlichen ist darauf hinzuweisen, dass sich bei den *unzufriedenen Rebellen* aufgrund ihrer Kritik an einem überwiegend am Konsum orientierten Hedonismus und einem konkurrenzorientierten Leistungsdenken durchaus Distanzierungen zu deutschen Jugendlichen ergeben können. Allerdings würde sich ihre Kritik sowohl gegen deutsche als auch gegen türkische Jugendliche richten, bei denen sie eine Konsum- oder Konkurrenzorientierung zu erkennen glauben, die ihnen möglicherweise emotional zu kalt und zu egoistisch erscheint. Trotz enttäuschter Erwartungen in Bezug auf ihre Zukunft, einer kritischen Auseinandersetzung mit Werten der deutschen Gesellschaft und einer Distanz gegenüber deutschen und türkischen Jugendlichen, die eine Konsum- oder Konkurrenzorientierung in den Mittelpunkt ihres Lebens stellen, zeichnen sich bei den *unzufriedenen Rebellen* insgesamt betrachtet *keine generalisierten Abwertungen gegenüber Jugendlichen deutscher Herkunft* ab, die auf ernste interethnische Konfliktpotenziale hindeuten würden.

Bei den *Machos*, der anderen alltagskulturellen Gruppe, die nur bei Jugendlichen mit türkischem Herkunftshintergrund zu finden ist, steht die eigene Stärke und Risikobereitschaft im Mittelpunkt. Im Vergleich zu den anderen Jugendlichen ihrer Herkunftsgruppe besuchen die *Machos* überdurchschnittlich häufig die Hauptschule. So bewegen sich die Jugendlichen in dieser von jungen Männern dominierten Gruppe annähernd ausschließlich in einem Umfeld, in dem sie aller Voraussicht nach Stärke, Risikobereitschaft und wahrscheinlich auch physischen Mut und die Bereitschaft zu körperlichen Einsatz zeigen müssen, um ernst genommen zu werden. So kann die spezifische Bewältigungsstrategie der *Machos* als Versuch einer vergleichsweise eher bildungsferneren Gruppe von Jugendlichen gedeutet werden, Selbstvertrauen und Selbstbewusstsein in einer Gesellschaft zu entwickeln und zu wahren, in der höhere Bildungsabschlüsse zwar kein Garant für gesellschaftliche Anerkennung und Erfolg am Arbeitsmarkt sind, aber immer mehr als selbstverständliche Voraussetzung gelten.

Abgrenzungen, Distanzierungen und möglicherweise auch ernsthaftere Spannungen zu deutschen Jugendlichen können sich daran entzünden, dass ein Streben nach sozialer Sicherheit von den *Machos* als ein Mangel an Risikobereitschaft und damit wohl auch als ein Zeichen von Schwäche gesehen wird. Vor allem die *Zielstrebigen*, die soziale Sicherheit hoch bewerten und viel Wert auf ihren sozialen Status legen, könnten vor diesem Hintergrund als schwächlich und streberhaft gesehen werden. Zudem könnte bei den *Machos* eine *Abgrenzungsdynamik* eine Rolle spielen, in der es darum geht, ihnen vorgehaltene

Mängel an Bildung und Leistung zu entkräften und die eigenen Stärken in den Vordergrund zu rücken. Hierbei könnten die *Zielstrebigen* in der deutschen Herkunftsgruppe eine besondere Rolle spielen. Sozial Schwächeren sowie Personen, die scheitern oder in Schwierigkeiten geraten, halten die *Zielstrebigen* in der deutschen Herkunftsgruppe häufig eigenes Verschulden vor. Diese vergleichsweise generalisierte und empathielose Schuldzuschreibung, die auch Faulheit, mangelnde Disziplin sowie Ziel- und Planlosigkeit unterstellt, könnte auch die bildungsfernere türkische Gruppe der *Machos* im unteren Bereich des sozialen Raums treffen, die sich gegenüber diesen Abwertungen wiederum mit der Betonung der eigenen, möglicherweise auch physischen Stärken und einer *Abwertung* der *Zielstrebigen* zur Wehr setzen würde. Ein gewisses Konfliktpotenzial zwischen beiden Gruppen, das übergreifend über die beiden ethnischen Herkunftsgruppen verläuft, lässt sich somit nicht von der Hand weisen.

Die *Zielstrebigen* wiederum verfügen in der „aufstrebenden Mitte" des sozialen Raums in beiden ethnischen Herkunftsgruppen über vergleichsweise gute Ressourcenausstattungen. Dass jedoch auch eine vergleichsweise gute schulische Ausbildung und eine feste Zukunftsplanung kein Garant für einen guten Start in den Ausbildungs- und Arbeitsmarkt darstellen, könnte bei den *Zielstrebigen* in der deutschen Herkunftsgruppe, für die soziale Stabilität und Sicherheit von so zentraler Bedeutung sind, im Vergleich mit den anderen Gruppen von Jugendlichen zu höheren Unsicherheiten und Ängsten führen. Je mehr sie sich durch die Orientierung an Pflicht- und Sicherheitswerten darum bemühen, gute und stabile Ausgangspositionen für einen sozialen Aufstieg zu schaffen, desto mehr scheint ihr Verständnis für Personen und Personengruppen zu schwinden, die diese Werte nicht teilen. Letztlich gipfelt dies in der vergleichsweise *generalisierten und empathielosen Schuldzuschreibung, dass Personen, die es zu nichts bringen, selbst Schuld seien.* Dass diese Abwertungen von Schwächeren und Gescheiterten bei den *Zielstrebigen* in der türkischen Herkunftsgruppe trotz der ansonsten übereinstimmenden alltagskulturellen Orientierungen nicht zu finden sind, könnte sich durch einen Blick auf die Entwicklung erklären, die türkische Jugendliche in dieser Gruppe im Vergleich zu ihren Eltern zurückgelegt haben: Ihre Eltern verfügen zu einem großen Teil über keine berufliche Ausbildung, während sie selbst überdurchschnittlich häufig ein Gymnasium besuchen und das Abitur anstreben. So scheint bei den *Zielstrebigen* in der türkischen Herkunftsgruppe ihre Orientierung an Pflichtwerten, sozialer Sicherheit und Stabilität sowie dem Streben nach sozialem Status viel eher von – im Vergleich zu ihren Eltern – neuen und erweiterten Zukunftschancen und Möglichkeiten bestimmt zu sein und nicht wie bei den deutschen Jugendlichen von Unsicherheiten und (Verlust-)Ängsten um ihren sozialen Status.

Die Beachtung des ethnischen Herkunftshintergrunds ist zudem für die Frage relevant, ob türkische und deutsche Jugendliche mit weitestgehend übereinstimmenden Orientierungen und Zielen auch über vergleichbare Ressourcenausstattungen verfügen. Die Positionierung der alltagskulturellen Gruppen im sozialen Raum (vgl. Abb. 2) hat gezeigt, dass die *Zielstrebigen* und die *flexiblen Realisten*, die jeweils in der deutschen und in der türkischen Herkunftsgruppe vertreten sind, unabhängig von ihrer ethnischen Herkunft über vergleichbare Ressourcenausstattungen verfügen. Für die *Unterprivilegierten*, die ebenfalls in beiden ethnischer Herkunftsgruppen vertreten sind, gilt das nicht. So zeigen sich gerade am unteren Rand des sozialen Raums für türkische und deutsche Jugendliche deutliche Unterschiede. Die türkischen Jugendlichen in dieser Gruppe sehen sich mit ihren Wahrnehmungen und Gefühlen der Chancenlosigkeit und Resignation mit noch *schlechteren Ausgangsbedingungen* konfrontiert, als dies für deutsche Jugendliche mit ähnlichen alltagskulturellen Wahrnehmungen und Orientierungen zutrifft, wodurch sich auch *die Wahl- und Gestaltungsmöglichkeiten ihrer Lebensentwürfe noch begrenzter* darstellen als für Jugendliche deutscher Herkunft.

Im Hinblick auf ein Zusammenleben der Jugendlichen ist, wie bereits für die *Machos,* auch für die *Unterprivilegierten*, die andere alltagskulturelle Gruppe im unteren Bereich des sozialen Raums, auf die Möglichkeit einer *Abgrenzungsdynamik* hinzuweisen. So könnte es gerade bei der Gruppe der *Unterprivilegierten*, bei der es Hinweise auf Stigmatisierungserfahrungen gibt, darum gehen, sich gegen Abwertungen anderer Jugendlicher, wie sie vor allem von Seiten der *Zielstrebigen* in der deutschen Herkunftsgruppe festzustellen sind, zu wehren und sich gegen ausgesprochene oder unterschwellige Vorwürfe des eigenen Versagens durch Faulheit sowie Ziel- und Planlosigkeit zu schützen.

Obwohl die Mehrheit der jungen Türken deutschen Jugendlichen in den geäußerten Lebenszielen und Lebensorientierungen sehr ähnlich ist, lässt sich aus dieser Ähnlichkeit nicht ableiten, dass das Zusammenleben von türkischen und deutschen Jugendlichen konfliktfrei verlaufen wird. Konfliktpotenziale zeichnen sich zum einen bei einer vergleichsweise gut ausgestatteten Gruppe von deutschen Jugendlichen in mittlerer sozialer Position ab, die um ihren sozialen Status zu fürchten scheinen und sich sehr deutlich ‚nach unten' abgrenzen. Zum anderen handelt es sich um Jugendliche in vergleichsweise bildungsferneren unteren sozialen Positionen, die sich mit ihren Mitteln und Stärken gegen Abwertungen und Stigmatisierungen wehren. Betroffen von diesen Abwertungen können sowohl türkische als auch deutsche Jugendliche in unteren sozialen Positionen sein; allerdings finden sich bei den türkischen Jugendlichen mit den *Machos* und den *Unterprivilegierten* gleich zwei alltagkulturelle Gruppen von

Jugendlichen mit einer überdurchschnittlichen Aufenthaltswahrscheinlichkeit im unteren Bereich des sozialen Raums, wobei sich die *Unterprivilegierten* in der türkischen Herkunftsgruppe aufgrund ihrer geringen Ressourcenausstattung dort nahezu konzentrieren. Türkische Jugendliche trifft somit eine höhere Wahrscheinlichkeit, dass sich Abwertungen von sozial schwächeren Personen gegen sie richten.

Literatur

Becker, Ulrich/Becker, Horst/Ruhland, Walter (1992): Zwischen Angst und Aufbruch. Das Lebensgefühl der Deutschen in Ost und West nach der Wiedervereinigung. Düsseldorf: Econ.

Berger, Peter A./Hradil, Stefan (Hg.) (1990): Lebenslagen, Lebensläufe, Lebensstile. Soziale Welt. Sonderband 7. Göttingen: Schwartz.

Bolte, Karl Martin (1990): Strukturtypen sozialer Ungleichheit. In: Berger/Hradil (1990): 27–50.

Bourdieu, Pierre (1992): Rede und Antwort. Frankfurt/M.: Suhrkamp.

Bourdieu, Pierre (1985): Sozialer Raum und Klassen. Leçon sur la leçon. Frankfurt/M.: Suhrkamp.

Bourdieu, Pierre (1983): Ökonomisches Kapital, kulturelles Kapital, soziales Kapital. In: Kreckel (1983): 183–198.

Bourdieu, Pierre (1982): Die feinen Unterschiede. Frankfurt/M.: Suhrkamp.

Bukow, Wolf-Dietrich (1996): Feindbild: Minderheit. Ethnisierung und ihre Ziele. Opladen: Leske+ Budrich.

Bukow, Wolf-Dietrich/Llaryora, Roberto (1988): Mitbürger aus der Fremde. Opladen: Leske+Budrich.

Cassirer, Ernst (1969 [1905]): Substanzbegriff und Funktionsbegriff. Darmstadt: Wissenschaftliche Buchgesellschaft.

Flaig, Berthold Bodo/Meyer, Thomas/Ueltzhöffer, Jörg (1994): Alltagsästhetik und politische Kultur. Bonn: Dietz.

Geiger, Theodor (1932): Die soziale Schichtung des deutschen Volkes. Stuttgart: Enke.

Heckmann, Friedrich (1981): Die Bundesrepublik: Ein Einwanderungsland? Zur Soziologie der Gastarbeiterbevölkerung als Einwandererminorität. Stuttgart: Klett-Cotta.

Hradil, Stefan (1987): Sozialstrukturanalyse in einer fortgeschrittenen Gesellschaft. Opladen: Leske+ Budrich.

Kreckel, Reinhard (Hg.) (1983): Soziale Ungleichheiten. Soziale Welt. Sonderband 2. Göttingen: Schwartz.

Kristen, Cornelia (1999): Bildungsentscheidungen und Bildungsungleichheit – Ein Überblick über den Forschungsstand. In: Arbeitspapier Nr. 3. Mannheimer Zentrum für Europäische Sozialforschung. Mannheim.

Kristen, Cornelia (2002): Hauptschule, Realschule oder Gymnasium? Ethnische Unterschiede am ersten Bildungsübergang. In: Kölner Zeitschrift für Soziologie und Sozialpsychologie. 54 (3). 534–552.

Lewin, Kurt (1982 [1939]): Feldtheorie und Experiment in der Sozialpsychologie. In: Lewin (1982a): 187–213.

Lewin, Kurt (1982a): Kurt-Lewin-Werkausgabe. Bd. 4 – Feldtheorie. Stuttgart: Klett-Cotta.

PISA-Konsortium Deutschland (Hg) (2003): PISA 2003. Der Bildungsstand der Jugendlichen in Deutschland – Ergebnisse des zweiten internationalen Vergleichs. Münster: Waxmann.

Ramm, Gesa/Prenzel, Manfred/Heidemeier, Heike/Walter, Oliver (2004): Soziokulturelle Herkunft: Migration. In: PISA-Konsortium Deutschland (2003): 254–272.

Treibel, Annette (2003): Migration in modernen Gesellschaften. Weinheim/München: Juventa.

Vester, Michael/von Oertzen, Peter/Geiling, Heiko/Herman Thomas/Müller, Dagmar (2001): Soziale Milieus im gesellschaftlichen Strukturwandel. Frankfurt/M.: Suhrkamp.

Weber, Max (1972): Ethnische Gemeinschaftsbeziehungen. In: Weber (1972a): 234–240.

Weber, Max (1972a [1922]): Wirtschaft und Gesellschaft. Tübingen: Mohr.

Protestantische Anthropologie und säkularisierter Habitus.

Über den theologischen Zugang zu milieuspezifischen Lebensweisen und Orientierungen

Fritz Erich Anhelm

Der Beitrag geht aus von einer empirischen Untersuchung, in der die Beziehungen der sozialen Milieus zu Kirche und Religion exploriert wurden (Vögele/ Bremer/Vester 2002). Die soziologischen Befunde werden dabei aus einer theologischen Perspektive interpretiert. Es soll aufgezeigt werden, ob und inwiefern trotz (oder gar wegen) des Milieuwandels die Lebensweisen und Lebensdeutungen der gesellschaftlichen Gruppen anschlussfähig sind für theologische Aussagen und den Dialog mit der Kirche und inwiefern darüber hinaus auch Perspektiven für die Integration der unterschiedlichen Milieus durch kirchliche Arbeit entwickelt werden können.

Der Titel ist sperrig. Was darunter verhandelt werden wird, ist es auch. Deshalb sollen zwei einfach erscheinende Fragen am Anfang stehen: „Wer sind wir? Wie geben wir uns?" Beide sollen die Überlegungen leiten. Sie beziehen sich auf zwei sehr spezifische Perspektiven.

Die erste meint die der christlichen Anthropologie, also den Blick protestantischer Theologie auf den Menschen. Die zweite richtet sich auf die sozialen Milieus in unserer Gesellschaft in ihrem Verhältnis zu Religion und Kirche, folgt also dem Blick der Soziologie auf unterschiedliche, aber durchaus kollektiv geprägte menschliche Verhaltensweisen.

Beides aufeinander zu beziehen, ist methodisch kompliziert. Denn das eine folgt Glaubenssätzen und das andere empirisch gestützter Soziologie. Was beides miteinander verbindet, ist der Aspekt der notwendigen Deutung. Ohne ihn ist weder das eine noch das andere kommunizier- oder gar verstehbar. Dass es zwischen beidem ein Problem gibt, hat man schon immer gewusst.

1. Der „sündige" und der „mündige" Mensch

Der theologische Blick auf die Milieus der Gesellschaft war lange Zeit (und ist es bisweilen vielleicht auch heute noch) durch zweierlei Aspekte geprägt: Er verband sich zum einen mit einer – soziologisch gesehen – groß- bzw. bildungsbürgerlichen Perspektive und stützte sich zum zweiten auf die Bibel als alleinige Autorität mit Deutungsmonopol. Aus dieser Perspektive ‚von oben' erscheinen die Lebensweisen der einfachen Volksmilieus oft als ungebildet, wenig kultiviert, hedonistisch und geradezu lasterhaft. Kurz: Die Akteure werden als „sündige" Menschen wahrgenommen, die mit einer eigenständigen rechtschaffenen Lebensführung überfordert scheinen und deshalb dringend moralischer, ethischer und spiritueller Führung bedürfen. Diese Sichtweise kann anhand einer historischen Quelle gut veranschaulicht werden.

Im Jahre 1494 veröffentlichte der Doktor beider Rechte und spätere Stadtschreiber von Straßburg, Sebastian Brant, ein Buch, das ihn schnell berühmt machte. Zwei Jahre zuvor entdeckte – wie man so sagt – Columbus Amerika. Das Mittelalter ist am Ende. Die Neuzeit beginnt. Das Buch heißt: Das Narrenschiff. Man kann es als eine der ersten deutschen milieusoziologischen Analysen aus großbürgerlicher, glaubensgestützter Position lesen. Die Vorrede beginnt mit einer wertenden Beobachtung:

> „Allüberall von heilger Schrift und Seelenheil man Bücher trifft, auch Bibeln, heilger Väter Lehr und andre solcher Schriften mehr. Darob ich sehr verwundert bin, denn niemand bessert seinen Sinn! Wird so die Schrift und Lehr veracht, die Welt lebt ganz in finstrer Nacht und muss in Sünden blind verharren, all Straßen, Gassen sind voll Narren" (Brant 1944: 55).

Dann folgt eine Aufzählung der gängigsten Laster aller „Stände und Geschlechter der Menschen", natürlich „zu Nutz und heilsamer Lehr, Ermahnung und Erlangung der Weisheit, Vernunft und guter Sitten" mit einem vollen Griff ins wirkliche Leben. Auch sich selbst nimmt der Autor nicht aus, was ihn ehrt. Die Wirklichkeit des Lebensalltags der Menschen, ihr Verhalten, wird über eine spezifische (hier bildungsbürgerliche) Deutung der Heiligen Schrift interpretiert. Die theologische Sichtweise bestimmt die Wahrnehmung der Verhaltensweisen. Der Bezug auf die Bibel liefert die Deutungsmuster für den Alltag. Die Bibel ist die Autorität.

Manches davon wirkt bis heute nach. Oft wird es zurückgewiesen oder mindestens liberaler interpretiert, jedenfalls nicht mehr so deterministisch.

DIE ZEIT machte zu Ostern 2002 mit einer bemerkenswerten Titelgeschichte auf: „Faust, Freud, Bach und die Bibel". Da heißt es: „Das Buch der Bücher ist der Schlüssel zu Literatur, Musik und Malerei. Auch zum Bioethikstreit. Eine fromme Zumutung?" Die Antwort auf diese Frage ist erhellend:

„Glauben muss nicht sein, Lesen schon". Denn: „Ob Ostern, Nietzsche oder der Clash of Civilisations – die Bibel ist das Buch, ohne das man nichts versteht. (...) Die Heilige Schrift ist die Mutter aller Entwicklungsromane, von Wilhelm Meisters Lehrjahren bis zu Joschka Fischers Kehrtwendungen." Und am Schluss stellt Jan Ross, der Autor, die Frage: „Wer sind wir?" (DIE ZEIT 14/2002: 1).

Die Antwort Sebastian Brants war deutlich genug: Narren, die Schrift und Lehre verachten und deshalb in Sünden blind verharren. Dieser Zusammenhang ist Jan Ross abhanden gekommen. Für ihn ist der sündige Mensch ein mündiger geworden. Der liest das Buch der Bücher, um seiner Bildung willen. Ross wendet sich an eine säkularisierte, in plurale Wertvorstellungen auseinanderdriftende, sich in autonome Individuen auflösende Gesellschaft. Dabei schlägt die generelle Rede vom „sündigen" Menschen in eine ebenso pauschale (und im übrigen ebenso bildungsbürgerliche) Ausrufung des „mündigen" Menschen um. Ein differenzierterer Blick mit Hilfe empirischer Sozialforschung entlarvt auch diese Annahme jedoch als eine ziemlich voreilige, sowohl was die Säkularität der Gesellschaft als auch was die so autonomen Individuen angeht.

Sieht man genauer hin, lässt sich eine ganz andere These aufstellen: In allen sozialen Milieus begegnen wir Habitusformen, die sich der Auseinandersetzung mit ehemals theologisch begründeten Deutungsmustern verdanken. Das gilt auch dann, wenn sich diese Habitusformen selbst als säkular begreifen und von ihrem Religionsbezug nichts mehr wissen oder wissen wollen. Diese vorfindlichen Deutungsmuster sind allerdings kulturell nicht wenig verformt, verbogen und verdunkelt, gerade da, wo sie als besonders aufgeklärt leuchten. Daher bedarf es sensibler Wahrnehmung, um ihren Ursprung wieder sichtbar zu machen und womöglich sogar geistlich aufzuklären.

2. Das „eigene" Leben und der theologische Vorbehalt

2.1 Die Milieudifferenzierung der Gesellschaft: Individualisierung und das Verschwinden des Religiösen?

Die Studie, auf die ich mich im Folgenden beziehe, trägt den Titel „Soziale Milieus und Kirche". Sie beruht auf einem gemeinsamen Projekt der Evangelischen Akademie Loccum und einer sozialwissenschaftlichen Forschungsgruppe der Universität Hannover unter Leitung von Michael Vester (Vögele/Bremer/Vester 2002).

Vor dem Hintergrund des Konzeptes der „sozialen Milieus", das auf der Theorie von Pierre Bourdieu aufbaut, wird hier mit Hilfe quantitativer und qua-

litativer Erhebungsmethoden ein differenziertes Bild unserer Gesellschaft im
Verhältnis zu Religion und Kirche ausgemalt. Man könnte es auch so ausdrücken: Über die säkulare Landkarte der sozialen Milieus und ihrer Habitusformen
(vgl. auch die Einleitung zu diesem Band) wird eine zweite gelegt, die Auskunft
gibt über Nähe und Distanz zu Religion und Kirche (siehe Abbildung 1).

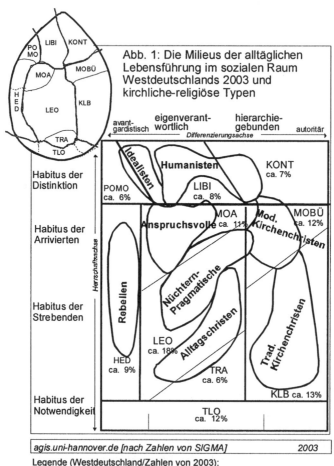

Abb. 1: Die Milieus der alltäglichen Lebensführung im sozialen Raum Westdeutschlands 2003 und kirchliche-religiöse Typen

agis.uni-hannover.de [nach Zahlen von SIGMA]   2003

Legende (Westdeutschland/Zahlen von 2003):
LIBI: Liberal-Intellekt. Milieu (8%)   HED: Hedonistisches Milieu (9%)
KONT: Konservativ-Technokr. M. (7%) LEO: Leistungsorient. Arbeitn. M. (18%)
POMO: Postmodernes Milieu (6%)   KLB: Kleinbürgerl. Arbeitn. M. (13%)
MOA: Modernes Arbeitn. M. (11%)   TRA: Traditionelles Arbeiterm. (6%)
MOBÜ: Modernes Bürgerl. M. (12%)   TLO: Traditionsloses Arbeitn. M. (12%)

Diese zweite Landkarte besteht aus acht im Detail beschriebenen Profilen, je zwei, die den Milieus der „akademischen Intelligenz" und dem „kleinbürgerlich-ständischen" Habitus zuzurechnen sind, drei aus den Milieus der „Facharbeit und praktischen Intelligenz" und eins aus der „Avantgarde der Jugendkultur". Einige dieser Profile will ich später näher betrachten. Es handelt sich dabei um diejenigen, deren Habitus einen Trend zu mehr Selbstbestimmung und Eigenverantwortung aufweisen, eben die, auf die sich die Vermutung richtet, wir hätten es mit einer säkularisierten Gesellschaft zu tun. Dazu zwei Anmerkungen vorweg:

Die erste betrifft den schon erwähnten Eindruck, unsere Gesellschaft sei mehr und mehr von Individualisierungsschüben getrieben. An diesem Eindruck sind manche Soziologen nicht ganz unschuldig. Die Signale, die sie aussenden, von der „Autonomie des Individuums", dem „eigenen Leben", von der „Auflösung der Institutionen" und der Notwendigkeit, traditionelle Bindungen zu überwinden, damit die „Kinder der Freiheit" durch die „Selbstautorisierung des Individuums" die „demokratische Kultur eines rechtlich sanktionierten Individualismus für alle" erst aufbauen können (Beck 1997: 9 ff.), haben mit der Wirklichkeit des Milieuwandels nur bedingt zu tun. Die Veränderung der Verhaltens- und Denkformen vollzieht sich ungleich langsamer, als das eine nur auf bestimmte avantgardistische Erscheinungsformen fixierte Analyse suggeriert. Zwar ist festzustellen, dass es in allen (jüngeren) Milieus eine Lockerung traditioneller Bindungen und Verpflichtungen und einen ausgeprägteren Wunsch nach mehr Individualität und Mitsprache gibt, gleich ob im „Stammbaum" der eher autoritär und hierarchiegebundenen Milieus rechts im sozialen Raum oder in der Traditionslinie der eher eigenverantwortlichen Milieus links (vgl. Vester u.a. 2001). Doch in diesem Wandel lösen sich die milieuspezifischen Grundorientierungen nicht einfach auf. Dieser Trend ist auch keineswegs nur mit einem befreiten oder gar fortschrittsgläubigen Lebensgefühl verbunden. Er enthält ebenso grandiose Enttäuschungserfahrungen und Anerkennungsprobleme.

Die zweite Anmerkung betrifft den Eindruck, Nietzsche habe sich durchgesetzt und Gott sei wirklich tot. Der moderne Mensch sei, nachdem er seinen von Sebastian Brant noch bekräftigten Sündenstatus aus eigener Kraft überwunden habe, dank Kant und der ganzen Aufklärung in der Mündigkeit angekommen, in der nach Jan Ross zwar nicht mehr geglaubt werden müsse, aber doch gelesen werden solle. Er sei also weder auf Gott angewiesen, noch auf Glaube und Religion ansprechbar. Die Milieuuntersuchung zeigt dagegen eine erstaunlich lebendige, wenngleich ziemlich diffus erscheinende Religiosität.

Auch was sich auf den ersten Blick areligiös gibt, gehört auf den zweiten noch längst nicht zu den glaubensfreien Zonen. Die Gruppendiskussionen im qualitativen Untersuchungsteil der Studie setzten in geradezu überraschender Wiese eine ungeahnte Intensität religiöser Reflexion frei. Sie hatte in der Regel jedoch wenig bis nichts mit den ausformulierten Bekenntnistraditionen oder gar dogmatischen Orientierungen von Kirche und Theologie zu tun. Vielleicht muss ja nicht gleich mit dem amerikanischen Religionssoziologen Peter L. Berger vom „Zwang zur Häresie" gesprochen werden, der aus der Pluralität der Glaubensangebote und der Abnahme der Gültigkeit des kirchlich/theologischen Dogmas herrühre (Berger 1992). Aber ein Hang zur Selbstdefinition des für glaubensfähig Gehaltenen ist sicher nicht zu übersehen. Der „mündige" Mensch redet also über Gott und die Kirche, wenn er auf Augenhöhe daraufhin angesprochen wird. Aber er redet in seiner Sprache und einer anderen als die Theologie.

Wie die Theologie, in unserem Fall die protestantische, über den Menschen redet, hat Eberhard Jüngel (2002) im Rahmen des Hanns-Lilje-Forums in der Marktkirche Hannovers aufgezeigt.

Wer immer aus welcher Perspektive auch immer über den Menschen rede, ob als Biologe, Historiker, Jurist, Theaterwissenschaftler, Pädagoge, Zahnarzt oder Tierarzt – immer gehe es darum, was der Mensch in den Augen des Menschen ist. Nicht so in der Theologie. Werde „theologisch nach dem Menschen gefragt", gehe es „ – jedenfalls zuerst und zuletzt – darum, was der Mensch in den Augen Gottes" sei. Das leuchtet aus theologischer Perspektive unmittelbar ein. Als Kriterium für den Blick aus den Augen Gottes gelten die biblischen Texte. Denn sie reflektierten das „lumen revelationis", das Licht der Offenbarung. Das aber müsse in „fundamentaler Differenz" zum „natürlichen Licht der menschlichen Vernunft (dem „lumen rationis humanae naturale)" gesehen werden. Deshalb falle der „Dialog" der Theologie mit der Philosophie nicht unbedingt harmonisch aus, müsse immer wieder die Form eines Streitgesprächs annehmen (ebd.: 63 f.)

Das schafft uns ein nicht gerade kleines Problem. Theologie ist also prinzipiell, auch wo sie sich als Wissenschaft selber der Vernunft bedient, mit einem glaubensbegründeten Vorbehalt gegenüber jeglicher Selbstdefinition des Menschen ausgestattet. Wo dieser Mensch dann noch – insbesondere in den sog. Lebenswissenschaften – inzwischen beginnt, den Anfang und das Ende seines Lebens aus eigener Vollmacht neu zu definieren, müsste eigentlich das Streitgespräch bisher ungeahnt heftige Formen aufweisen.

Ein Blick auf die Geschichte christlicher Theologie macht jedoch deutlich, dass sie selbst keineswegs immer so eindeutig war, wie es das Wort von der „fundamentalen Differenz zwischen Offenbarung und Vernunft" nahe legt. Sie verfügte über großen Interpretationsspielraum, wo immer sie in das Gespräch mit der Welt eintrat. Er betraf nicht nur das Erste und das Letzte, sondern vor

allem das, was zwischen beidem liegt: die Lebenswirklichkeit und den Lebens-
alltag der Menschen. Dies wollen wir nun im Hinblick auf milieuspezifische
religiöse Selbstdeutungen und deren Verhältnis zu ihrem theologischen Gegenüber näher besichtigen.

2.2 Milieuspezifische Perspektiven auf Kirche und Religion

Die „Idealisten" und die „Scheinbaren Rebellen"

Beginnen wir mit dem Milieu der akademischen Intelligenz (ca. 8 % der Gesellschaft). Da ist das Profil der „Idealisten" angesiedelt (vgl. Abb. 1), Bildungsaufsteiger, teilweise herausgewachsen aus den eher praktisch-technischen Intelli-
genzberufen ihrer Eltern. Die „Idealisten" sind 18 bis 25 Jahre alt, kosmopoli-
tisch ausgerichtet, auf individuelle Selbstfindung und -entfaltung programmiert,
ausgestattet mit einer gewissen spöttischen Respektlosigkeit. Das ist die neue
Avantgarde, die den Ton angeben will und die zugleich den Habitus der Distinktion (der Abgrenzung von den mittleren und unteren Milieus) pflegt. So klingt
es auch gegenüber Religion und Kirche: „Diese ganze kirchliche Dogmatik, das
geht so nicht...".[1] Kirche erscheint hier als Zwang, todernst, langweilig, konservativ, streng, eng und dogmatisch: „Es stört mich halt einfach, wenn ich das
Glaubenbekenntnis sage, ich hab's während der Konfirmandenzeit ein paar Mal
gesagt, und wenn man über jeden einzelnen Satz drüber nachdenkt, denk' ich,
das geht für mich nicht".

Hier scheint etwas voll angekommen zu sein, was man den methodischen
Säkularismus der Moderne nennen könnte, der nicht nur die Logik der Wissenschaften, sondern auch die Codes vernünftigen Handelns in allen Subsystemen
(Wirtschaft, Politik, Recht usw.) ausmacht. Dieser methodische Säkularismus
kann mit einem theologischen Offenbarungsvorbehalt nichts anfangen, schon
gar nicht, wenn der sich auf nicht hinterfragbare Autoritäten beruft, auch auf die
Autorität der Bibel. Dass Gottesferne die sündhafte Existenz des Menschen
begründe, passt nicht in diese Vorstellungswelt, die sich gerade dadurch aus-
zeichnet, dass sie sich von allen undurchschauten Abhängigkeiten emanzipiert.
Doch Vorsicht! Die Emanzipation ist längst nicht vollendet:
„Man glaubt *doch*, man hält sich an *irgendwas* fest, es muss nicht Gott sein,
aber ich *denke*, man glaubt schon an irgendwas." Oder: „Ich glaube, dass es

---

[1] Alle folgenden nicht weiter ausgewiesenen Zitate aus Vögele/Bremer/Vester (2002: 151–266).
Es handelt sich um Originalaussagen aus den qualitativen Gruppenwerkstätten der Untersuchung. Alle Hervorhebungen dabei durch den Verfasser. Zur methodischen Anlage der Studie
vgl. ebd.: 135 ff.

bestimmte Orte gibt, wo man so 'ne Kraft spürt. (...) Nicht, dass das so 'n all-mächtiger Gott ist, sondern dass alles einfach so seine Ordnung hat." Oder ins Ethische gewendet: „Ich würde sagen, das sind soziale Werte. Ich finde, dahin-ter steckt die Frage, woher nehmen die Menschen die Kraft, die auch wirklich umzusetzen?"

Mindestens deutet sich in solchen Sätzen etwas noch nicht Abgegoltenes in der geistlichen Auseinandersetzung mit sozialen, politischen, ethischen und philosophischen Themen an. Der Versuch, Glauben und Vernunft zu vermitteln, wird in all seiner Unfertigkeit jedenfalls nicht aufgegeben. Er steht allerdings nun nicht mehr unter dem theologischen, sondern dem Vorbehalt der eigenen, selbstbewusst entschiedenen Wahl.

Christlicher Anthropologie ist ein solcher Habitus menschlichen Selbstbe-wusstseins alles andere als fremd. Sie muss nicht einmal auf seine Extremform, des „so sein Wollens wie Gott" zurückgreifen, wie er sich in der Geschichte des Sündenfalls oder des Turmbaus zu Babel ausdrückt. Der Versuch der Emanzipa-tion von Gott gehört nach christlicher Auffassung geradezu zur Grundausstat-tung des Menschen. Die Frage ist, ob sie ihn als grundsätzlich verwerflich ein-stuft oder als Spannung zwischen dem Anspruch Gottes und der dem Menschen möglichen Freiheit begreift. Dass selbstbestimmte Freiheit in Schuld umschla-gen kann, ist vermutlich genau die Erfahrung, die dem Bedürfnis Ausdruck gibt, sich dann doch an irgendetwas festhalten zu wollen, oder die nach der Kraft sucht, in der alles einfach so seine Ordnung hat und die das eigene ethisch be-gründete Handeln motiviert. Demgegenüber verweist die Theologie darauf, dass es Formen menschlicher Selbstverwirklichung gibt, durch die „die Gottesbezie-hung zerstört zu werden droht, ja, dass der Kern der Sünde dies ist, dass der Mensch sich das Gute nicht gönnt, das Gott ihm zugedacht und in Jesus Christus ein für allemal zugewendet hat" (Jüngel 2002: 85). Wendet sie dies jedoch als Glaubenszeugnis gegen die Freiheit des Menschen, wird sie es mit den „Idealis-ten" schwer haben. Zwar muss das Glaubenszeugnis auch denen zugemutet werden, die aus dem methodischen Säkularismus der Moderne heraus glauben, auf Gott verzichten zu können. Gerade den „Idealisten" könnte sich darin aus dem Widerstand gegen jede Art menschlicher Allmachtsphantasien erst der Raum der Freiheit eröffnen. Von hier aus erschließt sich ein äußerst moderner Zugang zu den Milieus der „akademischen Intelligenz". Nach Schleiermachers Reden an die Gebildeten unter den Verächtern der Religion muss er heute wie-der neu entdeckt werden.

Ob dieser Zugang ebenso für die „Scheinbaren Rebellen" taugt (vgl. Abb. 1), ist jedoch fraglich. Auch sie sind unter 30 Jahre alt, beruflich und privat noch nicht so recht etabliert und setzen auf Lustbetonung, Spontaneität und Spaß, eben eine jugendkulturelle Gegenwelt. Das „Hedonistische Milieu", zu dem sie gerechnet werden, macht ca. 9 % der Gesellschaft aus. Das ist noch längst keine Spaßgesellschaft. Die findet allenfalls in der Freizeit statt. Obwohl die „Scheinbaren Rebellen" sich im Spektrum des Habitus der Strebenden bis Arrivierten finden, ist ihnen Schul- und Berufsalltag eher eine lästige Pflicht. Denn sie sind vor allem avantgardistisch geprägt. Das drückt sich besonders in Distanz, Kritik und Provokation aus. Für sie sind Religion und Kirche erst einmal fremdes Terrain:

„Das ist alles so verschlüsselt", ist die Kernaussage. „Die Kirche müsste mal verständlich gemacht werden, nicht dass man da immer hingehen muss, wie bei 'ner Serie, dass man am Ball bleibt...". „Zwanzig Mal," sagt einer, „muss ich da absitzen wegen Konfer". Und dann die kleine Provokation der Spaßgesellen: „Raucherecke und Bier zum Abendmahl, das wär' nicht schlecht".

Aber auch die „Scheinbaren Rebellen" haben ihre Vorstellung von Religiosität. Religiös ist einer, der „jeden Sonntag in die Kirche geht, abends vor dem Schlafengehen noch betet, und (...) alles so macht, wie's in den zehn Geboten steht, damit er nicht in die Hölle kommt." „Das ist fromm", sagt ein anderer. Und ein dritter sieht es so: „Religiös ist, wenn jemand an irgendwas glaubt, der muss ja nicht beten oder in die Kirche gehen. Ich kann ja auch meine eigene Religion gründen, dann bin ich auch religiös". Die „Kinder der Freiheit" haben also nicht *keine*, sondern ihre *eigene* Religion. Wo es dabei um Projektionen geht, können diese sich an allem festmachen, „woran das Herz hängt" (Luther). Aber so radikal sind nicht einmal die „Scheinbaren Rebellen". Ihre Rebellion ist ziemlich äußerlich. Sie stört sich an der Form und am Habitus der „Frommen". Sie ist zuallererst Selbstbehauptung in einer Gesellschaft und gegenüber einer Kirche, in der man den eigenen Platz noch nicht gefunden hat und ihn zugleich sucht. Was da gesucht wird, ist zuallererst Gemeinschaft: „Mir käm' das auf die Freunde an, die da alle hingehen". Deshalb muss das mit der Religion vor allem „freundlich gemeint" sein, „und so, dass wir es verstehen können und uns auch damit identifizieren können."

Zu diesem Habitus, gespalten zwischen Selbstbehauptung und Gemeinschaftssuche, hätte christliche Anthropologie viel zu sagen. Jüngel (2002: 85) bringt es auf den Satz, „dass es konstitutiv zum Menschsein des menschlichen Ich gehört, sich selbst aus Begegnung mit einem anderen zu empfangen". „Mit einem anderen" meint hier natürlich Gott und die Nächsten. Aus christlich-theologischer Perspektive (oder um es mit Jüngel zu sagen: mit den Augen Gottes gesehen) ist der Glaube Beziehungsarbeit. Sein Geheimnis entschlüsselt sich in der Kommunikation. Davon schließt das unverstandene Ritual aus, müsste erst mal wieder „verständlich gemacht werden", wie die „Scheinbaren Rebellen" das in ihrer Ambivalenz, sich selbst zu behaupten und dennoch dazugehören zu wollen, ausdrücken.

Die „Nüchtern-Pragmatischen" und die „Anspruchsvollen"

Springen wir nun von den Rändern direkt in die Mitte der Gesellschaft, die „Neue Mitte", wie sie heute heißt. Dort finden wir im Zentrum das Profil der „Nüchtern-Pragmatischen" (vgl. Abb. 1). Sie sind 30 bis 50 Jahre alt, zumeist verheiratet, haben Kinder und gehören zum „Leistungsorientierten Arbeitnehmermilieu" gut qualifizierter Facharbeiterinnen und Facharbeiter (ca. 18% der Gesellschaft). Ihre Sorge ist auf die Absicherung der Familie ausgerichtet (was die Politik meistens im Zusammenhang mit Wahlkämpfen entdeckt). Alltagsbewältigung bestimmt das Denken und Handeln. Hoch geschätzt werden ein solidarischer Umgang miteinander, Ehrlichkeit, Gerechtigkeit und Verantwortung.

Religion und Kirche sind ihnen keineswegs fremd. Aber das ist etwas für die besonderen Momente im Leben. Und es bemisst sich nach Leistung und Gegenleistung: „Und das is' bei vielen auch oft die Kirchensteuer, dass die dann austreten. Aber ihren Glauben ham' se ja damit nicht verloren und irgendwie möchten se ja *doch* dieser christlichen Gemeinde *doch* angehören". Zweimal „doch" in diesem Satz ist kein Zufall. Eigentlich ist da ja was. Aber der Alltag schiebt sich vor den Sonntag. Und das bestimmt auch den Blick auf die Kirche.

Eine diesem Typus zugehörige Frau etwa berichtet von ihrem Mann, der den Posten Kirchensteuer auf der Gehaltsabrechnung gerne polemisch mit den Worten kommentiert: „Schon wieder einen Kirchenstuhl gekauft!" Aber weiter bekundet sie: „Obwohl er ja *eigentlich* gar nicht so gegen Kirche is'. Er is' eigentlich immer engagierter gewesen als ich. Würde heut' bestimmt auch mal öfter in die Kirche gehen, wenn es die Zeit zulassen würde". Eigentlich, aber: „Wenn's einem gut geht, kann man sehr gut ohne Kirche leben. (...) Da ist der Alltag da und ganz viele Dinge. Aber wenn es einem schlecht geht, dann guckt man, wo kann ich hin. (...) Immer wenn es mir besonders schlecht geht, dann geh' ich zur Kirche".

Das ist geradezu lutherisch in Reinkultur. In der Auslegung des ersten Gebotes schreibt der Reformator: „Ein Gott heißet das, dazu man sich versehen soll alles Guten und Zuflucht haben in allen Nöten". Auf christliche protestantische Anthropologie gewendet, liest es sich bei Jüngel so:

> „Der wahre Mensch ist der Mensch, der bestehen kann. Bezeichnenderweise wird dabei im
> Alten und im Neuen Testament eine Möglichkeit überhaupt nicht (...) in Betracht gezogen:
> nämlich dass der Bestand des Menschseins im Menschen liegt. Diese Möglichkeit wird viel
> mehr kategorisch ausgeschlossen. Der Mensch (...) ist nicht in sich selbst beständig. Wer sich
> selber festzumachen versucht, wird allenfalls verhärtet, findet aber keinen Bestand. Wer sich

selbst zu verwirklichen trachtet, verwirkt sich selbst, wer seine Identität in sich selber sucht, zerfällt" (Jüngel 2002: 84 f.)

Genau hier meldet sich der Widerspruch nüchtern-pragmatischer Leistungs- und Alltagsorientierung. Denn Leistung und Alltagsbewältigung will anerkannt sein. Das ist schließlich die reale Bewährungssituation. Diese Diskrepanz zwischen dem theologischen Vorbehalt, dass der Mensch eben nicht aus seinen eigenen Werken „gerecht" werden könne, und dem an den eigenen Werken festgemachten Habitus des Strebens drückt sich bei den „Nüchtern-Pragmatischen" in einer Art resignativ-gedrückter Grundhaltung gegenüber der Kirche aus. Sie erscheint ihnen als „selbstblockiert".

Als die Diskussion in dieser Milieugruppe an diesem Punkt angekommen war, ging eigentlich nichts mehr. Erst bei einer gemeinschaftlich hergestellten Collage zur „Kirche der Zukunft" wurde es wieder lebendig. Die Kirche erschien nun als Motorrad, das von alleine nicht in Fahrt kommt und deshalb kräftig angeschoben werden muss: „Man müsste die Kirche anschieben, dass der Motor in Gang kommt". Nun wird ein Zukunftsbild entworfen, das den „Ballast" abwirft und die „alten Zöpfe" abschneidet. Die Botschaft heißt: ‚Das lässt sich schon machen, wenn man nur will'. Als einer der Eifrigsten aber darauf angesprochen wurde, ob er das nicht einmal mit dem Kirchenvorstand in seiner Wohngemeinde diskutieren wolle, sagte er: „Würd' ich mich nicht reintrauen. Ich glaub', die würden mich rausschmeißen. Der eine, der würde den Rohrstock rausholen". Im Klartext: Was ich zum Anschieben des Motors leisten kann, gilt da nichts. Es wird nicht anerkannt, sondern als unpassend zurückgewiesen.

Auf Basis dieses Habitus ließe sich die These vertreten: Die theologische Zurückweisung der Selbstverwirklichung des Menschen in seinen „Werken" hat sich als Barriere zwischen die Kirche und die auf Leistung und Alltagsbewältigung orientierten Habitusformen der Milieus der Neuen Mitte geschoben. Sie bedarf der Reformulierung auf ihre Lebensdienlichkeit hin. Und zwar nicht nur für die Situationen der Kontingenzbewältigung („...wenn es mir besonders schlecht geht..."), sondern für den differenzierten Umgang mit den Verhaltensnormen, die sich in einer Leistungsgesellschaft herausprägen. Oder um es theologisch auszudrücken: Die zentrale Botschaft, die neu zu entdecken ist, ist nicht zuerst die der Sündhaftigkeit des Menschen. Es ist die der Eröffnung der Freiheit zur verantwortungsbewussten Gestaltung des gesellschaftlichen Alltags. Der Ton liegt auf Gnade, nicht auf Sünde. Gnade trägt in die Leistungszwänge der Alltagsbewältigung den Aspekt der Liebe ein. Dies im „Dialog auf Augenhöhe" mit den Milieus der „Neuen Mitte" alltagspraktisch auszubuchstabieren, muss als gegenwärtig *dringlichste Aufgabe* von Theologie und Kirche gesehen werden.

Das gilt in noch größerem Maße für das Profil der „Anspruchsvollen" in dem Milieuspektrum, das dem eben beschriebenen der „modernen Facharbeit und praktischen Intelligenz" (ca. 11% der Gesellschaft) benachbart ist (vgl. Abb. 1). Die „Anspruchsvollen" sind weniger materiell eingestellt als die „Nüchtern-Pragmatischen", sind etwas jünger (25 bis 40 Jahre), arbeiten in sozialen, technischen und Verwaltungsberufen. Dieses Profil ist durch eine ausgeprägte, innengeleitete Leistungs*ethik* gekennzeichnet, die auf Bildung und Qualifizierung beruht. Soziale Gerechtigkeit, verantwortliches Verhalten und Solidarität sind die normativ orientierenden Grundsätze. Angestrebt wird ein Ausgleich zwischen Materiellem und Ideellem, Rationalität und Emotionalität, zwischen Körper und Geist – etwas, das von den „Nüchtern-Pragmatischen" eher selten thematisiert wird.

Den „Anspruchsvollen" wird die von ihnen als moralinsauer gedeutete „Sündhaftigkeit des Menschen" ausdrücklich zum Stein des Anstoßes: „Kirche sollte Freude machen. Ich hasse Moral, obwohl ich selber wahrscheinlich sehr moralisch bin, und ich hasse moralisierende Kirche". Oder: „Ich kreide der Kirche das schlechte Gewissen an. Wenn man etwas tut, das vielleicht nicht ganz richtig ist, muss man sich sofort schuldig fühlen. Das wird doch gepredigt, und das nehm' ich der Kirche übel".

Hier wird ein Sündenbegriff transportiert, der durchaus Anhaltspunkte in der historischen Verkündigungspraxis der Kirche hat, und deshalb in einem Milieu besonders verbreitet ist, von dem sich die „Anspruchsvollen" dezidiert abgrenzen: dem „Kleinbürgerlichen Arbeitnehmermilieu" der „Traditionellen Kirchenchristen" (ca. 13% der Gesellschaft). Dieser Sündenbegriff ist alles andere als theologisch aufgeklärt. Er hat eine starke Affinität zum autoritär geprägten, hierarchiegebundenen Habitus. Davon vor allem grenzen sich die eigenverantwortlich orientierten, dem Habitus der Arrivierten folgenden „Anspruchsvollen" ab:

> „Für mich kann ich sagen, ist das in Ordnung, so kann ich das machen. Das ist meine Zwiesprache mit Gott. (...) Die Kirche kommt mir immer so vor, dass man diese Respektsperson immer so sehen muss, diese Ehrfurcht, und so seh' ich das überhaupt nicht. Diese Ehrfurcht fehlt in meiner Religion völlig".

Fast könnte man sagen, hier habe sich das „Priestertum aller Gläubigen" durchgesetzt. Wenn, dann hat es sich jedoch von Kirche und Theologie befreit. Der Glaube reicht von der Eigenprojektion („Jeder hat seine Vorstellung von Gott, baut sich auch so seinen Gott") bis zur Unverfügbarkeit Gottes („Gott ist für mich 'ne Abstraktion von dem, was ich mir nicht richtig vorstellen kann, von 'nem ganzen Komplex von Dingen, die ich gar nicht fassen kann").

Die „Zwiesprache mit Gott" ist dabei zu einer Art Selbstgespräch geworden: „(...) dass da etwas Übermächtiges, etwas Spirituelles, oder wie man das sagen will, dass da noch was bei mir ist". Zwar ist die Gottesbeziehung als die Grundkonstante christlicher Anthropologie keineswegs aufgelöst. Sie hat sich aber mit einem durchaus zwiespältigen, weil unabgeschlossenen Emanzipationsversuch verbunden:

> „Ich bin eben nicht, wie die Kirche mir in dem Moment unterstellt hat, aus rein finanziellen Gründen ausgetreten. (...) Ich konnte an Gott einfach nicht mehr glauben, hatte dann vielleicht auch so'n bisschen die Erwartung, dass mal jemand auf mich zukam und dann nach den wahren Gründen fragt, aber wie gesagt, das verblieb. Und dann hab' ich gesagt na ja, dann geht's eben auch ohne Kirche und ohne Gott".

Dass diese „Emanzipation" alles andere als fertig ist, zeigt eine Aussage, die auf eindrückliche Weise zur lebensdienlichen Reformulierung der Theologie einlädt:

> „Die Tatsache, dass dieser Mensch ein Kreuz tragen musste und an diesem Kreuz festgenagelt wurde, und dass das für mich das Bild ist, das ich brauche, um mich Christ zu nennen und mich mit der Kirche zu identifizieren – da könnte ich Stunden zu reden".

Eine Einladung aber, die den „Anspruchsvollen" schon vor dem Gespräch attestiert, das Ideal des neuzeitlichen Menschen sei die „Selbsthabe", der „vollendete Selbstbesitz" als „Erbe der metaphysischen Tradition, die das Sein der geistigen Individualität im Modell des Habens oder Besitzens zu begreifen versuchte und dementsprechend das Sein Gottes als vollkommenen Selbstbesitz (possesio sui) dachte", und auch „in dieser Hinsicht (...) an die Stelle Gottes getreten zu sein" scheine (Jüngel 2002: 85 f.), ist für die „Anspruchsvollen" keine. Das Ideal des vollendeten Selbstbesitzes des Menschen, das sich an die Stelle Gottes setzt, mag zwar manches Feuilleton schmücken, manche sich für „aufgeklärt" haltende Lebensphilosophie bestimmen. Mit dem Lebensgefühl der „Neuen Mitte" hat es nur bedingt zu tun. Dieses Lebensgefühl ist gegenüber Theologie und Kirche sicher selbstbewusster geworden. Besonders die Milieus der „Neuen Mitte" sind nicht darauf prädisponiert, sich um die Thematisierung ihres Verhältnisses zu Religion und besonders Kirche aus eigenem Antrieb zu kümmern. Auf Augenhöhe daraufhin angesprochen, entfaltet sich jedoch ein reger Dialog. In ihm werden sich theologische Aussagen in ihrer Lebensdienlichkeit bewähren müssen.

3.   Wege aus der ‚Milieuverengung' von Theologie und Kirche

Wenn Theologie und Kirche diesen Dialog neu gestalten wollen, wozu nach den Ergebnissen unserer Milieuuntersuchung nicht nur aller Anlass besteht, sondern auch ein – allerdings erst zum Schwingen zu bringender – Resonanzboden vorhanden ist, können sie dies durchaus im Vertrauen auf die Möglichkeit des Glaubens. Die Antwort Jüngels auf die Frage „Wer ist der Mensch?" lautet: Die von Gott definitiv anerkannte, durch nichts und niemanden – auch nicht durch sich selbst – diskreditierbare Person. Und: „Wenn der Mensch aber eine von Gott anerkannte Person ist, dann ist seine Existenz auch strukturell von diesem Anerkanntsein geprägt, dann gehört – ganz egal, ob er darum weiß oder nicht – zum menschlichen Sein dessen Bezogenheit auf Gott" (Jüngel 2002: 89 f.).

„Ob er darum weiß oder nicht...". Die Frage ist, ob Theologie und Kirche dieses Wissen zu befördern vermögen oder behindern. Dazu soll nun noch ein Profil herangezogen werden, das das historisch gewachsene Problem der Milieuverengung von Theologie und Kirche – also des Umstandes, dass sie nur einen Teil der Milieus enger integrieren konnten – deutlich macht, das der „Traditionellen Kirchenchristen" (vgl. Abb. 1). Sie sind zumeist über 50 Jahre alt, stammen aus Handwerk, Handel, Landwirtschaft oder sind Beamte und Angestellte mit einem gewissen Ansehen und bescheidenem Wohlstand, geprägt durch das „Kleinbürgerliche Milieu" (ca. 13% der Gesellschaft).

Kirche ist ihnen ein Ort vertrauter Regeln, Rituale und Strukturen, bietet Orientierung, Sicherheit und Stabilisierung: „Wir wollen etwas mitnehmen, das heißt, wir wollen Gottes Wort mit in den Tag hineinnehmen und das wollen wir auch übersetzt bekommen als eine zentrale Botschaft in den Alltag, die uns die Woche unseren Alltag erleichtern hilft". Oder: „Da wird häufig versucht, dem Zeitgeist hinterherzulaufen und gleichzeitig dem Wort treu zu bleiben, und das geht meistens schief". Oder: „Ich versuche die ganze Woche, als Christ zu leben, es gelingt nicht immer. Deshalb geht man in die Kirche, um Orientierung für seinen christlichen Glauben zu bekommen". Aber: „Ein Pastor, der selbst nicht von seiner Botschaft überzeugt ist, darf sich aus eigener Verantwortung nicht vor die Gemeinde stellen und Unsicherheit in der Gemeinde verbreiten". Oder: „So wie neulich in der Predigt, da stand wieder die Frage, das Warum, und da hab' ich gedacht: ‚Jetzt kriegst du 'ne Antwort!' – und hab' sie wieder nicht gekriegt".

Wo dieser Habitus die Kerngemeinde bestimmt, beginnen auch Art und Form der Verkündigung mit ihm zu korrespondieren, und möglicherweise auch der Inhalt. Hier nimmt die selbsterzeugte Milieuverengung ihren Anfang, bestätigt sich immer wieder neu. Dies bleibt nicht ohne Auswirkung auf das darin transportierte Menschenbild.

Seine sich selbst bestätigenden Inhalte verstärken sich. Seine offenen oder sogar kritischen Züge werden zurückgewiesen. Hier darf Gott auch durchaus für dieses oder jenes Menschengemachte in Anspruch genommen werden, denn dafür bürgt die Autorität der Kirche und des Pastors. Wenn nicht, droht Enttäuschung: „Dann steht da das große Fragezeichen. (...) Warum lässt er das zu, dies riesengroße Warum? Und damit komme ich nicht zurecht. Und dann reicht es mir nicht, wenn in der Predigt drumrum geredet wird".

Der „mündige" Mensch drückt sich anders aus. Bei den „Idealisten" hat „alles einfach so seine Ordnung". Die Frage richtet sich auf den Ursprung der Kraft, mit der der Mensch sein Leben einrichtet. Bei den „Nüchtern-Pragmatischen" ordnet sich alles der Sorge und Verantwortung für die Alltagsbewältigung unter. Bei den „Anspruchsvollen" äußert sich die Erwartung, dass jemand auf sie zukommt und nach den wahren Gründen fragt, ohne an das schlechte Gewissen zu appellieren. Die „Modernen Kirchenchristen" finden ihre Sicherheit in der Gemeinschaft. Und selbst die „Scheinbaren Rebellen" wollen verstehen und sich dadurch mit etwas identifizieren können.

Dies alles wäre für einen nicht milieuverengten theologisch bezogenen Dialog unmittelbar anknüpfungsfähig. Er hätte sich ihm nur sensibel, aber keineswegs unkritisch zu öffnen. Doch Kirche und Theologie selbst haben ein habituell begründetes Vermittlungsproblem. Es betrifft weniger den Inhalt, sondern eher die Art, in der er verkündigt wird.

Den sinnsuchenden „Idealisten" ist sie zu streng, eng und dogmatisch. Den leistungsorientiert „Nüchtern-Pragmatischen" erscheint sie als „blockiert". Von alleine kommt nichts in Fahrt. Den zwischen Ratio und Gefühl schwankenden „Anspruchsvollen" kommt sie zu wenig entgegen, verharrt als Respektsperson. Die etwas schrillen „Scheinbaren Rebellen" erleben sie verschlüsselt und verschlossen. Nur die heimatsuchenden „Modernen Kirchenchristen" empfinden sie partiell als ein bergendes Gefüge.

So verweisen gerade die im säkularisierten Habitus verborgenen Glaubensmuster darauf, dass Theologie und Kirche auch noch in der Moderne in stärkerer Affinität zum Spektrum der mehr autoritär- und hierarchiegebundenen und zu Distinktion neigenden Milieus und innerhalb der Milieustammbäume in der Nähe der eher traditionelleren Gruppen gesehen werden. Die eher eigenverantwortlichen Milieus sowie die moderneren, die in der Landkarte als Milieus mit einem Habitus der Strebenden und Arrivierten ausgewiesen sind, nehmen Theologie und Kirche daher als für sie unzugängliches Terrain wahr.

Das hat natürlich seine Geschichte. Besonders protestantische Theologie hat ein gut Teil ihrer Impulse von dort erhalten, wo der Habitus der Distinktion regiert.

Die theologischen Auseinandersetzungen des 19. und noch des 20. Jahrhunderts bewegten sich zwar meistens um mehr oder weniger Liberalität. Aber selbst das, was sich als liberal verstand, konnte dabei durchaus nationalkonservative Züge annehmen. Das fand seinen Widerhall am ehesten in den „ständisch-kleinbürgerlichen Milieus". Theologie wurde dabei zu einer milieuspezifischen Übung. Selten trat sie aus dem Habitus der Distinktion und der Hierarchiegebundenheit heraus. Das galt auch für die davon beeinflusste und geformte Kirche. Theologie und Kirche sind daher auf die vorhin beschriebenen Profile, die sich im sozialen Raum vertikal vor allem zwischen dem Habitus der Strebenden und Arrivierten verorten lassen und sich horizontal tendenziell durch mehr Eigenverantwortlichkeit auszeichnen, nicht eingestellt. Und die wissen und merken das. Für diese Milieus erscheint Kirche als moralische Anstalt, aus der es gilt, sich zu befreien. Für sie erscheint das Evangelium als Gesetz, dem man sich um der eigenen Freiheit willen entzieht.

In seinem Buch „Access" (Zugang) versucht Jeremy Rifkin einen Ausblick auf die sozialen Beziehungen der Zukunft. Das Problem des Verstellens oder Eröffnens von Zugängen wird ihm zur zentralen Kategorie. Er schließt mit den Sätzen:

> „Das Zeitalter des Zugangs wird jeden von uns vor die grundsätzliche Frage stellen, wie wir unsere elementarsten Beziehungen zueinander neu gestalten wollen. Zugang hat vor allem damit zu tun, welche Ebenen und Arten der Teilnahme wir wollen: Es geht nicht nur darum, wer Zugang bekommt, sondern auch welche Erfahrungen und Welten der Beteiligung des Zugangs wert sind. Mit der Antwort auf diese Frage entscheiden wir über die Gesellschaft, in der wir im 21. Jahrhundert leben werden" (Rifkin 2000: 359).

Wollten wir dies auf Theologie und Kirche beziehen, könnte das *Aufgabenprofil* so lauten: Der Theologie käme es zu, sich im Lichte des Evangeliums auf Lebensdienlichkeit hin zu reformulieren. Und die Kirche würde zum sozialen Raum, in dem wir einander unsere Glaubenserfahrungen über alle Milieuverengungen hinweg wieder neu erzählen. In diesem Raum ist Theologie mehr *Beraterin* als Platzanweiserin.

Literatur

Beck, Ulrich (Hg.) (1997): Kinder der Freiheit. Frankfurt/M.: Suhrkamp.
Berger, Peter L. (1992): Der Zwang zur Häresie. Religion in der pluralistischen Gesellschaft. Freiburg i.B.: Herder.
Brant, Sebastian (1944): Das Narrenschiff. (Zit. nach der Ausgabe von F. Hirtler). München: Zinnen.
Die Zeit: 14/2002.
Jüngel, Eberhard (2002): Was ist der Mensch? In: Nagel/von Vietinghoff (2002): 63–90.
Nagel, Eckhard/von Vietinghoff, Eckhart (Hg.) (2002): Was ist der Mensch – noch? Hanns-Lilje-Forum. Hannover: Lutherisches Verlagshaus.
Rifkin, Jeremy (2000): Access. Das Verschwinden des Eigentums. Frankfurt/M.: Fischer.
Vester, Michael/von Oertzen, Peter/Geiling, Heiko/Hermann, Thomas/Müller, Dagmar (2001): Soziale Milieus im gesellschaftlichen Strukturwandel. Frankfurt: Suhrkamp.
Vögele, Wolfgang/Bremer, Helmut/Vester, Michael (Hg.) (2002): Soziale Milieus und Kirche. Würzburg: Ergon.

Kirche im Reformprozess:
Theologische Prämissen und die Pluralität sozialer Milieus

Wolfgang Vögele

1. Die Krise der Kirchen

Dieser Beitrag nimmt Bezug auf eine Studie, in der mit dem Ansatz der sozialen Milieus auf neue Art ein soziologischer Blick auf die Kirche geworfen wurde (Vögele/Bremer/Vester 2002). Die Untersuchung wird hier in einen theologischen Kontext gestellt und mit den gegenwärtig intensiv diskutierten kirchlichen Reformkonzepten zusammengeführt. Es kursieren Begriffe und Ansätze wie Reformspielräume in der Kirche, Evangelium hören, Kirchenmarketing, Kirche mit Hoffnung. Unter solchen Titeln werden Reformtexte veröffentlicht, die versuchen, auf die Krise der Kirche in der Bundesrepublik zu reagieren. Diese Krise macht sich fest an Indikatoren wie zurückgehender Gottesdienstbesuch, geringeres Finanzvolumen und weniger öffentliche Aufmerksamkeit. Der Ausdruck ‚Krise' spiegelt aber auch Stimmungen wider: Aufregung, Unübersichtlichkeit neben neuer Hoffnung und Reformwillen. Die Debatte um die Reformkonzepte zeigt indes, dass sich die Kirche auf mehrdimensionale Wandlungsprozesse und neue Anforderungen umstellen muss. Dabei entsteht der Eindruck, als stünde der Unübersichtlichkeit der Krise auch eine Unübersichtlichkeit der Reformkonzepte gegenüber.

Genau an dieser Stelle kann die genannte Studie eingeordnet werden. Es setzt bei der Einsicht an, dass die Beschreibung des gegenwärtigen Zustands der Kirchen nicht allein eine Frage der quantifizierenden Demoskopie ist. Diese reicht mit ihren Methoden nur soweit, dass sie aufgrund von Indikatoren wie Gottesdienstbesuch und Zahl der Gemeindemitglieder einen Nachweis von äußeren Merkmalen der Kirchlichkeit leisten kann. Das ist deshalb unbefriedigend, weil dadurch nichts über die inneren Einstellungen der Menschen gesagt ist, über die Frage, inwiefern die Kirche und die Botschaft des Evangeliums prägenden Einfluss haben im Alltagsleben der Menschen, in ihrer Alltagsethik, in ihrem Lebensstil. Die Frage nach dem Habitus des Menschen wird vor allem von der, an Bourdieu (1982, 1987) anknüpfenden, empirisch arbeitenden Milieu-Soziologie gestellt (Vester u.a. 2001).

Weil hier für die Kirchen noch Aufklärungsbedarf besteht, hat die Evangelische Akademie Loccum zusammen mit einer Arbeitsgruppe um den Hannoveraner Soziologen Michael Vester eine Untersuchung durchgeführt.[1] Diese Untersuchung hat die Frage gestellt, welche gesellschaftlichen Milieus sich heute
noch von der Botschaft der Kirche ansprechen lassen. Ein weiteres Ziel bestand
darin, die Dominanz des Individualisierungstheorems[2] kritisch zu hinterfragen,
weil dieses in der Gefahr steht, die Gemeinsamkeiten sozialer Gruppen und
Milieus überhaupt nicht mehr wahrzunehmen.

In Begriffen der politischen Soziologie, wie sie Michael Vester vertritt, ist
damit auf das Problem der Repräsentation verwiesen, d.h. auf die Frage, inwiefern es der Kirche als Institution gelingt, die verschiedenen sozialen Gruppen
der Gesellschaft zu binden und somit zur sozialen Integration beizutragen.

Aus der Perspektive der Theologie, die hier eingenommen wird, kommt die
Problematik theoretisch und begrifflich in einer anderen Perspektive zum Ausdruck. Theologisch ist in der unübersichtlichen Reformdiskussion geboten,
nüchtern an bestimmte Grundunterscheidungen zu erinnern. Deswegen nehmen
diese Ausführungen ihren Ausgang von der Theologie, bemühen sich in dieser
Perspektive aber gleichzeitig darum, Sichtweisen der empirischen Soziologie
mit einzubeziehen. Der Blick auf die milieuspezifischen Ergebnisse zeigt dabei,
dass die Situation komplexer ist als es auf den ersten Blick scheint, denn den
Befunden nachlassender äußerer Kirchenbindung steht gegenüber, dass kirch-
lich-religiöse Orientierungen nach wie vor verbreitet sind und sich Möglichkeiten der Ansprache und Mobilisierung finden (vgl. den Beitrag von Anhelm in
diesem Band). Die Befunde tragen daher mit zur Klärung von Unübersichtlichkeit bei. Was auf dem Spiel steht für die Kirche ist zweierlei: die Fortschreibung
eines kommunikativen Prozesses der Selbstverständigung, also der Identitätsbildung, sowie die Reaktion auf gesellschaftliche Veränderungen, die Programm,
Struktur und Personal[3] der Kirche betreffen.

2.   Der Kirchenbegriff

2.1 Vier grundlegende theologische Lebensvollzüge der Kirche

Theologisch ist Kirche als ein „komplexes religiös-soziales Phänomen" (Reuter
1997: 23) immer so verstanden worden, dass in ihr das Handeln Gottes und das

---

1   Über die theologische Rezeption des Milieumodells von Schulze (1992) vgl. Ebertz (1996).
2   Zum Individualisierungsprozess als Hintergrund der kirchlichen Krise vgl. Huber (1998b:
    86–96).
3   Diese Trias findet sich bei Krech (1997: 33).

Handeln der Menschen, die im Glauben darauf antworten, zusammenkommen. Es ist die Aufgabe der Theorie kirchlichen Handelns, zwischen beidem zu unterscheiden (Härle 2000: 279; vgl. auch Preul 1997: 3).

Mit Hans Richard Reuter spreche ich vom dogmatischen, ethischen und rechtlichen Begriff der Kirche. Kirche ist Glaubens-, Handlungs- und Rechtsgemeinschaft. Dabei beziehen sich diese Aspekte auf den Grund, auf die Funktion und auf die organisatorische Gestalt der Kirche. Dogmatisch ist die Kirche Gemeinschaft der Glaubenden (Reuter 1997: 48), die aus theologischer Sicht durch den Heiligen Geist bewirkt wird; ethisch ist sie auf bestimmte (externe) Kennzeichen[4] bezogen, die sie durch ihr darstellendes Handeln[5] einlöst; rechtlich handelt es sich bei der Kirche um einen „partikularen christlichen Bekenntnisverband" (Reuter 1997: 62). Damit ist eine Perspektive geboten, das Wirken des Heiligen Geistes und das antwortende menschliche Handeln zu unterscheiden, ohne es zu trennen.

Die wesentlichen Lebensvollzüge der Kirche finden ihren klassischen reformatorischen Ausdruck in der zentralen Bekenntnisschrift der lutherischen Kirchen, im siebten Artikel der so genannten Augsburger Konfession (Confessio Augustana).[6] Die Kirche ist Versammlung der Gläubigen („congregatio sanctorum"), in der das Evangelium rein gelehrt und die Sakramente evangeliumsgemäß verwaltet werden. Im Sinne der Terminologie Reuters haben diese einen ethischen Aspekt, weil sie auf das darstellende Handeln von Menschen bezogen sind. Sie haben aber genauso einen dogmatischen, auf den Grund des Glaubens bezogenen Aspekt, weil in Wort und Sakrament eine Wirkung des Heiligen Geistes gesehen wird (Art. 5 der Augsburger Konfession).

Diese Merkmale der Kirche sind aber nicht die einzigen (so Reuter 1997: 60; auch Härle 2000: 291). Reuter rechnet als weitere Kennzeichen dazu das der religiösen Sozialisation dienende Bildungshandeln, das auf die politische Öffentlichkeit bezogene Gerechtigkeitshandeln sowie das diakonische Handeln aus Motiven der Solidarität mit Armen und Schwachen (Reuter 1997: 61). Eine aus der Ökumene übernommene Terminologie bezeichnet die Lebensvollzüge der Kirche mit den vier griechischen, an das Neue Testament anschließenden Begriffen *Martyria* (Zeugnis und Verkündigung der Kirche), *Koinonia* (Gemeinschaft der Kirche), *Diakonia* (sozialer Dienst der Kirche) und *Leiturgia* (Gottesdienst der Kirche) (vgl. Leuenberger Kirchengemeinschaft 1994, besonders: 21–26).

---

4 Ebd.: 57. Reuter spricht darum an dieser Stelle auch von einer ethischen Ekklesiologie.
5 Zur Unterscheidung von darstellendem und bewirkendem Handeln im Anschluss an Schleiermacher vgl. exemplarisch Preul (1997: 131).
6 Bekenntnisschriften (1999: 61). Zur in systematischer Hinsicht bedeutsamen kirchenhistorischen Interpretation vgl. Seebaß (1999).

Exemplarisch will ich an Zeugnis und Verkündigung (Martyria) und Gemeinschaft (Koinonia) die Bedeutung für die gegenwärtige Reformdiskussion
zeigen. Zeugnis und Verkündigung wurde ausgewählt, weil in einer Phase, die
durch eine hohe Zahl von Kirchenaustritten bestimmt ist, Fragen von Mission
und Evangelisation in den Vordergrund rücken. Kirchliche Gemeinschaft wurde
ausgewählt, weil die Gesellschaft der Bundesrepublik durch einen Trend zur
Individualisierung geprägt scheint, die allen Formen komplexerer sozialer Ver-
bindlichkeit gegenüber kritisch eingestellt ist. Darum stellt sich in besonderer
Weise die Frage nach Kirche als Gemeinschaft.

2.2 Das Problem der nachlassenden Überzeugungskraft der kirchlichen Botschaft

Zwei Aspekte sind hervorzuheben: die Frage nach Inhalt und Form kirchlich-
theologischer Botschaft bzw. des Zeugnisses sowie die Fragen nach denjenigen,
denen dieses Zeugnis gilt.

Dabei ist wichtig sich zu vergegenwärtigen, dass Verkündigung in unter-
schiedlichen Formen Gestalt gewinnt: als Mission und Evangelisation, begründet durch den Missionsbefehl im Matthäusevangelium, sowie als Verkündigung,
individuell auch als Seelsorge. Die Kirche bedarf um ihres Auftrags willen der
Verkündigung in die Öffentlichkeiten der Gesellschaft. Die Gemeinschaft der
Heiligen hat ihren Zweck verfehlt, wenn sie in ein „Kommunikationsghetto"
(Huber 1998a: 471) führt. Denn der zentrale Inhalt des Evangeliums ist es, *allen*
Menschen die Botschaft der Rechtfertigung vor Gott zu verkünden.[7] Der Gottesdienst, in dem Evangeliumsverkündigung geschieht, ist darum wesentlich ein
öffentliches Ereignis. Unter anderem aus diesem Grund muss die Kirche offene
und öffentliche Kirche sein (so Huber 1998b: 102; vgl. auch Reuter 1997: 66 f.).
Verkündigung des Evangeliums ist der entscheidende Inhalt, an dem sich Mission und Evangelisation kategorial zu orientieren haben. Das ist eine banale Aussage, wenn es um „direkte" Mission geht. Das ist aber nicht mehr so banal,
wenn man eine Situation voraussetzen muss, in der unterschiedliche Formen
indirekter Mission mehr Erfolg versprechen.

---

7 Bourdieu (2000: 75 f.) hat das in seinen frühen Arbeiten zum religiösen Feld aus soziologischer
   Sicht beschrieben. Demnach hatte die Kirche immer das Problem, dass dieselbe religiöse Bot-
   schaft in den sozialen Gruppen „völlig unterschiedliche Bedeutungen und Funktionen" annimmt.
   Die Kirche muss also eine „Pluralität von Lesarten" zur Verfügung stellen, dabei aber gleichzei-
   tig den „Anschein von Einheitlichkeit" vorgeben und deshalb ein „Minimum an gemeinsamen
   Dogmen und Riten" zur Verfügung stellen.

Es kommt also ein besonderes Gewicht auf diejenigen Formen von Mission und Evangelisation zu, die Eberhard Jüngel bei der Synode der EKD in Leipzig im November 1999 mit dem Terminus der „ansprechende(n) Indirektheit" charakterisiert hat (Jüngel 1999: 10). Als Beispiele dafür nennt er evangelische Akademien, Kirchenbauten, den Menschenwürde-Artikel des Grundgesetzes, die Sonntagsheiligung, die theologischen Fakultäten. Alle Beispiele lassen sich als Folge der genannten Lebensvollzüge der Kirche verstehen. Zwischen der direkten und der indirekten Form von Verkündigung und Mission besteht nach Jüngel ein Gefälle, das verhindert, dass sich die indirekten Formen verselbständigen. Denn sie sind nur durch die direkte Verkündigung des Wortes Gottes wirksam. Sie leben vom Licht dieser Verkündigung (ebd.: 12).

Weil die Kirche offene Kirche ist, richten sich Formen von Verkündigung an die Öffentlichkeiten der Gesellschaft. Indirekte Formen von Verkündigung machen es möglicherweise leichter, nach innen Mentalitäten der Distanzierung von der Kirche aufzuheben. Um diese Überlegungen fortzuführen, ist es sinnvoll, Einsichten der neueren Missionstheologie (vgl. dazu Sundermeier 1995) aufzunehmen, weil sich aus Mission und Verkündigung in eine fremde Kultur hinein etwas dafür lernen lässt, wie die Kirche in der eigenen Kultur ihren Ort findet und bestimmen kann. Michael Welker (1998: 421) hat deswegen ein Verschwinden des Unterschiedes zwischen „Verkündigung nach innen" und „Mission nach außen" postuliert.

2.3 Das Problem von sozialer Verschiedenheit und Gemeinschaft der Gläubigen

Damit komme ich zum zweiten Begriff, der kirchlichen Gemeinschaft. Im siebten Artikel des Augsburger Bekenntnisses (Bekenntnisschriften 1999: 61) ist der Aspekt der kirchlichen Gemeinschaft in mehrfacher Weise präsent: Welche soziale Gestalt nimmt die Gemeinschaft der Heiligen in der Kirche an, wenn in ihr angemessen das Evangelium verkündigt und die Sakramente verwaltet werden? Der Terminus der Sakramentsverwaltung weist auf das Abendmahl, welches man als symbolische Darstellung der Gemeinschaft der Glaubenden mit Christus kennzeichnen kann.

Der siebte Artikel des Augsburger Bekenntnisses nimmt keine genauere Bestimmung der sozialen Gestalt der Kirche vor. Es ist keine Einheit im Sinne von Uniformität intendiert. Das gilt ökumenisch für die Gemeinschaft der christlichen Kirchen und für die einzelne christliche Gemeinschaft, etwa eine Gemeinde. Kirche ist die Gemeinschaft der „versöhnten Verschiedenen" (Reuter 1997: 51 f.). Bei aller Verschiedenheit bildet der Status des Versöhntseins ein gemeinsames Merkmal. Wie ist dann das Verhältnis von Versöhntsein und Verschiedenheit zu bestimmen? Christoph Schwöbel (1996: 37) hat gezeigt: Es besteht eine untrennbare Verknüpfung zwischen der Gemeinschaft der Glaubenden mit Christus durch das Wirken des Heiligen Geistes und der Gemeinschaft der Glaubenden untereinander. Dieses kirchliche Miteinander lässt sich explizieren als Kommunikations-, Interpretations-, Handlungs- und Sozialisationsgemeinschaft (vgl. ebd.: 40–46).

Das kirchliche Zeugnis gewinnt Gestalt in direkten und indirekten Formen von Mission. Um seinetwillen ist ausgeschlossen, dass die Kirche sich als Gemeinschaft von der Welt abschließt. Die Kirche ist in all ihren Grundvollzügen an die Welt verwiesen. Kirche ist Gemeinschaft der versöhnten Verschiedenen. Trotz des weitreichenden Zeugnisauftrags muss die Kirche eine abgrenzbare und trotzdem offene Gemeinschaft bleiben.

2.4 Resümee und offene Fragen

Wenn die Ausrichtung der Kirche an die Welt und ihr Charakter als abgrenzbare, aber trotzdem offene Gemeinschaft sich aus den genannten vier Grundvollzügen ergibt, dann werden insbesondere im Fall von kirchlichen Krisen, die sich an Symptomen wie Mitgliederschwund und öffentlichem Relevanzverlust deutlich machen lassen, zwei Fragenkomplexe besonders wichtig.

Zum einen: Wie lässt sich der gegenwärtige Zustand der Kirche überhaupt beschreiben? Wie lässt sich dieser Zustand auf die Grundvollzüge kirchlicher Aufgaben beziehen? Wie verhalten sich dabei theologische Selbstwahrnehmung und die Fremdwahrnehmung[8] durch die Soziologie?

Zum anderen: Welche Reformprogramme sind entwickelt worden, um den beobachteten Missständen abzuhelfen? Welche Spielräume eröffnet die theologische Reflexion? Welche nichttheologischen Wissenschaften, welche Praxiserfahrungen anderer gesellschaftlicher Systeme kann die Theologie dabei in Anspruch nehmen, ohne damit den vorgegebenen Auftrag der Kirche preiszugeben?

Beide Fragenkomplexe sind aufeinander bezogen. Jede Reform setzt immer die Beschreibung eines Ist-Zustandes voraus. Je genauer die Beschreibung dieses Ist-Zustandes vorgenommen wird, desto besser und wirkungsvoller kann Reformhandeln ansetzen. Umgekehrt zielt jede Beschreibung eines Ist-Zustandes implizit schon auf gewisse Reformen, denn solch eine Diagnose wird in der

---

8   Zum Verhältnis von Selbst- und Fremdwahrnehmung vgl. Wegner (1996).

Regel nur vorgenommen, wenn offensichtlich ist, dass irgendwo etwas im Argen liegt. Die Diagnose ist sozusagen die negative Folie der Therapie.

3. Kirche und Milieu

Was ist ein Milieu? Der Milieubegriff hat in der Soziologie die älteren Begriffe des Standes, der Schicht und der Klasse abgelöst, denn er erlaubt es, neben ökonomischen Kategorien, die Schicht- und Klasseneinteilungen konfigurierten, ein ganzes Ensemble weiterer Merkmale aufzunehmen (Macht- und Herrschaftsorientierung, Individualisierungs- und Autonomiebestrebungen) und Veränderungen in der sozialen Differenzierung besser deutlich zu machen. Im Ergebnis ergibt das ein breit aufgefächertes Bild der Gesellschaft.

Die Menschen eines Milieus sind durch eine bestimmte Mentalität, einen Habitus bestimmt. Diesen Begriff hat die Hannoveraner Forschungsgruppe um Michael Vester vom französischen Soziologen Pierre Bourdieu übernommen. Habitus meint mehr als nur kognitive Orientierung, er bezieht Lebensstil, Alltagsethik, Werthaltungen, dazu die körperliche Seite der sozialen Prägung mit ein.[9] Vesters Untersuchungen (vgl. Vester u.a. 2001) bauen nun auf anderen Studien auf, die ein Bild der unterschiedlichen Milieus der Gesellschaft der Bundesrepublik zeigen. Diese lassen sich graphisch darstellen wie eine soziologische Landkarte (vgl. die Milieulandkarte in der Einleitung zu diesem Band). Der Auftrag für die neue Studie lautete nun, eine Landkarte in Bezug auf die Nähe oder Ferne zur evangelischen Kirche zu erstellen und sie für die einzelnen Milieus durch spezielle Profile zu ergänzen (vgl. Abbildung 1 im Beitrag von Anhelm in diesem Band).

Es lassen sich in allen Milieus weiterhin zumindest Sympathien für die Kirche feststellen (vgl. ausführlich Vögele/Bremer/Vester 2002). Die Erwartungen an Kirche, Gemeinden und Pfarrer sind sehr stark ausdifferenziert. Die vorhandenen Profile zeigen Kirchenbilder, die einander manchmal völlig entgegengesetzt sind. Diese unterschiedlichen Kirchenbilder der Milieus wirken sich so aus, dass es in den Gemeinden zu Konflikten kommen kann, in denen sich ein Milieu durchsetzt, während Angehörige anderer Milieus von einer Teilnahme am Gemeindeleben abgeschreckt werden.[10] Soziologisch spricht man vom Phänomen der „Milieuverengung.

---

9 Bei Bourdieu (1987: 135) heißt es etwa: „Was der Leib gelernt hat, das besitzt man nicht wie ein wiederbetrachtbares Wissen, sondern das ist man".
10 Zu solchen Beziehungen und Konflikten im „religiösen Feld" vgl. Bremer/Teiwes-Kügler (2006).

Welches sind die theologischen Aspekte, die an einer solchen Untersuchung interessant sind? Die genannten Lebensvollzüge der Kirche lassen sich unter anderem als Bildungs- und Kommunikationsgeschehen verstehen (dazu Härle 2000: 304; Preul 1997: 153 u. 155). Das Verkündigen des Evangeliums ist ein kommunikatives Geschehen, das aus mehreren Perspektiven beleuchtet werden muss. Dabei steht zunächst eine Perspektive, die auf den Inhalt der Verkündigung bezogen ist. Daneben treten aber weitere Perspektiven. Verkündigung hängt auch von der Form ihrer Präsentation sowie vom Habitus des „Senders" ab (vgl. Härle 2000: 295). Zu diesem Prozess gehören aber auch diejenigen, die die Botschaft empfangen sollen. Dieser Gedanke ist in der Perspektive der Milieu-Untersuchung fortzuführen: Die Botschaft hat bei den Empfängern Einfluss auf deren Habitus. Dieses Bildungsgeschehen zielt durch die Verkündigung des Evangeliums auf das Wecken des Glaubens beim einzelnen.

Auf der ethischen Ebene des darstellenden Handelns der Kirche lässt sich sagen, wie sie von den Menschen wahrgenommen wird und ihren Habitus prägt. Vorsicht ist deshalb geboten, weil sich die Beziehung zwischen Habitus und kirchlicher Verkündigung nicht in einem einfachen Ursache-Wirkungs-Schema darstellen lässt, denn es handelt sich um einen komplexen Bildungsprozess.

3.1 Milieuverengung und Milieuverbindendes

Darum müssen theologische Anmerkungen dem genannten Phänomen der Milieuverengung gelten. Den Begriff hat schon in den 1950er Jahren Klaus von Bismarck (1957: 19) gebraucht. Eine Kirche darf es nicht zulassen, dass die Verkündigung ihrem Inhalt, besonders aber ihrer Form und dem Habitus nach so wirkt, dass sie nur ein *bestimmtes* Milieu anspricht, und dass sich von dieser Einseitigkeit andere ausgeschlossen fühlen. Eine Gemeinde degradiert sich in diesem Fall zu einer geschlossenen Gemeinschaft, welche die Verkündigung an alle Welt gerade verhindert. Das widerspricht aber ihrem Auftrag.

Milieus und Gemeinschaften definieren sich innerhalb einer Gesellschaft immer gegeneinander, in Abgrenzung von anderen. Das gilt auch für die Kirche, die in unterschiedlichen Gestalten existiert, als Ortsgemeinde, als Initiativgruppe, als Regionalkirche (Huber 1979: 47 ff.). Diese repräsentieren unterschiedliche Intensitäten der Vergemeinschaftung christlichen Lebens.
Entscheidend ist nun: Die Formen kirchlicher Vergemeinschaftung wirken selbst auf den Habitus der Menschen (und damit auf die Milieubildung) zurück. Das ist deshalb so, weil Glaube niemals ohne soziale Gestalt denkbar ist.

Die sozialen Gestalten der Kirche werden nicht nur durch die gesellschaftlichen Milieus determiniert. Vielmehr ist von einem Prozess wechselseitiger

Prägung auszugehen. So sehr die Milieuverengung zu kritisieren ist, so sehr ist darauf zu bestehen, dass die Kirche in ihren unterschiedlichen gemeinschaftlichen Gestalten selbst an der gesellschaftlichen Milieubildung beteiligt ist.

Ein weiterer Punkt betrifft das Verhältnis von Habitus und Rechtfertigung. Es ist das Ziel der Verkündigung, das Evangelium allen Menschen weiterzugeben. Diese Botschaft ist in ihrem Kern milieutranszendierend zu verstehen. Denn mit der Verkündigung wird jeder Mensch als Sünder angesprochen. Das Handeln der Kirche hat sein Ziel darin, diese Bewegung vom Sündersein zum Gerechtfertigtsein den Menschen als tröstenden Zuspruch zu verkünden. Für Sünder und Gerechte aber gilt gleichermaßen: Unter diesem Aspekt sind Milieu-Unterschiede irrelevant. Jeder Mensch wird *als Sünder* angesprochen. Und wer der Gnade Jesu Christi teilhaftig geworden ist, für den gilt, was Paulus im Galaterbrief sagt: Die Glaubenden sind zu einer Einheit in Jesus Christus verbunden, welche soziale Unterschiede überschreitet. Dennoch sind, weil diese Einheit in dieser Welt nur zeichenhaft sichtbar wird, schon die urchristlichen Gemeinden von Milieu-Unterschieden bestimmt, die sich bereits in den paulinischen Briefen festmachen lassen.

Der Gottesdienst ist eine gelungene Symbolisierung dessen, dass in der Kirche Milieuunterschiede aufgehoben werden. Besonders sichtbar wird das am Abendmahl (vgl. Huber 1998b: 145), das die Glaubenden zu einer zeichenhaften Gemeinschaft verbindet. Das Kommunikationsgeschehen der Verkündigung identifiziert den Glaubenden als einen, der vor Gott angenommen ist, ohne dass er dafür vorher eine Leistung zu erbringen hat und ohne dass das soziale Milieu, dem er angehört, dafür irgendeine Bedeutung hätte. Und die Kirche stellt diese Einheit mit Christus im Glauben zeichenhaft dar – exemplarisch in der Abendmahlsgemeinschaft. Endgültig steht diese Einheit nach christlicher Erwartung jedoch noch bevor.

3.2 Die Pluralität soziologischer Milieus und die Kirche

Das führt zur wichtigen Frage nach dem Verhältnis von kirchlicher Gemeinschaft[11] und Freiheit der Glaubenden, von zeichenhafter christlicher Liebes- und Lebensgemeinschaft zum milieubestimmten kirchlichen Pluralismus.

Die erwähnte Untersuchung zeigt sehr deutlich, dass in den unterschiedlichen Milieus sehr unterschiedliche Kirchen-, Pfarrers- und Gemeindebilder

---

11 Zum Begriff der Communio vgl. Schwöbel (1996).

vorherrschend sind. Es ist ein innerkirchlicher Pluralismus[12] zu diagnostizieren, welcher in Spannung steht zum Anspruch der Kirche, Einheit zu sein. Das hat Folgen für die Gemeinschaft der Kirche.

Man kann das Evangelium im wesentlichen als Befreiung bestimmen und den dadurch bewirkten Glauben als Gewinn einer Freiheit, die überhaupt nicht auf eine bestimmte soziale Form festgelegt wird, weil der mit dem Glauben gesetzte Individualismus unhintergehbar ist. Dabei bleibt der Gemeinschaftscharakter der Kirche völlig unterbestimmt. Andere legen sich auf ein Kirchenmodell fest, das die Kirche im Gegenüber zur Welt bestimmt. Danach prägt sich der Glaube sozial in einer Gemeinschaft aus, die sich zeichenhaft als Einlösung der Gemeinschaft mit Christus versteht. Dieses bedeutet in seiner soziologischen Konsequenz nichts anderes, als dass die Gemeinschaft einen eigenen Habitus ausbildet, der sich von den Milieus der Gesellschaft abgrenzt. Dabei bleibt als Problem, wie eine solche Gemeinschaft zu anderen Formen des Kircheseins in Beziehung tritt und wie durchlässig sie ihre Abgrenzungen versteht.

Im einen Fall erscheint der kirchliche Pluralismus als einzige Möglichkeit, im anderen Fall wird er zur Gefahr stilisiert. Dietrich Korsch (1997) hat in diesem Zusammenhang eine These entwickelt, die ich weiterführen möchte. Die Kirche zielt nach Korsch auf den Glauben des einzelnen. Dieser prägt sich in einer je spezifischen Lebensgeschichte aus. Dabei kann er sich zurückbinden an die institutionelle Gestalt der Kirche, er muss es aber nicht, er kann sich auch im Modus des freien Protestantismus als individuelles Christentum, als „Religion mit Stil" ausprägen (ebd.: 159). Die analysierte Vielfalt der Kirchenvorstellungen in den unterschiedlichen gesellschaftlichen Milieus ist eine zwingende Folge dieser individuellen Reaktion des Glaubens, woraus sich „höchst besondere (…) Lebensformen" (ebd.: 169) ergeben. Die institutionelle Kirche kann nicht anders als diesen Prozess ihrer eigenen sozialen Differenzierung anzuerkennen – und zwar nicht nur in den individualisierten Formen des freien (Kultur-)Protestantismus, sondern so, dass auch die Vielfalt anderer sozialer Milieus akzeptiert wird. Es wäre ein Missverständnis, Kirche danach nur für ein Dach zu halten, das die milieubedingt verschiedenen Formen des innerkirchlichen Pluralismus überwölbt. Die kirchliche Form der Gemeinsamkeit muss die Form eines „konnektiven Pluralismus" (Sundermeier 1994) annehmen: Dieser Begriff des konnektiven Pluralismus erlaubt es, unterschiedlich geprägte Ausgestaltungen des christlichen Lebens im Sinne einer gegenseitigen Befruchtung zu verstehen. Das impliziert, dass die Kirche sich auf gesellschaftliche Milieus einlässt, wie

---

12 Huber (1998b) unterscheidet in seinem Buch einen Pluralismus der Überzeugungen, der Kirchen und den innerkirchlichen Pluralismus (ebd.: 112). Zur Relativität innerkirchlicher Pluralität vgl. ebd.: 114 sowie Honecker (2000: 325 f.).

sie sich der theologisch verstandenen Relativität dieser Milieus bewusst sein muss.

4. Vier Ansätze zur Kirchenreform im Lichte der Milieustudie

Ich komme nun zur zweiten oben gestellten Frage nach den kirchlichen Reformprojekten, die auf den beschriebenen gegenwärtigen Krisenzustand der Kirchen reagieren.

Die Begriffsgeschichte des Wortes Reform mündet für die Gegenwart in der Diagnose einer großen Beliebigkeit seiner Verwendung. Als „Reform" lässt sich nahezu alles bezeichnen, was mit „Anpassung, Erneuerung, Veränderung" konnotiert ist (vgl. Wolgast 1984: 360). Die Kirchenreformen der letzten Jahre setzen ganz unterschiedlich an: am Gottesdienst, am Bildungsauftrag, bei der Finanzierung der Kirche, an ihrer Missionstätigkeit.[13] Zugespitzt lässt sich sagen: Der Unübersichtlichkeit der kirchlichen Krise entspricht eine Unübersichtlichkeit der Reformprojekte.

Wieso sind solche Reformen wichtig? Sie sind deshalb wichtig, weil die Kirche in ihren Lebensvollzügen und externen Kennzeichen einen Auftrag hat, der als Kriterium ihrer Arbeit fungiert. Reformen sind nur dann sinnvoll, wenn sie sich im Kontext dieser Vollzüge als Verbesserungen sehen lassen. In diesem Sinne ist der Reformprozess innerhalb der Kirche auf Dauer gestellt.

Ich beschränke mich nun darauf, *vier grundsätzliche Konzepte* kurz vorzustellen, die exemplarisch für die *gegenwärtig diskutierten Reformansätze* sind: *ein Marketing-Ansatz, ein auf Professionalisierung und Ressourcenkonzentration zielender Ansatz, ein beteiligungsorientierter Ansatz und ein missionarischer Ansatz*, der gewissermaßen eine „Anti-Marketing-Position" einnimmt. Generell lässt sich dabei ein Spektrum unterscheiden, das von zwei Polen begrenzt wird. Im einen Fall orientiert sich die Kirchenreform an den gesellschaftlich differenzierten Milieus, versucht sich ihren Erwartungen anzupassen und vernachlässigt darüber das theologisch ermittelte kirchliche Selbstverständnis. Im anderen Fall ist es genau umgekehrt: Die Kirchenreform orientiert sich hauptsächlich am theologisch ermittelten Selbstverständnis, während die Differenzierung gesellschaftlicher Milieus weniger beachtet wird.

Der Vortrag „Kirchenmarketing – die Vision wird Wirklichkeit" des Mannheimer Ökonomen Hans Raffée (1998) steht für eine Reihe von Vorschlägen, die versuchen, Methoden aus der Marketingtheorie in die Kirche zu übernehmen. Raffée behauptet, Methoden des Kirchenmarketing könnten helfen,

---

13 Vgl. dazu Huber (1998a: 472–475) sowie die unterschiedlichen Beiträge in Vögele (1999).

eine von der Theologie vorgegebene Vision von der Kirche zu verwirklichen. Er will das umsetzen, indem das Marketing vor allem „Kundenorientierung", „Produktpolitik" und „Controlling" (ebd.: 11) in der Kirche zu verbessern sucht. Es ist ganz deutlich, dass im Prinzip der Kundenorientierung ein Impuls aufgenommen wird, die Kirche stärker zur offenen, einladenden Kirche zu machen. Gleichzeitig wird darin der Einfluss unterschiedlicher gesellschaftlicher Milieus auf die Kirche vergrößert, denn die Kundenorientierung besteht ja gerade darin, auf deren Bedürfnisse und Wünsche einzugehen. Demgegenüber werden die Folgen für die Sozialgestalt der Kirche von Raffée kaum bedacht. Ebenso leidet dieser Reformvorschlag daran, dass Marketingtheorie und theologische Reflexion zu unverbunden nebeneinander stehen. Raffée beklagt die mangelnde Aufgeschlossenheit der Theologie gegenüber der Marketingsprache. Das ist richtig, gilt aber auch umgekehrt. Es fehlt ein Schritt hermeneutischer Umsetzung der Marketingsprache in die kirchliche Welt.

Die Studie „Reformspielräume in der Kirche" (Bock u.a. 1997) hat eine Arbeitsgruppe der Forschungsstätte der Evangelischen Studiengemeinschaft (FEST) für die Evangelisch-lutherische Landeskirche in Braunschweig erstellt. Es handelte sich dabei um einen längeren Konsultationsprozess. Danach sieht man eine kirchliche Struktur vor, welche die Grundvollzüge weiterhin am Ort garantiert, trotz des Rückgangs finanzieller Ressourcen. Sie fordert eine Professionalisierung des Pfarrberufs, seine Entlastung zugunsten der Kernaufgaben bei gleichzeitiger Stärkung des ehrenamtlichen Engagements. Die Kompetenzen von Pfarrern sollen gestärkt werden, um christliche Überzeugungen besser nach außen kommunizieren zu können. Die Milieus der Gesellschaft spielen in diesem Konzept nur indirekt eine Rolle, es geht nicht um Ausrichtung auf die Bedürfnisse unterschiedlicher Milieus. Doch die Stärkung der Kompetenz hat den Effekt, dass Pfarrer besser in die Lage versetzt werden, auf solche milieuspezifischen Erwartungen zu reagieren. Das scheint mir ein entscheidender Punkt, neben dem weiteren Vorzug, dass alle soziologischen, juristischen und ökonomischen Reformvorschläge sich im Kontext und unter der Voraussetzung der in der Studie am Anfang entwickelten ekklesiologischen Überlegungen bewegen.

Der Leitlinien-Text „Kirche mit Hoffnung" (Zeddies 1998) unterscheidet sich von den drei anderen Reformvorschlägen. Eine Arbeitsgruppe aus den Kirchen der neuen Bundesländer hat ihn formuliert: Kirche soll ebenso zur gewinnenden und missionarischen Kirche wie zur Beteiligungskirche umgestaltet werden. Die entsprechenden Reformen müssen auf den Auftrag der Kirche bezogen sein, den die Arbeitsgruppe als Zeugnis-, Dienst- und Kommunikationsgemeinschaft versteht. „Kirche mit Hoffnung" bevorzugt deutlich die Ortsgemeinde und zielt auf das Verhältnis von Pfarrern und Ehrenamtlichen. Beteiligungskirche bedeutet, dass möglichst viele an der Arbeit in der Gemeinde partizipieren (ebd.: 11). Aber wie verhält sich der missionarische Charakter der Kirche zu ihrer Gestalt als Beteiligungskirche? Inwiefern bildet die Beteiligungskirche ein eigenes Milieu aus, wobei zu fragen bleibt, wie sie dabei so offen bleibt, dass sie noch missionarisch nach außen wirken kann?

Den Aufruf „Evangelium hören" (Initiativkreis „Kirche in der Wettbewerbsgesellschaft" 1999) schließlich hat eine Gruppe bayerischer Theologen verfasst. Er richtet sich gegen Reformmodelle wie das Evangelische München Programm (dazu Löhr 1999 und Lindner 1997), die für eine Rezeption von Marketingmethoden stehen. Insofern steht er dem ersten vorgestellten Typ diametral gegenüber. Der Erlanger Gruppe geht es um die Gefahr der ideologischen Ökonomisierung der Kirche. Stattdessen soll sie zu einer hörenden und lernenden Gemeinde werden, die ihre Funktionen und Arbeitsformen vor allem ihrer biblischen und reformatorischen Tradition entnimmt.[14] Die Orientierung an den Bedürfnissen der Menschen und insofern auch an der milieubedingten Differenzierung der Gesellschaft gerät darüber aus dem Blick. Die missionarische Kirche ist der angepassten „Milieukirche" (ebd., These 5) geradezu entgegengesetzt. Dabei besteht eine zweifache Gefahr: Ein solches Modell kann den innerkirchlichen Pluralismus nicht mehr erklären; und es nimmt nicht ernst, dass die Kirche als Teil der Gesellschaft Milieueinflüssen ausgesetzt ist.

Die vier exemplarischen Typen der Kirchenreform setzen auf unterschiedlichen Ebenen an, sind unterschiedlich detailliert ausgearbeitet, sind unter unterschiedlichen landeskirchlichen Bedingungen entstanden. Alle vorgestellten Texte ziehen theologische Überlegungen sowie Beobachtungen und Vorschläge von außen heran, jedoch in unterschiedlicher Gewichtung. Der Maßstab, wie sie zu bewerten sind, ergibt sich daraus, wie gut beides miteinander verknüpft ist. Hier haben die Thesen der FEST nach meinem Urteil einen Vorsprung vor den drei anderen.

5. Schluss

In diesen Ausführungen wurde versucht, drei Debatten miteinander zu verbinden: die Debatte über die Lebensvollzüge der Kirche, die Debatte über die empirisch-soziologische Wahrnehmung von Kirche und die Debatte über Kirchenreformen.

---

14 Initiativkreis „Kirche in der Wettbewerbsgesellschaft" (1999), These 3: „Das Amt der Kirche ist es, in ihrer Verkündigung, ihrer Lebensform, Praxis und Struktur aus dem Evangelium zu leben."

Kirche wird geprägt von den vier Grundvollzügen Gemeinschaft, Verkündigung, Gottesdienst und soziales Handeln. Diese gehören zusammen und dürfen nicht gegeneinander ausgespielt werden. Unter dem Aspekt des Zeugnisses ist die Kirche an die Welt verwiesen, zur Verkündigung des Evangeliums, aber auch zu den anderen mit den Grundvollzügen verbundenen Aufgaben. Unter dem Aspekt der Gemeinschaft ist sie als eine offene, aber abgrenzbare Versammlung zu verstehen, die in unterschiedlichen Formen Gestalt annimmt. Diese sind verbunden in dem, was man formal konnektiven Pluralismus und material als versöhnte Verschiedenheit kennzeichnen kann. Eine solche Kirche ist der Welt nicht entzogen, sondern in ihr machen sich die Einflüsse von gesellschaftlichen Milieus geltend. Das ist das Ergebnis von Vesters Untersuchung (vgl. Vögele/Bremer/Vester 2002).

Aus dem Wissen um die milieuspezifischen Orientierungen und Haltungen lässt sich jedoch nicht umstandslos eine neue Gestalt der Kirche direkt ableiten. So wird die Kirche nicht nur von Milieus beeinflusst, sondern sie ist auch selbst ein Faktor, der den Habitus von Menschen und damit ihre Milieus prägt. Diese theologischen und soziologischen Einsichten müssen auf die Reformdebatte bezogen werden. Kirchliche Reformmodelle entwickeln ihre Vorschläge in unterschiedlicher Gewichtung aus der theologischen Tradition sowie aus der Orientierung an gesellschaftlichen Milieu-Verhältnissen. Am meisten Erfolg versprechen diejenigen Vorschläge, denen es gelingt, beides miteinander auf eine Weise zu verbinden, dass zum einen kirchliche Identität gewahrt bleibt, dass aber zum anderen veränderte gesellschaftliche Verhältnisse Eingang finden in die theologische und kirchliche Analyse.

Literatur

Arbeitskreis Evangelischer Unternehmer in Deutschland (Hg.) (1998): Marketing – Irrweg oder Gebot der Vernunft. Vom Nutzen des Marketing für die Kirche. Karlsruhe.
Bekenntnisschriften der Evangelisch-Lutherischen Kirche (1999): Göttingen[12].
von Bismarck, Klaus (1957): Kirche und Gemeinde in soziologischer Sicht. In: ZEE. 1/1957. 17–31.
Bock, Wolfgang/Diefenbacher, Hans/Krech, Volkhard/ Reuter, Hans Richard (Hg.) (1997): Reformspielräume in der Kirche. Heidelberg: FEST.
Bourdieu, Pierre (2000): Das religiöse Feld. Konstanz: UVK.
Bourdieu, Pierre (1987): Sozialer Sinn. Frankfurt/M.: Suhrkamp.
Bourdieu, Pierre (1982): Die feinen Unterschiede. Frankfurt/M.: Suhrkamp.
Bremer, Helmut/Teiwes-Kügler, Christel (2006): Soziale Milieus, Religion und Kirche: Beziehungen und Konflikte im religiösen Feld. In: Rehberg (2006) (i.E.).
Brunner, Otto/Conze, Werner/Koselleck, Reinhart (Hg.) (1984): Geschichtliche Grundbegriffe 5. Stuttgart: Klett-Cotta.
Ebertz, Michael (1996): Religion ja – Kirche nein. Jeder seine eigene Sekte. In: Akademie Referate 40. Vallendar. 24 ff.
Härle, Wilfried (2000): Art. Kirche VII. Dogmatisch. In: Krause/Müller (2000): 277–317.

Härle, Wilfried/Preul, Reiner (Hg.) (1996): Kirche (Marburger Jahrbuch Theologie 8). Marburg: Elwert.

Honecker, Martin (2000): Kirche VIII. Ethisch. In: Krause/Müller (2000): 317–334.

Huber, Wolfgang (1998a): Auf dem Weg zu einer missionarischen Kirche. In: EvTh. 58/1998. 461–479.

Huber, Wolfgang (1998b): Kirche in der Zeitenwende. Gütersloh: Gütersloher Verlagshaus.

Huber, Wolfgang (1979): Kirche. Stuttgart: Kreuz.

Initiativkreis „Kirche in der Wettbewerbsgesellschaft" (1999[2]): Evangelium hören. Wider die Ökonomisierung der Kirche und die Praxisferne der Kirchenorganisation. Nürnberg.

Jüngel, Eberhard (1999): Referat zur Einführung in das Schwerpunktthema der Synodentagung [Reden von Gott in der Welt]. In: epd-Dokumentation. 49/1999. 1–12.

Korsch, Dietrich (1997): Religion mit Stil. Protestantismus in der Kulturwende. Tübingen: Mohr Siebeck.

Krause, Gerhard/Müller, Gerhard (Hg.) (2000): Theologische Realenzyklopädie Bd. 18. Berlin/New York: de Gruyter.

Krech, Volkhard (1997): Soziologische Aspekte. In: Bock u.a. (1997): 31–69.

Leuenberger Kirchengemeinschaft (1994): Die Kirche Jesu Christi. Der reformatorische Beitrag zum ökumenischen Dialog über die kirchliche Einheit. In: epd-Dokumentation. 25/1994. 5–40.

Lindner, Herbert (1997): Spiritualität und Modernität. Das Evangelische München-Programm. In: PTh. 86/1997. 244–264.

Löhr, Hans (1999): Das Evangelische Münchenprogramm eMp. In: Vögele (1999): 149–156.

Preul, Reiner (1997): Kirchentheorie. Wesen, Gestalt und Funktionen der Evangelischen Kirche. Berlin/New York: de Gruyter.

Raffée, Hans: Kirchenmarketing – die Vision wird Wirklichkeit. In: Arbeitskreis Evangelischer Unternehmer in Deutschland (1998): 11–39.

Rau, Gerhard/Reuter, Hans Richard/Schlaich, Klaus (Hg.) (1997): Das Recht der Kirche. Bd.1. Zur Theorie des Kirchenrechts. Gütersloh: Gütersloher Verlagshaus.

Rehberg, Karl-Siegbert (Hg.) (2006): Soziale Ungleichheit – Kulturelle Unterschiede. Verhandlungsband des 32. Kongresses der Deutschen Gesellschaft für Soziologie 2004. Frankfurt: Campus (i.E.).

Reuter, Hans Richard: Der Begriff der Kirche in theologischer Sicht. In: Rau u.a. (1997): 23–75.

Schulze, Gerhard (1992): Die Erlebnisgesellschaft. Frankfurt/New York: Campus.

Schwöbel, Christoph (1996): Kirche als Communio. In: Härle/Preul (1996): 11–46.

Seebaß, Gottfried (1999): Die Reformation als ökumenisches Ereignis. In: EvTh. 59/1999. 4–12.

Sundermeier, Theo (1995): Konvivenz und Differenz. Erlangen: Ev.-Luth.-Missionsschriften.

Sundermeier, Theo (1994): Pluralismus, Fundamentalismus, Koinonia. In: EvTh. 54/1994. 293–310.

Vester, Michael/ Geiling, Heiko/ Hermann, Thomas/ Müller, Dagmar (2001): Soziale Milieus im gesellschaftlichen Strukturwandel. Zwischen Integration und Ausgrenzung. Frankfurt/M.: Suhrkamp.

Vögele, Wolfgang (Hg.) (1999): Die Krise der Kirchen ist eine große Chance. Kirchen- und Gemeindereformprojekte im Vergleich (Loccumer Protokolle 17/99). Rehburg-Loccum.

Vögele, Wolfgang/Bremer, Helmut/Vester, Michael (Hg.) (2002): Soziale Milieus und Kirche. Würzburg: Ergon.

Wegner, Gerhard (1996): Kirchliche Wahrnehmung und Wahrnehmung der Kirche. Studien zum Verhältnis von Eigen- und Fremdwahrnehmung der evangelischen Volkskirche. Hannover: Lutherisches Verlagshaus.

Welker, Michael (1998): Missionarische Existenz heute. In: EvTh. 58/1998. 413–424.

Wolgast, Eike (1984): Art. Reform, Reformation. In: Brunner u.a. (1984): 313–360.

Zeddies, Helmut (Hg.) (1998): Kirche mit Hoffnung – Leitlinien künftiger kirchlicher Arbeit in Ostdeutschland. Hannover: EKD.

Autorinnen und Autoren

Fritz-Erich Anhelm, Dr., Politologe und Germanist, Direktor der Evangelischen Akademie Loccum. Forschungsschwerpunkte: Kirche und Gesellschaft, Europäische Integration, Zivilgesellschaft, Religion und Politik. Kontakt: fritz.anhelm@elvka.de

Reimund Anhut, Dr., Institut für interdisziplinäre Konflikt- und Gewaltforschung der Universität Bielefeld. Forschungsschwerpunkte: soziale Konflikte, Gewalt, soziale Integration. Kontakt: reimund.anhut@uni-bielefeld.de

Ullrich Bauer, Jun. Prof. Dr., Fakultät für Gesundheitswissenschaften der Universität Bielefeld. Forschungsschwerpunkte: Gesellschaftstheorie und Zeitdiagnose, Ungleichheits-, Sozialisations- und Bildungsforschung, Gesundheitliche Ungleichheiten, Gesundheitssystemforschung. Kontakt: ullrich.bauer@uni-bielefeld.de

Peter A. Berger, Prof. Dr., Lehrstuhl für Allgemeine Soziologie – Makrosoziologie am Institut für Soziologie und Demographie der Universität Rostock. Forschungsschwerpunkte: Sozialstruktur-, Ungleichheits- und Mobilitätsforschung. Kontakt: peter.berger@uni-rostock.de

Uwe H. Bittlingmayer, Dr., wissenschaftlicher Mitarbeiter an der Fakultät für Gesundheitswissenschaften der Universität Bielefeld. Forschungsschwerpunkte: Gesellschaftstheorie und Zeitdiagnose, Ungleichheits- und Bildungsforschung, Gesundheitssoziologie. Kontakt: Uwe.Bittlingmayer@uni-bielefeld.de

Helmut Bremer, PD Dr., Privatdozent am Fachbereich Erziehungswissenschaften der Universität Hamburg. Forschungsschwerpunkte: Bildungsforschung und Weiterbildung; Theorie und Empirie der Milieu- und Habitusanalyse; soziale Ungleichheit und Sozialstruktur; Religionssoziologie. Kontakt: hbremer@uni-muenster.de

Steffani Engler (†), Prof. Dr., zuletzt Lehrstuhl für Theorien der Sozialisation an der Universität der Bundeswehr in München. Forschungsschwerpunkte: Theorien der Sozialisation, Bildungsforschung, Geschlechterverhältnisse, Hochschul- und Wissenschaftsforschung, Soziologische Theorie (insbesondere Arbeiten zu Pierre Bourdieu).

Daniel Gardemin, Dr., Lehrbeauftragter am Institut für Politische Wissenschaft der Universität Hannover. Mitglied der Arbeitsgruppe Interdisziplinäre Sozialstrukturforschung (agis) e.V. Forschungsschwerpunkte: multivariat-sozialstatistische Makroanalyse, Sozialstrukturforschung, Wahlforschung. Kontakt: mail@daniel-gardemin.de

Heiko Geiling, Prof. Dr., Apl. Professor am Institut für Politische Wissenschaft der Universität Hannover; Lehre und Forschung zur Politischen Soziologie. Kontakt: h.geiling@agis.uni-hannover.de

Rainer Geißler, Prof. Dr., Fachbereich 1 (Soziologie) der Universität Siegen. Forschungsschwerpunkte: Sozialstrukturanalyse/soziale Ungleichheit, Soziologie der Migration und Integration, Bildungssoziologie, Soziologie der Massenkommunikation. Kontakt: geissler@soziologie.uni-siegen.de

Wilhelm Heitmeyer, Prof. Dr., Institut für interdisziplinäre Konflikt- und Gewaltforschung der Universität Bielefeld. Forschungsschwerpunkte: Gewalt, ethnisch-kulturelle Konflikte, soziale Integration, Rechtsextremismus. Kontakt: ikg@uni-bielefeld.de

Michael Hofmann, PD Dr., Geschäftsführer im Sonderforschungsbereich 580 an den Universitäten Jena und Halle. Forschungsschwerpunkte: Transformations- und Milieuforschung, Alltagsgeschichte und Genderforschung. Kontakt: michael.hofman@uni-jena.de

Andrea Lange-Vester, Dr., Assistentin am Institut für Politische Wissenschaft der Universität Hannover. Forschungsschwerpunkte: Sozialstrukturanalyse und soziale Milieus, empirische (und historische) Habitusforschung, Bildungssoziologie, qualitative Methoden der Sozialforschung. Kontakt: a.lange-vester@ipw.uni-hannover.de

Dieter Rink, Prof. Dr., Department Stadt- und Umweltsoziologie des Umweltforschungszentrums Leipzig-Halle. Forschungsschwerpunkte: Stadtsoziologie, Sozialstrukturanalyse und Soziale Bewegungen. Kontakt: dieter.rink@ufz.de

Olaf Groh-Samberg, M.A., Wissenschaftlicher Mitarbeiter am Institut für Soziologie der Universität Münster. Forschungsschwerpunkte: Armutsforschung, Bildungsforschung, Theorien und Analyse sozialer Ungleichheit, Panelanalyse. Kontakt:groh@uni-muenster.de

Franz Schultheis, Prof. Dr., Lehrstuhl für Soziologie an der Universität Genf. Präsident der Stiftung Pierre Bourdieu und Herausgeber der Reihe edition discours bei UVK. Forschungsschwerpunkte: interkulturell vergleichende Wohlfahrtsstaatsanalyse, Armut und Ausgrenzung, Soziologie privater Lebensformen und Geschlechterbeziehungen. Kontakt: Franz.Schultheis@socio.unige.ch

Wolfgang Vögele, PD Dr., Seminar für Systematische Theologie der Humboldt-Universität zu Berlin. Forschungsschwerpunkte: Religionssoziologie, Ethik, Kirchentheorie. Kontakt: wolfgang.voegele@aktivanet.de

Susanne Völker, Dr., Assistentin der Wirtschafts- und Sozialwissenschaftlichen Fakultät der Universität Potsdam. Forschungsschwerpunkte: Feministische Arbeitssoziologie, Transformationsforschung mit Schwerpunkt Ostdeutschland, Verknüpfung Geschlechtersoziologie und Soziologie sozialer Ungleichheit. Kontakt: svoelker@rz.uni-potsdam.de

Peter von Oertzen, Prof. Dr., war von 1963 bis 1982 Professor für Politische Wissenschaft an der Universität Hannover, von 1970 bis 1974 Niedersächsischer Kultusminister und insgesamt 20 Jahre lang Mitglied im SPD-Parteivorstand. Kontakt: m.vester@agis.uni-hannover.de

Sonja Weber-Menges, Dr., Wissenschaftliche Mitarbeiterin im DFG-Forschungskolleg „Medienumbrüche" (FK 615) an der Universität Siegen (Teilprojekt A2: Mediale Integration ethnischer Minderheiten). Lehrtätigkeit im Fachbereich 1 der Universität Siegen (Soziologie). Forschungsschwerpunkte: Soziale Ungleichheit, Migration und Medien. Kontakt: weber@soziologie.uni-siegen.de

Gisela Wiebke, M.A., Institut für interdisziplinäre Konflikt- und Gewaltforschung der Universität Bielefeld. Forschungsschwerpunkte: Jugendforschung, Migrationsforschung, Sozialstrukturforschung. Kontakt: gisela.wiebke@uni-bielefeld.de

Sozialstruktur

Peter A. Berger /
Volker H. Schmidt (Hrsg.)

Welche Gleichheit – welche Ungleichheit?
Grundlagen der Ungleichheitsforschung
2004. 244 S. mit 4 Abb. Sozialstrukturanalyse, Bd. 20. Br. EUR 26,90
ISBN 3-8100-4200-5

Matthias Drilling

Young urban poor
Abstiegsprozesse in den Zentren
der Sozialstaaten
2004. 339 S. mit 41 Abb. und 57 Tab.
Br. EUR 29,90
ISBN 3-531-14258-5

Ronald Hitzler / Stefan Hornbostel /
Cornelia Mohr (Hrsg.)

Elitenmacht
2004. 351 S. Soziologie der Politik, Bd. 5.
Br. EUR 32,90
ISBN 3-8100-3195-X

Stefan Hradil

Die Sozialstruktur Deutschlands im internationalen Vergleich
2004. 304 S. Br. EUR 24,90
ISBN 3-8100-4210-2

Monika Jungbauer-Gans /
Peter Kriwy (Hrsg.)

Soziale Benachteiligung und Gesundheit bei Kindern und Jugendlichen
2004. 205 S. mit 33 Abb. und 33 Tab.
Br. EUR 29,90
ISBN 3-531-14261-5

Gunnar Otte

Sozialstrukturanalysen mit Lebensstilen
Eine Studie zur theoretischen
und methodischen Neuorientierung
der Lebensstilforschung
2004. 400 S. mit 35 Abb. und 50 Tab.
Sozialstrukturanalyse, Bd. 18.
Br. EUR 34,90
ISBN 3-8100-4161-0

Rudolf Richter

Die Lebensstilgesellschaft
2005. 163 S. Br. EUR 19,90
ISBN 3-8100-3953-5

Marc Szydlik (Hrsg.)

Generation und Ungleichheit
2004. 276 S. Sozialstrukturanalyse,
Bd. 19. Br. EUR 24,90
ISBN 3-8100-4219-6

Erhältlich im Buchhandel oder beim Verlag.
Änderungen vorbehalten. Stand: Juli 2005.

www.vs-verlag.de

VS VERLAG FÜR SOZIALWISSENSCHAFTEN

Abraham-Lincoln-Straße 46
65189 Wiesbaden
Tel. 0611.7878-722
Fax 0611.7878-400